U0136970

當代新儒學叢書

郭齊勇 高柏園
主編

林安梧新儒學論文精選集

林安梧 著

臺灣 學生書局 印行

當代新儒學叢書序

　　現當代新儒學思潮是從中國文化自身的大傳統中生長出來的、面對強勢的西方文化的挑戰應運而生的、20 世紀中國最具有根源性的思想文化的流派，是在現代中國反思與批判片面的現代性（包括全盤西化或俄化）的思想流派，也是在現代中國積極吸納西學、與西學對話，又重建傳統並與傳統對話的最有建設性與前瞻性的思想流派。這一思潮是非官方、非主流的，其代表人物都是在野的公共知識分子，故深具批判性與反思性，又是專家、學者兼教師，在哲學、史學與教育界等領域有著卓爾不群的建樹。這一思潮發揚中國傳統的人文精神，既有終極性的信念信仰，又不與自然或科學相對立，堅持社會文化理想與具體理性，揚棄工具理性，開啟了 21 世紀中國重釋、重建傳統與批判現代性弊症的文化走向，又延續至今，在中國思想文化界繼續發揮著積極健康的作用。在西化思潮席捲全球、包舉宇內的時代，國人把儒學棄之如敝屣，洋人視儒學為博物館、圖書館，當此情勢下，有現當代新儒家興焉。這一思潮的代表人物正視儒學為活的生命，真正能繼承、解讀、弘揚儒學的真精神，創造性地轉化包括儒家、道家、佛教等思想資源在內的傳統文化，把中華文明的精華貢獻給全人類，積極參與世界與中國現代文明的建構，其功甚偉！所以，這一學派雖然很小，影響力有限，在臺灣也是寂寞的，但因思想深刻，不隨波逐流，值得人們珍視。

　　現當代新儒學思潮形成於 1915-1927 年發生的東西文化問題論戰與1923 至 1924 年發生的「科學與人生觀」論戰期間。最早的代表人物是梁漱溟、張君勱、熊十力、馬一浮等。以上也可以視為本思潮發展的第一階段。以後的三個階段，時空轉移，頗有意思。第二階段發生在抗戰時期與勝利之後的中國大陸，第三階段發生在 1950 至 1970 年代的臺灣與香港地區，第四

階段發生在 1970 至 1990 年代的海外（主要是美國），改革開放後又由一些華人學者帶回中國大陸。第一階段可以簡稱為五四以後的新儒學（家），第二階段可以簡稱為抗戰時期的新儒學（家），第三階段可以簡稱為港臺新儒學（家），第四階段可以簡稱為海外新儒學（家），改革開放後返輸中國大陸。其代表人物包括三代四群十六人：第一代第一群：梁漱溟、熊十力、馬一浮、張君勱；第一代第二群：馮友蘭、賀麟、錢穆、方東美；第二代第三群：唐君毅、牟宗三、徐復觀；第三代第四群：余英時、杜維明、劉述先、成中英、蔡仁厚。此外，現代新儒家陣營中，還應包括如下人物：陳榮捷、陳大齊、謝幼偉、張其昀、胡秋原等。

隨著對現當代新儒學思潮與人物研究的開展，兩岸三地湧現出一批專家學者及其研究成果。

2015 年，友人、學者高柏園教授與我商量在臺灣學生書局出版當代新儒學叢書事，他提出了本叢書的構想、計畫及兩岸三地的作者人選。當時柏園兄擔任校長職，公務繁忙，諸事請學生書局主編陳蕙文女史籌畫。陳蕙文主編很有眼光，又很幹練，很快寫出本叢書出版與編輯計畫書，全面闡述了出版緣由及具體方案，祈望本叢書的出版，能更進一步闡明現當代新儒家學說，以利儒家思想之傳播，為民族復興盡綿薄之力。

本叢書名為：當代新儒學叢書。叢書主編是高柏園教授與在下。擬收輯臺灣、大陸、香港、海外學者共 30 位。每本字數：25-30 萬字。叢書各冊為論文集形式，各篇論文多寡長短不限，也不論其是否曾經發表出版。每冊書後附作者簡介，與該作者新儒學研究論著目錄。

本叢書各冊擬於 2020 年及以後陸續出版，衷心感謝各位作者及學生書局各位同仁的辛勤付出，懇望得到學術界、讀書界的朋友們的指教！

是為序。

郭齊勇

2019 年夏天於山東嘉祥

當代新儒學叢書序

　　子曰：必也正名乎！今逢《當代新儒學叢書》開始陸續出版之際，正可對「當代新儒學」一名之意義做一說明，並指出其中可能的發展與價值之所在。

　　儒學可大分為三期，其一為孔孟荀為主軸的先秦儒學，其核心關懷是周文疲弊的問題。其二為宋明新儒學，牟宗三先生認為其新有二義，其一是宋明理學之伊川朱子學，此為歧出轉向之新，其二是伊川朱子學之外者，其乃調適上遂之新。宋明儒學的核心關懷是回應佛老在文化與學術上之挑戰，並積極建構儒學自身的學問系統。今日所言之當代新儒學乃是屬於中國哲學史上第三期儒學，其代表性人物有熊十力、梁漱溟、張君勱、唐君毅、牟宗三、徐復觀等人，其核心關懷乃是中國及其文化，在面對西方文化入侵與挑戰之時，如何一方面靈根自植，真實護持中國文化之價值，另一方面遍地開花，對文化、民主、科學等問題，予以全面性、整體性的批判、回應與建構。其實，這樣的關懷並非當代新儒家的專利，也是當代中國人的共同關懷，而當代新儒家之為當代新儒家，乃是對此問題有其特殊的角度與立場，此即是當代新儒學的特質所在，也可以說是當代新儒學的理論性與系統性所在。

　　儒釋道三教是中國文化的主要內容，而三教之為三教在其有各自的教相，也就有其特殊性與系統性，缺少系統性就無法成為一套特殊的立場與教相。當代新儒家的教相或系統性有三個重點：其一是道德的理想主義，理想主義可以有不同型態，而當代新儒家乃是以道德為首出的理想主義。道德的理想主義不但不排除任何客觀知識，反而是要吸收、消化客觀知識，以幫助其道德理想之實現，因此當然不是反智論。同時，道與德乃是對所有人開放

的存在，因此也沒有人有絕對的優位性去宰制他人，反而是尊重每個人對道德的體會與價值的實現，當代新儒家在此排除了良知的傲慢與文化的自大，而是重視對話、溝通與和諧。以道德的理想主義為基礎，當代新儒家特別強調生命實踐之學的重要與必要。道德的理想主義不只是一種理念，更是一種實踐的方向與內容，而此方向與內容也就落在日常生活中加以實現，也就是一種生命的學問，一種生命實踐之學。如佛經所謂「說食不飽」，生命之學不只是知道聖賢之道，而更要成為聖賢，具體真實地善化、實現、圓滿我們的生命。因為生命之學的推動，道德的理想主義才在具體的實踐中彰顯天道性命之永恆與普遍。更進一步，則無論是道德的理想主義或是生命實踐之學，都是在仁心無限的基礎上展開。仁者親親仁民愛物，其心一方面自覺、自在、自由，一方面則以一切存在為其所關懷、參與、與轉化的對象與內容，此即所謂自由無限心。此自由無限心之圓滿境界，即是天人物我合一之學，此義分四層，天是指超越界，說明儒家並非只是侷限在人間世，而保有一定的超越性。此超越性也呈現為一種無限性與絕對性，滿足儒家的宗教性。地則說明人與存在之關係，所謂「萬物皆備於我」、「大人者與天地萬物為一體」，接著強調人與自然、人與環境的本一與合一。本一就存在說，合一就價值說，其本一也。如果只是偏指自然環境，則人便是特指人文社會的存在，也就是文化的內容。孔子盛讚周文之郁郁乎文哉，其實也正是強調人文化成的價值與重要。人固然是活在自然環境之中，然而人也同時活在人文世界、意義世界之中，人是以其傳統文化為其前理解，進而與世界進行溝通與互動。而當代新儒家之重視道德，其實也就是重視文化，重視我們生命不可或缺也無可逃的前理解。這樣的態度並不是一種封閉的命定主義，而是指出歷史文化的必然影響，當我們如是說時，其實也說明我們對歷史文化已有充分的自覺與反省，這也就成為我們由繼承而創造，日新又新的動力與基礎所在。道德是自覺，而理想主義就表現為動力與目標，知行一也。知行無他，即是我之知、我之行，也就是人的主體性與主體自覺之問題。主體並非憑空而至，它乃是在歷史文化與生活世界中，逐步成長的存在。它具有歷程性、開放性與超越性，它是在我們的道德實踐的過程中，逐步形成的價值內

容的創造者與參與者，它具價值義與實踐義。所有的道德工夫修養，皆是依心而發，也就是主體性的自我實現的自覺表現。

孟子讚孔子為聖之時者，今由天地人我合一之學觀之，則當代新儒家除了繼承並發揚傳統文化之價值之外，尤其重視時代的感受與回應。21 世紀的人類文明與宗教問題，這是天；人與環境、自然之關係，這是地；人與社會、家庭之關係，這是人；人與自己的心靈、身心之關係，這是我。我想，面對 21 世紀當代新儒家並未缺席，反而更積極地參與世界的改造與進化。以中華文化、孔孟思想、宋明理學、當代新儒家為前理解，以獨特的思想提供給人類社會，這是我們的責任與義務，也是我們的價值與喜悅。

《當代新儒學叢書》得以出版，要感謝學生書局陳仕華教授的倡議，郭齊勇教授的支持，學生書局陳蕙文小姐與其團隊的努力，以及所有學者的共襄盛舉。叢書的出版一方面是總結成果之豐碩，更重要的是它將成為我們了解儒學之前理解，從而將迎來更令人讚歎的學術文化迴響，人能宏道，非道宏人。且讓我們以豪傑之士自許，雖無文王，而儒學猶興。

高柏園
序於淡江大學中文系
2019 年 8 月 1 日

林安梧新儒學論文精選集

目　次

第壹部

當代新儒學的基本建構

第一章　當代新儒家述評

【本文提要】

　　本文旨在對於「當代新儒家」做一總體之概括，首先做一思想史脈絡之定位，指出它所面對的是一意義的危機，當代新儒家的歷史根源乃承繼宋明理學，特別是心學一派，而意圖建立一道德的形而上學，以克服此危機。再者，當代新儒家強調德性的優先性，他可以說是一道德的理想主義者、道德的人格主義者，同樣的，他主張一精神發展的歷史觀。這歷史觀有一辯證的、發展的決定論之傾向，而一切依歸於人的道德主體性。

　　再者，當代新儒家不同於西哲強調「思維與存在的一致性」，而強調「道德與存在的一致性」。當代新儒家仍不免「內聖─外王」格局的思考，只是他肯定須開出一與現代西方民主、科學相關的「新外王」。關於「新外王」志業的完成，當代新儒家具有多元而豐富的資源，梁、熊、唐、牟、徐、張，各有異同。但總的來說，他們都重視意義層面的生發，而較忽略結構層面的建制；免不了傾向於「內聖」，而忽略了「外王」。他有著主體主義內傾的傾向，這是他們那個時代的限制，須進一步的開展與邁進。

關鍵字詞：內聖、外王、德性、牟宗三、熊十力、梁漱溟、意義、結構、主體主義、性智、理想主義、人格主義、獨我論、陸王

一、前言

作為一個學派而言，當代新儒家已在中國現代思想史上取得了一席之位。而作為一派思想而言，當代新儒家雖有其大致的風貌，卻仍繼續往前發展著。因此之故，要全然把握所謂當代新儒家的義理思想是不太可能的；更何況當代新儒家陣營仍各有其特點，甚至矛盾不同之處，這便更難認定一致了。而本文想略過其歧異處個殊處，擬概括而籠統的對當代新儒家加以介紹並提出愚見。筆者並不企圖援引當代新儒家諸人的文獻，而祇就筆者所理解所消化的當代新儒家，扼要的簡明的將它表達出來。對筆者而言，這是嶄新的嘗試，願能以此拋磚引玉，祈盼賢者多關心當代思想。

「當代」這個詞指謂的是「當下周遭」（here and now），它是一個極富歷史意識（historical consciousness）的詞語，自近代歷史主義（historism）勃興，點燃人們心中的歷史意識，這個詞便格外顯得鮮活起來。「所有的歷史都是現代史」克羅齊（Benedette Croce，1866-1952）這句話已成一般學術工作者的共識。而對當代的研究也因之變得重要起來。

當代新儒家是中國新傳統主義（Neo-traditionalism）及保守主義（Conservatism）的主流，對它的研究及批判，一者可以溯及於中國傳統的研究，一者可從研究及批判的過程中，取得一更適切、更綜合的視點（perspective），從而回顧過去、瞻望未來。基於此，對中國當代思想的關心是須要的，而筆者早有志於對當代新儒家，做一系統性的試探與考察，而本文則偏於印象式的直接描述，或者可視做一篇序言或導論吧！

二、當代新儒家的歷史根源及其當代使命

就歷史的衍變而言，儒家思想一直扮演著主流的角色，它一直有種「聖之時者也」的性格，它維持著時刻的創新性，並且又萬變不離其宗的含藏著永恆的本質性。大致說來，談論儒家思想的學者們用了「原始儒家」、「新儒家」、「當代新儒家」這三個詞來指涉其思想的創新與衍變。

　　原始儒家主要指的是先秦時代孔孟思想，它的性格涵融而渾厚，首先奠立了儒家的仁義之學，肯定人性的應然價值根源，開啟了道德的形上世界，並強調德化政治與民本思想。

　　新儒家主要指的宋明儒學內聖一派而言，它為了抵抗本土的道家道教及外來的佛教佛法，探究其極，特別地發揮了原始儒家的內聖學側面及形而上學側面，並且著實的建立起一套工夫（修養）的進路，隱立了人存在的德性真實，樹立了一至高的「倫理精神象徵」（ethico-spiritual symbolism）。

　　當代新儒家主要指的是民國以來熊十力、張君勱、梁漱溟等學者，以及熊十力弟子唐君毅、牟宗三以及徐復觀等學者，據張灝說「中國當代」由於道德迷失、存在迷失以及形上迷失凝聚成一嚴重的意義危機，當代新儒家便是面對此危機，而極力去做「意義探求」（search of meaning）的工作的。於是當代新儒家以其深刻的生命體驗，去探求意義的真實，而開顯一套存在進路的道德形上學（moral metaphysics）。再者，當代新儒家面臨著更迫切的「現代化」的問題，它們努力尋求完就民主科學建國的可能，亦相信民主科學是不悖於中國傳統的，重要的是：如何去釐清民主科學與中國傳統的關係，並企圖建立其密切的關聯，做為民主科學在傳統生根的基礎。簡言之，當代新儒家極為強調文化的連續性（continuity）。

　　當代新儒家仍然承繼著先秦的原始儒家及宋明的新儒家傳統，尤其宋明儒學陸王一脈更給予了它決定性的影響。另外，早期如熊十力、梁漱溟都曾受佛學思想的影響，及生命哲學（philosophy of life）一脈的影響。《易傳》的生生思想更給予了熊十力哲學全幅的氣力。後來的唐君毅及牟宗三則頗受德國觀念論（German Idealims）的影響。

　　除了歷史的根源外，當代新儒家面臨著所謂「意義的危機」（crisis of meaning），而此危機則由於西風東漸，列強瓜分，造成中國民族古未曾有之浩劫所致，有志之士，雖經由洋務運動，尋求立憲變法，但終不可挽其頹勢，民主革命運動於辛亥年推翻滿清，但代之而來的是長期的軍閥割據。而思想方面，則由魏源的「師夷長技以制夷」，轉為張之洞的「中學為體，西學為用」，至民國八年的五四運動則強調「全盤西化」矣！五四強調德先生

（democracy）與賽先生（science），但其精神卻是「徹底反傳統」的，並深染科學主義的氣氛，而強調「科學代表思考的模式，代表了解生命和世界唯一有效的途徑」。但不久由梁啟超《歐遊心影錄》表述出西方科技文明的問題，而引發了「科學與人生觀」的論戰。由丁文江和張君勱對壘，從思想史的角度看，這個論戰可視為當代新儒家的方向起源。而此論戰後，梁漱溟先生推出其「東西文化及其哲學」，認定中國文化的價值。而後熊十力、唐君毅、牟宗三等人莫不從知識論、存有論及文化哲學、歷史哲學各個層面，對於「反傳統主義」及「科學主義」，提出強烈的反擊。

　　大體說來，當代新儒家認為相對於科學對於自然處理的態度，應該有一種進路去面對人文的世界；此進路不同於知識的進路，而是存在的進路。由存在的進路而有個人直接的體悟，並由此而有一「存有學的睿視」（ontological vision），如此才能重新締建中國傳統原具有的「倫理精神象徵」。但當代新儒家仍不改其傳統的「實踐」性格，他們更進一步強調由倫理精神象徵的穩立，進而安立制度結構體系，開出知性主體，以符應民主及科學的潮流。簡言之，「內聖外王」的儒家傳統的理想，而今日則以更嶄新的姿態出現在當代新儒家的理論系統裡，但其精神卻是不變的。

三、當代新儒家的人性論、歷史觀與世界觀

　　人性論是中國哲學的主題，或者可說「人性」是中國哲學的基源問題。先秦儒道墨法各家均有其不同的哲學理念，應世態度，也各有其不同的人性論。大致說來，中國哲學中的人性論並不是從生理學或心理學的觀點立論的。它乃是人對於宇宙人生看法之凝聚與縮型，它基本的方法是形上直觀（metaphysical intution），它根本的進路則是道德實踐。而人性論與世界觀乃至歷史觀，在中國哲學中是連成一氣的。

　　中國傳統肯定「德性的優先性」，而此又以儒家為代表。當代新儒家對人性的看法便是繼承這傳統，而加以開發闡揚的。他們在講論對於人性的看法時，除了援引古典經籍的文句外，還特地加上個人存在的體驗（此以熊十

力及唐君毅二人最顯著），在其情理兼賅的文筆下，撼動人性最深摯幽微之處。

當代新儒家肯定人性內在的「幾希」（孟子：人之異於禽獸者幾希）乃是一切價值的根源，做為一個真正的人便要去開發這個「幾希」，致其四端（惻隱、羞惡、辭讓、是非），並且去成就天地間萬事萬物。

這個「幾希」便是人內在德性的基礎，它是人存有的基礎。由於儒家哲學走的是道德實踐的進路，加上其形上直觀的哲學方法，於是發展出一種「類擬的洞見」（analogical insight），連結了天人，化解了道德世界與自然世界的隔膜。當代新儒家仍援引這條老路，認定人是大宇宙具體而微的縮型，人這個小宇宙的主宰是人心人性，亦即所謂「內在德性的真實」；相對於整個大宇宙，其主宰是天道天理，亦即所謂的「超越的形上實體」。內在德性的真實與超越的形上實體則是二而一的，並且內在德性的真實才有其實義；亦惟如此，超越的形上實體才穩得住，才不會成為子虛烏有，所談論的一切才不會成為戲論。從這個角度看，儒家的確是主張一種「道德的人格主義」（moral personalism）的。於是，人要成就其道德人格，推論之，宇宙世界也要成就其道德人格。不過儒家肯定宇宙世界的秩序本含有道德的秩序在，它是定然而必然的。因此，日月天體運行，土地生養萬物，都涵著深摯的道德內涵，正是要成就道德人格的有志之士所應學習的。（《易傳》上所說「天行健，君子以自強不息」「地勢坤，君子以厚德載物」，短短數言，即可洞達無遺。）相對於天道天理之定然而必然，人心人性則是應然而必然。《中庸》云「誠者，天之道也；誠之者，人之道也」即可見此義。

儒家既是道德的人格主義者，強調人心人性的應然而必然，並積極的強調實踐的重要。儒家相對地淡化了現實世界中實際上所充斥的種種障礙，為促使應然的理想世界必然來臨。他強化了道德的主體性，認為人祇要透過逆覺體證的工夫，並積極實踐，如此必能有所作為有所成就。由此可見，當代新儒家是一十足「道德的理想主義者」（moral idealist）。

相對於道德的人格主義，道德的理想主義，當代新儒家同樣的有其獨特的歷史觀——精神發展的歷史觀。他們認為人的主宰是人性的真實——道德

主體性，宇宙的主宰是超越的形上實體，而這超越的形上實體仍以人的道德主體為基礎。當代新儒家極為強化人的道德主體性，而落到歷史上來說，便特別強化歷史中人的因素，從而強調人的意志與精神部份，於是相信歷史是一種精神的生活史，而不是物質的生活史。進而強調歷史的衍變是循著一種精神的辯證法則的，認定人類（或民族）的文化精神是歷史的主人。這樣的看法顯著的表現在熊十力《中國歷史講話》、梁漱溟《東西文化及其哲學》以及牟宗三《歷史哲學》、唐君毅《中國文化之精神價值》等作品中。

在這些作品裡，他們的確透過自己的悲心願力照亮了整個中國的歷史，也匯通了所謂中國歷史文化的精神。但無可否認的，他們所談的，偏重於對歷史的哲學理念與信仰意願，而往往忽略了所謂的「歷史」。或者更清楚的說：他們的「信仰意識」高過於「歷史意識」。整個看來當代新儒家的歷史觀和德哲黑格爾（G. W. F. Hegel）的歷史哲學幾為同調；但值得一提的是：兩者雖屬精神發展的歷史觀，都屬「辯證發展的決定論」（dialectical and evolutionary determinism），都是為了提撕人類精神的苦心孤詣之作；但黑格爾將精神擺在「國家」，並強化德意志的優越性；而當代新儒家則將精神擺在「文化」，而強化中國文化的廣涵性及道德理想性。「國家」是現實世界政治舞台上的單位，而文化卻是引領現實世界超昇的力量，從此即可看出其精神根柢的異趣來。

尤其須要一提的是：當代新儒家完全免去了「歷史宿命論」的魔咒，而將人視為歷史的主人。因此，它雖是一歷史決定論者，但卻不是歷史宿命論者，它是道德的人格主義者，也是道德的理想主義者。

對於世界的兩種畫分，已成中外各家哲學的共法之一。儒家亦然，它畫分了應然世界與自然世界。而他做這樣的畫分並不是斷然而截然的。這祇是超越的區分，也是方便的區分。因為就儒家的理想而言，是要透過道德實踐去縫合這二重世界的鴻溝，使其通貫一體的，《易傳》所謂「大人者，與天地合其德，與日月合其明、與四時合其序，與鬼神合其吉凶」即為此義。

當代新儒家中，這二重世界的超越區分，在熊十力名著《新唯識論》裡以「體」（本體界）與「用」（現象界）二名表述之。而牟宗三名著《現象

與物自身》裡，則以「睿智界」與「現象界」二名表述之。牟宗三此書乃其數十年來學思的總結，他消化了中國儒釋道三家的思想，並以此來省察康德哲學，進而企圖透過這個省察與檢討，融會中西哲學於一爐。牟宗三肯定了康德（Immanuel Kant）的一個大前提——現象（Phenomena）與物自身（Thing-in-itself）的超越區分，但他不同意康德另一個前提：人是有限的，人沒有「智的直覺」（Intellectual intuition）的可能，祇有上帝才具有智的直覺。牟宗三通觀儒、釋、道諸家哲學，證成人雖有限，但卻有其無限性在，不祇上帝才具有智的直覺，人也同樣具有「智的直覺」的可能；因此人不祇是現象中之對象，而且是睿智界之「物之在其自己」（即「物自身」）（Thing-in-itself）。經由人的逆覺體證及道德實踐，可以化除現象與物自身界的隔閡，使二者通貫一體，如此才是究極之道。

相應於此二重世界的超越區分，儒家在認識論方面有其極獨特的看法。早先的儒家是從價值觀點來看這二重世界的，並且落在心性上將之分判為「本心」與「習氣」，先秦孔孟荀於此尚未有如是嚴格之區劃，到了宋明新儒家則大體都做了如此之區別。他們從知識論的觀點來看待這二重世界，落在心性上，將之分判為道德心與認知心，此可以張橫渠之「德性之知」與「聞見之知」的區分為代表。直到當代新儒家熊十力又以「性智」及「量智」二名來區分其所相對的二重世界，而牟宗三則以「德性主體」（即良知，即智的直覺）與「知性主體」（即認識心）二語來區分此相應的二重世界。

從本心與習性的區分，衍變到德性主體與知性主體的區分；儒學在知識論上有了極大的發展與進步。尤其當代新儒家熊十力、牟宗三等人已不囿於原先儒學對世界的看法，而積極的肯定對於現象界的客觀認知與獨立研究的重要性。因此，「量智」並不是相對於「性智」為一價值性的詞而已，它已積極的涵著認識論的意義，但它卻仍為性智所涵。而牟宗三使用「知性主體」（認識心）一語，其價值意味更淡，甚至可說全是認識論意義的；但相承於儒家傳統，他主張它仍為道德主體所涵。牟宗三更自強調要由「良知的自我坎陷開出知性主體」即指此。大略言之，儒學邁入近代以來之所以會有這麼重大的轉變。與其受西方勢力沖擊，而謀求民主科學等現代化有密切關

係。儘管當代新儒家有這種「轉出」的自覺,但顯然可見的,它並不悖於以道德實踐去縫合通貫這二重世界的傳統儒學之共法。

四、當代新儒家的政治論

　　相應於其道德的人格主義及其道德的理想主義,當代新儒家仍相承於儒家原具的政治理念——認為道統必須指導政統(簡言之,即是以文化思想來領導政治);而反對以政統控制道統(反對政治掛帥),因此當代新儒家不同於其它的保守主義者附庸於政治之下,而仍然充滿著批評與抗議的精神。梁漱溟、熊十力、張君勱等人如此,唐君毅、牟宗三亦如此,而徐復觀更具體的表現了這種批評與抗議的精神。

　　當代新儒家仍然承襲著傳統儒家德化與民本的思想,早期如熊十力、梁漱溟等即強調一種並不與西方民主政治同調,又不與馬克斯主義合流,而是以德化及民本思想為基礎的社會主義。梁氏與熊十力又迥然不同。梁氏以為惟有透過「鄉治運動」才能復興中國原具的倫理結構與矯治政治及經濟的落後,重建整個中華民族,使之能重新屹立於世界舞台之上,而且他實地在山東鄒平一帶展開這個運動,雖頗有成績,但仍不免於失效。梁氏的政治思想及行動方針則表現於《中國民族自救運動之最後覺悟》及《鄉治運動論文集》等書中。熊十力的政治論可從所著《讀經示要》卷三及《原儒》原外王篇等作品看出來。熊十力的政治觀(即其「外王學」)頗受今文學家公羊學一脈的影響,仍然堅守「貶天子、退諸侯、討大夫」的抗議傳統,以及「據亂世、昇平世及太平世」這「三世義」的傳統,強調「德化」與「民本」而肯定一「道德的烏托邦」的可能。梁漱溟、熊十力二人實不免為一偏高的道德理想主義者,但在其政治論作中最可貴的是含藏著深刻的抗議及批判精神,這是值得激賞與注意的。

　　張君勱及徐復觀二人可說是當代新儒家在政治上的代表人物,他們深知:對於權力根源問題的解決是政治上首當其衝的問題,肯定客觀法律的效力以及外在結構的力量,相信儒家德化與民本的思想,唯有透過這樣的管

道，才能顯出其真實的作用來。張氏是一政黨的創始人領導人，而且是國憲的起草人。徐氏亦曾為政黨要人，後終因其所秉持的儒者之抗議與批評精神，退而從事於學術上及知識分子立言的工作。徐氏秉其清剛之氣及評議精神所發政治時論，無不愷切動人。而此則可見原先的「學術與政治之間」一書的結集，而最近彙結的《儒家政治思想與民主自由人權》論文集，更能顯出他對儒家政治論的批判與開發，而其精神剛毅、元氣淋漓，更是感人肺腑。徐氏雖同當代新儒家諸人一樣是道德的理想主義者，是道德的人格主義者，但卻深含經驗論及實用主義的性格。論者以為此與其半生政治生涯有密切關係。

當代新儒家中，早期以熊十力較具系統建構性，而近則以牟宗三較具系統建構性。此二人可視當代新儒家哲學體系建構前後期之代表人物。牟宗三的政治觀與張氏徐氏二人原則上並無不同。惟牟宗三更著力去論斷中國政治的型態，分析儒道墨法諸家乃至其它歷代相關的政治思想，而試圖融通它與現代民主政治的關係。牟宗三以為中國傳統政治祇有治道，而無政道，並勘定此與中國人之認知態度密切關連。他指出：中國人注重「理性的運用表現」而忽略了「理性的架構表現」，注重「理性的內容表現」而忽略了「理性的外延表現」，注重「綜合的盡氣精神」而忽略了「分析的盡理精神」。簡明言之，他認定：中國儒家注重德性主體而忽略了認知主體。因此，他認定：「舊內聖開不出新外王」，傳統德性修養之道的運用表現（內容表現）開不出現代化民主政治的架構表現（外延表現）。他宣稱無法直接由德性修養順成政治民主，而必須經由一曲折的辯證過程。此即是「良知自我的坎陷開出知性主體」，而使德性主體與知性主體從原先的「隸屬關係」（subordination）一轉而為「對列之局」（co-ordination）。

但必須一提的是，牟宗三將這系列的程序安放在一個關鍵上——良知自我的坎陷，這仍是一種「自覺」的工夫，祇不過它不同於道德的自覺，而是一知識的自覺。牟宗三甚至以為這個工夫也能開出科學來，因為牟宗三認為「民主」和「科學」均屬知性主體所對之物，是外延的、架構的。從此顯然見出牟宗三將一切問題均納為人的問題，尤其是主體的問題，是故牟宗三認定對於「主體」的解決是格外重要的。牟宗三政治觀具見其所著《政道與治

道》、《道德的理想主義》等書中。

籠統言之，當代新儒家對於政治，乃是原則的指出大方針，而並未汲汲於政治理論的建構。因為他們是從文化思想的層面來關心政治民主化的問題，並不是從政治的層面來看民主化如何可能的問題。但無疑的，晚近的當代新儒家對於政治的看法並不同於先期的熊十力、梁漱溟二人；他們已積極的意識到解決權力根源的重要性，因此他們堅決肯定須透過形式結構的運作及客觀法律的護持，使人民能真正的當家做主；惟如此，傳統的德化思想與民本思想才不致為政治所反控或扭曲，更進一步才能積極有力的對民主政治產生作用。

五、當代新儒家的特點與侷限

從上述諸節的分析可見當代新儒家仍相承於宋明儒及先秦儒，而為道德的人格主義者，道德的理想主義者，它肯定人性的應然層面及其價值根源，並認定「倫理精神象徵」（ethico-spiritual symbolism）（即是道德精神的形上實體）乃是儒家信仰的精髓。這也是所謂的「體」，並認為惟有穩立這個體，才能由體開用。換句話說：當代新儒家面臨「形上的迷失」及「意識的危機」（crisis of consciousness），而極力去做「意義探求」（the search of meaning）的工作，而以為「意義象徵體系」（倫理精神象徵及道德精神的形上實體）的穩立乃是穩立一切的基礎，唯有此「大本」建立了，才能由本貫末的穩立「制度結構體系」。而言「建本立體」的工夫則端繫在道德自覺及實踐上，它是一種「逆覺體認」的工夫，此可醞釀出──「存有學的睿視」（ontological vision），如此才能穩立所謂的「本」及所謂的「體」。

當代新儒家所謂的「由體開用」、「由本貫末」，所謂的「由性智開出量智」、「由良知自我的坎陷開出知性主體」，雖已不囿於宋明及先秦儒家祇是「道德的自覺」，而已能強調「知識的自覺」。但當代新儒家仍是將這自覺安放在主體之上的，認為由主體的自覺開出知性一面，（即：架構一面，外延一面）開出個對列之局。無疑地，當代新儒家仍有「主體主義」

（subjectivism）的傾向。

當代新儒家以所謂「存在的進路」去面對世界，並以其逆覺體證，形上直觀及其道德感通，而忽略此間的社會學意義的定位。因此，我們可說當代新儒家的方法學仍有「獨我論」（solipisism）的傾向，它往往忽略了外在客觀制度結構，或者將此外在客觀制度結構收攝到個人內在心靈領域去處理。更簡單的說：它太注重了「意義」（meaning）而忽略了「結構」（structure）。

無疑地，當代新儒家的道德理想主義（moral idealism）並不同於西方的觀念論（idealism）。西方的觀念論強調「思維與存在的一致性」，而當代新儒家的道德理想主義則強調「道德與存在的一致性」。西方的觀念論是把存有整體的首要地位給與觀念，理想及精神；而當代新儒家則將存有整體的首要地位給與道德及其精神（亦即「倫理精神象徵」）。思想強調的是對象認知而道德則重主體的實踐。兩者雖有不同，但就其思考的方法暨路數，則有其相近之處。從當代新儒家面對問題思考問題的各個面向看來，可知它極為注重「形上理由的追溯」，而忽略了「歷史發生原因的考察」。它對於問題偏重於後設性的反省，而忽略了事實經驗的直接分析。他談的大抵是大原則，而較缺乏小方案；而且其大原則往往傾向於先驗的分析，而較缺乏經驗的綜合。面對問題，往往從理上推出，而較少從事上建起。

就中國當代諸門派思想而言，當代新儒家相續了整個民族文化的慧命，它極力的疏解了傳統文化的困結，並發揚了歷史文化的精神。尤其，它重新穩立了全民族的「倫理精神象徵」，建立了「生續不已的道德精神形上實體」。他們努力處理的固然偏向於信仰層面的問題，但也因此重新穩立了「意義象徵體系」。就廣度而言，當代新儒家或嫌不足，但就深度及高度而言，當代新儒家的確是可貴的。

六、結語

自古以來，儒家一向強調道德是內在的自律，而其關鍵則端在人之能「自覺」與「實踐」的工夫上。因此能夠「自反而縮雖千萬人吾往矣」！能

夠「殺身成仁」，能夠「捨生取義」。這是儒家知識分子幾乎一直扮演著悲劇的角色，毋怪孔老夫子要慨歎「知其不可而為之了」！歷史上真正的儒家絕不為政權所反控所利用而僵化成教條的死物，它因應著時代而富有「創造性」與「自我批判性」。當代新儒家仍然一直承繼著這個典型，這是不容忽視的，而自從辛亥民主建國以來，儒家這種批判與創造的動力當是更有著力的啊！

就當代思想而言，真是萬壑爭流，百花齊放，其進步之神速豈止一日千里。但大體而言，當代文化一方面除了科技文明特別強調形式性，概括性及系統性，企圖以雷同的單一性取代了豐富的多樣性外；另一方面則是歷史意識與社會意識的覺醒，它使得人們能夠從更多的視點去環視自身，於是絕對與權威的一元論（monism）褪色了，代之以相對而多元的觀點人們不再視其自身的傳統為唯一的，它祇是眾多傳統中的一個。因而人們也意識到必須立足於自己的傳統才能真正了解自身，進而透過各種視點的比較去了解其他諸傳統。不再僅視其自身為孤離的存在，而為一社會的存在，於是，動態及歷程的思想取代了靜態及超絕的共相。不論語言學、人類學、文學、哲學……乃至其他諸門學問，自現代以來，莫不充滿著歷史意識及社會意識，可謂無遠弗屆深植人心。

自辛亥革命以來，解決了政治權力根源的問題，擺脫了數千年來帝王專制的桎梏；於是社會開放、政治民主，百般問題因而變得明朗清晰起來。期盼當代新儒家當不再以深度及高度自限，而能向廣度開放。進而能秉其原具的批評與創造的動力，積極去面對社會及政治的苦痛與國家民族的危難；而此則必須能積極地面對自身潛存的糾結與困局，如實地加以批判及揚棄，從而獲得新生。最後筆者懇切的期望當代的中國知識分子能以其深摯的悲憫、高卓的人格及清明的理性，展開再啟蒙運動，為國家民族奮鬥。

（本文寫於一九八二年春，曾發表於臺灣聯合報系出版的《中國論壇》154、155 期，1982 年 2 月、3 月，它可以說是國內最早研究當代新儒學的作品之一）

第二章　熊十力體用哲學之理解與詮釋 ——以《新唯識論》〈序言〉〈明宗〉為 核心的展開

【本文提要】

　　本文旨在指出熊十力哲學如何邁向體用哲學之建立，它是環繞著「活生生的實存而有」所開啟的。正因如此，熊氏義下的哲學乃是一「思修交盡之學」，是經由一實存的體驗或存在的遭逢，而上遂於道的哲學。筆者即此而深掘熊氏哲學的核心，指出他所謂的「新唯識論」乃是一「殊特義下的本心論」，而非一般義下的唯識論。這是一道德本體實存義下的「活生生實存而有的體用哲學」。這樣的體用哲學是本體、現象相即不二的，是與人之實存證驗相即為一的。換言之，其所謂的「存有」不是可以經由客觀的認知與描述，以及概念性思考來把握的，而是我人這「活生生的實存而有」之參與和證會。參與和證會乃是一縱貫與融通的實踐活動，不是一橫攝執取的認知活動。體用相涵相攝，如眾漚與大海水相即不二，這是預取了個人與宇宙的內在同一性原則而辯證展開的。

關鍵字詞：體用、根源性、本體、現象、宇宙、顯示、論證、存在、生活、性
　　　　　智、量智、流出、顯現

一、熊十力哲學的省思起點

　　熊十力哲學之具有革命性的價值在於他總結了中國哲學的傳統，而第一個以系統性的哲學語言提出一整體而根源性的探問。這樣的一種探問使得中國哲學進入到一新的可能性。

　　我這樣的一個說法是說：熊十力提出了一個極為重要的哲學模型——體用合一論，來作為哲學的原型。[1]這樣的一個哲學原型可以參與到當前的哲學舞台之上，成為中西哲學匯通的一個要道。在某一個意義下，熊十力的哲學是前現代的，但這個前現代的哲學內容卻有著一個後現代的規模。[2]相對而言，熊十力的高足——牟宗三先生則是現代的，他所採取的是批判與安立，他通過康德的方式為中國哲學的重建立下了一個現代哲學的規模，但這樣的一個規模是以超越的二分說為格局。對於這二分的解決方式，牟氏仍然採取的是中國傳統的哲學智慧，或者更直接的說是承繼他的老師的。[3]

　　大體說來，牟先生經由「現象」與「物自身」的超越區分所建立的體

1　陳榮捷在所著《中國哲學資料書》（*A Source Bookin Chinese Philosophy*）中介紹當代中國哲學以《當代唯心論新儒學——熊十力》與《當代理性論新儒學——馮友蘭》並舉。陳瑞深於〈譯註〉中，繼續深化其理解，以為熊十力的「體用合一論」乃是一「唯心論的本體——宇宙論的形而上學」，相對來說牟宗三先生的《現象與物自身》則是一「唯心論的本體——現象論的形上學」，陳瑞深對此作了極詳盡的說明。筆者以為這些語詞仍不能盡其全，故仍以「體用合一論」之名來稱呼熊十力的學問。以上所涉陳氏的論點，請參看陳榮捷原著《*The New Idealistic Confucianism: Hsiung Shin-li*》。陳瑞深譯註《當代唯心論新儒學——熊十力》，收入羅義俊編《評新儒家》，見頁 415，上海人民出版社，1989 年 12 月。

2　見林安梧〈實踐的異化及其復歸之可能——環繞臺灣當前處境對新儒家實踐問題的理解與檢討〉，《儒釋道與現代社會學術會議》，東海大學 1990 年 6 月，臺中。

3　牟氏認為雖然他可以順著他的老師熊十力所呈現的「內容真理」，往前發展，並將熊十力未寫成的「量論」寫就，陳瑞深氏據此以為牟先生的哲學：唯心論的本體——現象論的形而上學，乃是繼承熊先生的唯心論的本體——宇宙論的形上學的發展。（見前揭書，頁 417）筆者想強調的是這樣的發展其實只是一面的發展而已，並不足以盡其全。更值得注意的是，就整個哲學的締造規模熊先生與牟先生則有甚大不同處。

系，到底比熊十力的「體用合一論」來得進步，但熊十力其「體用合一」的哲學規模卻有著一個嶄新的可能，本論文的目的是要去彰顯這種可能，因此筆者所著重的不是批判，而是闡釋，而所謂的闡釋則指向一種開發。

熊十力「體用合一」的論點可以說遍及於他的所有著作，而集於《新唯識論》一書[4]之中；再者熊十力的寫作方式，並不是採取如今學術論文的解析的方式，而是採取隨文點說的綜合方式，因此，在研究時頗難尋理出他的論證過程。其實，更值得我們注意的是，熊十力的寫作方式顯然不是一「論證」（argument）的方式，而是一顯示（manifestation）的方式。或者，我們可以說：熊十力的體用合一的哲學乃是一「顯示」的哲學，而不是一「論證」的哲學。在通讀了熊十力的大部著作後，筆者擬以同樣的方式來顯示熊十力「體用合一」的思想。筆者以為這當是符合於熊十力的體用合一的哲學的。[5]為免於尋章摘句，破碎不堪，筆者擬先以《新唯識論》的〈序言〉及〈明宗〉章為中心，作出熊十力體用哲學的詮釋與闡發。

二、《新唯識論》釋名

如熊十力所言，《新唯識論》是反駁舊唯識學的，在〈新唯識論全部印行記〉中，熊十力自設問曰：

4　關於熊十力所著《新唯識論》的變遷，約述如下——一是：1922 年的《唯識學概論》，因覺不妥，旋即改作《唯識學概論 2》，此稿刊行於 1926 年，後又改作《唯識論稿》，於 1930 年出版，此時其唯識學理論大概底定，而於 1932 年正式刊行《新唯識論》（文言本），思想大體確定，再於 1947 年刊行《新唯識論》（語體文本、足本），雖然後來他又於 1952 年作壬辰刪定本，於 1958 年改作《體用論》，再於 1959 年續刊《明心篇》。依熊十力而言，雖屢有變遷，實則基本觀念無甚改異，皆申明「體用不二、心物不二、能質不二、天人不二」也。

5　陳榮捷先生即以 manifestation 一詞來解釋熊十力的「承體大用」的「用」，也就是本體顯現為現象，這樣的「現象」不是一般意義下的「現象」，而是一「見乃謂之象」的「現象」，其說詳後。筆者這裡預取一個體用合一的方法論以作為論述的方法。

「此書非佛家本旨也，而以新唯識論名之，何耶？」曰：「吾先研佛
家唯識論，曾有撰述，漸不滿舊學，遂毀厥作，而欲自抒所見，乃為
新論。夫新之云者，明異於舊義者，冥探真極，而參驗之此土儒宗及
諸鉅子，抉擇得失，辨異觀同，所謂觀會通而握玄珠者也。（玄珠，
借用莊子語，以喻究極的真理或本體）破門戶之私執，契玄同而無
礙，此所以異舊義，而立新名也。」[6]

　　就表面上看來，《新唯識論》這一部著作為的是反駁佛家的唯識論，其
實底子裡他是配合著熊十力的心路歷程，他為的是要去探明究極的真理或本
體，而不是作為純粹學問討論的一部書。[7]當然，熊十力在這裡清楚的指出
他的論敵是佛家的唯識論，但筆者想要一提的是儘管這裡說佛家的唯識是其
論敵，但這裡所謂的論敵並不純是學問的，甚至我們要說，有一大半是越過
了學問的範疇，而屬於生命的、終極關懷的層次。或者我們可以直接的說這
關係到「見體不見體」或是「見道不見道」的問題。

　　熊十力一向標榜的是要「見體」，要探索究極的真理與本體，這處處可
見他不是一個學究型的人物，而是一位踐履篤實的哲學思考者。他一再的宣
示「哲學乃是**思修交盡**之學」，一再的標榜哲學與科學的分辨；其他，就他
的寫作及行文的方式，處處可見他的確與一般的學問研究不同。換言之，熊
十力的學問研究不是一對象性的探索，不是一客觀而向外的求索，而是一收
回自家身心，而作一向內的探索。他曾在給朱光潛的信中，說：

---

[6]　見熊十力《新唯識論》（熊十力論著集之一），頁 239，文津出版社印行，臺北，
　　1986 年 10 月出版。按：此書收有熊十力早年著作《心書》及《新唯識論》〈文言
　　本〉、〈語體文本〉，《破破新唯識論》，附有《破新唯識論》等著作。

[7]　杜維明氏即以為熊十力乃是一「探究真實的存在」的思想家，此所謂「探究真實的存
　　在」（quest for Authentic Existense）實即所謂「見體」是也。熊十力認為其學乃是一
　　見體之學。杜氏文章請參見氏著〈探究真實的存在——熊十力〉一文，收入《近代思
　　想人物論——保守主義》，臺北，時報文化出版企業公司，1982 年 9 月三版。又杜
　　氏復於所著〈孤往探尋宇宙的真實〉提及此，收入《玄圃論學集——熊十力生平與學
　　術》，頁 191-196。北京，三聯書店印行，1990 年 2 月。

「哲學之事，基實測以遊玄，從觀象而知化。（大易之妙在此）窮大
則建本立極，冒天下之物，通微則極深研幾，洞萬化之原，解析入
細，繭絲牛毛喻其密；組織精嚴，縱經橫緯盡其巧。思湊單微，言成
統類，此所以籠群言而成一家之學，其業誠無可苟也。」[8]

　　哲學是實存之事，就我人之實存經驗（基實測），而上遂於道，所謂
「遊玄」是也。實存的經驗不是一種「對象化的認知」，而是一種「存在的
遭逢」，由此存在的遭逢，才得上遂於道也。對萬有一切能就其「象」之顯
現，而如實觀之，因而知其天地生化。前者強調的是一「實存的經驗」，而
後者則著重一「如其現象而觀」，以知其化。這裡我們隱約的可以看到熊十
力所謂的「哲學」乃是一「實存主義式的本體學」，是一「現象學式的本體
學」。[9]

　　又如其所說，我們可以發現他所謂的「建本立極」，其實是廣納整體而
說的，而這裡所說的整體並不是相對的說它是如何的大，因為這裡所說的大
是不與小對的大，而是與小渾而為一的大。這樣的小大方式所成的整體之透
悟與理解，乃是一根源性的探索。其實，從這裡我們便可以看出所謂「根源
性的探索」便不是一「對象式的客觀探索」，而是一「實存的證會」，是一
「現象學式的本體探索」。熊十力之探索「真實的存在」者在於此。

　　熊十力更在其晚年所著的《明心篇》更用極多的篇幅來說明哲學乃是
「為道日損」之學，而不是「為學日益」之學。[10]再者，熊十力更以「存」
這個字眼作為其書齋的名稱，稱之為「存齋」，因而有《存齋隨筆》之作，
在〈序言〉中，他更清楚的表白了「存」這個字的意義，從其敘述的過程
中，我們可以發現其治學途徑是有別於一般人的。他說：

---

[8]　見熊著〈初印上中卷序言〉，同註6。

[9]　「實存主義式的本體學」與「現象學式的本體學」此二語意蘊頗豐富，筆者以為熊十
　　力之學可以作這樣的概括，詳見後解釋者。

[10]　見熊十力著《明心篇》，頁224，臺灣學生書局印行，1976年5月，臺北。

「存者何？吾人內部生活，含藏固有生生不已、健健不息之源，涵養之而加深遠，擴大之而益充盛，是為存。唯存也，故能感萬物之痛癢；不存則其源涸，而泯然亡感矣！」[11]

「存」不是一般所謂的「經驗性的存在」而已，而是「上遂於生命之根源的存在」，或者說，這不只是一般所謂的經驗，而是一種本體的經驗（Ontological experience）。依熊十力看來，這是人之為一個人契入本體的起點，也是參贊整個生活世界的起點，而且也就是吾人從事哲學研究的起點。「存」之所指是整個內部生活，而值得注意的是，這裡所謂的「內部」不是內外對舉的「內」，而是「合內外於一體」的「內」，因此，內部的生活便含有生生不已，健動不息之源。正因為含有此生生不已，健動不息之源，所以此生活中的人是有其主體性的。他參贊乎此天地之間，他的存在不只是一被動的存在，而是一主動的存在。就其整個參贊的過程即是「存」，所謂「涵養之而加深遠，擴大之而益充盛，是為存」。存是能感萬物之痛癢，如果不存，則其源必涸，最後終於泯然無感矣！

依熊十力看來，「存」不只是一經驗之存在，而是通極於本體之存在。存是一個活生生的生活，而不是一靜態的事樣，在吾人生命的澆灌之下，通極於萬有一切，周浹流行，通為一體。換言之，存有的問題始於實存，而不是從「存有之所以為存有」的方式，來探索存有。存有學原是實存學，而實存則是活生生的存在，這即是生活，生活是生化活化的生活。生者，源泉滾滾；活者，健動不息之謂也。關連著這種「活生生的實存而有」的存有學，我們便可以名之曰「實存主義的存有學」（或者說為「實存主義式的本體學」），又這樣的實存是不離其本體的，根本上是其本體的顯現，是「見乃謂之象」的「現象」，是本體與現象不二的「現象」，這樣的存有學，我們

---

[11] 見熊十力未刊稿《存齋隨筆》自序，轉引自郭齊勇《熊十力與中國傳統文化》，頁181，天地圖書有限公司，1988年，香港。

亦因之而可名之曰「現象學式的本體學」、「現象學式的存有學」。[12]

　　經由熊十力對於「存」字的深刻理解，我們順著這樣的研究途徑，將可以進一步釐清《新唯識論》之所以為新的地方何在。我們且先從熊十力對於「唯識」這兩個字的新闡釋了解起，他說：

> 「識者，心之異名。唯者，顯其殊特。即萬化之原而名以本心，是最
> 殊特。言其勝用，則宰物而不為物役，亦足徵殊特。新論究萬殊而歸
> 一本，要在反之此心，是故以唯識彰名。」[13]

　　在這裡熊十力將原來「唯識」的「唯」字轉成「殊特」來理解，而又將「識」字轉成「本心」的「心」來理解。並將萬化的本原叫做「本心」，就此「本心」而言其殊特也，換言之，這樣的「殊特」是就其具有本體的意義而說的。又因為本體與現象不二，因此，除了這裡所說「本體意義的殊特」之外，就其本所顯現（「勝用」）而言，亦可以說其殊特，其殊特是其宰物而不為物所役，當然這裡所謂的「宰」不是一般的主宰或宰制的宰，而是作主的意思。明顯的，這種新的「唯識」指的是一「體用合一」下，或者說是「一體觀」或「不二觀」下的「本心論」。他一方面預取了「萬殊歸一本」，而且是認為此「一本」的究竟終結點是在於「此心」。此心者，此在之本心也。不離於此，而不離於彼，即體即用是也。顯然的，熊十力是通過「本心」去究極真實，而不是由一向外的求索，先定立一形而上的「本體」，然後再導出本心與道德實踐。換言之，熊十力之學並不是一「宇宙論中心的哲學」，他是經由本心之為本體，而開顯的「本體宇宙論哲學」，或者我們可以說他是本體、現象不二、本體即顯現為現象的「現象學的存有學」。

　　熊十力以為若依唐窺基法師的解釋「唯遮境有，執有者喪其真，識簡心

---

[12]　「見乃謂之象」語出《易繫辭傳》第十章，熊十力本體現象不二之說實發端於此，詳後。

[13]　見同註6。

空，（此言成立識者，所以簡別於心空之見也）滯空者乖其實。」[14]原來「唯識」一詞的「唯」它的意義是對執外境為實有的見解加以駁斥，因為如世間所執為「有」的意義，是不合真理的。從此可見熊十力所謂的「唯」——做為殊特意義的「唯」與原先作為遮撥意義的「唯」是不相同的。套用熊十力的分別，我們可以說作為「殊特意義的唯」是「表詮」，而這與作為「遮撥意義的唯」是不相同的。[15]再就「識」來說，「識」原是簡別的意思，是對於那些「執心是空」的見解而加以簡別，即是表示與一般否認心是有的這種人底見解根本不同。這是對於「空宗」的末流所提出的批評。因為如果把心看作是空無的，這便是沉溺於一切都空的見解，佛家呵責為空見，這更是不合理的。

所謂的「唯識」其實指的是「世間所計心外之境，確實是空無的，但心則不可說是空無的。」換言之，依熊十力所理解的佛家唯識學所說的「唯識」，他是通過「識」來決定「境」，是以認識的主體決定了所認識的對象，或者說原來「唯識」的「識」指的是對於外在事物有所理解了知的「識心之執」。[16]熊十力對於這樣具有存有論化的「識心之執」頗不以為然，他以為「識心之執」，是因跡而起的，是起於實用的要求而成慣習，它究極來說是空無的，是幻有的，並不足以作為存有論的基礎，真正足以作為存有論的主體的是「本心」。本心也者，作為一個活生生實存而有的在世存有的參

---

[14] 見窺基《成唯識論述記序》，又文中的註語為熊十力所加者，見氏著《新唯識論、文言本》，見熊十力論著集之一，頁46，臺灣，文津出版社，臺北，1986年10月。

[15] 關於「表詮」與「遮詮」，熊十力曾有明白表示，他以為所謂的「表詮」是承認諸法是有，而以緣起義來說明諸法所由成就。而所謂「遮詮」則是欲令人悟諸法本來皆空，故以緣起說破除諸法，即顯諸法都無自性。（見同 6）顯然的熊十力是將此二法融會為一，先遮而後表，其思想與佛家當然不同，但其思想的表達方式，尤其就「唯識」一詞的瞭解，熊十力為表詮。

[16] 從來有關唯識的論點便極不一致，有所謂的「有相唯識」，「無相唯識」，或者說：有「虛妄唯識」、「真常唯心」。明顯的，熊十力這裡的論敵是「虛妄唯識」，是以護法為主的「唯識今學」的傳統。此統為中國之玄奘窺基所承繼。民國初年南京支那內學院以歐陽竟無大師為主所弘者即為此學。熊十力曾為歐陽門下，後因所見不同而反之，多有論戰。

與主體是也。熊十力《新唯識論》中所說的「識」，並不是「識心之執的識」，而是這裡所謂的「本心」。

　　《新唯識論》雖然以本心為主，但並不是就不談「識心之執」（妄心），換言之，熊十力是以「唯識」作為其本心論的基底，從「唯識」的識心之執（妄心）轉而為本心，這是一個辯證的昇進過程。熊十力所謂「辨妄正所以顯本，妄之不明，本不可見。」[17]值得注意的是，這裡所謂「顯本」即是探究一存在的絕對與真實，他已與佛教的緣起性空之基本論點相違。或許有人會說熊十力這樣的方式是否紊亂了語言，使得真理無所定準。熊十力的解釋是這樣的，他亦知道他之使用這些語詞，大部分是「承舊名而變其義」者，因此他要求讀者要能依其立說的統紀以看待這個問題。例如，「恆轉」一辭，舊義所指的是「阿賴耶識」，熊十力則用來「顯體」，與舊義完全不同，其它這種情形還很多。如果我們整個說的話，我們可以說熊十力根本上是要從他原來所熟悉的唯識學（護法的有相唯識、玄奘、窺基的唯識今學）翻轉而上，造就一新的唯識學，這樣的唯識學不只停留在知識論的層次，而且更而進至一本體論及宇宙論的層次。這樣的唯識學不只停於「識心之執」的層次，它要更進至「無執的本心」之層次。

　　就如馬一浮為熊十力所作《新唯識論》〈文言本〉的序一樣，他說：

> 「其為書也證智體之非外，故示之以明宗；辨識幻之從緣，故析之以唯識；抉大法之本始，故攝之以轉變；顯神用之不測，故寄之以功能；微器界之無實，故彰之以成色；審有情之能反，故約之以明心。」[18]

　　馬一浮這段話可說是熊十力的知音，整個《新唯識論》就在說明「智體之非外」，即熊十力所謂「實體非是離自心外在境界，及非知識所行境界，

---

[17] 同註6。

[18] 同註6。

唯是反求實證相應故，是實證相應者，名之為智」，原來探究實體的活動是回到自家身心，歸返天地人我一體的境界而說的，並不是向外的求索。向內實證是「智」（即所謂的「性智」），而向外求索則是「識」（即所謂的「量智」），「識」是由緣而起現的，所以「識」是虛幻的，不是真實的，虛妄唯識之義不可成。熊十力一方面也注意到唯識舊學與唯識今學而進至一新的理論，此即其《新唯識論》之所由作也。依熊十力看來，原先的唯識學（唯識今學）的意識哲學的方式是不能穩立一對於世界存有之闡釋與說明的。他以為唯有進至一智體非外的《新唯識論》的方式才為可能。他便從體用合一的論題來展開他的論述。他以為唯有儒家《大易》（即《易傳》）、《中庸》以來的傳統才能建立起這套體用合一論，佛老則不能。「轉變」、「功能」兩章他深刻的檢討了佛家的空宗、有宗以及道家的思想，建立了以「恆轉與功能」為核心的本體論，這樣的本體論是要「明神用之不測，抉大法之本始」的。的確熊十力的「破集聚名心之說，立翕闢成變之義，足使生肇歛手而咨嗟，奘基撟舌而不下」[19]，佛教傳入中國約近兩千年，闢佛者歷代有之，但系統如熊十力者，深刻如熊十力者，「入其壘，襲其輜，暴其恃，見其瑕」如熊十力者，可謂絕無僅有。當然，熊十力在闢佛的理論過程中，不免有許多的錯誤，但他所指出的問題則是可貴的。我們甚至可以說後人有論及儒佛論爭者，熊十力決是一重要的標竿，因為他使得儒佛論爭有了一個較為恰當的可能性。如他的高足——牟宗三先生對於佛教的理解頗多過於其師熊十力者，實因其師有以導之也。這也就是說熊十力開發了問題的根源，而牟先生則給予一恰當的衡定。

作了以上的敘述，我們可以發現熊十力可以說另闢蹊徑的開啟了一個嶄新的中國哲學研究方向。看起來，他仍然囿限在宋明儒「闢佛老」的階段，其實不然，他已吸收了佛老的思想，而將其存有論的解構者轉成方法論的運作（融攝空宗），將其知識論橫攝的方式轉成本體及宇宙論的縱貫方式（融

---

[19] 從以「集聚名心」到「翕闢成變」這代表著熊十力哲學的轉變，大體說來，這是從眾生多源轉成眾生同源的一個關鍵性的轉變。關於此請參看拙著《熊十力唯識學的轉變關鍵——從眾生多源到眾生同源》，1990年手稿，未刊行。

攝有宗）；儘管他對佛老多所誤解，但是我們卻發現他真開啟了一些重要的哲學構造方式。他哲學的動源是來自於「存」──生命實存的感受與存在的遭逢，這樣的一個「存」的活動，便使得內外通為一體，渾然為一，從「分別說」轉為「非分別說」的境地，於是他所謂的「哲學活動」就不只是「思辨」的學問，而是整個生命參與於其中的學問，所謂「思修交盡之學」是也。他所謂的「真理」就不只是「符合一客觀對象」這樣的真理，而是體驗證會其通而為一的真理。

在這樣的「哲學觀」與「真理觀」下，當然熊十力所謂的「存有學」就不是探索一「存有之所以為存有」這樣的學問，而是探索「活生生的實存而有」這樣的學問。存有的探討就不只是靜態的認知與探討，而是動態的參贊與實踐。又這種活生生的實存而有的方式，人的參贊與實踐成了最為重要的關鍵與核心。無疑的，熊十力的哲學是以實踐作為中心的。熊十力的哲學在表達上，或者常習於從宇宙論的層次往下說，似乎看起來是一種「宇宙論中心」的哲學，其實不然，因為，他最為根本的是以「道德實踐」為中心，他這樣所建立起來的宇宙論，其實是一「道德的宇宙論」，他這樣建立起來的形而上學，其實是一「道德的形而上學」。[20]他的「道德的形而上學」便是以「體用合一論」展開的。

三、《新唯識論》〈明宗章〉釋義
──「體用合一」的基本結構

熊十力在所著《新唯識論》的〈明宗章〉開頭便說：

「今造此論，為欲悟諸究玄學者，令知實體非是離自心外在境界，及

---

20 這樣的道德的形而上學後來為牟宗三所承繼，但是牟先生的道德的形而上學並不同於熊十力的道德形而上學。熊先生偏重在宇宙論，而牟先生則偏重在本體論。熊十力偏重在自本體的流出，牟氏則偏在智體的照明。

非知識所行境界，唯是反求實證相應故。」[21]

　　這裡，熊十力顯然的要區分他所要締造的形而上學是不同於一般形上學家所做的探討。或者如他所說的形上學是要探索「實體」的，但這樣的「實體學」（Ontology）並不同於亞理士多德的「實體學」（Ousiology）[22]，因為他所謂的「實體」不是離自心的外在境界，也不是知識所行的境界，而只是反求實證相應的境界（若假說為境界的話，實則不見得適合以境界名之）。所謂的「實證」則是自己認識自己，絕無一毫蒙蔽。換言之，實證並不是一般知識上的「證實」，而是生命經驗全幅的存在「遭逢」與「呼應」。

　　如上所說，熊十力所說的「實體」乃是一周流太虛，無有分界的總體狀況，「實」指的是一活生生有血有肉的真實，這是一生命的真實，是一存在的真實，是有別於經由意識分劃後的概念世界的。實體就是整體，也可以說成本體，他以為本體之所以不離我的心而外在，是因為大全（本體）是顯現為一切分，而每一分又都已具有大全。每個人的宇宙都是大全的整體的直接顯現，而不可以說大全是超脫於個人的宇宙之上而獨在的。用眾漚與大海水來作比喻，大海水顯現為眾漚，即每一漚都是大海水的全體的直接顯現。就大海水來說，大海水是全體的現為一個一個的漚，不是超脫於無量的漚之上而獨在的。又若站在漚的觀點上，即每一漚都是攬大海水為體。（註：同上）這麼說來，熊十力的哲學並不是要去探索一個夐然絕待的東西，而是直就存在的整全來探索的。

21　同註6。

22　一般說來，由於受到物理學的影響，亞里士多德未能擺脫自然哲學的框架而發展出存有學來。而且，他亦未注意到存有學的差異，而只研究存有者本身，並未真正把握到存有的豐富內容。再者又由於物理學及實在論的考慮，以實體為存有者之存有，這便使得存有學轉為實體學，更進一步又轉為神學。海德格即以為亞氏忽略了存有學的差異，而變成了一「形上學的存有·神·學構成」（Onto-theo-logical constitution of metaphysics），請參看沈清松著《物理之後——形上學的發展》，頁 129-131，牛頓出版社，1987 年 1 月，臺北。

　　明顯的，熊十力是不分本體與現象的，或者我們可以說他認為本體所顯現即為現象，他所謂的實體學或者本體學，其實就是現象學，但這樣的現象學並不是作為探索一客觀對象的本質的「本質學」，而是一主體相互攝入，活生生的實存的「生活學」，這樣的存有學，或者更直接的說是「自己認識自己」的學問。如熊十力所言，他不像一般的人談本體是「向外尋求，各任彼慧，構畫搏量，虛妄安立」，因為他所要求的是真見體，他說：「真見體者，反諸內心，自他無間，徵物我之同源，動靜一如，泯時空之分假，至微而顯，至近而神，沖漠無朕，而萬象森然，不起於座，而遍周法界」。[23]這樣的自己認識自己的本體學就是現象學，就是生活學、就是存有學。他所預取的是天人、物我、人己皆通而為一的整體觀，而這整體觀不是一死寂的整體，而是活生生的整體，或者更直接的說是一體用合一的整體觀哲學。

　　這樣子的體用合一的整體觀的本體論，他所要探索的「存有」的意義很明顯的不是一般所以為的「存有」。一般都以為「存有」是可以經由客觀的認知與描述，是可以經由一種概念性思考的把握，以一種「名以定形」的方式，或是「形以定名」的方式來定立的。這樣子的存有是不涉及於價值的，它屬於實然的層次，而不屬於應然的層次。但依熊十力的意思看來，所謂的「存有」當不是一離吾人之外的一種存有，換言之，不是經由概念性思考所定性的存有，而是一活生生的、本體顯現為現象，並相融不二的存有。這樣的存有與我人的生活世界是不能區隔開來的，存有與價值融成一體，應然與實然渾成一片；或者更直接的說，他所要探索的存有其實就是我人的生活世界，我人的生活世界當然是豐富而雜多的，價值與存有不二，應然與實然渾一。因此，我們可以說，這樣的存有學並不是去探索「存有之所以為存有」的學問，而是去探索「活生生的實存而有」的學問，一言以蔽之，其實就是「生活學」。

　　依海德格（Martin Heidegger，1889-1976）而言，探索「存有之所以為存有」這樣的存有學，其實導致一「存有的遺忘」，相反的，熊十力探索的

---

[23] 同註6。

是一「活生生的實存而有」這樣的存有學則可以免除所謂「存有的遺忘」之病。又熊十力所以為的「活生生的實存而有」並不是就一有限隔的個人之存在來說，而是通極於天地、人我、萬有一切皆通而為一，無所限隔的整全來說的。換言之，這裡熊十力預取了一天地人我、萬有一切的內在同一性原理。無疑的，這個本體的內在同一性原理是先於一切的，它是一切區隔與分化的起點，同時是終點。

既然本體是整全的，是同一的，而且它是動態的展開的，這便得尋求一展開的起點。這展開的起點其實是無所謂起點相的，說是起點，這是一種方便的說法，因為這裡所說的起點並無時間先後的意思，他只是為了要說明這個理論的說法而已。當然這起點不外於此「活生生的實存而有」的整體，我們之所以會要探索這整體如何，是因為我們自覺到我參與了這個活生生的實存而有的整體。換言之，我們的探索當然是從此「參與」開始。回到那「參與」的主體才是探索「活生生的實存而有的整體」的真正起點。這參與的主體即所謂的「性智」或「本心」。

這裡所謂的「參與」乃是一縱貫與融通的實踐活動，而不是一橫攝執取的認識活動。正因如此，本心或性智乃是一無分別心、是一整全的心，不是分別的執取之心。如熊十力所說「性智者，即是真的自己底覺悟。此中真的自己一詞，即謂本體。在宇宙論中，賅萬有而言其本原，則云本體。即此本體，以其為吾人所以生之理而言，則亦名真的自己。……此中覺悟義深，本無惑亂故云覺，本非倒妄故云悟」[24]這樣的一個覺悟就是所謂真的自己，它本是「自明自覺的，虛靈無礙，圓滿無缺，雖寂寞無形，而秩然眾理已畢具，能為一切知識底根源。」（同上）因為參與乃是一縱貫融通的實踐活動，因此把握到此參與的主體即是找尋到了整體的動源。這動源或者可以說是主體的能動性所展開的起點，同時也是整個道體展開的起點。主體與道體是預取其通而為一的，宇宙與人其內在是有其同一性的。當然，這裡所謂的「同一性」並不是一知識的執取的同一性，而是一渾然一體，兩相涉入的

---

[24]　同註 6。

同一性，或者可以說是一「辯證的同一性」，是經由一實踐的縱貫與融通而來的同一性。如果換個語詞來說，那就是所謂的「一體觀」。

相對於「性智」所對的「一體觀」，則有「量智」所對的「分兩觀」。量智「原是性智的發用，而卒別於智者，因為性智作用，依官能而發現，即官能得假之以自用。」因此，量智不同於性智之渾然未分，而有思量和推度或辨明事物之作用。「量智是緣一切日常經驗而發展，其行相恆是外馳，夫唯外馳即現有一切物」[25]換言之，量智及是一橫攝執取的認識活動。它是一主體循著感官出離其自己的活動，這是一主體的對象化活動，是一心向外馳的活動。這種心向外馳的主體對象化活動，因為假官能之作用，迷以逐物，而妄見有外，因而成為「習」，就此習而言，熊十力亦稱此是「習心」，而別於性智的「本心」。任此習心望外馳，當然會有迷妄相，甚至感情盲動，但熊十力預取了「本心」與「性智」，可以使得習心量智不陷於染污之中，「離妄習纏縛而神解昭著者，斯云懸解」（同上）。懸解只是暫時的超脫與離妄而已，這仍然不是真解，要到「妄習斷盡，性智全顯，量智乃純為性智之發用，而不失其本然，始名真解。」（同上）

如上所作「真解」與「懸解」的區分，我們可以說熊十力這裡隱含著一個由「本心性智」對於「量智習心」的治療作用。量智習心常妄計有外在世界攀援構量，因而常與真的自己分離，並常障蔽了真的自己。要得真解才能免於這樣的異化，才能歸反於本體。熊十力認為哲學正是這樣的活動，它的重心即在「本體論」上，本體論究是闡明萬化根源，是一切智智，是一切智中最上之智，而且是一切智所從出的地方。真解的根源乃是本心是性智，是本體是一切智智。熊十力以為本心是虛寂的，是明覺的。「無形無相故說為虛。性離擾亂，故說為寂。寂故，其化也神，不寂則亂，惡乎神，惡乎化。虛故其生也不測，不虛則礙，奚其不測。」「離闇之謂明，無惑之謂覺。明覺者，無知而無不知。無虛妄分別，故云無知。照體獨立，為一切知之源，故云無不知。備萬理而無妄，具眾德而恆如，是謂萬化以之行，百物以之

25　同註 6。

成。群有不起於惑，反之明覺，不亦默然深喻哉。」（同上）這段關於本心是虛靈明覺的詮釋，清楚的標示出熊十力所謂的本體論，是不離其本心論的。這樣的一個「本心論」的立場，含著一個生發創造的世界觀。「本心」則是這個生發的宇宙動源。它既是對於這世界理解與詮釋的起點，同時也是參與此世界，進行批判與重建的起點。

如上所言，性智本心即是宇宙道體，換句話來說，熊十力繼承了宋明理學的心學傳統，接受「心即理」這個基本的命題。熊十力說：

> 「本心即是性，但隨義異名耳。以其主乎身，曰心。以其為吾人所以
> 生之理，曰性。以其為萬有之大原，曰天。故『盡心則知性知天』，
> 以三名所表，實是一事但取義不一而名有三耳。」[26]

雖然三者所表，實是一事，但真正的動源則在於本心。換言之，所謂的「盡心的盡」乃是性天全顯，是通過修為功夫對治習染或私欲，而使得本心顯發其德用，廓然忘己，澈悟寂然而非空，生而不有，至誠而無息。熊十力所說的「心」，「實非吾身之所得私也，乃吾與萬物渾然同體之真性也」，因此，只要「反之吾心，而即已得萬物之本體」。（同上）當然這樣的所謂「本心論」與「天道論」是不一不二的。其為「不二」是因為它們有其內在的同一性，其為「不一」是因為它們的同一仍須預取一個實踐的辯證歷程。如果我們不能正視到它們的「不二」關係，將會產生存有與價值的斷裂；若果吾人不能正視到它們的「不一」關係，將會產生「滿街是聖人之誤」。[27]

本心論與天道論的不二關係才能使得形上學有所安排，如果不預取這個不二關係，則一切形而上學將不可言，中國傳統數千年來的儒學傳統所說的「天人性命相貫通」將成獨斷的戲論。這樣所形成的「本心論」將成一無源無頭的本心論，是為「寡頭的本心論」，這樣的「天道論」則一無本心可潤

---

[26] 同註6。

[27] 陽明末學有此誤，這指的是忽略了實踐的歷程，而一味的以為有所謂的「現成良知」。

的孤絕的「無腳的天道論」。「寡頭的本心論」便不能達乎天地人我、萬有
一切，合而為一體，這樣的本心論再怎麼說都不能免於主客對立、能所對立
之局。「無腳的天道論」當然就是獨斷的天道論，這樣的天道論難免是一虛
幻的無實的假構之物。熊十力所以一再的提出「今世之為玄學者，全不於性
智上涵養工夫，唯憑量智來猜度本體，以為本體是思議所行的境界，是離我
的心而外的境界。……量智只是一種向外求理的工具，這個工具若僅用在日
常生活的宇宙即物理的世界之內，當然不能謂之不當，但若不慎用之，而欲
解決形而上的問題時，也用他作工具，而把本體當作外在的境物以推求之，
那就大錯特錯了。」[28]由此可知，熊十力的天道論不是一無腳的、獨斷的天
道論，其本心論也不是一寡頭的本心論。在熊十力而言，天道論所處理的並
不是一宇宙的規律如何的問題，因為就其客觀而對象化的認知，天道之如何
運行，這是不可知的，他所處理的天道論是通過本心論而締建起來的天道
論。本心論最直接關連到的是文化創造及價值創造的問題，若純就一對象化
的認知來說，他所定立的是價值的規範，而不是一存有的規律；但若就一體
觀的體會而言，他是通過價值規範的定立，來穩立一存在的規律。正因如
此，這個存有的規律不是一客觀的、靜態的、機械的法則，而是一主體互動
的，動態的，辯證的法則。熊十力即在這裡清楚的區分了玄學與科學的不
同。

　　熊十力以為「我人的生命與宇宙的大生命原來不二，所以，我們憑著性
智的自明自識才能實證本體，才自信真理不待外求，才自覺生活有無窮無盡
的寶藏。若是不求諸自家本有的自明自識的性智，而只任量智，把本體當作
外在的物事去猜度，或者憑臆想建立某種本體，或則任妄見否認了本體，這
都是自絕於真理的。」[29]明顯的，這裡熊十力所預取的是一「不二觀」或者

28　同註6。

29　同註6。

說「合一觀」的真理觀，這不同於「分兩觀」下的真理觀。[30]依「不二觀」的真理觀而言，所謂的真理其實就是他本心對於自己的認識，而這個對於自己的認識，其實就是對於萬有一切整體大全的認識。或者更簡單的說，所謂的真理就是本體的自我認識，而這本體就是吾人固有的性智，雖然說是固有的，但必須要在吾人內部生活淨化和發展時，這個智才得顯發。以為熊十力既然已經說性智是固有的，所以當下即是，這是不應理的，這是沒有注意到本心雖與道體為「不二」，但其實是「不一」的。值得注意的是，熊十力這裡所謂的內部生活的淨化和發展，並不是一與外在隔開無關的內部，因為在「一體觀」的情況下，根本無內外之隔，有了內外之隔，這明顯是在「分兩觀」的情況下，才得成立的。這麼說來，所謂「內部生活的淨化」其實指的是經由一生命的復歸活動，使得整體大全都得善逐而成。

四、結語

　　總結如上所說諸節，我們可以說：熊十力的哲學旨在強調體用合一，而所謂的「體用合一」必先預取一「體用不二」的觀點。所謂的「體用不二」或「體用合一」意指承體大用，即用顯體。體用合一預取天人、物我、人己這三個面向之通極為一。體用合一預取的是存有論、價值論、認識論三者通而為一的論點。熊十力通過眾漚與大海水彼此相互涉入的圖像來說明其體用合一的論點，所謂眾漚即是大海水，大海水就是眾漚。再者我們發現熊十力的「體用合一論」其實預取了一個與宇宙的內在同一性的原則，但這樣的同一性原則不是一實然狀態的同一之描述，而是一個理想的要求，是一實踐的要求。也就是說這樣的同一性是一「動態的同一性」，而不是一「靜態的同一性」。這麼說來，熊十力的體用合一論看起來好似從宇宙論或者自然哲學往下說的一種哲學，但我們不能說這是一種宇宙論中心的哲學，因為他早先

---

[30]　關於不二觀的真理觀與分兩觀的真理觀，筆者曾有論述，請參見林安梧〈絕地天之通與巴別塔──中西宗教一個對比切入點的展開〉，刊於《鵝湖學誌》，第 4 期，1990年 6 月。

預取了天人、物我、人己的同一性作為其論點的基礎。這不是由宇宙論導出
心性論，不是由存有導出價值；而是預取了其同一性來立論的。換言之，在
這樣的架構之下，認識的主體同時是道德實踐的主體，同時是整個宇宙創生
的道體。值得注意的是道體與萬物的關係是不二的，認識的主體與客體亦是
不二的，道德實踐的主體與道德實踐的行為亦是不二的。換言之，物（存
有）與事（實踐）與知（認知）三者亦是不二的。

　　明顯的，熊十力的體用合一論雖然強調天人性命相貫通，但我們可以更
直接而斷然的說：他是將整個宇宙的支點擺置在「性智」（即主體的能動
性）上頭，而所謂的主體能動性並不是對於對象的決定，而是周流感通合而
為一的。換言之，「體萬物而不遺」與「見心」及「見體」這三者是同一件
事。熊十力意下的道體之體，與心體之體，乃至物體之體是同一個體，而這
樣的「體」是即存有即活動的「體」，落實於道德實踐，他的關鍵則在對於
本心之體的體認，對於本心之體的體認即是對於道體之體的體認，同時即是
對於物體之體的體認。因此，我們可以說熊十力認為最重要的哲學活動乃是
「見體」的活動，而所謂見體的活動其實就是性智顯發的活動。熊十力這樣
描述性智顯發的情形。他說：

　　　「到了性智顯發的時候，自然內外圓融，（即是無所謂內我和外物的
　　　分界），冥境自證，無對待相，（此智的自識，是能所不分的，所以
　　　是絕對的），即依靠著這個智的作用去察別事物，也覺得現前一切物
　　　莫非至真至善。換句話說，即是於一切物不復起滯礙想，謂此物便是
　　　一一的呆板的物，而只見為隨在都是真理顯現。到此境界，現前相對
　　　的宇宙，即是絕對的真實，不更欣求所謂寂滅的境地。（寂滅二字，
　　　即印度佛家所謂涅槃的意思。後倣此）現前千變萬動的，即是大寂滅
　　　的。大寂滅時，即是現前千變萬動的。不要厭離現前千變萬動的宇宙
　　　而別求寂滅，也不要淪溺在現前千變萬動的宇宙而失掉了寂滅境

地。」[31]

　　如上所引言，我們可以說熊十力便以此「體用合一論」作為其哲學的基本構造，他之所以悖離佛學而歸本儒學，根本上是因為儒學是體用合一的，而佛學則不能談體用合一的。在體用合一的格局下，我們發現了熊十力的哲學隱含了一套本體的現象學，以及一存有的生活學。基於此存有的生活學及本體的現象學，可以有一套本體的解釋學，及文化的治療學。這是值得我們去注意及開發的。

　　　　（本文乃作者 1991 年臺灣大學哲學博士論文《存有、意識與實踐：
　　　　熊十力體用哲學之詮釋與重建》第二章，後來修訂以〈熊十力《新唯
　　　　識論》中體用哲學的思考支點〉，1992 年 12 月發表於【國際佛學研
　　　　究年刊】第二期。）

---

[31] 同註 29。

第三章　熊十力儒學中的「孔子原型」 ──「革命」的孔子

【本文提要】

　　本文旨在經由熊十力儒學的曠觀，並落實於其經學脈絡中來審視；特別環繞其晚年所著《原儒》一書，加以考察。首先以繫年及總體的理解，闡明「經學系列」與「哲學系列」在熊氏學問中的關係。再者，對於熊氏所謂的「原儒」究何所指，其意義結構為何，做一概括的詮釋；指出其所謂的「原」並非一「事實真相」之原，而是一「理想價值」之原。熊氏以孔子「五十以學易」、「五十而知天命」以為斷，而區分「小康之儒」與「大道之儒」，這可以說是其體驗的洞見所在。緊接著，在隨文點示中，指出其「革命的儒學」之提出，本根據於中國文化長久以來的「隱匿性傳統」，當然，熊氏雖承繼於此，但卻有一新的開展與創造，又與此傳統有所區別。最後，則闡明「革命的孔子」之形象到底為何，其思想與意義又何在，並指出此與「六經注我」的方法論及韋伯「理想類型」的方法論有何異同，並預示此方法論之限制。

關鍵字詞：熊十力、原儒、革命的孔子、公羊學、六經注我

一、問題的緣起

　　依熊十力的著作年表看來，其作品大體可以概括為兩個不同的系列，其一為「經學系列」，另一為「哲學系列」，此兩者相為羽翼，構成一不可分的整體。由《中國歷史講話》（一九三八）、《讀經示要》（一九四五）、《論六經》（一九五一）、《原儒》（一九五六）等構成熊氏哲學的經學思想，旨在依據中國經學為背景而開顯一嶄新的內聖外王之道，而歸本於孔子。由《熊子貞心書》（一九一八）、《新唯識論》文言本（一九三二）、《破破新唯識論》（一九三三）、《新唯識論》語體文本（一九四〇）、《摧惑顯宗記》（一九五〇）、《新唯識論》壬辰刪訂本（一九五二）、《體用論》（一九五八）、《明心篇》（一九五九）等則構成熊氏體用哲學的思想，它大體是經由與佛家唯識學的辯析議論，而凸顯儒家易傳所隱含的「翕闢成變」、「全體大用」之哲學核心[1]。

　　若以熊先生慣用的體用範疇來說，前者所重在「用」，而後者所重在「體」，「即用顯體」、「承體啟用」，即用而言，體在用，即體而言，用在體，體用相即，如如不二[2]。或亦可用彼常用「眾漚」、「大海水」的比喻來說，眾漚即是大海水，大海水即是眾漚，兩者不可分離，是一而二、二而一的關聯。體用相即、辯證的關聯成一不可分的整體，這「兩端而一致」的思維方式，通貫於熊氏學問系統之中，隨處可見。自《新唯識論》以下的「體用哲學」系列，旨在窮本溯原，參贊造化，入於證量境界；而自《讀經

---

[1]　以上編年多據蔡仁厚《熊十力先生學行年表》（明文書局，1987），又參見郭齊勇《熊十力與傳統中國文化》（天地圖書，1988），見林安梧〈熊十力的孤懷弘毅及其《原儒》的義理規模〉（作為《原儒》重印版之〈代序〉，頁 5-6，明文書局，1988年，臺北。

[2]　關於「體用」之言，請參見林安梧《存有、意識與實踐：熊十力體用哲學之詮釋與重建》，第二章「邁向體用哲學之建立」，頁 25-54，東大圖書公司印行，1993 年，臺北。

示要》以下的「經學系列」，則明顯的呈現一原儒風姿，開展新外王，冀望世界大同之來臨。入於證量境界，境識俱泯、渾歸於一，此皆依於「性智」（如同陽明所謂的「良知」），冀望世界大同之來臨，開啟新外王，此在在凸顯一「革命」的孔子形象。

　　如此言之，吾人可以知之，此「革命的孔子形象」乃依於「性智」所成之「證量境界」。此所言之證量境界顯然地是一理想境界，而非一事實境界；此革命之孔子形象是熊氏依其心意證成者，此是一理想之事實，或說是一宗教之事實，而不必為歷史之事實也。我們亦可說，這樣的「革命的孔子」是一「理想類型」（Ideal-type），但如此之理想類型與韋伯（Max Weber）所言略有所異，韋伯所言是方法論層次，而此所言則不只是方法論層次，更及於工夫論及存有論之層次。此革命的孔子之造像當然與韋伯義下的理想類型迥然不同，在方法論的運用上，大體應是受宋明以來「六經皆我註腳」的影響[3]。

　　如此說來，所謂的「孔子原型」並不是果真孔子就只是這樣子，而是熊氏的一個理解，甚至可以說是獨特的理解。本文的目的即在彰明此獨特理解之孔子原型，概括而言，究何所見；如此之理解，在當代思潮中有何意義，在熊十力哲學系統中，又有何意義；其理解的方法論獨特性何在，又有何限制。

二、熊十力的「原儒」理想及其義理規模

　　大體而言，熊十力與宋明儒者所同者，皆出入佛老，終而歸本儒家。所

---

[3]　韋伯的「理想類型」請參見 Max Weber "The Objectivity in Social Science and Social Policy" 一文，又請參見林安梧〈方法與理解：對韋伯方法論的理解與反省〉，文收入《契約、自由與歷史性思維》，頁 91-111，幼獅文化事業公司印行，1996 年，臺北。關於「六經皆我註腳」，此是陸象山語，請參見林安梧〈象山心學義理規模下的本體詮釋學〉，收入《中國宗教與意義治療》一書，頁 51-80，明文書局印行，1996 年，臺北。至於兩者的異同，後詳說。

不同者，宋明儒於佛學之素養多較淺，總用宣示性的語句說釋氏「以心法起滅天地，以生死恫嚇眾生」，說佛老是虛，儒學是實，「實可以載虛，虛不可以載實」；熊十力則深入佛法空有兩宗，抉擇、批判、融通，終歸於儒學大易的傳統，由空宗般若系統「平鋪的真如」，由有宗唯識系統「橫面的執取」，轉而為儒學大易哲學「縱貫的創生」[4]。依熊氏自己所說，他在造《新唯識論》之後，「擬撰兩書，以為新論羽翼，曰量論（即知識論），曰大易廣傳」，而「大易廣傳，原擬分內聖外王二篇，宗主大易，貫穿春秋以逮群經，旁通諸子百氏，斟酌飽滿，發揮易道」，唯「遭逢日寇，負疾流亡，……感精力疲困，……偶一用思，腦悶微疼，長夜失眠，尤不可耐，人到衰境，記憶力減退，向時胸際所含藏而未及抒發者，今乃日益失亡，不復可追憶。時或考文徵義，莫憶來歷，每至苦搜不獲，故大易廣傳今亦決不能作，老來遺憾，此為最甚。……余既不獲脩易傳，因欲寫一極簡略之小冊，為儒學粗具提要，名曰原儒，約為三分，一原學統，二原外王學，三原內聖學，每下一義，必有依據……」[5]。

　　熊氏深深感慨清季迄民國，後生遊海外者，其議國學之根本缺點，所論者三，一無科學思想，二無民主思想，三無持論系統。其初熊十力亦與之同調，後漸深入國學，年四十以後，始自悔其淺妄。彼為此憂心勵志，寫下無數篇章皆在在證明如此浮議根本謬誤。其最為深切的理由在於「由孔門六藝及諸子百家之書，並亡於秦漢，而呂秦以前之中國文化學術，其真相不可得而明」[6]。熊十力《原儒》一書之作，其實正要回應這問題，正要指出先秦的學術真相，更而繪出一新的孔子圖象，而此新的孔子圖象，當是原始儒者的圖象。如此一來，面對一般遊海外者對於國學根本缺點的質疑，熊十力的答案大體是這樣子的——中國非無科學思維之可能，唯秦漢之後斷送了；當然中國傳統之科學思維亦不必同於西方，而可以有其不同的發展。中國非無

4　請參見林安梧前揭書，第六章〈從平鋪的真如到縱貫的創生〉、第七章〈從橫面的執取到縱貫的創生〉，頁 151-218，東大圖書公司印行，1993 年，臺北。

5　引文見熊十力《原儒》〈緒言第一〉，頁 16，明文書局印行，1988 年，臺北。

6　同上註，頁 19。

民主思想之可能，唯秦漢以後斷送了，當然中國傳統之外王學亦不必同於西方，而可以有不同的發展。中國非無持論系統，唯秦漢以後斷送了，當然中國傳統之持論系統亦不必同於西方，而可以有其不同的發展。

　　如上所述之三大疑點（民主、科學、理論能力），可以說成了中國當代知識分子所爭論的焦點所在，反傳統主義者認為此皆為中國本無，而且中國文化傳統根本是妨礙其發展的；傳統主義者則肯定中國文化傳統是可以與此不悖的，甚至古已有之。熊十力的《原儒》可以說偏向於對中國文化傳統做一理想性的詮釋與建構，強調其古已有之，且其有之是一獨特之類型；相對而言，後來唐君毅、牟宗三、徐復觀等第二代的新儒學者則強調如何的接榫傳統與現代，做一轉化創造的工作，最為著名且引起爭議的當推牟先生的「民主開出論」與「良知坎陷說」。若擴大比較論之，第一代的熊十力、梁漱溟、馬一浮、張君勱諸先生於此疑點，所見亦多有不同。第二代的唐、牟、徐三人雖或有稍異，但基本論點都肯定當從中國文化傳統開出民主與科學。總的來說，熊十力的論點是極為獨特的，他與整個公羊學的隱匿性傳統有密切的關聯，值得注意；若站在文化傳統的立場來說，其詮釋、揀擇、批判與重建，當具有進一步發展的可能，弔詭的是，這反而是新儒學的後起者所忽略的。

　　熊十力的《原儒》〈原學統〉，如彼所言，其旨有三：一、上推孔子所承乎泰古以來聖明之緒而集大成，開內聖外王一貫之鴻宗。二、論定晚周諸子百家以逮宋明諸師與佛氏之旨歸，而折中於至聖。三、審定六經真偽，悉舉西漢以來二千餘年間，家法之墨守，今古文之聚訟、漢宋之囂爭，一概屏除弗顧，獨從漢人所傳來之六經，窮治其竄亂，嚴覈其流變，求復孔子真面目，而儒學之統始定[7]。

　　依熊氏所見，孔子之學乃是鴻古時期兩派思想之會通，一是「實用派」，指的是由堯舜至文武之政教等載籍，足以垂範後世者，二是「哲理

7　參見熊十力於《原儒》所作之〈序〉，頁一。

派」，指的是由伏羲初畫八卦以來，窮神知化及辯證法之傳統[8]。熊氏並以孔子所言之「五十而知天命」及「加我數年，五十以學易」為斷，認定孔子五十以後，其思想界，別開一新天地，從此上探義皇八卦，而大闡哲理，其思想因之有一大的突變[9]。孔子生當晚周，烽火甚矣！民生困憊，因而深知唐虞三代之法制，不得不隨時更變，更思改造思想為要圖，進而創發貶天子、退諸侯、討大夫之學說，居野講學，不為世用[10]。熊氏以為孔子五十以後，因參透天命，故於內聖、外王之道皆起了大變化，五十以前侷於家天下的小康思想，一以孝悌為主，而五十以後則擴及於公天下的大同思想，則進至人人皆有士君子之行，此當可以說是以仁義為主[11]。

顯然地，熊氏此見與其後起者唐、牟諸先生，迥不相侔。唐、牟諸先生，雖亦言孔老夫子是以殷之質而救周之文，是面對周文罷弊，而開啟新的哲理探討，但只偏在內聖學的探討，而未接上公羊學的隱匿性傳統，另開新外王[12]。唐、牟、徐等大體強調如何由「舊內聖」再轉出「新外王」，所謂的「新外王」則是西方世界傳來的民主、科學，此與熊氏迥異。唐、牟、徐等大體重的是《論語》、《孟子》，再以此涵攝《中庸》、《大學》及《易經》，其主要學脈重在宋明的心學系統。熊氏則重在《易經》及《春秋》，更而擴及於《禮記》、《周官》、《詩經》、《書經》再以之涵攝《論語》、《孟子》。或者我們可以說唐、牟、徐等第二代的當代新儒家重的是宋明以來的「四書傳統」，而熊十力重的卻是宋明以前的「六經傳統」。第一代的當代新儒家博厚，而第二代則轉向高明，其重在高明，但相較於第一代卻博厚不足。

依熊十力所做的詮釋，《禮記》〈儒行〉仍然存有「革命行動」之儒

8　前揭書，頁 23。

9　前揭書，頁 32。

10　前揭書，頁 83。

11　前揭書，頁 526。

12　請參見牟宗三《中國哲學十九講》第三講「中國哲學之起源問題以及先秦諸子之起源問題，頁 45-68，臺灣學生書局，1983 年，臺北。

在，而六國昏亂，唯儒家有革命一派，能繼述孔子之志。儒者當六國時，已有密圖革命者，至呂政統一後，諸儒自當不懈所志，雖其黨與不盛，而其影響已在社會。呂政不能不重摧殘之，以絕其萌，此坑儒所由作也。漢初，帝制既已穩固，諸儒以秦時焚坑之惑為戒，大都變易前儒之操，一致擁護帝制，於是改竄孔子之六經，以迎合時主。熊氏舉出即如司馬談《論六家要旨》中論及儒者說「然其序君臣父子之禮，列夫婦長幼之別，不可易也」，以為此是三綱之始。

　　三綱之壞，是在於以父道配君道，無端加上政治意義，定為名教，因而有所謂「王者以孝治天下」、「移孝作忠」等教條，於是孝道成了大盜竊國之工具。這與《論語》中，孔子答門人問孝，是從至性至情不容已處發，迥然不同[13]。熊氏對於漢初以來盛行的三綱五常論、天人感應論、陰陽五行論，全面闢之為擁護帝制之教義，而六經亦因之被全面竄亂，使得忠君思想壓過一切[14]。

　　我們大體可說依熊十力看來，有革命之儒、有帝制之儒，革命之儒是繼承孔老夫子大同理念而發展成的儒學，帝制之儒則是被秦漢以來帝制所篡竊而發展成的儒學。其實相對於此革命之儒、帝制之儒，生長於民間，為廣土眾民所生息之儒學，此或可稱之為民間之儒。此亦可以與吾多年來所說儒學之三面向：批判性的儒學、帝制式的儒學及生活化的儒學，相提並論，彼此雖略有所異，但畢竟則類似矣！[15]依筆者所見，儒學大體緣於原先「血緣性的自然連結」（「父」為最高象徵）、開啟一新的「人格性的道德連結」（「聖」為最高象徵），而卻又扼於「宰制性的政治連結」（「君」為最高象徵），到頭來一切以「宰制性的政治連結」為核心，宰控了「血緣性的自然連結」，利用了「人格性的道德連結」。儒學成了一專制化的儒學，民國

13　前揭書，頁 86-87。

14　前揭書，頁 91。

15　此儒學之三大面向，筆者大體從一九八九年起即做如是之倡言。關於此請參見林安梧《儒學與中國傳統社會的哲學省察》第八章「論『道的錯置』：血緣性縱貫軸的基本限制」，頁 131-156，幼獅文化事業公司印行，1996 年，臺北。

以來，多數學者以為解放了儒學便能解放專制，此工夫全是倒做。因儒學亦是被帝皇專制荼毒柔化的對象，且在此過程中起了一定的調節性作用。今人反以為儒學造成了專制，因而必欲去之而後快，結果是原具有調節性作用的儒學亦被取消了，專制非但未得解消，只是更為赤裸暴力而已。此自民國以來之反傳統主義所行所事，非無助於專制之解消，而反助長之也，且其所行所事，亦一專制之行爾！

　　如此說來，我們當可以清楚的知道熊先生所謂的「原學統」並不是要去釐清中國儒學之統的源流，而是要去樹立一個真實而理想的儒學之統，此是彼所謂「所承乎泰古以來聖明之緒而集大成，開內聖外王一貫之鴻宗」，其統之為統，蓋統於孔子者也。正因其折中至聖，故彼亦由是而要審定六經的真偽，當然這時候所謂的真偽不是事實意味的真偽，而是價值理想意味的真偽。他想做到的是「求復孔子真面目」，當然所謂的真面目是一終極而永恆之理想依托，他並認為如此「儒學之統始定」。無疑地，這裡所說的儒學之統，其實指的並不是系統之統，而是整個儒學精華所聚結而成統體之統，當然這仍統於熊氏所肯認的孔老夫子之統[16]。

　　「儒學之統」既定，我們便可以揣知熊氏所謂的「原外王」究何所指！熊氏採「大易」、「春秋」、「禮運」、「周官」四部經典，融會貫通而成。無疑地，從熊先生的取材與詮釋中，我們可以發現他旨在豁顯所謂的「大道之學」，務期具有革命及民主的性格，使它能和現今的社會、政治、經濟等各方面的學術資源有一會通的可能。大體說來，他強調的是《易經》所隱含的「社會發展觀」及「參贊格致說」，前者以闡明日新富有之奧義，而後者則聯結西方之自然科學。順此《易經》之思想核心，盼其日趨進化，達於「群龍無首」的境界，他一方面極力的宣揚《春秋》「貶天子、退諸侯、討大夫」的批判精神，並強調如何的從據亂世而昇平世，更而及於太平世；另方面則闡釋「禮運大同篇」的宏偉理想，並將此規模經由「周官經」而落實。他認為「周官經」強調以和諧原理為根本（即「以均為體」），以

---

¹⁶　請參見林安梧《當代新儒家哲學史論》，頁 91-92，明文書局印行，1996 年，臺北。

互動原理為實踐之指標（以聯為用），這是一部撥亂起治之書，承襲著據亂世衰敝之餘，奮起革命而為太平世開端立基。它主張本之於大易格致的精神，發展工業，並逐漸消滅私有制，取消王權而達到天下為公的境域[17]。

　　由上所述，可以準知熊先生的外王學免不了穿鑿附會及過度引申，亦夾有許多社會主義烏托邦的想法，但值得一提的是熊先生所強調的是根源於本心良知而開展的道德理想主義，他要的是以每一個人為目的建立的道德理想王國。儘管熊先生這篇外王學的構造仍嫌粗糙，但令我們汗顏的是：相較於彼，今之論談社會經濟、政治理想者又有幾人能留意到數千年來中國人所凝鑄而成的外王學傳統，更遑論其資源之開發者矣！筆者以為儘管這已是四十餘年前而且又祇是一個中國本土學者所提出的一些見解，但仍是值得我們去重視並尋求更廣闊的開發之可能，讀者若以其穿鑿而輕忽之，甚而嘲笑之，此徒見其欲自絕而不知量罷了，是又何憾焉[18]！

　　或者，我們可以發現熊十力的《原儒》〈原外王〉所透露出來的外王理想頗具濃厚的社會主義氣息，因為它至少一直在顯示兩個社會主義式的指標：一是生產與分配的社會化，二是一種真正根源於人性的自由。前者衍申出一中央集權式的計畫經濟，而後者則希望一人性烏托邦的來臨。雖然熊氏所接觸的政經書籍並不多，對於資本主義及共產主義所造成的問題了解亦不多，但我們卻可以從其極具洞見的分析與闡釋中，看出他對「人存在的處境」有一極為深刻的洞見，這洞見的根本癥結是：如何去解決人存在的異化的問題。這是當代新儒學面對實存的困境所共同掘發的議題，值得吾人重視。

　　依熊先生所言，《原儒》〈原內聖〉乃是發大易之奧蘊，旨在講明內聖外王大備之鴻歸。換言之，所謂的「內聖」原是不離外王的，內聖必然要通向外王。蓋內聖之所重乃人性之自律自由，外王則此自律自由之充極而盡的表現，必然達於一道德的目的王國。實則，依儒者之義說來，此道德的目的

17　林安梧，前揭書，頁92-93。
18　林安梧，前揭書，頁93。

王國並不是在彼岸，而是即於當下的此岸而證成者。由是而知，外王實即當下之內聖，《論語》「一日克己復禮，天下歸仁焉！」其斯之謂歟[19]！

　　事實上，我們可以說熊先生的〈原內聖〉隱含著圓頓之教的理念，正因這樣的理念，他強調「本體、現象不二」、「道器不二」、「天人不二」、「心物不二」、「理欲不二」、「動靜不二」、「知行不二」、「德慧知識不二」、「成己成物不二」[20]。儘管這些綱目其所標舉的層次、面向容或不同，但是值得注意的是，熊先生又由宋明理學家所著重的合一論，再透入至不二論。一般說來，「合一」論者仍強調兩端之互有優劣先後，並常以其優先之一端而統攝劣後之一端；「不二」論者所強調的是兩端之互為辯證而達於一統一的狀態，或者強調此統體之體即隱含兩端之複雜性。當然，如果更仔細的去理清熊先生的思想脈絡，我們將會發現他之強調「不二」觀，是從早年之強調「合一」觀發展而來。這可以說是由陸王心學傳統走向橫渠船山氣學傳統，再調適而上遂於彼所強調的孔子傳統。像熊先生所走這樣的曲折路子，做為後繼者的新儒家們並未承述之，這是極為可惜而令人慨歎的[21]。

　　大致說來，熊先生所提出的「不二觀」，其後繼者則以所謂「一心開二門」的義理規模代替之。這樣的路子，一方面是再回溯到陸王心學的核心，另方面則又思由此核心再坎陷開出，牟先生所主張「良知的自我坎陷以開出知識之知」，即此之謂也。熊氏是基於社會實踐的要求，而修正了儒家心學系統對於本體的理解，進而思由社會實踐論的締造，去面對當前的世界，並寄望儒學由是而有一嶄新的開展。牟先生則重新建構了陸王心學的傳統，穩立了其兩層存有論的義理規模，並藉由「一心開二門」的格局，思由此去穩立內聖外王的分際，而重建外王學的超越基礎——即內聖學。就當代新儒家前後兩位具有代表性的理論建構者來說，從《新唯識論》到《現象與物自身》縱有蛛絲馬跡可尋，但熊、牟二先生其所建立的體系卻各代表兩個不同

19　林安梧，前揭書，頁93-94。

20　見熊十力《原儒》〈序〉。

21　林安梧，前揭書，頁94。

的類型，這是無庸置疑的。[22]

如前所述，熊先生的路子極為曲折，他從陸王心學走向橫渠船山，然後調適而上遂於孔子，終而建立其《原儒》範典。之後，他對於歷代儒者則極力批評，他深知唯有批評才能清楚的顯豁其所建立的原儒範典。自孟子以下，荀子、程、朱、陸、王，皆在受批判之列。就以內聖學的修養工夫論來說，熊先生雖取於陸王為多，但又不滿陸王，因而兼攝程朱，當然他亦不滿程朱，雖有時近似船山，但又不是。大體說來，他對於道德本心的強調近似陸王，但義理的構成方式又近乎船山，對於人性負面的省察則又頗似程朱。筆者以為熊先生之為可貴的是：他以其真實的生命去締結了一個真實的系統，儘管這系統有其麤略處，但卻可能因此更待後人取闡揚深入承述的。換言之，與其說熊先生給你一個新的儒學系統，毋寧說他給你一個新的儒學方向；與其說他給你一個新的方向，毋寧說他喚醒你去擁有一新的生命[23]。

三、「革命」的孔子形象

自民國以來，一般知識分子總以為孔子是保守的、頑固的，是對於既得利益階層提供其保護的；甚至有以為中國傳統專制就是儒家害的，而孔子就是儒家的創立者，所以要批孔、反孔、反儒、反傳統，這樣才能免於中國傳統專制，亦才能發展出所謂的「民主」與「科學」來，中國才能邁向現代化，躋身於國際文明國家之林。一提尊孔，就被聯想與袁世凱，乃至其它諸軍閥，及當權者相關，總而言之，儒家似乎難免其為官方意識型態控制者的角色。熊十力的孔子圖象與此迥然不同，他所宣示的是一「革命的孔子」圖象。這革命的孔子圖象大體貫穿熊氏所有的著作，而且隨著其年歲的增長，更有增無減，值得注意。

依熊氏體察，孔子早年當無革命與民主等思想，他還是承唐虞三代群聖

---

22 林安梧，前揭書，頁94-95。
23 林安梧，前揭書，頁95-96。

的遺教，而欲得君行道。其早年確是服膺小康禮教的模範人物，孔子四十歲以後，漸有革命思想，熊氏以為「四十而不惑」，猶有深意焉！再者，從五十以學易，到七十四臨終，廿餘年間，他的內聖學較之五十以前更有變化，整個外王學思想，也必然根本改變了從前欲依靠統治階層以求行道的想法[24]。這關鍵點在於孔老夫子參透大易生生之哲理，默契道妙，入於造化之源，而得聖人之證量，故而能不為時代所強調之宗法封建所限制，而能回到「人人皆有士君子之行」的立場上去設想。熊氏以為「易備內聖外王之道，春秋特詳外王，而根源在易」[25]，由此可見參透大易，這是形而上的體悟，另方面，孔老夫子由歷史的理解與詮釋中，更而開啟了一為制新王的理想，此即是「春秋」之作。熊氏以為孔老夫子自明其作春秋之志曰：我欲載之空言，不如見之行事之深切著明也。《春秋》雖是空言，但此空言卻隱含著強健的實踐動力的，是欲見之行事的。熊氏深切的指責「漢以來奴儒說春秋者，其解釋不如見之行事句，則謂孔子以為不如托之古史所載君臣行事，而筆削褒貶以垂戒，如是則與空言何異，明明背叛聖文」，他自解釋曰：「空言云云，謂空持理論，不如實行革命之事，其道乃深切著明也」[26]。

　　關於《論語》所載孔子及其弟子之言，最有疑議而爭論者，當是〈陽貨〉篇所載稱公山弗擾以費叛，而佛肸以中牟叛，使人召孔子，而孔子欲前往襄助之事。此段雖後人有疑其為偽者，但《史記》〈孔子世家〉卻載之甚詳，不能無因也。熊氏於此大做詮釋，他說佛肸及公山弗擾，一為魯大夫季氏之邑宰，一為趙氏之邑宰，兩者皆叛其大夫，這在當時看來是以臣叛主，世之所謂亂賊也。然他們召孔子，孔子卻欲往而助之，何哉？熊氏以為大夫之邑宰與農民最親近，孔子之欲往說二者，領導群眾以討大夫，這是消滅第一層統治階級，實現民主之理想。孔老夫子後來之欲往而未往，依熊氏所言是知二者之不足與謀，而民智未開，亦未可驟圖也。這麼一來，所謂的「春秋貶天子、退諸侯、討大夫，以達王事而已」就有了一番新的義蘊，言貶、

24　見熊十力《原儒》，頁 525-526。

25　見熊十力《原儒》，頁 96。

26　見熊十力《原儒》，頁 194。

言退、言討，「討」字下得最重，討者討伐，必以兵力誅滅之也。熊氏以為其辭獨重乃因為周室東遷以後，天子虛擁王號，諸侯國之政，又多操之大夫，如人民起而革命，則以干戈誅其大夫，而天下事易定矣。天子但損去之，諸侯但廢黜之已耳。顯然地，熊氏不同於歷來的春秋學者重在筆削，而彼則轉為革命之意圖。他一再的指責秦漢以下擁護帝制者，多為「奴儒」，奴儒妄侮聖人耳[27]！

　　熊氏更言《春秋》之竄亂，並不始於漢，而七十子後學早已有所改竄，即如曾子、孟子一派，亦被熊氏指為孝治思想，是小康之學。《孟子》〈滕文公〉云「世衰道微，邪說暴行有作，臣弒其君者有之，子弒其父者有之，孔子懼，作春秋，春秋，天子之事也。是故孔子曰：知我者其惟春秋乎？罪我者，其惟春秋乎？又曰：春秋成，而亂臣賊子懼。」熊氏以為孟子此不善學於孔子也，此以為孔子作春秋，只是以刀簡誅伐亂臣賊子，而亂臣賊子果然由此恐懼，此乃厚誣了孔子。因孔子做春秋是要「貶天子、退諸侯、討大夫」，此是要「改亂制」，何休對於公羊傳的發揮，於「改亂制」三字頗有其可注意之處，不可不知也。正因此「改亂制」乃涉及於進一步的致王者太平之事，故言之恐得罪於朝廷，故公羊氏乃隱沒孔子改亂制之底本，而詭稱為漢制法，此亦可見其實情若何也。若春秋只是對東周列國二百餘年間之君臣，有所譏刺，此與漢廷便無觸犯，也就不必說其如何為漢制法了。又熊氏更言司馬氏之受學於董生，而肯定春秋是「貶天子、退諸侯、討大夫」，此正是改亂制所在，但董生所作之《春秋繁露》乃以徙居處、更稱號、改正朔、易服色為改制，這顯然又與原先所論似相違背矣！這在在可見「漢學陽尊孔子，而陰變其質，以護帝制」之一斑也[28]。

　　熊氏對於《春秋》所隱含之微言大義，復有其獨特之看法，他以為原先《漢書》〈藝文志〉所說「昔仲尼沒而微言絕，七十子喪而大義乖」，這裡所說的「微言大義」是值得吾人重視的，這可以理解成一儒學的隱匿性傳

---

[27]　見熊十力《原儒》，頁 200-201。
[28]　見熊十力《原儒》，頁 137-141。

統。他對於清末以來康有為開啟的公羊學，採取嚴厲的批評。康有為以為所謂的「大義」即是小康之禮教，而孟軻言誅亂臣賊子之類，皆指此也。所謂的「微言」則是禮運大同之說，此與春秋太平之義相通。熊氏認為將「微言」、「大義」區別開來，這是不當的。因為春秋之義，是要由「據亂世」而「昇平世」，進而進到「太平世」。熊氏更舉《論語》〈憲問〉篇中爭論「桓公殺公子糾，召忽死之，管仲不死，曰未仁乎？」孔老夫子回答子路說「桓公九合諸侯，不以兵車，管仲之力也，如其仁，如其仁。」又子貢亦質問「管仲非仁者歟？桓公殺公子糾，不能死，又相之。」，子曰「管仲相桓公，霸諸侯，一匡天下，民到於今受其賜，微管仲，吾其被髮左衽矣！豈若匹夫匹婦之為諒也，自經於溝瀆，而莫之知也。」熊氏申言，春秋時候，雖以人臣之死君之難為仁，否則為不仁，此乃據亂世之大義，子貢與子路皆為孔門高弟，仍執此大義以責管仲，但孔子則直斥兩子之非，而揚管仲匡天下之功，不以為君而死之奴德為貴。這可見孔子並不以據亂世之大義為唯一之大義，來教其弟子，因此，並無所謂的「微言」與「大義」的區別[29]。

　　熊氏以為「孔子脩六經當在晚年，大易、春秋、周官三經之作，或更後。晚而已知道之不行，思著書以開後世。六經為孔子晚年定論，其思想自是一貫，斷無大義、微言，渾亂一團之理。余敢斷言，聖人心事如白日，決不至以大人世及以為禮，與天下為公，兩種不同之說，是非莫定，而苟且成書，誑惑後人。六經為內聖外王之學，內聖則以天地萬物一體為宗，以成己成物為用，外王則以天下為公為宗，以人代天工為用。」熊氏更而認為「天下為公，必蕩平階級，故大人世及之禮制不容存，同時必作動人民自主之力量，如尚書言。協和萬邦，黎民於變，周官言作民，大學言作新民皆是」[30]。

　　熊氏更而區別何休與公羊壽、胡毋敬所述之公羊傳三世義之別，熊氏列表區別之：

29　見熊十力《原儒》，頁 164-165。

30　見熊十力《原儒》，頁 172。

（甲）何休所述孔子三世義	
所傳聞世	見治起於衰亂之中，是為據亂世
所聞世	見治升平、是為升平世
所見世	見治太平、是為太平世
（乙）公羊壽與胡毋敬所作公羊傳之三世義	
所見世	臣當懷君深恩
所聞世	以義繩臣道
所傳聞世	世遠、不以恩義論

　　熊氏以為兩說對照下，公羊壽、胡毋敬師弟所說三世，明明倡君臣恩義之論，為統治階級作護符。這與何休所述之三世義，迥然不同。熊氏斷言，公羊氏本世傳孔子春秋學，至壽及弟子胡毋始偽造為漢制法之公羊傳，公之於當世，後孔子之真春秋，只有藉口說流行。何休所傳者，乃公羊氏門人散佈之口說也。可惜的是，何休仍不敢破偽顯真，而仍為公羊傳作注，如此使得真偽雜揉，後學莫辨。但熊氏仍盛贊何休，以為幸有此舉，尚可簡瓦礫，以識真金也。此何休之功也[31]。

　　熊十力以為此「三世本為一事」，都是「撥亂世，反之正」，不可以當成三個不同的世代，又繼之以運會推演之說。他認為「據亂世」，見治起於衰亂之中，用心尚麤角，此為革命之初期，此限於國內，詳內治、慎外交，務求其國有以自立，而後可以與諸夏以公道相感，通力合作；經由據亂世革命之後，方可進而圖升平之治。等到諸夏固結，夷狄不得逞志，小國昂首，與大國平等，廩廩著生平之烈，始可進而修太平之洪業，完成革命大計。總的來說，春秋說三世，是革命而蘄進太平盛世之總略。值得注意的是，他以所見世為太平世，這即是彰明孔子期於在據亂世舉革命之事，而及於身親見太平盛治之成就[32]。熊氏一再強調「聖人革命之志，要在造時，毋待時也」，所謂的「造時」是懲過去與現時之弊，與其頹勢之所趨，而極力撥去

31　見熊十力《原儒》，頁 206-207。

32　見熊十力《原儒》，頁 211-212。

之。並極力的順群情之公欲公惡，行大公至正之道，以創開一變動、光明、亨通、久大之新時代。所謂「先天而天弗違」即是如此[33]。如果，用王船山的話來說，「太上治時，其次先時，其次因時，最下齟齬乎時，治時者，時然而弗然，消息已以匡時者也。先時者，時將然而導之，先時之所宗者，因時者，時然而不得不然。」[34]我們可以發現熊十力於此是遙契於王船山理勢合一論的歷史智慧的。

　　依熊十力看來，易為五經之原，春秋僅次於易，以視他經，則又獨尊焉！熊氏更而對於《孟子》書所說之「王者之跡息，而後詩亡，詩亡而後春秋作」作了其重要的詮釋，他以為所謂的「詩亡」乃在孔子晚年，列國昏亂日甚，民間不得以怨聲上達，故謂詩亡，也因之而有廢除統治階級之思，而作春秋。熊氏認定孔子五十學易以後，思想大變，觀察事變日深，於是才作易、春秋、新禮諸經，且之後，必將重理早歲詩、書舊業，予以改造。他之刪定三百篇及做詩傳，也就一定本大易吉凶與民同患，及春秋改亂制之旨，其刪定尚書，及作為書傳，必本禮運天下為公之大道，不以小康為可慕也。熊氏以為由孔子早年思想言之，詩書為最先，由孔子晚年定論言之，易、春秋為最先[35]。

　　自秦漢以下的六經多所竄亂，此乃「曲儒」、「奴儒」，已非原貌；經由熊氏所釐清扭轉的「六經」，彼以為此方是「原儒」。這樣的「原」，當然是一「理想之原」，而非「現實之原」，是一「價值之原」，而非「事實之原」，是熊十力在六十歲左右，「深有感於孔子內聖外王之道，誓以身心、奉諸先聖」[36]，體驗而得。這樣的體驗方式已然超出了宋明儒的體驗方

---

[33] 見熊十力《原儒》，頁 213。

[34] 見王夫之《周易外傳》，卷七，頁一〇，廣文版《船山易學》，頁 1029，廣文書局印行，1971 年 5 月，臺北。關於船山「理勢合一」之問題，請參見林安梧《王船山人性史哲學之研究》，第五章〈人性史哲學的核心論題〉，頁 118-129，東大圖書公司印行，1987 年，臺北。

[35] 見熊十力《原儒》，頁 551-552。

[36] 見熊十力《原儒》，頁 557。

式，用熊氏自己的話來說，簡直是深入「乾元性海」了。這樣的「原儒」自然處處充滿了革命的意味，「六經」不只是「改制」之書，更是寓含了革命。熊氏云：乾卦六爻，從外王學的觀點看去，正是通六爻而總明革命、民主之義。他歷舉乾卦以為例，他說「乾之初爻曰潛龍，文言曰潛龍勿用，下也。此言群眾卑賤處下，不得展其用，乃受統治者壓抑之象。」「二爻見龍在田，則革命潛力已發展於社會，是為見龍之象」「九三，君子終日乾乾，大功未成，不得不乾乾也。」「九四，或躍在淵，或躍則幾於統治，而奪其大柄矣！然又未能遽遂，故曰在淵，仍處下也」「九五，飛龍在天，則大功竟成，主權在人民，上下易位矣，故為飛龍在天之象。」「上九，亢龍有悔，明統治崩潰，乃天則之不爽也。」熊氏以為通六爻而玩之，由潛而見，而乾乾、而躍、而飛、明明是庶民群起，而舉革命、行民主之事，無可別生曲解。相較於漢以下諸易家所做之詮釋，簡直有天壤之別，漢易家以九五為飛龍、為聖人登天位之象，於是以初爻潛龍，為文王困於羑里之象，九二見龍，謂聖人有君德，當上升於五。九三君子終日乾乾，則以終日之日字為君象。九五飛龍，聖人始升天位，如此說來，則通六爻純是說天子之事。故「首出庶物」被解釋成「大君專制於上，而萬國安也」。熊氏以為此甚荒謬，而將之改解為「天下無數庶民，始出而共和為治，故萬國咸寧也。」。此與「群龍無首」之義相通，而「群龍無首」，正是乾卦爻辭的總結之語，依熊十力言，此「群龍」正以比喻全人類皆有士君子之行，彼此互相協和，互相制約，一味平等，無有首長也[37]。

　　相對於熊氏所提出這樣的「革命」的孔子形像，讓我們回想起漢代的孔子是一「制法之主」，是一「素王」的形像。就中國學術文化史而言，漢朝人王孔子於漢初，並於漢初為孔子建立起一個名為春秋的王朝與朝代，而這春秋王朝之為王朝，乃經由「體天之微」而作成者，更進一步的是，漢朝人想進一步向上帝之朝及上帝之國推進，這即是要將孔子神道化與上帝化，將之提高到一創造主的地位。要昇春秋王朝為上帝之朝的是董仲舒，而要神帝

---

[37] 見熊十力《原儒》，頁 559-564。

化孔子，將孔子提到創造主的是讖緯家之言，這些讖緯家們多半帶有宗教般的虔誠，但卻又雜有政治的動機，懷著為漢王朝及劉氏利益而服務的目的。董仲舒與公羊家們的立場與後來的讖緯家們的政治立場不同，這裡形成了兩個水火不容的鬥爭，最後則無可懷疑的，走向徹底的專制化之儒學。原先隱匿性傳統的公羊家們也就難見天日了[38]。

「制法之主」或「素王」的孔子，以及伴隨而生的儒學乃是一帝制化的儒學，是相應於此，則是漢代的「天人感應說」；此與「革命的孔子」並不相同。相應於「革命」的孔子，則是由宋明儒學的心學系統所強調的「己分內事即己分內事」、「己分內事即己分內事」，「吾心即宇宙，宇宙即吾心」的傳統[39]。「天人感應」啟動點在「天」，而「天」是至高無上的、絕對的威權，「人」則成了被動的，這是由宇宙論中心，推極而上，成了以神道般的上帝做為一切的核心。這不同於陸王心學以來的傳統，再經熊氏的體驗與提昇，轉成了每一個人都做為一個不可化約的主體，而這樣的主體自有其生命的動源，此生命的動源是通極於宇宙之動源的。用熊十力體用哲學常用的比喻，我們可以說，眾漚不離大海水，大海水不離眾漚，每一個體都分受了整體，且這每一個體的主體，才是啟動宇宙造化的動源。吾人回顧前所謂之「乾元用九，群龍無首」，所謂「人人皆有士君子之行」則可更清楚發現熊氏所重構之「革命的孔子」，是有其劃時代意義的。

四、詮釋方法論及其他相關問題

如《韓非子》所言「孔子歿後，儒分為八」，何者為真孔子，本已不可得。即在孔門弟子間，在孔子之後，亦頗有所爭議，《孟子》書即載有「子夏、子張、子游以有若似聖人，欲以所事孔子事之」，並且「彊曾子」（勉

---

[38] 有關孔子之為制法之主與素王，請參見羅夢冊《孔子未王而王論》，第三篇「孔子未王而王」，頁125-196，臺灣學生書局印行，1982年11月，臺北。

[39] 以上所引多為陸象山語，見《象山先生年譜》，頁487，臺灣商務印書館印行，1979年4月，臺北。

強曾子），曾子曰：不可。（曾子並不答應）[40]。其實，從《論語》書中所見只有曾子與有子稱「子」（先生），即可見此《論語》乃以曾子及有子兩大派的門下弟子所編纂而成，且從兩子之言論亦可見有子所述重在傳經之儒，其工夫入路由「孝悌」入手，而曾子之所重則在「忠信」。孝悌所重在家庭之倫理，而忠信則更推而及於社會之道德，而有子亦是「傳經之儒」的代表，曾子則是「傳心之儒」的代表。舉出這樣的例據，是要闡明根本沒有一所謂的「原版之孔子」，孔子之為孔子，就其生前亦在一發展的歷程中，當他留傳下來的「文本」，亦在詮釋的過程中，而有其生長與發展的不同方向。當然，彼此所根據的詮釋方法論也就有所異同。

　　相對於二千年的專制傳統，儒學之由漢武帝、董仲舒之提倡而獨尊之，這罷黜百家、獨尊儒術的「帝制式儒學」自成了顯向性的傳統，相對來說，做為帝制的另一個對立面的「批判性儒學」，或者更進一步「革命的儒學」則成了隱匿性的傳統。這「隱匿性的傳統」一般即將之與所謂的「公羊家」、「今文經」的傳統連著來理解，其實，這隱匿性的傳統是多層的，世傳所謂的「公羊學」系統，仍不免染有帝皇專制的氣息。這問題的關鍵點在於這兩千年的專制是一結構性的問題，而不只是枝節的問題而已。熊十力所謂「漢以來二三千年，皇帝以孝治天下，鼓勵人民移孝作忠，……此為奴化人民之善策，吾在清季，猶見此習。吾國帝制久，奴性深，不可不知。」[41] 熊氏所提「革命的儒學」當然也是應運而生的，這是繼康有為之後的另一個大轉進，康氏仍不免限於帝制式的儒學來周旋思考，思考其變法維新的可能性，放在大結構下來思考，這難免其失敗的命運。羅夢冊於此有極精彩的論述，他說：

　　「康有為心目中的孔子，並不是那一位懷著『有聖人之德者，應居王

---

[40] 見《孟子》〈滕文公〉上，〔宋〕朱熹《四書章句集注》，頁 361，2016 年，臺北：國立臺灣大學出版中心。

[41] 語見劉述先編《熊十力與劉靜窗論學書簡》，頁 80，此函為 1951 年 12 月所寫，時報文化出版企業公司印行，1984 年，臺北。

者之位』的自覺和自責之孔子，於春秋之世，曾經恓遑一世，盡其可能，起而作新王，以澄天下之滔滔，而所謂『制法之主』的孔子，自隱然含有要孔子為清室制法的意圖。也唯其如此，康有為儘管是提出了孔子改制考，而並以當代的孔子和當代的聖人自居，然他卻絕未主張過，天下者乃天下人之天下，中國者乃中國人之中國，王者之政權的轉移，是應當走著以聖禪聖，以賢讓賢的禪遞，而其本人，更無任何的跡象，是曾有意於起而作新王者。相反地，他竟為世襲王朝制之忠誠擁護者，以致終逃不出一位保皇黨首揆的命運，隨著王朝之沒落而沒落。」[42]

　　擺在這樣子的脈絡來看，熊十力的革命儒學自有其一嶄新的開展，其《原儒》自有其孤懷宏毅在，不容抹殺。這些年來，港臺多數新儒學者並不諳此儒學的隱匿性傳統，又囿限於時代的因素，因此對於所謂的「革命的儒學」頗不能接受，特別是對於熊氏所著《原儒》多不能恰當理解，殊為可歎[43]。當然，我們這麼說，並不是說熊氏的《原儒》十全十美，相反地，做為一具創造性的作品，它是漏洞百出。這在其摯友也是論友的梁漱溟便充分的有所指出，於此我們暫略，或者俟諸他日，再行討論[44]。

　　如前所述，我們說熊氏在方法論上，是根於其自家對於大易哲學的體會，參透了造化之源，當然熊氏是否果真已證得乾元性海，是否已進入到無分別相的境域，默契道妙，此我們無法驟下定論，但熊氏之相信有此證量之境界，此似可以在其理論系統裡成立。這也就是說，熊氏是根源於其「體驗」，由經驗（包括生命的、學問的乃至其它種種經驗）而上達於道體，達

---

[42] 見羅夢冊前揭書，頁292。

[43] 郭齊勇於此論之甚詳且當，參見郭齊勇《熊十力思想研究》，第五章「熊十力的經學思想」，頁220，1993年6月，天津：天津人民出版社印行。

[44] 見梁漱溟著「讀熊著各書書後」，收入氏著《憶熊十力先生》，頁5-79，明文書局印行，1989年，臺北。又郭齊勇亦有精闢之分析，見氏著前揭書，頁223-226、235-239。

到一本體的睿見，再由此睿見而擬諸形容，成就一孔老夫子的形象，造就了所謂「革命的孔子」。如前所述，這樣的「革命的孔子」是一「理想類型」（Ideal-type），但如此之理想類型與韋伯（Max Weber）所言略有所異，韋伯所言是方法論層次，而此所言則不只是方法論層次，更及於工夫論及存有論之層次。此革命的孔子之造像當然與韋伯義下的理想類型迥然不同，在方法論的運用上，大體應是受宋明以來「六經皆我註腳」的影響。值得注意的是，宋明儒所謂的「六經皆我註腳」仍是置放於「帝制式的儒學」下來思考的，這與熊十力之「革命的儒學」是不同的。宋明儒仍只是境界型態的居多，而熊十力則強調走向生活世界與歷史社會總體。換言之，熊氏經由體驗的工夫，上達於道體，所思考的是「乾元用九」，是「群龍無首」，是「人人皆有士君子之行」，而不只是「陛下心安，則天下安矣！」的思考。

顯然地，如果我們說熊十力述及一「革命的孔子」這樣的形象，其所運用的仍是一「理想類型」的方法，這與韋伯所說的「理想類型」頗為不同，須得分述清楚。韋伯所說的「理想類型」當可以這樣來理解，理想類型並不是一理想的規範概念，其意義亦不能落實，它祇是對於任何現象合法的去建構一理想型態。這理想類型並不是對於實在的描述與定義，而且也不是假設，但它卻是用來解釋這個實在的。它是一純粹的概念，在實在界裡找不到這樣心智的建構物，它是一個烏托邦（Utopia）。理想類型一方面是純粹的，而另方面則又是經驗的，因此我們可以說它是一「綜合的純粹概念」。就其純粹的而言，其功能可類比於康德所說的「範疇」（Category），但它又不像康德所說的範疇是先於經驗的，倒還是從經驗的強調而來。顯然地，理想類型是純粹的概念，但不是先驗的（Apriori）概念，它是透過具體的問題，做一經驗的分析而慢慢形成（sharpened）、修飾（Modified）和創造（Created）成的，但它卻又回過頭來使得經驗知識的分析變得更為清朗明晰[45]。

顯然地，韋伯關於「理想類型」的提出，在闡明如何成立一客觀的人文

---

[45] 請參見同註3。

社會學問之可能；韋伯重的「客觀的知識」，而熊氏所重則在一「主體的證悟」。客觀的知識面對的是一「事實的揭示」，而主體的證悟所重的是「價值的開啟」。韋伯是通過做為 Utopia 的理想類型，去深入生命所及的歷史社會總體，而建構其知識系統；熊十力則經由生命的體驗，深入中國文化的經典之中，以「六經注我」的方式，而去揭示一理想的 Utopia。韋伯的 Utopia 是做為方法論起點的，而熊氏的 Utopia 則是做為實踐工夫所證成的境界而說的，正因如此，熊氏即以這樣的方式而形象化了孔子，使之成為一「革命的儒者」。

　　熊氏這樣的詮釋方式，令人想起早在二千多年前的孔子與師襄子學鼓琴的故事公案。依據司馬遷的記載說：

　　　「孔子學鼓琴師襄子，十日不進，師襄子曰：可以益矣！孔子曰：丘已習其曲矣！未得其數也。有間，曰：已習其數，可以益矣！孔子曰：丘未得其志也。有間，曰：已習其志，可以益矣！孔子曰：丘未得其為人也。有間，曰：有所穆然深思焉！有所怡然高望而遠志焉！曰：丘得其為人，黯然而黑，幾然而長，眼如望羊，如王四國，非文王其誰能為此也！師襄子辟席再拜曰：師蓋云文王操也。」[46]

　　孔老夫子是由「數」（旋律、次序、方法）進至「志」（定向、目的、意義），而想見其為人，擬塑了這首曲子作曲者的「形象」；若套用傅偉勳教授對於詮釋學的諸多層次理解，有所謂「實謂、意謂、蘊謂、當謂、必謂」，熊氏這樣的詮釋學亦可以稱之為某一獨特類型的「創造性的詮釋」[47]。這些年來，筆者亦嘗經由典籍傳述的諸多體會中，闡明了中國的詮釋學所可以釐清的幾個層次，依次是「言」、「形」、「象」、「意」、

---

[46] 請參見司馬遷《史記》〈孔子世家〉。

[47] 關於「創造性的詮釋學」請參見傅偉勳《學問的生命與生命的學問》一書所作的自述，又此議題傅氏首先以 "Creative Hermeneutics" 發表於 *Journal of Chinese Philosophy*, Vol.3, 1976, pp.115-143。

「道」,言上有形,形上有象,象上有意、意上有道,由言而及乎形,由形而見其象,由象而見其意,由意而入乎道。相應於「言」是語言文字的構成,重在了別作用;相應於「形」是意義的整體結構,重在把握作用;相應於「象」是在意義結構之上的總體意象,重在想像作用;相應於「意」是在此意象之上的「意向」作用,重在體驗心意之指向;相應於「道」是在此意向之上的無分別相的空無狀態,重在體證道之本體[48]。或者,我們可以說熊氏的革命的孔子之形象即是以其個人生命之體驗,而及於道之本體,再由此本體彰顯為一理想的形象爾!

五、結語:批判與重建的可能向度

近數年來,面對當代新儒學之傳承與發展,筆者提出由「牟宗三而熊十力」,再由「熊十力而王船山」的發展路向問題。筆者以為由「熊十力而牟宗三」此是「順遂其事,合當其理」,由「牟宗三而熊十力」此是「上遂於道,重開生源」。若由「熊十力而王船山」,則更而強調歷史社會總體的落實與開展,是人性史之重新出發也。(案:此處只就哲學之大類型而視之,至若其他先賢之為哲學家者夥矣,可借鏡處甚多,非敢疏略也)[49]這樣的發展路向亦可以理解成是:重新解開主體主義的限制,而回溯到宇宙的生源,進而將此宇宙之生源敷布於廣大的生活世界與複雜的歷史社會總體之中。實在的去面對兩千年來的專制傳統與儒學的複雜關係,釐清顯向性的傳統,重新掘發隱匿性的傳統;釐清血緣性的縱貫軸所隱含的糾結,開發人格性的道

---

48 筆者此處所論,實與近年來常提之「『象在形先』的中國形而上學」密切相關,亦與筆者近年來所述之《道言論》相關,蓋「道顯為象,象以為形,言以定形,言業相隨,言本無言,業本非業,同歸於道,一本空明」。關於中國的詮釋學,筆者以為可求之於四,一乃「經傳之注疏學傳統」,一乃「體驗之心性學傳統」,一乃「歷史之詮釋學傳統」,一乃「藝術之品鑑學傳統」,總的來說,都可以「因而通之,以造乎其道」,與中國之形而上學的風格有密切的關聯。所論於此暫略,請俟諸他日。

49 以上所談,請參見林安梧《存有、意識與實踐:熊十力體用哲學之詮釋與重建》一書之〈卷後語〉,頁373,東大圖書公司印行,1993年,臺北。

德連結，限制血緣性的自然連結，開啟一契約性的社會連結，瓦解宰制性的政治連結，開啟一委託性的政治連結。

　　熊十力的哲學系統是獨特的，他不同於牟先生之總攝調適康德哲學；他開啟的是「見乃謂之象」，直契道體本源的「現象學」；他處於前現代，但其哲學卻含有處理後現代的一些可貴苗芽，這恰巧與其由「唯識學」走出而重新去體會闡揚「大易哲學」有密切相關，這或許不是熊十力所料及，但它的確充滿著生長的可能性。再者，熊氏的哲學系統與經學系統是合而為一的，他開啟的原儒思想，是繼承原先儒學的「隱匿性傳統」，這裡可以開啟一套革命的實踐之路，此竟然不為當代新儒學之後起者所重視，甚為可惜。當然，他所開啟的革命儒學，總因時代的限制，仍不免落在道德烏托邦的理想中，他運用的方法，以及使用的材料，在「創造的詮釋」過程中，仍多所穿鑿附會；他不免主觀的體驗過多，客觀的理解太少。但總的來說，熊氏仍以其個人生命的體驗獨契於「道」，在歷史發展的嶄新脈絡裡，他重新舒活了儒學的筋骨，並開啟儒學自家隱匿性傳統所具有的「解構性思維」。這樣「解構—批判—重建」的活動是值得重視的，特別對於兩千年來的帝皇專制的傳統，熊先生批之為「奴儒」，真是震聾發聵，千古鐸音。

　　最後，筆者想徵引《孟子》〈公孫丑上〉之文字以為總結：

> 「宰我、子貢、有若，智足以知聖人，汙不至阿其所好。宰我曰：
> 『以予觀於夫子，賢於堯舜遠矣。』子貢曰：『見其禮而知其政，聞
> 其樂而知其德。由百世之後，等百世之王，莫之能違也。自生民以
> 來，未有夫子也。』有若曰：『豈惟民哉？麒麟之於走獸，鳳凰之於
> 飛鳥，泰山之於丘垤，河海之於行潦，類也。聖人之於民，亦類也；
> 出於其類，拔乎其萃。自生民以來，未有盛於孔子也。』」[50]

---

[50] 請參見〔宋〕朱熹《四書章句集註》，頁 320，2016 年，臺北：國立臺灣大學出版中心印行。

孔子紀元二五四八年二月十六日於象山居

（丁丑年大年初十）

（此文曾經在 1997 年 3 月，中央大學中文系主辦之【中國近代文學
與思想學術研討會】上宣讀）

第四章

論梁漱溟「文化三期重現說」：限制與洞見——以《東西文化及其哲學》為核心的例示

【本文提要】

本文先由曠觀之角度，釐清梁漱溟在當代新儒家所居之位置，指出其獨特的文化哲學與歷史哲學之觀點。再者，筆者指出梁漱溟由其世界觀與歷史觀，及人生意欲的三大面向等論點，而斷定中、西、印三大文化統系的特質，並以文化擬人論的方式，更而點出世界文化三期重現的特殊論點，最後筆者則經由柯林吾（R. G. Collingwood）歷史哲學的對比，指出歷史決定論的限制，但梁漱溟的文化哲學所作出的宏大敘述，卻是充滿著洞見與煥發著生命的實踐動力。

關鍵字詞：新儒家、生命、文化、決定論、世界觀、原子論

一、前言

　　上個世紀八十年代，我開啟了現代新儒學的研究，起先廣讀唐君毅、牟宗三、徐復觀三先生諸書，進而往上追溯梁漱溟、熊十力、馬一浮諸先生之著作，並展開相關探討。另方面，當時對歷史哲學深有興趣，我自行翻譯柯林吾（R. G. Collingwood）相關歷史哲學著作，仔細研讀了一番。記得那時一方面為新儒家諸位先生的深心宏願所感動，特別是梁漱溟《東西文化及其哲學》的宏篇偉構，更愜吾心。不過，相較於我閱讀的柯林吾歷史哲學著作，卻覺得梁漱溟在方法論上有很大缺陷。順此，我寫下了〈梁漱溟及其文化三期重現說──梁著《東西文化及其哲學》的省察與試探〉一文。後來，我讀了更多歷史哲學著作，並寫作了《王船山人性史哲學之研究》，有著較充足的學養。直到現在重新查閱這篇少作，覺得許多地方用語太強，有些地方甚至是苛刻而不如理的。今者，發其囊篋，重新檢視，做了方向性的矯正，除了仍保留方法論的批判以外，更致力於展現了梁先生在文化哲學方面的洞見。因此，把題也改了，改成〈論梁漱溟「文化三期重現說」：限制與洞見──以《東西文化及其哲學》為核心的例示〉，如此平允論之，稍補年少氣盛魯莽之過也。

　　研究梁漱溟，除了對於其日常實踐的工夫必須有一番瞭解外，而真正粹集其思想及行動理論的有四本大書，一是《東西文化及其哲學》（作於1920-1921）。二是《中國民族自救運動之最後覺悟》（作於 1929-1931）。三是《鄉村建設理論》（作於 1932-1936）。四是《中國文化要義》（作於1941-1949）。

　　這四本書並不是純學術的著作，而是梁漱溟面對其當下的問題，由煩悶而苦索，進而提出答案並付諸實踐的整個過程。他前後的思想雖迭有修正，但其思想之根柢則奠立於《東西文化及其哲學》，此書是梁漱溟的文化哲學，與其人生哲學、歷史哲學交織融鑄而成的宏大敘述。

　　梁漱溟是中國當代保守主義（conservatism）的中流砥柱，這是研究當代思想史的學者所共認的。研究當代思想的學者專家們極喜歡將「保守主

義」視為因文化認同危機而形成其情意綜（complex）因而企圖去尋得心理
上的補償，而宣稱中國文化可與西方文化並駕齊驅，甚或較之優越。無可懷
疑的，對於中國當代保守主義的檢討應將這個觀點擺進去，但若袛使用這個
觀點，那就犯了「心理學化約」（Psychological reductionism）的謬誤。較
確當的是：我們應將它擺在一個思想史的視點（perspective）去衡量它。對
於新儒家的梁漱溟更得如此。

　　這篇論文除了將梁漱溟放在這個思想史的視點去觀察外，更重要的是，
集中注意去探索其《東西文化及其哲學》一書的方法，企圖呈現其文化哲學
的基本論架，並提出批評與看法。至於批評的立足點袛是筆者近年來胸中蘊
蓄的一些想法，是故，此文對筆者而言袛是一份臨時報告書罷了，但願可有
拋磚引玉之用。

二、梁漱溟：當代新儒家的一個類型

　　當代新儒家是文化保守主義（cultural conservatism）的大流[1]，他面對整
個民族所遭遇的意義危機（crisis of meaning）而困思衡慮，重新思考傳統，
詮釋傳統，而卓然自成一個流派[2]。他不同於一般保守主義者對民族歷史文
化持完全守舊的態度，他深刻的體會到以道德迷失、存在迷失及形上迷失糾
結成的意義危機，並且肯定惟有宋明儒學的倫理精神象徵（ethico-spiritual
symbolism）才是儒家信仰的精髓；而且他們認為惟有重建這個倫理精神象
徵才能解救中華民族於千載以來的危機之中[3]。

　　大致的說，當代新儒家即是在這種危機與迷失狀態下，做其「意義探
求」（the search of meaning）的工作。他們以為「意義象徵體系的穩立」是

---

[1]　就當代新儒家思想史而言，大要言之可區分為原始儒家（先秦）、宋明新儒學及當代
　　新儒家。

[2]　見張灝著〈新儒家與當代中國的思想危機〉，林鎮國譯，收入周陽山編《近代中國思
　　想人物論——保守主義》，頁 375，1980，臺北：時報文化出版企業公司。

[3]　同註 2，頁 375、379。

穩立一切的基礎大本，惟有大本建立了，才可能「由本貫末」的穩立了「制度結構體系」；否則，徒作制度結構的改革是無效的，甚至是躁進而有害的。

相對來說，與當代新儒家密切相關而值得一提的是：廿世紀初期的中國充滿著「徹底的反傳統主義」的色彩，而它是與當時的科學主義相為表裡的。科學主義以為「科學代表思考的模式，代表了解生命和世界唯一而有效的途徑」。「五四」之後，它開始面臨新傳統主義者，尤其新儒家的反抗。新儒家的三位典型：熊十力、張君勱及梁漱溟都深切的從知識論、存有論及文化哲學、歷史哲學各方面提出其強烈的反擊。新儒家認為相對於科學對自然處理的態度，應該有另一種進路去面對人文世界；此進路不同於「知識的進路」，而是「存在的進路」。此進路乃是個人直接的體悟，可以說是一種「存有學的睿視」（ontological vision）。經此「存有學的睿視」才能重新締建中國傳統原具的「倫理精神象徵」。如此才能由「意義象徵體系」的穩立，而更進一步安立了「制度結構體系」。

在實踐歷程上，這三個典型是各具風格的。熊十力是一位苦學自修的儒者，在他成名的「新唯識論」中闡述了「體」與「用」的關係。大體說來，熊氏堅決的認為人含有「存有學的直覺力」（ontological intuition）（即所謂的『性智』），透過存有學的直覺便能與宇宙生生不息的真實直接照面，從而體證此生生不息之根源與生生不已之現象流行是相即不二的（即體而言，用在體；即用而言，體在用；即體即用，即用即體），而且人的心靈與宇宙的大靈魂是一體的，應然的道德秩序與宇宙實在的構造是同一的；這構造這秩序是人存的根本，它不受外在制度結構的影響，它反而要影響外在的制度結構。

張君勱曾投身於「科學與人生觀」的論戰之中，他以為王陽明的道德理想主義是抵抗科學主義的機械論與決定論最有效的利器，並且他獻身於實際的政治活動，成為政黨的領導人及國憲的起草人，他頗具當代民主的素養，想透過實際的政黨制度運作，以實踐其儒者的襟懷與抱負。

梁漱溟則是一個思想與行動合一的人，他曾傾向於立憲，繼而革命；也

曾傾向於社會主義，繼而同意全盤西化；亦曾焦思苦索，煩悶非常，企圖自
殺，繼而相信佛家，茹素不娶達九年之久，而最後則終歸本儒家。梁漱溟由
佛家習得唯識學的知識論與方法學，他並以此去分析探究文化的三大統系與
人生意欲的關係，並試圖指出世界「文化三期重現說」，而斷定未來世界的
文化應以中國為歸趨。

梁漱溟認為我們既不能走西方資本主義的路，也不能走蘇聯的路，他提
出另一套鄉村建設的方案。他認為惟有透過此，才能帶動一富有宗教意味的
群眾運動，藉著創造根本的道德共識和精神凝聚，重整崩潰的政治社會。如
此將整個中國變成儒家集體的大學校，政府透過學校的組織來關連上人民。
如此以鄉村為單位來參與的民主政治，政治權力將來自人民，這便可避免官
僚制度的腐化[4]。梁漱溟的思想前後貫串於四部大著中，其文化哲學及其鄉
冶的主張是一體的；前者乃是其對世界文化考察所得，而後者則是他對於苦
難中國建設的方案。換句話說，他的文化哲學不祇說明了事實是什麼，更重
要的是他企圖去改變什麼。它不祇是一套知識理論，尤其也是一實踐的指南
針。

做為自成系統的文化哲學，我們雖得照顧作者原先的動機；而更重要的
是：我們得透過知識上的討論去呈現其哲學的精神，並指出他背後的知識論
立場和方法學的進路，並釐清其困結所在。

三、梁漱溟文化哲學的基本論架

無可懷疑的，所有的文化哲學都足以促使人增進其對自身的知識，而且
所有的文化哲學都先有這樣的預設：人類的文化不祇是鬆弛和分立的事實的
組合，它是一個系統，是一個有機的整體[5]。歷史文化是一種思想，它活生

---

[4]　參見艾愷（Guy Alitto）〈梁漱溟──以聖賢自許的儒學殿軍〉，林鎮國譯。收入
　　《近代思想人物論──保守主義》，前揭書，頁300-303。
[5]　參見卡西勒（Ernst Cassirer）《論人》（*An Essay On Man*）一書，劉述先譯，1959，
　　臺中：東海大學。

生的洵流在每一個人的心靈脈動之中，因此人們才能秉其當下普遍的人文興趣去關心它，去探討它。

人文興趣和終極關懷有極密切的關係，而梁漱溟和其他的新儒家學者一樣，其終極關懷是探求「意義」，而所謂探求意義乃指探求人生、宇宙的基本意義。梁漱溟將自己置身於文化之流中，並視之為一體。因此，他追問中國文化如何，其實追問的就是他自己如何。他探求的是自己的安身立命之道，同時也是民族文化的安身立命之道。他的方法學是體驗的、存在的，而在此書（《東西文化及其哲學》，後傚此）中，其終極關切的論題是：中國歷史文化的價值何在？她在整個世界文化中扮演什麼樣的角色？而她未來的前途如何？當時有此卓識者真是少之又少。

梁漱溟清楚的掌握了近代中國接受西方化的過程，有器物層次、制度層次及思想層次[6]。梁漱溟以為以往都未注意到文化整體、思想整體的問題，所以洋務運動失敗，變法維新失敗，立憲不成，即如辛亥革命也祇推翻了專制政體，而至其時（民國九年）仍兵荒馬亂無大建樹。他以為到了此時（一九二〇年）已然問到了兩文化的最後的根本，而最根本的就是倫理思想，或者說是人生哲學[7]。他極為剴切的強調不做這個工作的話，中國民族不會打出一條活路來[8]。從梁漱溟這些話中，可看出他認為歷史文化是民族生存的根本，而倫理思想人生哲學又是歷史文化的根源；因此要為民族找出路，便得檢討其歷史文化，而要檢討其歷史文化便得檢討其倫理思想人生哲學。

梁漱溟慨歎的說：現在一般人對於東西文化的看法是不夠的，頂多祇能做到「顯豁的指點，而不能做到深刻的探討」[9]。他以為「我們所求貫串統

6　梁漱溟《東西文化及其哲學》，頁 4-6，臺灣影印版。

7　前揭書，頁 6。

8　前揭書，頁 7。

9　梁漱溟至少指出四種時人對東西文化的看法，約略如下：

　一、是日人金子馬冶，以為東方是順自然愛和平，西方則是重勢能 power 之文明（此書頁十七）。

　二、是杜威（Dewey），以為東方人與自然融合，西方人征服自然（此書頁十九）。

　三、是「新青年」雜誌等人以為西方化是民主（democracy）、科學（Science）（此

率的共同源泉，一個更深切，更明醒的說法」[10]。梁漱溟所謂更深切更明醒
的說法即是以其個人體驗的人生哲學，透過類擬的洞見（Analogical
insight），與文化哲學、歷史哲學關連起來。

（一）梁漱溟對於「文化」及「哲學」的基本概念及方法學進路

所有的方法學（methodology）都和研究材料及研究者密切相關。亦即
方法學並不是一獨立而分離的學問，它蘊涵於材料堆裡及研究者的研究過程
中。研究者透過其心智之網去收攝凝聚研究的材料，經過一番揀擇
（selected）、重構（reconstruct）、評判（critique）而建立了一完整的理論
[11]；而研究者的心智之網則常呈顯於一些基本概念之上。是故企求了解某學
問的方法學必得了解其人的心智之網，而這推本溯源又得從他的基本概念去
把握。而這正是我們檢討梁漱溟東西文化及其哲學一書的方法學的起點。

> 「文化是什麼呢？不過是那一民族生活的樣法罷了。生活又是什麼
> 呢？生活就是沒盡的意欲——此所謂『意欲』與叔本華所謂『意欲』
> 略相近——和那不斷的滿足與不滿足罷了。」[12]

在這裡生活的樣法是抽象的說，若就實質的製作說則是文明[13]。梁漱溟
輕易的等同了「文化」與「生活」兩個名辭，並化約的以為生活是由意欲一
方所決定的。而且他使用「意欲」這個辭是極豐富極含混的，它既是一種生
命的意志，又是一種精神，又是一種趨向、態度及動機，有時又含有一超越

書頁廿一）。

　四、是李守常，以為東方化是靜的，西方化是動的（此書頁廿三）。

[10] 前揭書，頁 23。

[11] 此可參見 R. G. Collingwood, *The idea of history* 一書 "The Historical Imagination" 一
節，請參見陳明福譯《歷史的理念》，1986，臺北：桂冠圖書公司。

[12] 梁漱溟，前揭書，頁 23。

[13] 梁漱溟區分文化與文明，他說「生活上實質的製作品是文明，生活上抽象的樣法是文
化」（前揭書，頁 53）。

的實體的味道，甚至也有純粹理型的意味，也有如柏格森（H. Bergson）所提出的「生命激力」的意思[14]。籠統的說，「意欲」乃是「萬法唯識」的「識」，此識既為「根身」之主，亦是「器界」之主，它周遍於天地四方中，流浹於大宇長宙裡。

梁漱溟輕易的建立了「文化←生活←意欲」（即：意欲決定生活，生活決定文化）的圖象後，他又繼續他的論題。他說「通是個民族，通是個生活，何以他那表現出來的生活樣法成了兩異的彩色，不過是他那為生活樣法最初因的意欲分出兩異的方向，所以發揮出來的便兩樣罷了。然則你要去求一家文化的根本或源泉，你祇要去看文化的根源的意欲，這家的方向如何與他們家的不同。你要去尋這方向怎樣不同，你祇要從他已知的特異彩色，推他那原出發點，不難一目瞭解」[15]。從這段話我們可知梁漱溟預設著：文化是以民族為單位的，而且民族是以文化來界定的，而文化則是以一核心概念展開的，是以意欲為根源而流衍的。要釐清文化與文化的異同便得釐清這核心概念，疏通這根源的意欲。梁漱溟如此化約的湊泊了文化、生活與意欲的關係，這是鮮明可見的。何以如此呢？這便得牽扯到其方法學進路的問題。

前面我們曾說新儒家走的是「存在的進路」，而不是「知識的進路」。在此更進一步的說，他們的方法學是一本質主義（essentialism）式的方法學，它往往忽略了外在客觀的制度結構或者將此外在客觀制度結構收攝到個人內在心靈領域去處理。他們將「我」分為大我—大宇宙與小我—小宇宙，並透過一「類擬的洞見」將此二者關連起來，並以為小我具有一「存有學的直覺力」可以體證一「意義的真實」（reality of meaning）。這「意義的真實」是一切現象的基礎，也是穩立外在客觀制度結構的根本。它有一「主體主義」的傾向。儘管梁漱溟亦頗能注意到外在客觀制度結構，但其基本路徑仍然不免如此。

由於梁漱溟方法學有本質主義的傾向與主體主義的傾向，因此，他一再

---

[14]　筆者之所以舉出這麼多名詞，乃做為對照之用。個人以為它或有助於讀者對梁漱溟所提「意欲」一詞的瞭解，盼能善會，勿泥執其名相，是幸！

[15]　梁漱溟，前揭書，頁24。

的批評一般人以「外在環境」去解釋中西文化的異同的差謬，而特意的指
出：

> 「文化這樣東西點點俱是天才的創作，偶然的奇想。……照我們的意
> 思祇認主觀的因，其餘都是緣。」[16]

　　他注重文化是「創作的活動」，是「意志的趨往」。更進一步，他強調
「社會的改革與否及如何改革，這是視人的意志而定的，並不是機械的被動
的」。從這些話頭可看出梁漱溟最關切的是實踐的問題，而不是知識的問
題。他強調意志的重要性，但卻忽略了意志與客觀結構的關係。他極注意主
觀的「因」，而忽略客觀的「緣」。

　　從上面的分析裡，可看見梁漱溟使用「文化」這個詞不祇是指涉一現
象，它是關連著意欲而成的，它含有存有學的意味。關連著大宇宙，它用來
指涉一「超越的實體」；而關連著小宇宙，它用來指涉一「內在的真實」。
而「內在的真實」與「超越的實體」是通而為一的，小我與大我是通為一體
的。而內在的真實是自我穩立的基礎，超越的實體則是宇宙世界穩立的基
礎。更進一步可說，內在真實的穩立即能穩立超越的實體（因為超越的實體
是虛指的，而內在的真實是實指的，祇此內在的真實即是超越的實體，並無
限隔），即能穩立一切存有的基礎。簡言之，文化是民族存在之基礎，而文
化之根源則是意欲，要瞭解文化必得深澈其根源的意欲，要為民族找出路，
必先為文化找出路；要為文化找出路必得了知根源的意欲，並改造之，引導
之。

　　梁漱溟以為「哲學就是思想之首尾銜貫自成一家言的」，又說「思想是
知識的更進一步」。而知識則是生活之所產。而「思想沒有不具有態度的，
並且直以態度為中心」。而態度是情感是意志，也可以說是生活的推動力，

16　梁漱溟，前揭書，頁44。

文化的推動力[17]。從上可看出梁漱溟使用「哲學」這個詞是蘊含於「文化」這個詞的，祇不過它用來特別指稱某個「民族文化之思想的上層結構」，而且它仍通貫到最根源的「意欲」。同樣他使用「哲學」這個辭仍具存有論意味的。更寬泛的說：梁漱溟所談東西方各家各派的哲學乃經由選擇而來的，而它們各足以代表中、西、印三方。他們都可以被視為某超越實體的衍生物罷了。因此梁漱溟檢討的不祇是各家各派的哲學，更重要的是藉此來檢討中西印三大派的超越實體。

（二）梁漱溟的世界觀和歷史觀

對於梁漱溟文化哲學的基礎概念及其方法學進路有一番瞭解之後，我們必得繼續探問其世界觀和歷史觀。我們試圖從此去接近梁漱溟文化哲學的核心。

梁漱溟以為「宇宙就是『生活』，而生活就是『相續』（唯識家把『有情』──現在的生物──叫做相續）。生活和生活者是一體的。以故，生活者及生物和生活都可以叫做相續」。宇宙就是一綿延生生不已，生氣蓬勃，周浹無礙的宇宙。人是參育此宇宙生化流行之中的，儘管他的生活仍得憑藉「器界」：一個既成而可堪造就的世界，但人與宇宙無有限隔，而是通為一體的。祇不過梁漱溟又將之區分為「前此的我」與「現在的我」，所謂「前此的我」（亦稱為「已成的我」）即是這個暫時差不多已成定局的宇宙，是由我們前此的自己而成功的我。而「現在的我」即是現在的意欲。這個「現在的我」大家或謂之「心」或「精神」，它就是當下向前的一活動，是與「已成的我」，……相對待的。而生活即是「現在的我」對於「前此的我」的努力與奮鬥[18]。梁漱溟以為宇宙不是一靜態的固定體，而是「動態的相續」。

既然，我們勢必得追問這動態的相續是如何湧出的。他說「『宇宙即是

---

[17]　以上所引用，見梁漱溟，前揭書，頁31-33。

[18]　以上所引用，見梁漱溟，前揭書，頁48-49。

一大生活』，而生活即是『事之相續』。照他的意思說『事即是一問一
答』，即唯識家所謂一『見分』一『相分』，是為一事。一事、一事又一
事……如是湧出不已，是為相續。為什麼這樣連續的湧出不已？因為我們問
之不已，追尋不已。一問即有一答……自己所為的答。問不已答不已，所以
事之湧出不已。因此生活就成了無已的『相續』」。[19]緊接著他又說「這探
問或追尋的工具，其數有六：即眼、耳、鼻、舌、身、意。凡剎那間之一感
覺或一念皆為一問一答的一『事』。在這些工具之後則有為此等工具所自產
生而操之以事尋問者，我們叫它大潛力或大要求或大意欲，沒盡的意欲」
[20]。

　　從這段話可看出梁漱溟是一位生機論者，以為宇宙是一無休止的生命之
流，而這無休止的生命之流則源於一無盡的意欲的。宇宙的唯一真實是純粹
的變化，衹有我們掌握了「變化」，才能掌握到生命的本質。變化的根本或
源泉則是「意欲」，因此我們必得對於「意欲」有深切的瞭解，才能掌握到
所謂的變化，也才能了解某個民族文化的本質。

　　試繪一圖如下：

　　　　生活─────→事的相續→「現在的我」對「前此的我」的奮鬥
　　　　宇宙─────→文化─────→人類意欲之朗現
　　　　生活者（眼、耳、鼻、舌、身、意的作用）→大意欲

　　在上節我們曾經提到梁漱溟是一方法學的本質論者，亦提到彼對於大宇
宙及小宇宙的看法。關連著其世界觀，我們必得繼續釐清梁漱溟對於「我」
的看法。在其世界觀中，就縱的一面而言，「我」雖為一體，但可區分為
二，一是「大我」：用來指涉大宇宙，一是「小我」：用來指涉小宇宙[21]。
「大我」有其「超越的實體」：中心的靈魂做為整個世界的根本或源泉。

19　見梁漱溟，前揭書，頁49。
20　同上註。
21　此區分為一超越的區分，而不是一般的區分。超越的區分是立體的，而一般的區分則
　　是平面的。

「小我」有其「內在的真實」：人的心靈做為其行動與旨意的根本與源泉。

　　梁漱溟又經由一「類擬的洞見」宣稱此二者通貫為一，而他們的根本與源泉乃是一既超越而內在的真實，即是一不盡的意欲。就橫拓面而言則可分為：一是「前此的我」（即已成的我），乃是截至目前為止，經由我的工具（眼、耳、鼻、舌、身、意……等）所認識及經由我的行動所造就的世界。一是「現在的我」，乃是一不盡的「大意欲」。它是與前者頡頑對抗的：「現在的我」一直對「前此的我」奮鬥努力，而又成了「前此的我」，而另一個「現在的我」又對「前此的我」奮鬥努力，如此相續不已。而之所以相續不已則全由「無盡的意欲」所推動而來。

　　前面我們曾經說到「意欲」這個辭是極豐富極含混的，並說它是一生命的意志，是一精神，是一趨向、態度及動機，是一超越的實體，是一純粹理型；又是一生命激力。又說是「萬法唯識」的「識」。做了這番冗長的敘述之後，讀者當可體會到意欲豐富而複雜的義涵。

　　對於梁漱溟的世界觀有一番了解，又對於梁漱溟「我」及「意欲」等概念有一基本的認識之後，讓我們再概括的看看其歷史觀。相應於其世界觀，梁漱溟的歷史觀是人文的歷史觀，是一精神發展的歷史觀。他認為歷史之進展取決於人類的精神（這和前面所說的意欲是一致的，因「意欲」即含有「精神」的意義）。梁漱溟這個看法要取信中國當時（一九二〇年）的知識界是極為不易的。無庸諱言，當時的知識界漫布著唯物的氣氛。梁漱溟卻能秉持其人文精神的歷史觀予它一強烈的痛擊。他說「唯物史觀以為意識是被決定的，而無力決定別的，這是我們承認的，但精神卻非意識之比，講唯物史觀的把兩名詞混同著用實在不對[22]。

　　他又說「我以為人的精神是能決定經濟現象的，但卻非意識能去處置它」。他劃分了「精神」（spirit）與意識（consciousness）的不同，並賦予「精神」一絕對崇高的地位。精神是「超越的實體」亦是一「內在的真實」，它是活動如如，永不歇息的。它不僅是宇宙論意義的：作為宇宙創生

---

[22]　梁漱溟，前揭書，頁 46。

及歷史發展的根源；而且是存有論意義的─作為一切存在的基礎。而人圓滿
具足這精神，因此他可堪做為自己的主人，也可堪做為世界的主人與歷史的
主人[23]。

（三）人生意欲之三大面向與文化三系說

　　看過了梁漱溟的世界觀與歷史觀之後，我們更進一步的集中心力專注意
欲的三大面向及文化三系統。確立了「文化←生活←意欲」的圖象後，梁漱
溟經由一種概念類型的分析論定意欲有三個面向。其一是向前面要求，即是
一種奮鬥的態度。遇到問題都是對於前面去下手，這種下手的結果就是去改
造局面，使其可以滿足我們的要求。二是對於自己的意欲變換調和持中。遇
到問題不去要求解決改造局面，就在這種境地上，求我自己的滿足。譬如屋
小而漏，照本來路向一定要求另換一間房屋，而持第二種路向的遇到這種問
題，他並不要求換一間房屋，而就在這種境地之下，變換自己的意思而滿
足，並且一般的有興趣。這時下手的地方並不在前面，眼睛並不望前看，而
向旁邊看；他並不想奮鬥的改造局面，而是回想的隨遇而安。三是轉身向後
去要求，它不像走第一條路向的改造局面，也不像走第二條路向的變更自己
的意思，而祇想根本上將此問題取銷。這也是應付困難的一個方法，但是最
違背生活本性。因為生活的本性是向前要求的。凡對於種種欲望都持禁欲態
度的都歸於這條路」[24]。

　　就人生哲學而言，是否可先驗的區分為三個路向，這已極難令人信服；
而梁漱溟又將此先驗分析出的三個意欲類比的推到文化哲學的架構，並認為
世界文化祇有三大統系。根據近代文化學家的研究，文化豈止三個統系；那
麼梁漱溟又如何提出其合理的解釋呢？再說，人生哲學與文化哲學歷史哲學
固然有其相涵相攝的關係，但怎能以人生哲學而又那麼化約的論架去框限極

---

[23]　整個看來，梁漱溟使用「精神」一詞，這多屬宇宙論意義的，因為梁漱溟最關切的問
　　題是一歷史發展與人類文化的問題。是故，我們對諸如「精神」，「意欲」等字眼的
　　了解，不必偏歧向道德的形而上學（moral metaphysics）去理會。

[24]　請參見梁漱溟，前揭書，頁53-54。

為複雜而多樣的歷史與文化呢？讀者當可覆按前文論及方法學處，做為參考。

梁漱溟接著說：西洋文化走的是第一條路向：意欲向前的文化。中國文化走的是第二條路向：以意欲調和持中為根本精神的。印度文化走的是第三條路向：以意欲反身向後要求為其根本精神的[25]。梁漱溟總括的說，相對於知識論而言，西洋生活是「直覺運用理智」的。中國生活是「理智運用直覺」的。印度生活是「理智運用現量」的[26]。

梁漱溟如何一步步的證成它這個分析呢？其方式下：

> 「先從西方各種文物抽出他那共同的特異彩色，是為一步；復從這些特異的彩色尋出他那一本的源泉，這便是二步；然後以這一本的精神攬總去看西方化的來歷是不是如此，是為三步，復分別按之各種事物是不是如此，這便是四步。前兩步是一往，後兩步是一返。」[27]

梁漱溟這個方式頗類似印度哲學三支論式：宗、因、喻。「宗」乃在於提出論旨，「因」則在於提出論證，「喻」則就具體事物以說明之。儘管梁漱溟第一步的工作是「歸納」，第二步才提出「論旨」，但事實上梁漱溟的論證精神是與三支論式一樣的。它的優點在於能直截了當的以一極簡約的概念去涵蓋極為廣闊而複雜的東西，但伴隨而來的缺點是：它化約（甚至扭曲）了事實，使之能置入一既成的論旨之下，並擷取適合此論旨的佐證。

除了其邏輯方法不周延外，最重要的是：梁漱溟對於中、西、印三大文化的瞭解太有限（在當時已數上流）。從殘缺不全的資料裡，又援用不周延的邏輯。當然他所提出的看法是可諍議的，是頗須批判地了解的。這是客觀

---

[25]　請參見梁漱溟，前揭書，頁 54-55。

[26]　梁漱溟的知識學根柢全是佛家唯識學的，他分為現量、比量、直覺三種，代表著印度、西洋、中國三大文化之不同，梁漱溟後來在「三版自序」中曾對此提出取消的聲明。請參見原書頁 69-74。

[27]　請參見梁漱溟，前揭書，頁 25。

學術所應面對的問題。然而，梁漱溟身懷憂患，踽踽道途，繼往聖之絕學，
開未來之新運，其廣拓之心胸，恢弘之器識，堅忍之毅力，知行合一之性
格，這是長垂天地而不可諍議，是經得起歷史洪流的洗鍊的。在主觀人格的
成就上，梁漱溟可謂卓然立乎天壤了。

　　梁漱溟《東西文化及其哲學》的目的便是為中國文化找出路，他深信中
國文化及中國民族的前途是光明的，而且是操之在吾人手上的。在方法學
上，他擁有一極似「文化原子論」（cultural atomistism）的「文化擬人論」
做為基礎。在論旨上，他得出「文化三期重現」的看法。

（四）文化擬人論與文化三期重現說

　　前面我們曾經指出「我」字在梁漱溟文化哲學中的重要性。梁漱溟以為
宇宙即是一通體的生機體，是一大我的展現，而此大我又是以小我為基礎
的。宇宙乃是「現在的我」對「前此的我」不斷的奮鬥，相續不已而成的。
同樣的，他以為文化是一生活，是一大我，是民族的意欲取向的展現。是故
他所謂世界三個文化統系，它化約的比喻成三個「大人」，而每個大人都有
其根本的意欲，做為其要走的路向的指導原則及推動力。而且這「大人」中
的每個分子都分受著這「大人」的基礎的意欲。換句話說，梁漱溟以為根本
的意欲足以決定整個文化的取向，而在某個文化期限間，任何文化的產物以
及文明都呈顯著這個根本的意欲。用梁漱溟的話說，這些「文化特別的彩
色」正是此文化意欲的象徵。

　　「文化←生活←意欲」的圖象是梁漱溟文化哲學的基本建構，前面已概
述過；而梁漱溟又將這「意欲」化約的安立在三個「大人」之上。並說這三
個「大人」秉持著三種意欲走向不同的三條路向上去。但近代以來由於東西
交通，經濟政治，社會文化相激相盪，使得這三個「大人」起了大衝突。大
要的說，走第一條路：意欲向前的大人極富侵略性的衝擊了走第二條路與第
三條路的二位大人。然而走第一條路的大人卻本身發生了問題。走第一條路
的大人，由於過份注重向前向外的征服性與競爭欲所產生的「異化」
（alienation）的問題。這個問題不是目前西方文化，意欲向前的文化態勢所

能解決的。因此他斷定在不遠的將來，第二條路會被重新的拿出來走，在更遠的將來則會折向第三條路。也就是過去中國走的第二條路，印度走的第三條路，如同西洋走的第一條路，從文藝復興以後，依次重現。

文化的三大統系與人生意欲的三大面向類比並排的，而文化三期重現則與人類認知行動的三層次類比並排的。梁漱溟將人生意欲的三大面向統一於認知行動的三層次中，是故也將文化的三大統系歸結於文化三期重現上。

梁漱溟說「照我的意思，人類文化有三步驟，人類兩眼視線所集而致其研究者也有三層次。先著眼研究者在外界物質，其所用的是理智。次著眼研究者在內在生命，其所用的是直覺。再其次則著眼研究者在無生本體，其所用的是現量。初指古代的西洋及其在近世之復興，次則指古代的中國及其將在最近未來之復興，再次指古代的印度及其將在較遠未來之復興」[28]。

他緊接著又說「此刻正是從近世轉入最近未來的一個過渡時代也。現在的哲學彩色不但是東方的，直接了當就是中國的，……中國哲學的方法為直覺，所著眼研究者在『生』，在此過渡時代還不大很同樣，愈往下走，我將見其直走入那一條線上去」[29]。

從以上可知，梁漱溟使用了一種概念類型的區分方式，來審視中西印這三大文化，並且認定這三大文化必在近代及將來次第重現。這可以說是一種先知式的預言，或者論者會認為由於梁漱溟忽略了文化實踐的多樣性，因此其預言仍祇滿足了「首尾一貫的思想」而成的「哲學」，這祇是理論上的虛構。但是，有趣的是，在廿一世紀的現在，我們卻發現梁漱溟之所論，並不只是一個虛構，而已慢慢接近於現實。這裡我們可以看到他的洞察力。

梁漱溟的「文化擬人論」極力的反對一般人對於東西文化調和的看法。因為梁漱溟以為任何一派文化之所以為一派文化就在於它有一根本的精神、態度與意欲。這位「大人」便秉著其精神、態度與意欲往前走去。它與另一位「大人」的精神、態度與意欲迥然不同，無可融會，而祇可能斬截的改

---

[28]　參見梁漱溟，前揭書，頁 177。

[29]　參見梁漱溟，前揭書，頁 177。

換。又他認為文化祇可能有三種正如同人的意欲祇有三種，它無所謂好不好。大底說來，剛開始之時都是好的，但沿著走下來才見其弊害；或遇到他不合用的時候就得變過一態度方行，而又沿著走下去，還要再變一態度……如此往復不已[30]。

從上可見，梁漱溟的文化類型學的區分，經由一種「文化擬人論」的方式來比喻，他的論點不免染著「文化原子論」的氣息[31]。他認為文化是一個獨立的生機體，它可能沖擊另一個文化或為另一個文化所沖擊，它可能有一斬截的轉變，但它仍持續其獨立體的運動，而不能與另一文化獨立體融會結合。依梁漱溟看來，三個文化各不相同，而都祇建立在它自身的觀念之上，而絕不會建立於其他任何條件之上。每個文化都是自我封閉的，而且都依照一固定的型態範式，往前進行。遭受沖擊的是此文化自身的觀念，而不是文化的現象；惟有因文化自身的觀念遭受了沖擊，它才導致此自身觀念的轉換，而後帶來文化現象全盤的更革。

梁漱溟以為人的認知程序是先「理智」以對外的，是故人類文化之初都不能不走第一路。而後理智偏枯，人類不得不轉向以「直覺」去感通外物。這便是以直覺的情趣解救理智的嚴酷。但因為直覺去感通外物必得使心理上逼緊了一步，從孔家的路子更是引人到真實的心理，那麼就更緊湊，當初藉以解救痛苦的是他，後來貽人以痛苦的也是他。這時候就得運用「現量」去融合內外[32]。因此梁漱溟將它構成了一套固定的型態範式：理智→直覺→現量。相對於文化來說是：第一路（西方）→第二路（中國）→第三路（印度），並依次在近代以及未來依次重現，做為世界文化的主人。

或者，我們可以說梁漱溟的「文化三期重現說」接近於歷史決定論

30　參見梁漱溟，前揭書，頁 198-199。

31　文化原子論（culture atomism）此語引自英國哲學家柯林吾（R. G. Collingwood）對「斯賓格勒及歷史循環論」（Spengler and Historical Cycle）的批評。請參見柯林吾（R. G. Collingwood）原著，林安梧譯《斯賓格勒及歷史循環論》，1981 年 5 月，《鵝湖》71 期，頁 36-44。

32　請參見梁漱溟，前揭書，頁 201-202。

（historical determinism），而且更接近於辯證發展的決定論（dialectical and evolutionary determinism）[33]。在方法論上，梁漱溟和其他的決定論者一樣，以為歷史是有跡可尋的，是可以預測的。他們從知識論，形而上學先建構了一套類型學的基本框架，並將它置於歷史文化中，去建構歷史文化發展的範型，致贈其堂皇的標籤，來作出宏大的敘述。或者有人懷疑，這樣的做法，接近於「削足適履」的方式，他有許多不周延之處，經由深層的方法論省思，他難免許多差謬之處。他們多半忽略了歷史文化的多樣性，其實歷史常常為其實踐的複雜性所左右，因之而有所轉化、發展。這樣的類型學思考方式，習慣上先安下了理念類型為中心，以做為整個文化的根據，認為整個文化都是由那個中心引導而展開來的。他們往往較為缺乏歷史感（a sense of history），歷史乃是就所有的個殊性中處理個殊的問題[34]。更嚴重的說，他們極容易犯了先論斷，再求事實的弊病。

　　論者或以為，歷史文化並不是先驗而必然的，我們不宜以一個簡單的概念或傾向或圖象去規範一個文化，更不宜扭曲事實以置入此規範之中，並成為一抽象而片面觀念的例證。須知歷史是一個世代，一個歷程，一個發展，它時刻的轉換著、生成著[35]。歷史文化它為人類多樣性的實踐所決定，因此我們不應為歷史文化安設一個神諭，也不必構作一套決定論。論者以為神諭和決定論可以表現作者博學多聞與滔滔不絕的丰姿，但作為一套嚴格的學問來說，是難以構成得。但時至二十一世紀的現在，我們卻要說，在梁漱溟的大著中煥發著無與倫比的才情與魅力。這裡表現出來的洞見，或者有人批評他這不是真正的哲學，但我們從他的宏大敘述裡，確然可見他的智慧亮光，

---

[33] 歷史決定論大約可分為三型：一是循環的決定論（Cyclical determinism）有 Herodotus, plato, Vico, Spengler 等人。一是辯證發展的決定論（Dialectical and evolutionary determinism）有 Hegel, Marx, Comte。另一則是神學的決定論（Theistic determinism）如 Augustine 即是。參見 *The philosophy of history in our time*, Hans Meyerhoff (Anchor books) Doubleday, 1959。

[34] 請參見柯林吾（R. G. Collingwood）原著，林安梧譯《斯賓格勒及歷史循環論》，1981 年 5 月，《鵝湖》71 期，頁 40-41。

[35] 此段言論具脫胎於柯林吾（R.G. Collingwood）對於歷史的見解。

並且看到他有一種上契於造化之源的力量。

四、結論

　　以上對於梁漱溟《東西文化及其哲學》一書的反省與試探，除了前面論
新儒家而及於梁漱溟思想精神處，其餘大體祇就其方法學及文化哲學的論架
去談，並不及於梁漱溟的思想精神，或許這不是尊崇梁漱溟的讀者所願意
的。當然這也不是筆者所願意的。據實而言，西風東漸之後，中西文化的問
題乃是所有關心國家民族命脈的知識分子所關心的課題。但由於文化的問題
關連著國族存亡的問題；自然使得知識分子不易基於一冷靜客觀的認知的態
度，去面對中西文化的問題。而到了五四時期，漸漸形成一股徹底的反傳統
主義，盲目的以為中國必須全盤西化；而梁漱溟深知「文化」乃是一民族存
在的形上基礎，犧牲了自家的文化非獨不能換來民族的生存，反而會加速民
族的滅亡；唯有穩立這個形上基礎，民族才有希望。

　　或者我們可以做出這樣的理解，梁漱溟將「文化」視之為「形上的意義
象徵」，並且視為民族存在之基礎。梁漱溟又將文化視為一活活潑潑的生機
體，而且民族中的每一分子時刻的參與了文化的創造。這些睿見在充滿科學
主義與徹底反傳統主義的氛圍下，無異是暮鼓晨鐘，足以振聾發聵。牟宗三
先生認為「他獨能生命化了孔子，使吾人可以與孔子的真實生命及智慧相照
面，而孔子的生命與智慧亦重新活現而披露於人間。同時，我們也可以說他
開啟了宋明儒學之門，使吾人能接上宋明儒學之生命與智慧。吾人知宋明儒
學與明亡而俱亡，已三百年於茲。因梁先生之生命而重新活動了」[36]。這可
謂知之甚深了。

　　省思了梁漱溟的文化哲學之後，我們願意說新儒家及梁漱溟書中所強調
的「倫理精神象徵」及道德的理想主義煥發著中國文化最高的智慧，而生為
中國人必然和其文化有一本體論的關連，我們自應對其強調的價值主體性與

---

[36] 請參見牟宗三《生命的學問》，頁112，1972，臺北：三民書局。

人的尊嚴全幅的肯定。再者我們應透過各種學問去探索新儒家的困結，並對於意義與結構的關係有一較確當的釐清。

　　梁漱溟由其世界觀與歷史觀，及人生意欲的三大面向等論點，而斷定中、西、印三大文化統系的特質，並以文化擬人論的方式，更而點出世界文化三期重現的特殊論點，此中隱含著歷史決定論的限制；但我們要說他這本有關東西文化及其哲學的宏大敘述，卻是充滿著洞見與煥發著生命的實踐動力。

　　　　　　　　　　　　　（2018 年 10 月 21 日於武漢重新修定稿）

　　（本文原先以〈梁漱溟及其文化三期重現說——梁著「東西文化及其哲學」的省察與試探〉為名，刊於 1981 年 11 月，臺北：《鵝湖》77 期，頁 23-32。2018 年 8 月應山東大學儒學高等研究院之邀，參加【紀念梁漱溟先生學術會議】，之後，做了重大修改，現以此稿為準）

第五章　馬一浮心性論的義理結構
──從「理氣不一不二」到「心統性情」的核心性理解

【本文提要】

　　馬一浮強調不分漢宋，不分朱王，彼實以宋學來賅綜漢學，並通過陸王的精神啟發而對朱子學有一調適而上遂的發展。這是不同於其同時代的文化保守主義者如熊十力、牟宗三、唐君毅等人的。通過馬氏「理氣不一不二對比的辯證性結構」、「心統性情」的立論，更進一步指出彼「涵養用敬、窮理致知」的實踐工夫論等節目。對馬氏的心性論作一概括而全面的掌握。筆者以為從這樣的概括理解之中，可發現宋明儒學中道問學與尊德性的紛爭，知識與道德對比的辯證在馬一浮的心性論中獲得某種消融式的解決。

關鍵字詞：心性、理學、理氣不二、對比、辯證、六藝、致知、涵養、用敬

一、前言

　　談起當代新儒家，大家或許頗有見聞，但說起馬浮（字一浮）（西元 1883-1967 年）大家可能並不清楚。而思想史的學者常將梁漱溟、熊十力、張君勱、唐君毅、牟宗三、徐復觀等人列為當新儒家的代表人物，但卻未將馬一浮列入[1]，原因何在呢？事實上，馬一浮與上舉這些人物都頗有交往，甚至馬一浮堪稱最為前輩，但祇要我們仔細探察一下，我們將會同意以上這樣的分法，因為馬一浮的學術思想不管在表達方式及思想內涵及其面對的問題和進路都是極為傳統的。[2]他雖一再的宣稱他治學是「不分今古，不分漢宋，不分朱陸」[3]，但我們若通讀馬氏之書，則將發現馬氏於經學上雖不分今文古文，但就學術思想之發展來講，他仍有傳統儒者託古改制、以古證今、以古諷今的習慣。而他實又以宋學來綜賅漢學，又以朱子學調適上遂的來批駁陸王之學。這樣子說來，馬一浮這裡所謂的不分，事實上祇是表示其學術有一調合融會的用心，而不能說他的學術真能超邁前賢，而集其大成。

　　筆者一開首便對馬一浮做了這樣的分判，並不礙馬氏學術之通透，義理之精純[4]，而祇能說為馬一浮的學問性格做一勾勒式的畫定，這樣的畫定將

---

[1] 張灝〈新儒家與當代中國思想的危機〉一文，認為當代新儒家之代表人物應以 1958 年初，共同署名發表〈為中國文化敬告世界人士宣言〉的唐君毅，牟宗三、徐復觀、張君勱四先生為代表。（見《保守主義》，頁 368，時報文化出版企業公司，1980）。又王邦雄〈當代新儒家面對的問題及其開展〉一文亦承此說。（鵝湖 76 期，1981）。筆者於〈當代新儒家述評〉一文則以為梁漱溟、熊十力均應列入代表人物。又〈梁漱溟及其文化三期重現說〉一文，又認為當代新儒家可分為三型，其代表人物是梁漱溟、熊十力及張君勱。（鵝湖，77 期，1981）。

[2] 賀麟說他「綜貫經術，講明義理，……可謂為代表傳統中國文化僅存的碩果」。（《當代中國哲學》，頁 12，臺灣時代書局，1974）。曾昭旭說他「傳統之儒之最後典型」（《六十年來之國學》第四冊，頁 561）。

[3] 《爾雅臺答問》，卷一，頁 19 下。廣文，1973。

[4] 徐復觀曾於《爾雅臺答問》〈重印代序〉上說「中國當代有四大儒者，代表著中國文化『活的精神』。一是熊十力先生，一是馬浮先生，一是梁漱溟先生，一是張君勱先生。熊先生規模宏大。馬先生義理精純。梁先生踐履篤實。張先生則頗為其黨所累；

有助於我們去了解馬一浮，而通過原典的閱讀及通盤的了解之後，我們又可回過頭來檢查這個判定是否恰當，是否如實。

　　如前所說，馬一浮重在義理之講明，而仍以宋學綜賅漢學，融會古今為主。但問題的癥結就在這裡，就馬氏的理學而言，屬程朱的成分多呢？還是陸王的成分多呢？戴君仁曾親炙於馬氏之門，他說「中國歷史上大學者陽明之後，當推馬先生……謂之現代之朱子可也。」[5]而劉又銘則以為馬氏的學術思想，以陸王為歸宿。[6]戴劉二人雖各有理會，但卻都同意馬一浮是不分朱陸的，是融合了道問學及尊德性之學的。筆者本文的目的，便是想通過馬一浮的著作來解析闡釋馬氏理學的性格為何。通過這個步驟，筆者將指出馬氏學乃是程朱學調適而上遂的發展，通過馬氏學來看朱子學，將可使朱子學有一較圓滿的系統。為了豁顯馬氏的基本性格，本文擬著重於心性論的義理結構，並涉及於相關的形上學及工夫論問題。

二、理氣不一不二的對比辯證關係

　　馬氏之學承襲了宋明儒學的餘緒，是而其所論之學皆以道德實踐為旨歸。因此一般所謂的存有論、心性論及道德實踐工夫等三個層次在馬氏之學裡正是關連一氣的。也因為它們是關連一氣的，而且以道德實踐為旨歸，因此彼所談的存有論及形上學才可有成就的可能，彼所談的心性論才真有著力處，這是筆者首先要一提的。

　　「氣」與「理」的關係，構成馬氏之學整個形上學的基本觀念。他一方面承襲《易經》生生不息的意旨，又從橫渠《正蒙》取得一即氣言生生化化的立論點。而事實上，馬一浮雖一直強調彼所謂的理氣是一元而不是二元的，但理氣二者之間卻不是等同為一的，而是有張力的。換言之，理氣在馬

　　然他將儒家之政治思想，落實於近代憲法政治之上，其功為不可沒。」徐氏這些分判頗為肯綮而動人。

5　見上註4，此為徐復觀所述戴君仁之言。

6　見劉又銘《馬浮研究》（國立政治大學中文研究所碩士論文，1984年）。

一浮看來應是二而一，一而二的。馬一浮曰：

> 「……所以成變化者，皆氣之所為也。故曰一陰一陽之謂道，盈天地
> 間皆氣也。氣之所以流行而不息者，則理也」。[7]

馬氏這裡指出，變化乃是氣的變化，而氣之所以能變化乃是因為有個理
在，換言之，理是氣之變化的依準或主宰，但是氣則是變化之所以能成立的
必要條件。「理」「氣」這組詞，在宋明儒學中與其說是對立的
（opposition），毋寧說是對比的（contrast）。它們之間有一極為繁複而麻煩
的辯證關係。但由於各個家派思想的不同，因而倚輕倚重，各有不同。但往
往就在倚輕倚重，分毫之差上，看出各個家派思想雖差之毫釐卻失之千里
了。

就上引馬一浮對理氣的說法，顯然理氣非一，但馬一浮強調理氣亦非
二。他說「不善會者，每以理氣為二元，不知動靜無端、陰陽無始、理氣同
時而具，本無先後，因言說乃有先後。就其流行之用而言，謂之氣，就其所
以流行之體而言，謂之理。用顯而體微，言說可分，實際不可分也。」[8]就
各個存在（being）而言，理氣是同時而具的，並無時間之先後。但一分體
用，就其存有論的次序看來，似乎先有理、後有氣，就其體言是理，就其用
言是氣。但馬氏又不認為理氣為二，就實際上的各個存在而言，理氣固然是
一，就存有論的次序看來，理氣亦不可為二。他說：

> 「未見氣即是理，猶程子所謂『沖漠無朕，理氣未分』，可說是純乎
> 理，然非是無氣，祇是未見，故程子曰：『萬象森然已具』。理本是
> 寂然的，及動而後始見氣，故曰：『氣之始』。氣見而理即行乎其
> 中，故曰『體用一源，顯微無間』，不是元初有此兩個事物相對出來

---

7 見《復性書院講錄》，馬浮著，卷五，〈洪範約義二〉，頁 136 下，廣文書局，
   1977，再版。

8 見《泰和會語》馬浮著，頁 44，廣文書局。

也。」[9]

　　這些話告訴我們有一「理氣未分」，而此即是理。但理又隱含了一未見之氣。這裡所謂的「理氣未分」的「理」顯然和此是「純乎理」的「理」，在意義的層次上是不同的。馬氏顯然是以「純乎理」來綜括「理氣未分」的情形。這裡所謂的「理氣未分」事實上祇是在描述一「寂然不動」、尚未流行的狀態，這狀態是由流行之著而逆推上去的，並不是肯定確實有這個狀態實際存在。換言之，講理氣未分，就存在的層級而言，乃是說明有一超越現實存在的東西，而此東西是現實存在的根據；而就表達的程序言，乃是說明有一超越表達的東西存在，而這東西是所以可能的根據。馬一浮用「純乎理」來表述這東西。這東西是超越的理，但卻隱含了一可以流行生化的氣，而且氣是必然要流行生化的，氣之流行生化的依準和主宰則是理，氣一旦流行而為萬有個物，則理亦在萬有個物中，理氣是不二的。
　　馬一浮強調理氣是不二的，但他又明白的說理氣是非一的。他說：

　　「……『一陰一陽之謂道』，此『道』字與『理』不異，即其行乎氣中而非一非二者也。雜故非一，不異故非二，……言陰陽則非一，言道則非二矣。」[10]

　　為了便於理解這種非一非二的關係，馬一浮曾舉近代物理學上所謂的離心力和向心力來解釋，有離心力必有向心力，兩者俱在，但離心力並不是向心力。他又說極像西方辯證法所謂的正反合，不過他又反對這個「反」字，依他看來，合之所以為合乃是對比的兩方鑄成的，並不是矛盾的兩方推進成的。[11]我們從馬一浮的這些比喻性的解釋，不難看出理氣的關係是怎樣的。馬一浮說：

9　見《泰和會語》，頁 43-44，廣文書局。
10　見《復性書院講錄》，卷五，頁 139，廣文書局。
11　參見同上註。此處筆者據馬氏原義，稍加引申。

「氣是變易，理是不易，全氣是理，全理是氣，即是簡易。（此是某
楷定之義，先儒釋三義未曾如是說。然頗簡要明白，善會者，自能得
之。）只明變易，易墮斷見；只明不易，易墮常見。須知變易原是不
易，不易即在變易，雙離斷二常二見，名為正見，此即簡易也。」[12]

　　這段話很清楚的表示出「理」和「氣」兩者間對比的辯證關係。氣是變
化、是流行，而理則是此變化流行得以可能的依準或主宰。但理氣不二，所
有之變化流行仍得依準於理之主宰。所謂之依準與主宰實不能外乎氣，必得
在氣上顯現。「變易」說明了氣變化流行不已的狀態，「不易」則說明了
「理」之普遍性與永恆性。而馬氏所謂的「簡易」則取自《易傳》所謂：
「乾以易知，坤以簡能」的乾易、坤簡而來。他借著這個辭彙來說明理氣不
二不一的「對比的辯證關係」。[13]

三、心統性情

　　相應於其存有論「理氣不二不一對比的辯證關係」，馬一浮在心性論上
主張「心統性情」。而彼所謂的「心統性情」一方面有近於橫渠者，另方面
又有近乎朱子者。大體說來彼所謂的「心統性情」旨在指明「心」是「性、
情」二者辯證的綜合，心對性情二者具有統合的作用。馬氏對陸王學派「心
即理」的立論則不以為然。馬一浮說：

　　「陽明《心即理》說得太快，末流之弊便至誤認人欲為天理。心統性

12　見《泰和會語》，頁 43。

13　這裡特別強調這是一種「對比的辯證關係」（Contrast dialectical relaton）乃是因為它
　　們之間是「對比的」（Contrast）而不是「對立的」（Opposition）。是辯證的
　　（Dialectical）而不是矛盾的（Contradictory）。由於是對比的辯證關係，所以是不一
　　不二，是二而一，一而二的。

情，合理氣言《具理》則可，言《即理》則不可。」[14]

「心統性情，即賅理氣，理行乎氣中，性行乎氣中，但氣有差忒，則
理有時而不行，情有流失則性隱而不現耳。故言心即理，則情字沒有
安放處。」[15]

　　就上述所引兩段文獻可知：馬一浮反對「心即理」之說，因為「心」這
個字眼，意義頗多層面，若直截的講「心即理」的話，說不定會使人忘記了
現實上氣稟之殊及物欲之雜，到頭來把人欲和天理混在一起了。再說，若祇
談「心即理」，那麼此心固是先驗的本心，則「情」這個字眼便沒得安放。
換言之，馬一浮認為祇談「心即理」，則容易祇照顧到「理」和「性」的層
次，而忽略了「氣」和「情」的層次。由於要照顧到「氣」和「情」的層
次，因此他認為應說「心具理」，而不應說「心即理」。換言之，「心」和
「理」並不即是一，但心和理亦不即是二，心和理之間有一涵攝的關係；心
涵具著理，理透過心的活動而顯現。
　　馬一浮又說：

「性即心之體，情乃心之用。離體無用，故離性無情，情之有不善
者，乃是用上差忒也；若用處不差，當體是性，何處更覓一性？」[16]

　　這裡馬一浮清楚的點出來，「性、情」的關係是體用的關係，而此中的
關鍵則在心上。情（氣）是屬於「用」的層面，而情（理）則屬於「體」的
層面。離體無用，用外無體，但體對用卻有一規範的作用及主宰的作用。換

---

[14] 《爾雅臺答問續篇》，卷二，〈示語二〉，頁22。

[15] 同上，卷四，〈示語四〉，頁 19。馬氏並未深入去探討「心即理」之確解到底為
何？他似乎較從常識的層面來了解「心即理」，故頗嫌簡略。筆者在此祇順其理路而
已，並未深入的分析。

[16] 見《爾雅臺答問續篇》，卷二，頁 2。

言之，情（氣）之用依準於性（理）之體，而性理之體主宰情氣之用。而心則統賅性情，統賅理氣，心為「心性論」的關鍵處，亦是實踐之著力處。在這裡，我們看到馬一浮的「心統性情」之說，極為類似朱子，但在內容上仍得稍加分別。朱子認為「心是氣之靈」，認為理氣決是二物，基本上，馬一浮則認為心是理氣的統合，「全理是氣，全氣是理」。他說：「天也、命也、心也、性也、皆一理也」。天命心性都是理的彰顯罷了。「就其普方言之，謂之天。就其稟賦言之，謂之命，就其體用之全言之謂之心，就其純乎理者言之謂之性」。[17]就理之普遍性而言則為天，理之純粹性則為性。理之稟賦於人則為命，而心則是理氣之全，是人向上一幾的關鍵。

馬一浮亦援引《大乘起信論》「一心開二門」的理論間架來解釋其「心統性情」的理論構造，並以為他能深得橫渠本旨，其實底子裡，馬一浮仍較近於朱子，而稍離橫渠。

馬一浮說：

> 「……只說得心生滅門，覺不覺二義，要知起信論一心二門方是橫渠本旨。性是心真如門，情是心生滅門，心體即真如，離心無別有性，故曰，唯一真如，然真如離言說相，才說性時，便已不是性了。向來說性，只說繼之者善，此卻是生滅門中覺義也。」[18]

就這段來說，似乎很能表示出橫渠「心統性情」的旨義，但卻不能完全表露橫渠如何盡心體物、如何盡心易氣以成性。換言之，這段話並未深入實踐工夫去探討心是如何的統性情，如何的易情而成性，如何的全性皆情，如何的全情皆性，如何的即體而言用，即用而顯體。

馬氏以「一心開二門」來解心統性情，其用心乃在調適朱子，務使朱子更進一步，而免去了心性情三分、理氣二分的諸種問題。馬一浮說「朱子釋

---

[17] 以上所引兩句原文，見《復性書院講錄》，卷一〈復性書院學規〉頁7。
[18] 見《爾雅臺答問續篇》，卷一，頁14。

格物為窮至事物之理，致知為推極吾心之知。知者，知此理也，知具於心，則理不在心外明矣，並非打成兩橛，不善會者，往往以理為外」。[19]馬氏這段話，可謂對朱子做了一個「創造性的詮釋」（Creative interpretation）。他更強調所謂的窮理，雖然是窮至事物之理，但理則不在心外，由於理不在心外，所以格物窮理的過程，不衹是主體對客體的認知把握，而且是主體對主體所具之理的發現過程。

　　馬一浮這樣的立論，可謂是朱子學調適而上遂的發展。朱子限於「心知─物理─天理」這樣的立論結構，他說是心是「氣之靈」，是屬於氣，他雖然強調透過「涵養主敬」，「進學致知」的工夫，則心亦可因下會而上達；但朱子並未點出本心，他似乎習於將天理懸於超越之處，而不願直落為人所涵具。當然我們若仔細探討朱子學，勢必會發現朱子所說的天理實亦不外於人心，但這不外則是透過實踐工夫的不外，而不是先天的不外。依馬一浮而言，則心統性情，兼賅體用，心一方面屬於氣的層面，一方面則又屬於理的層面，而如何能全氣皆理，全理皆氣，則端在於人的實踐修為工夫。馬一浮一方面如朱子般的重視一些下學而上達的工夫，但另一方面他又將物理、天理從做為心這個主體所對的客體回收而為人心這個主體所原具，於是心知對物理的把握，從而上遂於天理的認知，又轉成了本心之理的開展與全幅的朗現。

　　從上所述，吾人可知馬一浮強調的「心具理」和陸王的「心即理」有頗大的不同，而馬氏所說的心實是朱子學調適而上遂的發展。[20]馬氏本有調和程朱陸王的用心，而事實上他是以朱子為宗，並想以此來收攝陸王。馬一浮以這樣的方式來折衷程朱陸王，於是他拈出了「性德」之名來點示其心性論。他說：

　　　「德是自性所具之實理，道即人倫日常所當行。德是人人本有之良

19　見《復性書院講錄》，卷一，頁6。

20　劉又銘先生認為馬氏所講的心，實質上等同於陸王一路。此不確。見劉著《馬浮研究》，同註6，頁92。

> 知，道即人人共有之大路，人自不知不行耳。知德即是知道，由道即
> 是率性，成德即是成性，行道即是由仁為仁。德即是性，故曰性德，
> 亦曰德性。」[21]

馬一浮這段話很能表現道德是自主的，是根源於自家心性的。但他特別
強調德即性，而又用了兩個名詞一是性德，一是德性來闡明它。他說「即性
之德」是依主釋，而「即德是性」是持業釋。[22]依馬一浮的解釋，所謂「依
主釋」則強調各分能所，並以所依為主。「即性之德」，性是所依，而德則
是能依，而強調性為德之主，如此我們便說是依主釋。此時以性為體，而以
德為用，即體而言用。所謂「持業釋」則強調本體與業用的區分，並由業用
而顯其本體，「即德是性」乃是以德為用，以性為體，即用而顯體。[23]

馬一浮更擴大其對「性德」的用法，他說：

> 「……故六藝之教，總為德教；六藝之道，總為性道。孝經則約此性
> 德之發現而充周者，舉示於人使其體認親切，當下可以用力踐行，盡
> 性之道，即在於是。故知六藝之要歸即自心之大用不離，……此是聖
> 人顯示性德普攝群機，故說孝經以為總持。……凡性德所合，聖教所
> 敷，無不包舉，而盡攝之。故曰：道之根源，六藝之總會也。」[24]

馬一浮這段話，顯然是將「性德」做為其整個哲學的絕對預設，並從此
敷衍開來。性德成了普攝群機，綜賅六藝（亦即六經）的形上基礎。而六藝
則是成就人間道德理想世界的法門，而又以《孝經》為法門之總持。由於馬
氏以「性德」為六藝之教的形上根據，並從而將六藝上提，於是成為一可綜

---

[21] 《復性書院講錄》，卷三，〈孝經大義二〉，頁 70。

[22] 同註 21。

[23] 依主釋和持業釋的說明請參看同註 21，頁 73，附語。此處，筆者是順著馬氏這個說明，而更進一步說明白的。

[24] 《復性書院講錄》，頁 70。

賅古今中外學術的主體。馬氏復以《孝經》為總持，而攝六藝。如此一來，就理論層面而來，性德是最後的根源（一切從性德流出）；但就實踐層面而言，則《孝經》是最基礎的推廣方針。

在這裡，筆者想附帶一提的是，與馬一浮同代的儒學大師熊十力卻和他有天壤懸隔的看法，熊氏極厭惡《孝經》，並以為此是後世奴儒所作。熊氏鄙棄「孝治派」，而馬氏道是極為道地的孝治派。[25]再者，馬氏的「性德」和熊氏的「性智」皆為其哲學之絕對預設，亦極不相同。[26]

從「心統性情」的理論，到性德一詞的提出，以《孝經》的優位，在在顯示馬一浮心性論在其學問體系佔有極重要的地位。而籠統說來，這都是對朱子學做一創造的詮釋之後，調適而上遂的發展。因為在理論的基本框架上，馬氏採取的是朱子學式的，而在基本的工夫入處更是朱子式的，分毫看不出陸王的味道。

四、從「主敬涵養」到「窮理致知」

從理氣不一不二的對比辯證關係，到「心統性情」的立論以及性德一詞的提出，這都顯示馬一浮學術統賅式的性格。若借用船山的話，這可說「即體而言，體在用；即用而言，用在體。」在道德實踐工夫上，強調的是體用交養，性修不二，涵養用敬與進學致知結合成一體。但若相較於船山而言，船山頗重視「本末交養」、「以本貫末」、「本大末亦不小」，而馬一浮則尚未能強調及此。馬氏之學仍然偏重於內聖學，外王對於馬一浮而言十足是

---

[25] 熊十力對《孝經》儒家孝治派的批評，請參見熊著《讀經示要》及《原儒》〈原外王篇〉，頁 157-287，臺北：明文書局印行，1988 年。

[26] 熊氏頗富創造力，其學自謂源出大易，融通華梵。又參之以公羊春秋，成其大同思想。但要以言之，莫不源於性智。性智即是良知，即是天理，是返照足以自證的，此不同於「量智」之外逐而不返。熊氏建立了一套生生不已的體用觀及內聖外王之學，並以此來省思傳統，極富批判性。而馬氏則順承先儒之說，並加以融會貫通，批判性較弱。

內聖的延長而已。不過值得一提的是，馬氏是實踐工夫論頗想兼賅宋明諸大派之長，而又獨取於朱子並加以調適而上遂的發展。馬一浮：

> 「理雖本具，亦要學而後明，精義入神，方能致用，所以說性修不二。專言守良心，便是執性廢修。」[27]

這段話值得注意，他所說的「學」並不祇是「守良心」的工夫，這是很清楚的。學可能包括了道德與認知及其他心靈活動的各種層面，而且學是使得理道性德彰顯流露成為可能。

馬一浮又指出「性修不二，全性起修，全修在性」才是「全提」的工夫，而這是源於孔子的，孔子之言是全提。至於孟子則強調良知良能，重在理之本然，這是重在「全性起修」，這是單提直指，不若全提一樣可以體用兼賅，性修不二，它極易由於單提而成為偏廢，馬一浮用了「執性廢修」這個詞來陳述它。[28]

相對於「執性廢修」這個詞而言，馬一浮並未注意到另一種「執修廢性」的可能。因為依馬一浮看來，理道性德為人心所本具，既修則必是修其性，是不外於理道性德的。也因此，依馬氏看來即如宋明理學中偏重道問學的朱熹仍不致執修廢性，而以為「涵養須用敬，進學在致知」二語乃是性修不二之學。並以此做為自己道德實踐工夫的立論基礎。

馬氏又以「涵養」及「察識」這二者來區分宋明儒學程門弟子二派的分野，他以為龜山重涵養，而上蔡重察識，而朱子早年重察識，晚年則能綜賅涵養與察識二者。[29]馬氏便認此乃性修不二，盡工夫之全。因此在「復性書

---

[27]　見《爾雅臺答問讀篇》卷三，頁 15 下，廣文書局。

[28]　請參見《泰和會語》，頁 47，廣文書局。

[29]　宋代理學，由「中和」問題而導出了工夫論問題，涵養與察識這兩個詞包含了極為複雜而不同的各個流派的工夫論。大體而言，要了解這兩個詞必須深入各家流派就其理論脈絡，才能把握住它的意義，馬氏在這裡太過於化約而簡單去看這兩個詞，就其使用看來，似乎亦太籠統。

院學規」首兩條便提出「主敬為涵養之要」、「窮理為致知之要」，這是馬
一浮工夫論的要旨所在，至於另外兩條「博文為立事之要」「篤行為進德之
要」則是前二者的衍伸。

　　再以前二者而言，則「主敬為涵養之要」更為基礎。馬一浮說：「察識
從涵養得來者，其察識精而持守無失；若離涵養而專言察識，其察識多疏而
持守不堅者有之。漸中有頓，頓中有漸，不可截然分為二也」。[30]這段話一
方面說出涵養為察識之本，另一方面則又強調此二者必得並重，而且頓漸二
種工夫交互為功，不可截然二分。馬氏之所以強調二者交互為功，而又以涵
養為最根本，實因馬氏極不喜陸王之學，而他之所以不喜歡的緣故，則又因
為陸王單提直指的工夫極易變為執性廢修之學。他說：

　　　「龍溪之言，疏而無當。王學末流，只見個昭昭靈靈底便以為是，更
　　　不窮理，此所謂光影門頭事也。學者必從朱子入，方可千了百當。」[31]

　　馬一浮所擔心的是這種光影門頭事的簸弄所造成的自欺欺人，他強調從
朱子入，才可千了百當，從朱子入便得從主敬涵養做起。馬一浮清楚的了解
到涵養的真實工夫是主敬，敬是一種收攝心神的工夫，由於它收攝心神，因
此可以返歸自家心性，因此可以通體舒泰，安詳自然。「敬」的工夫並不是
勉強遏捺的忍受工夫，因為敬在內，非在外。「敬」是主體的自我收攝、自
我回歸，並不是主體對某客體的執持不放。主敬才能涵養，「涵」是收攝心
神，涵具萬理，而「養」則是養此心性本體，是心性本體的自養，並不是刻
意去尋個心性本體來養。主敬涵養的目的是格物、致知、窮理，更強調一點
的說：「未有致知而不在敬者」。[32]因為透過敬的工夫，所致的知才是正
知，所窮的理才是真理，格物亦才不會祇落為心氣對外物習慣性的把握而
已。

30　見《爾雅臺答問續篇》卷二，頁21下，廣文書局。

31　同上。

32　《宜山會語》，頁34下，廣文書局。

　　馬一浮用佛教止定觀慧的對比來說明主敬和窮理的關係，他認為如果心神不凝聚而去觀理，則理不可能明澈洞達，就好像水混濁、鏡蒙垢，則影像不現。[33]但須要一提的是這裡所謂的影像，並不是特別有個外物映入鏡中才得浮現的，而是此心鏡自己浮現的。換言之，「止定」並不是為了去看一外在之慧，止定自身便是慧，而所謂觀慧乃是即於止定之心體而使此心體朗現其理道性德。也因此從涵養到察識，則可以「主敬」一詞來賅攝它。

　　從上可知，馬一浮所謂的「窮理致知」是依於主敬的。其所窮的理及所致的知，也因此而成為在內的，而不致於是外在的。馬一浮解《大學》「格物致知」章句時，一再的稱讚朱子較密，朱子頗能得《大學》之旨而取其漸教的路，而陽明則是頓教的路。他說：

> 「……今明心外無物，事外無理，即物而窮其理者，即此自心之物而窮其本具之理也。此理周遍充塞，無乎不在，不可執有內外。」[34]

　　我們若將此段解說，參照朱子〈格物補傳〉來看，則可見他是如何的調適而上遂的發展朱子學。朱子說：

> 「……欲致吾之知，在即物而窮其理也。蓋人心之靈莫不有知，而天下之物，莫不有理，惟於理有未窮，故其知有不盡也。是以大學始教，必使學者即凡天下之物，莫不因其已知之理而益窮之，以求至乎其極，至於用力之久，而一旦豁然貫通焉，則眾物之表裡精粗無不到，而吾心之全體大用無不明矣。此謂物格，此謂知之至也。」[35]

　　顯明地，馬一浮之不同於朱子的是，他點明了心外無物，由於這一步的點明使得「心知─物理」的認識論結構，一轉而為本心之知之自身之理的彰

---

[33] 請參見《宜山會語》，頁 34-36，廣文書局。
[34] 見《復性書院講錄》，卷一，〈學規〉，頁 6 上。
[35] 見《朱熹四書集註》，頁 6。

顯，主體對客體的把握一轉而為主體對主體所涵具之理的理解。這一步的點
明即是朱子學調適而上遂的發展，因為就朱子學而言，心外無物是其義理的
隱藏性結構，馬一浮不過揭發了這個隱藏性的意義結構罷了。朱子偶而亦透
露出諸如：「致知是本心之知」[36]這樣的話頭來，不過朱子著意於漸修的方
式，而有強調「認知」的傾向。[37]馬一浮則強調頓漸同時具在，而事實上其
工夫是漸修的。

　　馬一浮雖點明了「心外無物」，但其學問性格並不同於孟子學，亦不同
於陸王之學。他解釋《易經·繫辭傳》「窮理盡性以至於命」時，便說「窮
理即當孟子所謂知性，盡性即當孟子所謂盡心，至命則當孟子所謂知天。」
又說「理窮則性盡，性盡則至命。」[38]這分明是將孟子「盡心知性以知天」
的立論結構，一變而為「知性盡心以知天」。雖然馬氏強調「並不是窮理了
再去盡性，盡性了再至於命，只是一事非有三也」，這祇說明了三者非有時
間的先後，但並未說明其沒有理論上邏輯次序的先後。

　　馬一浮又援用佛家語言的滿證和分證來說明工夫實踐的前後終始。他
說：「須知合下用力，理窮得一分即知致得一分，在佛氏謂之分證，到得知
至即滿證也。」他又說：「一旦豁然貫通，表裡洞然，不留餘惑，所謂直到
不疑之地，方可名為致知也。」[39]在這裡我們分明看到馬氏是如何經由漸修
的實踐理論而達到圓教的境界。如此說來，馬一浮所謂的「窮理致知」，雖
亦注意到「心外無物，事外無理」，但就立論的邏輯程序而言，則是「格物
（窮理）—致知」，而不同於陽明的「致知—格物」。馬一浮是格窮事物之
理（事物之理不外乎本心），而致其本心之知。陽明則是推致良知於事事物
物上，正其不正而使其正也。馬氏之學絕不同於陽明學，他乃是朱子學調適
而上遂的發展。

　　關連著「主敬涵養」，窮理致知，馬一浮更進一步說博文立事。他認為

36　見《朱子語類》，卷十五。

37　請參看牟宗三著《心體與性體》第三冊，第三章。

38　以上所引見《復性書院講錄》，卷一，〈學規〉，頁7。

39　同上。

天下之事莫非六藝之文，而六藝之文又皆是性德之流出，因此博文的工夫，一者可以修其性，德一者可以通達於天下萬事萬物。他這樣子的把內聖學經由六藝之文而通於外王學。外王的實踐他又認為孝經足以總持一切，這牽涉到馬氏整個文化哲學的體系。至於馬氏所謂的「篤行進德」則強調無有欠闕，無可間斷地將無可限量、無有窮盡之理見之於行事，力求一人間的理想世界。因為篤行的工夫，才能使得主敬涵養真是主敬涵養，窮理致知真是窮理致知，博文立事真是博文立事，因此篤行亦可說總攝前三者。[40]若我們將馬一浮的「復性書院學規」（以上所述四條：主敬涵養、窮理致知、博文立事、篤行進德）和朱子的「白鹿洞書院學規」（博學、審問、慎思、明辨、篤行）相比亦有同調之處。

總要的說，馬一浮的實踐工夫論強調「性修不二，全性起修，全修在性」。強調「體用不二，全體大用，全用在體」。他明白的指出「性德雖是本具，不因修證則不能顯。」他亦說「修德須進，而性德亦須進」，因為性德即是至誠不息，即是進，所以說性德亦須盡，而此須盡乃是要篤行到極至處的意思。[41]而這些義理都是以朱子為起點而加以調適而上遂的。

五、結語

從「理氣不一不二對比的辯證性結構」到「心統性情」的立論以及涵養主敬，窮理致知的實踐工夫論，我們可以斷定馬一浮之學具有極高的「調合論」的色彩，而在這色彩深處則可見他是近於程朱而遠於陽明的。因此筆者要說馬一浮學乃是朱子學調適而上遂的發展。

就宋明理學的發展而言，道問學與尊德性的紛爭，知識與道德對比的辯證在馬一浮的心性論裡頭獲得某種消融式的解決。通過馬氏之學再來讀宋明理學當會更清楚明白，尤其將會更能同情的理解朱子。如此說來，馬一浮的

---

[40]　參見《復性書院講錄》，卷一，〈學規〉，頁 11-13。
[41]　同上。

弟子戴君仁認為馬一浮是現代的朱子實為肯棨道地之言。

　　對馬氏心性論的義理結構的疏通，祇是做為研究馬氏之學的一個基礎而已。至於馬一浮由心性論而展開的六藝論乃是一套文化哲學，這套文化哲學頗能顯示馬一浮對人類、時代的用心，而若將之落在思想史的角度觀之，則馬一浮這套文化哲學頗能表示當代中國思想史中保守主義的一個典型，這是值得我們更進一步去探討。

　　　（本文原以〈馬一浮心性論的義理結構——從「理氣不一不二」到「心統性情」的核心性理解〉為題，初稿原發表於《鵝湖》116 期（1985 年 2 月），後經修訂發表於 1993 年於杭州所舉辦的「馬一浮國際學術會議」中。）

第六章　馬一浮經學的本體詮釋學

【本文提要】

馬浮的學術特色旨在其經學的本體詮釋學，他將六藝統歸於一心，而此心又上遂於道。然而，值得注意的是，他又不贊成直說「心即理」，而強調「理氣」、「性情」兩端而一致的辯證圓融。他的六藝之教所涵的「相涵互攝」「體用一如」的思想，隱含著一套完整的本體詮釋學的思維。

馬浮以「六藝統攝諸子」，進而以六藝統攝四部，進而以六藝統攝西來學術，終究言之，它要以六藝統攝天下之道。若據學問之實而言之，馬浮之論不免稍過，但若能入乎其中，我們將可以發現馬浮之學所涵之本體詮釋學可以經一「因而通之」「調適而上遂於道」的方法，而有一嶄新發展之可能。

再者，我們將集中「道」、「經典」、「人」這三端的互動循環，對比討論經學本體詮釋學的諸多相關問題。

關鍵字詞：詮釋學、本體、調適、六藝、仁學、體用一如、理氣、性情

一、問題的緣起

　　就張灝在〈新儒家與當代中國思想的危機〉一文所述，認為當代新儒家之代表人物應以一九五八年初，共同署名發表「為中國文化敬告世界人士宣言」的唐君毅、牟宗三、徐復觀、張君勱四人為代表。[1]我在〈當代新儒學述評〉一文中，則主張宜將梁漱溟、熊十力等列入[2]。後來，在〈梁漱溟及其文化三期重現說〉文中，則認定當代新儒家可分為三型，其代表人物是梁漱溟、熊十力、張君勱[3]。直到我發表〈馬浮心性論初探〉一文時，我雖以為馬浮可列入當代新儒家的範圍，但「馬浮的學術思想不管在表達方式及思想內涵及其面對的問題和進路都是極為傳統的」[4]。

　　這些年來，因參研了更多相關馬浮的著作，我多少有些新的明白，我以為馬浮的表達方式是有意的採取了一古典的漢語方式，而避掉了當代中國學術的「逆格義」（以西學來格中學）方式。當然他多少用了些正向的「格義」（以中學格西學）方式，似乎他是有意的想避免這些問題，當然，若總的來說，他仍然難免此問題。他表達雖為古典，內涵則不儘於此，他更且重視到中國學術如何重新救起，如何重新安頓的問題。他總的將這一切通統到「六藝之教」（六經）來處理，總的來說，我以為馬浮的學術思想隱涵了一「經學的本體詮釋學」的思想，他正是想經由這樣的一套本體詮釋學來收攝古今中外學術，並求其融通與發展之可能。

　　我這些理解，多少受了楊儒賓對馬浮的詮釋之影響。他在〈馬浮「六藝統於一心」思想析論〉中盛讚馬浮，認為第一代新儒家學者中，馬浮是最具傳統精神風範的一位，但他如和同代的三位儒者梁漱溟、熊十力、馮友蘭相

1　見周陽山編譯《保守主義》一書，頁 368，臺北：時報文化出版企業公司印行，1980。

2　林安梧〈當代新儒家述評（上、下）〉刊於《中國論壇》154、155 期，臺北：中國論壇社，1982。

3　林安梧〈梁漱溟及其文化三期重現說〉刊於《鵝湖》77 期，臺北：鵝湖社，1981。

4　林安梧〈馬浮心性論〉初探，刊於《鵝湖》116 期，臺北：鵝湖社，1986。

比之下，卻較少受到學界的注意。馬浮所以至今為止聲光顯得較為闇淡，很可能與他為人淡泊、長期處在政治與文化中心之外、而又極少參與當時主要的學術活動有關，與馬浮行文重圓融、少分析、重紹繼、反標新的風格也有關聯。但馬浮的思想雖然與現代學界重創新、講個性的要求南轅北轍，這並不表示他的學說即陳陳相因，了無自家面目。恰好相反，在二十世紀的中國學術界中，馬浮其人其書都具有獨特的風味。他的思想一方面反映了那個時代一位生活傳統、經歷廣博的儒者對儒家重新定位的反思，另一方面，他的思想又與一代思潮的新儒家學派有共通之處。簡單的講，本文認為馬浮思想的重點落在經學，而他的經學思想的核心命題為「六藝統於一心」論。[5]所不同的是，楊儒賓與劉又銘都認為馬浮的思想學脈較近於「陸王」，我則贊成戴君仁的說法，說其為「現代之朱子可也。」[6]，不過，我以為這現代朱子是一調適而上遂於道的朱子，與原先的朱子亦有所不同也。只是若以「陸王」、「程朱」對比來說，特別是在「心即理」與「心具眾理」的對比下，馬浮是較切近於朱子的。他雖然強調六藝統於一心，這樣的本體詮釋學似乎與陸王學的精神氣脈極近，但他骨子裡還是以程朱之理學為主的，只是調適而上遂於道，多少柔化了「心性二分」，以及「理氣」二分的論法，而改以「不一不二的辯證方式」來處理。

　　值得注意的是，馬浮經學隱涵了一完整的本體詮釋學，這裡涉及於「道」、「經典」與「人」三者的辯證關係，三者既形成了一「生活世界」，而又兩端而一致的辯證統合一不可分的總體。所不同的是馬浮直將「道」與「六藝之教」的「經典」緊密地連接在一起。這裡有著義理上的邁越，須得檢視之，調理之，轉化之，使其思想有一調適而上遂發展之可能。

5　參見楊儒賓〈馬浮「六藝統於一心」思想析論〉《鵝湖學誌》第 12 期，1994 年 6
　　月，臺北。
6　劉又銘之說，請參見氏著《馬浮研究》（政大中研所碩士論文，1984 年），又戴氏
　　之說，為徐復觀所述，見徐氏於《爾雅臺答問》之〈重印序言〉。

二、「六藝之教」與經學詮釋的本體溯源

馬浮經學思想散見其主要著作《復性書院講錄》、《爾雅臺答問》、《泰和宜山會語》等著作之中,其涉及於「六藝之教」,並強調六藝之教統於一心,統天下學術者,則主要載之於《泰和宜山會語》一書。大體說來,將此《泰和宜山會語》與《復性書院講錄》合著理解,應可見馬浮之學的梗概。馬浮曾遊學東洋及歐美諸國,回國以後避居杭州治學,約一九三八年間隨浙江大學遷居江西泰和,做了十一次講演,後遷居廣西宜山,又做了九次講演,這廿次講演合輯為《泰和宜山會語》。後來,馬氏在四川樂山建復性書院,而有《復性書院講錄》,其六藝之教獲得更完整的講述。

馬浮所論之「六藝之教」指的即是六經之教,包括詩、書、禮、樂、易、春秋。它與「禮、樂、射、御、書、數」的六藝互為表裡,馬浮以為「以道言謂之經」,「以教言謂之藝」,我們可以說此六經之教,其教之內容實不外此六藝也。

依馬浮之論,六藝統攝諸子、統攝四部、統攝西來學術,統攝天下之道,他說:

> 「《詩》以道志而主言,在心為志,發言為詩。凡以達哀樂之感,類萬物之情,而出以至誠惻怛,不為膚泛偽飾之辭,皆《詩》之事也。《書》以道事,事之大者,經綸一國之政,推之天下,凡施於有政,本諸身,加諸庶民者,皆《書》之事也。《禮》以道行,凡人倫日用之間,履之不失其序,不違其節者,皆《禮》之事也。《樂》以道和,凡聲音相感,心志相通,足以盡懽忻鼓舞之用,而不流於過者,皆《樂》之事也。《易》以道陰陽,凡萬象森羅,觀其消息盈虛變化流行之跡,皆《易》之事也。《春秋》道名分,凡人群之倫紀,大經大法,至於一名一器,皆有分際,無相陵越,無相紊亂,各就其列,各嚴其序,各止其所,各得其正,皆《春秋》之事也。其事即其文也,其文即其道也。學者能於此而有會焉,則知六藝之道何物而可

　　遺，何事而不攝乎！」[7]

　　以上所引這段話，可以說是他經學本體詮釋學的要義，馬浮一方面闡釋了六藝經傳的要旨，另方面則又說這些要旨所涉之實踐活動，通通可以調適而上遂於道的，這麼一來，「六藝之道何物而可遺，何事而不攝」。

　　「《詩》以道志」，《詩》是闡述我們心靈最為真摯的聲音，「在心為志，發言為詩」，因此所有哀樂之感，凡所涉於情者，出自惻怛至誠，都應通達於《詩》，以為教也。如此一來，美學、文學、藝術、音樂等皆與此相干。就此相干而調適之，上遂於道，便可以通而統之。

　　「《書》以道事」，《書》可以是經綸國家，施於有政，從自身到庶民之事都屬之。如此方足以疏通致遠也。如此說來，凡經世濟民之事皆可屬之，如：政治、社會、經濟、實業、管理等學問皆可通而統之。

　　「《禮》以道行」，《禮》可以是人倫日用，分寸儀節，無違無失，條理暢達。禮可以是一身之整飭，可以是天地之大節。如此說來，凡人倫教化之事皆可屬之，如：倫理學、道德學、法律學、教育學等學問皆可以通而統之。

　　「《樂》以道和」，《樂》可以是聲音相感，心志相通，盡其情思，韻緻風雅。樂可以自一身之通達，可以是天地之大和。如此說來，凡調暢情志，感通和會之事皆可屬之。如：音樂學、聲韻學、語意學、心理學皆可因而通之。

　　「《易》以道陰陽」，《易》可以是萬象森羅，消息盈虛，變化流行，無所不包。易可以是造化之微，可以是心念之幾，可以是歷史之勢。如此說來，凡上下四方，其所涉者，莫非易也。如此說來，舉凡自然科學、數學、物理學、化學、生理學、生物學、神學、玄學皆可以相干，皆可以因而通之，調適而上遂也。

　　「《春秋》以道名分」，《春秋》可以是人群之倫紀，大經大法，名器

_____

7　《復性書院講錄》，卷一，〈學規〉，頁12-13，臺北：廣文書局印行。

分際，序列分明。《春秋》可以是史、可以是即此而寓褒貶以別善惡也，可以就此而立一道德之理想王國也。如此說來，凡歷史學、政治學、人文學、法理學皆可以因而通之，彼此相干也。

馬浮在〈論西來學術亦統於六藝〉就明白指出「自然科學可統於《易》，社會科學可統於《春秋》」，「《易》明天道，凡研究自然界一切現象者皆屬之，《春秋》明人事，凡研究人類社會一切組織形態者皆屬之。」具體言之，則「文學、藝術統於《詩》、《樂》，政治、法律、經濟統於《書》、《禮》，此最易知。宗教雖信仰不同，亦統於《禮》……哲學思想派別雖殊，淺深小大亦各有所見，大抵本體論近於《易》，認識論近於《樂》，經驗論近於《禮》。唯心論者《樂》之遺，唯物論者《禮》之失。凡言宇宙觀者皆有《易》之意，言人生觀者皆有《春秋》之意。」

誠如馬浮所論「其事即其文也，其文即其道也。學者能於此而有會焉，則知六藝之道何物而可遺，何事而不攝乎！」屬文載事，力之於行，行而通乎道，既有所會矣，六藝之道，便是天地之道，天地之物、天地之事咸具其中，真所謂「範圍天地之化而不過，曲成萬物而不遺」。這樣說來，我們可以說「六藝統攝天下之道」的「統攝」兩字並不是直接就文獻義上的統攝而是關連著「事」、「文」、「道」這三者來說的。「事」是就其實而言也，載之以成文也，此文又驗之於事也。然此文、事皆通而統於道也。這「通而統之」的「通」是精神意韻的「通」，並不是具體內容的通。

如此說來，我們可以明白的斷定，馬浮經學詮釋的立場並不是一史學的立場，而是一哲學的立場。而且這哲學是一哲學的本體詮釋學，是「輾轉以繹之，道乃盡」的「衍義」方式，這接近於王船山的經學詮釋方式，是經由一「因而通之」、「調適而上遂於道」的方式做成的[8]。就馬浮來說，這六藝之道不只是歷史文獻，而且絕然不可看成歷史文獻，它們是接近於道的，甚至他們就是「道」。這樣的經學立場與歷史語言學派的經學立場是大相逕

---

[8]　關於王船山的詮釋學，請參看林安梧《王船山人性史哲學之研究》第四章〈王船山人性史哲學之方法論〉，頁75，臺北：東大圖書公司印行，1991年。

庭的。

　　馬浮如此之經學立場，若在教外看來，不免迂闊，難以服眾，但就教內來說，這是天經地義的；而且這天經地義的立場才足以克服當時整個中國民族所面臨存在的意義危機。我們可以說熊十力是經由自家的心性體證，並藉由唯識學的對比，向上一幾，而發現了存在的真實，證立了本體，彼嘗謂「吾學貴在見體」。熊氏自唯識學的習得、講述，終而進一步構造了「新唯識學」，成就了宏偉的體用哲學。馬浮於心性的體證亦已深矣，對於古今中外學術也有著相當的素養；值得注意的是，像他為熊十力《新唯識論》（文言本）所做的序，更可以肯定的他確是熊氏的知音，而且他所到達的境界也不在熊氏之下。他說：

> 「夫玄悟莫盛於知化，微言莫難於語變，窮變化之道者，其唯盡性之功乎。聖證所齊，極於一性，盡己則盡物，己外無物也。知性則知天，性外無天也。斯萬物之本命，變化之大原，運乎無始，故不可息。周乎無方，故不可離。易曰：乾道變化，各正性命。性與天道，豈有二哉。」[9]

　　深遠之體悟是要去體知宇宙之造化的，而奧微之言，難於談論變化之實，只有經由盡性之功，方可了知也。馬浮重視的是「盡性」，而不是「明心」。他以為「聖證所齊，極於一性」，盡己也就盡物，己外原無物也，這是橫攝的說；若歸於縱貫之創生來說，則知性則知天，性外無天。他採取的不是一「縱貫創生」的立場，而是一「橫攝歸縱」的立場[10]。他強調的是「性與天道，豈有二哉」，並不是「此心即是天」。我們明白的可以說這較接近於「理學」的立場，而不近於「心學」的立場。當然，這樣的理學並不

9　見熊十力《新唯識論》，馬浮〈序〉，頁一，臺北：河洛圖書出版社印行。

10　我以為朱子之學即是一「橫攝歸縱」的立場，請參見林安梧〈關於朱子哲學當代詮釋方法論的論辯：從「繼別為宗」到「橫攝歸縱」〉，「傳統中國哲學論辯之當代詮釋」國際學術研討會會議論文，二○○七年十月廿六、廿七日，臺灣大學哲學系。

只是依持於一超越客觀的形式性法則，而且是要求歸返到一總體根源的「道」，他仍主張「體用一源，顯微無間」的。正因為他這樣的主張，因此他做了這樣的論斷「全部人類之心靈，其所表現者不離乎六藝，其所演變者不能外乎六藝」。[11]六藝者，道也，體用一源也，它既是一切存在的根源，當然也就涵攝萬有一切了。

三、本體詮釋學理論基本構成：「理氣」與「心性」

馬浮之學，仍沿舊慣，其天道論、人性論、修養論、實踐論是合而為一的，這與其經學的本體詮釋學是相為表裡的。經學本體詮釋學的深入理解實不能外於其哲學系統的理解，其哲學系統亦不能外於經學之本體詮釋學。與熊十力相通的是，馬浮仍以易傳、中庸為核心來賅攝六藝之教，儘管他也極強調以論語來賅攝一切，但他所解釋的一切都是回溯到總體的根源，都回到性命天道相貫通處，都回到體用一源、顯微無間處來理解。這就離不開能窮神知化的《易傳》的詮釋傳統。

儘管馬浮極注重即氣言生生化化的立論基點，這理解看似橫渠船山，但卻是有所差異的。馬浮其實還是以理學之立場為多，只是他強調「理氣雖為二端」，但卻是二而一，一而二的。馬浮說：

> 「……所以成變化者，皆氣之所為也。故曰一陰一陽之謂道，盈天地間皆氣也。氣之所以流行而不息者，則理也。」[12]

值得強調的是「所以成變化者，皆氣之所為也」，「氣」的重要性被加重了，「一陰一陽」的生命律動被強調了，順帶而出說「氣之流行而不息者，則理也。」這仍是朱子理氣論的路子，只是較諸朱子，他更強調「生命

---

[11] 見《泰和宜山會語》，頁25，臺北：廣文書局，1980年。

[12] 見《復性書院講錄》，卷五、洪範約義二，頁136下，臺北：廣文書局，1977年。

的律動」，更強調「氣」的作用。這麼說來，「理」「氣」這組詞，與其說是對立的（opposition），毋寧說是對比的（Contrast），它們之間有一極為繁複而麻煩的辯證關係。由於各家派思想的不同，因而倚輕倚重，各有不同。但往往就在倚輕倚重，分毫之差上，看出各個家派思想雖差之毫釐卻失之千里了。就上引馬浮對理氣的說法，顯然理氣非一，馬浮強調理氣亦非二。他說「不善會者」，每以理氣為二元，不知「動靜無端陰陽無始、理氣同時而具、本無先後，因言說乃有先後。就其流行之用而言謂之氣，就其所以流行之體而言，謂之理。用顯而體微，言說可分，實際不可分也。」[13]就各個存在（being）而言，理氣是同時而具的，並無時間之先後。但一分體用，就其存有論的次序看來，似乎先有理後有氣，就其體言是理，就其用言是氣。但馬氏又不認為理氣為二，就實際上的各個存在而言，理氣固然是一，就存有論的次序看來，理氣亦不可為二。他說：

> 「未見氣即是理，猶程子所謂『沖漠無朕，理氣未分』，可說是純乎理，然非是無氣，祇是未見，故程子曰：『萬象森然已具』。理本是寂然的，及動而後始見氣，故曰：『氣之始』。氣見而理即行乎其中，故曰『體用一源，顯微無間』，不是元初有此兩個物事相對出來也。」[14]

這些話告訴我們有一「理氣未分」，而此即是理。但理又隱含了一未見之氣。這裡所謂的「理氣未分」的「理」，顯然和此是「純乎理」的「理」，在意義的層次上是不同的。馬氏顯然是以「純乎理」來綜括「理氣未分」的情形。而這裡所謂的「理氣未分」事實上祇是在描述一「寂然不動」、尚未流行的狀態，這狀態是由流行之著而逆推上去的，並不是肯定確實有這個狀態實際存在。換言之，講理氣未分，就存在的層級而言，乃是說

---

[13] 見《泰和宜山會語》，頁44，臺北：廣文書局，1980年。
[14] 見《泰和宜山會語》，頁43，臺北：廣文書局，1980年。

明有一超越現實存在的東西，而此東西是現實存在的根據；而就表達的程序言，乃是說明有一超越表達的東西存在，而這東西是表達之所以可能的根據。

馬浮用「純乎理」來表述這東西。這東西既是超越的理，但卻隱含了一可以流行生化的氣，而且氣是必然要流行生化的，氣之流行生化的依準和主宰則是理，氣一旦流行而為萬有個物，則理亦在萬有個物中。理氣是不二的。

馬浮強調理氣是不二的，但他又明白的說理氣是非一的。他說：

「……『一陰一陽之謂道』，此『道』字與『理』字不異，即其行乎氣中而非一非二者也。不雜故非一，不異故非二，……言陰陽則非一，言道則非二矣。」[15]。

為了便於理解這種非一非二的關係，馬浮曾舉近代物理學上所謂的離心力和向心力來解釋，有離心力必有向心力，兩者俱在，但離心力並不是向心力。他又說極像西方辯證法所謂的正反合，不過他又反對這個「反」字，依他看來合之所以為合乃是對比的兩方所鑄成，並不是矛盾的兩方推進成的[16]。我們從馬浮的這些比喻性的解釋，不難看出理氣的關係是怎麼樣的。馬浮說：

「氣是變易，理是不易，全氣是理，全理是氣，即是簡易。（原註：此是某楷定之義，先儒釋三義未曾如是說。然頗簡要明白，善會者，自能得之。）只明變易，易墮斷見；只明不易，易墮常見。須知變易原是不易，不易即在變易，雙離斷常二見，名為正見，此即簡易

---

[15] 見《復性書院講錄》，卷五，頁139，臺北：廣文書局，1977年。
[16] 同上註。

也。」[17]

　　這段話很清楚的表示出「理」和「氣」兩者間對比的辯證關係。氣是變化是流行，而理則是此變化流行得以可能的依準或主宰。但理氣不二，所有之變化流行仍得依準於理之主宰。而所謂之依準與主宰實不能外乎氣，必得在氣上顯現。「變易」說明了氣變化流行不已的狀態，「不易」則說明了「理」之普遍性與永恆性。而馬氏所謂的「簡易」則取自易傳所謂：「乾以易知，坤以簡能」的乾易、坤簡而來。他借著這個辭彙來說明理氣不二不一的「對比的辯證關係」[18]。

　　如上所述，我們可以發現馬浮的理氣論雖與朱子可歸於同類，但較諸朱子，他更強調「全氣是理，全理是氣」，更強調「『一陰一陽之謂道』，此『道』字與『理』字不異」，這說的正是他所重的「理」不只是一形而上超越的客觀形式性原理而已，他更注重的是這理所涉的「總體性」、「根源性」以及「生命的律動」。這些論點一方面與其心性修養論有著密切關係，而與他經學本體詮釋學構成的內在要件也有著密不可分的關聯。他所說「六藝之教」是調適而上遂於道體之源的，他也就具有著總體體性、根源性以及生命的律動性在，一切生生化化自此流曳而出，從另外的角度來說，也就包攝了一切。

　　「理、氣」是就造化處說，是就天道論說；而「性、情」則是就心性論說，就修養論說。相應於此「理氣不二不一的對比辯證關係」，馬浮在心性論上主張「心統性情」。其「心統性情」之論有近於橫渠者，亦有近於朱子者。彼所謂的「心統性情」旨在指明「心」是「性、情」二者辯證的綜合，心對性情二者具有統合的作用。馬氏對陸王學派「心即理」的立論則不以為

---

[17] 見《泰和宜山會語》，頁43，臺北：廣文書局，1980年。

[18] 這裡特別強調這是一種「對比的辯證關係」（Contrastive dialectical relation），乃是因為它們之間是「對比的」（Contrast）而不是「對立的」（opposition）；是辯證的（Dialectical）而不是矛盾的（Contradictory）。由於是對比的辯證關係，所以是不一不二，是二而一，一而二的。

然。馬浮說：

> 「陽明『心即理』說得太快，末流之弊便至誤認人欲為天理。心統性情，合理氣言『具理』則可，言『即理』則不可。」[19]

> 「心統性情，即賅理氣，理行乎氣中，性行乎氣中，但氣有差忒，則理有時而不行，情有流失則性隱而不現耳。故言心即理，則情字沒有安放處。」[20]

「心」是就活動處說，是就動力處說，而「理」則就法則處說，就存有處說；「心」強調的是「內在主體的能動性」，而「理」強調的是「超越客觀的法則性」。在馬浮的想法裡，這是不能邁越的。一邁越過頭，就會使仍忘掉了氣稟之殊、物欲之雜，人的有限性一旦被忽略了，掛搭在無限性上頭的根身業力習氣，乘權作勢，就有著嚴重的問題。至於末流，人欲與天理混成一氣，殊為可懼。若祇談「心即理」，那麼此心固是先驗的本心，則「情」這個字眼便沒得安放。換言之，馬浮認為祇談「心即理」，則容易祇照顧到「理、性」的層次，而忽略了「氣、情」的層次。由於要照顧到「氣、情」的層次，因此他認為應說「心具理」，而不應說「心即理」。換言之，心和理並不即是一，但心和理亦不即是二，心和理之間有一涵攝的關係。「心統性情，即賅理氣，理行乎氣中，性行乎氣中。」心涵具著理與性，理與性透過心的活動而顯現。馬浮又說：

> 「性即心之體，情乃心之用。離體無用，故離性無情，情之有不善者，乃是用上差忒也；若用處不差，當體是性，何處更覓一性？」[21]

---

[19]　參見《爾雅臺答問》〈續篇〉，卷二，示語二，頁22。

[20]　同上註，卷四，示語四，頁19。

[21]　同上註，卷二，頁2。

　　這說性情的關係即是體用的關係，而此中的關鍵則在「心」上。情（氣）是屬於「用」的層面，而性（理）則屬於「體」的層面。離體無用，用外無體。「體」是整體根源律動之體，而「用」則是此整體根源律動之發散落實於具體節文上之為用也。體用一源，是承體達用，而又即用顯體的。體對用有一規範的作用及主宰的作用。換言之，情（氣）之用依準於性（理）之體，而性理之體主宰情氣之用。而心則統賅性情，統賅理氣，心為「心性論」的關鍵處，亦是實踐之著力處。這統賅處可調適而上遂於根源處、總體處及生命律動處。在這裡，我們看到馬浮「心統性情」之說，雖有取於朱子，但卻也有其「因而通之」，有其「調適而上遂處」，在內容上仍有分別。

　　朱子認為「心是氣之靈」，認為「理氣決是二物」；相對來說，馬浮則認為「心」是「理氣的統合」，「全理是氣，全氣是理」。他說：「天也、命也、心也、性也，皆一理也」。天命心性都是理的彰顯罷了。「就其普遍言之，謂之天。就其稟賦言之，謂之命，就其體用之全言之謂之心，就其純乎理者言之謂之性」[22]就理之普遍性而言則為天，理之純粹性則為性。理之稟賦於人則為命，而心則是理氣之全，是人向上一幾的關鍵。

　　如上所述，我們可以發現馬浮對於「理氣」「心性」是承繼著宋明理學的理路，尤其是朱子學的理路，因而通之，調適而上遂，有著進一步的發展。此中便隱含著他那經學本體詮釋學的內蘊。他雖然講「六藝賅攝於一心」，但賅攝的方式與心學看似相類，但仍有不同。這不同即如前所說的，在「心即理」與「心具理」的差別。「心即理」走的較接近於一「超越的統攝」方式，而「心具理」走的則較接近於一「內在的統攝」方式。有趣的是，他們都用到了「一心開二門」的結構，但其詮釋的向度，卻有著些許的不同。

---

[22] 見《復性書院講錄》，卷一，〈復性書院學規〉，頁7。

四、「一心開二門」、「性德之全」與賅攝六藝之教

「一心開二門」原是《大乘起信論》的理論構造，它原先為的是要闡明「真如」與「生滅」兩者的關係，並關聯到「心性」的修養工夫來。馬浮援用他來闡釋他有關「心統性情」的理論，這闡釋對於朱子學原先所說的「心統性情」來說，是進一步的發展。在馬浮之後的牟宗三，則以此結構來收攝儒、道、佛三教，並經由康德（Immanuel Kant）「現象」與「物自身」的對比，而建立其規模宏偉的兩層存有論。這可以說是近現代以來心學理論極致的表現。相對來說，馬浮走的較近於理學之路，或者說經由調適以後的理學之路，這路子頗有道學之意味在。

馬浮援引了《大乘起信論》「一心開二門」解釋其「心統性情」的理論構造，並以為他能深得橫渠本旨，其實底子裡，馬浮仍較近於朱子，而稍離橫渠。馬浮說：

> 「……只說得心生滅門，覺不覺二義，要知起信論一心二門方是橫渠本旨。性是心真如門，情是心生滅門，心體即真如，離心無別有性，故曰，唯一真如，然真如離言說相，才說性時，便已不是性了。向來說性，只說繼之者善，此卻是生滅門中覺義也。」[23]

就這段話來說，似乎很能表示出橫渠心統性情的旨義的，但卻不能完全表露橫渠如何盡心體物、如何盡心易氣以成性。換言之，這段話並未深入實踐工夫去探討心是如何的統性情，如何的易情而成性，如何的全性皆情，如何的全情皆性，如何的即體而言用，即用而顯體。馬氏以「一心開二門」來解心統性情，其用心乃在調適朱子，務使朱子更進一步，而免去了心性情三分、理氣二分的諸種問題。馬浮說：「朱子釋格物為窮至事物之理，致知為推極吾心之知。知者，知此理也，知具於心，則理不在心外明矣，並非打成

---

23 見《爾雅臺答問》〈續編〉，卷一，頁 14。

兩橛，不善會者，往往以理為外」[24]。

　　馬氏這段話，可謂對朱子做了「調適而上遂的詮釋」。這樣的立論與後來新儒家最重要的理論建構者牟宗三先生的朱子學是大相逕庭的。牟先生以為朱子是一橫攝的靜涵靜攝的系統，而忽略了朱子一方面強調格物既久，達到豁然貫通的時候，不只是「眾物之表裡精粗無不至」，而且也是「吾心之全體大用無不明」；這是一「橫攝歸縱」的系統，而不只是一「橫攝的靜涵靜攝」的系統。[25]馬浮的理解更強調所謂的窮理，雖然是窮至事物之理，但理則不在心外，由於理不在心外，所以格物窮理的過程，不祇是主體對客體的認知把握，而且是主體對主體所具之理的發現過程。馬浮這樣的立論，可謂是朱子學調適而上遂的發展。在「心知—物理—天理」這樣的立論結構，朱子說的心是「氣之靈」，是屬於氣，他雖然強調透過涵養主敬，進學致知的工夫，則心亦可因下學而上達；但朱子並未點出本心，他似乎習於將天理懸於超越之處，而不願直落為人所涵具。

　　當然我們若仔細探討朱子學，勢必會發現朱子所說的天理實亦不外於人心，但這不外則是透過實踐工夫的不外，而不是先天的不外。依馬浮而言，則心統性情，兼該體用，心一方面屬於氣的層面，一方面則又屬於理的層面，而如何能全氣皆理，全理皆氣，則端在於人的實踐修為工夫。馬浮一方面如朱子般的重視一些下學而上達的工夫，但另一方面他又將物理、天理從做為心這個主體所對的客體回收而為人心這個主體所原具，於是心知對物理的把握，從而上遂於天理的認知，又轉成了本心之理的開展與全幅的朗現。

　　從上所述，可知馬浮強調的「心具理」和陸王的「心即理」有頗大的不同，而馬氏所說的心實是朱子學調適而上遂的發展[26]。馬氏本有調合程朱陸

---

[24] 見《復性書院講錄》，卷一，頁6。

[25] 請參見林安梧〈關於朱子哲學當代詮釋方法論的論辯：從「繼別為宗」到「橫攝歸縱」〉，「傳統中國哲學論辯之當代詮釋」國際學術研討會論文，二〇〇七年十月廿六、廿七日，臺灣大學哲學系。

[26] 友人劉又銘教授認為馬浮所講的心，實質上卻同於陸王一路。此猶有商榷者。見劉又銘《馬浮研究》國立政治大學中文研究所碩士論文，1984年，頁92。

王的用心，而事實上他是以朱子為宗，並想以此來收攝陸王。馬浮以這樣的
方式來折衷程朱陸王，於是他拈出了「性德」之名來點示其心性論。他說：

> 「德是自性所具之實理，道即人倫日常所當行。德是人人本有之良
> 知，道即人人共有之大路，人自不知不行耳。知德即是知道，由道即
> 是率性，成德即是成性，行道即是由仁為仁。德即是性，故曰性德，
> 亦曰德性。」[27]

　　馬浮這段話很能表現道德是自主的，是根源於自家心性的。但他特別強
調德即是性，而又用了兩個名詞一是性德，一是德性來闡明它。他說「即性
之德」是依主釋，而「即德是性」是持業釋[28]。依馬浮的解釋，所謂「依主
釋」則強調各分能所，並以所依為主。「即性之德」，性是所依，而德則是
能依，而強調性為德之主，如此我們便說是依主釋。此時以性為體，而以德
為用即體而言用。所謂「持業釋」則強調本體與業用的區分，並由業用而顯
其本體，「即德是性」乃是以德為用，以性為體，即用而顯體。
　　馬浮更擴大其對「性德」的用法，他說：

> 「……故六藝之教，總為德教。六藝之道，總為性道。孝經則約此性
> 德之發現而充周者，舉示於人使其體認親切，當下可以用力踐形，盡
> 性之道，即在於是。故知六藝之要歸即自心之大用不離，……此是聖
> 人顯示性德普攝群機，故說孝經以為總持。……凡性德所合，聖教所
> 敷，無不苞舉，而盡攝之。故曰：道之根源，六藝之總會也。」[29]

　　馬浮這段話，顯然是將「性德」做為其整個哲學的絕對預設，並從此敷
衍開來。性德成了普攝群機，綜賅六藝（亦即六經）的形上基礎。而六藝則

---

[27] 《復性書院講錄》，卷三，孝經大義二，頁70。
[28] 《復性書院講錄》，卷三，孝經大義二，頁70。
[29] 同上註。

是成就人間道德理想世界的法門，而又以孝經為法門之總持。由於馬氏以「性德」為六藝之教的形上根據，並從而將六藝上提，於是成為一可綜賅古今中外學術的主體。馬氏復以孝經為總持，而攝六藝。如此一來，就理論層面而言，性德是最後的根源（一切從性德流出）；但就實踐層面而言，則孝經是最基礎的推廣方針。

　　在這裡，筆者想附帶一提的是，與馬浮同時代的儒學大師熊十力卻和他有天壤懸隔的看法，熊氏極厭惡孝經，並以為此是後世奴儒所作。熊氏極鄙棄「孝治派」，而馬氏竟是極為道地的孝治派[30]。再者，馬氏的「性德」和熊氏的「性智」皆為其哲學之絕對預設，亦極不相同。熊氏頗富創造力，其學自謂源出大易，融通華梵。又參之以公羊春秋，成其大同思想。但要以言之，莫不源於性智。性智即是良知，即是天理，是返照足以自證的，此不同於「量智」之外逐而不返。熊氏建立了一套生生不已的體用觀及內聖外王之學，並以此來省思傳統，極富批判性。馬氏則順承先儒之說，融會貫通，他的重點在詮釋與轉化，並在這詮釋與轉化中，求其創造之可能。又由於馬氏的立論方式以及文辭的使用方式是古典的，因之他的現代學術論辯意義較少，大體說來，他的理論展開方式是一開闔迭宕的方式，是一翕闢對比的方式。

　　從心統性情的理論，到性德一詞的提出，以及孝經的優位，在在顯示馬浮心性論在其學問體系佔有極重要的地位。而籠統說來，這都是對朱子學做一創造的詮釋之後，調適而上遂的發展。因為在理論的基本框架上，馬氏採取的是朱子學式的，而在基本的工夫入處更是朱子式的。

　　從理氣不一不二的對比辯證關係，到心統性情的立論以及性德一詞的提出，這都顯示馬浮學術統賅式的性格。若借用船山的話，這可說「即體而言，體在用，即用而言，用在體」。在道德實踐工夫上，強調的是體用交養，性修不二，涵養用敬與進學致知結合成一體。但若相較於船山而言，船

---

30 熊十力對孝經及儒家孝治派的批評，請參見熊著《讀經示要》、《原儒》〈原外王〉篇。

山頗重視「本末交養」，「以本貫末」，「本大末亦不小」，而馬浮則尚未能強調及比。因為馬氏之學仍然偏重於內聖學，外王對於馬浮而言，十足是內聖的延長而已。不過值得一提的是，馬氏的實踐工夫論頗想兼賅宋明諸大派之長，而又獨取於朱子並加以調適而上遂的發展。如馬浮所論：「性德本來具足，六藝之道即是此性德中自然流出的，性外無道也」[31]。

五、交光互網、圓融周浹與「道、意、象、構、言」

如上所論，我們可以進一步的說：馬浮的經學詮釋不只是詮釋，其方法亦不只是方法，詮釋必通極於存有論之根源，方法必通於天地人我渾而為一的先天未化前。在馬浮看來，在經典的詮釋過程裡，「文獻的佐證」、「歷史的考證」或者是必要的；但「心性的體證」、「理論的相涵互攝」更是必要的，而最重要的則是入於存有之源，如其自如的開顯其自己。究實而言，真理之為真理，並不是拿些文獻，拿些話語來證明，就可以了事的，真理之為真理，是如其自如的揭示其自己而已，是存有的開顯。這樣的開顯是普攝群機，包容一切的。

若相應於我這些年來的，中國詮釋學的五個層階：道、意、象、構、言[32]，或者可以為馬浮的經學本體詮釋學提供一對比，也可看出馬浮的特色何在。

就「道、意、象、構、言」這五個層階來說，先是「話語」的層次，考文識音，訓詁成解是必要的，正因如此，方得分明，進而才能進到上一層的結構層次。「構」指的是「結構」，大體說來，有語意脈絡的結構，有因之而構成的思維理論結構，有因之而氾出去的生活世界、歷史社會總體所成的結構，語意的分明當然要在這樣的結構中才得穩定，才得生長。在存有開顯

---

[31] 《泰和宜山會語》，頁 20，臺北：廣文書局，1970 年。

[32] 此論點大體成於二〇〇〇年夏天在臺灣師大為諸生所講一連串的理論，後來集結成《人文學方法論：詮釋的存有學探源》一書，特別是第六章可以視之為此論之核心。臺北：讀冊文化事業公司，2003 年。

的層級，在詮釋的契入過程裡，進入結構，又須銷融此結構，而入於一總體的圖象中。「圖象」之為圖象並不是由結構的銷融而成，相反地，我們說它是在結構形成之前即已存在，正因它在存在的層級次序裡，優先於結構而存在，所以在理解與詮釋的過程，我們得以由此結構的層次深契到圖象的層次。圖象之為圖象，它是心物不二、主客和合為一的，這是人之為人參與於天地人我所成的總體，因之而彰顯的「象」。在此「象的顯現」之先，實已預示更先於此的「意的趣向」，就理解與詮釋的契入來說，進於此象之層次，而溯於意的層面，這是更為根源的。在詮釋的存有學溯源裡，它已回到了存有開顯之幾，就修行的層面來說，這已是「意根」最微處，在詮釋的回溯過程裡，這已接近於言亡慮絕、夐然絕待，這是境識俱泯而將現之幾。這已預示了「證道」之可能。「證道」之為證道，並不只是「修行體證」之事，亦可以是「理解詮釋」之事。或者說，此兩事亦可並為一事來理解。或者說，證入言亡慮絕、夐然絕待、境識俱泯而將現之幾的「意境」，雖非直入本源，但此並非與本源隔絕。換言之，入得意境幾分，亦是證道幾分，道之存在是必然而先在的，其彰顯程度如何，則修行、理解、詮釋，因人而異，各有因緣也。

　　以上所論，涉及於詮釋方法論的五層說：「道、意、象、構、言」，這與我這十多年來所提的「存有三態論」是息息相關的。大體說來，「道」是寂然不動，是就「存有的根源」處說；「意」是就「純粹的意向性」上說；「象」是就「圖象」來說；「構」是就它的「結構」來說；「言」講的是整個「語句」。相對於「言」來講，是「記憶」；相對於「結構」，是「掌握」；相對於「圖象」是「想像」，相對於「純粹的意向性」是「體會」；而到「道」的層次則是「體證」。這是五個不同層次的理解，必須強調的是這裡涉及的「文本脈絡」不只是「文本本身」，更牽涉到整個「存在的語境」。

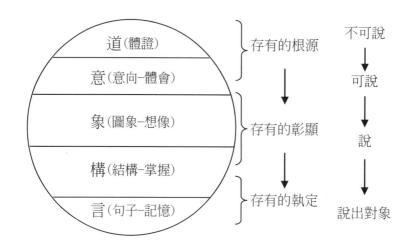

　　若以「存有三態論」來對照，則如上圖。若就「道生一， 生二，二生三，三生萬物」來說，就此「不可說的整體根源義」說「道生一」；「道」是就「根源義」說；「一」是就「整體義」說；「二」是就「對偶性」說；「三」是「指向對象」，就「對象性」說，而「三生萬物」是一對象化的活動使其成為一「對象物」。這也就是從「不可說」而「可說」，由可說而「說」，再到說出一個「對象」，這也就可以關聯到「道、意、象、構、言」的系統。[33]

　　「道」是「不可說」，「道生一」是就此「不可說」之「整體義、根源義」而說。「道」是「根源義」，而「一」是就其「整體義」說，此皆屬「存有之根源」也。「二」是就它的「對偶性」，依《易傳》之理，所謂「翕闢成變」是也，此屬「存有之開顯」。「三」是指對象的「對象性」，而三生「萬物」，就使得這樣的一個對象化的活動，使得它成為一個「對象物」，此屬「存有之執定」也。在我的理解裡，就是從一個「不可說」而

---

[33]　關於《老子道德經》第四十二章的詮釋，請參見林安梧《道的錯置：中國政治傳統的根本困結》第一章〈「道」的彰顯、遮蔽、錯置與治療之可能：後新儒家哲學之擬構——從「兩層存有論」到「存有三態論」〉，頁 11-12，臺灣學生書局印行，2003 年 8 月，臺北。

「可說」，從「可說」而「說」，「說」而「說出了對象」這樣的一個發展過程。值得注意的是，這「道、意、象、構、言」的歷程，他們彼此之間有一互動循環的關係。

「道生一，一生二，二生三，三生萬物」，由「存有的根源」，而「存有的彰顯」，這是一縱貫的創生與開展，進一步，而有「存有的執定」，這是一橫面的執定。由「道」之為「不可說」，這不可說即隱含一可說，再由此「可說」而「說」，「說」而「說出了」對象。這既是一存有論的開啟歷程，也是一話語彰顯的歷程。這是溯於其源，再由源而流的開顯落實；相應於此，就詮釋學的溯源來說，則是由此所說出之對象，進而尋其所說，再由此所說，而進於說，再由此說，而溯至於可說，由此可說而體認其不可說。是由「話語」進到「結構」，由「結構」再進到「圖象」；進一步，由此圖象再進到「意向」，再由此「意向」再進到未始有意之先的「道」。[34]

馬浮的經學本體詮釋學雖亦可以約略檢視出如上所述的「道、意、象、構、言」的層階，但總的來說，他的特點不在於本體詮釋層階的講明，而在於「交光互網、交融互攝」，有似華嚴性海一般。馬浮說：

> 「《詩》既攝《書》，《禮》亦攝《樂》，合《禮》與《樂》是《易》，合《詩》與《書》是《春秋》。又《春秋》為禮義大宗《春秋》即禮也；《詩》以動天地，感鬼神，《詩》即《易》也。交相融攝，不離一心；塞於天地，亙乎古今。」[35]

> 「即詩即禮，即禮即樂。華嚴家有帝網珠之喻，謂交光相羅，重重無盡，一一珠中遍含百千珠相，交參互入，不住不壞。六藝之道亦復如是，故言《詩》則攝《禮》，言《禮》則攝《樂》，《樂》亦《詩》攝，《書》亦《禮》攝，《易》與《春秋》亦互相攝，如此總別不

---

34 關於以上所論，請參見《人文學方法論：詮釋的存有學探源》第六章〈詮釋的層級：道、意、象、構、言〉，頁145-176，讀冊文化事業公司印行，2003年7月，臺北。
35 參見《復性書院講錄》，卷四，〈詩教緒論〉，頁12，臺北：廣文書局。

　　二，方名為通。」[36]

　　用馬浮的話來說「以六藝別言之，則教體俱大。合言之，則所以為《詩》、《書》、《禮》、《樂》、《春秋》之教體者莫非《易》也。一攝一切，一切攝一；一入一切，一切入一；一中有一切，一切中有一；交參全遍，鎔融無礙」[37]。

　　誠如楊儒賓所說「在華嚴圓教的義理規模中，無藏通別，無一多分，徹上徹下，唯是圓實。馬浮的六藝論規模與之相近，《詩》、《書》、《禮》、《樂》、《易》、《春秋》，每一藝如從橫切面而言，都是相通相入；從『本體』面而言，每一藝都互涵互攝。因此，馬浮談六藝之全體大用時，雖然特重《易經》的地位，因此有『《詩》、《書》、《禮》、《樂》、《春秋》之教皆統於《易》』之語，但我們如追究其實質內涵，當可發現，每一藝其實都可含攝其他五藝，所以說『交參全偏，鎔融無礙』，即緣此故。而馬浮比較六藝與華嚴宗之判教後，說道：『六藝之教則絕於偏小，唯是圓大；無假權乘，唯一實理，通別始終等無有二。』更是開口見膽，一舉將六藝從方內經典提昇至無上圓教經典的地位」[38]。

　　我們可以說，就因如此，馬浮的經學本體詮釋學注重的不是詮釋的層層昇進，也不是存有之道的層層展開，在交光互網，一攝一切、一切攝一、一入一切，一切入一，鎔融無礙、交參全遍。就因如此，無一多分，無藏通別，徹上徹下，唯是圓實。[39]依「道、意、象、構、言」五個層級來說，六藝之教所開啟的言說話語系統，當下即通透貫注於「道」，或者說當下即是道之顯現，徹上徹下，無有分別。於存有三態論所做的「存有的根源」、

---

[36] 參見《復性書院講錄》，卷四，〈禮教序論一之一〉，頁1。

[37] 參見《復性書院講錄》，卷六，〈觀象卮言五〉，頁44-45。

[38] 參見楊儒賓〈馬浮「六藝統於一心」思想析論〉，《鵝湖學誌》第12期，1994年6月，臺北。

[39] 關於馬浮思想與華嚴宗圓教之關係，請參見友人蔣年豐〈馬浮經學思想的解釋學基礎〉，《東海學報》，頁336，1992年。

「存有的彰顯」、「存有的執定」三個層面來說，當下無非是存有之根源如實的彰顯。馬浮的六藝之教所彰顯的經學之本體的詮釋學是當下即是圓滿的本體，此本體之顯現如乾元性海，無所不包，當下任何一處都賅攝全體，六藝之教彼此相互賅攝，馬浮最為強調《論語》是一最為重要的入路，也是歸依。他說：

> 「六藝皆孔氏之遺書，七十子後學所傳。欲明其微言大義，當先求之《論語》，以其皆孔門問答之詞也。據《論語》以說六藝，庶幾能得其旨。孟子荀卿皆身通六藝，然荀卿蔽於修而不知性，唯孟子道性善，言王政，為足以繼《論語》。先儒取《戴記》〈大學〉、〈中庸〉二篇以益之，謂之四書，萬世不可易矣……學者宜於此詳玩而深體之，乃有以立其本矣！」[40]

> 「《論語》大義無往而非六藝之要，若夫舉一反三，是在善學，如聞詩而知禮，聞禮而知樂，是謂告往知來，聞一知二……《論語》有三大問目。一問仁，一問政，一問孝。凡答問仁者，皆詩教義也。答問政者，皆書教義也。答問孝者，皆禮樂義也。」[41]

我們可以說《論語》所呈現出來的是一「道」開顯於活生生的生活世界的學問，這學問是通貫於六藝之教的，而六藝又是彼此相涵相攝的，即此當下，便是圓滿，即此圓滿就在當下，具體的存在即是普遍的圓實。即此經典，即此生活世界，道、人與生活世界是通而為一的。茲以十餘年前為《論語：走向生活世界的儒學》一書序言一部分引證如下：

> 讀《論語》！讀《論語》，每年總要讀《論語》，讀之有味，就

40　請參見《復性書院講錄》，卷一，〈通治群經必讀諸書舉要〉，頁 1-2。
41　請參見《復性書院講錄》，卷二，〈論語大義一〉，頁 10。

像與自己的親人共同生活一般。

　　讀《論語》，而不是教《論語》，就好像自己與自己的親人、長輩生活在一起一樣，悠遊而自然，在生活中自有所受益與體會；我就是不敢說要去教自己的長輩親人，反倒是長輩親人對自己的提攜與叮嚀。《論語》有的是智慧的源頭活水，讀之、參與之，就好像讓自己沐浴於此源頭活水之中，洗滌自家的身心靈魂，滋養自家的筋骨體魄，讓自己「人之生也直」的長養起來。

　　最喜歡的是《論語》的「交談」，「交談」是「有來有往」，「來者」有所「覺」、「往者」有所「會」，在此「覺會」下，讓自家的生命可以有一個從容的天地，有一個悠遊而可吞吐的湖泊。原來世界只世界，就在此天地湖泊中，默運造化，天何言哉！四時行焉！百物生焉！天何言哉！

　　「覺」是由內心裡湧現一指向根源性的發問，在具體的情境下喚起，在實存的生活世界中醒來，這亦是孔老夫子所謂的「憤悱」之情。由此「憤悱」，進一步而有所「啟發」也。「會」是在交談往來中，由於根源性的發問，由於憤悱之情的感動，使得吾人的生命與存有之自身融為一體，這是一具有存在實感的整體，它不可自己的開顯其自己，啟發來者。

　　「覺」是「覺悟」，是因覺而悟；「會」是「證會」，是因會而證。「覺」與「會」就在生活中，就在情境中，就在對答中，就在交談中。有往有來，有來有往，源頭活水，用之不竭！我讀《論語》，《論語》讀我，在世界中讀、在生活中讀，開啟的是身、是心，是自己生命中的感動，是社會人群中的真誠。

　　我只覺得「經典是一個生活世界」，是悠遊，是生活，是對談，而不是論辯，不是議論，不是言語。為《論語》立體系，就好像為渾沌，鑿七竅，恐怕七竅成，而渾沌死。到時，再嚴密整贍的言說系統，要不是成了智慧之言的棺槨，就是成了綑綁聖賢的枷鎖。沒有了真實的感動，要那些文字作什麼？沒有了誠懇的生活，只是拿它們來

裝點自家學問的身分，正是可笑可哀！所謂的「尚友古人」，所謂的「獨與天地精神相往來」，只是我們不忘「經典是一個生活世界」，而天地間所成的「生活世界亦正是一部經典」，人俯仰其間，聲息氣脈，只要反本，自無限隔，正是「宇宙原不限隔人，人自限隔宇宙」。[42]

六、結語：經學本體詮釋學之適當建構 ——「道」、「人」與「經典」

對比馬浮六藝之教所彰顯的經學本體詮釋學，以及「道、意、象、構、言」這詮釋學的五重結構，我們可以試著去構想一更為恰當的經學本體詮釋學的理論結構。茲就其「道」、「人」與「經典」的關係，表述如下，以為總結：

「道」不是夐然絕待的，「道」本在天地人我萬物之間，「道」不停留在一秘藏的狀態，它必然由其「不可說」而指向「可說」，再由此「可說」而開啟了「說」。「人」便是最重要的「開啟者」，但人並不是去開啟道，而是在天地人我萬物通而為一的總體下，人去「參與」，就在這「參與」中，「道」因之而「開啟」。一方面，「人能弘道」「非道弘人」；但人之弘道是經由一「志於道」的參與，才能使得道因之而開啟，因之而「道生之」。「經典」之為經典，是可以為常經、可以為典要的，這是人之「志於道」，而「道生之」，就在這樣的彰顯過程，經由聖賢的人生經驗，累積而成的，它經由歷史的考驗、融通、淘汰，逐漸沉澱，逐漸澄明，因此澄明而有的「智慧」。

我們若以「道」、「人」、「經典」三者為頂點而構成的一個互動循環的「兩端而一致」的關係。「道」與「人」構成一兩端而一致的關係，「人」與「經典」構成一兩端而一致的關係，「道」與「歷史」構成一兩端

---

[42] 請參見林安梧《論語：走向生活世界的儒學》一書〈序言〉，臺北：明文書局，1995年。

而一致的關係。以「道」為核心來說，「道」啟發了「人」，「人」秉承「道」的啟發而創作了「經典」。另方面則「道」開顯為「經典」，「經典」秉承「道」的開顯而教養了「人」。以「人」為核心來說，「人」詮釋了「經典」，「經典」經由「人」的詮釋，而通極於道。另方面，「人」揭發了「道」，「道」經由「人」的揭發，而開顯於「經典」之中。以「經典」為核心來說，「經典」豐潤了「道」，「道」經由「經典」的豐潤而又啟發了「人」。另方面，「經典」教養了「人」，「人」經由「經典」的教養而通極於「道」。

「道」與「人」之間有其相互的詮釋與循環的關係，而這兩端之對比而形成一「辯證的歷程」，此即「經典」。「人」與「經典」之間有其相互的詮釋與循環的關係，而這兩端之對比而形成一「辯證的依歸」，此即「道」。「經典」與「道」之間有其相互的詮釋與循環的關係，而這兩端之對比而形成一「辯證的核心」，此即「人」。「人」之為三者辯證的核心，上通於「道」，下及於「經典」，人性中自有其歷史性在，而歷史性中亦自有其人性貞常者在[43]。

當然，經典之詮釋之要角是人，人必得經有「文獻的佐證、歷史的考證」，對於文本相關者有一脈絡之深入，進一步，因之而有「心性的體證、理論的辯證」。層層回溯，自也層層開顯，由「語句」的認知，進到「結構」的把握，再由此進到「圖象」的想像，進而「意趣」的體會，終而可以進到「道」的證悟。學問之道，本無定法，只是「真積力久」，自可「契入」。[44]

---

[43] 以上所論，大體多本於林安梧《王船山人性史哲學之研究》一書，尤其是第六章，頁135-137，東大圖書公司印行，1987年，臺北。

[44] 壬午之秋，答諸生之問，即席口占，有「**半聽半看半朦朧，一葉一花一天風，山下出泉源滾滾，雲上雷端草木從**」一偈。此偈大體可解說如下：蓋「半聽半看半朦朧」此「太和所謂道也」，是無分別相，是一「總體的概括」。「一葉一花一天風」，「天」、「風」所以為「姤」也，此強調人與經典要有一「實存的相遇」。「山下出泉源滾滾」，「山下出泉」所以為「蒙」也，這強調的是「累積與蘊蓄」。「雲上雷端草木從」，「雲上雷端」所以為「屯」也，這指的是「創造與生長」。

「道生一，一生二，二生三，三生萬物」，由「存有的根源」，而「存有的彰顯」，這是一縱貫的創生與開展，進一步，而有「存有的執定」，這是一橫面的執定。由「道」之為「不可說」，這不可說即隱含一可說，再由此「可說」而「說」，「說」而「說出了」對象。這既是一存有論的開啟歷程，也是一話語彰顯的歷程。

相應於此，就詮釋學的溯源來說，則是由此所說出之對象，進而尋其所說，再由此所說，而進於說，再由此說，而溯至於可說，由此可說而體認其不可說。是由「話語」進到「結構」，由「結構」再進到「圖象」；進一步，由此圖象再進到「意向」，再由此「意向」再進到未始有意之先的「道」。

或者，我們可以說：這是從「道」之「隱而未顯」，到「顯而未分」，進而到「分而未定」；進一步，則是「定而未執」；最後則是「執之已矣」這「隱、顯、分、定、執」五個層面。這正與「道、一、二、三、物」相應，也與「道、意、象、構、言」相應。這既是存有學的展開，也是詮釋學的展開[45]。

　　——戊子秋暮十月三十一日初稿於臺灣之東的花蓮慈濟大學宗教所

（本文曾經在浙江省文史研究館、上虞市政府和杭州師範大學主辦【紀念馬浮誕辰 125 周年暨國際學術研討會】浙江杭州，2008 年 11 月 2-5 日，會上宣讀。後來刊登於《杭州師範學院學報》（社會科學版）2009 年，31 卷第 2 期。）

---

[45] 關於此五層面首發於二〇〇七年四月臺灣師範大學所舉辦之「第三屆儒道國際會議：魏晉南北朝」會上，請參見會議論文〈關於老子哲學詮釋典範的些許省察：以王弼《老子注》暨牟宗三《才性與玄理》為對比暨進一步的展開〉。又同年四月間於西安·香港舉辦之「國際老子道德經論壇」，我也做了相關的發言，唯此論仍待進一步展開，現先發於此，以求教於諸先賢也。

第七章　邁向儒家型意義治療之建立──以唐君毅《人生之體驗續篇》爲核心的展開

【本文提要】

　　本文旨在通過一文獻的理解與重建的方式，企圖去凸顯一儒家的意義治療學的可能性。儒家的意義治療學雖有類似於弗蘭克（V. E. Frankl）者，但並不同於弗蘭克，因為儒家是以「一體之仁」作為其心源動力的，而弗蘭克的精神資源主要來自於猶太教。儒家是經由「一體之仁」進而點出了一「吾與汝」的存在乃至批判、重建的過程，而這樣的一個過程便是一不休止的意義治療的過程。筆者此文之作是繼續前所開發象山學的本體詮釋學及陽明的本體實踐學，而更進一步思有以落實的締造；筆者希望這樣的一個嘗試能為當代的新儒學找到一嶄新而可能的方向。

關鍵字詞：體驗、理解、詮釋、意義、治療、我與您、存在樣式

一、前言

　　一般說來，儒學之為「為己之學」此是大家所共許的；[1]而此為己之學是「根源於本心，通極於天道」。[2]它強調的是每一個具有人性身份的人皆可以自足而完滿的成就其自己，而且這樣所成就的自己不是「小體之己」，而是「大體之我」。而這裡所謂的「自足而完滿的成就其自己」這個斷語則又緊密扣連著綿綿不絕的實踐工夫。

　　無疑的，儒學所謂的內聖之學，一言以蔽之，即是以此實踐工夫而證得本體，亦即「即用顯體」之謂也。本體者，本然一體也，吾人經由「一體之仁」而與天地萬物本然一體也。[3]實踐工夫證得本體，祇是倫常日用之實學而已，並無啥虛玄處，亦無黏牙嚼舌處。

　　如上所揭示之儒門義理，是所有步入儒家而以立身者所共許的。就此共許之義理，即隱含一本體的詮釋學（ontological hermeneutice），[4]關連此本體的詮釋學，自有其展開的一套意義世界，以作為吾人存在之基底（horizon），吾人即生於斯，長於斯，裁成天地，輔相萬物。換言之，吾人之作為人是存活於此世間的（being-in-the-world），而此世間則為此本心之所遍潤、之所朗照，亦是此道體之所充拓，之所流布。

　　如此說來，人之為一個人，既是一當下之存在（existential being），同

1　子曰：「古之學者為己，今之學者為人」（《論語‧憲問》），所謂「為己之學」蓋脫胎於此。

2　孟子曰：「盡其心者，知其性也，知其性則知天矣。存其心，養其性，所以事天也。夭壽不貳，脩身以俟之，所以立命也」（《孟子‧盡心》上），此即所謂「根源於本心，通極於天道。」

3　此說所據，請參見王陽明所著《大學問》一文。筆者曾疏釋之。請參閱林安梧〈王陽明的本體實踐學：以王陽明《大學問》為核心的展開〉，收入《中國宗教與意義治療》第四章，頁81-114，臺北：明文書局，1996年。

4　請參看林安梧〈象山心學義理規模下的本體詮釋學〉（《東方宗教研究》，第一期；1987年9月，《鵝湖月刊》，總153期，1988年3月），後收入同上註林安梧前揭書第三章，頁51-80。

時亦是一本然之體的存在（ontological being）。但值得注意的是，人作為一個當下之存在，他首當其衝的是一種獨特不二的境域（situation），這個境域一方面使人真正進入世間成為一個具體而真實的存有，但同時卻使得人亦離其自己而造成所謂的疏隔〔或異化（alienation）〕的狀態。尤其是一些不可避免的外力，使得這樣的狀態益形嚴重，於是人而非人，無法成為一如實之存在（authentic being）。

當人之不能成為一如實之存在，而成為一疏隔的存在（alienated being），儒者面對此問題，並不落在決定論（determinism）的框架中來設想問題。他不以為外在的種種「緣」能夠真正決定「人」或改變人，使人喪失其為真實的人。相反的，他以為落入疏離的境域，正是人性昇進及開顯的契機。

無疑的，這種開顯的契機端在於人的本心（或稱獨體、良知、意體），因人的本心乃是一切意義之根源，它足以詮釋這個世界，亦可以敦促人們依其所詮釋之世界而展開為實踐。這樣的本心論，強調的是本心的主體能動性，是希望從本心作為整個意義世界座標的原點。這並不意味著，本心論者遺棄了這個世界，相反地，他主動的去詮釋這個世界，並且企圖積極地去改變這個世界。

作為當代新儒家核心人物之一的唐君毅先生，可以說是儒學義理的體現者，他從青少年時即有志於走這條真實的「人生之路」，終其一生，關於這方面的著作極多，舉凡《心物與人生》、《人生之體驗》、《道德自我之建立》、《人生之體驗續編》、《病裡乾坤》，乃至晚年之總結《生命存在與心靈境界》皆屬之。[5]筆者以為唐先生這套生命哲學當可說是紹述陸王而下的結晶，是可以籠納在所謂「本體詮釋學」這個名目之下的，而更值得注意的是《人生之體驗續編》一書所著重的不僅對於存在世界作理解與詮釋，相應於此，彼著重的是生命負面的省察。他通過一種體驗的方式來省察陷溺的

---

[5] 通觀唐氏著作，吾人可以斷言彼皆不離此「人生之路」。人文之謂也。生者，生命，生生不已之謂也。

生命，並逐步超昇轉化，得到完整的治療。

二、體驗：理解、詮釋及治療

「治療」（therapy）似乎指的是一種外力的力入，但於唐氏著作中所謂的「治療」則是一種內力的迸發與昇進。這正類似心理學治療法上所謂的「第三勢力」，它不同於早先的心理分析與行為療法。[6]它強調的是當下的存在境域意義之掘發即是對於自我之界定，而這樣的詮釋活動即是一治療的活動。

唐先生的詮釋是一「體驗式詮釋」，他從日常生活所熟悉的感知世界，層層轉入而去洞察其所面對之事件（event）所涵之意義。從唐氏的論述過程中，我們發現他往往由形下之現象從而轉入於形上之真實的探討。或許我們可以說這樣的探索方式隱含著一辯證的昇進。再者，該當說明的是，唐氏這種辯證的昇進，並不是結構性的處理，而是一種主體意義的轉化。

換言之，「體驗式的詮釋」是以人的「主體」為核心的，而且肯定這主體是通極於道體的，所謂的「體驗」乃是「透過生活體驗感知所及而迴返於生命之自身」這樣的活動——即「驗之於體」。當其迴返於生命之自身則使得其所涉及之生活感知體驗，各有所安，各復其位——即所謂「以體驗之」。「驗之於體，以體驗之」是一個圓圈的兩個來回，是同時俱現，無分

6　依弗蘭克（Viktor E. Frankl）所說「意義治療法」（Logo-therapy）一詞，其「Logos」指的是意義（meaning）。或如某些學者所稱的「第三維也納心理治療學派」，它的焦點放在「人存在的意義」以及「人對此存在意義的追尋」上。按意義治療法的基礎而言，這種追尋生命意義的企圖是一個人最基本的動機。因此弗蘭克所提出的「求意義的意志」（a will to meaning）與佛洛依德心理分析學派（Freudian Psycho-analysis）所強調的快樂原則（Pleasure Principle）以及阿德勒（Adlerian psychology）所強調的「求權力的意志」（the will to power）大不相同。參見弗蘭克（Viktor E. Frankl）所著《Mans Search for Meaning》中譯《活出意義來》（從集中營到存在主義），趙可式、沈錦惠合譯，頁 110，光啟出版社印行，1987 年 10 月 4 版。

先後的。[7]

　　正因為唐氏真實的體驗到在此紛紜擾攘的世界之上，尚有一純淨無染的理法世界，此理法世界實是此紛紜擾攘世界之所憑依與判準。[8]但這並不意謂唐氏以為此理法世界不在此紛紜擾攘的世界之中。相反地，他以為不論此理法世界或俗情世間都是人心之所流注周浹一體而不可分的。不過人心或者順其氣習而成一俗情世間，或者一念自覺而顯理法世界罷了。[9]

　　順習氣而往下滾或自覺而向上超拔並不是兩個截然二分的趨向，它們是渾淪為一的，是心念當下具體之兩個截然不同的面向，這裡構成了心靈主體與心念習氣的張力關連。[10]這樣的張力關連形成了人生命的動力，亦同時顯現了生命的艱難與崇高。

　　唐先生強調在這個張力結構中，人當歸本於自信，惟有自信才能豁顯無限心，開顯理法界。但他強調從具體所感知的世界中豁顯了超越意識，這超越意識之豁顯並不是心地之映現，而是自上而下以覆蓋於吾所思之人類、眾生及世界之上，又未嘗離於吾之孤獨之心外也。[11]換言之，不是心體推極於外而立個道體，而是此心體即是道體，正因如此，才可能真正的歸本於體，而所謂的「自信」亦是歸本於體的自信，並不是狂妄無知的我慢。

　　唐氏於其著作中一再的提及「自覺」的重要。惟其自覺才能超拔乎流俗，喚醒真實的生命，建立真正的自信。他認為這是一種「復歸於己」，同時又是「超昇一步」的工夫。[12]依他看來，復歸於己的「己」即是「本心」、「道體」，它不是這現象俗情習氣的己，它是一超越的真心。由這真心所發才可能有一真實的人文世界，當然真心同時便在這人文世介中陶養而

7　請參看同註 4，第 11，12，13，14，15 諸小節。

8　請參自唐著《人生之體驗續編》，頁 10（臺灣學生書局，1987，4 月再版），《病裡乾坤》頁 24（鵝湖出版社，1980 年 9 月初版）。

9　同上註，頁 11，頁 25。

10　請參看《人生之體驗》，頁 14。

11　請參看《病裡乾坤》，頁 12。

12　請參看《人生之體驗》，頁 34。

成的。值得注意的是，這裡所謂的陶養一方面是「復歸於己」的凝聚活動，同時亦是向上「超昇一步」的開發活動。心靈之凝聚與開發如太極之陰陽，是同時而並展的。[13]

超昇一步，通極於道；復歸於己，樹立精神人格。唐氏嚴分自然人格與精神人格之異，強調以精神人格作為真正的主宰而形成的統一。[14]如此形成的統一才是真正的道體。道體，此道之所流佈貫注，經由人本心之感通參贊而成就之「仁體」者也。仁體，一體之仁而互動關連以成之體也。

無疑的，若以「體用」的範疇來說明儒學，我們可以說它是「承體啟用，即用顯體」。體，並不是一個超絕的實在物（transcendent entity），而是經由自覺與實踐而成的一個統一之體（totality）。

這樣的「統一之體」一方面指的是「本心」、「良知」、「道體」，但另一方面則指的是整個生活世界，或說是人文世界。前者即是所謂的善自凝聚，而後者指的是善自開發。凝聚與開發，一翕一闢，永無止歇。唐氏以為此道頗難言，或由一念自覺，或由哲學反省，或由宗教信仰，或凝視觀照一超越之理境，或專心聚智於學問事業，此中方便多門，直接間接，簡易繁難，各有所別；但重要的是「了解此事之重要」此得待心靈之有一種回頭的反省、回頭的凝聚，而後可能。唐氏即認為此凝聚即同時含有一心靈之內在的開發。[15]

就此我們清楚的看見唐氏最為強調「理解及詮釋」的重要。因為真正的理解與詮釋是必然關乎本體的理解與詮釋。當然這樣的理解與詮釋指的是一種回歸自身的理解與詮釋。它一方面是去發現其所存在之境域的意義，而另一方面則指出這個境域意義的發現過程，即是本體意義之所朗現的過程，亦即是心靈主體意義之所朗現的過程。在此，我們發現整個理解與詮釋的過程一方面是由外而內，由上而下，而另一方面則又是由內而外，由上而下的。

---

[13]　事實上，儒學的實踐工夫一直是緊扣著這一幾之兩端，宋明儒深入的討論「未發」、「已發」及「涵養」、「察識」均與此密切相關。

[14]　前揭書，頁28。

[15]　前揭書，頁37。

這種上下、內外通而為一的方式，使得人之為人的本性——仁，（仁以感通為性，以潤物為用）真實的開顯，因而一切的疏隔與異化，從而消化，達到圓融無礙的狀態，如此便達到了治療的效用。

三、「是，我在這裡」：體驗的起點

「是，我在這裡」唐先生以這麼簡易的斷語來闡明其理解與詮釋的起點，而此亦即是意義治療之起點。這裡所謂的「是」乃是無限的肯定，它將一切天所賦予我的，一切現實可能的遭遇都加以承擔、負載，讓它們如如的呈現於自覺心及自由意志之前。唐氏以為人之為一個存在，雖是被拋擲的，似乎是偶然的，但當吾人現將此呈現於我之一切，知命而承認之，並全副同意之，如此一來，則一切偶然皆如其所如而成為定然的。[16]換言之，當吾人說「是，我在這裡」時，吾人實已從一偶然的存在成為一定然的存在。吾人已成為整個生活世界座標的原點，開始了吾人對於這個世界之理解與詮釋，此蓋《易經》鼎卦大象所謂「正位凝命」之謂也。[17]

這個「正位凝命」的過程即是人以其個體在特殊中顯見普遍者的過程，唐氏即謂此即是所謂的聖賢之道，即所謂的參贊天地之化育。人們在自然世界俗情世間中，見真善美神聖之流行洋溢，立人道以順引地道，而上承天道，這是一極高明而道中庸、至簡至易的圓成之教。[18]

事實上所謂的參贊即是理解與詮釋，因為人一旦理解了艱難、詮釋了艱難，同時人便承載了艱難。人心既能承載艱難，即能克服艱難。再說人生本來是哀樂相生的，如能真懂得哀樂相生之智慧，便可在一剎那間，超越一切人生之哀樂，而這時本身即是人生之大樂。[19]

---

[16] 前揭書，頁 58-59。

[17] 《易傳》鼎卦大象辭「鼎，君子以正位凝命」。曾文正以為鼎卦大象辭足可養心養肺。（見《曾文正公日記》辛亥 7 月。）

[18] 《人生之體驗續編》，頁 59-61。

[19] 前揭書，頁 62-63。

　　顯然地，對生命自身意義之如實詮釋，便隱含了生命躍昇的可能性。而生命之如實詮釋乃是依其意義之所繫的主體所隱含之能動性而發的，它並不祇是客觀事實的描述，它在詮釋理解的過程中即隱含著規範性在裡頭。換言之，生命的詮釋不祇面對實然這個層面，它是密切關連到應然這個層面的。

　　生命之理解與詮釋既如上所述的「密切關連到應然這個層面」，用中國儒家傳統的老話來說，我們當可說這即是所謂的「立志」。志者，心之所存，心之所住。如唐先生所說，立志是立一種理想，但這所立的理想是直接為自己這個具體的個人所立的，並不是抽象普遍的；而且這個所立的理想並不是心靈客觀的對象，而是自己個人心靈乃至人格所要體現，而屬於心靈人格之主體的。換言之，是要使此理想，真實的經由知而貫注到行。如此一來：我們可以清楚的說：與其說立志是立一個人生理想，不如說立志是使自己當前的實際存在成為一理想的真實存在。[20]

　　唐先生一再反覆的強調立志之志不祇是「向」一定的目的，或普遍抽象的社會、文化理想、人生理想，而是由當下之我的實際存在，「向」一理想之真實存在，而由前者「之」後者，此所謂「心之所之」。這時候的「志」成為「轉移變化此實際之我，超昇擴大此實際之我的力量」。值得注意的是，唐先生說這不是從文字思辨上所能了解的，必須下一真實的反躬體會工夫，才能了悟。[21]

　　有真正的立志才會有生命真實而肯綮的理解與詮釋，立志是生命的振拔於流俗之上，是生命的普遍涵攝。它首先將自己擺置在世界之中，進而將世界擺在自己之內。前者是通過世界來為自己定位，後者則通過自己來為世界定位。依唐氏看來，惟有如此才能使向上冒起之拔乎流俗的心量，平順的鋪開，而落到實際。[22]

　　顯然地，唐氏這裡所謂的「把我放在世界中看」，以及「把世界放在我之內看」正相應於陸象山所謂的「己分內事即宇宙內事」、「宇宙內事即己

20　前揭書，頁 66。

21　同上。

22　前揭書，頁 81。

分內事」。[23]前句所重在理解與詮釋，後句則著重於實踐與力行。前句著重的是從平坦攤開的世界中縐起，聳然而立，而後句則著重的是將此平坦攤開的世界收為一個擔子而承擔之、背負之。

依唐氏所言，「把我放在世界中去看」，這即是在自然世界與人間世界，重新確認我的現實存在地位。這個存在地位一被確立，我才能認識自己的精神，自動的升向廣大高明，以包涵他人與自然。同時，對比地，我也重新瞭解了自己的有限性及特殊性。值得注意的是，當我們對自己的有限性及特殊性有所自覺，並且對其他人、事、物的有限性及特殊性有所自覺，則這樣的自覺以催促我們邁向一普遍者及無限者，並由此普遍者及無限者迴返而下的要求自己去關切吾人自身及其他人、事、物，如此一來便含有一客觀的意義去理解這個世界及自身，並從而有一實踐的要求。[24]

所謂「把世界放在我之內看」亦即把我之環境真實的放在我之內看，舉凡一切具體的存在事物之生長成就乃至求此生長成就而生的一切矛盾衝突，一切問題都放在我之內看。[25]唐氏認為惟有如此才能發生真正有客觀意義的公志願，進而能依此志願，作出客觀價值的公事業。如果離開了這樣的方式而奢談理想志願，往往祇有一時開闊心胸的價值，或不免使人陶醉於一主觀的世界，造成人生之躲閃與逃避，這絕不可能達到真正物我合一的真實感覺。

唐氏總結他這種「把我放在世界中看」、「把世界放在我之內看」的方式，而形成了一個意義治療的簡易規條，他說「自覺你一生之真正的痛苦之所在，而思其對於自己與他人同有效之原則性的解決，而盡己之力，與人共求此解決，則你將發生一公的志願，並尋得你所當從或參加公的事業」。[26]的確，「祇有人在其有一真正的志願，以主宰其實際存在時，人才真成為一頂天立地，通貫內外人己的真實人格；亦才成為一能開創文化，成就客觀的

---

[23]　象山二語，見《象山先生全集》，商務版，頁 487。

[24]　《人生之體驗續編》，頁 79-80。

[25]　前揭書，頁 82。

[26]　前揭書，頁 86。

社會事業的人格，此之謂真正明體達用的人」。[27]

明顯地，唐氏所提出的方法，旨在強調將人真能擺置到整個世界脈絡中理解，並從而使自己真正理解了這個世界。值得注意的是，這理解的過程並不是一平面鋪展的理解，而是一種調適而上遂之的立體性理解，這樣的理解亦即是前面所述之「明體達用」的理解。這樣的理解使得人的心神得以有向上一機的開顯，同時使得整個世界進入到自己的生命中，開始了所謂的參贊化育之過程。換言之，若將此導入所謂的意義治療來說，它強調的是，作為人這個主體主動的去掘發人所處存在境域之意義，理解之、詮釋之。如此一來，使得人理想而真實的（authentic）進入到這個意義世界裡，並成為此意義世界的座標者，因而人的生命便充滿了意義，從而人亦同時獲得了所謂的治療。

四、「我與您」、「我與它」：兩個存在樣式

唐先生認為所謂的「明體達用」不袛在這有生之際而已，它是能出生入死，往來於幽明的。因為作為人根本基礎的精神主體，它會敦促人超出其身軀之所需而求超越，求昇進，並與別人所求超越與昇進之精神交光互網，一體存在。很明顯的，我們皆知人不袛生活在身體之中，而通常是生活在身體之外的自然世界、家庭國家之人群世界，歷史文化之世界。[28]人是憑藉此現實之身軀，經由勞動，而將其精神客觀化的顯現出來。此精神客觀化的顯發，將使得人的生命由幽入於明，由虛入於實，進而得以賡續不已。唐氏以為人之生也，生於死之上，並以最大之生，也成就其生活與精神活動的最大存在，「死」非消滅，而袛是暫終，是一線段線頭，用以凸顯整個線段之存在。[29]換言之，死之為終是足以凸顯其生的，而所謂的「死」是經由「生」之理解詮釋，而知其為「終」的。唐氏創造性的詮釋了孔子所謂「未知生，

27　同上。

28　前揭書，頁 92。

29　前揭書，頁 92-93。

為知死」的觀點。

　　由於精神是超越於軀體之上的，因此可以上而通極於道，下而入於幽冥之際，前面溯及於祖宗聖賢，然而卻深情款款對生者有其顧念祈盼之誠，則其精神便離於幽而入於明，生者受其感動，則亦可出於明而入於幽以感受死者之精神，進而參贊之，繼起創造之。知死生，通幽明，則以禮樂祭祀為尚，禮樂祭祀之道亡，則死生路斷，幽明疏隔，形上形下分離，天人之際亦成斷裂，人道於是窮窘而難成。**30**

　　從唐先生對於死生幽明的疏釋中，我們發現唐先生啟導了一條「人生宗教」之路。作為人這個獨特的存在，以其超越的精神本心，開發了一條知死生、通幽明的大道；生命之所須求的不是他界彼岸永恆的安頓，而是此界生生不已的投入，這樣的投入即是創造，即是參贊化育。這樣的投入使得人以其個體性，經由特殊之事物而躍入生命之流中，順勢成理，以理導勢，調適而上遂於絕對道體中，此蓋亦即用顯體之謂也。

　　顯然的，唐先生這樣的說法指出精神的永恆，生命的流衍，時間的賡續，而此則具體的表現於當下實存的性情誠敬之，此即儒家傳統所說的「仁」。仁者，人之安宅也；仁者，惻隱之謂也，源自生命最根源而不可自已的感通振動之謂也。以此感通振動及古今上下，周浹流注，一體遍覆，此所謂人之安宅也，此所謂天下之廣居也，此所謂四海之內皆兄弟也。此所謂為天地立心，為生民立命，為往聖繼絕學，為萬世開太平也。

　　拓深上述所言，我們將可發現儒學最為根本所強調的「仁」乃是一種「我與您」（I and Thou）的主體互動關係，而不是「我與它」的「主體─對象」的關係[31]。儒學所強調的是通過人的仁心去潤化萬物，參贊萬物，此參贊潤化並不將其所對之萬物視為對象，而是將彼收歸主體。值得注意的是，這裡所謂的收歸主體，並不是將之據為己有。而是以主體之精神涵化之，上遂之以通極於道之謂也。換言之，萬物之為萬物，當其向人顯現時是

30　前揭書，頁 94-95。

31　此處「我與您」、「我與它」的區分，得自於 Martin Buber《*I and Thou*》一書的啟　　發，然所論不必盡同，因筆者是借此語闡明儒學「一體之仁」的觀點。

以其主體的身份,而不是以其對象的身份。萬物既以主體身份向人顯現則必與人之主體互相啟發流注,周浹一體,而此一體之為一體,是通極於道,而形就之一體。

　　「我與它」是二分的,在其對象化過程中,將使得「我」異化而為它。(「它」是喪失「一體之仁」的能力的,祇有在「我與您」之中的「吾」才具有此能力。)不過這樣的「它」仍潛隱著回復為「我」的可能性,而這便端在於「一念自覺」與否而已。從一念自覺之「吾」便是真實之我,而異化所成之「它」便是虛妄之我。能一念自覺,遍照所及之上下古今便是真實之上下古今,異化所成之「它」則以其假象之方式而映照上下古今,終而成了虛妄之上下古今。當然「我與它」及「我與您」這兩個不同的存在並不是單面而分開的,他們是交雜而混合為一的,正因如此,人生之有虛妄與真實,之有顛倒與復位。

　　唐先生指出人之所以有虛妄是因人有思想,人能以其思想理解上下古今,但亦可能因其思想而執泥於過去的某事某物,並擴大此某事某物,進而以擴大之某事某物而倒影於現在,遂形成虛妄。他說「人之為具歷史性的存在,是人之尊嚴的根源,而亦是人之存在中含虛妄成份的根源。」[32]當然唐氏並不是不喜歡之歷史性,而是說作為一歷史性存在的人,其存在的關係樣式是有所夾雜的,很可能從「我與您」的關係中走樣而異化成「我與它」的關係,終而形成虛妄。

　　唐先生深刻的分析了在存在中最常犯的虛妄,此即是謊言,但人之能說謊乃因人有思想,人是一歷史性的存在,而且人是一具內在超越性的存在。因此人可撥弄過去之語言,而求一理想真實之境的來臨。但此之所以為一謊言則因人誤以為此言說即可能為真實之具現。事實上,人由於思想的能力將過去的經驗躍昇而上提為某一理想之境,並以此理想之境加之於現實之上,使現實成為一美好之現實,或有利之現實,或是自己所意願的現實。明顯的,這樣子所構成的謊言之所以為謊言乃因為人之所思所想未能通徹於心,

---

[32]　《人生之體驗續編》,頁 105。

上遂於道之所致。換言之，是人一時之間忽略了做為一個真實化的人當以
「我與您」這樣的存在樣式而存在的。他誤以此「我與它」的樣式代替了
「我與您」的樣式，終而久假不歸，謊言乃至其他各種不當之行為及虛妄於
焉造成。

　　唐先生縷述了七步邁向人生真實化的方法，[33]但皆不外乎此「我與它」
及「我與您」這兩個存在樣式的逆反與轉化。逆反者，由反面的東西之理
解，逆回頭而照此反面之正面。轉化者，轉此反面的東西之理解，化除一
切之執著與假相，入歸於道體之中。逆反與轉化實乃「天心即人心」的「仁
心」是生命自覺的動力，彼源之於天，具之於人，是天命之性，是當下之惻
隱、羞惡、辭讓、是非所成的「一體之仁」。

　　「逆反與轉化」此即含一「人生之顛倒與復位」，唐氏簡略而精要的分
析了人生諸種可能的顛倒相，並指出由此顛倒相如何復歸其體位的途徑。他
總結的說：

> 「蓋一切顛倒之所依，乃在吾人之上有超越而具無限性之心靈，而此
> 心靈又必求表現為現實之有限者；一念沉淪，順此有限者之牽連，遂
> 欲化此有限者成無限，往而不返，即成顛倒，而唯求自見其自身之倒
> 影於外。……夫然，故去此人生一切顛倒性相之道無他，即任此無限
> 之心靈之表現寄託於現實之有限，而又不使此無限者沉淪入有限，而
> 使有限者皆還其為有限，以相望而並存，復使無限者亦還其為無限，
> 以昭臨於有限之上；則皆得其正位，以直道而行，而人生亦更無顛
> 倒，其生亦皆為正生而非邪生，直生而非枉生矣。」[34]

　　唐氏更進一步指出，吾人若能隨處自證心量之無限，而反觀現實生命存
在之有限，並且觀看他人現實生命存在之有限，於是這有限者便各復其為有

---

[33] 前揭書，頁106-124。
[34] 前揭書，頁153。

限者,這便是所謂的「仁」;讓這些有限者相互制限,而各得其限,這便是
「義」,使有限者互尊其限,這便是「禮」,知道有限者之必有其限,這便
是「智」。要是吾人能以此仁義禮智之心而曲成天下之有限,則自成其為無
限。我們若能以此仁義禮智之心,充極其量,而同其無限則可無相互之節限
可言。這時我們以己之心通人之心,此所謂「仁」;人我同具此心,此所謂
「義」;因我有此心而自敬之,並以之敬人,此所謂「禮」;知道人我皆有
此心而無所疑,此所謂「智」。[35]

知其為有限而安其為有限,進而可知此有限之理解與安頓中而凸顯一真
實之無限,而此無限亦是經由人我、己物之具體感通而成之無限,這樣的無
限,是一不休止的實踐歷程之所嚮往,之所邁向的無限,並不是一空想的無
限。換言之,當我們真正清楚的了解到這宇宙一方面是以「我與它」這個樣
式而存在時,正是此存在樣式轉化的契機,此是邁向「我與您」圓融無礙的
契機。「我與它」的存在樣式是一有限的存在樣式,但「我與您」則是邁向
一無限圓融的契機。簡言之,人生之復位,事實上乃是其存在樣式的逆反與
轉化罷了。

五、結語:邁向儒家型意義治療學之建立

如開首所示,唐先生在其「人生之路」的諸多體驗之作,是可以導向一
儒家型的意義治療學之建立的。這樣的治療學是環繞著人生存在意義而開顯
的,而所謂的人生存在是關連著人的本心潤化所及、詮釋所及而成的一套歸
本於「一體之仁」的意義世界而說的。這樣的一套意義世界是以「是,我在
這裡」這個存在述句為起點而展開的。「是,我在這裡」,一方面點出了
「把我放在世界內之看」的理解(詮釋)原則,一方面亦指出了此原則實亦
含著「把世界放在我之內看」的實踐原則。這樣的理解(詮釋)與實踐必然
地隱含著治療。治療不是外力的加入,而是生命的歸根與復位,是生命的凝

---

[35] 前揭書,頁 154-155。

聚與開發，是生命之徹通幽明，了知生命，是生命之進入世界之中，而自立其志。能如此，則能去虛妄而返回真實，去顛倒而復歸正位。

　　唐先生《人生之體驗續編》中，一再的隱含著精神世界與俗情世間這個二分的格局，相應於此，他強調精神本心及俗情習心的分別。他強調精神世界與俗情世間雖二分而實為一體，精神本心及俗情習心實為一心之二用，因此重要的是如何復歸一體，如何返本一心。筆者在疏釋過程中則將此兩重世界的劃分及一心二用的區別，改以「我與它」及「我與您」這兩個存在樣式來理解，並認定此兩個存在樣式是唐先生所闡發的儒學義理所涵具的。筆者以為經由這樣的疏釋與轉化，將可使得唐先生所疏釋的儒學直接面對具體存在的抉擇與實踐，並廣泛的作為一種意義治療的指針。

　　或許唐先生得面臨一個嚴重的質疑，所謂「本心之為無限的，這又如何可能呢？」筆者以為「本心」在理論上是超越而無限的，此蓋為一絕對預設，但在長久以來的儒學傳統，就其實踐的角度，此則是一呈現。值得注意的是這「呈現」不能外於其歷史文化、倫常風教所成的存在境域。換言之，有此歷史文化、倫常風教作為本心開顯之場，才真有一真實的世間（authentic world），亦才有精神的真實理想。當然歷史文化、倫常風教不是一靜態已成之物，而是一動態而創造之歷程，吾人之生即在乎其中，惟願以「是，我在這裡」這個存在述句，進入於此中開顯之，自覺之爾矣！

　　當然，「是，我在這裡」這個存在述句，首先是以「我與您」的樣式而展開的，然而一旦展開則又極速的與「我與它」這個樣式交錯複雜，糾葛難分；而所謂的「治療」則是此存在樣式的逆反與歸復之不休止的歷程。

　　　　（本文原發表於 1988 年於香港召開的「唐君毅思想國際會議」，後
　　　　曾刊載於新加坡的《亞洲月刊》（1989 年 8 月），又轉載於《鵝
　　　　湖》172 期（1989 年 10 月）。）

第八章　牟宗三的康德學及中國哲學之前瞻
——格義、融通、轉化與創造

【本文提要】

　　本文著重於牟宗三所著《現象與物自身》、《智的直覺與中國哲學》、《心體與性體》、《中國哲學十九講》等書為核心，展開相關之思索。首先，宏觀審視康德哲學的中文譯介，指出牟先生是當代中國哲學之融釋、傳述康德哲學最有創見者，從而概述當代新儒學派諸多康德學的傳述實況。再者，指出牟先生之經由華人文化傳統儒、道、佛三教的修養工夫論，以確立「智的直覺」，解決康德哲學中人之「有限性」的問題。進一步，對比的指出康德哲學有其西方哲學、文化意識及社會契約論的傳統為背景，牟先生則對此多所忽略。

　　再者，我們發現「智的直覺」與「物自身」在牟先生的體系裡已做了相當大的轉折與創造，早已不是康德哲學體系中的意義。牟先生更將原先康德學的「窮智以見德」的脈絡轉成「以德攝智」，然而太強調道德主體，亦因此窄化了儒學多元的發展向度。最後，我們檢討了中國哲學中有關從「逆格義」到「融通」、「淘汰」，「轉化」、「創造」的歷程，並從而指出牟先生哲學與康德學之對話、重鑄與限制。

關鍵字詞：智的直學、物自身、有限性、格義、窮智見德、批判

一、中國近代學者對於康德哲學的譯介
大體經由日文轉繹而來

華人介紹康德學，最早的可能是嚴復[1]與梁啟超。梁啟超讀了日本人中江兆民所翻譯有關康德（Immanuel Kant，1724-1804）的傳述，因之介述了康德，但是以梁啟超的哲學功力，其實是不太容易讀懂康德哲學的。梁啟超是帶著比較屬於知識分子或新聞記者趣味的，或者說他用讀書人經世濟民的心情去讀康德學。他瞭解到康德在整個西方近代哲學中有重要的位置，在啟蒙運動中扮演著一個重要的角色。他也知道康德學在追問的問題是「知識的客觀性是怎麼來的？」──知識有其客觀性，知識的客觀性如何可能？道德是有客觀法則性的，道德實踐是有客觀性的，但是道德是怎麼來的？這客觀性如何可能？這是康德學主要要問的幾個問題。至於整個康德學的體系為何，我想梁啟超並沒有真正瞭解。有關於梁啟超對康德學的研究，以及梁啟超對其它學問的研究，我知道中央研究院黃克武先生作過一些相關的研究。[2]

除了梁啟超以外，王國維也讀過康德。王國維基本上並不能夠欣賞康德，王國維有一句名言說：「可愛者不可信，可信者不可愛。」王國維獨衷叔本華（Arthur Schopenhauer，1788-1860）。叔本華在他的《意志與表象的世界》這本著作裡面，基本上是想克服康德學裡面「現象」與「物自身」這超越的區分如何泯同的問題，而叔本華基本上多少是吸收了一些佛教唯識學的論點，但我認為他仍未恰當地彌縫「現象」與「物自身」這個裂縫的問題。其實現象與物自身裂縫的問題從康德之後，就變成一個重要的問題，包括費希特（Johann Gottlieb Fichte，1762-1814）、黑格爾（Georg Wilhelm Friedrich Hegel，1770-1831）、叔本華都在這上面下過工夫。當然，當代新

---

[1] 根據陳啟偉在〈康德、黑格爾哲學初漸中國述略〉（《德國哲學論叢 2000》）以為華文公開發表文字述及康德者以嚴復為最早。一八九五年嚴復譯《天演論》時提及，但並未詳論，較有論述者則是梁啟超。

[2] 請參看黃克武〈梁啟超與康德〉，《中央研究院近代史研究所集刊》，期 30，1998年 12 月，頁 101-148。

儒家的牟宗三先生也在這下工夫，只是他與前面所述幾位先生擁有的學問資源是不同的。就王國維來說，他對康德學並沒有真切的瞭解，而就他的性情來講，他也不能喜歡康德學，他倒是比較喜歡叔本華。以王國維的性情來說，他還是比較適合做一位文學家，他也帶有一些史學的氣質，做了一些相關的東西。在哲學方面，王國維在美學也有相當高的成就，像他的《人間詞話》，以現在的角度重新去審視，其實還是很有價值的。

近代中國全面把康德學翻譯成中文的，第一波是鄭昕，他也寫了一部《康德學述》，大家應該在圖書館看過這部書，這部書大體來講寫得算是公允，到目前為止我覺得還是有值得參考的。另外，老一輩的學者，如臺大的吳康，寫了《康德哲學》，也寫了《柏格森哲學》。吳康是法國的博士，是研究公羊學的，這很有趣。吳康先生他的古文很好，寫起文章前面一定要加一個贊語，寫一首詩，但是除非你的古文很不錯，白話文也很清楚，對康德學也理解得很清楚，你才能夠區別他寫得怎麼樣。也就是說，他的漢文的表述系統很強，但是這個很強是放在自己的脈絡裡面，所以因此當他去理解康德學的時候，康德學往往被他拉過來，拉到後來什麼是康德學，什麼是吳康自己的想法便有點搞不清楚。像柏格森（Henri Bergson，1859-1941）和康德其實是差很遠的，但是看吳康的筆調，除非你很內行，不然會覺得文字的意味沒有差太遠。這個地方我也曾經想過，包括中國關於印度佛教的一些翻譯，有的派別差別很遠，但是經過漢文翻譯以後，很多東西其實就帶有一種奇特的融會的性格，就把它拉在一塊了。另外關於康德的翻譯，還有宗白華、韋卓民的《第三批判》，但這翻譯一般來講不算太好，牟先生便認為宗白華和韋卓民的翻譯是有很多錯誤的。這些年來又出現了許多康德著作的譯本。

二、牟宗三先生大幅地消化康德學，建構了自己龐大而謹嚴的體系。

牟先生自己重新翻譯了康德的三大批判，在中國當代這樣大幅地、徹底

地消化康德學的大哲學家，大概就只有牟先生一個人。[3]牟宗三先生的學生們，像黃振華先生，如果黃振華先生也算他的學生的話。黃振華先生不完全算是牟宗三先生的學生，但也可以算，黃振華先生的中國哲學主要是跟方東美先生學習的，而黃振華先生基本上並沒有直接受教於牟宗三先生，但他非常尊敬牟宗三先生，並稱牟先生為老師。就牟先生的弟子們而言，大概就是黃振華先生對康德學的研究是最深入、最有成就的。黃振華先生有一部《康德哲學論文集》，我認為到目前為止還是華人世界研究康德哲學非常重要的一部書。[4]

在新儒家陣營，還有李明輝教授，他對康德學的研究作品也相當多。他繼承了牟先生所作的研究，並且翻譯了康德學一些相關的著作，包括康德有關道德哲學方面、知識論方面他都有翻譯。除了李明輝外，像陳榮灼、李瑞全、楊祖漢、李淳玲多少都對康德下過工夫。楊祖漢對康德學的理解基本上是順著牟先生，而比較是從宋明理學的角度重新對牟先生的一些論點，一方面講習，一方面提出一些自己的看法，這些年來他一直在這裡做了相當多的工作。另外老一輩的像蔡仁厚先生，主要雖不是在康德學，而是繼承牟先生的宋明理學，但這就含有牟先生的康德學在，像他的《宋明理學‧北宋篇》、《王陽明哲學》都蠻重要的。其它還有一位是朱高正先生，朱高正也可以算是牟先生學生的系列，因為他基本上是黃振華先生的學生，黃振華先生原來是臺大哲學系的教授，也是哲學系系主任。朱高正是黃振華先生的學生，朱高正在康德哲學方面，除了在法律哲學方面很有見地，社會哲學、政治哲學方面也是。前一兩年在學生書局出了一本《康德四論》，這部書算寫得不錯，大體來講他注重了康德哲學的歷史哲學、社會哲學、法律哲學、政治哲學這幾個側面。[5]一般來講，除了康德哲學的「三大批判」，這個部份

---

[3] 這三部書，牟先生依序出版為《康德的道德哲學》（譯註）（1982）、《康德純粹理性之批判》（上、下）（譯註）（1983）、《康德判斷力之批判》（上、下）（1992、1993），均由臺灣學生書局印行，臺北。

[4] 黃振華先生所著《康德哲學論文集》自行出版於1976年，臺北。

[5] 朱高正《康德四論》，2001年，臺灣學生書局印行，臺北。

就有人把它說成「第四批判」，這本康德的重要著作翻譯集子已經譯出來了，由大陸的商務印書館出版，就叫《歷史理性的批判》，由何兆武先生翻譯。[6] 何兆武先生現在已經七十好幾了，是一位非常傑出的學者，主要研究科學哲學、西方哲學，有很多譯著，是北京清華大學思想史的教授。大陸一直還有一些康德學繼續延伸著，有些我並不是太熟悉的，還有一些在臺灣出版過相關的書，像韓水法，他是北京大學哲學系的教授。[7] 其它大陸的康德學的專家，譬如武漢大學的陳修齋、楊祖陶都做過相關的研究，再下一輩的鄧曉芒也做過相當多的研究，人民大學的李秋零也都有深入研究。[8]

三、黃振華先生認為康德所說構成知識的統覺，就是最高善的一個表象。

我自己並不是康德哲學的專業研究者，我接觸康德學是由於牟宗三先生的因緣，他講授的「宋明理學」、「隋唐佛學」、「中西哲學會通十四講」、「中國哲學十九講」，我都是座下學生。牟先生《現象與物自身》（一九七五）可以視作體系性的總結作品之一。再早的是《智的直覺與中國哲學》（一九七一），更早的則是《認識心的批判》（上、下）（一九五六、一九五七）。我一方面上課，一方面閱讀，就在這樣一個過程裡，對牟先生的康德學有了一些理解。之後我在西洋哲學史的宏觀底下對康德學也有了一些理解，在這理解之後，我修讀了黃振華先生的「康德哲學」一課。黃振華先生對康德的熟悉度，就好像我對《老子》或《論語》的熟悉度一樣，可以隨時背出一段、講它一段，他可以用德文把康德著作的原文背出一段，非常熟悉，國內沒有人對康德的熟悉度是超過他的。據他所說，他是把康德的三大批判都翻譯過了，但是黃先生本身是非常惜墨如金的，他寫的東西很

6　（德）康德著、何兆武譯《歷史理性批判文集》，1997 年，商務印書館印行，北京。

7　韓水法《康德物自身學說研究》，1990 年，臺灣商務印書館印行，臺北。

8　鄧曉芒對三大批判都有翻譯，李秋零譯有《純粹理性批判》。

少，他的翻譯一改再改，現在到底有沒有面世機會我也不知道，因為他人已經過世了。牟先生的三大批判已經出來了，我也不知道黃先生的底稿會不會再印出來。

黃先生對康德哲學的理解頗有特色，他認為康德所說構成知識的統覺，就是最高善的一個表象，也就是說那最高善落實在知識層面的展開上的一個東西就稱為統覺，這是相當有意思的。這個提法就是說，你不要小看知識本身的構成，這是必須通過一個主體的能力才能夠展開這個構成的活動。這個主體本身，跟道德的、跟最高善是有密切關係的。也就是說在這一層是最高善，落實在這一層作為認知主體來講的話，作這個統覺的效用，其實是這最高善落實在這個上面的一個效用。[9]這麼說的時候其實就很能夠接上了我們過去討論過的「德性之知」與「知性之知」。宋明理學不是常討論這個問題嗎？德性之知跟知性之知並不是截然分開的，也就是說那個知性主體本身，其實是道德主體的另一個表現方式，這是一個很有趣的提法。在他的《康德哲學論文集》裡面隱約的看到一面，他上課時很強調這個部份，但是他卻沒有把它寫上去，我認為可能寫了，但是並沒有正式把它發揮在可以看到的一些文章裡面。後來他在詮釋《易經》，詮釋佛教的時候，大體來講常常取用這樣一個觀點。這樣一個觀點我們也可以去設想跟牟宗三先生所謂的「良知的自我坎陷以開出知性主體」這樣一個提法有何異同？看起來有一些相似的地方，其實是不同的，倒是比較像熊十力所說的「性智包涵量智」，也就是「德性之知」包涵了「知性之知」。[10]

前一陣子中央研究院開了一個會，討論詮釋、理解與儒學傳統。在會

---

[9]　這些論點黃先生並未正式完整的形諸文字，他在上課中屢屢提起，相關資料，請參見黃振華先生《康德哲學論文集》〈六、論康德哲學中之「必然性」概念〉，頁325-358，作者自印發行，1976年8月，臺北。

[10]　牟宗三先生與其師熊十力先生的哲學系統是不同的，請參見林安梧《存有、意識與實踐：熊十力體用哲學之詮釋與重建》〈第一章導論〉頁4-8，〈卷後語〉頁367-376，1993年5月，東大圖書公司印行，臺北。又請參見林安梧〈從「牟宗三」到「熊十力」再上溯「王船山」的可能〉，《鵝湖》，第廿七卷第七期（總號：319），2002年1月，臺北。

中，劉述先先生對中國古代知識跟道德的理解說了一些看法，他的看法大體來講是認為：強烈地去分別「什麼是應然」、「什麼是實然」這樣的區隔方式是不恰當的，而勞思光先生大體來講就是順著這條路特別清楚的區別實然是「知識之所對」，而應然是「道德實踐之所做」。但是在中國傳統中所說的知識，其實即隱含了一個道德的實踐。「乾知大始，坤作成物」，這個「知」，我想不只「認知義」，還有「主宰義」、「實踐義」。陽明其實就是抓住了這樣的「知」去解釋「知行合一」，這是值得留意的。

四、從康德的第三批判中可以看出，美的藝術活動跟整個人的心靈意識、社會總體與共識是有密切的關係的。

我們從這個角度去理解，如果我們願意恰當地去理解康德哲學，康德哲學並不是那麼截然地將第一批判《純粹理性批判》、第二批判《實踐理性批判》，嚴格地對立起來。康德的第一批判是處理知識客觀性如何可能的問題，第二批判是處理道德實踐客觀性如何可能的問題；第一批判是處理「自然」的問題，第二批判是處理「自由意志」的問題，而第三批判是作為一個中介者而連結第一批判、第二批判。一般常講康德是用這麼一個方式去說的，其實這麼說也無所謂，因為看第三批判的時候，可以看得出來，他在《判斷力的批判》裡面有談到的〈審美的判斷力批判〉及〈目的論判斷力批判〉。〈審美的判斷力批判〉裡基本上處理了一些美學的問題，〈目的論判斷力批判〉基本上處理了相當多與歷史哲學和社會哲學相關起來的問題，在他來講這些問題是結合成一個整體的，他認為這與道德哲學有密切的關係。他非常強調「美是道德之善的象徵」，而這樣的一些提法裡基本上我們可以看得出來康德強調美的這樣一個藝術活動，跟整個人的心靈意識、社會總體，跟所謂的共識（common sense）是有密切關係的。[11]這個部份其實就為

---

11 關於此，請參見林安梧〈康德及其〈審美判斷力的批判〉中的歷史性思惟〉，該文收入氏著《契約、自由與歷史性思惟》第十章〈審美判斷與歷史性思考〉，頁 183-204，1996 年，幼獅文化事業公司印行，臺北。

李澤厚先生所重視。李澤厚先生在中國當代的康德哲學研究裡面算是獨樹一幟而很有成就的，他後頭的根本思想可以說是馬克思主義（Marxism），是辯證唯物論（dialectical materialism），但是他是接通了康德的第三批判而與馬克思主義這個傳統，用這樣作一個底子來重新審視整個康德學。在他的《批判哲學的批判》裡面，他非常強調整個歷史社會總體，整個人放在歷史社會總體所可能闡發的那樣一個歷史意識、社會意識及整個心靈意識活動的變遷，這些都是我們可以重視的。李澤厚後來之會寫《哲學人類學提綱》，我認為在寫《批判哲學的批判》時已見其端倪。[12]

　　回到牟先生所理解的康德來講，大體來講，他非常強調康德學的兩個特色，一個就是康德學延續著西方哲學「兩個世界的區分」而有一個新的發展。原來兩個世界的區分大體說來，比較是放在形而上學的意義裡頭。譬如說柏拉圖的「理念界」（觀念世界）（ideal world）與「現象界」（經驗世界）（empirical world），在康德來講則把它轉成一個比較知識論意義的，一個叫做「現象界」（Phenomenal world），一個叫作「物自身界」（Noumenal world）。他認為知識所能及的僅及於「現象」，而「物自身」只是作為同一個對應面的、兩個面相的另一端，而預取著它是作為現象、同一個事物的另一端。這樣一個說法就令人十分難解，但是他的目的是要說人的知識只能及於現象（phenomena），人的知識是不能直接把握到事物本身（thing-in-itself）。譬如說這個杯子本身，我們知識能及的只是這個杯子向我們所顯現的象。用佛教的話來講，就是我們六根對應六塵而生發出六識：這「眼、耳、鼻、舌、身、意」對著「色、聲、香、味、觸、法」，引起了我們眼識、耳識、鼻識、舌識、身識、意識的六識活動，因此對這樣一個存在事物有了恰當的把握。他認為我們所把握的那個 phenomena，就是表象、現象。問題來了，現象是變動不已的，由現象而來的知識，怎麼可能有客觀性呢？因為我們知性有一個構造的能力，才可能對於這個現象、這個事物所

---

[12] 李澤厚《批判哲學的批判：康德述評》，特別是〈附論：康德哲學與建立主體性論綱〉，頁 508-526，1986 年，谷風出版社印行，臺北。

給出的表象，經由我們的感觸直覺之所攝取，再經由我們知性主體的構造，因此成就一個客觀的知識。這是康德學一個非常重要的地方：強調知識的客觀性並不是來自於外在的經驗事物，而是來自於我們主體的構造能力，知識不是客觀的給予，而是主體的構造。[13]

　　一般來講，康德這樣的主張，在知識論上這名之曰「哥白尼式的革命」（Copernican revolution），這樣「哥白尼式的革命」之重要的意義是顯示出啟蒙時代的一種主體的意識，即啟蒙時代人對自我的一種更為突出而清楚的穩立。這清楚的穩立就是人的主體對經驗世界所構成的客觀性，而不只是如笛卡爾（Rene Descartes，1596-1650）所說的「我思故我在」（Cogito ego sum）而已。因為「我思故我在」是回到你能思的那個主體，通過這樣一個能思的主體，在反省的一個確立之下，因此而確立你自己。換言之，笛卡爾所說的「我思故我在」是在理性主義的傳統之下所確立的，而康德則是接受了經驗主義的挑戰之後所重新的一個確立，而因此能免於獨斷主義的可能。這是很可貴的一個地方，所以康德說他讀了休姆（David Hume，1711-1776）之後，對他原來獨斷主義的思考提出了一個警醒，驚醒了他那獨斷主義的迷夢。因此，他在命題方面就有所謂的分析命題、綜合命題，還提出一個「先驗的綜合命題」。「先驗的綜合命題」就是他認為知識的客觀性是這樣構成的。這樣的一個構成方式其實正在說明了康德很清楚的知道，知識的客觀性基本上並不是被給予而擺在那裡的，知識的客觀性是經過主體的構造能力所構造成的。也就是說，我們主體可以通過一個普遍的範疇，通過一個概念範疇具有普遍性，因此才會使得一個我們所接收到的現象訊息能夠構成一個客觀的知識。[14]

---

[13] 請參見牟宗三《現象與物自身》〈第四章、6.2康德論三層綜合〉，頁135-152。又請參見氏譯註《康德純理性批判》，（上冊）第二卷第二章〈純粹知性底一切原則之系統〉，頁354-474。

[14] 請參見黃振華，前揭書，二、康德先驗哲學導論，頁 7-30。又請參見 Hans Michael Baumgartner 著，李明輝譯《康德〔純粹理性批判〕導讀》，1988年，聯經出版事業公司印行，臺北。

這在康德來講是非常重要的一個部份，在這提法裡，如果重新去思考康德第三批判，就可以發現他隱約的強調 community、common sense。在第一批判裡面講的時候，好像純粹理性的批判只是講純粹理性是如何可能，它的活動，它的內在機制，整個系統機制如何可能，使得我們所謂的科學知識，或者客觀知識如何可能。但在第三批判告訴我們，我談的那些東西其實是與整個歷史社會總體，跟所謂的社群（community）、所謂的共識（common sense）是有密切關係的。這點我想是非常非常重要的，這個部份大概為後來康德哲學的研究者所忽略。新康德學派當然後來有所區別，像西南學派跟馬堡學派。西南學派特別強調他知識論的部份，馬堡學派強調跟第三批判相關的東西，並且試圖調和康德與馬克思，這個部份相當複雜，細的部份我們就不去說了。[15]

五、牟先生經由華人文化傳統儒、道、佛三教的修養工夫論，以確立「智的直覺」，解決康德哲學中人之有限性的問題。

我們從這個角度去想，其實牟宗三先生是在他所要理解的狀況下去理解康德哲學，不一定是康德哲學放在西洋哲學的脈絡裡的一個恰當的理解。不過這無所謂，這就好像我現在要在臺灣做一道義大利麵，我不一定要對義大利麵的歷史有多清楚的瞭解，我只要把它做好，好吃就可以了，義大利人吃了也覺得不錯，覺得不下於我們義大利人，對於義大利麵的來龍去脈，是不是知道的很原本，那已經是不重要了。牟先生的康德學大體來講是先建立在對於康德第一批判之非常清楚的掌握，而在清楚的掌握之下發現了第一批判本身的限制。這最大的限制就是在他的《現象與物自身》的一開頭的第一章

---

15 關於此，請參看 Bernard Delfgaauw, translated by N. D. Smith, *TWENTIETH-CENTURY PHILOSOPHY*, pp.41-48, Printed in the Republic of Ireland by Cahill and Company Limited. Dublin. 傅佩榮譯《二十世紀的哲學》，第二章〈基於傳統的解答〉〈新康德學派〉，頁 56-64，問學叢書 11，問學出版社印行，1979 年 4 月，臺北。

所提到的：康德哲學有兩個預設，第一個預設「現象與物自身的超越區分」，第二個預設是「人是有限的」。[16]牟先生認為第一個預設他還能夠接受，現象與物自身必須做一個超越的區分；然而第二個預設：人是有限的，他認為這是可懷疑的，就這個問題的理解上是可以鬆動的。他認為在華人的文化傳統，包括儒教的傳統、道教的傳統、佛教的傳統，並不同意人只是有限的。中國文化傳統強調人雖然是有限的，卻具有無限的可能。他通過這三教的修養工夫論，或者廣義的方法論，重新去確立「智的直覺」（intellectual intuition）的可能。也就是說，在康德來講，從知識論的角度來講的話，人是通過感觸的直覺，再通過知性主體的構造，使得客觀知識成為可能，至於客觀知識之所及，只及於 phenomena，並沒有及於 thing-in-itself。

　　因為人的感觸的直覺僅能及於現象而不能及於物自身，而物自身與現象是同一事物的兩個面相，或同一現象的兩個端點，而人之感觸直覺僅及於現象，而相應於物自身的直覺不叫「感觸的直覺」（sensible intuition），而叫「智的直覺」（intellectual intuition）。康德認為只有上帝（God）才具有智的直覺，因為上帝通過智的直覺才使得物如其為物，事物之在其自己（即「物自身」這個概念）。牟先生通過儒、道、佛三教的修養工夫論、方法論去強調儒家認為人們也可以通過良知「生天生地，成鬼成帝」，「良知是造化的精靈」[17]；道家（道教）可以通過「致虛守靜」的工夫，可以使「萬物並作，吾以觀復，夫物芸芸，各復歸其根」[18]；而佛教一樣的可以通過就「從無住本而立一切法」[19]。他通過這樣一個方式，認為儒家的「知」，不只是世俗的知識之知，他反而提到上一層，名之曰「性智」，而道家（道

16　牟宗三《現象與物自身》〈第一章、問題的提出〉，頁 1-19。
17　陽明先生語，關於陽明思想我大體受益於牟宗三、蔡仁厚諸位先生的教導，並進一步做一本體實踐學之闡釋，請參見林安梧《中國宗教與意義治療》第四章〈王陽明的本體實踐學〉，頁 81-114，1996 年出版，明文書局印行，臺北。
18　請參見《老子道德經》第十六章。
19　這是佛教天台宗所強調者，請參見牟宗三《佛性與般若》。

教）把它叫「玄智」，佛教則把它叫「空智」。相對來講，空智對空理、性智對性理、玄智對玄理，而總的來講，他認為這都是回到事物自身的一個理、一個智。[20]他認為在華人儒、道、佛三教裡都有這樣一個修養工夫論的活動，可以讓人不祇侷限於有限性，還可以邁向無限。顯然地，「物自身」這個問題在牟先生的處理裡面，是通過修養工夫論就把它處理掉了。也就是說，「物自身」是人的智慧之光之所照、之所顯、之所對，而在這個「對」裡頭，使它成為一個具有對象義的物自身，也因此這個對象義的物自身成為我們認知的一個基礎，雖然我們所把握的是它的現象，不過是由這物自身所顯之現象。這樣的一個提法裡，基本上就是通過了一個廣義的道德修養論，來彌補康德哲學對於「現象」與「物自身」這樣的一個裂縫。

牟先生通過這樣一個道德修養論，認為人都有一個真正的本心，這個本心可以上通到物自身界，往下則可以轉折成為知性主體，涵攝、構造成知識界，而它之所對的就是現象世界，這就是他所說的「一心開二門」這個格局。借用《大乘起信論》：一心上開「心真如門」，就是所謂的物自身；一心下開「心生滅門」，就是所謂的現象界。[21]在「一心開二門」這樣的一個提法裡面，他告訴我們在華人文化傳統裡基本上是具有智的直覺，而且是以智的直覺為大宗，就是儒、道、佛。然而我們所缺的就是由感觸直覺所定立的這樣的一個客觀的知識世界，所以才會有一個一方面膾炙人口，一方面也引發諸多爭議的提法，就是所謂「良知的自我坎陷以開出知性主體」，而知性主體之所涵攝、建構一套知識系統，這套知識系統是相應於現代化裡頭的民主與科學。[22]

20 　請參見牟宗三《現象與物自身》〈序〉，頁 1-17。

21 　請參見牟宗三《中國哲學十九講》第十四講，頁 283-311，臺灣學生書局印行，1983年。

22 　關於這些問題請參見林安梧《儒學革命論：後新儒家哲學的問題向度》一書，1997年 12 月，臺灣學生書局印行，臺北。

六、康德哲學有其西方哲學、文化意識及社會契約論的傳統為背景，牟先生忽略康德所涉及到的社會總體意識其中所引申出來的關聯。

　　在牟先生的提法裡，基本上對於康德哲學背後思想史變遷的意涵，以及相關的社會史、政治史、經濟史各方面種種，是暫時擺一邊的。他只是就康德哲學體系建構之為何，抓住了第一批判和第二批判，之後以儒學為主導，加上道家跟佛學，而把握住康德學第二批判作一個對比，強化了儒學、道家、佛學裡頭所強調的道德哲學的側面，並且把這樣一個方式提到通過一個道德修養論，而強調它具有智的直覺（intellectual intuition），並藉此來解決人的有限性的問題。換言之，一個有修養的人，或者一個理想的人，一個道德的人，一個具有性智、具有玄智、具有空智之人，依他說就如同是上帝一樣，可以具有 intellectual intuition。[23]我們可以發現到牟先生高揚了人的主體性，而把人的「主體」往上提到那個「道體」，提到那個絕對之體，提到那個 God 的地位上去說。至於這樣的一個說法裡面，當然還有很多可以繼續疏理它的，但是我們顯然可以看到的是牟先生基本上是忽略了康德知識論跟道德哲學後頭所涉及到的那麼豐富的背景因素。也就是說，康德會出現那樣的道德哲學及那樣的知識論是有他的整個西洋哲學的背景、西洋人的文化意識做為基礎的，在那種狀況之下才會出現的。譬如說，如果沒有西方社會契約論的傳統，或者更直接的說，沒有盧梭（Jean Jacques Rousseau，1712-1778）的話，我想康德的道德哲學不是那麼寫的。也就是說，盧梭在社會契約論中所強調的普遍意志（general will），就轉成了康德道德哲學中

---

[23] 傅偉勳生前對此亦常有批評，請參見氏著〈佛學、西學與當代新儒家〉，收入劉述先主編《儒家思想與現代世界》，頁 9-31，1997 年，中央研究院中國文哲研究所籌備處印行，臺北。

所強調的「無上命令」（categorical imperative）。[24]

　　這也就是說，在盧梭來講是寫成一個社會哲學或政治哲學這樣人與 community 之間的契約關係，後頭所涉及到更為根源的 general will 的問題，而康德學把它轉譯成作為一個人，他的道德實踐的動力的來源如何的問題。也就是做為人道德實踐的時候，動力是來自於一個道德的法則，而這個道德的法則是人的自由意志所定立的，這就是所謂意志的自我立法。而人之所以作為一個人會去遵循這意志的自我立法，形成了所謂的「道德自律」（moral autonomy）。這樣的自律其實落在 community 裡頭說，人作為一個社會的人，必須遵從一個理想的社會規範，而這理想的社會規範其實是關聯著一個社會的普遍意志，而社會的普遍意志跟作為一個自由的人、自由的公民基本上骨子裡是相通的。所以，社會的公則、公約，其實就是你自律裡頭的律則，所以一個自由的人就是一個遵守自律的人，而這個遵守自己內在律則的人，同時也是遵守社會普遍意志所定立的律則的人。在西方的傳統裡面，這一點非常重要。

　　就思想史的宏觀觀點，康德學的自律應從這個角度上去理解，而在牟先生所理解的自律裡，卻很容易從人之具有「智的直覺」，人經過「一念警惻便覺與天地相似」、「反身而誠，樂莫大焉；強恕而行，求仁莫近焉」、「天人合德」[25]處去說自律。從「天人合德」處去說的道德自律，也就是說人的自由意志所定立的法則，跟宇宙的意志所確立的法則是同一的。當然，如果說在康德學裡頭再往前推進，它是不是跟自然法（natural law）密切關聯，沒有錯，是這樣的。也就是說 general will 其實跟 natural law 是有密切關聯的，但是所不同的是從 natural law 到 general will 這裡有一個很大的轉

---

[24] 關於此，請參見林安梧〈論盧梭哲學中的「自由」概念〉，收入民著《契約、自由與歷史性思惟》一書，頁 21-46。又請參見 Ernst Cassirer 著、孟祥森譯《盧梭、康德與歌德》〈康德與盧梭〉一文，頁 15-97，1978 年，龍田出版社印行，臺北。

[25] 這三段引文，依序出自《象山先生全集》、《孟子》，「天人合德」則是《易傳》的思想，所謂「大人者與天地合其德，與日月合其明，與四時合其序，與鬼神合其吉凶」。

折。因為在 natural law 裡，所講的是自然的法則，general will 講的是社會契約的一個普遍理性。在我們華人來講的話，從孔孟的傳統，一直到陸王，乃至於程朱的傳統，所強調的天地所隱含的是一種關懷、一種愛、一種絪蘊造化，它重點不在於這個法則性，這一點我想與西方哲學的自然法其實有一點不同的。這倒有些像荀子所說「天行有常，不為堯存，不為桀亡」的意味。但顯然地，這不是大宗，大宗還是在「怵惕惻隱」、「一體之仁」上，不在自然法上，宋明儒學中的陸王學其實是接續孟子學，程朱學也是接續孟子學，而不是接荀子。

七、「智的直覺」與「物自身」在牟先生的體系裡已做了相當大的轉折與創造，早已不是康德哲學體系中的意義。

　　牟先生強調人的道德情感、怵惕惻隱、道德動力，其實是作為一切道德法則，甚至在發生上是一個非常重要的端點。或者，更進一步的說，你那個本心的動力，這怵惕惻隱的動能，其實就是那個法則，這也就是所謂的「心即理」。從「心即理」的角度去說自律，其實自律這個概念已經轉了好幾折了。或者從「心即理」這個角度要去說道德實踐所展開的那個活動（良知的活動），你要把它理解成所謂的「智的直覺」，這又轉了好幾層了。顯然地，這是通過道德哲學的向度、修養工夫的向度，來詮釋上帝「智的直覺」那個活動。上帝的智的直覺的活動，我想是康德學所必須預設的一個活動，它並不是真實的，並不是你可以覺知到的活動，因為人是有限的，不可能覺知到上帝的這個問題。但依儒學來說，是人之有怵惕惻隱之仁，人的「良知是造化的精靈」，那不就是預取的，是當下呈現的，這點是不同的。[26]所以牟先生在這裡又把康德原先所強化的、所強調的只有上帝才具有那個「智的

---

[26] 當代儒學有一膾炙人口的公案，是熊十力與馮友蘭爭議論辯「良知」是呈現，而不是假設，請參見牟宗三《五十自述》〈第五章、客觀的悲情〉，頁 88，1989 年 1 月，鵝湖出版社印行，臺北。

直覺」轉了過來。這麼一來，才能夠理解成牟先生所說的儒、道、佛的意向下的道德自主性。同樣的，儒、道、佛通過這樣的方式，而說其為「智的直覺」之所對的「物自身」，這已不是康德哲學意義下的物自身，而是牟先生義下所說的物自身。這或者可以理解成，禪宗所說的「見山是山，見山非山，見山是山」，這到最後的「見山是山」那樣的物自身，這是第二序所說的「見山是山」那個物自身了，就是事物在其自己這樣的一個提法。

　　我們這樣來說，其實已經講了幾個不同向度。牟先生對康德的第三批判基本上是忽略的，特別是第三批判所可能涉及到的那個社會總體意識，以及那裡所引申出來的審美與道德的關聯，以及所謂的共識（common sense）是未及處理的。所以牟先生在翻譯康德第三批判的時候，導生出他對康德美學的一個反省，他在第三批判—康德的《判斷力批判》的翻譯前面寫了一個頗長的導論，闡述他自己的美學主張。牟先生所說的美學，其實純只是一個美的興味的活動，而這樣純美的興味活動帶有一種純粹的理型的方式，他把它提到直覺的方式。所以他之於美，他能夠理解並欣賞像嵇康的〈聲無哀樂論〉這樣的一個說法，他也提了一些美的欣趣的相關問題，這個部份我是覺得可以欣賞，也可以檢討的。[27]另外，牟先生對於西方的社會契約論的傳統是忽略的，他對於盧梭的理解也是忽略的，所以，如何把康德跟盧梭聯繫在一塊兒理解，對他來講是非常少的。牟先生比較急的是通過儒、道、佛去聯結著康德的道德哲學跟知識論，而展開的論辯活動，然而由康德第三批判所可能導生的相關議題，牟先生基本上是忽略了，這個部份其實是可以重新再去看的。

---

[27] 請參見牟宗三《中國哲學十九講》〈第十二講〉，頁 245-264，臺灣學生書局印行，1983 年 10 月，臺北。

八、牟先生將原先康德學的「窮智以見德」轉成「以德攝智」，然而太強調道德主體，亦會窄化了儒學多元的發展向度。

　　如上所述，其實一方面我們在說，康德哲學也有重視歷史社會總體這個側面，也有重視生活世界這個側面，只是他有很多部份是隱而不彰的。因為康德學他強調的是要問：客觀知識如何可能？道德實踐的客觀性如何可能？對於如何可能，他給出的是一個後返的理論的處理，用康德哲學的話來講，這叫做「超越的分解」（transcendental analysis）。這樣的分解是先肯定一個事物之為可能，再問它如何可能。譬如說，他不會問「婚姻是什麼？」，他會問「婚姻如何可能？」他認為婚姻已經是一個客觀的事實，所以他問「如何可能？」就是類似這樣的活動。知識，到底有沒有客觀性呢？他不問這個問題，他問的問題是「知識的客觀性如何可能？」因為我只要回答「知識的客觀性如何可能？」我就間接地回答了「知識是具有客觀性的」，他是用這個方式，積極地去面對這個問題。

　　我們這樣說下來，其實已說了牟先生在吸收康德學的時候，在很多概念上會有所轉換，有所遞移，他會轉型到一個新的概念系統上。譬如說他把儒家的性智、道家的玄智、佛教的空智，詮釋成康德學意義下的「智的直覺」（intellectual intuition），這其實是可以探討的。他把這樣的空智、玄智、性智之所顯露，這樣的一個心性修養實踐的活動之所對，是如其所如的。譬如說佛教講「真如」、「心真如」，道家講「物各付物」，儒家講「首出庶物，萬國咸寧」、易經講「乾元用久，見群龍無首，吉」，也就是講到事物如其為事物本身。他用康德哲學的「物自身」這樣的一個方式去詮釋，其實已經是轉移了很多。當然在這樣的一個理解裡面，就我個人理解很重要的是說，牟先生因為建立在一個很不同的哲學預設上，正如他在《現象與物自身》這個著作裡剛開始就提到：康德學認為「現象」與「物自身」是超越的區分，而「人是有限的」。相對而言，在中國文化傳統，人雖然在軀體上是有限的，但他卻具有無限的可能。然而，「人具有無限可能」這樣一個提

法，在康德是不是完全不能夠接受呢？其實在這個地方是有爭議的。要不然在康德學之後不會出現費希特，不會出現黑格爾。也就是說，像費希特、黑格爾某個程度上已經處理了類似牟先生一直在問的問題：現象與物自身如何彌縫的問題。黑格爾通過絕對精神，謝林通過整個整體，而費希特是通過絕對的我，牟先生「良知的自我坎陷」，其實很像費希特那個「絕對我」的否定。[28]

　　我們說到這裡，其實一方面可以看出來牟先生具有非常強的道德主體主義的傾向，在康德學看來是「窮智以見德」，而這「窮智以見德」並不隱含著一定「以德攝智」。因為在西方哲學裡頭，「德」與「智」之為一體，是通過「思維與存在的一致性」去強化的一體，不是我們所說「以德統智」的方式的一體。在華人文化傳統裡，如在《論語》裡面講「仁智雙彰」，但畢竟仍是「以仁統智」，「智及之，仁不能守之，雖得之，必失之」。在原來整個中國哲學所使用的概念範疇構成裡面，牟先生做了很多位移的構成，因而他建構了一宏偉的系統：現象與物自身這個兩層存有論的系統。依照牟先生這個說法，當然就是「以德攝智」的系統，不是「窮智以見德」的系統。「以德攝智」的系統裡必須「由德開智」，不然這個「德」將會成為一個孤立的德，或者說是一個渾淪的德。正因如此，牟先生才會那麼強調道德主體如何開出知性主體的問題。[29]

　　牟先生在這裡，完全從一個道德主體的絕對性、超越性、普遍性、理想性，從這個地方把握住了這一點。他認為人作為一個人應該是一個「智的直覺」的存在，具有智的直覺的能力，人是「道德的存在」（moral being），人是良知的存在。至於人之為人作為一個「自然的存在」（natural

---

[28] 彭文本對於牟宗三與費希特的關係，曾做過相關研究，極具見地，請參見氏著〈論牟宗三與費希特「智的直覺」之理論〉，收入李明輝、陳瑋芬主編《當代儒學與西方文化：哲學篇》，頁131-172，中央研究院中國文哲研究所印行，2004年5月，臺北。

[29] 關於此，請參見林安梧，2001年12月，〈後新儒學的社會哲學：契約、責任與「一體之仁」——邁向以社會正義論為核心的儒學思考〉，《思與言》三十九卷第四期，頁57-82，臺北。

being），這樣一個側面反而是為牟先生所疏忽的，人作為一個「社會的存在」（social being）也是為牟先生所疏忽的。但是人作為一個人在歷史的發生過程裡，先是作為自然的存在，在作為自然的存在的發展過程裡，才成為歷史的存在，成為社會的存在，同時在歷史的存在、社會的存在的時候，也才成為道德的存在。因為你必須正視人具有道德的存在，才能夠深切地去理解人之作為歷史的存在跟社會的存在。同樣的，你必須去正視人作為歷史的存在、社會的存在，才能夠真切地去理解人之作為人的一個道德存在的意義在哪裡。相對於宋明儒學來說，王船山對此有深刻的認識，他強調了「人性」與「歷史」、「社會」的辯證性。[30]

九、從「逆格義」到「融通」、「淘汰」，「轉化」、「創造」，牟先生邁向了一嶄新哲學系統的建立。

其實，牟先生建構的兩層存有論系統是繫屬於他那主體主義的思考方式。牟先生顯然是這樣的一個思考，他順著宋明理學的陸王學一系，特別是陽明學，而特別強化了陽明學的「良知即是造化的精靈」，道德主體也就是那宇宙的道體。或者，直接地說，以那個主體就等同於道體。他在強化的過程裡，其實也強化了他的形式的側面，他並沒有真正正視了陽明學落實在人間世裡頭所面臨的浮沈昇降，那個忧惕惻隱面對世俗中浮沈昇降所面臨的問題。牟先生基本上把它純化成良知的一個亮光，他所謂「一心之申展、一心之遍潤、一心之朗現」，而他認為這就是當下能夠發露顯現的良知的作用。[31]所以，牟先生一再地提熊十力先生跟馮友蘭先生的一段對話，強調良知並

---

[30] 關於此，請參看林安梧《王船山人性史哲學之研究》一書，特別是第一章、第二章，1987 年，臺灣學生書局印行，臺北。

[31] 關於此，請參見牟宗三《王陽明致良知教》，1954 年 4 月，中央文物供應社印行，臺北。又請參見林安梧《中國宗教與意義治療》第三、第四兩章，頁 51-114，1996年，明文書局印行，臺北。

不是一個假設，良知是當下的呈現。[32]從這個角度來看牟宗三先生，他已經跨出了原先我們通過西方的哲學話語系統來格義中國哲學這樣的方式，他其實做了很多融通與淘汰。雖然他在融通淘汰的過程裡，那種取用概念的方式，如何位移，如何轉化，是否完全合乎一種哲理交談的正當性，我想這是可以問的，但很顯然地，他朝向了一個新的哲學詮釋跟建構。

　　我們去看牟宗三先生這樣一套儒家哲學的時候，其實我們可以看到，他之所重就是以這樣的道德主體來涵攝一切。他把原先康德學的「窮智以見德」轉成「以德攝智」，並且要「以德開智」。這時候良知、道德主體仍然有獨大的傾向，這是非常清楚的。這樣的一個思考，他認為是陸王學的主流，同時也是孔孟的主流，他從這個角度來認為這就是正統，他認為心性之學就是儒學的核心點。這個說法其實並無不可，但是他太強化了它，也太窄化了其它儒學。就在這個過程裡面，他肯定了第一期的儒學是先秦儒學，第二期的儒學是宋明儒學，當代新儒學則是第三期的儒學，包括杜維明先生，也是朝這個角度上去思考的。[33]就我個人來講並不同意這樣的思考，譬如說《論語》裡面講「仁智雙彰」，講「仁禮合一」；再到孟、荀的時候，孟子講「仁義之教」，講「惻隱之仁」，荀子講「禮義之教」，講「師法之化」，這裡可以明顯地看到有幾個不同的向度，很難分其軒輊。何者為正統？何者為非正統？應該說是多元的，構成一個一統的這樣一個方式。我想我大體的把牟先生的康德學，跟儒家的哲學、中國哲學，以及他做了哪些可貴的貢獻，他哪個地方做了一些位移的活動，他構造的系統，及可能的限制作了一些相關的理解。[34]

---

[32] 同註24，前揭書。

[33] 牟先生始暢此說，其門弟子蔡仁厚、杜維明、楊祖漢諸先生等多贊成其說，杜氏有〈儒學第三期發展的前景〉一文，收於《現代精神與儒家傳統》第十一講，頁 411-442，1996 年，聯經出版事業公司印行，臺北。

[34] 請參見林安梧《儒學革命論：後新儒家哲學的問題向度》，1997 年，臺灣學生書局印行，臺北。

十、我們不能圍限在牟先生的兩層存有論的系統裡去理解，而應正視典籍文本，深入詮釋。

　　中國哲學的研究其實已經到了一個新的階段，不再只是作為一個「格義」或「逆格義」的方式，可以說是到了一個詮釋學時代的來臨。這個詮釋經過了翻譯、融通、淘汰、瓦解、重建的過程，牟先生可以說是作為一個非常重要的轉捩點。也就是說，牟先生在西方哲學和中國哲學互動的過程裡面，他既具有格義的方式，他又想要跨過那個格義方式。但他在那個格義的過程裡面，其實跟很多帶有格義氣味有很大的不同。比較起來，他強調了中國哲學的主體性，但是在這個過程裡面仍然有他很大的限制。多半學者是通過西洋哲學來格我們自己，但他不是，他是比較具有自己的主體性去格西方哲學。所以他在理解康德的時候，譬如說，他譯注《康德的道德哲學》，到後來他所寫的《圓善論》，他提了很多要如何補康德哲學之不足。

　　牟先生補康德哲學之不足是通過中國哲學之所看到的康德哲學，譬如說他認為康德哲學認為上帝才有「智的直覺」，因此沒有辦法穩立「物自身」，也因此整個知識是沒有辦法確立起來的。但是在康德哲學來講的話未必是如此。[35]就像你從一神論的角度去看佛教，認為沒有一個真主，算什麼信仰，但是我想從佛教的角度來講這絕對是很荒謬的。為什麼一定要有一個真主，像耶穌基督，才像一個宗教呢！這也就是我覺得牟先生是在自己的立場去看康德哲學。不過這也是一個階段，沒什麼不好，總比什麼都站在別人的觀點來說，要好得許多。做個比喻好了，中西餐，用的筷子與叉子是不同的，現在換牟先生的角度來說，就會覺得西方人怎麼用叉子的方式在吃飯呢？筷子是很方便的啊！有點類似這樣。我想，這總比用西方人的觀點來質疑說：你們怎麼那麼蠢啊！怎麼用筷子來叉，而不用叉子。至少他開始反省到我們自家哲學的主體性問題，他開始反省我們能不能走出自己哲學的路。

---

35 關於此問題，近些年來或有檢討者，而以李淳玲教授所做的思考最有見地，見氏著《康德哲學問題的當代思索》〈牟宗三與康德哲學：吹縐一池春水：論感性直覺的邏輯性〉，頁141-194，南華大學社會學研究所印行，2004年1月，臺灣嘉義。

　　　　　甲申之冬十一月廿九日修訂於北京中國人民大學賢進樓旅次

（本文原為 2003 年 11 月 16 日為臺灣師大研究生所做〈康德哲學與中國哲學〉之講詞，由研究生何孟芩根據錄音做了全文紀錄，後來筆者採用了其中約三分之二，加以訂正，並加上了標題、註腳，完成了這篇文章。這篇文章，曾先後在 2004 年秋於政治大學哲學系主辦之「二〇〇四康德哲學國際會議」2004 年 9 月 29 日、30 日，再經勘定，於 2004 年 12 月 20 日－23 日，在「香港中文大學的當代儒者：錢穆、唐君毅、牟宗三、徐復觀對當代儒學發展的貢獻」會議上宣讀。現正式發表於《鵝湖》三十一卷第二期（總號 362），頁 12-24，臺北。）

第九章　邁向儒家型社會批判學之建立 ——以徐復觀先生的思想爲核心的 基礎性理解

【本文提要】

　　徐復觀經由中國文化的深切體會，肯定作爲「形而中」的「心」乃是吾人作爲一個「活生生的實存而有」這樣的人展開其實踐的動源點。這個動源點是活在文化傳統之中的，是活在歷史社會總體之中的，是不離我們整個生活世界而又開啟整個生活世界的。儒學傳統之爲可貴的是注意到此活生生的實存而有的生活世界，它是在對比的辯證歷程中塑造其自己，並且開啟其自己。這裡所說的塑造與開啟隱含著一批判的互動與實踐的循環，而它的著力之場則在於整個國家民族，而這樣的國家民族是以文化傳統來規定的，至於文化傳統則是人這個活生生的實存而有所開啟的。

關鍵字詞：形而中、心靈、生活世界、自由、辯證、文化、傳統

一、前言

　　徐復觀先生之不同於其它的新儒家，我們或許可以說是他的生命之性與氣最盛，而感受最深，其所實踐亦最切，其之為最切是因為他對於政治與社會的涉入最深，經驗最多，其所求者多，其所失望者亦甚。到了晚年，他才開啟所謂的「學問的研究」，他的研究可以說是全從生命的深刻體驗中來，尤其這樣的生命體驗，不是將自己的生命與整個歷史社會總體割離開來的「觀照式生命體驗」。相反的，是與整個歷史社會總體和在一起，連衣帶水的，在泥土中翻滾而又能卓然而立的「投入式生命體驗」。徐先生頗不願躭於形而上的證悟，而強調當落於「形而中」，即事言理的去實踐，去體會，去開啟儒家之學。在他的諸多著作中，展開了強烈的批判性格。無論對於思想史、學術史，乃至時下的批判，他一再的點示出其所根據的立場乃是一「儒家的立場」，筆者以為徐先生一生的學術與政治之間的批判活動背後隱含著一「儒家型的社會批判學」，應予揭示。[1]

　　「儒家型的社會批判學」這個詞的提出，一方面指的是儒家具有批判的精神，而另方面指的是它足以構成一完整的學。環視當代以來的思想，我們或許會發現長久以來「儒家」一直被視為「被批判的對象」，而筆者硬是在此要安上「儒家的社會批判學」這樣的名稱，極可能被視為笑柄；但我卻要說，「儒家型的社會批判學」並不是如今才要宣告成立的東西，相反的，它老早就已經存在。從先秦的孔孟，到宋代的朱子，明代的陽明都充分體現了儒家的批判精神，即如當代，像徐復觀、梁漱溟諸位先生，更足以成為一現成的典範。他們或許未直接標出一「儒家型的社會批判學」，但是他們的行徑卻極清楚的是從事於一儒家型的社會批判運動的，而在諸多篇章中，更是隱含著一「儒家型的社會批判學」，值得重視。本文之標為「邁向儒家型社會批判學之建立──以徐復觀先生的思想為核心的基礎性理解」，其主要之

---

[1]　或許我們可以說從熊十力到牟宗三的系絡，是一形而上體系之重構的當代新儒家，而唐君毅則開啟一生命之意義治療的當代新儒家，而徐復觀則是成就一社會批判意義的當代新儒家。

意圖即在通過徐先生的思想而展開以徐先生為核心的儒家型社會批判學，然而此並不意味儒家型之社會批判學僅以此為限，而是說徐先生建立了一類型的儒家社會批判學。若縱觀其大，儒家亦可以成立一其他類型的社會批判學，惟萬變不離其宗，吾人或能從徐先生所開啟的儒家型社會批判學，而見出儒學極可貴之一面向。

二、從「形而中學」論「心」之做為社會批判學的基礎

　　徐先生所展開的社會批判活動極多，並且極為根本，而總的說來，他的社會批判是迴向整個中國文化傳統為基底的，尤其是以回到儒家傳統為根柢的。值得注意的是，這裡所謂的以中國文化傳統為基底，並不是一味的要回到中國文化的傳統，而是站在中國文化的傳統來返本開新。就此來說，作為當代新儒家的他與其他學者如唐君毅、牟宗三等先生的見解是一致的。[2]他們都繼承著中國文化傳統中注重心性之學的新儒學傳統而冀望有一新的開啟之可能。不過，徐先生所體會的心性之學與唐、牟、二先生是有所不同的，他強調的是一具體生活世界、歷史社會總體與人相關聯為一個整體之下的「心性之學」。筆者以為我們若真說徐先生的社會批判學的基礎是儒家的心性之學，必得放到這樣的理解脈絡來理解，纔不會造成誤解。

　　依徐先生看來，人生的價值根源乃在乎「心」。他以為在中國文化中，有許多分歧而夾雜的東西，對人生價值的問題也有各式各樣的解答，但是從這個歷程追到底，把其中的曲折夾雜去淨，便可以簡截地說：中國文化認為人生價值的根源即是在人的自己的「心」。值得注意的是，徐先生更進一步指出這裡所說的「心」，指的是人的生理構造中的一部分而言，即指的是五

2　徐復觀、唐君毅、牟宗三三位先生於 1958 年發表了一篇〈中國文化與世界——我們對中國學術研究及中國文化於世界文化前途之共同認識〉宣言，此宣言可以視為當代新儒家第二代的開山文獻，徐、唐、牟等先生皆被稱為當代新儒家。關於此，請參看筆者〈當代新儒家述評〉、〈當代新儒家在中國思想史上意義之理解與檢討〉，收入《現代儒學論衡》一書，臺北，業強出版社，1987 年 9 月。

官百骸中的一部分；在「心」的這一部分所發生的作用，認定為人生價值的
根源所在。就像認定耳與目一樣，是能聽聲辨色的根源一樣。孟子以耳目為
「小體」，因其作用小；說心是「大體」，因其作用大；但不論作用的大或
小，其都為人身生理構造的一部分則一。他更且進一步的指出，《易傳》中
有所謂「形而上者謂之道，形而下者謂之器」，這兩句話的意思是說在人之
上者為天道，在人之下的是器物；這是以人為中心所分的上下，而人的心則
在人體之中。他因之強調「形而中者謂之心」，說「心的文化，心的哲學，
只能稱為『形而中學』，而不應講成為形上學。」[3]

　　如上所說，徐先生所作形而上、形而中、形而下的區分或許在立論上嫌
粗糙，但是我們卻可以發現他所強調的「形而中學」，顯然的，非常注重整
個生活世界之總體，他有意的排斥形而上學的、先驗式的思考。簡單的說，
徐先生所以為的「心」不是心身割離開來的「心」，也不是以心統身的心，
而是心身一體，在整個生命之具現過程中而說的「心」。這樣的「心」當然
就不是西方傳統唯心唯物兩分的心，他更透過《象山學述》一文對於將中國
文化中儒家所標榜的「心」，誤解為唯心論意義下的心，給予嚴厲的批評。
徐先生總結的指出中國這種「心的文化」的特點，他以為：

　　甲、「心的作用是由工夫而見，是由工夫所發出的內在經驗，它本身
　　　　就是一種存在，不是由推理而得的（如形而上學的命題），故可
　　　　以不與科學發生糾纏」。

　　乙、「心可以主宰其它的生理作用，但是亦不離開其他生理作用；而
　　　　且心的作用，須由其他生理作用來完成，此即孟子的所謂『踐
　　　　形』。因此，心的作用一定是實踐的。所以孟子強調『必有事
　　　　焉』，王陽明強調『知行合一』。只是空談，便如王陽明所說，
　　　　是被私欲隔斷了」。

---

[3]　見徐復觀〈心的文化〉，收入《中國思想論集》，頁 242、243。臺灣學生書局，
　　1975 年 5 月 4 版，臺北。

丙、「人生價值在心的地方生根，也即是在具體的人的生命上生根。具體的生命，必生活在各種現實世界之中。因此，文化根源的心，不脫離現實；由心而來的理想，必融合於現實世界生活之中。由生命所發，由現實世界所承，由五官百骸所實踐的文化，必然是中庸之道。凡過高過激的文化，都是由冥想、熱情，或推理而來的文化」。

丁、「任何人在一念之間能擺脫自己所有的私念成見，即可體驗到心的作用。故心的文化是非常現成的，也是大眾化，社會化的文化。王陽明曾嘆息說他在龍場驛講學時，鄉人野老都能明白。反而回到中原後不能為許多人所了解；因中原士大夫都各有成見，不及龍場驛的人，都是非常純樸，能自然與自己之心相合」。

戊、「人生價值根源就在自己的『心』，所以程明道便說：『每個人都是天然完全自足之物』。如此，才真有人格的尊嚴，真有人的信心；並且每個人在心的地方開闢一個內在世界，在心上得到人生的歸宿，不需外在的追求和鬥爭。所以這種心的文化是和平的文化」。

己、「研究中國文化，應在工夫、體驗、實踐方面下手。但不是要抹殺思辯的意義。思辯必須以前三者為前題，然後思辯的作用才可把體驗與實踐加以反省、貫通、擴充，否則思辯只能是空想。」[4]

如甲所言，這點出了「心」之為「心」並不是一形而上之實體，而是一作用，是由實踐工夫所開啟的內在經驗，而這樣的經驗即是存在。換言之，心是經由一活生生的實踐之體驗而去開啟存有的，並不是靜態的停駐在那裡，而是動態的、全副的參與。如乙所言，可見徐先生一方面注重心的「主宰義」，但另方面則又便為強調「踐形義」，這樣的「踐形義」的心是指向社會批判與道德實踐的心，而不是只經由道德修養，而去要求一精神境界的

---

[4]　見同上註，頁 248-249。

心。如丙所言，顯然地，我們可以說「心」雖具有主宰義，但這樣的「心」並不是對於自己的身軀以及外在的事物展開一控制的主宰，而是對於自家的生命以及外在的世界起一調節性的作用，而達乎中庸之道。換言之，心具有「調節義」。如丁所言，心是根源性的，是當下即是的，是愚夫愚婦都可以有的，是純樸自然的，是大眾的、社會的，是在活生生的生活世界中展開、呈現的。換言之，心具有「根源義」。正因如此，如戊所言，人之為人是天然完全自足的，人有真正的人格尊嚴，真有人的信心，依此而開闢出一個內在的世界，不假外求，惟其如此，故是和平的、寬闊的。如己所言，徐先生點出研究中國文化，當在工夫、體驗、實踐等方面下手，但他強調不廢思辯。這指的是說，這個「形而中」的「心」，是在實踐的工夫歷程中，進到整個生活世界，而去開啟整個生活世界的。

　　徐先生不從「超越面」來看待心，而是從「作用面」來看待心，這樣的「心」是一「活生生的實存而有」的心，是一走入整個生活世界的心。[5]這的「心」可以說是接上了黃宗羲所謂的「盈天地皆心」的「心」，這樣的心並不是一孤離開來的絕對體的心，而是「盈天地皆氣」下，而說的「盈天地皆心」的「心」。[6]這樣的「心」是關聯著整個生活世界而說的總體的心，它在生活世界中有其起伏昇降，有其辯證發展。這樣的心是具有歷史性與社會性的，而所謂的具有歷史性與社會性指的是一方面於歷史社會總體中成長，但另方面則又指的是人因有心作為進入到此生活世界中之動源，即此動

5　關於「活生生的實存而有」一辭，筆者指的是作為「人」這樣的存在，他是活生生的，是實存的，而以其為實存的而進到整個生活世界，而開啟之，參贊之，進而使得此世界成為一實存而有的世界，如此而說人是一活生生的實存而有。筆者以為當代新儒家義下的「人」都是此「活生生的實存而有」，而第一代的當代新儒家熊十力即予此作一充分的建構與證成。關於此，請參見筆者《存有，意識與實踐》，第二章、第二節〈邁向一『活生生的實存而有』的體用哲學〉。東大圖書公司出版，1993 年 5 月，臺北。

6　「盈天地皆心」與「盈天地皆氣」，比蓋為黃宗羲所主張，關於此請參見劉述先《黃宗羲的心學定位》一書，允晨文化實業公司印行，1985 年，臺北。

源而具有開啟歷史與社會的可能。[7]正因「心」具有此兩端，而成一辯證之總體，因此，我們可以說徐先生之以此具有兩端的「心」作為辯證開展的核心，展開其社會的批判，這樣的批判是具有一辯證性的、總體的社會批判，其起點在心，而其終點亦於心。[8]

　　徐先生既如此理解「心」，自然而然的，他所展開的便是如中國傳統「良史誅心」的偉大志業。對於中國政治傳統，徐先生特別能注意到結構的總體性以及權力的根源的問題。他認為若未能注意及這樣的關鍵性問題，而一味的只是由於我們沒使用帝王專制這樣的詞，就強調說我們的傳統並不是帝王專制。他甚至過激的批評錢穆先生的史學，他在〈良知的迷惘——錢穆先生的史學〉一文中說錢先生「天資太高，個性太強，成見太深，而又喜新好異，隨便使用新名詞，所以他對史料，很少由分析性的關聯性的把握，以追求歷史中的因果關係，解釋歷史現象的所以然；而常作直感地、片段地、望文生義的判定，更附益以略不相干的新名詞，濟之以流暢清新的文筆，這是很容易給後學以誤導的。」[9]徐先生更進一步的指出：

　　　　「至於不談制度，不談時代背景，不談群體生活狀況，而僅談有故事可談之人，這是把人從時間空間中掛空，把人與社會的關係切斷，把歷史變成幼稚園的連環圖畫，然則中國到底有沒有史學？」[10]

---

[7]　就此而言，我們可以說當代新儒家中徐先生的儒學極類似於王船山的人性史哲學所展開的社會批判。其所謂的「心性論」亦較同於王船山的「命日降、性日生、日成，未成可成，已成可革」的思想。關於此，請參見林安梧《王船山人性史哲學之研究》，東大圖書公司出版，1987年9月，臺北。

[8]　關於此，陳昭瑛於〈一個時代的開始：激進的儒家徐復觀先生〉一文中，曾說復觀之學的特色：辯證的、實踐的、歷史的，允為的當。該文收入，《徐復觀文存》附錄，見頁366-367，臺灣學生書局出版，1991年6月，臺北。

[9]　見徐復觀〈良知的迷惘——錢穆先生的史學〉，收入氏著《儒家政治思想與民主自由人權》，頁172，八十年代出版社印行，1979年8月，臺北。

[10]　見同上註，頁182。

　　徐先生或許並未同情的理解錢先生式的歷史主義的史學[11]，但就上所述，我們大體可以知道徐先生對於歷史與社會的理解與詮釋所強調的是一整體的關聯性的把握，並在此理解與詮釋的過程中，去把握歷史的因果。值得注意的是，所謂的整體的關聯的把握必得在時代背景、群體生活以及制度結構中來理解，否則這就不算是史學。徐先生這裡對於史學的宣示，其實就是他對於社會歷史批判展開的根源性起點。[12]

三、從「形而中」的「心」到 儒、道兩家自由主義的精神

　　關聯著上節所述「形而中」的「心」之作為社會批判學的基礎，徐先生所了解的「心」自不是一掛空的、抽象的、超越的心，而是一在歷史社會的發展歷程中長養，是一具體、落實的、內在的心。換言之，心性論或者人性論之於徐先生而言，並不是通過邏輯思維去把握的，也不是通過澄心默坐的方式去體認的，而是在活生生的生活世界以及複雜的歷史社會總體中去發現的。既然如此，這便是一極為艱難而辛苦的學問歷程，他便在這種情況之下，展開了獨具風格的思想史之研究。他於《中國人性論史》的〈序言〉中指出：

　　　「人性論是以命（道）、性（德）、心、情、才（材）等名詞所代表
　　　的觀念、思想，為其內容的。人性論不僅是作為一種思想，而居於中

11　筆者以為錢穆先生之史學為一歷史主義的史學，他著重的在於歷史意義的點化，而徐先生則著重的是歷史結構的理解。錢先生的史學論點與當代新儒家徐復觀、唐君毅、牟宗三及張君勱等位先生的觀點迥然不同，這是彼此分裂的主因，此分裂甚至延續至其學生輩。後者可見余英時《錢穆與新儒家》一文，收入氏著《猶記風吹水上鱗——錢穆與現代中國學術》，頁31-98，三民書局印行，1991年10月，臺北。

12　關於徐先生的歷史哲學與其思想史方法論散見其所著各書，而以《兩漢思想史——卷三》所收〈原史——由宗教通向人文的史學的成立〉、〈論史論〉二文最為顯著，見該書，頁217-458，臺灣學生書局印行，1979年9月出版，臺北。

國哲學思想史中的主幹地位；並且也是中華民族精神形成的原理、動
力。要通過歷史文化了解中華民族之所以為中華民族，這是一個起
點，也是一個終點。文化中其他的現象，尤其是宗教、文學、藝術，
乃至一般禮俗、人生態度等，只有與此一問題關連在一起時，才能得
到比較深刻而正確的解釋。」[13]

　　人性論的探索構成了徐先生「形而中學──心」之所以可能的方法途徑，
這樣的方法途徑，一方面是展開理解、詮釋與批判，但同時也就在這樣的歷
程中，進行重建。對於「形而中學──心」的理論重建，又是徐先生展開整個
歷史社會總體批判的起點。或許，我們可以關連著當代新儒家做一對比的說
明。就當代新儒家來說，莫不重視人性論的問題，而且他們大體都是繼承著
宋明理學傳統，而加以發揚光大的。熊先生經由對於唯識學的批評，加入個
人的生命體驗，及中國傳統《易經》的哲學傳統，而建構了《新唯識論》的
體用哲學。唐君毅先生則經由黑格爾式的精神辯證，從《道德自我之建
立》、《人生之體驗》，最後成就了《生命存在與心靈境界》的偉大構造。
牟宗三先生則經由康德式的批判哲學，發現知識之純理的構造，進而轉向道
德主體的發現，終而完成了《現象與物自身》的兩層存有論之龐大體系。徐
先生則通過中國歷史之思想的理解，作一思想史的綜括，去闡明中國人性論
的核心理念，並進而開啟其歷史與社會的批判。

　　徐先生的整個工作，其實可以籠統稱之為思想史的批判工作，他一方面
是經由思想史的批判建立其批判的基礎，另方面則又由這個基礎展開思想史
的批判。他是以其活生生的生命涵浸於中國歷史傳統中，而使自身成為一歷
史文化、社會總體之中的「在世存有」（being-in-the-world），這樣的生活
世界是一切存在的基底（Horizon of Existence），同時也是一切理解的基底
（Horizon of Understanding），一切理解與詮釋之起點在此，終點亦在此；
一切之實踐的起點在此，一切之實踐的終點亦在此。

13　見徐復觀《中國人性論史》，頁 2，臺灣商務印書館印行，1969 年 1 月，臺北。

筆者以為最值得注意的是，徐先生是通過一「批判的批判」來建立其社會批判學的基礎的。這也就是說：徐先生並不是先預取了一批判的基礎，而後才展開其批判的活動的；相反的，徐先生是在一批判的實踐過程中，尋求得一批判是基礎的。或者，我們可以說，徐先生是經由歷史的批判來尋求批判歷史的基礎，是經由「社會的批判」來尋求批判社會的基礎，這明顯的是接上了中國原先「即事言理」以及「在事上磨鍊」的方法論傳統。值得注意的是，徐先生的「即事言理」與「在事上磨鍊」的方法論，其勝於宋明儒的，便在於他不會只將一切的「事」只視之為一道德的反省對象，而直接關聯到心性本體而已。他特別能注意到事之為事的結構總體性與辯證之總體性的關係。再者，就徐先生之自稱其為「學術與政治之間」的人物，我們也可以因之而更清楚的認定徐先生的思想史工作與社會批判工作，其實是一體之兩面。

如上所述，我們說徐先生並不是先預取了一批判的基礎，而後才展開其批判的活動的；相反的，徐先生是在一批判的實踐過程中，尋求得一批判的基礎。我們甚至可以說，徐先生是經由歷史的批判來尋求批判歷史的基礎，是經由社會的批判來尋求批判社會的基礎。筆者以為像徐先生這樣所展開的批判，可以名之為徹底的批判（Radical Crtique）。徹底的批判始於面對自身的批判，這是勇於面對自己而瓦解自己，從而重構其自己，因之而長成的批判。顯然地，徐先生這樣的社會批判學是建構在一完整的歷史社會之圖像上的，他將人視為一活生生的實存而有，展開其理解與詮釋，這樣的建構性思考造成了批判者與歷史社會的認同的充分張力。這樣的張力使得人之為人是在一關係網絡中而成的確定的個人，而不是一個獨立於歷史社會之外，消遙無待的個人。換言之，徐先生清楚的闡發了當代中國人所宜有的自由觀念以為其批判的基礎，原來所謂的自由並不是心靈的精神的境界而已，而是落在人與整個生活天地、歷史社會的網絡中，如何去取得自主性，而展開其實踐的可能起點。

顯然地，從徐先生所展開的社會批判中，我們發現「批判者」與其所「批判的對象」──整個歷史社會，這兩者原不是由其中一端如何的指向一

端，亦不是如何的由其中一端來把握另一端，而是交融互攝為一個整體，在一顆不可自已而要求「自由」的心的啟動下而開啟的。批判者不離於此被批判的對象，甚且是長於此被批判的對象之中，而又由此中而展開所謂的批判性活動。批判者是在批判的實踐活動中找尋到其批判的基準與起點，並且又由此批判的基準與起點而展開其批判，這裡隱含著一「批判的循環」（critical circle），這樣的循環構成了一個批判的生活世界。

如上所說，我們可以推知儘管徐先生是維護傳統文化的，但彼絕非守舊，相對來說，他雖與自由主義者殷海光見解頗異，但他卻極重視自由主義。但值得我們注意的是，他所堅持的並不只是一抽象而掛空的理想，也不只是寡頭的個人之無礙；自由乃是一具體而落實的普遍之理念，是整個完整的社會共同體與人的互動而相對比所成的狀態。徐先生之與自由主義者不同在於五四以來的自由主義者，常將對中國傳統封建專制的批判與對傳統文化的批判，尤其與對於儒家思想的批判聯繫在一起，認為兩者是不可分的。徐先生則清楚的區分了兩者的異同，他指出儒家的思想之特質與中國傳統專制是兩個完全不同的區域。他說：

　　「儒家思想，乃從人類現實生活的正面來對人類負責的思想。他不能逃避向自然，他不能逃避向虛無空寂，也不能逃避向觀念的遊戲，更無租界外國可逃，而只能硬挺挺的站在人類的現實生活中以擔當人類現實生存發展的命運。……只能說專制政治壓迫並阻礙了儒家思想正常的發展，如何能倒過來說儒家思想是專制的護符。但儒家在長期的適應、歪曲中，仍保持其修正緩和專制的毒害，不斷給與社會人生以正常的方向與信心，因而使中華民族度過了許多黑暗時代，這乃由於先秦儒家立基於道德理性的人性所建立起來的道德精神的偉大力量。研究思想史的人應就具體的材料，透入於儒家思想的內部以把握其本

來的面目。」[14]

徐先生更且進一步的指出中國的儒家是經由德性來建立積極的人生，因而能夠自作主宰，能夠由良心理性支配自己的生活，這樣的自由精神便以一種積極的方式來表現。至於道家則從情意上去解脫人生的羈絆，這相對於儒家來說，是一種自由精神的消極表現。儒、道兩家之為中國文化傳統的主派，它們在思想的基底上具備著充分的自由精神。他鄭重的聲明：

> 「自由主義者從傳統和社會中解放出來，並不是根本否定了傳統和社會，而是對傳統和社會，作一番新的估價，將既成的觀念與事象，加以澄清洗鍊，而賦予以新的內容，並創造更合理更豐富的傳統和社會。自由主義者依然要生活在傳統與社會的大流之中，但他不是被動的、消極生活著；而是主動的、積極的、向傳統與社會不斷發揮創造改進的力量，使傳統與社會，不復是一股盲目的衝力，而是照耀於人類良心理性之下，逐漸成為人類良心的生產品。」[15]

顯然可見的，徐先生對於所謂的「自由主義」做了一調適而上遂的詮釋，這樣的自由主義者並不是來自西方意義下的自由主義者，而是經由徐先生個人生命體驗，去掘發了儒道兩家的自由精神，而開啟的自由主義者。[16]這樣的自由主義並不是孤離於傳統和社會之外的自由主義，而是從傳統和社會中解放出來的自由主義。所謂的「解放」並不是一味的否定，而是進到傳

---

[14] 見徐復觀〈為什麼要反對自由主義〉，收入《儒家政治思想與民主自由人權》一書，參見該書，頁 287，八十年代出版社印行，1979 年 8 月，臺北。

[15] 見徐復觀〈為什麼要反對自由主義〉，收入《儒家政治思想與民主自由人權》一書，參見該書，頁 284-290，八十年代出版社印行，1979 年 8 月，臺北。

[16] 其實，我們若站在思想史的脈絡來說，我們實在無法說徐先生是一自由主義者，而適合說他是一文化保守主義者（案：徐先生曾說彼並非是一自由主義者，見〈當代思想的俯視——擎起這把香火〉，中國時報，民國 69 年 8 月 17 日，臺北）。若要說他是一自由主義者，大概只能說他是一新傳統下的自由主義者。

統之中而開啟了傳統的禁錮，清理了傳統，從而使得傳統的文化土壤具有再生之可能。換言之，自由不是一種感性的解放，而是一種理性的照明；自由不是來自於批判而得建立其自己。相對的，自由是來自於其自己而開啟了批判；自由不是外於文化傳統，而是內在於文化傳統而且來自於文化傳統，進而具有一超克此文化傳統的可能。徐先生這樣的自由是一超越於抽象的變革論者意義下的自由，超越於徹底的反傳統主義者意義下的自由，他不再是一衝決網羅下的自由，他不只是具有一解構的能力，而且開啟了一理性的建構之可能。顯然地，這樣的建構是關聯著理解、詮釋、批判而有的重建。這是在道家所提供的生活天地以為一存在的基底（Horizon of Existence）下，進行一實存的理解，並在儒家的憂患意識下而開啟的批判與重建。自由之為自由，一方面指的是一生活世界，一方面則又指的是進入到此生活世界中的開啟點，而這既是開啟點、同時也是一終末點。

四、結語：邁向儒家型社會批判學的建立

如上所述，我們可以清楚的發現徐先生所謂的自由主義與當時的自由主義者有許多的不同。他在述及與殷海光先生的交遊與論議時說：

> 「……我們過去從語義學上，反對『國家』『民族』的說法，但實際，假定我們沒有對國家民族的真誠的愛，便不會寫許多文章，惹出許多麻煩，在我看，真正的自由主義者，也自然而然的是一個愛國主義者。你不會例外！」[17]

從這段話中，我們可以隱約的看見徐先生所以為的自由主義是與愛國主義或者民族主義結合在一起的。他對於當時的自由主義者一方面深致其同

---

[17] 見徐復觀〈痛悼吾敵、痛悼吾友〉一文，收入《儒家政治思想與民主自由人權》，前揭書，頁 321、322。

情，而另方面則又展開其批評，並試圖調適而上遂的將他們引到他自己心目中所以為的自由主義上來理解。徐先生之所以如此，很明顯的是因為他自己站立在儒家的立場，依他看來「長期受儒家思想薰陶的人，他的起心動志，自然直接落在國家人民的身上，而不能被一黨之私所束縛」，他甚至將原來梁任公「世界無窮願無盡，海天遼闊立多時」的詩句，改為「國族無窮願無盡，江山遼闊立多時」以為自勉。[18]這在在充分說明了徐先生的悲懷宏願，亦可以看出他所謂的「自由主義」是如何的「自由主義」了。這顯然的是要求一種國家民族獨立自主的自由主義，他最為關注的仍然是整體的群性的問題，關聯於此而進一步發展成一道德人格主義式的自由主義。這與一般所謂的自由主義者之奠立於一個體性的自由這樣的自由主義者迥然不同。

徐先生既立身於儒家，自然對於儒家的體會至深，而他整個說來是經由對於儒家精神的基本體認來確立其批判思想的。如前所說，他是經由一批判的批判，是經由一思想史詮釋與批判的途徑而回到儒家精神本身，進而開啟儒家的批判之門。他在〈儒家精神之基本性格及其限定與新生〉、〈孔子德治思想發微〉、〈儒家在修己與治人上的區別及其意義〉、〈中國的治道〉及〈荀子政治思想的解析〉等文中釐清了中國近代以來知識分子自我認同的危機如何形成，因而使得他們無法真正了解自家的文化。再者，並深入中國思想史的底蘊，指出中國文化對於知性把握的不足，一方面指出中國文化雖然科學不發達，但以儒家而言，卻不反科學。又釐清了「政統」與「道統」的諸多困結，指出中國儒家傳統可以解決西方文化的諸多問題，如人性的重建、個體與全體的衝突之化解，以為西方文化今日的轉進，是要「攝智歸仁」，而中國今後的文化，則一方面要恢復仁性，而另方面則是「轉仁成智」，使知性在道德主體的涵煦之中，作新生即轉進的雙重努力。[19]

綜上所述，本論文意在指出徐先生所展開的各種批判似乎都回溯到中國

---

[18] 見徐復觀〈國族無窮願無盡，江山遼闊立多時〉，收入前揭書，頁 333。

[19] 見徐復觀〈儒家精神之基本性格及其限定與新生〉，收入前揭書，頁 44-91。關於徐先生具體展開的儒家型的社會批判，本文並未企圖加以論述，而只是在原理上作一番疏清而已。

文化儒家的傳統以作為基礎。或者，我們可以更進一步的說，徐先生這些批判活動可以構成筆者所謂的「儒家型的社會批判學」。當然，本論文似乎未能對於徐先生所展開的社會批判活動作一實質的分析，亦未能與當前西方盛行的社會批判理論作一比較，而只著重在其所可能開啟的儒家型社會批判學之建立的可能來立論。

我們發現徐先生經由中國文化的深切體會，肯定作為形而中的「心」乃是我們作為一個「活生生的實存而有」這樣的人展開其實踐的動源點。這個動源點是活在文化傳統之中的，是活在歷史社會總體之中的，是不離我們整個生活世界而又開啟整個生活世界的。儒學傳統之為可貴的是注意到此活生生的實存而有的生活世界，它是在對比的辯證歷程中塑造其自己，並且開啟其自己。這裡所說的塑造與開啟隱含著一批判的互動與實踐的循環，而他的著力之場則在於整個國家民族而這樣的國家民族是以文化傳統來規定的，至於文化傳統則是人這個活生生的實存而有所開啟的。人這個活生生的實存而有何以會思有所開啟呢？無他，只因人有一自由的渴求而已，而值得我們注意的是徐先生所說自由渴求，並不是消極的衝決網羅去破除障礙而已，而是積極的完成德性的恢弘志業。此正如他所說：

> 「只須有此一覺，只要有此一提撕，則仁性恰如春風之鼓舞萬物。……不然，就是麻木不仁……『貞下起元』，端在今日之智識分子從其卑劣之諂附中，從其狹隘的閉鎖中，能有一念之轉，其所感藉以作一念之轉者，仍當為儒家精神之啟示。」[20]

（文章刊登於：林安梧，1994 年 9 月，〈邁向儒家型社會批判學的建立——以徐復觀先生的思想為核心的基礎性理解〉，《鵝湖》第二〇卷第三期，頁 49-57，臺北。）

---

[20] 前揭書，頁91。

第十章 《牟宗三前後：當代新儒家哲學思想史論》一書序言

【本文提要】

　　本文為林安梧教授《牟宗三前後：當代新儒家哲學思想史論》一書序言，旨在對於全書作一概括，並提出其研究當代新儒學之心得。作者以牟宗三先生為核心，意圖承先啟後地來審視這段「前後」。作者認為以牟宗三為「當代」的視點，向前追溯反思，向後衍申開展，這是極為必要的。豁顯當代，面對危機，尋求意義，確證當代新儒學的使命，尋繹其思想理路，詮釋其理論構造，融通之、開解之，轉化之、成全之。

關鍵字詞：兩層存有論、存有三態論、乾元性海、王船山、熊十力、後新儒學

　　當代中國哲學可說萬壑爭流，各有丰姿，而真得於中國文化傳統之精髓，接續宋明諸儒，遙契先秦孔孟，涵融儒道佛、廣納西方哲學，跨過格義與逆格義之限制，而真有創獲者，當代新儒學也。熊十力、馬一浮、梁漱溟踵之於前，唐君毅、牟宗三、徐復觀接之於後，其學識才思皆足以拯時救弊，自成一家之言也。牟宗三先生更以高狂駿逸之姿，挾精敏深睿之智，三教判分，融通中西，成其「兩層存有論」之哲學偉業也。

　　愚以為牟宗三之哲學成就決非偶然，在他之前的哲學思想逐漸積累、融通、淘汰、轉化而進一步成就了牟宗三。梁漱溟《東西文化及其哲學》三期重現之論雖或粗略，然卻有著明白切確的定位作用。馬一浮「六藝之教統一切學術」之說雖或漫汗，論其復性明心，偉哉達矣！熊十力《新唯識論》，平章華梵、融通儒佛，雖或未公平準確，然其原儒宏論、乾元性海、體用合一，盛哉極矣！牟宗三及唐君毅、徐復觀等同輩友人，同德竭力，匡扶中華，講學論道，相輔相成也。唐君毅其學融通中西印，並稟其深刻之生命體驗，終而成就其《生命存在與心靈境界》之大作，徐復觀則出入「學術與政治之間」，而於人性思想與歷史社會總體之辯證大有創獲也。

　　「海到無涯天作岸，山登絕頂我為峰」，立在當代新儒學範圍來看，牟宗三哲學無疑地可以說是巔峰；但若置於當代思想史來看，牟宗三與當代新儒學則又面臨了新的困境，遭受著新的考驗。「山重水複疑無路，柳暗花明又一村」，牟宗三之後，如何將那結穴成丹的哲理，入於人間世，勢將有以重新啟之也。

　　《牟宗三前後：當代新儒家哲學思想史論》正是要承先啟後地來審視這段「前後」；以牟宗三為「當代」的視點，向前追溯反思，向後衍申開展，這是極為必要的。豁顯當代，面對危機，尋求意義，確證當代新儒學的使命，尋繹其思想理路，詮釋其理論構造，融通之、開解之，轉化之、成全之，後起者之不敢不勉，斯論之所由作也。全書共有十九章，乃作者近三十年來所累積相關論著的一部分，現依章次，縷述於下：

　　第一章〈當代新儒學述評〉，此文最先發表於《中國論壇》第一五四、一五五期（一九八二年二月、三月）。當時，我從臺灣師範大學本科畢業，

正在軍中服預備軍官役，在軍餘之暇寫的。當時年青，稟筆寫來，只依胸襟，無多增飾。這文章原是應當時在《中國論壇》任職的林端兄之邀約而寫的。它可以說是臺港地區首次對於當代新儒學做一總體概括反思的文字。這篇帶有總論性質的文章，旨在概括的敘述當代新儒家的歷史根源及其當代使命，進而論及當代新儒家的人性論、歷史觀與世界觀，以及政治論，最後則點出其特點與侷限。我以為「它往往忽略了外在客觀制度結構，或者將此外在客觀制度結構收攝到個人內在心靈領域去處理。更簡單的說：它太注重了『意義』（meaning）而忽略了『結構』（structure）」。說它極為注重「形上理由的追溯」，而忽略了「歷史發生原因的考察」。「它對於問題偏重於後設性的反省，而忽略了事實經驗的直接分析」。「他談的大抵是大原則，而較缺乏小方案；而且其大原則往往傾向於先驗的分析，而較缺乏經驗的綜合。面對問題，往往從理上推出，而較少從事上建起」。二十九年前，我做如此論斷，今日見之，驗之信然！

　　第二章〈當代新儒家在中國思想史上的意義之檢討──對一九五八年《中國文化宣言》的一個省察〉，原是一九八六年一月參加「張君勱先生百齡冥誕學術研討會」中發表的論文。首先指出彼等所重的是對中國文化詮釋方法的檢討與重建，進而強調穩立心性之學的重要性，最後則面對現代化的挑戰，而主張一「主體的轉化之創造」，以開出民主與科學，此皆可見《中國文化宣言》可以視為當代新儒家的關鍵性文獻。本文即意圖對此宣言作一哲學詮釋及省察。首先指出中國文化詮釋的方法是將道德本心、文化心靈、形上實體三者通貫為一的，它是一種道德本體的詮釋。其次指出新儒家重新穩立了宋明心學，以作為全民族的文化精神倫理象徵，並強調了人的主體能動性。既取得了此主體的能動性，更而強調「主體的轉化之創造」，以作為「返本開新」的理據；並集中其論點去討論中國傳統政治及民主政體如何可能的問題。明顯的，從「道德本體的詮釋」到「主體的轉化之創造」此是貫通一致的，這在在顯示出當代新儒家強調主體性這個面向。

　　第三章〈熊十力體用哲學之理解──以《新唯識論》〈序言〉、〈明宗〉為核心的展開〉，原發表於一九九〇年十二月於臺北舉辦的「當代新儒

學國際研討會」，後收於該會議論文集內聖篇中。本文旨在揭示熊氏的「活生生的實存而有的體用哲學」乃是一現象學式的本體學。這是以「見乃謂之象」，本體之顯現為現象，是人之為一「活生生的實存而有」之進到此生活世界而一體開顯的存有學。此存有學亦是人的生活學，是那「生者，健動不息，活者，源泉滾滾」這樣的生活學。即此可知所謂的「現象」乃是本體顯現為現象的現象，這樣的現象是由本體走出來，顯現出來者。它是先於概念性決定的，在吾人凝之為一概念性、執著性的對象前，我們已參與了這個周浹流行的整體。現象不是已然擘分，已參入了個人意識作用的經驗，現象乃是意識前的經驗，故可以稱之為純粹經驗。之後，筆者即順此更進一步釐清了識心之執的作用及其造成的限制，指出熊氏與唯識學最大不同處在於他以為妄執的心，根本上是空無的。因為妄執的心是後起的，只有本來的心才是絕對的、真實的。或者，我們可以說他擺脫了意識的染執與障蔽，真見到了意識本然的透明與明覺，並從而安頓了意識之執與無執兩層。無執為先、為本，執為次、為末，故一般所謂之「心即理」，即是本心的自識與朗現，而這本心是作為整個活生生實存而有之世界之觸動點的，其著重在活動義則說是「心」，著重在存有義則說是「理」，而「心即理」，即活動即存有，心與理有一辯證的同一性。

　　第四章〈熊十力的孤懷弘詣及其《原儒》的義理規模〉，本文原是一九八八年十二月為《原儒》重新校正之新版發行而寫之長序。本章乃經由熊十力儒學的曠觀，並落實於其經學脈絡中來審視；特別環繞其晚年所著《原儒》一書，加以考察。首先闡明「經學系列」與「哲學系列」在熊氏學問中的關係。再者，對於熊氏所謂的「原儒」究何所指，其意義結構為何，做一概括的詮釋；指出其所謂的「原」並非一「事實真相」之原，而是一「理想價值」之原。熊氏以孔子「五十以學易」、「五十而知天命」以為斷，而區分「小康之儒」與「大道之儒」，這可以說是其體驗的洞見所在。我們發現熊十力在心靈意識的危機衝突之下，復活了儒者的真實生命。《原儒》之「原」乃是本心證會理想之原。順此理想之原，疏理由「原學統」到「原外王」的理路，最後則歸結於其「原內聖」，而此中隱含著體用不二、天人合

一的義理規模，此在在可見熊十力所謂「吾學貴在見體」的學問路向。

第五章〈梁漱溟及其文化三期重現說——梁著《東西文化及其哲學》的省察與試探〉，本文原同發表於《鵝湖》第七七期，《中國文化月刊》廿六期（一九八一年十一月、十二月），現再修訂，移之於此。本文先由曠觀之角度，釐清梁漱溟在當代新儒家中所居之位置，指出其獨特的文化哲學與歷史哲學之觀點。再者，筆者指出梁氏由其世界觀與歷史觀，及人生意欲的三大面向等論點，而斷定中、西、印三大文化統系的特質，並以文化擬人論的方式，更而點出世界文化三期重現的特殊論點，最後筆者則經由柯林吾（R. G. Collingwood）歷史哲學的對比，指出梁氏歷史決定論的限制。

第六章〈馬一浮心性論的義理結構——從「理氣不一不二」到「心統性情」的核心性理解〉，本文初稿原發表於《鵝湖》一一六期（一九八五年二月），後經修訂發表於一九九三年於杭州所舉辦的「馬一浮國際學術會議」中。筆者以為馬一浮當歸屬於中國當代思想史中的文化保守主義一流，他雖強調不分漢宋，不分朱王，但筆者則以為彼實以宋學來賅綜漢學，並通過陸王的精神啟發而對朱子學有一調適而上遂的發展。這是不同於其同時代的文化保守主義者如熊十力、牟宗三、唐君毅等人的。筆者通過馬氏「理氣不一不二對比的辯證性結構」、「心統性情」的立論，更進一步指出彼「涵養用敬、窮理致知」的實踐工夫論等節目。對馬氏的心性論作一概括而全面的掌握。筆者以為從這樣的概括理解之中，可發現宋明儒學中道問學與尊德性的紛爭，知識與道德對比的辯證在馬一浮的心性論中獲得某種消融式的解決。

第七章〈邁向儒家型社會批判學之建立——以徐復觀思想為核心的基礎性理解〉，筆者強調徐先生經由中國文化的深切體會，肯定作為「形而中」的「心」乃是吾人作為一個「活生生的實存而有」這樣的人展開其實踐的動源點。這個動源點是活在文化傳統之中的，是活在歷史社會總體之中的，是不離我們整個生活世界而又開啟整個生活世界的。儒學傳統之為可貴的是注意到此活生生的實存而有的生活世界，它是在對比的辯證歷程中塑造其自己，並且開啟其自己。這裡所說的塑造與開啟隱含著一批判的互動與實踐的循環，而他的著力之場則在於整個國家民族，而這樣的國家民族是以文化傳

統來規定的，至於文化傳統則是人這個活生生的實存而有所開啟的。

第八章〈開啟「意義治療」的當代新儒學大師——唐君毅先生〉，本文原應「認識中國現代思想家」一專欄而寫，原刊於《鵝湖》二三五期（一九九一年一月）。筆者首先指出清末民初以來，出主入奴的學風，亟待治療。因之，進一步指出唐君毅先生乃是活生生實存而有的一個儒者，而其所體現的是留意到整個生活世界的「生活學」，重視人之為一實存而有的「實存學」，是主客不二、境識交融為一，如《易經》所謂「見乃謂之象」這樣的「現象學」。唐氏可以說是由自家身心之體會而深入到整個文化意識宇宙所遍潤之生命存在，做一點化、理解與詮釋，進而展開其「意義的治療」。

第九章〈邁向儒家型意義治療學之建立——以唐君毅《人生之體驗續篇》為核心的理解與詮釋〉，本文原發表於一九八八年於香港召開的「唐君毅思想國際會議」，後曾刊載於新加坡的《亞洲月刊》（一九八九年八月），又轉載於《鵝湖》一七二期（一九八九年十月）。本文旨在通過一文獻的理解與重建的方式，企圖去凸顯一儒家的意義治療學的可能性。儒家的意義治療學雖有類似於弗蘭克（V. E. Frankl）者，但並不同於弗蘭克，因為儒家是以「一體之仁」作為其心源動力的，而弗蘭克的精神資源主要來自於猶太教。儒家是經由「一體之仁」進而點出了一「吾與汝」的存在乃至批判、重建的過程，而這樣的一個過程便是一不休止的意義治療的過程。筆者此文之作是繼續前所開發象山學的本體詮釋學及陽明的本體實踐學，而更進一步思有以落實的締造；筆者希望這樣的一個嘗試能為當代的新儒學找到一嶄新而可能的方向。

第十章〈實踐的異化與克服之可能——悼念牟宗三兼及於當代新儒學之發展〉，原刊於中央研究院《中國文哲研究通訊》第五卷第二期「紀念牟宗三先生專刊」（一九九五年六月）。牟宗三先生的逝世，意味著當代新儒學從熊十力以來發展的完成與總結，同時也意味著未來的儒學，在前輩先生們孜孜矻矻的經營下，後起者仍有一新的任務，須得發展。筆者首先指出牟宗三兩層存有論的建構，是熊先生體用哲學的進一步發展，是融攝中國傳統儒、道、佛三教與康德哲學而成的龐大體系。更值得注意的是，牟宗三的哲

學一方面企圖解決由傳統開出現代的問題，另方面則又對於現代化所帶來之種種問題，有所針砭批判。於此可見其「一心開二門」的哲學理境與勝義。再者，筆者以為由牟宗三的「一心開二門」再返回熊先生的「體用合一」的格局，進而再返回王船山的「乾坤並建」的格局，或將可以恰當而如實的處理道體、主體及客體這三端的結構性問題，而中國文化的返本開新方始有一嶄新的可能。

第十一章〈牟宗三的康德學及中國哲學之前瞻──格義、融通、轉化與創造〉，本文原為二〇〇三年十一月十六日為臺灣師大的研究生所做〈康德哲學與中國哲學〉之討論演講，經由研究生何孟芩、李彥儀等記錄成稿，並參與了政治大學哲學系所舉辦「2004 年康德哲學會議」在會中宣讀。經過我多次刪修及註解，二〇〇五年八月刊載於《鵝湖》三十一卷第二期。本論文著重於牟宗三所著《現象與物自身》、《智的直覺與中國哲學》、《心體與性體》、《中國哲學十九講》等書為核心，展開相關之思索。首先，宏觀審視康德哲學的中文譯介，指出牟宗三是當代中國哲學之融釋、傳述康德哲學最有創見者，從而概述當代新儒學派諸多康德學的傳述實況。再者，指出牟宗三之經由華人文化傳統儒、道、佛三教的修養工夫論，以確立「智的直覺」（intellectual intuition），解決康德哲學中人之「有限性」的問題。進一步，對比的指出康德哲學有其西方哲學、文化意識及社會契約論的傳統為背景，牟宗三則對此多所忽略。再者，我們發現「智的直覺」與「物自身」（thing-in-itself）在牟宗三的體系裡已做了相當大的轉折與創造，早已不是康德哲學體系中的意義。牟宗三更將原先康德學的「窮智以見德」的脈絡轉成「以德攝智」，然而太強調道德主體，亦因此窄化了儒學多元的發展向度。最後，我們檢討了中國哲學中有關從「逆格義」到「融通」、「淘汰」，「轉化」、「創造」的歷程，並從而指出牟宗三哲學與康德學之對話、重鑄與限制。

第十二章〈牟宗三先生之後：「護教的新儒學」與「批判的新儒學」〉一文，曾在一九九六年十二月，由中央研究院中國文哲研究所、中央大學、東方人文基金會等於臺北所舉辦的「第四屆當代新儒學國際會議」上宣讀。

本文旨在經由「護教的」與「批判的」做一顯題式的對比，指出前者是以康德為對比及融通之主要資源，而後者則以王船山「兩端而一致」的哲學思考做為模型，並注重西方歷史哲學、社會哲學乃至現象學、解釋學之發展，回溯當代新儒學之起源，重新詮釋熊十力，對牟宗三則採取一既批判又繼承的方式。再者，筆者對比的對「理」、「心」、「氣」，「主體性」、「生活世界」，「心性修養」、「社會實踐」，「本質主義」、「唯名論」，「傳統」、「現代」等相關問題，做一概括式的描繪。最後，則指出「後新儒學」薪盡火傳的往前邁進。

第十三章〈後新儒學的思考：對牟宗三「兩層存有論」的反思與「存有三態論」的確立〉，本文乃一九九九年春夏間為中央大學哲學研究所所授「當代儒家哲學專題」一課之講詞之一，經由劉謹鳴、楊馨綺整理，再經筆者修訂而成。後曾在二○○一年七月，第十二屆國際中國哲學會上宣讀。本文首先就牟宗三先生「兩層存有論」的理論構造加以反省。牟宗三繼承了宋明理學傳統中所強調的心性論與天道論，主張人可以經由一種修養的工夫，使內在的本然之我與宇宙的造化之源通而為一。再者，牟宗三主張良知可以經由一客觀化的坎陷歷程以開出知性主體與民主科學，但這種「民主科學開出論」的「開出」基本上只是一種「超越的統攝」意義之下的開出，說明了理論上的一個轉出的可能，而非實際的發生過程。牟宗三兩層存有論的關鍵點在於強調人具有「智的直覺」，然而這樣的一個哲學構造方式卻可能忽略了中國傳統中作為生命動源意義下非常重要的「氣」的問題，使得心性主體過分傾向於純粹義與形式義，而忽略了主體在場域之中的具體義、實存義。對此，作者認為儒學不只是心學，而應是身心一體之學，應該要從主體性的哲學回到一種「處所哲學」或「場域哲學」之下來思考。因此，作者提出了「存有三態論」的理論架構，認為必須要解開與「存有的執定」相伴而生的種種文蔽，返回到「存有的本源」，才能使得存有之總體根源於生活世界如如開展。這樣一個「存有三態論」的理論構造，可以化解掉儒家只是作為心性修養之實踐意義下的形態，而回到一個總體的生活世界，在歷史社會總體裡談安身立命。不僅可以貫通傳統儒、道之經典傳統，也可以開展出儒家之

「實踐人文主義」的真實意義。

第十四章〈從「牟宗三」到「熊十力」再上溯「王船山」的哲學可能
——後新儒學的思考向度〉原乃應武漢大學哲學系之邀，參加「熊十力與中
國傳統文化國際研討會」的會議論文，後經刪修完成，並於二〇〇二年一月
發表於《鵝湖》二十七卷七期（總號 319）。本文旨在對當代新儒學的發展
做一路線的總省察，並提出一後新儒學的發展可能向度。從「牟宗三」到
「熊十力」標示著由「兩層存有論」回到「體用一如論」，這意在「驗諸倫
常日用，重溯生命之源」。進而再由「熊十力」歸返「王船山」，這標示著
由「體用一如論」再轉而為「乾坤並建論」，其意在「開啟天地造化之幾，
落實歷史社會總體」。筆者以為經由這樣的回溯過程，將可以有一新格局之
締造。筆者近年即依此路徑而提出「存有三態論」：「存有的根源」、「存
有的彰顯」與「存有的執定」。依此存有三態論，筆者進一步對於當代新儒
學所強調「內聖」開出「外王」做一深度反省，指出當今之儒學當立足於
「公民社會」，再回溯生命之源做一身心之安頓。這可以說是一「由外王而
內聖」的逆轉性思考，這一逆轉將使得「社會正義」優先於「心性修養」，
而我們亦可以因之而成就一嶄新的「社會存有論」。再者，這樣的社會存有
論與存有三態論是合匯一體的，這是由熊十力的哲學轉折到王船山哲學向
度，它特別著重的是歷史社會總體的物質性與精神性，此中隱含著「兩端而
一致」的辯證關聯。「存有三態論」與「社會存有論」的合匯同參，將可以
免除「以心控身」的弊病，可以免除主體主義的限制；而真切地正視「身心
一如」、「乾坤並建」，重視歷史社會總體，建構一以「社會正義」為核心
的儒學思考。

第十五章〈後新儒家的哲學向度——訪林安梧教授論「後新儒學」〉，
本文原是一九九七年底的訪談紀錄，由當時的博士生賴錫三君訪問，裴春玲
君紀錄，從訪談中可見他們當時雖僅研究生，但已有相當學問功力，頗為難
得。本文首先點出「法無定法，道有其道」：「問題—答案」的邏輯，再因
之隨順談到「道器合一」下的人文主義、「境界的真實」與「真實的境界」
的對比區分。隨後，筆者指出中國文化傳統中嚴重的「道的錯置」之問題，

並力求其克服的可能，並點示「存有的治療」學問向度。之後，筆者對比的區別了「以心控身」與「身心一如」兩個不同的哲學向度。一九九六年底筆者公開指出牟宗三的哲學是當代最大的「別子為宗」，眾議譁然，筆者於此再做一詮解、闡釋。並站在宏觀的對比向度，對「當代新儒學」與「京都學派」做一對比，論述其異同。最後，筆者以為重返王船山，可以做為「後新儒學」的可能向度。

第十六章〈John Makeham 訪談林安梧論「新儒學」與「後新儒學」〉，是澳洲大學教授梅約翰博士（John Makeham）在西元二〇〇三年一月間在臺灣師範大學與我的一段對談。內容所涉大體及於思想與意識型態之區分，新儒學、當代新儒學與後新儒學諸多向度。尤其對於牟宗三先生的當代新儒家哲學多有反省，還涉及於「現代性」的批判問題。當然，可能開啟的海洋儒學對世界文明的關係，亦多有著墨。John Makeham 在二〇〇五年間又來臺灣訪問我一次，他告訴我，正在撰寫相關於當代新儒學的論文。後來，二〇〇八年他在哈佛大學出版社的專著 *Lost Soul: "Confucianism" in Contemporary Chinese Academic Discourse*，第八章 *"Lin Anwu's Post-New Confucianism"*，對我所提的「後新儒學」做出了概括的研究與評論。不過，我對於他所提出儒學失魂（Lost Soul）的說法是有異議的。

第十七章〈中國哲學、西方哲學與馬克思主義哲學對談：二〇〇〇年第一次對談〉。二〇〇〇年四月間我趁學術休假之便，在大陸廿八天講學了廿三場，所論大體關注在「中國哲學之未來」；特別值得一提的是：在武漢大學期間與郭齊勇、鄧曉芒、歐陽康等開啟的中西馬論談。這次論談首先涉及於何謂「中國哲學」之討論，大體來說中國哲學是佇立於三個不同的向度之中的，沈潛呼吸於自身的傳統，並立足於馬克思主義哲學以及西洋哲學兩大傳統之間。四位講者都述說了他們如何與中國哲學、西方哲學、馬克思主義哲學相遇的狀況，進而檢討了話語霸權與政治霸權等論題。顯然地，馬克思主義已滲透進中國的思想傳統裡，它已成為中國哲學的一部分。最有趣的是大家最關注的居然是「話語系統」、「哲學主體性」、「生活世界」，也都肯定中國文化還是活生生的實存著，我們的民族精神與時代精神相結合，會

通中西馬，中國哲學必然會具有原創性。當然，話語系統的差異體現著文化系統的差異、價值觀念的差異、思維方式的差異。大地母土、厚德載物的中國文化必能再造一嶄新的中國哲學話語系統，以現代漢語重鑄傳統哲學典籍的生命，再啟生機。

　　第十八章〈中國哲學、西方哲學與馬克思主義哲學對談：二○○五年第二次對談〉，時隔五年，一如上次，仍由郭齊勇、林安梧代表中國哲學，鄧曉芒代表西方哲學，歐陽康代表馬克思主義哲學。旨在針對中（中國哲學）、西（西洋哲學）、馬（馬克思主義哲學），經由對話、交流，冀求進一步之會通與融合之可能。廣泛地對中國當代哲學的話語、思考與方法，都做了深切而坦誠的交流。首先，林安梧指出不能只是概括的去說中西哲學之為何，要入理的說，要如其經典的說，要如其事實的說。他指出徹底的反傳統主義者、新傳統主義者雖是對立的，但他們都犯了「方法論的本質主義」（methodological essentialism）的謬誤。要如何掙脫出文化的霸權，促成中西馬的真切互動，是當今中國哲學的首要課題之一。他以為中國哲學研究方法的「五證」：「文獻的佐證、歷史的考證、經驗的查證、心性的體證以及邏輯（論理）的辯證」。再者，歐陽康指出哲學的本性是對話，當馬克思主義取得一尊的地位後，逐漸失去對話的可能性。中國當代哲學的三個站點分別是：前文革時期、文革時期，一九七八以後的重開對話時期。他強調要「以平等心態參與當代中國的哲學對話」並且要注意「哲學視域中的現代性」。中國與西方對馬克思主義發展各有其特性與限制，應當尋求轉進、對話與發展之可能。

　　鄧曉芒進一步指出經由現象去把握本質這樣的理性主義傳統是重要的，中國哲學的理性主義傳統仍待加強。在中國歷史上儒道兩家常墮入「無自由的意志」與「無意志的自由」，這與「人性本善」、「天人合一」有著密切的關係。相對來說，西方的理性思維、邏輯思維，對中國哲學的理解與體會頗有幫助。他舉出毛澤東的兩論：《實踐論》所講的不是馬克思的實踐，而是「知行關係」，《矛盾論》講的不是「矛盾」而是「對立」。郭齊勇回應論道：關於哲學的本性的思考，就是人的意義世界，人的終極性的關懷，精

神的追求。「畏天命、畏大人、畏聖人之言」，與「天道性命貫通」，貫通到人心上，和人心的自覺這個東西並不矛盾。文革期間，假藉馬克思主義旗號，運用了傳統的威權主義，扭曲人性，戕害人性，人的尊嚴蕩然無存。其實中國文化傳統裏是有著一定的教化力量，像臺灣地區民間社會企業、媒體，保留了儒道佛的傳統，並且與現代性的合理性結合為一。

面對提問，首先，林安梧從黨政體制的維護、資本主義商業化的浪潮、儒家的良知抉擇、新儒學的可能前景、與「自由意志」相關等展開論述。他經由孔子與阿 Q 的對比，對道德做了一個精神病理系譜的研究，指出為何從「自由意志」底下變成「無自由的意志」，為何從「意志自由」變成「無意志的自由」。進一步，他詮釋儒學有「帝制式的儒學、生活化的儒學、批判性的儒學」，「文化的王道主義」置於「政治的專制主義」下，將成了「柔弱的精神追求」而已。他以為波柏爾（Karl Popper）《歷史定論主義的窮困》與《開放社會及其敵人》值得重視。歐陽康指出西方哲學現流行反基礎主義，反本質主義；但哲學有其「致極性」與「超越性」，這是不容置疑的。再說，哲學有其民族特徵和內涵，還有它獨特的語言表述方式，跨哲學與跨文化對話的是極為必要的。「意志自由」應提升到人的最本質特徵的高度來理解，這種價值理想凝練了人的超越性這樣一種要求。鄧曉芒指出中國古代未認真正視「自由意志」的問題，西方討論此問題則汗牛充棟，中國熱衷討論的是天道性命之學。自由意志與理性是分不開的，理性背後是使命，你運用理性，表現出人的生命力的一種強度，也是表現出自由意志的一種強度。文革最嚴重的不只是反傳統，而是反理性，更嚴重的是把人格、人權都摧毀了。郭齊勇指出儒學反映了民族性格、生活準則、生存智慧、處世方略，作為民族的意識與心理仍活在民間有其生命力。像「己所不欲，勿施於人」，這涉及於人格的尊嚴、人性的養育、人權的考慮，中國文化傳統有很多活生生的東西，可以參考。馬克思主義文化和中國傳統精神和西方學術傳統應該深入地結合起來，面向未來，反思過去，建設新的文化。鄧小芒又指出中國傳統的道德哲學不是建立在自由意志的基礎之上的，文革與中國文化傳統仍有著詭譎的關係。林安梧則指出中國文化傳統是在「存有的連續觀」

下「天人物我人己」通而為一的「文化的王道主義」，在現代化之後有著嶄新的可能。他又指出一新的「儒學轉向」：由「新儒學」過渡到「後新儒學」，由「心性修養」轉向「社會正義」，建立「公民儒學」。歐陽康再度指出「五四」反傳統是現代性建設的要求，而「文革」是中國歷史上的反動，它徹底摧毀壞了傳統。不過，現在馬克思主義學術性的研究與意識型態的落實兩者之間已有著對話、融通與接軌。最後，郭齊勇總結的說傳統是流動的，不是僵死凝固之物，不同時空有不同傳統，即如同一時空下，傳統也是多元多樣的。中、西、馬的互動是值得進一步努力的。

　　第十九章〈後新儒學的基本建構：道統系譜、心性結構、存有三態論、本體詮釋學——近十年來我的哲學思考之一斑〉，本文原乃二○○四年六月間在臺灣中壢‧中央大學哲學研究所暨中文研究所「當代儒學專題」一課之結業講詞，由研究生們錄音整理，游騰達潤稿，最後我再修訂而成。本文旨在經由一宏觀的反思，以儒學、新儒學與後新儒學做一對比，並據《存有三態論》為核心，展開有關心性論、本體論、詮釋學、教養論及政治學等向度之綜述。首先，對後新儒學與儒學道統系譜之關係，做一歷史之釐清。再者，對心性論所涉及之結構：「志、意、心、念、識、欲」展開一建構性的詮釋。此詮釋又關連到「存有三態」：「存有的根源」、「存有的開顯」與「存有的執定」的基本構造。凡此，皆不離「存有的連續觀」：「天、人」「物、我」「人、己」通而為一之型態。落實於詮釋學而說，這裡隱含有五個詮釋的層級：「道」、「意」、「象」、「構」、「言」。進一步，由此申言，人是參贊天地人我萬物所成之「道」的主體，人不能離此天地人間。人之文化教養也就當落實於此真實世間，能暢其欲、通其情、達其理，自可上遂於道。以政治社會面來說，這是從「血緣性縱貫軸」到「人際性互動軸」之轉化與重建，此自當由原先之「內聖—外王」之結構轉而為「外王—內聖」之結構，這是以「社會正義」為優先的「心性修養」。如是，自能解開「道的錯置」，邁向「公民社會」，建立「民主法治」的社會。

　　在二○○三年五月間，〈迎接「後牟宗三時代」的來臨——《牟宗三先生全集》出版紀感〉一文，我曾作了這樣的呼籲與表示：

　　《牟宗三先生全集》出版了，這標誌著牟宗三哲學的完成，但這並不標誌著牟宗三哲學的結束；相反的，它標誌著牟宗三哲學的嶄新起點。這嶄新起點是一轉折，是一迴返，是一承繼，是一批判，是一發展。

　　我們當該將牟先生在形而上的居宅中，「結穴成丹」的「圓善」再度入於「乾元性海」，即用顯體，承體達用，讓他入於歷史社會總體的生活世界之中，深耕易耨，發榮滋長，以一本體發生學的思考，正視「理論是實踐的理論，實踐是理論的實踐」，「兩端而一致」的辯證開啟，重開儒學的社會實踐之門。「轉折」，不再只停留於「主體式的轉折」，而應通解而化之，由「主體性」轉折為「意向性」，再由「意向性」開啟活生生的「實存性」。

　　「迴返」，不再只停留於「銷融式的迴返」，而應調適而上遂，入於「存有的根源」，進而「存有的彰顯」，再進一步轉出一「存有的執定」。「承繼」，不再只停留於「哲學史式的論述」，而應如理而下貫，一方面上遂於文化道統，另方面做一理論性的創造。「批判」，不再只停留於「超越的分解」，而應辯證的落實，入於「生活世界」所成的歷史社會總體，「即勢成理，以理導勢」，成就一社會的批判，進而開啟一儒學的革命。「發展」，不再只停留於「古典的詮釋」，而應展開哲學的交談，面對現代的生活話語，經由一活生的存在覺知，重構一嶄新的學術話語，參與於全人類文明的交談與建構。

　　我既做這樣的表述與呼籲，當然，我的整個哲學活動就在這樣的路程中邁進。牟先生的哲學系統成了我最重要的學問資源，但同時也成了我最重要須得去釐清、詮釋與論定的課題。當然，這樣的嶄新起點「是一轉折，是一迴返，是一承繼，是一批判，是一發展」。他總的來說是「從『兩層存有論』到『存有三態論』的發展」，是從「新儒學」到「後新儒學」的一個轉向。或者，我們可以總結的說：後新儒學強調的——

是以「社會正義為核心的儒學」，不只是以「家族宗法為核心的儒學」；是以「意義治療為核心的思考」，不只是以「心性修養為核心的思考」；是以「文化批判為核心的儒學思考」，不只是以「人文建構為核心的儒學思考」；這是以「萬物並作、多元互動、儒道佛及其他東西文明互動」的「交談性思考」，不是以「一統江湖、儒家主流、道家支流、佛教為外來」的「主宰性思考」。

自一九九四年起，吾倡言「後新儒學」之論，並主張新一波的儒學革命，認為公民正義有其優先性，當重視「由外王而內聖」的思考，而此當可成就一公民儒學。一九九一年起，我亦從熊先生之體用哲學提煉出「存有三態論」，以為此可銷融牟先生「兩層存有論」之困限。其意圖本在融攝儒道佛、會通中西馬，並經由王船山「兩端而一致」的思維方式，有一新的創造發展。牟先生之後，吾之所為在繼志述事爾矣！吾以為批判的繼承與創造的發展是必要的，其間所遇之荊棘困難，亦皆為逆增上緣也，足以惕勵，可以發憤而奮發也。

念哉！余自一九七二年矢志為中國文化奮鬥，洎今已近四十年，從「吾十有五而志於學」「興於詩」的年代，跨過了「三十而立、四十而不惑」「立於禮」的階段，匆匆不覺竟又跨過了「五十而知天命」的階段，光陰之速，倏忽邷矣！「成於樂」實有未竟，猶待勠力銷融也。夫子有言「樂其可知也，始作，翕如也，從之，純如也，皦如也，繹如也，以成」，生命就像樂章一樣，既已「始作」，既而「從之」，唯此純誠之志，麗明之思，愍勉以之，夙夜匪懈，願其終底於成也。

文集纂成，師友護持，生生之德，日新又新，二三子盍其勉之！耿耿此心，天地共鑑，是為序。

——辛卯（二〇一一年）七月廿三日於臺中元亨書院

（文章出處：林安梧，2012 年 1 月，【《牟宗三前後：當代新儒家

哲學思想史論》一書序言】，《鵝湖》，第三十七卷第七期，總號：
439 期，頁 44-52）

第貳部

從「新儒學」到「後新儒學」

第十一章　牟宗三之後新儒學的發展
——「護教的新儒學」與「批判的新儒學」

【本文提要】

　　本文經由「護教的」與「批判的」做一顯題式的對比，指出前者是以康德為對比及融通之主要資源，而後者則以王船山兩端而一致的哲學思考做為模型，並注重西方歷史哲學、社會哲學乃至現象學、解釋學之發展，回溯當代新儒學之起源，重新詮釋熊十力，對牟先生則採取一既批判又繼承的方式。再者，筆者對比的對「理」、「心」、「氣」，「主體性」、「生活世界」，「心性修養」、「社會實踐」，「本質主義」、「唯名論」，「傳統」、「現代」等相關問題，做一概括輪廓式的描繪。最後，則指出「後新儒學」薪盡火傳的往前邁進。

關鍵字詞：護教的、批判的、新儒學、牟宗三、後新儒學

一、前言：牟宗三先生之後的兩翼發展

0、研究當代中國哲學，沒有人可以繞過牟宗三先生，這幾已成為不爭的事實。一九九五年四月碩果僅存的牟先生過世，標識著當代新儒學發展已告一段落，樹立了一里程碑。緊接著，我們可以說，未來將有一新的轉進，其面對的實存情境不同，問題意識亦將不同，其哲學體系之構造亦將有所不同。以是之故，去理解牟宗三哲學的成就、意義，回顧之，進而前瞻之，此已然成為當代新儒學發展不可不重視者。

1、「孔子歿後，儒分為八」，「墨子歿後，墨離為三」，陽明歿後，其學亦有江左、江右之異，此學派發展之所使然。所可貴者，孔子之徒仍為孔子之徒，墨子之徒仍為墨子之徒，陽明之徒仍為陽明之徒，皆戮力於學問道業之闡揚，未改其志也。牟宗三先生生前《鵝湖》朋友對於儒學見地亦本多歧異，唯彼此君子論交，以文會友，以友輔仁，時或不同，即如水火，亦相資而不相斥也。此亦可見宋代「鵝湖」之會，一時朱陸的景況，此蓋《鵝湖》之真精神也。

2、當代新儒學內部於中國文化乃至儒學之理解本有差別，老一輩之梁漱溟、熊十力、馬一浮，雖皆列於新傳統主義乃至新儒學之陣營，然彼此不相和合者，多矣夥矣！再一輩之徐復觀、唐君毅、牟宗三，雖亦同被歸於當代新儒學之陣營，且同被稱為香江人文三老，然其學亦彼此互有同異也。此數人，其於《鵝湖》諸師友影響皆頗大，而以牟先生為最矣！《鵝湖》師友隸籍牟先生稱弟子者亦最多，而於牟先生學問之傳習，於中國文化及儒學之體會則亦各有所異，此或可釐清，以為論焉！不妨先以「護教的新儒學」、「批判的新儒學」，分右左兩翼以為目，對比以為論也。

二、「護教的」與「批判的」對比展開

3、語詞之立，各憑其時、各因其事，「護教的新儒學」一詞所指之新儒學特別強調者為牟宗三先生之儒學，而其展開之方式則取一護教之態度。

「批判的新儒學」一詞其所強調者，在於對當代新儒學，特別是牟宗三先生
之儒學展開全面之反省與考察，蓋「批判」並不是對抗之義，其所取義在詮
釋而重建之也。筆者對比而做如此之區分，此是為闡釋之方便，其所取義，
大體依韋伯所謂「理念類型」（Ideal type）之方法。[1]此是做為理解、詮釋
展開之起點，非做為現實狀況之概括立論者也。護教的新儒學、批判的新儒
學兩者同宗孔孟，並尊陸王，其所異的是：前者以康德為對比及融通之主要
資源，而後者則對於王船山哲學頗著其力，並注重西方歷史哲學、社會哲學
乃至現象學、解釋學之發展，回溯當代新儒學之起源，重新詮釋熊十力，對
牟先生則採取一既批判又繼承的方式。

4、「主體性」在當代新儒學裡是一極為重要的核心概念，就思想史的
背景來說，此與中國民族面臨一存在的迷思、意義的迷思，而亟思克服有密
切的關係[2]。值得留意的是，此主體性之重視，雖帶有啟蒙之意義，但所不
同於西方啟蒙運動（Enlightenment）思想家者，在於彼所言之主體性不限在
理智之主體性，而重在道德之主體性。再者，此道德之主體性又不僅限於
「心─物」、「人─己」此平鋪之層面，更而上及於「天─人」之層面，仍
堅守原先「天道性命」相貫通之路[3]。

牟先生更取康德學以為思路之奧援，抉擇批判，調適而上遂之，肯認人
具有「智的直覺」（Intellectual Intuition）之可能。至此，牟先生已徹底完
成其道德的形而上學之建構。

5、「批判的新儒學」不同於「護教的新儒學」之以「主體性」為核心
的思考，而特別強調「生活世界」一概念。「生活世界」指的是由人之做為

1　關於韋伯的方法論，請參看林安梧〈方法與理解：對韋伯方法論的理解與反省〉，收
　　入拙著《契約、自由與歷史性思維》，頁 91-111，幼獅文化事業公司，1996 年 3
　　月，臺北。

2　請參見張灝〈新儒家與當代中國思想的危機〉，收入周陽山主編《近代中國思想人物
　　論──保守主義》一書，頁 375，時報文化出版企業公司，1970 年，臺北。

3　牟宗三先生與勞思光先生同深受康德學影響，唯牟先生仍堅守天道性命相貫通之路，
　　而勞先生則極力撇清天道論與心性論的區別，其智識化之傾向有更進於牟先生者。

一「活生生的實存而有」,進入到世界之中,而視此世界乃是一活生生的世界,此或同於唐君毅先生所謂的「意味世界」,亦同於熊十力所開啟「活生生實存而有的體用哲學」義下的實存世界[4]。

實則,批判的新儒學所強調的「生活世界」一概念,唐先生固已有之,此不必論矣。而此原亦涵藏於牟先生哲學之中,因彼所強調之主體性是道德主體性,此道德主體性亦非如康德義下之道德主體性,而是一存在的道德真實感下的道德主體性,此自亦不可離於生活世界之實感;只是牟先生在論述上仍不免重「主體性」,而忽略了「生活世界」這樣的概念。再者,關聯著「生活世界」這個概念,批判的新儒學強調「歷史社會總體」的全面理解與詮釋,並以為唯有如此,才可能對於人有一深化之理解與詮釋;如此才能開啟一面向歷史社會總體之道德實踐,而免於以「心性之修養」替代「社會實踐」。

6、正因如此,批判的新儒學對於儒學的理解不只從聖賢之教言,直接做一理論之詮釋與重建,更而重視其發生學上之關聯,檢討宗法社會其於儒學締建所扮演之分位,並從而分理之。認定儒學所強調之「人格性的道德連結」與「血緣性的自然連結」、「宰制性的政治連結」有密切的關係。此關係當為發生學的關係,而不是本質的關係。故伴隨著經濟的發展、社會的變遷、世代的更迭;今後,當瓦解「宰制性的政治連結」,開啟「契約性的社會連結」,建立一「委託性的政治連結」。如此,原先所強調之「人格性的道德連結」更有善遂其義的可能[5]。

---

[4]　有關於唐君毅先生所提「意味世界」,請參見彼所著〈意味之世界導言〉一文,刊於 1944 年《哲學評論》,現收入唐君毅全集卷十八《哲學論集》頁 93-118,臺灣學生書局印行,1990 年,臺北。又有關於熊十力先生體用哲學,請參見林安梧《存有、意識與實踐:熊十力體用哲學之詮釋與重建》第二章「邁向體用哲學之建立」,頁 25-55,東大圖書公司,1993 年 5 月,臺北。

[5]　關於此,筆者總視之為一「血緣性縱貫軸」,並以此展開詮釋分析,見林安梧《儒學與中國傳統社會的哲學考察》,第八章〈論「道的錯置」——血緣性縱貫軸的基本限制〉,頁 131-156,幼獅文化事業公司印行,1996 年,臺北。

三、「道德先驗論」與「道德發展論」的對比

7、相應於中國思想傳統之「理」、「心」、「氣」三大概念脈絡，程朱主「理」、陸王主「心」、護教的新儒學亦以「心」為主，而批判的新儒學則當以「氣」為主。值得注意的是，如此說之「氣」不在「理」、「氣」兩橛下之「氣」，而是貫通「道、器」，「理、氣」之「氣」。換言之，如此之「氣」，不只是形而下之「氣」，而是貫通「形而上」、「形而下」者。此或可以王船山哲學作為矩範以為思考。實者，關聯著血緣性的縱貫軸以及鄉土社會的建構，我們更能證成理、心、氣三者，當以「氣」為主導性的概念，且「氣」當不只是形而下之「氣」也[6]。

8、相應於此，護教的新儒學極強調「道德先驗論」，並認定其為「自律倫理學」。批判的新儒學則強調「道德發展論」，以為近代西方所做「自律」與「他律」之二分，用於儒家倫理學之分判，並不恰當。因儒學所強調之「道德」，不祇指人與人關係之恰當而已，更而及於天地人我、性命天道之相貫通，如此之「道德心性論」實與西方之倫理學迥然不同。牟先生實亦深明此理，然既明此理，實可以不必再以自律、他律分別之。如王船山所論「命日降，性日生日成，未成可成，已成可革」，「習與性成」之心性論，是合著以「氣」為主導的「形而上學」而開啟的[7]。

9、護教的新儒學強調之「圓善」可以視之為一心性修養及其實踐之「圓善」，此當然可以說不是一境界型態之圓善。如牟先生所言，此並非只

6　筆者以「氣的感通」與「言說的論定」兩辭來分判東西哲學及其文化的異同，請參見筆者〈絕地天之通與巴別塔——中西宗教的一個對比切入點的展開〉一文，收入《儒學與中國傳統社會的哲學考察》附錄二，頁 247-264。關於「氣」的論述，率多取擇於王船山的哲學。請參見林安梧《王船山人性史哲學之研究》，東大圖書公司印行，1987 年，臺北。

7　請參見曾昭旭《王船山哲學》下編，第二章〈論船山之即氣言體〉，頁 325-353，遠景出版事業公司印行，1983 年 2 月，臺北。又請參見林安梧《王船山人性史哲學之研究》第三章〈人性史哲學的人性概念〉，頁 45-70，東大圖書公司印行，1987 年，臺北。

一「縱者橫講」，以「詭譎的即」而可彰著之；而是一「縱貫縱講」，必得經由仁體之創生性而建立[8]。問題是：護教的新儒學並沒有如牟先生所談之仁體之創生性而進到「生活世界」之中，展開其理解、詮釋與批判，反而將「生活世界」收攝到「仁體之創生性」之中，渾化於「仁體之創生性」哲理之中。如此一來，生活世界之實在性自為彼等所忽視，歷史社會總體之實在性亦然。在牟先生所開啟的圓善論述之中，重點仍在心性修養之實踐，而鮮少及於社會公義之問題的探索。批判的新儒學則以為「圓善」之觀念當得及於社會之實踐方得為「圓」也，如此之「圓」，既為道德創生之圓，更為社會實踐之圓也。

四、良知及其自我坎陷的相關問題

10、換言之，牟先生之「圓善」實取決於「無限智心」（智的直覺）；其論現代化之如何可能，亦繫於此而為言。護教的新儒學實肩負一重大之責任，一方面回答反傳統主義者，告彼中國文化傳統實無妨於現代化，並且可以開出所謂的「科學」、「民主」。值得留意的是，彼所謂之「開出」乃一主體之轉化以開出，此義為今之學者多所誤解，並攻詰甚多，其實，彼之所論雖亦有蔽，然迥非詰者所論也。牟先生所提之「開出」說，其於知識論之層次（亦涉及於實踐論之層次），則曰「良知之自我坎陷以開出知性主體」，並因之而轉「隸屬之局」為「對列之局」，強調一「客觀架構之表現」，以開出所謂的「民主」、「科學」。「民主」、「科學」兩者，論其性本極不同，其起源亦殊異，牟先生之以康德式超越的分解論之，同收攝於知性主體，此本亦無不可。問題在於這只是理論之收攝，而不能作為實踐之開啟；牟先生以此理論之收攝，倒過來做為實踐之開啟，此是以「理論之次序」誤作為「實踐發生之次序」也。牟先生之論走向於此，乃在於彼等之學全立基在「無限智心」上，有嚴重的主體主義之傾向，將一切客體之實在性

8　見牟宗三先生《圓善論》，頁 306，臺灣學生書局印行，1985 年 7 月，臺北。

皆收攝於此、渾化於此，並期其轉出之可能。

11、實則，就「民主」、「科學」，乃至其他人類之活動而論之，其於歷史之發生而言，原先由無而有，如此創造之發生，此為一；再者，既已有之，再以學習而體現之，此為二；又者，省察此如何可能，此為三。一是發生的次序，二是學習的次序，三是理論的次序，三者不可淆混為一也。華人社會之走向現代化，施行民主，開啟科學，此是一學習之次序，非原先發生之次序，亦不是以理論之次序所能做成的。當代中國學者論及於此，多未能分別清楚，殊可歎也。

12、牟先生更而論「人格化的上帝一概念形成之虛構性」，相對而言，則肯認「無限智心」（或「智的直覺」）之確立[9]。依於批判的新儒學之立場而言，「智的直覺」或「無限智心」之能確立，實亦立基於其自家之文化傳統，並非可以脫離一文化傳統而單言其確立者。人格化的上帝一概念之能確立亦然，皆可本於其文化傳統而確立。當然，換個角度，兩者亦實各不免其理論之虛構性，虛構只是說在文化的論述中而存在，並不是說其果真為虛幻也。虛構並不虛幻，可能真實得很呢！不過，儘管其為真實，畢竟其為虛構也。這樣的立場顯然地帶有文化相對主義的向度，而試圖去化解長久以來，當代新儒家與基督宗教的衝突與矛盾。

13、當代新儒學強調如何的由傳統邁入現代，彼所理解傳統的方式多半仍囿限於本質主義（essentialism）的思維方式，彼等總的以為中國文化傳統之本質為道德的，而西方文化則為知識的；因而如何的由道德的涵攝或開出知識的，這頓然成了非常重要的問題。然而，我們若真切的體察到我們對比的去論略中西哲學如何如何，所運用及的對比概念範疇，其當為一理念類型（Ideal type），其為理念類型並不是一真實的、本質的存在，而是一烏托邦式的存在，此存在只是做為理解與詮釋而展開的。換言之，如果我們的方法論所採取的是一較接近於唯名論（nominalism）的立場，我們就不會將理解

---

[9]　見牟宗三先生《圓善論》，頁 243-265，臺灣學生書局印行，1985 年 7 月，臺北。

及詮釋所構成之理論系統,當成實際的存在來處理[10]。如此一來,也就不必去設想如何的以道德去涵攝,去開出知識,當然也就不必有所謂的「良知的自我坎陷以開出知性主體,以開出民主與科學」。

五、結語　「傳統」與「現代」──假問題與真答案

14、「傳統」與「現代」以前一直被視為對概的兩端,而彼之所以如此以為則乃落於「本質主義」之思考方式,然此思考方式亦自有其產生之時代背景,今則可以避免,而改之以唯名論式的思考方式。問題已不再是如何的由「傳統」邁向「現代化」,而是在現代化的過程中,衍生了一連串的相關問題,特別是臺灣,它不只是「現代化之後」的問題,而且夾雜著「前現代」以及「現代」的問題,我們又如何因應,傳統文化又能綻放多少力量?它是否能繼續延申其調劑性的作用。顯然地,這便不是一主體轉化的創造所能一語帶過的,不只是良知的自我坎陷能濟其事的,它可能須要的是經由言說的互動與融通,讓傳統經典的意義釋放出來,參與到整個龐大的言說論述之中,展開其辯證。當然,撫今追昔,牟先生在他那個年代,堅持新傳統主義之路,默默奮鬥,雖然它所面對諸如「『傳統』有礙於『現代化』嗎?」這本是一荒謬的假問題,不過,在眾口鑠金的情況下,勇敢於以當真的方式,真實的以學問相對,闡明傳統是不礙於現代化,而且肯定可以由傳統開出民主、科學,這當是面對了假問題,但卻開啟了真貢獻。

15、牟先生所留下的諸多經典著作,散發著智慧的柴火,照亮了我們的心靈,但願我們能加入更多的「柴」,接著牟先生的「火」,如此薪盡而火傳,不可已也。

---

[10] 本質主義與唯名論之區分,多得力於卡爾‧波柏(Karl Popper Raimind)在 *The Poverty of Historicism* 一書中的啟發,又請參見筆者〈論歷史主義與歷史定論主義──波柏爾《歷史定論主義的貧困》的理解與反省〉,收入林安梧《契約、自由與歷史性思維》一書第九章,頁 167-182。

（該文曾在一九九六年十二月，由中央研究院中國文哲研究所、中央大學、東方人文基金會等於臺北所舉辦的「第四屆當代新儒學國際會議」上宣讀。）

附錄：迎接「後牟宗三時代」的來臨
──《牟宗三先生全集》出版紀感

林安梧

　　《牟宗三先生全集》出版了，這標誌著牟宗三哲學的完成，但這並不標誌著牟宗三哲學的結束；相反的，它標誌著牟宗三哲學的嶄新起點。這嶄新起點是一轉折，是一迴返，是一承繼，是一批判，是一發展。

　　牟先生甦活了中國哲學的慧命，他深入闡述了儒道佛三教哲學，並獨立譯述了康德（I. Kant）三大批判；更難能可貴的是，牟先生將康德三大批判銷融於中國傳統儒道佛之中，經由體系性的建構，成就了規模宏偉的「兩層存有論」。近一百年來的中國哲學發展，無疑的，這是一最為重要的里程碑。

　　牟先生跨過了「逆格義」的限制，經由「譯述」、「銷融」、「重鑄」的過程，讓中國古代典籍的話語、現代的學術話語、當前的生活話語，和合融通，鑄成偉辭，他生產了鮮活的哲學語彙，開啟了活生生的覺知與思考。

　　面對廿世紀初以來，中國民族的存在意義危機，牟先生隨順著熊十力先生「體用哲學」所開顯的「乾元性海」，經由一「形而上的保存」，進一步以智識化的理論構造，穩立了道德主體；並冀求「以德開智」，經由「良知的自我坎陷」以開出知性主體，並以此融攝民主與科學。

　　當然，牟先生將康德哲學之「窮智以見德」經由儒道佛三教的銷融，轉而為「尊德以攝智」。他看似承繼康德「超越的分解」以穩立知識體系，但卻直契陸王，上接孔孟，穩立道德之自我，再下開知識界。這樣的「下開」即是「良知的自我坎陷」之轉出，這是一「辯證的轉折」而開，這卻是近於費希特（J. G. Fichte），而遙遙指向黑格爾（G. W. F. Hegel）。只不過，康德哲學強調的超越分解，使得牟先生做了一形而上的追溯，而有了一形而上的安宅。居於此安宅中，牟先生以一「詭譎的辯證」達到一「圓教」與「圓善」的境界。

　　「超越的分解」為的是一「形而上的追溯」，進而凸顯由古代經典所喚起的「存在覺知」，就在這存在的覺知的召喚下，讓這難以跨越的鴻溝有了一「詭譎的辯證」之銷融與連結。當然，所謂的「圓教」與「圓善」就是在這詭譎的辯證銷融下完成的。牟先生雖然一再的強調辯證的開展的重要，但他做的卻是辯證的銷融，經由銷融而尋得一形而上的安宅，一純智所思的安宅。

　　他做了「現象」與「物自身」的超越區分，以「一心開二門」的方式，成就了「執」與「無執」的「兩層存有論」。他雖然一再的強調兩層存有論並不是截然區隔，而是融會通貫；但他卻居於無執的存有論所成的純智所思的安宅，指點人間善惡，規範那執的存有論。他亦贊同天台宗所說之「一念無明法性心」，欣賞其「即九法界而成佛」這種「不斷斷」的精神；但由於時代精神的限制，牟先生仍只能經由一「詭譎的辯證」而達到一銷融性的和合同一，做成一形而上的圓善。我們要說這樣的圓善並不就是牟宗三哲學的完成，而是預示著一個嶄新的轉折、迴返、批判與發展。

　　我們當該將牟先生在形而上的居宅中，「結穴成丹」的「圓善」再度入於「乾元性海」，即用顯體，承體達用，讓他入於歷史社會總體的生活世界之中，深耕易耨，發榮滋長，以一本體發生學的思考，正視「理論是實踐的理論，實踐是理論的實踐」，「兩端而一致」的辯證開啟，重開儒學的社會實踐之門。

　　「轉折」，不再只停留於「主體式的轉折」，而應通解而化之，由「主體性」轉折為「意向性」，再由「意向性」開啟活生生的「實存性」。

　　「迴返」，不再只停留於「銷融式的迴返」，而應調適而上遂，入於「存有的根源」，進而「存有的彰顯」，再進一步轉出一「存有的執定」。

　　「承繼」，不再只停留於「哲學史式的論述」，而應如理而下貫，一方面上遂於文化道統，另方面做一理論性的創造。

　　「批判」，不再只停留於「超越的分解」，而應辯證的落實，入於「生活世界」所成的歷史社會總體，「即勢成理，以理導勢」，成就一社會的批判，進而開啟一儒學的革命。

「發展」，不再只停留於「古典的詮釋」，而應展開哲學的交談，面對現代的生活話語，經由一活生的存在覺知，重構一嶄新的學術話語，參與於全人類文明的交談與建構。

臺灣地區九二一的大地震、美國九一一雙子星大樓的崩落、美國對伊拉克的反恐戰爭，世紀之交的後現代，人們隨著天地間的顫抖而恐懼，隨著文明的異化而驚疑。這幾個星期來，臺灣、香港與大陸正為非典型急性肺炎SARS 的肆虐痛苦，存在在掙扎中、生命在考驗中，我深切的覺知到朱夫子所說的「**堅難！**」

牟先生竟已過逝八年，但我仍記起一九九五年為先生所作的輓聯：

> 「夫子飄飄來魏晉風骨好為青白眼世俗人皆驚寵辱，
> 　吾師悠悠去宋明義理能過生死關真儒者何畏陰陽。」

牟先生面對苦痛與危難的「高狂俊逸」（蔡仁厚先生對牟先生的稱語）令人低迴！

夜深矣！深矣！天明亦已近矣！近矣！

抬頭望見我書房上的牟先生造像，有一段文字寫著：

> 「吾師牟宗三先生，畢其生，拓落自然，一無所里，惟吾華族文化為終身勠力之目標。彼嘗言：惟有大感受而後有大問題，有大問題而後有大悲心，有大悲心而後有大智慧；如斯始能成就哲學志業也。壬戌之秋　安梧謹誌」

先生造像旁邊鑲著一副嵌名對聯，聯曰：

> 「宗師仲尼誠通天地，
> 　三教判列道貫古今」。

夜深矣！遠矣！天明亦已近矣！近矣！禱之於天地神祇，謹此虔誠，謹此虔誠！

（癸未春暮五月五日晨三時於元亨齋）

第十二章　後新儒學的思考：
對牟宗三「兩層存有論」的批判
與「存有三態論」的確立

【本文提要】

　　本文首先就牟宗三先生「兩層存有論」的理論構造加以反省。牟先生繼承了宋明理學傳統中所強調的心性論與天道論，主張人可以經由修養的工夫，使內在之本然之我與宇宙的造化之源通而為一。雖然牟先生也主張良知可以經由客觀化的坎陷歷程以開出知性主體與民主科學，但這種「民主科學開出論」的「開出」基本上只是一種「超越的統攝」意義之下的開出，說明了理論上的一個轉出的可能，而非實際的發生過程。牟先生兩層存有論的關鍵點在於強調人具有「智的直覺」，然而這樣的一個哲學構造方式卻可能忽略了中國傳統中作為生命動源意義下非常重要的「氣」的問題，使得心性主體過分傾向於純粹義與形式義，而忽略了主體在場域之中的具體實存義。

　　對此，作者認為，儒學不只是心學，而應是身心一體之學，應該要從主體性的哲學回到一種「處所哲學」或「場域哲學」之下來思考。因此，作者提出了「存有三態論」的理論架構，認為必須要解開與「存有的執定」相伴而生的種種文蔽，返回到「存有的本源」，才能使存有之總體本源於生活世界中加以開展。這樣一個「存有三態論」的理論構造，可以化解掉儒家只是作為心性修養之實踐意義下的形態，而回到一個總體的生活世界，在歷史社會總體裡談安身立命。不僅可以貫通傳統儒、道之經典傳統，也可以開展出儒家之「實踐人文主義」的真實意義。

關鍵字詞：兩層存有論、存有三態論、良知的自我坎陷、牟宗三、康德、心性、良知、氣、咒術、專制

一、牟宗三先生兩層存有論之構造

　　牟宗三先生的哲學，一般來講，可以用所謂的「兩層存有論」去概括它。所謂的兩層存有論，是通過康德「現象與物自身」的超越區分，把現象界視為「執」的存有，把物自身界、睿智界叫做「無執」的存有。所以，牟先生在《現象與物自身》一書中，談到所謂「執相」與「無執相」的對照，構造了現象界與睿智界的存有論，或者說是構造了兩層的執的存有論與無執的存有論。

　　這兩層的存有論和康德的建構其實是不同的。康德哲學的建構，重點是在於知識論的建構，也就是通過「知性為自然立法」而說明如何從現象界來建構客觀知識。至於屬於睿智界的那個部份，則並非人的智慧所能及，因為人只具有「感觸的直覺」（sensible intuition），而不具有「智的直覺」（intellectual intuition），康德認為，只有上帝才具有智的直覺。但是在牟先生的系統裡面，他通過了中國傳統儒、道、佛三教工夫論的傳統，強調通過修養實踐的工夫，可以使人從做為一般性的存在，提昇到一個更高存在的狀態，而當提昇到一個更高存在狀態的時候，他認為那是一個本然之我的狀態，或者說那是一個回到本來面目的狀態。就儒家來講的話，那是一個具有「性智」的狀態，也就是孟子所說的「仁義禮智」的狀態。那樣的狀態，用傳統哲學的語詞歸約起來，儒家就是所謂的「性智」，而道家用的是「玄智」，佛教則是用「空智」這個詞。

　　不管是儒家的性智、道家的玄智、佛教的空智，牟先生借用了康德「智的直覺」這個詞，而說東方儒道佛三教的哲學都認為人不只是具有感觸的直覺，更具有智的直覺。智的直覺跟感觸的直覺有何不同呢？感觸的直覺只能及於「現象」，而智的直覺可以及於「物自身」。也就是說，感觸的直覺把抓的是現象，智的直覺則創造了物自身，而物自身與現象是同一事物的兩個面相。從這個地方，隱約可以看出智的直覺與感觸的直覺，總的來講，是歸到本心、歸到一心說的。在這裡我們可以約略把兩層存有論的構造，歸到用「一心開二門」的那個構造說出來。所謂「一心開二門」，是牟先生借用了

《大乘起信論》的構造，將心分成兩門：心真如門與心生滅門。心真如門所對應的是物自身、睿智界；心生滅門所對應的則是一般生生滅滅的現象界，但心真如門與心生滅門最後都還是要歸於一心的。

　　牟先生兩層存有論的構造，還有一個特殊的地方，就是當論述回到了哲學的人類學的時候，他是怎麼樣去正視人的？他又是怎麼樣去正視人那個本來面目的我的狀態呢？那個我其實就是一個純粹的、超越的、自性的我，或睿智界的我，即可以及於物自身界的那個我。那個我不是經驗所能限制的，也不是歷史所能限制的，遠超乎經驗與歷史之上，而又作用於經驗與歷史之中。所以牟先生講的這樣的一個我，其實是一個超越的、純粹的形式之我。在儒家這個我是個道德的我，在佛家這個我是個解脫的我，在道家來講的話，就是那個返璞歸真的真我，牟先生便是以此作為他哲學最高的一個支柱。

二、宋明理學和當代新儒學皆主張主體與道體的同一性

　　從這裡我們可以發現到牟先生這樣的作法，在整個哲學史的發展上有一個很重要的意義，他擺落了這個民族幾千年來歷史的業力、社會的習氣以及在經驗中、歷史中種種沾惹在其身上的那些應該甩脫掉的東西。宋明理學家已經很接近這個方式，他們基本上就是從「本心」這樣的主體，上溯到超越的主體，也就是內在的主體和超越的道體，兩者通而為一。譬如在象山和陽明的系統中，就把這兩者徹底的通而為一，或者我們也可以說，他們是去揭示了人內在的本源和宇宙的本源原本就有一種同一性，所以，這樣的哲學基本上是一種同一性的哲學，是主體和道體的通而為一的哲學。

　　在宋明理學家中，程朱學派基本上並不這麼直接地把道德的本心和那個天理通而為一；但是，他們也強調要經由修養工夫而涵養主敬、格物窮理，最終也是要讓本心與天理通而為一。大體來講，這是整個儒學非常重要的根本所在，宋明理學和當代新儒學所走的路大體上都是如此。也就是經由一種修養的工夫，讓你內在的本然之我跟宇宙的本源能夠通透起來，這樣的方式

是整個儒學很重要的心性論之本源。

　　儒學另外一個很重要的方式，則是經由一種道統論、一個理想的歷史延續性，把現實的、不合乎理想的部份給跨過去。最明顯的就是直追三代，堯、舜、禹、湯、文、武、周公、孔子、孟子，一直跨到宋代，這就是宋代理學的道統論。當然當代新儒學基本上仍然延續這樣的道統觀，只是不太強調罷了。當代的道統論裡面，國民黨也提了一套，堯、舜、禹、湯、文、武、周公、孔子、孟子，然後是孫中山、蔣介石，當然這是黨國威權之下的道統論，這是把黨國威權的思考，也就是將三民主義的思想，與中國文化傳統的道統連在一塊，而取得其政權形而上的合法性。

三、牟宗三先生強調良知學必須經由客觀化的歷程於具體生活中展開

　　就當代新儒學而言，並沒有努力去區隔這之間的不同，也沒有再去努力地締造自己的道統論，基本上只是繼承了心性論。如果就宋明理學以來的儒學而言，有三大重要的支柱，即「心性論」的傳統（或叫良知學的傳統）、「道統論」的傳統，還有一個就是「宇宙論」的傳統。如果談到「天命之謂性」、談到宇宙本源的生生之德，就宇宙論這個部份而言，當代新儒學談的比宋明理學少，而在道統論這個部份，談的也比宋明理學少。當代新儒學主要還是抓住了心性論、良知學這個向度，予以徹底的發揮。

　　良知學這樣的一個發揮方式，在牟先生的兩層存有論中，幾乎達到了一個最高的高度。良知作為一個內在的主體，同時也是一個超越的道體，牟先生說出了「既超越而內在」這樣的一個詞，來連結良知與天理。基本上，這還是對於宋明理學以來天理良知一致性的一個新的詮釋。這新的詮釋有別於宋明理學的地方，在於他強調這個良知學必須在我們具體的生活中展開，而這展開的過程必須經由一個客觀化的歷程，或者一個主體對象化的歷程。用牟先生的術語來說，即是所謂「良知的自我坎陷」以開出知性主體，由知性主體開出對列格局思考下的民主和科學。這樣的說法，一方面是在強調民主

和科學與中國傳統的良知學之間並不相妨礙，另一方面也將現代化兩大支柱的民主和科學收到了良知學裡面來。

四、康德是「窮智見德」，牟宗三先生是「以德攝智」

在牟先生的哲學架構中，作了一個有別於康德哲學的轉向。康德強調要「窮智見德」，牟先生則藉由中國心性論的傳統，回溯到那個心性和道德的本源，由心性道德的本源開出知性主體，再由知性主體開展民主和科學，這很顯然地是所謂「以德攝智」的傳統。

「以德攝智」的傳統，跟「窮智見德」的傳統，思考問題的方式是不同的，整個解決問題的方式當然也有所不同。「窮智見德」的傳統，一方面是要釐清科學的知識如何可能，一方面也要釐清這樣的客觀知識的界限何在，而進一步則保留了道德的、信仰的領域。當然，很重要的是，在康德的哲學系統裡面，他是一個道德的主智論者，也希望讓道德成為一種客觀法則現象所能論定的東西，所以康德是一個道德的法則主義者、道德的主智論者。而牟先生所詮釋的儒學或哲學系統，主要的問題意識還是以儒學為主，《現象與物自身》雖然也有談到道家，談到佛教，並且在判教上借用了佛教的一些道理，像圓教、圓善的觀念都是借用於佛教的判教觀念，但基本上他的思想還是儒家的。就儒家而言，其問題意識並不在於去探討知識所能及的境界究竟何在，也並不是要去為科學找尋一個客觀的、知識學的基礎，他的重點是在於經由道德實踐、經由心性修養工夫，去證成那個內在本心是真實的呈現，而不是一種哲學的論證。而牟先生更進一步，從心性之本源是一個本然的呈現，再經由《易傳》「曲成」的觀念轉出「主體的對象化活動」的方式，而強調由「良知的自我坎陷」開出知性主體，由知性主體開出主客對列之局，來涵攝民主和科學。

五、「民主科學開出論」的「開出」是「超越的統攝」，而非實際的發生過程

其實牟先生這樣一種「民主科學開出論」的「開出」，基本上是一種「超越的統攝」意義之下的開出。我認為與其說是開出，毋寧說其在現實上不相違背、在實際上可以和現實共存，而在理論上可以轉折地開出。也就是說，牟先生這樣的一個論據，並不足以說明從良知學如何可以經由良知的自我坎陷工夫去開出所謂的民主和科學。牟先生所說的開出論，當然是曲折的開出，這樣曲折的開出只是要說明：這是兩個不同的知識狀態或知識系統，而這兩個知識系統可以連結在一塊，並且是以道德學作為主導的。在整個系統的建構上，良知是作為現實的民主科學之用、知性主體之用的超越基礎，但是，卻不足以說是現實民主與科學之實踐的、現實的發生學上的動力，因為良知只是一個理論上的超越基礎。

因此，牟先生只是做了一個形上學的、本源的追溯，做了一個理論上的疏通，來回答從民國以來的反傳統主義者、科學主義者、民主論者、自由論者背後徹底的反傳統思考。他們都認為，中國文化傳統其實是妨礙了整個現代化、妨礙了民主和科學的發展，而牟先生這樣的一個論點，則是針對這些人之所說而發的，是有針對性的，這個針對是一個「對反上的針對」。牟先生提出這樣的論點主要是在告訴他們，中國文化傳統並不會妨礙現代化，即使現代化之民主和科學這兩大支柱，仍然跟儒學的良知學不相違背。從這裡我們可以發現，牟先生跟整個三民主義的黨國威權所強調的民主、倫理、科學有若干符合的地方，但是其實還是不同的。因為三民主義所說的民族主義、民權主義、民生主義之倫理、民主、科學三者是分開來說的，而這三者又統合於黨國威權的最高頂點，這跟牟先生將其統於良知學的思考是不同的。但是，就整個大思潮來講，兩者顯然都是傳統主義者，也都是保守主義者。

這樣說下來，我們可以發現，所謂民主科學開出論的這個「開出」，與其說是「開出」，不如說是「涵攝」要來得更加地準確。說「開出」也只不

過是理論上的一個轉出的可能，並不是說在實際上、在發生上是經由這樣的一個過程。從事民主和科學的活動，並不是起先以一個道德修養工夫達到良知的一個狀態之後，再用良知學的方式轉折地開出知性主體。發生的過程跟理論的疏清是兩回事，這點必須區別開來。

六、心性主體被理論化、超越化、形式化、純粹化之限制

　　當我們這麼說的時候，可以發現牟先生兩層存有論的關鍵點在於：以康德的語詞來講，即人具有「智的直覺」。人如何具有智的直覺呢？牟先生認為，這只能通過儒、道、佛三家的修養工夫論回溯地去闡明它。這個地方，他一再地強調良知並不是一個「假設」，而是一個「呈現」，這是關連著熊十力所說的方式來說的。這樣一個兩層存有論的構造，有其時代的背景，但最大的一個限制，就是將一個活生生的實存的人、有血有肉的人，高調化、理論化、道德化、超越化、純粹化了。

　　這樣一個人的主體，是一個形式性的主體、抽象的主體、空洞性的主體；這樣的實踐，往往也是屬於心性修養的實踐多，在現實社會發生意義上的實踐少。在整個解釋力上來講的話，則是變成必須環繞著人的道德主體為核心，來展開解釋。這樣解釋的最後模型，是回到「心即理」的傳統，但是它的意義其實是歧出而帶有混淆的，既可以上溯到理，強調其純粹性和形式性，也可以往下降於心，強調其主體性和能動性。

　　牟先生在他的哲學系統裡，一再地強調這是「即存有即活動」的，就「活動義」講是「心」，就「存有義」講是「理」。雖然「即存有即活動」的提法，在牟先生的系統裡，不知道出現了多少次，但是，當他說「理」這個存有，包括「心」的活動義的時候，其活動義仍然是一個純粹義的、形式義的活動，而不是一個實存義的活動；雖然牟先生偶爾也會強調實存義的活動，但那個強調只是一般形式義的強調，這是我們可以看得到的。

七、當代最大的「別子為宗」之確義：
疏忽「氣」的生命動源義

在這樣的一個提法之下，其實跟朱子學是有很大的差別；但牟先生那個「即存有即活動」的活動，如果只是一個純粹義的、形式義的活動，這麼一來就變成跟朱子具有某種同調的意義了。這也就是為什麼我說，如果牟先生說朱子是「別子為宗」，那麼牟先生本身亦可以被歸類為另一個類型的「別子為宗」。因為這樣的哲學構造方式，疏忽了一個非常重要的問題，就是「氣」的問題。牟先生在處「理、氣」這個問題上，基本上還是通過「理氣二元」的方式，把「氣」認為是屬於形而下的，認為「氣」是作為一個材質意義下的氣，而「理」是作為形式意義下的理。「氣」在牟先生來講，比較難理解為生命的一個動源；但是如果回到中國哲學的傳統來講的話，「氣」這個字的意義其實是非常豐富的，具有材質義，也具有動力義，在動力摧促著它的發展過程裡，也成就其條理義和形式義。

所以「氣」這個字眼，由於其重點在於生命之源，所以格外具有豐富的意涵。牟先生的兩層存有論，其實很難安排在中國那麼龐大的「氣」學系統裡，因為他談到「氣」的問題的時候，並沒有一個恰當的安頓。就這點而言，我認為兩層存有論在理論的建構上，是有瑕疵的。因為兩層存有論的重點在於回到本心之上，而這樣的本心，我認為也並不能夠很正式地去正視它，只是把它純粹化、形式化了去說，而不是就其活生生實存之動源去說，也不是就一個存在的本源上去說。因為就其為存在的本源去說的時候，很難說其為主客的對立，也不能夠將其歸為主體所創造。我們應該如其所如地回到主客交融為一處的那個混然為一的狀態，而這點是牟先生所忽略的，也是我們在看兩層存有論的過程中可以發現的。

八、「咒術型的轉出」與「解咒型的轉出」之對比

整個新儒學其實有一個轉出的過程，我以前在〈良知、咒術、專制與瓦

解〉一文中，便討論到良知學本身一直跟巫祝的傳統與專制的傳統混雜在一塊。當代新儒學也意識到了這點，而思考要如何從這裡轉出來。我認為這個轉出有兩個方式，一個是「咒術型的轉出」，一個是「解咒型的轉出」。這個部份，我在《儒學與中國傳統社會之哲學省察》一書中有談到，在〈咒術型的實踐因果邏輯到解咒型的實踐因果邏輯〉中，有一大段都在談這個問題。我認為當代新儒學仍然處在一個「咒術型的轉出」方式，而不是一個真正「解咒型的轉出」。當代新儒學其實是希望回到那個咒術之源，回到良知、專制、咒術連在一個整體的裡面，企圖從那個地方轉出來，並且認為其本身就具有那麼強大的力量可以轉出來，這就是我在〈解開道德思想意圖的謬誤〉一文裡主要處理的問題。

　　道德與思想的意圖，基本上就是將良知、專制、咒術連結在一塊。咒術的意思是，人們經由一個特殊的、神聖的語言，經由儀式及其它的實踐活動，能夠去觸動那個宇宙最原初的動源，由那個動源開啟一個非常強大的力量，並由那個強大的力量改變現實上的各種狀態。當代的中國人到現在為止都還相信這個，相信這個總體裡面有一個不可知的力量，而這個不可知的力量可以藉由某種道德實踐的修養方式，經由一個符咒的儀式，去觸及到祂，並且造成一個改變。牟先生的民主科學開出論，良知的自我坎陷以開出知性主體，進而去涵攝民主科學，基本上仍然是停留在這種思考裡面，這基本上是一種「咒術型的轉出」方式。

　　相對而言，所謂「解咒型的轉出」，就是要去釐清良知學與巫祝傳統、專制傳統之間複雜而難理關係，當那些複雜而難理的關係釐清之後，我們才得以還給良知學一個恰當的份位。所謂恰當的份位就是說，良知其實是平平坦坦，沒有那麼偉大的，只是平平常常而已。良知學本身即具有一種動力，足以瓦解顛覆夾雜在它身上的巫祝傳統與帝皇專制的傳統，這是我一直非常強調的。我認為當代新儒學並沒有徹底地轉出來，這牽涉到當代新儒學忽略了「歷史發生」這個層次的考量，而太強調形上層次的追溯。這也就是我在前幾年寫〈良知、咒術、專制與瓦解〉時，探討中國文化核心與邊緣「兩端而一致」的思考；這也即是我所強調的，必須從「血緣性的縱貫軸」走出

來，轉成一個平鋪的、橫面的、主客對列的橫面軸，從「血緣性的縱貫軸」到「地緣的、主體際的互動」的一個平鋪的互動面，這是必須、也是一個艱辛的過程。

九、儒學不是心學，而是「身心一體」之學

至於西方形上學的傳統，是否也是屬於這種兩層存有論之構造？就牟先生而言，他認為現象界與物自身界的超越區分，這種經驗界與超越界之構造，是從柏拉圖以降的一種基本構造。但是在現象學的傳統中已經不是這個樣子了，在解釋學的傳統也不是這個樣子，而牟先生認為哲學一定要開二門，這是他的一個想法。我們現在在討論牟先生的思想時，基本上是在說這樣的兩層存有論到底是怎樣的一個構造方式？有哪些限制？其特點就在於這是一個人學的系統，而有別於基督教系統。

即使康德學非常強調人學的系統，但是依照牟先生的看法，康德學只成就了一個道德的神學，並沒有成就一個道德的心性論或道德的形而上學，就這一點來講是不同的。因為在東方的儒家、道家或佛教的傳統下，都可以成就一套心性論，而這心性論在西方是沒有的，這也是牟先生一直強調的。

但我所要質疑的是，現在所強調的心性論固然是傳統中非常重要的，但是卻是太過於強調它了，而使它變得不太恰當。也就是說，儒學不是心學，道學也不是心學，儒學是身心一體之學，道學也是身心一體之學。身心一體之學跟心學是不同的，這就牽涉到我等會要談的「存有三態論」。因此，我認為應該要從「一心開二門」的結構過渡到「存有三態論」的結構。

十、良知學本身具有專制性的結構，
與巫祝、咒術的思維方式

兩層存有論就中國哲學一本論的傳統來講，這個一本的「本」，就是本心，也就是道心、道智、主體。但是這個地方，畢竟良知的部分很重。本心

論之所以會在中國哲學中成為一個重要的傳統，基本上是和中國的帝王專制、原先的巫祝咒術有著密切的關連。因為在整個中國的帝王專制制度中，皇帝是成為一切存在之價值的、實踐的一個現實上的頂點，這跟中國傳統巫祝咒術思考下所認為的那個最高頂點有相同性，只要皇帝是親民的，只要皇帝是如同天地之本源一樣的，那麼這個世界就好了。

　　現在這個良知學即是連帶著這樣一個社會總體的結構，強調如果那個頂端的、最高的絕對主宰是處在一個道德的、良知的真實狀態，那麼整個宇宙的問題也就都解決掉，整個存在的問題也都可以解決掉了。所以我們可以發現良知學的傳統，是在明代達到顛峰，而明代也正是中國帝王專制最為顛峰的時代。

　　我這麼說，並不是說良知學就是帝王專制之學，而是說良知學就是在一個極端的不合理的帝王專制高壓統治下，知識份子為了要對抗那個帝王專制，所形成的另外一個對立面的思考。但是兩者在結構上是一致的，也就是良知學與帝王專制思考的內在本質結構往往是一樣的；然而卻是往兩個端點上走，一個是朝一個最高的絕對者走，另一個則是強調那個內在的本心作為最高的絕對者，而不是一個外在的最高絕對者。這是很有趣的結構狀態，也就是我說的超越的、絕對的、權威的主宰，跟內在的、良知的那個本心、那個主體，有一種內在的同一性，或者一種相同的構造關連，這點非指出來不可。

　　這也就是說，良知學本身具有專制性的結構，良知學本身即具有巫祝的、咒術的思維方式，跟帝王專制之具有巫祝的、咒術的思維方式是一件事，這就是我與新儒學的朋友們在理解上最大的不同之處。對於良知學，我強調必須通過一個具體的、真實的歷史社會結構的總體理解，通過整個中國人深層意識的理解，關連到我們本土的宗教理解，恰當地指出良知學本身具有什麼樣的內容。我認為兩層存有論的構造即是疏忽了這一點，對此沒有給予恰當的釐清。

十一、要從主體性的哲學回到一種
「處所哲學」或「場域哲學」

　　現在我做這樣釐清的時候，其實就是要強調：那個主體是一個什麼樣的主體？主體之為主體，並不是能生發宇宙萬有的主體，而是在主客對立之後才有所謂的主體；在主客對立之前，則是一個主客交融下、境識俱泯的狀態。那樣的哲學如果以哲學建構來講的話，其實應該回到一個總體場域的本源之中，而就那個本源來講，用《易傳》的話來說，就是「寂然不動，感而遂通」那個「寂然不動」的狀態，也就是一個「空無」的狀態、「境識俱泯」的狀態。這樣的一個說法，其實是強調：當我們要去作哲學建構的時候，不應該繫屬在一個「超越的形而上的本心」說，而應該回到一個「存在的、本源的真實狀態」去說一個「主客不分」的狀態、一個「境識俱泯」的狀態、一個寂然不動的那種寂靜而空無明覺的狀態。這樣的一個哲學，基本上我們可以理解成一個場域、一個處所，那樣的一個主體客體不分、泯除分別相而回到一個無分別狀態的哲學。這樣的哲學不同於主體性的哲學，而是一種「處所哲學」，或者說是「場域哲學」。

　　我們所強調的不在於主客對立，也不在於泯除客體、強調主體。因為當代新儒學以牟先生的方式，有泯除客體、回到主體，再由主體重開生源、穩立客體之趨勢。而我們的方式乃是要回到一個主客不分、境識俱泯的存在之本源，回到寂然不動、感而遂通的本源狀態裡。那樣的詮釋，叫做「存有的根源」，是一個不可分的狀態。用道家的語言來說，就是一個「不可說」的「道」的狀態；用儒家的語言來說，就是「生生之德」，創造不已的「生」的狀態；用佛教的語言來講，就是「一念無明法性心」，那個「即無明即法性」的一個空無的本源狀態。

十二、中日之文化類型對比：情實理性與儀式理性

　　那個本源的狀態，用日本京都學派的講法，則是接近於「絕對無」的狀

態。但不同的是，日本京都學派之「絕對無」的狀態，其「處所義」、「場域義」比我們中國哲學還要強。也就是說，中國哲學的重點仍然在於人參贊於天地之間，所構成的一個「人與天地交與參贊的總體之本源」；日本的哲學重點則不在於人參贊於天地的總體之本源，而是人在天地間展現，天地是作為一個背景，人則是一個活生生的、有情欲的，跟大自然交融成一個整體的人，是一個徹底的感性的、欲望的人，那個背景是一個場域的絕對無，這當中所隱含的是一個神道的思想。

就人本身尊崇神道而言，它所產生的莊嚴肅穆感，引發了一種客觀法則性的要求，但就作為一個在場域中徹底感性的人的欲求而言，是極壯烈也極脆弱的，既具有所謂「劍」的性格，也具有所謂「櫻花」的性格。就其法則性來講，有一種對於神道莊嚴肅穆的要求，這個要求便是日本人所強調的法則性的那個「理」，也就是平常我們所說的「有理無體」。這麼一來，就把理提昇到最高的形式之理的狀態，整個人的生命則可以為那個理而犧牲。當「理」成為一個最高的、不能質疑的意識型態，就產生了日本的天皇系統、神道系統。所以日本用「天皇」這個字眼，而我們是用「天子」這個字眼，是有所不同的。「天皇」是神格化的，而「天子」則是神人合一、天人合一的。如果說，日本是一個「儀式理性」，相對而言，中國則是一個「情實理性」，這一點可以這樣去理解。

所以日本講到「絕對無」的時候，重點在於「場域」。因此日本人顯偏鋒相，不顯中和相；顯儀式相，不顯充實相。我們可以發現，凡在中國日常之間屬於「游於藝」這個層次的東西，日本通通把它轉為「道」，把「游於藝」轉為「心向於道」，所以我們的花藝、劍術、書法，它們稱之為花道、劍道、書道。這就是原來在我們生活世界中一種主客交融的狀態、一種在倫常日用裡品嘗潤澤的狀態，在日本都把它分立開來，把它極端地客觀化、形式化、超越化，作為主體心嚮往之的那個東西。

然而，如何心嚮往之呢？就是要通過一個儀式化的過程。人恆言其所不足，正因為沒有，所以要猛強調，而日本人也深知很難契之於道，所以要努力地心嚮往之，透過儀式化的方式企及於道，這個儀式理性竟然成為日本接

榫現代化最重要的一種理性。中國在接榫現代化時，是經由調節的過程，慢慢容受現代化，而對現代可以起一個治療的作用。日本人不是經由這個方式，所以接受西學比中國人為快。但不要擔心，二十一世紀整個華人的文化傳統，在面臨現代化的時候，會比日本本身的文化更能起調節性的作用，這是我的判斷。

十三、「存有三態論」的基本結構
──從「存有的根源」、「存有的開顯」到「存有的執定」

　　我們回到剛才所說的「存有的根源」與京都學派「絕對無」的觀念，基本上兩者還是有所不同的。「存有的根源」所強調的仍是具有道德創生意義的總體本源，這總體本源不是良知而已，而是良知與萬有一切存在事物通通混而為一的不可分的狀態，這是就「無名天地之始」那樣一個狀態下說的。這存有的根源，在寂然不動中隱含了感而遂通，即寂即感，在不可說中即隱含了可說，在境識俱泯中就隱含了境識俱顯的可能。

　　在「存有三態論」中的第二個階段為「存有的開顯」。存有開顯之階段即主客一時俱顯而還未劃分之狀態，就是人與萬物一時明白起來的那個狀態。就這個狀態本身而言，就是鳶飛魚躍、造化流行，純任自然生機的狀態。然而，人文世界的建立不止於這個狀態，還要透過「名以定形」的過程，經由人們透過語言文字的構造去說這個世界，這便是我所謂的「存有的執定」，以這樣的方式去決定這個世界。所謂的決定，包括理解、詮釋、構造、運作、利用，以這樣的過程，讓人的生命能夠在這個語言文字符號所構造的系統下安身立命。但是問題也是從此而生，也就是在這個過程裡，人的欲望、人的癡心妄想、人們的種種其它活動都會掛搭在上面，伴隨而生。「名以定形」、「主體的對象化」活動的過程，其實就是一個「自我的他化」過程，而在自我的他化過程裡面，一方面成就了宇宙的客觀的存在，同時亦不可避免地導生了異化的狀態。因此，在這異化的狀態裡面，我們人類的文明，一方面「文明」，一方面則產生了「文蔽」的狀態。

對於這樣的後果，我們必須要除蔽、解蔽。去除遮蔽，讓那個存有如其本如地彰顯，這也就是老子所說的「道生之，德畜之，物形之，勢成之」。如其本源而說，是謂「道」；如其本源落實為本性，是謂「德」；成為存在的事物，經由語言文字的構造與主體的對象化活動，使萬物成為「物」；物之形成一個不可自已的趨「勢」，於是造成了我們所說的遮蔽、疏離、異化的狀態。這時候就必須「莫不尊道而貴德」，回到那個生命之本源，由其本源之開顯而落實為本性，以此本性為貴。因為道德就是一種生長、一種畜養。如其「道、德」地生長和畜養，而不是在「物、勢」的驅動之下離其自己、遠而不復。這一點我覺得老子有很深的洞察力，隱含了非常深的治療學的思維。一切回到道家的治療，我名之曰：「存有的治療」。

十四、「存有的三態論」隱含有治療學的思維

所以這個存有的三態論，其實隱含了一個治療學的思維。對於經由語言文字、主體的對象化活動所構作成的存有之執定，這相當於牟先生所說的執的存有論，我們要對這樣的執的存有論應該要給與治療。給與治療就是要恰當地處置它，讓它由染歸淨，除病不除法。也就是說，我們肯定存有的執定本身的必要性，但是也留意到存有的執定本身所可能相伴隨而生的那些病痛，因此我們要除病而不除法。「存有的執定」是個「法」，由存有的執定伴隨而生的病痛是「病」。像這樣的一個詮釋方式，其實是有意地要避開良知學本身太嚴重的負擔，也趁這個機會，可以解開良知學所可能隱含的咒術性以及專制性。

我們所要強調的就是要回到那存有總體之本源，而存有總體之本源，其實就在我們生活世界的點點滴滴中展開。「道」與「場域」有其同一性，「道」是就總體說，「場域」是就展開說，「道」是二層都可以說。「道」就其總體，可以往上說，就是其本源，這是就其理想義說；就落實為具體的實存義說，也可以講「道」，那是在場域中實存的狀態。所以我們談「存有的三態論」，其實就是「道論」。這個「道」就那個生命之源說，其實就是

「氣」。這樣來看，兩層存有論是以「本心論」為主，而存有的三態論則是以「氣論」為核心概念。

十五、以「存有三態論」通貫儒、道諸經典傳統

問：存有三態論之本源要如何去證成它呢？

答：這個地方我所採取的是現象學的傳統，借助於《易傳》所謂的「見乃謂之象」。什麼是「象」呢？「象」就是道體之「顯現」，即我耳之所聽、眼之所視、手之所觸，當下那個無分別的狀態，有覺知而無分別的狀態，那就是作為我們這個哲學的一個基礎點。你的知覺是就主客交融而不分、一時明白起來的那個狀態下做為一個起點來說。往上逆推的時候，我們說一個還沒開顯的、先天地生的那個狀態，這隱含了「可說」，而可說之上還有一更高層之「不可說」，大體上我們將它區隔開來。就其「寂然不動」的狀態，我們稱為「存有的根源」；就其彰顯而說，則是「見乃謂之象」；至於針對其所說，已經是「形乃謂之器」。「形」便是具體化，如何具體化？乃是透過「名以定形」。「見乃謂之象」之前是「無名」（不可說）的狀態，通過「現」的過程而進入「名」，這個「無名」而「不可說」的狀態就是「形而上」的狀態、「道」的狀態；而「形乃謂之器」則是「形而下」的狀態。我以為《易傳》所謂「形而上者謂之道，形而下者謂之器」，這個「形」是作為動詞，即「形著」、「彰顯」之義。就其形著而上溯其本源，我們說其為道；就其形著而作為一個具體存在，我們叫做「器」（或「物」）。這個區分在《老子》、《莊子》、《易傳》及儒學中都是相通的。道家從「道法自然」往下說，「道生之，德畜之，物形之，勢成之」，講「萬物莫不尊道而貴德」；儒家則從心能自覺處說，「志於道，據於德，依於仁，游於藝」。由於心對於道的總體之本源有一個真實的嚮往，因此道方得開顯；因道之有開顯，落實於存在的事物，落實於人而有一個生生之德、生生之本性，這叫做據於德，「道」就本源說，「德」就本性說；依於仁，則「仁」就感通處說，你所依存的是人跟人之間真實的感通；而游於藝，強調的是悠

游涵養於生活之中。於是，我們就可以把儒家所說的「志於道，據於德，依於仁，游於藝」和道家所說的「道生之，德畜之，物形之，勢成之」關連在一塊恰當地說，並且也可以把《易傳》的「見乃謂之象，形乃謂之器」、「形而上者謂之道，形而下者謂之器」通通連在一塊說，而《老子》的「無名天地之始，有名萬物之母」亦可以連在一塊說，通通可以恰當地擺定。

十六、從「意識哲學」到「場域哲學」：
熊十力先生體用哲學的新詮釋

　　由這樣的說法，我們就可以說明中國傳統基本上是儒道同源，儒跟道其實是一體之兩面。總地來說，是一個總體的，只是儒家是從「自覺」處強調，而道家從「自然」處往下說。而這麼一來的話，就可以化解掉以儒家為主流，以道家為輔助的說法，甚至可以化解掉道家只是一個境界形態形上學的說法，也可以化解掉儒家只是作為心性修養之實踐意義下的一個形態的說法，而可以回到一個總體的生活世界，在歷史社會總體裡談安身立命，這存有三態論的優點就在這裡。

　　另外，在文獻詮釋上，譬如《論語》、《孟子》、《大學》、《中庸》和《易傳》也可以徹底地連貫起來，而不必把《易傳》推出去，不必避諱什麼宇宙論中心。這樣一個處理問題的方式，我認為是回到那個生活的場域，回到那個總體上去。這樣的話，就可以使得牟先生的哲學從「意識哲學」轉入到「場域哲學」，或即是唐力權先生所謂的「場有哲學」。這個場域即人與天地交互參贊之總體的本源，即是交互參贊所構成之總體的場域；即其場域即其為本源，即其存有即其為活動。

　　當然這裡仍含有牟先生所談之本心論的影子，但這已是轉了好幾轉了。我以為這比較接近於熊十力先生的體用哲學——即用顯體，承體達用。就用處說，是就構成的總體之存在的事物，彼此之間的交互顯現；就此所顯現的，即用顯體，可以推顯出原初總體的本源；承體啟用，是承受這總體之本源的創生動力，而開顯為萬物之用。

十七、儒學是「實踐的人文主義」，
而不是以「宗教之冥契」為優先

　　所以我們這樣的一個說法，是掃除了另外一種太強調內在心性修養能夠跟宇宙動源合而為一的神祕氣氛，儘量把人可以經由儀式、經由修養、經由咒語，直接冥契於宇宙之動源的東西擺落，而強調所謂的「仁以為己任，不亦重乎？死而後已，不亦遠乎？」我認為這才是儒學最重要的精神。所以儒學不是以「宗教之冥契」為優先，而是以「歷史的傳承」為優先，所以是人文主義。因為從冥契主義去講儒學，有時候會太過，雖然有那樣的向度，但那個向度並不是儒學最強調的。儒學最重要的就是剛才所講的「仁以為己任，不亦重乎？死而後已，不亦遠乎？」當下能夠體悟、證悟「吾欲仁，斯仁至矣」、「朝聞道，夕死可矣」。但是不要忘了，在「吾欲仁，斯仁至矣」的時候，是說如果我對於那個當下的感通，有一種來自生命內在的願望欲求的話，當下我就有那個感通的能力，它的重點是在這裡。這還是要去實踐的，並不在於跟冥冥的絕對者之冥契。

　　「朝聞道，夕死可矣」是說：當我們的生命真正面對死亡的時候，才能夠對於那個最高的、回到一個存有的空無狀態，有一種冥契之感。其它在儒學裡談論這個問題的時候，通通都是擺在一個人文的領域說的。所以，要說儒學是一個「超越的冥契主義」，還是一個「實踐的人文主義」，我認為還是要從實踐的人文主義去定位。所以在宋明理學家的整個發展過程裡，太過強調超越的冥契主義這樣的工夫論，就某一個意義下來講的話，儒學實踐人文的那一面相對地也就慢慢減少了，這是一個很值得重視和思考的問題。

　　（本文乃一九九九年春夏間於中央大學哲學研究所教授「當代儒家哲學專題」一課之講詞之一，經由劉謹鳴、楊瑩綺兩位同學整理，再經何孟芩潤筆，最後經講者修訂而成，後曾在 2001 年 7 月，第十二屆國際中國哲學會上宣讀。）

第十三章　從「牟宗三」到「熊十力」
再上溯「王船山」的哲學可能
——後新儒學的思考向度

【本文提要】

　　本文旨在對當代新儒學的發展做一路線的總省察，並提出一後新儒學的發展可能向度。從「牟宗三」到「熊十力」標示著由「兩層存有論」回到「體用一如論」，這意在「驗諸倫常日用，重溯生命之源」。進而再由「熊十力」歸返「王船山」，這標示著由「體用一如論」再轉而為「乾坤並建論」，其意在「開啟天地造化之幾，落實歷史社會總體」。筆者以為經由這樣的回溯過程，將可以有一新格局之締造。筆者近年即依此路徑而提出「存有三態論」：存有的根源、存有的彰顯與存有的執定。

　　依此存有三態論，筆者進一步對於當代新儒學所強調「內聖」開出「外王」做一深度反省，指出當今之儒學當立足於「公民社會」，再回溯生命之源做一身心之安頓。這可以說是一「由外王而內聖」的逆轉性思考，這一逆轉將使得「社會正義」優先於「心性修養」，而我們亦可以因之而成就一嶄新的「社會存有論」。再者，這樣的社會存有論與存有三態論是合匯一體的，這是由熊十力的哲學轉折到王船山哲學向度，它特別著重的是歷史社會總體的物質性與精神性，此中隱含著「兩端而一致」的辯證關聯。

　　「存有三態論」與「社會存有論」的合匯同參，將可以免除以心控身的弊病，可以免除主體主義的限制；而真切地正視身心一如、乾坤並建，重視歷史社會總體，建構一以「社會正義」為核心的儒學思考。

關鍵字詞：兩層存有論、存有三態論、體用一如論、乾坤並建、社會存有論、
　　　　　兩端一致、社會正義、內聖、外王

一、問題的緣起

　　一九九三年我在《存有、意識與實踐：熊十力體用哲學之詮釋與重建》一書的〈卷後語〉中提到了從「牟宗三而熊十力」，再由「熊十力而王船山」的發展可能。我當時以為由牟宗三而熊十力，此是「上遂於道，重開生源」；由熊十力而王船山，則意在強調歷史社會總體的落實與開展，而這是人性史哲學的重新出發。[1]

　　大體說來，近八年來我是依著這方向來發展所謂「後新儒家哲學」的。一九九四年四月我在哈佛大學儒學討論會上講〈後新儒家哲學論綱〉，一九九六年十月於南華管理學院哲學研究所啟教開講禮上講《道言論》綱領，又在同年十二月第四屆當代新儒學國際會議宣讀〈牟宗三先生之後：護教的新儒學與批判的新儒學〉，一九九七年四月於第一屆臺灣儒學國際學術研討會上宣讀〈咒術、專制、良知與解咒——對臺灣當代新儒學的批判與前瞻：對於《後新儒家哲學論綱》的詮解〉，一九九八年四月於中國哲學會年會上宣讀〈生活世界與意義詮釋：後新儒學的存有學與詮釋學〉，順著這些發展，我終於在一九九八年年底刊行了《儒學革命論：後新儒家哲學的問題向度》一書。之後，一九九九年七月我又於第十一屆國際中國哲學會上發表〈後新儒家哲學擬構：從「兩層存有論」到「存有三態論」——以《道言論》為核心的詮釋與構造〉一文，二〇〇一年七月我再度發表〈後新儒學的思考：「存有三態論」與廿一世紀的中國哲學之可能發展〉一文；總的說來，經過勤懋戮力的探索歷程，「存有三態論」的歸模大體成形。

　　「存有三態論」：「存有的根源」、「存有的開顯」與「存有的執定」的思考，大體由熊十力體用哲學的詮釋轉化創造而來。當然，這也可以理解為從牟先生兩層存有論的「無執的存有」與「有執的存有」轉化而來。在「存有三態論」的思考過程中，我試圖從熊十力「體用一如」的理論規模加

---

[1]　參見林安梧《存有、意識與實踐：熊十力體用哲學之詮釋與重建》，頁 373，東大圖書公司印行，1993 年，臺北。

入王船山「乾坤並建」、「兩端而一致」的思考。我試圖從原先宋明儒學所
重視的「主體性」思維轉化為注重「場域」、「處所」、「天地」的哲學思
考。就在這樣的向度下，後新儒學強調歷史社會總體的重要性，而一反原先
「由內聖開出外王」的思考，改而強調「由外王而調適內聖」；一反原先以
「心性修養論」為核心，轉而強調以「社會正義論」為核心的哲學思考。

　　這些思考跟著我長了十多年，特別最近八年那更是日夜糾纏，揮之不
去；「思之思之，鬼神通之」，偶有所得，悅樂滿懷，但「輾轉反側，寤寐
求之」，苦悶焦急，難以言喻。今逢此盛會，願將我所思所想，謹就教於諸
位前輩賢達。

二、熊十力體用哲學的義理向度：「存有三態論」

　　在《存有、意識與實踐》一書，筆者對熊十力的體用哲學大體做了如下
的總結：

　　「熊十力的體用哲學乃是一「活生生的實存而有」這樣的一套存有學。
這樣的一套存有學是以「人」這個活生生的實存而有為整個存有的觸動點而
展開的。這個存有的觸動點不是我們一般所以為的意識主體，因為熊十力發
現了一般的意識主體都只是一概念機能所成的「權體」（暫時之體），它不
足以作為一「常體」（恆常之體）。更重要的是，熊十力發現到真正的恆常
之體是一「無體之體」，它是超乎言說、超乎表達的純粹之體[2]；或者，我

2　陽明曰：「目無體以萬物之色為體，耳無體以萬物之生為體，鼻無體以萬物之臭為
　　體，口無體以萬物之味為體，心無體以萬物之感應是非為體。」（《傳習錄》卷下，
　　頁 235-236，商務版，1974 年 8 月，臺四版，臺北。）龍溪於此而改為一「空空道
　　體」，彼謂「空空者，道之體也。口惟空，故能辨甘苦；目惟空，故能辨黑白；耳惟
　　空，故能辨清濁；心惟空，故能辨是非」（見《王龍溪全集》，卷六〈致知議
　　略〉），意義比陽明更進一層。又陽明四句教亦云「無善無惡心之體」（同前揭書，
　　頁 257），而王龍溪即以此更由此而論心意知物皆為無，而說「無心之心則藏密，無
　　意之意則應圓，無知之知則體寂，無物之物則用神」（見《王龍溪語錄》卷一〈天泉
　　證道紀〉）。從陽明到龍溪發展可以見出儒學已不是停留在一意識的主體性的哲學，

們亦可說熊十力揚棄了「唯識學」的意識主體的概念[3]，因為凡是涉及於外境的意識才可能成為一有質礙的東西，才可能成為一權體；但這權體畢竟是權體，而不是實體；熊氏他發現到真正的「體」不是一獨立體，而是即用顯體之體。因此，若落在意識哲學的角度來說，真正的體乃是一虛空無物之體，是一透明性之體，它是自由的、無礙的，落在存有哲學的角度來說，這樣的體具有無限的可能性，筆者用「存有的根源——『X』」去說它。[4]

這麼說來，我們便可以作出這樣的聲稱：熊十力的體用哲學之作為一「活生生的實存而有」的形而上學，它是越出意識哲學的範圍的，但這樣的一個提法並不意味著在那執著性、對象性的存有之上的境域為不可知。那無執著性、未對象化的存有雖為不可說的境域，但卻不是不可知的領域。熊氏以為此雖非概念之知，非執著性、對象化的認識之知，但卻可以是一理念之知，是一超乎執著性、對象化的實踐之知。換言之，熊氏並不是經由一思辯的辯證性思維去縫合概念與理念的層次，去接通認識與實踐的層次；而是經由一實踐的辯證性思維去開權顯實，遮撥執著，疏通存有的本原。換用傳統的哲學語詞，我們可以發現熊十力恰當的處理了「道體」、「心體」、「物體」三者的互動關係，而其關鍵點則在「心體」上。或者，我們亦可說像熊十力這樣一套完整的「體用哲學」，他正視到了「意識」、「存在」與「實踐」諸問題的互動關連，而問題的核心點則在於「實踐」上。[5]

而逐漸走向一意向性的哲學，意向性的哲學則可以劉蕺山為代表，經由此再發展到一歷史性的哲學，此則以王船山、黃梨洲為代表。（關於此，請參見林安梧〈論劉蕺山哲學中「善之意向性」——以〈答董標心意十問〉為核心的疏解與展開〉一文，見《國立編譯館館刊》第十九卷第一期，1991 年 1 月，臺北）。

[3] 如熊氏所言「有宗不見本體，直妄構一染性之神我當做自家生命，（此中神我者，佛家雖遮撥外道神我，而其賴耶說實不異神我，故直以神我目彼賴耶）此其大謬。」（見《論著集》〈答問難〉，頁 641），熊氏之論或有可議，然此仍可見彼之體系不贊成意識主體這樣的概念。

[4] 「存有的根源——『X』」旨在闡明它是總體的、根源的、無分別的，後來省略了「X」，直接以「存有的根源」稱之。

[5] 以上所述，請參見林安梧《存有、意識與實踐》，頁 323-325。

　　或者，我們可以進一步對熊十力在《新唯識論》中所開啟的體用哲學再
做如下的闡述與概括：

　　一、意識原是空無的、透明的，此是意識的本然狀態，此狀態是「境識
俱泯」的，「境」「識」兩不相涉，各處於其在其自己的狀態，由於各處於
在其自己的狀態，是無分別的，是歸本於寂的，此歸本於寂而吾人即說為存
有之根源；但之說為存有之根源實有過於寂者，此是就此寂所隱含之感來
說，而且此感是一主動的明覺性、自由性之感。即於此，我們說意識的空無
性、透明性即隱含明覺性與自由性。我們將此說為「存有的根源──
『X』」。

　　二、意識與存有不能停於在其自己的狀態，而必相涉而俱起。蓋「境識
俱起」者，存有的根源自如其如的開顯其自己也。熊十力即於此假說翕闢成
變，彰顯存有開顯的辯證法則。就此彰顯而言，它是主客同起而未分的，是
無執著性、是未對象化的。在存有論的角度說，它是先於那執著性、對象化
的存有，在知識論的角度說，它亦是先於執著性、對象化認知的。

　　三、由於存有的開顯與轉折加上人根身習氣的乘權作勢、以及概念機能
總體的執取作用，使得存有對象有所執定，而成為一執著性、對象化的存
有。這時已不是主客同起而未分的狀態，雖然，它仍是境識俱起，但已是主
客同起而分立，意識與存有形成兩相對礙的兩端，各成其為體，而此體乃只
是權體，而非常體。此權體是由識知之執而成的，然此執必帶有染，以其根
身習氣乘權故也。以此，我們說其為意識的染執性、權體性，以別於意識的
空無性與透明性。再者，此染執性、權體性必含有質礙性、障蔽性。

　　四、境識俱泯狀態下的意識之本然的狀態，它具透明性與空無性；在境
識俱起而主客同起而分立的狀態下，它具染執性與權體性。此本然的狀態與
分立的狀態形成一對比，此對比使得意識的自由性、明覺性與意識的質礙
性、障蔽性形成一對比的張力狀態。在此對比的張力狀態下，道德意識最為
顯豁，否則只是百姓日用而不知罷了。

　　五、熊十力之學即以此「道德意識」作為人之特殊的定向，即此特殊的
定向而作成其活生生的實存而有的體用哲學。蓋活生生的實存而有即以此

「道德意識」作為人之迎向世界、世界向您迎向，這相互迎向過程中的觸動點，就此觸動點來而說其為吾人的心源動力，道德的、實踐的形而上學亦於焉而成。[6]

顯然地，熊十力的體用哲學所做成的是「存有三態」：存有的根源（境識俱泯）、存有的開顯（境識俱顯）、存有的執定（以識執境），儘管熊十力仍然極為強調「本心」的重要性，但畢竟他所重視的是「乾元性海」，他最常舉的「體用不二」的形象比喻——「眾漚與大海水」，這在在清楚的顯示這不是以「意識哲學」為核心的思考，而是跳脫了主客對立的思考，這是一種「場域」式的思考，不再是一主體性思維。[7]

就以「境識俱泯」之做為「存有的根源」而言，這便擺脫了實在論以及唯心論的困境，而回到中國傳統的「道論」立場。如此一來，就跨過了唯心、唯物的限制，跨過了宋明儒學「主理」（強調超越的道德形式性原則）、「主心」（強調內在的主體性原則）兩派的對立，而回溯到「理氣不二」、「心性為一」、「道器不二」、「即道即器」的「氣論」傳統。徹底來說，「道論」與「氣論」是通而為一的，只是一重在「總體之根源」說，一重「根源的創生」說。顯然地，這時我們所說的「存有的根源」並不是一夐然絕待的、超絕的形上之體，而是做為「無名天地之始」的「場域始源」，是人參贊於天地所形成一無分別相的總體之本源，充滿了生發創造可能的本源。

這「場域之始源」是做為一切存在之所憑依者，它不落在實然層面，不落在符號構作的層次，不落在分別相的思考，不是在執著性的系列裡往前追溯所可以達到的；它跨過了分別相，跨過了符號構作的層次，跨過了實然的層面，它是一理念的永恆歸依，它是一帶有神聖徵符的歸依。我們從儒、道、佛諸家典籍中常看到所謂「大哉乾元」，所謂「天地之始」，所謂「先

---

6 以上所述，請參見林安梧《存有、意識與實踐》，頁343-344。

7 關於此，筆者以為可與日本京都學派互參比較，請參見筆者《「當代新儒學」與「京都學派」——以熊十力《新唯識論》與西田幾多郎《善之研究》為核心的對比展開》，1997-1998國家科學委員會計畫成果。

天未化前」都可以從這向度來理解。

　　深層視之，熊十力體用哲學可以說是陽明學與船山學進一步的發展，當然也批判地融會了佛教與道家，但他比較起來更傾向於陽明學一面。[8]他將陽明學所強調的「無體之體」轉成「即用顯體」的「體」，並強調這「體」不是一形而上的夐然之體，而是一場域之始源，是即於「眾漚」的「大海水」之體，這「體」是總體之體，是根源的場域，是場域的始源。這是體用一如的哲學思考，而這體用一如可不是「平鋪的相即而如」，而是經由「縱貫的創生」，因之而有「平鋪的開展」，再落實而為一「存有的執定」。

三、「存有三態論」：
存有的根源、存有的彰顯、存有的執定

　　不同於「兩層存有論」，將問題的根結擺置在「一心開二門」的格局來思考，「存有三態論」是以「存有的根源」、「存有的彰顯」、「存有的執定」這三階層而立說的，這樣的立論雖頗有得於熊十力的體用哲學，而最重要則來自於《易經》及《老子道德經》的理解、詮釋與轉化。依筆者之見，《易經》所謂「形而上者之謂道，形而下者之謂器」、「見乃謂之象、形乃謂之器」與《老子道德經》所說「道生一、一生二、二生三、三生萬物」（見《老子道德經》四十二章）、「天下萬物生於有，有生於無」（見《老子道德經》第四十章）、「無名天地之始，有名萬物之母」（見《老子道德經》第一章）等都可以關聯為一個大脈絡來理解。

　　「道」是不可說的，是超乎一切話語系統之上的，是一切存在的根源，原初是處於「境識俱泯」的狀態下的，這可以說是一空無寂靜的境域，亦即老子所說的「無名天地之始」，也就是存有三態論的第一層狀態，是意識前的狀態（pre-conscious level），也可以說是「寂然不動」的狀態，是秘藏於

8　關於此，從熊先生晚年所立三像──中為孔子，右為陽明，左為船山，詳見郭齊勇《熊十力與中國傳統文化》第一章〈熊十力先生傳略〉，頁 48，天地圖書公司印行，1988，香港。

形而上之道的狀態。[9]

再者，須得一提的是，「道」不能永遠秘藏於不可說的狀態，「道」必經由「可道」而開顯，「道」之一字重在其不可說，由此不可說而可說，此是「道可道」一語的解釋。再者，如此之「道」之必然開顯則可以理解為一「生」，「生」者不生之生也，如其道而顯現也，即如《易經》所說「見乃謂之象」也。若總的來說，我們實亦可以說「道顯為象」也，而如此之顯現即為「不生之生」，由此不生之生，必具體實現之、內化之，此即是「德」，「德蓄之」，蓋蓄之而為德也，承於道、著於德也。就此而言，此當屬存有的彰顯，是境識俱起而未有分別的狀態，是即境即識，亦可以理解為純粹意識的狀態（pure conscious level），是道生德蓄的狀態，這是存有三態論的第二層狀態，是「感而遂通」的狀態。

老子除說「道可道」外，他又說「名可名」，而其「道德經」則由此「有名」與「無名」而展開，這是說「道」必經由「可道」開啟，而「可道」當落在「名」上說，否則不足以為說。「道」重在說其「不可說」，而「名」則重在說其「一切話語、言說之源」，論其「言說、話語之源」，是一切言說話語之所歸，然非一般言說話語之所能涉，就其隨言說話語之源而說亦是不可說者，此亦當經由一言說話語之命定活動（名以定形）而展開，但此展開已非原先恆常的話語言說之源，也因此說「名可名，非常名」。

「名」必經由一「可名」的活動，而走向「名以定形」，但「名」必本於「無名」，這正是「天地之始」。這正闡釋了在一切言說話語未展開之前，原是一虛空靈明的場域，我以為從《老子道德經》所開啟的「處所哲

9　此見解實脫胎於一九九〇年關永中先生所授現象學一課，吾於此課中習得 M. Merleau-Ponty 的覺知現象學（Phenomenology of Perception），有趣的是此書的許多論點，就連書名都似乎與熊先生的《新唯識論》可以連在一起思考，該書為臺灣雙葉書店影印發行，1983 年，臺北。

學」、「場域哲學」是迥異於以「主體性」為首出概念的哲學思考。[10]因之，所謂「存有的根源」並不是一夐然絕待的形而上之體，而是渾淪周浹、恢詭譎怪、通而為一、境識俱泯、心物不二的場域生發可能。

「無名」本「不可名」，此「不可名」又當隱含著一「可名」，由此「可名」之彰顯而為「有名」，有名者，經由命名的活動、主體的對象化活動，使一對象成為一決定了的定象，這亦是老子所說的「始制有名」，這樣的一個活動即是「有名萬物之母」一句的詮解。相對於「形而上者之謂道」，此即是「形而下者之謂器」，經由一形著具體化的活動，經由主體的對象化活動，使得那對象成了一決定了的定象。又《易經》所說「見乃謂之象，形乃謂之器」，「器」即此之謂也。又老子「物形之」「物」即此之謂也。落在存有的三態論來說，這屬第三層，是「存有的執定」。這是境識俱起而了然分別，以識執境的狀態，是意識之及於物的狀態，是意識所及的階層（conscious level），是念之涉著於物，並即此而起一了別的作用。《易經傳》所謂「曲成萬物而不遺」當可以用來闡釋此。若以一九九六年所為之《道言論》來說，這是順著前面所說的「道顯為象，象以為形」，進而「言以定形」的活動。

「名以定形」，「言以成物」，言說話語才使得對象物成為對象物，但一落言說話語的脈絡便會因之形成一不可自已的出離活動，這樣的力量之不能自已，可以成為「物勢」，是隨著「物形之」而有的「勢成之」。這樣的「物勢」正標明了「言說話語」所可能帶來的反控與異化，真正的問題並不是「物」，而是「名以定形」的「名」，「言以成物」的「言」，這名言（言說話語）所挾帶而來的趨勢，是會導致反控與顛覆的，所謂「天下皆知美之為美，斯惡矣！天下皆知善之為善，斯不善矣！」正是這寫照。伴隨著言說話語挾帶而生的利益、性好、權力、貪欲、趨勢，將使得我們所展開的認識活動與價值實踐活動因之而扭曲、異化、變形，甚至是倒反。就此來

10　關於處所、場域、天地等概念多啟發自日本京都學派的見解，特別是西田氏的《善的經驗》一書，關於此，請參見江日新譯《日本近代哲學思想史》，東大圖書公司印行，1989 年 5 月，臺北。

說，即《道言論》所論「言業相隨」也。我也在這點上接受了哈柏瑪斯（J. Habermas）有關「知識」與「趣向」（Knowledge and interest）的論點。[11]

四、從「存有三態論」到「存有的治療」之哲學詮釋

「天下萬物生於有，有生於無」（見《老子道德經》四○章），落在存有三態論來理解，可以豁然明白。天下間一切對象物之所以為對象物，是經由一「有名」（「始制有名」（見《老子道德經》三十二章））這樣的命名活動，這樣的主體對象化活動而構成的。再進一步推溯，這「有名」原生於「無名」，「言」始於「無言」，「言」與「默」是連成一個不可分的整體，「可說」必上溯於「不可說」，這便是「有生於無」。顯然地，「天下萬物生於有，有生於無」，這是從「存有的執定」往上溯而及於「存有的彰顯」，更而往上溯而及於「存有的根源」。

相對來說，「道生一，一生二，二生三，三生萬物」（見《老子道德經》四十二章），就存有的三態論來說，這是從「存有的根源」往下說，「道生一」是就「存有的根源」說，而「一生二」是就「存有的開顯」說，「二生三」是就「存有的執定」說，由此存有的執定因之對象物始成為對象物，此之謂「三生萬物」。

若關聯著「默」與「言」，「不可說」與「可說」來論，「道」本為不可說，如此之不可說是渾合為一的，是一不可分的整體，「道」本為空無，而有一不生之生的顯現可能，即此顯現而為一不可分的整體，這即為「道生一」，「道生一」總落在「存有的根源」一層立說。道既顯現為一不可分的整體，如此不可分的整體雖仍為不可說，但這樣的不可說之整體便又隱含著另一對面的可能，如此之對立面實由此整體所分別而來，既有分別，便由原先之「不可說」轉為「可說」。如此「不可說」而「可說」，此即所謂的

---

11 關於此，顯然受到西方知識社會學傳統之影響，如卡爾曼罕（Karl Mannheim）等之影響，又哈柏瑪斯之見地，請參見 Jurgen Habermas, *Knowledge and Human Interests*, Translated by Jeremy J. Shapiro, Beacon Press, 1971, Boston, USA.

「一生二」是也。進到此「一生二」之境域，實即為存有的開顯之境域。如此之「可說」又必然的指向於「說」，「可說而說」，這是主體的對象化活動，如此使得一切存在之對象成為一決定了的定象，這即是「二生三」。「道生一」是由空無性進到總體的根源性，而「一生二」是由此總體的根源性進到兩端的對偶性，而「二生三」則是由此兩端的對偶性進到具體的個別性，由此具體的個別性才能說天地萬物之存在，這即是「三生萬物」。這是由「說」而「說出了對象」，由具體的個別性具體化成為一個別之具體物。

若進一步闡述之，我們亦可說此「道生一、一生二、二生三、三生萬物」，「道」是「未顯之不可說」，而「一」是「已顯之不可說」，「二」是「未執之可說」，「三」是「未執之說」，「萬物」即為「已說之執」。若關聯到我多年來所闡述的中國解釋學的五個層次：「道」、「意」、「象」、「構」、「言」，「道生一」即為「道顯為意」，「一生二」即為「意顯為象」，「二生三」即是「象以為構」，而「三生萬物」則是「以言為構」。「道」是總體渾淪而未發，「意」是將發未發之幾微，「象」是顯現而無分別，「構」則是顯現而有分別，「言」則是分別而為對象物。[12]

由於道家思想的薰陶，讓我深切的體會到我們這個族群有一極為可貴的地方，迥非西方文化主流所能及，這就在於我們在言說話語之上有一「超乎言說話語的存在」，「可說」與「不可說」、「言」與「默」，並不是斷裂的，而是連續的。我們早在二千餘年前即清楚的瞭解「名以定形」、「言以成物」[13]，任何一個客觀的對象物都不是一既予的存在，而是經由言說話語所建構的存在。正因如此，凡所謂的存在的異化都不是來自於存在本身，而

---

[12] 關於此「道、意、象、形、言」首見於「革命的孔子：熊十力儒學中孔子原型」一文，涉及於「詮釋方法論及其相關問題」處，請參見《儒學革命論：後新儒家哲學的問題向度》，頁169。關於此，進一步的論述，請參見林安梧《中國人文詮釋學》第六章，頁133-162，臺灣學生書局，2009年。

[13] 「名以定形」（頁六五）最早由王弼提出，相關者，他亦有「名以定物」（頁六）、「名者，尚乎定真」（頁五），請參見王志銘編《老子微旨例略、王弼注總輯》一書，東昇出版事業公司印行，1980年10月，臺北。

是來自於言說話語的建構，這應說是「話語的異化」，而不是「存有的異化」。[14]

　　就西方當代哲學涉及於此者來說，我以為工夫倒做了。他們判之為「存有的異化」，再企求一「話語的治療」；實則，應該判之為「話語的異化」，所當求的是「存有的治療」。我認為這在在可以看出西方是以「Logos」為核心的思考，此不同於我們中土是以「道」為核心的思考。正因我們這「道」論的傳統，我們才不拘於「語言是存有的居宅」，我們更而說「存有（道）是語言形而上的居宅」，而「語言則是存有（道）落實於人間世的居宅」。[15]「存有」（道）與「語言」兩者的關係，借用王夫之的哲學用語，應是一「兩端而一致」的關係。[16]所謂「異化」的克服即須在此「兩端而一致」的格局下來思考。

　　如前所述，在「存有三態論」的格局看來，所謂「存有的治療」便是真切去面對「存有的執定」及其伴隨而生的貪取、利益、權力、占有、欲求等等，經由一種「存有的歸返」活動，回到原先存有的開顯，乃溯及於存有的本源；再如其所如依此存有之本源開顯其自己，並在此場域中獲得一種甦醒與調劑的可能。換言之，道家義下的存有的治療，它所重的並不在於存有的執定這層次的對治，而是經由存有的歸返活動，讓自己能回到境識俱泯的根源性狀態，因之而使生命能如其自如的生長。

　　現在，我們且以老子《道德經》為例闡述之：

　　　「致虛極，守靜篤，萬物並作，吾以觀復，夫物芸芸，各復歸其根，

---

[14] 請參見林安梧〈語言的異化與存有的治療〉，收入《中國宗教與意義治療》一書第六章，頁139-175，明文書局印行，1996年4月，臺北。

[15] 關於「語言」與「存有」的見地，頗受海德格（Martin Heidegger）啟發，海氏見解，請參見氏著《走向語言之途》（孫周興譯），時報文化出版企業公司印行，1993年4月，臺北。

[16] 關於「兩端而一致」的思考，請參見林安梧《王船山人性史哲學之研究》，第四章「人性史哲學的方法論」，頁71-96，東大圖書公司印行，1987年，臺北。

　　歸根曰靜，是謂復命，復命曰常，知常曰明，不知常，妄作凶。知常
容，容乃公，公乃王，王乃天，天乃道，道乃久，沒身不殆。」（見
《老子道德經》第十六章）

　　這是我講習老子最常引用的經文段落，我亦因之而於存有三態論所隱含
的治療學思維，更無所疑。「致虛」、「守靜」這是對於存有的執定與伴隨
而生的染污的撤除活動，是一「滌除」的工夫，由此「滌除」，才得「玄
覽」也。[17]由這樣的撤除活動，我們才能「損之又損」，回到「存有的根
源」，才能有一「存有的光照」（即所謂「玄覽」，或作玄鑒）。換言之，
致虛守靜看似一消極性的撤離活動，但實為一積極性的光照也，是來自於存
有之在其自己的光照也。經由如此之光照，萬物如其自如的生長著，這便是
所說的「萬物並作」。能致虛、守靜，能得存有的光照，方得「觀復」。
「觀復」是就人往上說，而「玄覽」則就道往下說，是一體之兩面。「觀
復」是就存在的現實居宅往上說，而「玄覽」則是就形而上的居宅往下說。
玄覽是一道體的照明，而觀復則是一修養功夫，這功夫是連著前面所說的
「致虛」與「守靜」而開啟的。

　　「致虛」、「守靜」、「觀復」、「歸根」、「復命」這些字眼或可以
做多方的闡釋，但總的來說，他們都指向一存有的回歸，並經由這存有的回
歸而獲得存有的治療。「存有的回歸」，無他，只是回復生命之常罷了，能
體會得此生命之常，即為智慧通達之人。不能體會生命之常，無知妄作，必
然招致凶禍。能體會得此生命之常，便能有所容，能有所容，則無不公矣。
當回到生命的存有之源，得此存有之源的浸潤，有了一生命的溫潤之情，自
能有一相與融通合匯之可能（常乃容），如此才能凝成一有力量的社會共同
體（容乃公），能如此才能通天地人，成為此共同體之領導者（公乃王），
這樣的一個現實政治的領導者才能朝向普遍理想（王乃天），如此之普遍理
想並不是夐然超於物外，而是通同於一根源性的總體（天乃道），能通於此

17　「玄覽」語出《道德經》第十章，或作「玄鑒」。

根源自能長久不息（道乃久），終其身永不停歇（沒身不殆）。顯然地，存有的回歸便隱含著存有的治療，而所謂的治療便在於存有的照明，總的來說，這是一修道與體道的活動。

如上所述，這樣的「存有的治療學」得之於道家的啟發頗多，它走出了境界型態的形而上學的詮釋角度，而往社會存有學、社會實踐學邁進。他意圖跨過「儒主道輔」的儒家主流思考，而強調「儒道同源」、「儒道相生」、「儒道互補」。依這樣的詮釋，我們發現道家不再只是強調主觀修證的境界型態的形而上學，儒家也不再是以「心性修養論」為核心的「道德的形而上學」。當然，也就不再是以「一心開二門」的格局來建立「兩層存有論」，而是以「天地人交與參贊成的根源性總體」、「境識一體」、「物者心之物也，心者物之心也」[18]的去闡釋「存有三態論」的理論可能。當然，這也就不再是「如何由內聖開出外王」的思考，而得思考「內聖外王交與為體」，甚至是相對於以前，反過來要思考「如何由外王而調理出新的內聖」來。

五、從「以心控身」到「身心一如」：由「外王」而「內聖」的新可能

大體而言，我以為宋明理學不管是程朱學的「道德天理論」或者陸王學的「道德本心論」都難脫「以心控身」論的格局，當代新儒學雖思有以突破，然而卻仍圍限於「道德智體論」的格局。「道德智體論」或名之為「智的直覺論」，此語殆脫胎自康德哲學，然實有別於康德哲學而有進於康德哲學者，此論以牟宗三先生為代表，其代表著作《現象與物自身》、《圓善

---

[18] 「天地人交與參贊成的根源性總體」此語可用來詮釋「道」，是這十餘年講習諸家經典而後訂定的；而「境識一體」則有取於熊先生體用哲學之理解；「物者心之物也，心者物之心也」則是王船山哲學的觀點。

論》，俱可見其精奧者在。[19]此論乃承繼康德「現象與物自身」兩重之區分以為論，所不同的是康德認定惟上帝始有「智的直覺」（Intellectual Intuition），人則無智的直覺；牟先生則依東土儒、道、佛之智慧，而強調儒以其「性智」，道以其「玄智」，佛以其「空智」，俱可稱之為「智的直覺」。如此之異，端在人之雖為有限，而可以有其無限故也。此原關連吾族文化所含存有之連續觀，本為無誤。惟病在兩層存有論之區分，將此區分結穴於一心之過轉，所謂「一心開二門」是也。[20]如此結穴于本心而說人是正視人之為一道德的存在（moral being），而忽略人之作為一自然之存在（natural being）及社會之存在（social being）；而且如此之道德之存在是超越的、普遍的、抽象的、形式的，即非如此，然實際之傾向是果如此也。[21]

　　牟氏此說一秉于「道德智體論」而說，膾炙人口之「良知之自我坎陷」論亦由是而出。此雖不同于道德天理論之「以心控身」之格局，較近于道德本心論之「以心控身」的格局。可視之為一「絕對惟心論」之體系建構。這依舊是將「心」實體化、道體化，甚至是上帝化。[22]值得注意的是，如此將「心」實體化、道體化，甚至上帝化而建立一絕對惟心論。牟氏之論將「身」銷歸於「心」，再由「心」而坎陷出「身」來。在理論上，彼先吞沒了「身」，再由此「心」輾轉生出此「身」。由「心」輾轉生出「物」，這

---

[19] 牟宗三先生《現象與物自身》於 1975 年臺灣學生書局印行。《圓善論》則於 1985 年臺灣學生書局印行。相關介紹請參見蔡仁厚《牟宗三先生學思年譜》，頁 156-162，頁 195-203，臺灣學生書局印行，1996 年，臺北。

[20] 以上所論主旨見於牟宗三《現象與物自身》第一、二、三章，臺灣學生書局印行，1990 年 3 月，初版四刷，臺北。

[21] 請參見林安梧《儒學革命論：後新儒家哲學的問題向度》第二章〈牟宗三先生之後──「護教的新儒學」與「批判的新儒學」〉，第三章〈咒術、專制、良知與解咒：對臺灣當代新儒學的批判與前瞻：對於《後新儒家哲學論綱》的詮解〉，頁 29-64，臺灣學生書局印行，1998 年 11 月，臺北。

[22] 這裡筆者強調的是「將『心』實體化、道體化，甚至是上帝化」的狀態，筆者以為當代新儒學特別是牟先生的系統有這樣的傾向，或者說其流衍有一這樣的傾向。當然，牟先生之學亦可以不往此方向走，但我看到的是往這方向走。這是思想落實發展的問題，與他的思想本身當然相關，但不可以做為一件事來看待。

樣雖有別于原先吾所論「以心控身」的格局，而成就另一新類型之「心為身之源」式的「以心控身」論，或者說是「以心成就身」之論調。「心為身之源」，而身心可以為不二，且「心」是本心，是道心，是智體明覺；由是牟先生之論專在如何由「良知之自我坎陷」以開出「知性主體」而成就民主、科學；彼于傳統之修養工夫論則頗為不足，社會實踐論亦缺；彼所成就者乃形而上之保存也，是一道德之形而上學也。[23]

就其可發展處衍之，牟先生之學重在回溯道德智體，並由是欲開展其「新外王」之理論；然此辯證之曲折開展，實乃「理論之建構次序」，此與「歷史發生之次序」，「學習成就之次序」迴然有別，須得釐清，不可混同。[24]

牟先生之論實有不同于傳統之「以心控身」論者，故彼亦不重視此論下之修養工夫論，祇單提一「逆覺體證」足矣！吾以為此當正視開一新的修養工夫論與社會實踐論，此即於所倡言之以「社會公義」為優先，「心性修養」之為其次也，非由「內聖」而「外王」，實乃「外王」而「內聖」也。[25]「身心一如論」如前所言，心身之本然一體，無分主從之關係。此以中國傳統儒學視之，船山之學于此最為明白。彼之不同于「理」中心論者、「心」中心論者，亦不同于一般所以為之「氣」中心論者，彼或可謂為「理氣不

---

[23] 筆者在悼念牟先生之文中即有此論，請參見筆者〈無盡的哀思：悼念牟宗三先生兼論「形而上的保存與實踐的開啟」〉，收入林安梧《當代新儒家哲學史論》頁 221-226，明文書局印行，1996 年 1 月，臺北。

[24] 關於「理論的次序」、「發生的次序」、「學習的次序」之異同，請參見林安梧〈解開「道的錯置」——兼及於「良知的自我坎陷」的一些思考〉，載於《孔子研究》，第 53 期，頁 14-26，1999 年 3 月出版，中國山東。

[25] 請參見筆者所著〈從「外王」到「內聖」：以「社會公義」論為核心的儒學——後新儒學的新思考〉一文，第二屆臺灣儒學國際學術研討會論文集，頁 591-610，國立成功大學中文系印行，1999 年 12 月，臺南。又關於此王季香曾為文加以討論，見〈儒家內聖外王之道的新思考：〈從『外王』到『內聖』：以『社會公義』論為核心的儒學述評〉，刊於《鵝湖》第廿卷第二、三期（總號：302,303），2000 年 8 月、9月，臺北。

二」論者，此乃與其「身心一如」論，或「理欲合一」論伴隨即生者。**26**

　　船山之學或視之為「主氣」之傳統，此亦無不可；但此「氣」實不宜視之如戴震所說自然血氣之氣也，實不宜直視之為「自然人性論」也。船山乃一理氣不二論，其為不二，則重在「互體」論上。彼所論「有聲、色、臭、味以厚其生」，「有仁、義、禮、智以正其德」，「合兩者而互為體」；自然之生與人間之德是互為體的，推而衍之，「理與欲」、「性與情」、「身與心」，皆是互為體的。**27**若依「大體」、「小體」而論之，船山以為「……此固天性之形色而有則之物，亦何專于心耶！唯小體不能為大體之害，故養大者不必棄小者。若小體便害大體，則是才有人身，便不能為聖賢矣。」，此論當然是反對將「身」當作「臭皮囊」來論的，而是正視「身」的重要性。**28**

　　依傳統儒學「大體」是「心」，「小體」是「身」，高揚大體，貶黜小體，揚心黜身，以心控身是常論；船山悖此常論而強調身心本為不二，既而有二，則此二為「互體」。互體是各有其體，而依其體成其用，各有其用，即用而顯體。**29**「心」之為大體是「體」，此體是普遍義，根源義之為體；相待言之，「身」之為小體是亦為「體」，此體是具體義，實存義之為體。人之生也，是以實存義、具體義之體而涵納此普遍義、根源義之為體，即此涵納是為「用」。再者，此普遍義、根源義之體亦當落實實踐而可以不蹈

---

26 這理論的結構主要是以王船山哲學為典型，請參見林安梧《王船山人性史哲學之研究》，特別是第五章〈人性史哲學的核心問題〉，東大圖書公司印行，1987 年，臺北。

27 船山謂「情受於性，性其藏也。乃迫其為情，而情亦自為藏矣。藏者必性生，而情乃生欲；故情上受欲，下授欲」（見王船山《詩廣傳》〈邶風〉，頁 23，河洛圖書出版社印行，1974 年 9 月臺景印版。）彼又謂「性情相需者也，始終相成者也，體用相函者也。性以發情，情以充性；始以肇終，終以集始；體以致用，用以備體」（見《周易外傳》卷五，頁 22，廣文版《船山易學》，頁 958，廣文書局印行，1971 年 5 月。）

28 前揭書，頁 939-940。

29 船山論及此有「藏互宅而各有其宅，用交發而各派以發」之論，請參見《尚書引義》卷一〈大禹謨〉，頁 22，河洛圖書出版社印行，1975 年 5 月，臺北。

空，此乃得經由「身」之為小體，之為具體義、實存義之體而展現，如此是承大體之體，而達乎小體以為用也，是乃承體達用。明顯的，「身心一如」之論（大體、小體通而為一之論）可以構成一「體用合一」論。即體而言，用在體；即用而言，體在用；即用顯體，承體達用也。

「以心控身」論，常轉而為「以道心控人心」之論，此大體以偽古文《尚書》〈大禹謨〉之論「道心為微，人心為危，惟精唯一，允執厥中」，以為論。船山強調「人心亦統性、道心亦統情」兩者皆源于天命，故危而不亡，然具體的表現于氣質，故危而不安，兩者是「藏互宅而各有其宅，用交發而各派以發」者，這是「身心一如」論之工夫，有別于「以心控身」論之工夫。依此「人心」、「道心」之論，船山提出之工夫是「著其微而統危而危者安，治其危以察微而微者終隱」。[30]讓道心之微具體而形著干身（形、器、物）之間，如此充實而有光輝，所謂人心之微，也自然而然歸於這樣的統籌之下，而危歸於安矣！要是祇採取「對治」的方式，對治人心之危而想精察得此道心之微；此道心之微終將遮隱而不顯。

依船山之學而論，一切推之於「氣」，然此「氣」非與「理」相待之為氣也，而是理氣交融為一不可分之整體的「氣」，即此「氣」而為「道」。「氣」之凝而為「質」，然而「氣」生「質」，而「質」還生「氣」也。這與前所述之「交與為體」是同樣的思路，都是「兩端而一致」的思路。[31]順此「氣化流行」的自然史哲學論調，氣之凝而為質，質之聚而成形，性即生焉。這實亦可理解為「道生之、德蓄之」（見《老子道德經》五十一章）的老傳統，是「生之謂性」的老傳統，只是此「生」亦可是創生義之生，亦可

---

30 見前揭書，頁 24。

31 請參見林安梧《王船山人性史哲學之研究》，頁 111，前揭書。又關於此「兩端而一致」之論，請參見曾昭旭先生〈王船山兩端一致論衍義〉，收入《王船山學術研討會論文集》，頁 109-114，輔仁大學出版社印行，1993 年 10 月，臺北。又關於「乾坤並建」之思想，請參見曾昭旭《王船山哲學》，第三編，第二章，第三、一節「船山之乾坤並建說」，頁 339-342，遠景出版事業公司印行，1983 年 2 月，臺北。

是生成義之生。[32]船山學兩面皆能顧及。在此不斷「具體化」的過程中，任
何一「具體」都足以為其「藏」，而且連續之體，互以為藏。氣質互為藏，
質形互為藏，形性互為藏，繼而由此「性」往下說，則「情受於性，性其藏
也。乃迫其為情，而情亦自為藏矣。藏者必性生，而情乃生欲；故情上受
性，下受欲。」，可見「性情互為藏」，進一步推之，我們可以說「情欲互
為藏」。[33]

　　如此說來，「道」、「理」、「氣」、「質」、「形」、「性」、
「情」、「才」、「欲」等都可以縮合為一不可分的總體，通之於宇宙造化
的生之源。船山更而分析世俗所謂的「縱欲」，其實根本不是「縱欲」，而
是「過欲」，他說：

　　　　「不肖者之縱其血氣以用物，非能縱也，過之而已矣。縱其目於一
　　　　色，而天下之群色隱，況其未有色者乎？縱其耳於一聲，而天下之群
　　　　聲閟，況其未有聲者乎？縱其心於一求、而天下之群求塞，況其不可
　　　　以求求者乎？……故天下莫大於人之躬，任大而不惴，舉小而不遺，
　　　　前知而不疑，疾合於天而不，無過之者，無所不達矣」。[34]這段話很
　　　　能顯示船山對於「欲望」的看法，他深入的分析所謂的「縱欲」，本
　　　　質上是「過欲」的，他認為欲不可縱，縱之所以過之也，欲亦不可
　　　　過，故宜暢其欲，達其情，而上通於道。[35]

---

[32] 關於此，傅斯年說之甚詳，請參見氏著《性命古訓辨證》上卷，中央研究院歷史語言
　　研究所，1992 年 12 月景印二版，臺北南港。筆者，再總結論之如此。

[33] 請參見林安梧《王船山人性史哲學之研究》，頁 106-118，東大圖書公司印行，1987
　　年 9 月，臺北。

[34] 見《詩廣傳》卷四，〈大雅〉，頁 112-113。

[35] 船山於《詩廣傳》中盛發「性情相與通貫」之義理，他認為情下授欲而上受於性，又
　　性所以道也，總括來說則是：下暢其欲，中達其情，上通於道。請參看曾昭旭《王
　　船山哲學》〈船山之詩經學〉4、論情之性質，5、論治情之道，二小節，頁 100-
　　114。又船山更秉乎此思想，對老子「五色令人目盲，五聲令人耳聾……」之說，提
　　出駁斥，他認為老子是不求諸己而歸怨於物，這是愚蠢之見，請參看《尚書引義》，

　　船山對於老子「五色令人目盲，五音令人耳聾，五味令人口爽」之論點提出批評，以為這是「不求諸己，而徒歸怨於物也」。當然，老子之論，若恰當言之，當可以深化詮釋，知其重點在於此「令人」之「令」字上，而不在於「五色、五音、五味」上頭。[36]「色、聲、味之在天下，天下之故也。色、聲、味之顯於天下，耳、目、口之所察也。故告子之以食色言性，既未達於天下已然之跡；老氏之以虛無言性，抑未體夫辨色、審聲、知味之原也」[37]。這是說做為主體之所對的客體，它與我們的關係應操之於主體，不可為客體所奪。問題的重點不在於「色、聲、味」，而在於如何的「辨色、審聲、知味」。由「辨色、審聲、知味」而知五色、五聲、五味是「性之顯也」，是我們生命之所對、所攝，並因之而顯現者。再說這「辨、審、知」是有其恆定性的，這可以推極而溯之，肯定此「色、聲、味」是「道之撰也」，是生命總體之常具現所成者。

　　就「性之所顯」而說，是將外在之客觀對象關連到做為主體的人生命之原上去說；就「道之所撰」而說，是將外在客觀對象關連到宇宙造化之原上去說。如此一來，主客內外上下通貫為一，此乃合乎「身心一如」之理論。「夫其為性之所顯則與仁、義、禮、智，互相為體用；其為道之所撰，則與禮、樂、刑、政互相為功效」。[38]這是將人的生命主體之源與所謂的倫理儀則關聯起來處理，將宇宙造化之原與客觀的制度規章關連起來處理；這是將「身」關連著「心」，並將「心」形著於「身」而成就者。此亦可以理解為「心」、「身」互為體用的哲學思考。

　　「身」、「心」互為體用，一者「身」以藏心，「心」以發身；再者，「心」以藏身，「身」以發心。這就是所謂的「交藏」、「交發」，互為體

卷六，〈顧命〉，河洛版，頁 146-149。又船山於《老子衍》中，引申其義，以為此當歸之於心。見該書，河洛版，頁8。

[36] 見王夫之《老子衍》，頁4，河洛圖書出版社印行，1975 年 5 月，臺北。

[37] 請參見《尚書引義》，頁 146，河洛圖書出版社印行，1975 年，臺北。

[38] 見《周易外傳》卷五，頁 22，廣文版《船山易學》，頁 958，廣文書局印行，1971年 5 月。

用的思考。「身」之藏心，這是「具體而實存」的藏，是以此活生生之實存
而具體化的身將「心」具體化、實存化、內在化，經由此進一步才可能
「心」以發身，這樣的「發」是將原先普遍、絕對之真實的心融入具體而實
存之境域，身心通而為一。「心」以藏身，這是「本體而根源」的藏，是將
此活生生之實存而具體化的身，藏於本體之源的「心」，經由此，進一步才
可能「身」以發心，這樣的「發」是將此本體之源的心經由具體而實存的
身，顯露出來，身心通而為一。將此「身心交藏交發」的互為體用過程，再
推擴為「身、家」，「家、國」，「國、天下」亦皆為交藏交發、互為體用
的過程；若以「內聖、外王」兩者論之，亦為交藏交發、互為體用也。

　　依此，我們可以對原先之「由內聖推向外王」的思考，做一修正。「內
聖」做為「外王」之本體根源，由此內聖通向外王，這是將此內聖之學經由
一具體化、實存化而彰顯形著的過程，「內聖」之做為「外王」形而上之宅
第，外王藏於此內聖之宅第之中。同時，「外王」之做為「內聖」落實體現
之根本，由此外王而使得內聖得以安頓，這是將此外王之學經由一調適而上
遂於道的過程，得以存聚於內聖之源中，「外王」之做為「內聖」形著為器
的宅第，內聖藏於此外王之宅第之中。如此說來，「內聖」之做為「外王」
之本體根源，這時「心性修養」之為外王之學的首出本源；相對言之，「外
王」之做為「內聖」之具體根本，這時「社會公義」之為內聖之學的落實依
據。[39]

　　如此說來，「內聖」、「外王」並不是「由內而外」的單向過程，而是
「內外通貫為一」的過程。所謂的「內外通貫為一」，是「由內聖通向外
王」以及「由外王而迴向內聖」的雙向互動。「內聖」、「外王」之關係如
此，「心」、「身」之關係亦如此，並不是單向的「正心」而「修身」，而
是「內外通貫為一」的過程；是由「正心」通向「修身」，「心」為「身」
之形上之根源；既而「修身」迴向「正心」，「身」為「心」形著之根本，
身心通貫為一。

───────────────

[39] 請參見同註24。

六、結論

這些年來，我試圖對當代新儒學的理論核心做一深度之反省，企圖由「兩層存有論」過渡到「存有三態論」。大體說來，牟先生的「兩層存有論」是從康德的「現象與物自身」的超越區分之結構所轉出來的。他特別的經過了儒道佛心性修養論的深度詮釋，指出「智的直覺」之可能，因此用「一心開二門」的構造，去融攝康德，並試圖開出中國哲學的新局。當代新儒學對於「心性論」與「道統論」的再提出，為的是擺落中國歷史的業力習氣，而一如宋明理學心學一系是以「良知」做為內在的主體，而這亦是超越的道體，它做為一切生發創造之源。不同於康德的「窮智見德」而當代新儒學則主張「以德攝智」，此中有一明顯之有趣對比。

如此一來，我們發現當代新儒學將心性主體理論化、超越化、形式化、純粹化，這與原先儒學之重真存實感、社會實踐便有了極大的分隔。

其實，相對而言，儒家的人學不應是「以心控身」，而應是「身心一體」之學。它之所以成了「以心控身」，這與帝皇專制、巫祝咒術與道德良知的詭譎糾結密切相關。須得經由歷史社會總體的深度理解，我們才能真切的展開一專制與咒術的瓦解活動；如此，我們才能擺脫原先專制意識型態所主導的封閉型的心性修養論。進一步，我們才能從「心性修養論」為核心的儒學，進到以「社會正義論」為核心的儒學；我們才能從原先的主體性哲學解開而進到處所哲學與場域哲學，而存有三態論便在這樣的過程中逐步構成。

當然，原先當代新儒學強調「良知的自我坎陷以開出知性主體，進而涵攝民主與科學」，這樣的思考亦因之有了新的轉折，因為真正重點在於學習民主與科學，這是一學習次序，與理論的次序有別，與歷史發生的次序亦當區別開來。我們應該就在現代化的過程中，調理出新的心性之學、新的道德實踐方式。我們若強化的說，這已不是「由內聖如何開出外王」的思考，反而是「如何由外王而調適內聖」的反思。

總的說來，牟先生高度的發揮了「道德智體」，強調「智的直覺」之可

能，這多少帶著啟蒙智光的理想。在理論上，這大體做的是「形而上保存」的工夫，而且是在「道德智識化」的思考下所做成的。熊十力的體用哲學強調直入造化之源、境識一體而不分，經由理論的詮釋與轉化，我因之闡發此中所含之「存有三態論」。其實，在思考的回溯與轉進之中，船山「兩端而一致」的思考，對我的啟發極大，他讓我疏通了「兩層存有論」的可能限制，讓我正視到由體用哲學往存有三態論的路徑，有著嶄新可能。從道器不二、理氣不二、理欲不二、理勢不二，擺脫了以心控身的格局，強調身心一如；進而，也用兩端而一致的思考，重新審視了「傳統」與「現代」，重新審視了「內聖」與「外王」，不再老以「心性修養論」為核心，而該擺置在「社會正義論」為基礎，重新思考儒學的可能。我願意期待，由牟宗三而熊十力，由熊十力再上溯王船山，不辜負船山先生「六經責我開生面，七尺從天乞活埋」[40]的深心孤憤！

（本文曾於武漢大學哲學學院所於二〇〇一年九月主辦「熊十力與中國傳統文化國際研討會會議」上宣讀，後曾刊載於《鵝湖》，第廿七卷第七期（總號：319），2002 年 1 月，臺北。）

---

[40] 此乃王船山自書之堂聯，見《王船山詩文集》，〈序言〉，漢京文化事業公司印行，1984 年 9 月，臺北。

第十四章　關於「天理、良知」的「超越性」與「內在性」問題的一個反省──以牟宗三先生的新儒學系統爲核心的展開

【本文提要】

　　本文旨在針對牟宗三先生的新儒學系統所論「天理、良知」所涉「超越」與「內在」等相關議題，展開哲學詮釋學的反省、批判與重建。首先，論及「天理」與「良知」可說是中國哲學自宋明理學以來的核心性論題，當代新儒學又力而表之，以做為解除中國當代意義危機的良方。牟氏紹繼陸王心學，經由康德哲學之融通而有著進一步的儒學智識化的活動；然彼又回身對於主張「性即理」之程朱學批駁之，而說其為「別子為宗」；相對於此，彼依陸王心學，融通康德哲學，進而強化了儒學所論人之道德主體性，說人之具有「智的直覺」。

　　再者，據此論述「縱貫的道德創生」並闡明牟氏如何構造「一心開二門」的「兩層存有論」以建構其「道德的形而上學」。如此之天理良知是一「既超越而內在」而以一「詭譎的相即」之圓教而成就其「圓善論」。最後，指出牟先生所強調「天理」「良知」之為既「超越」而「內在」的，其「超越義」太強，而其「內在義」太弱；其「理想義」太強，其「現實義」太弱；其「境界義」太強，其「實存義」太弱；其「先驗義」太強，其「經驗義」太弱；其心性修養的境界之「詭譎」義太強，其道德力行之實踐的「辯證」義太弱。

　　進到「後新儒學」階段，當以「存有三態論」轉化原先的「兩層存有論」，並以「社會正義」為優先，再因之而論「心性修養」，此是由「新外王」而調節一「新內聖」；此不是「一體而兩用」而是「兩端而一致」。

關鍵字詞：智的直覺、坎陷、存有的連續觀、詭譎、圓善、辯證、心性、社會

一、「天理」、「良知」與中國當代意義的危機

1.「天理」與「良知」可說是中國哲學自宋明理學以來的核心性論題，當代新儒學又力而表之，以做為解除中國當代意義危機的良方[1]。

1.1.「天理」即一般所說「皇天」所頒之理也，「天理」有其超越義、神聖義，進言之，有其絕對義、普遍義。

1.2.「良知」即一般所說「良心」，若合《孟子》說之，則為「良知良能」[2]，亦可以說是「心之本體」[3]（如陽明之所說）。

1.3.「良知」亦可以說是「天理」之發現處，以是之故，「天理」重在存有義，而「良知」重在活動義，此活動是當下之呈現，是純粹之經驗，如孟子所說「怵惕惻隱」即是[4]。

---

[1] 關於此林毓生、張灝等論之詳矣，請見林毓生《中國意識之危機》（*The Crisis of Chinese Consciousness*），穆善培譯，貴州人民出版社印行，1988 年，中國貴州。又請參見參張灝：〈新儒家與當代中國的思想危機〉，收入《幽暗意識與民主傳統》（臺北：聯經出版事業公司，1989），頁 79-116。此文由林鎮國譯出，原文見 Charlotte Furth, ed., *The Limits of Change: Essays on Conservative Alternatives in Republican China* (Cambridge, Mass.: Harvard University Press, 1976)。又參 Hao Chang, *Chinese Intellectuals in Crsis: Search for Order and Meaning, 1890-1987* (Berkeley: University of California Press, 1987)。又請參見林安梧《當代新儒家哲學史論》第二章〈當代新儒家在中國思想史上意義之檢討：對 1958 年《中國文化宣言》的一個省察〉，頁 19-54，臺北：明文書局，1996。

[2] 《孟子》〈盡心篇〉有如是之論，孟子曰：「人之所不學而能者，其良能也。所不慮而知者，其良知也。孩提之童，無不知愛其親者，及其長也，無不知敬其兄也。親親，仁也。敬長，義也。無他，達之天下也。」當可為據。

[3] 有關陽明所論「良知」是心之本體，其《傳習錄》言之多矣，又近代學人於此多有所論，其最精者當推牟宗三先生，請參見氏著《從陸象山到劉蕺山》（臺灣學生書局印行）一書。又請參見林安梧《中國宗教與意識治療》第四章〈王陽明的本體實踐學〉，頁 81-114（2001，臺北：明文書局）。

[4] 《孟子》〈公孫丑・上〉有如是之論，孟子曰：「……所以謂人皆有不忍人之心者，今人乍見孺子將入於井，皆有怵惕惻隱之心；非所以內交於孺子之父母也，非所以要譽於鄉黨朋友也，非惡其聲而然也。由是觀之，無惻隱之心非人也，無羞惡之心非人也，無辭讓之心非人也，無是非之心非人也。惻隱之心，仁之端也；羞惡之心，義之

1.4.依陽明學，良知非僅天理之發現處，亦即心之本體，換言之，良知非僅有前面所說經驗義、活動義，亦有天理所有之超越義、神聖義，絕對義、普遍義。

1.5.以牟先生之語表之，良知即是天理，他具有主觀義、客觀義，絕對義三個向度，良知是造化的精靈，能生天生地，成鬼成帝，是一切乾坤萬有之基[5]。

1.6.顯然地，「心即理」，本心即是天理，說我們生命根源性的心靈源動力也就是道德實踐的法則，它是遍天地宇宙的，它具有普遍性、絕對性，它是恆常而不變的法則。

1.7.如此說來，「宇宙即是吾心，吾心即是宇宙」，凡此天地萬有一切，都是此「一心之申展，一心之遍潤，一心之朗現」[6]。

1.8.牟先生更而對比於康德而契接之，以為此良知之不外天理者，實為一「智的直覺」（Intellectual intuition），於康德而言，「智的直覺」唯上帝有之，而於牟氏言之，中土儒道佛三家皆有之[7]。

1.9.牟氏即以如此之「主體」直契於「道體」，強調「主體」與「道體」的同一性，即此為「智的直覺」，因之而得以克服中國民族存在的意義危機（the crisis of existential meaning）[8]。

端也；辭讓之心，禮之端也；是非之心，智之端也。人之有是四端也，猶其有四體也。」孟子通過這種敘事的方式來闡明怵惕惻隱是無涉於利害、名聲等經驗所及的層命，而說其為一當下純粹之經驗呈現。

[5] 陽明有言「良知是造化之精靈，吾人當以造化為學。造者自無而顯於有，化者自有而歸於無。吾之精靈生天生地生萬物，而天地萬物復歸於無，無時不造，無時不化，未嘗有一息之停。自元會運世，以至於食息微渺，莫不皆然。如此則造化在吾手，而吾致之之功自不容已矣」此請參見王陽明《傳習錄》；又陽明詠良知詩有謂「無聲無臭獨知時，此是乾坤萬有基」。以上所舉，請見同註3，前揭文。

[6] 此是心學要旨，語見牟宗三，1954，《心體與性體》第一冊，第47頁。

[7] 此論牟先生論之多矣，請參見牟宗三《現象與物自身》〈序〉頁 1-15，臺灣學生書局，臺北：1976。

[8] 關於此論，我曾接著張灝先生之論，深層論之，以為智的直覺之提出與此密切相關，請參見林安梧《道的錯置：中國政治思想的根本困結》第十一章〈實踐的異化及其復

二、陸王心學、「心即理」與「智的直覺」

2.牟氏紹繼陸王心學,進一步經由康德哲學之融通而有著進一步的儒學智識化的活動,然彼又回身對於主張「性即理」之程朱之學批駁之,而說其為「別子為宗」[9]。

2.1.牟氏依陸王心學,融通康德哲學,進而強化了儒學所論人之道德主體性,並認定此即所謂之「道德自律」,是自由意志之自為法則,而人之尊此法則而行者。

2.2.如此之道德自律又有過於康德者,其在於康德不能有智的直覺,故爾意志自由終是個設準,而未能如儒學之為性善而呈現也[10]。

2.3.若是論之,做為自由意志之良知當下自為法則,當下自為活動,即此道德情感即此道德意志,即此道德法則,通而為一。

2.4.相對而言,程朱「性即理」之說,彼雖強調「道德本性」即是「天理」,說人就其存有之特性即有一道德實踐之法則,人依此道德實踐之法則,即可展開道德實踐。

2.5.如此之論,畢竟是「心、性為二」,未能以道德實踐的心源動力即為道德實踐之法則,而須為道德實踐之法則來規範人之實踐活動,牟氏即以此為「道德之他律」[11]。

2.6.牟氏又論朱子之強調「格物致知」此為混同「存有之知識」於「道德之實踐」,如此為「橫攝的靜涵靜攝系統」,於道德實踐而言為不透。因

歸之道〉,頁 279-313,臺北,2003。

[9] 關於「別子為宗」之論,請參見牟宗三《中國哲學十九講:中國哲學之涵蘊及其發展》,第十八講〈宋明理學概說〉,頁 389-420。牟宗三《心體與性體》第一冊(臺北:正中書局,1968 年 5 月),頁 110-111。

[10] 此所論牟先生論之多矣,請參見《康德的道德哲學》頁 26-27,臺灣學生書局印行,臺北,1982。

[11] 以上之所見,請參見牟宗三《圓善論》第一章附錄及第二章,頁 61-157,臺灣學生書局,1985。

彼混「實然」於「應然」也[12]。

2.7.以是論之，陸王「心即理」之修養工夫為一「先天本質工夫」，而程朱「性即理」之修養工夫則為一「後天之助緣工夫」而已。陸王學為繼孔孟以降之「縱貫的道德創生系統」，程朱學則為「橫攝的認知系統」，前者為正宗正統，後者為「別子為宗」[13]。

2.8.牟氏以為陸王學實為正統，而上溯於「孔孟」，為第二期儒學之發展，下及於當代新儒家則為「第三期」之發展；並以此論其道統之承繼，而荀子、董仲舒、王通、孔穎達，乃至宋代之朱子俱在被貶之列。

2.9.此蓋以「心即理」為總標準，認定道德主體即道體，即為形而上之實體，此「既內在而超越」也。彼更而接連康德所謂之「智的直覺」，改造之，而成就一「道德的形而上學」也。

三、「縱貫道德創生」、「兩層存有論」
與「道德的形而上學」

3.「道德的形而上學」是經由道德實踐主體所開啟之實踐，因之而成就之實理實事，如此彰顯所成之形而上學也，此不同於形而上學之道德學也。

3.1.「形而上學之道德學」是經由存在事物的知識探索，識得形而上之原理原則，而運用於道德實踐之上也；如此之道德哲學犯了 G. E. Moore 所謂之自然主義之謬誤，然道德的形而上學則可以免乎此[14]。

3.2.牟先生以為《中庸》、《易傳》並不同於董仲舒《春秋繁露》之為

[12] 請參見牟宗三：《心體與性體》第一冊（臺北：正中書局，1968 年 5 月），頁 110-111。

[13] 請參見林安梧〈關於朱子哲學當代詮釋方法論的論辯——從「繼別為宗」到「橫攝歸縱」〉一文，「傳統中國哲學論辯之當代詮釋」國際學術研討會會議論文，二〇〇七年十月廿六、廿七日，國立臺灣大學哲學系主辦。

[14] 關於此，請參見林安梧〈論道德實踐的動力：論康德與牟宗三〉，中國文化月刊，臺灣：東海大學，又請參見 G. E. Moore《倫理學原理》（蔡坤鴻譯），臺北：聯經出版事業公司，1978。

宇宙論中心之哲學，而是一「縱貫的道德創生系統」，是一「道德的形而上學」；此不同於勞思光先生者，勞先生以為儒家之道德哲學宜全從道德主體之自覺入手，並以此而比之於康德之道德哲學也。

3.3.依勞先生言，《中庸》、《易傳》皆不免宇宙論中心之哲學思考，彼皆混同存有學之事實之實然義與道德學之實踐之應然義。儒家之道德哲學實不必與於此存有學之超越義也[15]。

3.4.牟先生對比融通康德「現象與物自身」之超越區分，認為「人雖有限而可無限」，人之一心可開二門也[16]。

3.5.就其本心良知之為「智的直覺」而開「睿智界」（intelligible world），所對為「物自身」；就其俗心見聞之知為「感觸的直覺」，所對為「現象界」（phemoumena world）。

3.6.儒學之為一「縱貫的道德創生系統」，是一本心良知智的直覺所成之睿智界的物自身，須經由一「自我坎陷」過程才能曲折轉成一「感觸的直覺」，以其「認知主體」，成就其為「現象界」之知識也[17]。

3.7.牟氏即以此「認知主體」所對之客觀知識所成之世界，說其為「主客的對列性原則」，如此才能開啟「民主、科學」也。此即彼膾炙人口，並引發諸多爭論之「良知坎陷說」、「民主科學開出論」[18]。（牟氏此說之失，吾曾論之於《儒學革命論》、《儒學轉向：從「新儒學」到「後新儒學」之過渡》兩書中，此暫不論。）

---

[15] 關於勞思光先生之論，請參見氏著《中國哲學史》第二卷第一章，頁 48-111，特別他在〈前言〉即明標「宇宙論中心之哲學」與「孔孟之『心性論中心之哲學』」是根本不相容之系統」（頁 xi），臺北：三民書局印行，1981。

[16] 牟宗三先生此論，連以下 3.4，3.5，3.6，見於氏著《現象與物自身》一書，第二章，頁 21-40，臺灣學生書局印行，1976。

[17] 此可見於牟宗三先生所著《現象與物自身》第四章〈由知體明覺開知性〉，頁 121-180；其綜述則可參見蔡仁厚《新儒家的精神方向》第二十章，頁 309-326，臺北：臺灣學生書局印行，1982。

[18] 請參見林安梧〈解開「道的錯置」：兼及於「良知的自我坎陷」的一些思考〉，刊於陳明、朱漢民主編《原道》第十輯，頁 179-195，北京：北京大學出版社，2005。

3.8.牟氏依此所構成之「兩層存有論」，上開睿智界，下開現象界，端繫於人一心之既超越而內在者，而此則又繫於人之雖有限而可無限，人之具有智的直覺也。

3.9.更進一步的說，是「人本為無限而下開此有限」之世間也，人本為智的直覺而下開感觸之直覺也，人本為圓佛（圓聖、圓真人）為此世間而為留惑潤生之菩薩（賢哲修士）也。[19]

四、「既超越而內在」、「詭譎的相即」與「圓善論」

4.牟氏更而以儒道佛之圓教體系，而論其圓善，此圓善之為當下圓頓之圓，是此睿智界之無執的存有論以及現象界之執的存有論之相即不二而成者。

4.1.牟氏從康德最高善之理論轉成「圓善」之論，此與中土之為「存有的連續觀」有密切之關連。如此之圓實為「既超越而內在」之當下體現，這是中國哲學的追求所在[20]。

4.2.他一方面經由天臺宗之判教，強調其為一念無明法性心，即九法界而成佛，因之而說其為圓教；但又對比於儒學之縱貫的創生系統，而說佛教、道家皆不如儒家為圓實也[21]。

4.3.依牟先生言，儒道佛三家之「圓教」頗有異同，「佛家圓教」是由「解心無染」入，「道家圓教」是由「無為無執」入，而「儒家圓教」則從道德意識入。儒家之圓實也。

---

[19] 第三節所論，其義多見於牟先生《現象與物自身》一書，又有關之綜述，請參見同註16，蔡仁厚前揭文，又請參見劉述先〈牟先生論智的直覺與中國哲學〉，收入蔡仁厚主編《牟宗三先生的哲學與著作》，頁725-760，臺北：臺灣學生書局印行，1978。

[20] 關於「存有的連續觀」有取於張光直及杜維明兩位先生的看法，自一九九○年代以來成為我論述中國哲學的基底，請參見林安梧〈我的哲學觀：存在覺知、智慧追求與批判治療〉，臺北：《鵝湖》第33卷第5期（總號：389），頁52-57，2007年。

[21] 本節所述主要針對牟先生之論而開啟者，請參見牟宗三《圓善論》第六章〈圓教與圓善〉，頁243-336，臺北：臺灣學生書局印行，1985。

4.4.關連著，前面所述，天理是「超越」的，而一般出入無時，莫知其向的「心」則是「內在」，然而做為「心之本體」的良知則是「既超越而內在」。正因如此之既超越而內在之天理良知才使得「德福一致」的圓善成為可能[22]。

4.5.「德福一致」其中的「德」「福」關係並不是一分析命題的關係，而是一綜合命題的關係，其中顯示之意義在於此兩者為一「詭譎的相即」，這與心性修養、道德實踐密切結合在一起[23]。

4.6.換言之，「德」是「超越的」，而「福」是「內在的」；同時，「福」亦可以是「超越的」，而「德」是「內在的」；「德福一致」是一「既超越，而內在」的關係，這是「一體之兩用」，但不是「兩物而一體」的關係。

4.7.依牟先生言「圓善」是依「無限智心」之「自律」而行，這即是「德」，此為「目的王國」；「無限智心」就在神感神應中「潤物」、「生物」，使物之存在隨心轉，此即是「福」，此為「自然王國」。「目的王國」與「自然王國」這兩王國「同體相即」這便是「圓善」[24]。

4.8.這無限智心之德福一致有其必然性，這是經由一「圓教」的本體實踐學才使「圓善」成為可能，換言之，也就是經由「圓聖」之體現才使得「圓善」為「真實」的可能。

4.9.「**德福一致渾圓事，何勞上帝作主張。我今重宣最高善，稽首仲尼留憲章**」[25]，這首牟先生的贊語，可以說是他的圓善論的總結，也可以視為「既超越而內在」那「詭譎的相即」所成的最高境界。

---

22 見《圓善論》，頁 270-271。

23 見《圓善論》，頁 274-275。

24 見《圓善論》，頁 305-316。

25 見《圓善論》，頁 335。

五、「心性圓頓」、「社會實踐」與「兩端一致」

5.如上所述，牟先生的「圓善論」可以說是「既超越而內在」說發展的極致，可以說是當下圓融頓悟之教，是繼承宋明陸王心學而達到的最高表現。

5.1.如彼所說，此是「一體之兩用」而不是「兩物而一體」，這顯然是從一本論發展出來的極致一體論。其重點在「一致」而不是「兩端」，此與船山學之「兩端而一致」有極大之不同[26]。

5.2.這樣的論點是將「主體」與「道體」通而為一，視如等同來處理，這樣一來便使得「主體」失去了其面對世界所應有的「對治性」，而以「渾融性」為主；現象與物自身都只在此一心之過轉而已，境界之意味太重，而落實之意味太少[27]。

5.3.因「主體」之被上提到「道體」通而為一，因之，「主體」與「客體」的關係便先轉為「道體」生天生地這樣的縱貫創生關係，而牟先生又以「智的直覺」來表達這樣的關係。

5.4.換言之，天地萬物先以一「物自身」之方式而存在，此是由「道體」之「純智所思」的「智光」所照，是「智的直覺」之所照，這樣一來就使得其圓善論走向「境照」的哲學，是一「境界型態」的修養。

5.5.這樣的實踐論「圓頓之義」太強，而「歷程義」則顯然不足，進一步衍申之，則其面對「生活世界」與「歷史社會總體」之力道也就自然不足；其「主體性」之意味太重，而對於「場域」與「存有」、「意識」及

---

[26] 有關船山學之論，請參見曾昭旭《王船山哲學》，第三編第二章之「三、論船山之體用圓融義」，頁 339-353，臺北：遠景出版事業公司，1983；林安梧《王船山人性史哲學之研究》，第四章〈人性史哲學的方法論〉，頁 71-95，臺北：東大圖書公司印行。

[27] 關於此，請參見林安梧《道的錯置：中國政治思想的根本困結》第十一章〈實踐的異化及其復歸的可能〉，頁 279-313，臺北：臺灣學生書局印行，2003。

「實踐」的關係則較難有深切而落實之理解[28]。

5.6.「圓頓之教」太強調「圓」與「頓」，雖然牟先生一再強調「良知的自我坎陷」以開出知性主體，但畢竟是一「詮釋學上的理論義涵」，與「經驗的實踐次序」顯然不同。至於「頓」當然有其「存在的當下義」，但由於「主體」已直契於「道體」，因之其「存在的當下義」往往呈現的是回到道體的圓融義，而沒有真切的實踐義。

5.7.換言之，牟先生所強調「天理」「良知」之為既「超越」而「內在」的，其「超越義」太強，而其「內在義」太弱；其「理想義」太強，其「現實義」太弱；其「境界義」太強，其「實存義」太弱；其「先驗義」太強，其「經驗義」太弱；其心性修養的境界之「詭譎」義太強，其道德力行之實踐的「辯證」義太弱。

5.8.如此之「兩層存有論」以「道器」言之，重在「道」而忽略了「器」；以「理氣」言之，重在「理」而忽略「氣」；以「理欲」言之，重在「理」而忽略「欲」；以「理勢」言之，重在「理」而忽略「勢」；以「身心」言之，重在「心」而忽略「身」[29]。

5.9.而且此所說的「心」是一超越之本心，而忽略了現實之實存的識心。牟先生重在肯定此「道德的本心」，進而再論如何轉為「識心」，如何開出「認知主體」，如何轉為「對列之局」，這些說法在牟先生系統十分有意義，但問題卻是倒反的做，因之這是「道成肉身」，「佛菩薩下凡的事」，而不是如何「肉身成道」，如何「轉識成智」的事。

---

[28] 關於此，請參見林安梧《儒學轉向：從「新儒學」到「後新儒學」的過渡》，第二章〈後新儒學的思考：對牟宗三「兩層存有論」的批判與「存有三態論」的確立〉，頁，臺北：臺灣學生書局印行，2006。

[29] 此所論 5.7、5.8 關義理，請參見林安梧〈林安梧，從「以心控身」到「身心一如」：以王夫之哲學為核心兼及於程朱、陸王的討論〉，臺北：《國文學報》第三十期，頁 77-95，臺灣師範大學，2001 年 6 月。

六、結語：回顧與前瞻

6.近十餘年來，學界於「既超越而內在」之爭議甚多，對牟先生之評議亦多，有關語義之論題，安樂哲論之在前，馮耀明又起而煽之，鋒火頗盛，唯此諸論，大體於劉述先之論議中已然解決；我今此論則意圖經由牟先生之理論本身而論其得失何在，至於牟氏之論所導致之問題當如何解決。這十餘年來區區批導構想則意在承繼、轉化「兩層存有論」，而另為「存有三態論」之建構，強調「社會正義」優先於「心性修養」，**此是由「新外王」而調節一「新內聖」**[30]；**此不是「一體而兩用」而是「兩端而一致」。**我以此而重建一「本體的實踐學」、「本體的詮釋學」。我以為此是由「牟宗三」的「一心開二門」，轉化而「熊十力」的「全體大用」，再迴返於「王船山」的「乾坤並建」之哲學理論[31]。我以為這亦是融攝現代化、現代化之後東西方哲學的新契機，如馬克思主義、自由主義、詮釋學、批判理論皆其選也，於此暫略。

牟先生論圓善有贊，曰：

「德福一致渾圓事，何勞上帝作主張。

　我今重宣最高善，稽首仲尼留憲章」。

吾於此另有所議，擬為對贊，曰：

---

[30] 關於此，這十多年來我論之多次，請參見林安梧〈後新儒學的社會哲學：契約、責任與「一體之仁」──邁向以社會正義論為核心的儒學思考〉《思與言》三十九卷四期，頁 57-82，臺北，2001。又請參見林安梧〈後新儒學及「公民儒學」相關問題之探討〉，刊於《求是學刊》2008 年第一期，頁 12-20，中國黑龍江大學。

[31] 關於此，請參見林安梧〈從「牟宗三」到「熊十力」再上溯「王船山」的哲學可能──後新儒學的思考向度〉，《鵝湖》二十七卷七期（總號 319），頁 16-30，臺北，2002。

「德福配稱究竟事，當須天道做主張，

　我心稽首最高善，承繼五教存憲章。」

──丁亥之冬（2007）十一月十四日中山先生誕辰後二日，林安梧初
　稿於臺灣新竹玄奘元亨齋
──戊子之春（2008）三月廿三日增補註釋並修訂於臺灣深坑之元亨
　居。

（本文曾在 2007 年 11 月 15-16 日，香港浸會大學宗教哲學系主辦的
【當代儒學與精神性（Spirituality）學術研討會】宣讀，文章刊載於
《當代儒學與精神性》一書，2009 年，桂林：廣西師範大學出版
社。）

第十五章　當代新儒家與臺灣現代化的發展進程

【本文提要】

　　本文旨在經由宏觀的對比，環繞臺灣現代化進程做一哲學反思，並由此闡述由「新儒學」到「後新儒學」的發展歷程。原始儒家、新儒家與當代新儒家皆有其恒定不變的道德實踐要求，他們都是儒家。臺灣雖為移民之地，但這三四百年來由於先聖先哲的努力，勤耕勤墾，臺灣已然是一文化再育的母土，使得中華文化能夠靈根再植，當代新儒學也因此有進一步的創獲。值得一提的是，當代新儒學伴隨著其他的文化機制，對臺灣現代化進程起著一定的調節性作用。進到新的世紀，文明對話的要求呼聲漸起，當代新儒學在國際哲學脈絡中有著進一步可能的瞻望。就在這個過程中，已悄然邁向了後新儒學，既隱含著轉折、回返，也有著批判、繼承與發展。

關鍵字詞：當代、新儒學、花果飄零、靈根自植、轉折、批判、發展

一、「原始儒家」、「新儒家」、「當代新儒家」
都是「儒家」

　　當代新儒家（New-Confucianism）這個詞，一般說來，它有別於「新儒家」（Neo-Confucianism），也有別於「儒家」（Confucianism）；當然，這樣的有別，是同中之異的別，因為他們畢竟都是儒家。就當代新儒家所做的「儒學三期說」來分，在時段來說，有「原始儒家」、「新儒家」以及「當代新儒家」[1]。原始儒家指的是先秦孔子、孟子、荀子的思想，新儒家則指的是宋明儒學，包括程朱學派、陸王學派，還有胡五峰、劉蕺山等構成的另一個流派。當代新儒家指的是承繼宋明儒學，上溯先秦儒學，並對比於西方文化傳統，面對現代化社會，採擷了現代學術話語，整合與重鑄，而開啟了一嶄新的儒學傳統。就思想之內容與意趣來說，儒家就是儒家，都是強調人倫日用，孝悌仁義，都相信人必須在一人文所成的世界，去完成人之所以為人的尊貴可能。

　　我們從《論語》裡讀到「孝悌也者，其為仁之本歟！」，在《孟子》裡讀到「人皆可以為堯舜」，在《大學》裡讀到「大學之道，在明明德，在親民，在止於至善」，在《中庸》裡讀到「天命之謂性，率性之謂道，修道之謂教」，在《易傳》裡讀到「大人者，與天地合其德，與日月合其明，與四時合其序，與鬼神合其吉凶」。從先秦、兩漢、魏晉，隋唐、宋元明清，乃至當代，只要是儒學，一定都肯定這些經典所呈現的義理，所長成的思想。若要說個差異處，原始儒家重在「社會的道德實踐」，而宋明新儒家重在「人倫的心性修養」，當代新儒家則重在「傳統的重建與現代化的開

---

[1] 儒學三期說首創於牟宗三先生，大力將此推而廣之的則是杜維明，見氏著《現代精神與儒家傳統》，聯經文化事業公司印行，1996 年 2 月，臺北。這些年來，對此頗多爭議，如李澤厚有「儒學四期說」，黎漢基對「儒學三期說」有較為完整的論述，請參見氏著〈儒學三期說的辨正〉，文刊於《原道》。我則主張儒學多元、多期的論點，請參看拙著《儒學轉向：從「新儒學」到「後新儒學」的過渡》，臺灣學生書局印行，2006 年 2 月，臺北。

出」[2]。

當代新儒家包括的思想家以及其思想範圍，究竟有多廣，歷來有爭議，但大體說來，可分廣狹兩義，廣義的說，在當代凡是涉及於儒學研究並以此為主的學者、思想家，都可以稱做當代新儒家，或者簡稱新儒家；狹義的說，則以一九五八年由唐君毅、張君勱、牟宗三、徐復觀等共同簽署的《中國文化宣言》為宗旨[3]，聚合所成的群體，上溯至熊十力、梁漱溟、馬一浮等前輩學者，往下則衍生出港臺唐、牟、徐諸位先生的弟子以及再傳弟子，尤其以「鵝湖社」所形成的系絡。

這樣的一個系絡，已被認為是中華民族在近現代發展過程中的重要思想流派，它被歸屬到新傳統主義，也有說是文化的保守主義，或直稱之為當代新儒家。

二、廿世紀中葉後，靈根自植，臺灣成了華夏文化的「海外母土」

如前所述，看來「當代新儒家」與所謂臺灣的發展，似乎不是那麼密切；但其實不然，因為臺灣之為臺灣，四百年來，大體已經成了華夏文化的「海外母土」。當代新儒家的前輩思想家們多發源於中國大陸，但一九四九年之後，由於兩岸的分隔，大陸對於中國文化傳統的破壞，香港、臺灣，還有海外華人世界，成了中國文化「花果飄零」的「靈根再植」之所[4]。尤其，當中國大陸在「文化大革命」的年代，做為對立面一端的臺灣，喊出了

---

[2]　關於此，請參見林安梧《當代新儒家哲學史論》，明文書局印行，1996 年 1 月，臺北。

[3]　關於此宣言之原件名為「中國文化與世界：我們對中國學術研究及中國文化與世界文化前之共同認識」，香港：民主評論社發行，1958 年。

[4]　請參見唐君毅《說中國民族之花果飄零》，臺灣：三民書局印行，1989 年第六版。又王邦雄曾有一文〈從「花果飄零」到「靈根自植」——敬悼唐君毅先生〉，文刊於《鵝湖》第 3 卷第 9 期（總號 33）。

「中華文化復興運動」的口號[5]。當然，臺灣地區喊的「文化復興」，就當政者來說可能有其統治上的必要性，但不管怎麼說，也可能只是口號；但他不反對中國文化卻是真的，就這樣中國文化傳統又繼續在這塊土地上發榮滋長。這發榮滋長，正承繼著當年鄭成功來臺的拓墾精神、文化意識與道德理想。我們從沈葆楨所題的延平郡王祠的對聯，正清楚的彰顯了這精神血脈。

這聯是這麼寫的：

「開萬古得未曾有之奇，洪荒留此山川，作遺民世界；
　極一生無可如何之遇，缺憾還諸天地，是創格完人。」[6]

這就是臺灣，這就是臺灣人的天命，她真是「開萬古得未曾有之奇」啊！真是「洪荒留此山川」啊！正因如此，好做「遺民世界」也。臺灣，《漢書》上她叫「東鯷」、「大宛」，《三國誌》上她叫「夷州」，《隋書》上她叫「琉求」，葡萄牙人叫她「福爾摩沙」（FORMOSA）；後來漢人喚她叫「臺員」，現在稱做「臺灣」也已幾百年了。無可懷疑的，她真是「遺民世界」，也是「移民世界」，這是漢人以及其他各族群，包括先住民、後住民所成之「移民世界」，這些「移民」可多半是「遺民」，但來了這裡就成為這裡的「在地居民」，一代、兩代後，就成了「土生公民」。

延平郡王鄭成功，不！他在政治上，不該叫「鄭成功」，而是「鄭失敗」；政治上失敗又怎樣，他卻在文化上成功了，他成就的不是「天下太平」，而是「延平」，是「延」續華夏文化道統，能致萬國咸寧的太「平」。他真是「極一生無可如何之遇」，他雖然想「試看天塹投鞭渡」，

5　中國大陸的文化大革命由 1966 年 5 月到 1976 年 10 月，是毛澤東所發動的，相對於此，臺灣則於 1966 年 11 月，由蔣介石發起了中國文化復興運動。

6　同治十三年（1874）沈葆楨以欽差大臣的身份到臺灣來就接納臺灣進士楊士芳（宜蘭人）等建議，奏請「建明延平王祠」，在奏摺中沈葆楨稱鄭成功「了無可如何之厄運，抱得未曾有之孤忠」，並撰此延平郡王祠楹聯，對鄭成功推崇備至。

發豪語「不信中原不姓朱」[7]，後來呢！中原果真不姓朱，臺灣也不姓朱。歷史證明姓朱不姓朱並不重要，臺灣就是臺灣，臺灣是華夏文化與其他先住民、後住民所成的乾坤天地，臺灣成了華夏族群最重要的遺民世界。鄭成功（延平郡王）英年而逝，何等遺憾，遺憾是遺憾，但「缺憾還諸天地」，仍是「創格完人」。不過，稱他是「創格完人」的，可不是「明朝」，因為明朝已亡國多時；稱他是「創格完人」的，卻是他的政治敵手「清朝」。其實，政治的敵手不敵手，恆久來看，一點都不重要，重要的是文化力，是人的生命的意義認定，是創格完人，就是創格完人。現實失敗了，理想卻是成功了。這叫「道」優於「勢」，這叫「道統」優於「政統」[8]。

　　一八九四年甲午中日戰爭，中國戰敗，馬關條約，清朝政府割讓了臺灣給日本，臺灣島民只有慨嘆「宰相有權能割地，孤臣無力可回天」，日本殖民臺灣，當然也開發臺灣，但「殖民」就是「殖民」，這是不爭的史實。值得注意的是，這裡的「在地居民」已成了「土生公民」，這塊土地可已經是淵源流長文明開化的華夏道統之地。受盡日本的壓迫，五十年後，一九四五年，日本戰敗，臺灣畢竟光復了，「光復」就是「光復」，這是重回華夏文化道統，如其道理，依其慧命，重見天日，是為光復。臺灣「光復」，就「天命」來說，這是承天之命，是歷史之必然，是人世之幸運，是中國之幸，也是臺灣之幸。但是幸運，卻又接連著不幸，一九四七年的「二二八事件」劃下了「本省、外省」的殤痕，五〇年代的白色恐怖、黨國威權，讓臺灣這塊天地並不太平。老實說，臺灣光復，威權統治，國民黨政權當然不是外來政權，但蔣氏政權的做法，對臺灣更早的「土生公民」來說卻充滿著「外來性」，這是事實。同樣是「自家人」，卻一定分個「彼此」，明明是本土語言，是中原古音，卻被貶成蠻荒的方言，這自家人搞的外來性，當然

7　永曆十三年（1658 年），成功遣王師北伐，作詩云：「縞素臨江誓滅胡，雄師十萬氣吞吳，試看天塹投鞭渡，不信中原不姓朱。」的詩句。

8　請參見林安梧《儒學革命論：後新儒家哲學的問題向度》，第十章〈文化中國的理念與實踐：從「單元而統一」到「多元而一統」〉，頁 227-244，臺灣學生書局印行，1998 年 11 月，臺北。

比起外人的外來性，更令人刻骨銘心。但不要忘了，自家人畢竟是自家人，「外來性」畢竟只能融於「在地性」，「在地性」又轉而為「本土性」了，無可懷疑的，我們已經都是「土生公民」[9]。政治權力，只是「權」，最後他是要回到「經」，「經」才是「常」，才是「道」。「權」只有「變」，「道」才有「統」，識得道統，就能「首出庶物，萬國咸寧」[10]。

　　這幾百年來，臺灣忍受了多少的磨難，但這磨難是有天命的，這「天命」就是「保臺灣以存中華文化道統」，我們做華夏之遺民，承續著儒道佛的文化道統，勤耕著華夏文化之心田，我們「在心上用功夫」，我們「在性上得收穫」。就在民間的門聯上，我們寫著「一等人忠臣孝子，二件事讀書耕田」、「佛力永扶家安宅吉，祖宗長祐子孝孫賢」、「福德福由德，正神正是神」、「傳家有道唯存厚，處世無為但率真」……，就在廳堂上，我們供著祖先牌位，供著天地君親師，供著觀音大士，供著土地公、土地婆；我們禮拜神明，我們祭祀祖先，我們敬畏天地，這就是臺灣，這就是我常說的「保臺灣以存中華文化道統」，「存中華文化道統以保臺灣」[11]。數百年來，臺灣真是臺高百丈灣千折，風雲詭譎，歷史辯證，不幸卻也是幸，臺灣之光復，這「光」可是華夏文化道統之重見天日，這「復」可是《易經》「其見天地之心」的「一元復始」[12]。

　　華人在歷史的發展上，又到了一個新的境域，她不能只停留在威權統治的傳統社會，她已被推向了新的可能，她必須開出「民主憲政」，必須建立「公民社會」。臺灣如此，中國大陸未來亦得如此。這幾十年來，臺灣不只締造了經濟奇蹟，也締造了民主的奇蹟；但這都仍只是「奇蹟」，還沒歸於「正常」，因為臺灣須要的是更為良善的「公民社會」，臺灣須要的是更為

---

[9]　從「外來性」、「在地性」而「本土性」的發展過程，請參見林安梧《臺灣·解咒：克服主奴意識、建立公民社會》，第六章、「臺灣文化」「文化臺灣」暨世界史的新走向，黎明文化事業公司印行，2004 年，臺北。

[10]　語出《易經》〈乾卦〉象傳。

[11]　這話從王夫之《讀通鑑論》所說「保江東以存道統」脫胎而來的。

[12]　請參見《易經》〈復卦〉象傳。

合理的「民主憲政」，有了民主憲政，有了公民社會，臺灣才能真正的做為華夏文明發展的楷模，臺灣才能在華夏歷史的發展辯證過程裡，做為自己的主人。臺灣不只是一島國，臺灣不只是一漂游於列強之間的島國而已，臺灣是一具有主人身份的存在。這樣的「主人」是頂天立地的「主人」，「天」是華夏道統之「天」，「地」是乾坤子民之「地」，是已經光復了的天地，「缺憾還諸天地」，我們要做「創格完人」；臺灣不只是「遺民世界」，臺灣更是「公民社會」，更是民主憲政下的「自由樂土」[13]。

三、大道隱微，默運其中，
當代新儒學在港臺有進一步的創獲

臺灣不是二次戰後才有儒學，臺灣古來就有儒學，自漢人唐山過海來臺灣，就有儒學。儒學是伴隨著漢人來臺灣，自在自如地發榮滋長的。這也就是說，儒學並不是由學者引進，而是由我們的祖先伴隨著他們的生活文化而引進，之後，在明鄭時期，經由鄭成功、陳永華等的努力，並將相關的一整套政治、社會、經濟的構組方式都建立了起來。如此一來，即使到了清代，臺灣一樣的參與整個中原大一統，同樣在儒教的薰習下長養。甚至，在日據時期，臺灣同胞爭取自己的生活方式，為了自己的文化教養，想盡各種辦法，通過民間的書院來保存自己的文字、自己的語言，當然，儒學也就道雖隱微，但卻能默運其中[14]。

當時鄉先輩領導臺灣文化協會致力本土文化運動，這裡所說的本土文化運動當然有別於日本大和民族的文化，而是道道地地的漢文化運動，而這運動大部分與儒教思想有著密切的關係。再說，像民間結社，詩詞往來，更見

---

[13] 請參見同註 9 前揭書，第八章〈臺灣公民社會之建立的可能（上）：環繞臺灣歷史文化總體所做精神現象學式的深度反省〉第九章〈臺灣公民社會之建立的可能（下）：「自我概念」與「社會構成」的辯證關聯〉。

[14] 關於「臺灣儒學」，請參見陳昭瑛《臺灣儒學：起源、發展與轉化》，正中書局印行，2000 年，臺北。

遺民故國之思，像聞名全臺的櫟社，背後的精神不能不說是儒教的精神，林癡仙的漢詩充滿著興觀群怨的詩經風韻。像林獻堂之領導臺灣議會期成同盟會，推動臺灣議會政治；連雅堂之撰寫臺灣通史，編纂臺灣語典，莫不是要做一追本溯源的工夫，這都在在流露出漢文化傳統的儒教知識分子的擔當。儒教文化一直在臺灣地區生長著，當然，日據時代它只能隱伏於民間，未能暢達於上，不過它卻在俗民生活中扮演著極為重要的角色，它為整個族群樹立了自家的風格型範[15]。

　　如上所說，並不是當代新儒家將儒學傳到臺灣，臺灣才有儒學。然而，一九四九年之後，兩岸分隔，內地知識分子流亡海外，在港臺重整旗幟，希望在花果飄零下，能靈根自植。就這樣，臺灣原有的儒教文化也就提供了當代新儒家可以生長的土壤，植之、育之、長之、成之，終而開出璀璨的花朵。臺灣真成了「遺民世界」下的「文化母土」，沒有這樣的「文化母土」，當代新儒學就不可能有如今的成就。

　　廿世紀初以來的當代新儒學，面對的是中國民族身處道德迷失、存在迷失以及形而上迷失所凝成的意義危機，他們在這風雨飄搖的年代，衷心致力的是「意義的追求」以及「形而上真實的體會」[16]。一九四九以後，流亡海

---

[15] 一九二一年臺灣文化協會在臺北大稻埕正式成立，林獻堂任總理，名詩人林幼春為協理，蔣渭水、蔡培火任專務理事，甫成立的文化協會擁有一千餘個會員，包括絕大多數的知識份子和青年學生，及少部分工人、農民和其他勞動群眾。表面上以發展文化為目的，實際上文化協會的成立，是要喚醒臺灣民族意識，爭取政治權，營造民族自決氣勢，因此，文化協會各地支部陸續成立，他們發行會報、設立讀報社，舉辦文化演講、開辦霧峰夏季學校，同時進一步舉辦全島巡迴演講，組織電影巡迴隊。其詳，請參閱陳翠蓮，1986，〈日據時期臺灣文化協會之研究：抗日陣營的結成與瓦解〉。國立臺灣大學政治研究所碩士論文。

[16] 請參閱林安梧《當代新儒家哲學史論》第一、二兩章，又請參閱張灝著、林鎮國譯〈新儒家與當代中國的思想危機〉，本文原題為 "New Confucianism and the Intellectual Crisis of Contemporary China"，收錄於 Charlotte Furth 所編的 *The Limits of Change: Essay on Conservative Alternatives in Republican China* 一書，該書於第四章討論「新儒家」，請參閱杜維明著，林鎮國譯〈論熊十力〉，該文原題為 "Hsiung Shih-li's Quest for Authentic Existence"，亦收錄於 Furth 所編的 *The Limits of Change*。

外，居於港臺的當代新儒家，像唐君毅、牟宗三、徐復觀、張君勱等則更進一步開展了一寬廣的格局。除了講學傳薪之外，他們更致力於深刻而繁重的學術性工作，因而在理論上迭有創獲。比如唐君毅經由更深層的精神現象學式的生命體會，融貫中西印哲學傳統，歷觀儒、道、佛、耶諸教，而締造了《生命存在與心靈境界》[17]。牟宗三則經由康德哲學的理論建構，融會儒、道、佛三教，以中土心性之學特有的修養工夫論，豁顯「智的直覺」（Intellectual intuition）之可能，轉化之、創造之，撰著《現象與物自身》，建構了「兩層存有論」的理論體系。相對於唐、牟二先生締造了哲學體系，徐復觀的成就則在思想史以及對於整個歷史社會總體的關注，他帶有儒教情懷的政論，筆鋒犀利、見解超卓，膾炙人口。正如同他為自己的雜文集取的名字，徐復觀認為自己身處在「學術與政治之間」。這位大地的兒子，他興趣寬廣，筆力深厚，像《中國人性論史》（先秦篇）、《兩漢思想史》（三卷），截至目前都是後人很難跨邁的思想史偉構。

在臺灣的當代新儒家前輩學者裡，與臺灣本土來往最多的，當屬徐復觀，對臺灣文化有深入理解的，也非他莫屬[18]。值得令人懷想與玩味的是，三位前輩作古，唐君毅、牟宗三就葬在臺灣，而徐復觀則歸葬湖北浠水老家。徐復觀嘗論及唐牟二氏所做的是「形而上學」的思考，而他著重的是「形而中」的思考。唐牟重在理論面、超越面，而徐則重在實踐面、內在面。唐君毅、牟宗三重視的是普遍性，而徐復觀則更重視鄉土性。唐、牟、徐之外，張君勱則長居海外，但他所參與起草的中華民國憲法，卻適度注入了中華文化的精神，可以說是儒學走向現代化民主憲政的重要里程碑。尤其，從他早年組建的國家社會黨，到後來的民主社會黨，都在在顯露他做為一位儒教知識分子對於現代政黨政治的堅持與努力。

值得一提的是，錢穆，與其說他是一位著作宏富的史學家，毋寧說他是

17　請參見曾昭旭〈論唐君毅先生的心性實踐及予我之感發〉，文刊於《鵝湖》第 23 卷第 8 期（總號：272），1998 年 2 月，臺北。

18　請參看陳昭瑛〈一個時代的開始——激進的儒家徐復觀先生〉，刊於《歷史月刊》，15 期，頁 20-25，1989 年 4 月，臺北。

一位儒者，他曾與唐君毅一起在香港創建新亞書院，地坼天崩、國族危亡之際，他講習經典，研究古學，他挽起中國文化的大纛，承繼往聖先哲的文化慧命。從《國史大綱》、《中國近三百年學術史》、《靈魂與心》等著作，在在可看出，他願「通古今之變，究天人之際」，並因之而「成一家之言」。錢穆之為當代新儒家，當是不爭之事實，近人或有議論，甚至極力撇清者，竟為無礙，其所為亦只是「風吹水上鱗」而已[19]。

四、臺灣現代化進程，當代新儒學與其他相關精神資源起了調節性的作用

當代新儒家在臺灣的長成，正足以回應不適當的「儒學遊魂說」，而做出了強烈的反對例證[20]。散居海外，居於外域的儒學研究者，不免故國之思，因而有「儒學游魂說」的體會，蓋失根之蘭花故也。相對來說，在臺灣，我們可以強烈感受到儒學與日常生活是密切相關的，而這並不是來自於當代新儒家如何大力鼓吹儒學，剛好相反地，正因為臺灣這塊土地上本有著豐富的儒教資源，當然不只如此，還有道、佛以及其他各宗教的精神資源，使得當代新儒家可以「君子之道，闇然而日彰」[21]地生長了起來。當代新儒家最為可貴的成就是理論上的釐清與創獲，看起來與臺灣這塊土地上所成的俗民社會好像無關，實者不然。我們可以說，一方面俗民社會的儒教土壤提供了讓理論深化生長的可能；另方面，當代新儒學理論的深化，通過了學校教育系統、民間講學脈絡，逐漸潤澤了相關的文化教養層面。在臺灣的當代新儒家繼起者，如蔡仁厚、王邦雄、曾昭旭、王財貴、林安梧、鄭志明……等，除了大學課堂上的講學以外，更致力於民間的講學活動，王財貴更致力全球讀經運動的推動，這都在在可以看出臺灣當代新儒家的進一步落實。這

---

[19] 請參看余英時《猶記風吹水上鱗——錢穆與現代中國學術》，三民書局印行，1995年，臺北。

[20] 在廿世紀九〇年代余英時提出了「儒學遊魂說」，該說引發正反兩面的種種討論。

[21] 《禮記》〈中庸〉說「君子之道，闇然而日章；小人之道，的然而日亡。」

樣落實的「本土性」，是充滿著人性普遍性光輝的，它不拘於臺灣，而更邁向了全華人世界[22]。

　　不同於以往的「徹底反傳統主義」者，也不同於在臺灣生長的「自由主義」者，當代新儒家認為儒教的精神資源並不妨礙民主、科學的發展，傳統與現代並不是相悖的。為了回答徹底的反傳統主義者、科學主義者以及其他種種無理問題，當代新儒家在理論上花了許多工夫來闡明中國傳統文化是不會妨礙現代化的，並且建構了理論，論述中國傳統文化如何開出現代化。就這超過半世紀的臺灣歷史進程裡，我們已然可以斷定，現代化是一嶄新的學習，就在這國程裡，傳統文化非但沒有負面的影響，而且起著正面的效用。徹底的反傳統主義者、淺薄的科學主義者認為傳統文化是妨礙現代化的論斷，根本是不正確的。相應於此，我們發現根本就不應問：傳統文化如何開出現代化，因為這根本就是一虛假問題。該問的是：在現代化的學習過程裡，如何讓傳統文化參與到我們的生活論述之中，而起一正面的效用[23]。雖然，當代新儒學所回答的是「虛假問題」，但在整個歷史進程來說，他所提出的理論性答案仍然充滿著意義感。

　　其實，與其說那做為中國文化傳統的儒教資源，在臺灣邁向現代化的發展過程裡，起了一推動者的角色，毋寧說他扮演著極為重要的「調節性」角色。因為臺灣地區的現代化並不是原發性的，而是衍生性的，它不是從自己的文化母土長出來的，它是在文化多元的交會過程裡，經由「學習」而得來的。這也就是說，臺灣地區的現代化與西方原發型的現代化的「發生的次

---

[22] 王財貴發起了兒童讀經運動，從九〇年代初開始，至今十餘年，這運動的影響從臺灣擴及到海峽對岸以及全世界的華人。鄭志明、林安梧與臺灣民間信仰的關係密切，鄭志明對臺灣民間宗教有深入而廣泛的研究，而且與林安梧一起協助了相關的講學活動。這活動甚至推廣到馬來西亞、新加坡，林安梧曾在馬來西亞的吉隆坡的慈惠堂講學，並且協助他們與馬大中文系在一九九九年十二月三十日到二〇〇〇年一月二日，在馬來西亞合辦了「跨世紀宗教會談」。

[23] 有關儒家傳統與現代化的關係，筆者曾有深入的闡析，請參看林安梧 1999 年 3 月，解開「道的錯置」——兼及於「良知的自我坎陷」的一些思考，《孔子研究季刊》總第 53 期，1999 年第一季，頁 14-26，中國孔子基金會主辦，齊魯書社，山東濟南。

序」並不相同，因為它是經由「學習的次序」而來的。當代新儒家所論述的
「如何從傳統開出現代化」，比如：牟宗三極力強調須由「良知的自我坎陷
以開出知性主體，開出民主科學」，這裡所說的「開出」既不是「歷史發生
的次序」，也不是「實踐學習的次序」，而是一「詮釋的邏輯次序」，這是
在當代新儒家所詮釋的中國文化構成的理論下做成的[24]。臺灣的現代化進
程，不論是民主、科學，或是經濟發展，都不是在當代新儒家的理論指導下
去做成的。它是在多元文化交會過程的學習中習得的，當代新儒家所參與的
理論詮釋，當然也起了一調節性的功能。當然，臺灣在現代化的進程裡，除
了儒家以外，道、佛以及其他相關的宗教資源、文化傳統的教養資源，都起
了一重要的調節性作用。

五、跨世紀之初，當代新儒學在 國際哲學脈絡上可能的瞻望

　　做為哲學發展的脈絡來說，在臺灣，當代新儒家、新士林哲學、自由主
義者，可以說是鼎足為三，這大體是近五十年來所逐漸形成的。它是在臺灣
從戒嚴後期到解嚴前期逐漸形成的。特別是從蔣經國逝世以來，威權體制的
瓦解，李登輝的主政，乃至政黨輪替，這一連串本土化的過程，顯示著生活
世界的重新發現與理解。原先做為國家意識型態的三民主義本來就沒有硬性
的主宰力，在民主演變、自由生長的過程裡，她早已滲到其他的思想潮流
裡，若有若無的繼續生長著。當然，那些被視為恆定不變的實體，也漸轉而
為大家公認的共名，並且得接受新的時代的考驗。有趣的是，政治權勢上有
了這麼大的翻轉，意識型態的指向幾乎與以前大相逕庭；哲學陣營雖然有了
新的調整，但在市民生活的層面並無多大影響。

　　雖然「本土化」已成為政治正確（political correctness），當然這所謂

24　關於此，請參見林安梧《儒學轉向：從「新儒學」到「後新儒學」的過渡》，第九章
　　〈後新儒家的哲學擬構：武漢大學的講詞〉，頁 303-305，臺灣學生書局印行，2006
　　年，臺北。

的「本土化」是如何定義的，本多疑義；但哲學界並未因為思潮走向生活世界的重新發現，而有了新的詮釋與建構，只不過伴隨著狹義的本土化衍生的去中國化，使得中國哲學在研究的質與量來說都逐漸走下坡，這是十分可惜的。其實「本土」的「本」是「體」，而「土」是「用」，「本」有根本、傳承、延續之義，「土」有落實、生長、綿延之義。或者，我們說「本」是指向文化傳統，而「土」則是指向生活世界；「本」是縱貫的溯源，而「土」則是橫面的衍展。這麼說來，「本土」原是強調經由縱貫地文化傳統的溯源，回溯到根源，傳承延展，進而橫面落實於生活世界之中，生長綿延。倒過來說，要是將「本土」誤為「土本」，則「土」是「體」，而「本」是「用」，承體而啟用，這時意思就轉成了「經由橫面的衍展，落實於生活世界之中，在此落實、生長、綿延，進而即以此做為一文化傳統，視之為根本，以此傳承、延展。顯然地，「本土」是「以本為體，而以土為用」，而「土本」則是「以土為體，而以本為用」。像現在甚囂塵上的「本土」潮流，若放在以上所述的對比之下，我們要說，那其實不是「本土」，而是「土本」，那是對於「本土」一詞的「誤置」。這樣的誤置正顯示著顛倒相、恐怖相、妄想相，這根本上是因為有「人我相」而來的。「人」、「我」本無分別，硬是要扯出個族群撕裂來，這就是「人我相」，有了這「人我相」，既有顛倒，妄想隨之，恐怖也就不言而喻了！「本土」與「土本」的錯置正是臺灣當前的災難啊！何時歸根復命，思之怵然。

　　大體來說，臺灣的哲學界其實是沒有主體性的，在歐美核心國家的支配下，並迎合國家學術權力機制的運作，臺灣哲學界的生命力朝向於制式的學術研究，而較乏創意。當然，臺灣可貴的是民間社會的生長以及因之而生的草根文化力量，他們往往能跨過學院的限制，成為一具有草創力的生命種子。或者，我們會發現並不是哲學家或者哲學研究者做出了如何的嶄新導向，因之而使得社會歷史有著如何的進展，生活世界有著如何的生長；相反地，往往是歷史社會總體、生活世界具有一股生發的動力，逐漸長出新的苗芽來，使得哲學有了反省的新素材，可以再詮釋，並因之有新的建構。

　　分析哲學及自由主義一脈，伴隨著本土民主政權的建立，地位似乎比以

前重要，但並沒有因之成為主流。這一方面是他們所做的仍屬舶來品多，真切面對本土生活世界的哲學建構可以說還沒出現，或者說仍正在胎動中。但無可懷疑的，公民社會的呼聲、自由論述的講求、社區意識的成長、終身學習的重視，已成了臺灣最為正面的生長力量。再者，我們看到天主教傳統經院哲學的式微，代之而生的是本色化（即本土化）、脈絡化神學的要求，伴隨著社會福利制度、公益事業的發展。儒學傳統雖在學院漸趨薄弱，但走入民間的讀經運動、講學運動，伴隨著公民意識的發展、民間書院的成長、社區大學的潮流，廣義的儒、道、佛三教在社會歷史總體裡卻起著正面的調節性、生長性的力量。廣大的佛教力量、道教力量、民間宗教、文化教養的紮實生根，新一波的思想創造正在胎動中。

應該正視的是，早從八〇年代末期，伴隨臺灣政權的自由開放，大陸對西方哲學、馬克思主義思想以及其他學術的翻譯或著作已大量湧入臺灣。這並沒有導致所謂國本的動搖，但也未能因之衍生大的思想創造；但無形中，卻調整了兩岸的學術差異，而逐漸走向融通的可能。這些向度伴隨著臺灣的韋伯（Max Weber）熱、新馬克思主義熱、批判理論熱、文化批判熱、後現代理論熱，儘管傳統文化並沒有顯題化的參與爭議，但卻滲入其中，起著調和生長的力量。無疑的，臺灣之扮演兩岸思潮的觸動者、對談者是不能或缺的，是不能不正視的。

由廿世紀進到廿一世紀，大體說來，可被置於「反實體主義」的傾向，及其伴隨而來的解構風潮來理解。反實體主義可以視為現代化之後的一個重要風向。在這風向下，哲學家們展開了有關「現代性」、「工具理性」的徹底反省，這一波反省，使得大家重新正視「人的異化」問題。人的異化問題不只是資本主義所帶來的經濟剝削問題，它更是人內在離其自己，而失去了靈魂之鄉的問題。現代人，一個失喪了靈魂安宅的工具性理性的存在，一個枯槁而蒼白的被掏空的存在。存在的迷失、形上的迷失下，人不得不面臨意義的危機（the crises of meaning），但又萎蕨無力。

這樣的危機且無力的狀態，表現在哲學上，卻引發了另一層次的「存有安宅」的探索，當然在另一個對立端的解構張力下，不可能有一衡定的建

樹。代之而生的是,全面的解構、點滴的生長以及因之而生的多元的承認。其實,這樣的承認與其說是真理的通達,無寧說是權力的擺平。儘管對於「知識」與「權力」問題的探索極為眾多,但正只凸顯問題的嚴重性,並不意味對這些問題有著深入而恰當的恆定答案。

這樣的氣氛沖擊到全世界的哲學發展,世界觀的紛歧、方法論的雜多、價值的紊亂,而這通通被視之為多元,雖然努力的要去追尋共識,但卻難之又難。或者,我們可以說,哲學面臨這樣重大的危機,正顯示一波根源性的瓦解與重建的問題。在諸多話語系統被承認為多元下,一方面我們在找尋存有的安宅,而另方面則又對於話語的安宅進一步的瓦解。

六、後新儒學的可能：
轉折、迴返,承繼、批判與發展

當代新儒學也在這進程裡,有了調整、轉化與創造,特別是一九九五年牟宗三謝世之後,後新儒學的呼聲漸起,他們一方面緬懷先輩的貢獻,而另方面也對他們的哲學有了總結式的詮釋,肯定此中須要有一新的轉折、迴返,承繼、批判與發展。在〈迎接「後牟宗三時代」的來臨〉[25]一文中,我曾經這樣寫著:

> 牟先生甦活了中國哲學的慧命,他深入闡述了儒道佛三教哲學,並獨立譯述了康德(I. Kant)三大批判;更難能可貴的是,牟先生將康德三大批判銷融於中國傳統儒道佛之中,經由體系性的建構,成就了規模宏偉的「兩層存有論」[26]。近一百年來的中國哲學發展,無疑的,這是一最為重要的里程碑。

---

[25] 該文刊於《鵝湖》第 28 卷第 11 期,2003 年 5 月,臺北。

[26] 對於牟先生兩層存有論的理解與詮釋檢討甚多,我於此則採取一批判而發展的觀點。請參看拙著〈當代新儒學之回顧、反省與前瞻:從「兩層存有論」到「存有三態論」的確立〉,《鵝湖》第 25 卷第 11 期(總號:299),頁 36-46,2000 年 5 月,臺北。

　　牟先生跨過了「逆格義」的限制，經由「譯述」、「銷融」、「重鑄」的過程，讓中國古代典籍的話語、現代的學術話語、當前的生活話語，和合融通，鑄成偉辭，他生產了鮮活的哲學語彙，開啟了活生生的覺知與思考[27]。面對廿世紀初以來，中國民族的存在意義危機，牟先生隨順著熊十力先生「體用哲學」所開顯的「乾元性海」，經由一「形而上的保存」[28]，進一步以智識化的理論構造，穩立了道德主體；並冀求「以德開智」，經由「良知的自我坎陷」以開出知性主體，並以此融攝民主與科學。

　　當然，牟先生將康德哲學之「窮智以見德」經由儒道佛三教的銷融，轉而為「尊德以攝智」。他看似承繼康德「超越的分解」以穩立知識體系，但卻直契陸王，上接孔孟，穩立道德之自我，再下開知識界。這樣的「下開」即是「良知的自我坎陷」之轉出，這是一「辯證的轉折」而開，這卻是近於費希特（J. G. Fichte），而遙遙指向黑格爾（G. W. F. Hegel）。只不過，康德哲學強調的超越分解，使得牟先生做了一形而上的追溯，而有了一形而上的安宅。居於此安宅中，牟先生以一「詭譎的辯證」達到一「圓教」與「圓善」的境界。「超越的分解」為的是一「形而上的追溯」，進而凸顯由古代經典所喚起的「存在覺知」，就在這存在的覺知的召喚下，讓這難以跨越的鴻溝有了一「詭譎的辯證」之銷融與連結。當然，所謂的「圓教」與「圓善」就是在這詭譎的辯證銷融下完成的。牟先生雖然一再的強調辯證的開展的重要，但他做的卻是辯證的銷融，經由銷融而尋得一形而上的安宅，一純智所思的安宅。

　　他做了「現象」與「物自身」的超越區分，以「一心開二門」的方式，

---

[27] 關於格義與逆格義的問題，請參見林安梧〈關於「執」與「無執」的存有論問題：對比於牟宗三、康德而開啟有關於中國哲學方法論的思考〉，此文於二〇〇五年五月，香港中文大學哲學系、中國哲學研究中心所舉辦之「西方的詮釋、中國的回應——中國哲學方法論之反思與探索」學術研討會上發表。

[28] 牟先生於一九九五年四月逝世，我曾為文悼念，題為〈開拓者的寂寞——兼論「形而上的保存與實踐之開啟」〉，文刊於《鵝湖》20卷11期（總號：239），1995年5月，臺北。

成就了「執」與「無執」的「兩層存有論」。他雖然一再的強調兩層存有論並不是截然區隔，而是融會通貫；但他卻居於無執的存有論所成的純智所思的安宅，指點人間善惡，規範那執的存有論。他亦贊同天台宗所說之「一念無明法性心」，欣賞其「即九法界而成佛」這種「不斷斷」的精神；但由於時代精神的限制，牟先生仍只能經由一「詭譎的辯證」而達到一銷融性的和合同一，做成一形而上的圓善。我們要說這樣的圓善並不就是牟宗三哲學的完成，而是預示著一個嶄新的轉折、迴返、批判與發展。我們當該將牟先生在形而上的居宅中，「結穴成丹」的「圓善」再度入於「乾元性海」，即用顯體，承體達用，讓他入於歷史社會總體的生活世界之中，深耕易耨，發榮滋長，以一本體發生學的思考，正視「理論是實踐的理論，實踐是理論的實踐」，「兩端而一致」的辯證開啟，重開儒學的社會實踐之門。

「轉折」，不再只停留於「主體式的轉折」，而應通解而化之，由「主體性」轉折為「意向性」，再由「意向性」開啟活生生的「實存性」。「迴返」，不再只停留於「銷融式的迴返」，而應調適而上遂，入於「存有的根源」，進而「存有的彰顯」，再進一步轉出一「存有的執定」。「承繼」，不再只停留於「哲學史式的論述」，而應如理而下貫，一方面上遂於文化道統，另方面做一理論性的創造。「批判」，不再只停留於「超越的分解」，而應辯證的落實，入於「生活世界」所成的歷史社會總體，「即勢成理，以理導勢」，成就一社會的批判，進而開啟一儒學的革命。

「發展」，不再只停留於「古典的詮釋」，而應展開哲學的交談，面對現代的生活話語，經由一活生的存在覺知，重構一嶄新的學術話語，參與於全人類文明的交談與建構。

在牟宗三先生之後，後新儒學強調要由「道德的形而上學」走向「道德的人間學」，這是一重大轉向。「儒學轉向」，從「新儒學」邁向「後新儒學」，從「心性修養」轉向「社會正義」，從原來的「內聖—外王」轉向「外王—內聖」，從「兩層存有論」轉向「存有三態論」。是的！儒學是到了一該轉向的年代了；這轉向是依著儒學而開啟新的轉向，這樣的轉向，又開啟著一嶄新的後儒學。

　　這樣的轉向，我們就稱它為「儒學轉向」，這樣的儒學，時序處在當代新儒學之後，我們就將它稱為「後新儒學」。

　　——乙酉之夏（二○○五年八月十三日　初稿於臺中　草湖　慶榮堂老宅
　　——丙戌之秋加註定稿二○○六年九月八日於臺灣師範大學之元亨齋

　　（本文曾發表於二○○五年十月廿七日〈國際儒學聯合會〉於中國北京舉辦的「第一屆國際儒學高峰論壇」，後經修訂，於二○○六年十一月十一、十二日，在臺北：輔仁大學舉辦的【廿一世紀中華文化世界論壇 2006 第四次會議】宣讀。全文以〈從「新儒學」到「後新儒學」的發展——環繞臺灣現代化進程的哲學反思〉為題正式刊行於廣州：《中山大學學報（社會科學版）》46 卷 3 期（2006/05/15），頁6-11。）

第十六章　「新儒學」與「新儒學之後」
──兼論「大陸新儒學」與「臺灣新儒學」

【本文提要】

　　本文旨在經由「批判的新儒學」與「護教的新儒學」的對比區分，指出新儒學重「主體性」、「方法論上的本質主義」；後新儒學重「生活世界」、「方法論上的約定主義」。不是本內聖以開外王，而是在新外王的學習過程裡，調節內聖。這是社會正義的公民道德，它比心靈修養境界的圓善還重要。民主只是個制度，若沒上升到道德之體，那民主是有弊病的。

　　新儒學以聖賢教言為詮釋的核心，後新儒學要以歷史社會整體詮釋為核心。新儒學將主體渾同於道體，一切自此開出，這裏隱含了一「道的錯置」問題，重要的是，我們要努力地從傳統的「君子儒學」轉化為現代的「公民儒學」。第三波儒學革命來到了民主憲政、正義為主，多元一統的局面，我們應該解開血緣性縱貫軸的限制，轉變成委託性的政治連結、契約性的社會連結，構成新的公民社會。如此一來，公私分明，從「人倫的公共性」到「社會的公共性」。進一步，對於現代社會也能起一療癒的作用。

關鍵字詞：人倫、社會、批判、護教、主體、道體、圓善、民主、公民、道體

一、楔子：「批判的新儒學」與「護教的新儒學」

感謝我的老朋友吳光教授的邀請，今天很高興來到浙江大學。今天跟大家商量的題目是我自己對「新儒學」的一些理解和看法：「新儒學」與「新儒學之後」，兼論到「大陸新儒學」與「臺灣新儒學」。

一般來講，「新儒學」與「新儒學之後」的時間點就是以唐君毅、牟宗三、徐復觀三位先生，他們在世的時候，是當代新儒學非常輝煌的年代，而到他們晚年的時候，當代新儒學不是就不輝煌了，它開始有了些變化，因為發展的過程不同。應該是在上個世紀九零年代間，在臺灣開的一個新儒學會議，我當時提出了所謂「『批判』的新儒學和『護教』的新儒學」，談到以《鵝湖月刊》為主導的新儒學思想，其實也在變化中，所以「批判」的和「護教」的其實是個對比：「護教」的是以牟先生為主，以護持師說為主的一個理解，「批判」的就是對牟先生所提的系統有一些不同的看法。在時間上並不是牟先生過世後，我就提出了這個批評。

其實，當牟先生在世的時候，在一九九四年二月間，我就提出了不同的理解，而牟先生當時認為我還在思考中，是一個還在發展中的論題。我在寫我的博士論文——《熊十力體用哲學之詮釋與重建》，也就是後來集結成書的《存有、意識與實踐》的時候，檢討到了存在的問題、心靈意識的問題及實踐工夫的問題，主要是對熊十力的《新唯識論》作了一個現代的哲學的嶄新詮釋，裏面就提到了後來我繼續發展的「存有三態論」。這雖是繼承了牟先生所造之論「現象與物自身」的「兩層存有論」，「一心開二門」的「兩層存有論」，而進一步有的新發展。我進而談「存有三態論」，這論早在《存有、意識與實踐》這本書已有了一個型範。至於說，這樣的發展一直到大約 1996、1997 年左右，這個思想大概成熟了，1998 年我就出版了《儒學革命論》，思考也差不多完全確立了。所以在這裏可以澄清一下，並不是我的老師過世以後，我就批評老師了。

我覺得我的老師牟宗三先生對學生非常包容，我也是用這樣的方式對待我的學生的，我覺得這是一種師生論學的傳統，這個傳統一直是應該有的，

而且我覺得在當代新儒家是有的，所以大家不要誤認為當代新儒家是封閉的，它其實是開放的。

二、新儒學重「主體性」、「方法論上的本質主義」；後新儒學重「生活世界」、「方法論上的約定主義」

　　我這裏作了一個很簡單的對比，「新儒學」和「後新儒學」。「新儒學」若以牟先生來講的話，是「一心開二門」，這是借用《大乘起信論》的說法，以康德「現象與物自身」這個結構，這顆心可以上開心真如門，下開心生滅門，上開心真如門來涵攝所謂的「物自身」界，下開心生滅門來涵攝所謂的「現象界」。牟先生經由心的「執著性」與「無執著性」的一個對比區分，來建構他的兩層存有論。我認為新儒學是以「心」，以主體性作主來談論這個問題。以我的「後新儒學」來談，是回歸到「氣學」這個路子上。我認為宋明理學的發展是從道學到理學到心學，後來心學朝向「意」（意向性），像劉蕺山談誠意、慎獨，可以說是這樣一個對比發展，經由此，再進入整個存在的歷史性。總的來說，北宋前期，我認為是道學，當然張橫渠和周濂溪不太一樣，程頤程顥也不太一樣，但總的來講，比較重視總體之根源；理學比較重視超越的形式法則；心學更強調內在的主體性，從內在主體性再轉為強調一個善的純粹的意向性，再開啟黃宗羲所強調的：「盈天地皆心也」、「盈天地皆氣也」，是強調一個存在的歷史性，這個是我看的宋明學說的發展。

　　宋明儒學的發展後來又回到了重視整個存在的歷史性，慢慢總結，成了顧、黃、王三家。這三大家也各有所承，受心學影響的是黃宗羲，受理學影響的是顧炎武，比較受張橫渠道學影響的是王夫之。王夫之是我認為的整個理學的高峰，總結批判而又繼續開啟；顧炎武所開啟的是另一套乾嘉之學；而黃宗羲非常了不起的《明夷待訪錄》，重新反思整個中國的政治問題，而下開一些新的可能，這是很值得重視的。當代新儒學我認為基本上繼承了心學之路，從陸王，然後上契孔孟，並上溯至堯舜三代，它的統緒是從孔孟陸

王到當代。

大體說來，新儒學注重的是主體性，後新儒學強調的是一個生活世界。在方法論上，新儒學我認為是以一種方法論上的本質主義（methodological essentialism）為依歸的，我基本上強調一種方法論上的約定主義（methodological conventionalism），所以我對於「中國的國民性是什麼」這樣的語彙基本上是反感的，我也不認為有一個恒久不變的人性本善，我認為人有一個善的定向，但這個善的定向要實現出來，有它的可能，但是也有它的限制。所以孟子從「心」來講「性」，一方面講心是善，這是從意志的層面上來說，他講心「出入無時，莫知其鄉，惟心之謂與」，他要落在一般的經驗之心的層次來說。所以這一部分，從方法論上的約定主義，是一個比較寬的問題，並沒有一個恒定不變的事物本質，而一切的事物本質都是在變動的歷程中，當我們用一個本質的名稱來說它是什麼，其實只是方法論上的一個用語，它是一個功用，它不是果真有一個恒定不變的本質在那裏，它只是我們約定的一個名稱，所以是叫「約定主義」或者是「唯名論」。

「新儒學」強調一種道德的先驗論，以陸王哲學為主來強調類似康德式的「超越的分解」，而「後新儒學」比較接近船山哲學，強調一種道德發展論，強調辯證的綜和。所以人性論上我比較喜歡船山所說的，船山其實是通《中庸》、《易傳》的，他說「一陰一陽之謂道，繼之者善也，成之者性也」、「道大而善小，善大而性小」，人存在的律動，本身就是善，而能夠在這樣一個「習與性成」的過程裏面，教養而成性，所以人性是在一個教養過程中而形成的，所以是「習與性成」、「未成可成，已成可革」，這一點我是比較接近船山的理解。

三、不是本內聖以開外王，而是在新外王的學習過程裡，調節內聖

這也就是說，並沒有一個恒定不變的內聖，然後你要開出外王。其實是在一個學習的過程裏面，內聖在調整，外王也在調整。整個當代新儒家在回

應著一個徹底的反傳統主義者，因為一個徹底的反傳統主義者認為，中國文化開不出外王，而當代新儒家說可以。不管可以不可以，他們的思考方式都是我所說的方法論上的本質主義者。徹底的反傳統主義者認為，中國的傳統文化本質上就發展不出民主科學，而當代新儒學告訴我們，它本質上是可以發展出來的，只是我們以前的重點在哪裏，現在要把它轉出來而已，所以才會有一個轉出說，所謂良知的自我坎陷，開出自性主體，開出民主科學，這就是牟宗三先生非常膾炙人口的「良知坎陷說」。

　　良知的自我坎陷其實就是說良知是絕對的，「坎陷」的意思是自我否定之後，可以做成一個兩造對立的以主攝客的方式，這樣才能夠有一個認知主體出現。牟先生基本上是要處理從道德主體如何變成認知主體而之後才能開出民主科學。他認為民主與科學是對列之局，他們是作為主客對列這個方式才開出民主跟科學。我認為牟宗三先生這個思考是為了要回應反傳統主義者才產生的，它並不合乎歷史的發生次序，也不合乎實踐的學習次序。也就是說民主跟科學的開出，並不是良知的坎陷再開出認知主體再開出民主科學，其實民主跟科學是在一個不斷地學習、實踐的過程中而慢慢發展出來的。

　　我覺得臺灣的發展很明白地可以看到，中國文化並不妨礙現代化，不妨礙民主與科學。我們會發現文化的互動和融通中來調劑，民主跟科學就在它的發展過程中，所以是一個實踐的學習次序，不是西方原先的一個歷史發生次序，當然，也不是通過牟先生的一個理論的邏輯次序的安排就可以變成一套實踐學習次序，因為這是不一樣的。這個部分是我在上個世紀 90 年代初，就指出了這樣一個區別，三個不同的次序：歷史的發生次序、理論的邏輯次序、實踐的學習次序；我認為這三個次序是中國近現代以來打了一場混仗，常常誤認為西方發生過的次序，我們要重新發生一遍，才會發展出民主科學；或者認為我們要通過一個理論的邏輯次序，我就可以按照這個理論邏輯次序安排了，其實不是的。你需要的是實踐學習的次序，沒有民主科學沒什麼，這並不代表我們以前都沒意義，我們以前並不是完全沒有科學思維，沒有民主思維，只是沒有西方近代意義的民主和科學思維。西方以前也沒有，也是近代才發展出來，以前有的，跟現代也是差異的，甚至是異質的。

四、社會正義的公民道德比一個心靈修養境界的圓善還重要

就我的理解，歷史上很少有東西是同質的發展，它本身就是多元互動、融通，不斷地在調整、發展。所以這樣思考以後，我們就可以發現，並不是內聖不變，才可以開出一個新外王，而其實在新外王學習的過程中，也要重新調節內聖。在這過程裏面，新儒學十分強調心靈修養境界式的一個圓善，而在我的理解裏面，我認為後新儒學應該強調的是一個社會正義的公民道德，社會正義的公民道德比一個心靈修養境界的圓善還重要。

儒學到宋明以後，的確是比較注重心性修養，因為主要是帝皇專制、父權高壓、男性中心比以前更嚴格一點。從漢以後，中國儒學已經陷入了一個獨特的新的年代，帝皇專政、父權高壓、男性中心，到宋代更嚴重，一直延續到明代，明代中葉以後，社會階層有一些變化，整個手工業發展、經濟發展以後，人的個體性、獨立性慢慢出來了，所以有了一個新的變化，很可惜這個變革並沒有真正成功。後來因為滿清入關以後，重新攢集了這些思維，把朱子的學問重新拿出來作為官學，將朱子強調的「超越形式性的原則」轉成了一個「絕對專制性的原則」，然後把絕對專制性的原則與超越形式性的原理結合起來，就構成了清代的朱子學。以康熙帝、李光地為主的朱子學，就構成了整個清朝的統治意識形態，而王學就被整個斬斷了。王學後來帶有很強烈的解放性思維，從個體主體的解放，成了後來民國初年，清朝末年很重要的革命性的思維。

回到先秦去看，不太重視你的心性如何，它最重視的還是落實在人倫孝悌、落實在家國天下，你做了什麼，它還是有一個公共性、公義想法的，只是它的公共性不是西方近現代意義的一個公共性。儒學還是很注重公領域的，如果只把儒學講作只在私人領域，這個說法是不對的，儒家必然涉及於公共領域，自古以來都是這樣。因為宋明理學太注重心性修養一直到人倫孝悌，但他認為心性修養人倫孝悌還是要到社會實踐上去說的。像朱熹和陸象山他們出仕當官都當得很好，在社會的各種如義倉、鄉約、義學，他們都做

得很好，整個社會的面向他們都很重視。

五、民主只是個制度，若沒上升到道德之體，那民主是有弊病的

　　儒學的心性儒學一定要通到外王的，只是他的重點不是去處理權力根源，權力合法性的問題，這個部分是很大的不同。因為政治在中國歷來都是一個治理的問題，不是權力根源的問題。重點在於你能不能治好，治不好的話我可以幫你，我要表示意見，治好的話也不是說一直要問權力根源的問題，這個問題是整個西方近現代民主才這麼問的。這麼問是因為近現代知識理性特別發達，是一個獨特的發展，並不是非如此發展不可。西方現在在很多發展中國家都強調要用民主憲政的方式治理，其實它政權一直都是不穩定的，治理也治理不好的，陷入動亂，民生凋敝，老百姓的生命財產、自由安全並沒有獲得保障，反而陷入更嚴重的紛亂裏。所以「政者正也，子率以政，孰敢不正？」所以政治是要有道德、有能力的人去實現它的，政治不是光靠權力。權力是不可能出現真正公平的，權力是要心中有道理，再經由一個恰當的機制，這樣才可能達到真正的公平。公平、公道必須有個「道」，有個「公」，它才可能落實到權力之中；如果民主只是個制度，沒有上升到「體」，沒有上升到跟仁愛結合到一起，沒有上升到跟道德結合在一塊，這個民主是有弊病的。

　　所以我常說，民主不是多數人決定的，民主是少數有高瞻遠矚的人，提出了他的理解之後，經過一個教養的過程，而有更多討論、更多爭議形成了共識，進入了投票程序後，才變成了大家共同認定的。民主是要有教養的民主，沒有教養的民主是很可怕的，它會變成民粹，就變成了權力的爭奪。民主政治本身是一個高耗能的政治，我覺得這個也是必須去好好檢討的。我這麼說不是反對民主政治，而是要檢討有沒有一個低耗能的民主政治，民主政治現在之所以高耗能，是因為它被異化了，它已經走離了民主本身，這是一個很值得檢討的問題。新儒學是以心靈修養境界為圓善作主導，這是後來一

個比較偏的發展，而後新儒學是強調社會正義的一個公民道德，是不一樣的。

六、新儒學以聖賢教言為詮釋的核心，後新儒學要以歷史社會整體詮釋為核心

新儒學以聖賢教言的詮釋為核心，譬如說就整個當代新儒學來講的話，大概以這個為核心。我認為後新儒學是要以歷史社會的整體詮釋為核心，這點我們應該去對比看一看，才能夠進一步地發展。新儒學受到了西方近現代以來的認識論的影響，非常強調科學，強調理性，所以它否定巫教的信仰價值；我的後新儒學基本上是肯定巫教的信仰價值，來自民間的種種靈驗性的宗教，一般教育甚至把它視為迷信，這說法並不妥。我認為這個是廣義的中國古代傳統民間信仰的東西，像雜草一樣，但我認為這些雜草很重要，護育著整個水土，臺灣的可貴就是這些雜草非常多。在臺灣你會發現各種宮廟都有，雖然帶有迷信的成分，但它還是敬畏天地，敬畏神明，敬畏祖宗，敬畏聖賢的。由此就可以提到「君子有三畏：畏天命，畏大人，畏聖人之言。」而它民間就有這些東西，老百姓就在這裏安身立命，我認為應該肯定它。

新儒學視巫教為迷信，這點與科學主義者類同，這樣一來巫教和儒學就斷裂了，它認為是這樣的。所以當代新儒學一直強調心靈主體，強調自我。受西方近現代的影響，我認為後新儒學應該去正視巫教和儒學的連續性。孔老夫子是「敬鬼神而遠之」，他並不是心中無鬼神。荀子講得好：「君子以為文，百姓以為神」，我認為人文跟整個巫術是延續的，它不是斷裂的。這與西方所說哲學的突破並不相同。另外對良知學來講的話，當代新儒家認為良知超邁一切、良知是先驗的。其實，良知和良知學是不一樣的，良知是當下呈現的，良知學是一套知識理論構成系統，我發覺它和專制、咒術等很麻煩的東西常會糾結在一塊。我曾經寫過一篇文章，叫〈良知、專制、咒術及其瓦解〉，對於儒學強調的是一種良知的獨特性、絕對性、先驗性，它可能落入的一種異化、扭曲，甚至反控，我所謂的「道的錯置」（misplaced

Tao）等的嚴重後果，我這樣的理解，就與一般對儒學的理解有著不同。

七、新儒學將主體渾同於道體，一切自此開出，這裏隱含了一道的錯置問題

我們剛才提到了，新儒學一直強調主體是超邁一切的，上契於道體，並將主體渾同於道體，並一切從主體開出；而後新儒學是認為這裏隱含了一套道的錯置問題。「道的錯置」問題應該是我在上個世紀 90 年代初就開始思考的，90 年代之後開始寫相關的東西，後來在 1994 年寫成了《儒學與中國傳統社會之哲學省察：以血緣性縱貫軸為核心的展開》，1996 年在臺灣出版，1998 年在上海學林出版社出版。我的理解就是要通過血緣性的縱貫軸來說中國傳統政治社會的構造特質以及傳統文化的特質，血緣性的縱貫軸包括血緣性的自然連結、人格性的道德連結、宰制性的政治連結，這三個核心性概念剛好相互對應著，一個是「父」，一個是「聖」，一個是「君」：「父」是血緣性自然連結的最高連結點，而「聖」是人格性的道德連結的最高連結點，「君」是宰制性的政治連結的最高連結點。

原先的儒學強調的是血緣性自然連結與人格性的道德連結，這兩個連結起來就夠了，而「君」不應該成為宰制性的政治連結。所以，「人人親其親，長其長，而天下平」。君也是一個位，如同共和國一樣，天子也是一個位，如果你治理不好，君是可以換掉的，所以他是天子，天子不是天皇，這點我們和日本不一樣。儒學在先秦的時候很清楚，它把人提到一個很高的程度，所以人皆可以為堯舜。孔老夫子的學生冉雍，「雍也可使南面」，冉雍是賤民之子，冉雍的爸爸是冉伯牛，他的兒子可以南面為君，「犁牛之子騂且角，雖欲勿用，山川其舍諸？」在那個年代，我們居然可以聽到孔老夫子「大道之行也，天下為公」，這思想是非常開放的，它不是家天下，是公天下，所以儒家講堯舜禪讓，這可以說是獨步全世界。

在《論》、《孟》，在《學》、《庸》，所以在先秦典籍裏面，儒學的典籍裏面，在古代經典裏面你可以看到很多很可貴的東西。然而到了漢代講

三綱，進到了「三綱」以後就發生了錯置，「五倫」我認為是很好的：「父子有親，君臣有義，夫婦有別，長幼有序，朋友有信。」「三綱」：「父為子綱、君為臣綱、夫為婦綱。」這個就是我剛才所說的，血緣性縱貫軸——父權中心、男性中心，君權中心，造成了嚴重的宰制，這權力的徹底宰制就造成了嚴重的「道的錯置」。

八、「道的錯置」之構成及其消解之可能

原先，儒家是希望「有德者，居其位」，所以內聖外王，聖者當為王，謂之聖王，後來錯置了，變成了現實的王，握有權力了，宣稱為「聖」，變成王，王者為聖。這樣一扭曲異化就造成了錯置的情形，變成「君父之命不可違也」。明白了這 2000 年的帝皇專制，是一個嚴重的陷溺，這個陷溺一直到孫中山 1911 年的辛亥革命，才徹底打開。其實開始想這個問題的是《明夷待訪錄》，黃宗羲在想這個問題。我認為當代新儒家在這點上是有貢獻的，它想這個問題是繼續著現在的民主憲政、公民社會想問題的，但是我覺得對道的錯置的理解上，我應該說繼承了新儒學，把這個「道的錯置」的嚴重畸形指了出來，這個部分我受益的是牟先生的《政道與治道》以及徐復觀先生的著作《儒家政治思想與民主自由人權》，這讓我釐清了道的錯置問題。

釐清了之後，我並沒有回到所謂內聖要開出新外王，我認為是要在外王的學習過程裏面，重新調節內聖。因為整個儒學從宋明以後沾染了太多內修的氣質，這點可能受到了禪宗以及其他的影響，也可能是因為帝皇專制、父權高壓、男性中心太緊密了，變成了一種封閉性的思考，其實早該跨過。因為我看了太多脾氣很好的，但是心性並不好；心性修得很好的，社會見識不夠，所以他社會正義感很低。所以不能把儒學和道德實踐，從社會的實踐變成一個內在的心性修養，又從內在的心性修養轉成脾氣的修飾。因為一個脾氣很好的人，可能就是一個道德糟糕透的人，而我們現在常常誤認為一個脾氣很好的人，就是一個很有道德的人，這是兩回事。這個部分我認為當代新

儒學是有留意到，但是還沒有徹底。

我覺得作為一個君子和作為一個公民是不同的，因為中國「人不知而不慍，不亦君子乎？」這個君子的概念，原先是從人格的自我完善來說，我們不必求外人之所知，後來它變成握有權力帝皇的人來指責，說你作為一個君子不應該為人所知，你現在想要為人所知，就非君子了。像這樣的扭曲異化，心性修養便成了錯誤的修養，譬如說我一直在檢點著我自己：「是不是我沒做好？」其實，他是沒有能力去處理整個制度結構的問題，社會道德和正義的問題。所以不斷出現很多自我修養的語句，而誤認為那個自我修養就是德性了，那不是，還很可能是很壞的德行。這就變成了一種以自我為核心的，小市民過好小日子的那種修飾方式，跟外面的各種切斷，要好好的過自己的好生活，以為那就是修行了，有點難過就去念念佛，要不然去拜一個上師，那就好啦？我認為在一個市民發展的社會裏面這個是不對的，而且佛教這樣傳也是不準確的。因為佛教非常注重的是大無畏的精神，佛教有所謂怒目金剛，低眉菩薩。低眉菩薩是要一種真正的慈悲，怒目金剛則是一種真切的批判，佛陀最重要的是要批判印度當時的種姓制度，強調眾生平等嘛，這是非常了不起的！這大雄無畏精神，儒家也是啊，「自反而縮（直），雖千萬人吾往矣」，是有血氣，有脾氣的！若只一味強調心性的內在修養，儒家就變成了一個溫溫的，吞吞的，全部只是內在修養，這根本是扭曲了、異化了。

九、從傳統的「君子儒學」到現代的「公民儒學」

我們應該在合理的社會裏，去重新喚醒先秦的精神，去面對當代，如此一來，我們就發現作為公民是優先的，是不可緩的。公民是什麼？儒家「君子」的這個概念，常常認為如果涉及到自己利益的，一定不能去談，其實公民的概念是，當這個利益不是你自己的利益，而是所有人的利益，就應該去爭取！所以「義者，天下之公利也」。孟子處理義利問題就隱含著這樣的理念。「義」並不是都不涉及「利」，「義」和「利」並不是兩者切開來的，

所以並不是「明其道不計其功，正其誼不謀其利」，而是「正其誼所以謀其利也，明其道所以計其功也」，「正德所以利用也，利用所以厚生也」，它是充實而飽滿的，它並不是面對權力，反而轉過頭來修養自己。

在「新外王」民主憲政公民社會的養成過程裏面，重新來談公民這個概念很有意義，公民這個概念它很重要的，什麼叫公民？舉個例子，我記得我曾經在臺灣清華大學任教，有時候比較晚回到學校，進校門前面都有守衛，前面有一個教授開著車在前面，那個守衛認不出他來，就要求他停下來，那個教授就對那個看門的呵斥一聲，把他說了一頓就過去了。接下來是我，他就不敢檢查了，於是，我就停下來，對他說你的檢查是對的，那個教授訓斥你是他的修養不夠，你做這事是可敬佩的，這就叫公民意識。所以我認為這種事要更多人來做，管小事就不會出大事，大家如果每天不管小事只管大事，那大事小事就都會出，所以我主張大事小事都要管，這是我的公民意識的實踐。現在臺灣基本上都使用發票，因為他有一個統一發票兌獎，以此鼓勵大家都要拿發票。我講這個意思就是說，你怎麼修養才好？很簡單，制度把它設計好，人的修養就會變好很多。

今天我從上海來，我讓這邊的朋友幫訂了票，既然訂了票，那我就要去領票，臺灣人是用臺胞證，所以我必須直接到窗口去領，有好多個窗口，因此排了很多行，這個沒處理好。其實只要排一行，然後最後分到七個窗口，這樣大家就會安心排隊。如果像現在這樣，排很多行，每一行的人都很緊張：你會不會快一點？我會不會慢一點？你就會很急，這樣人的情緒就沒辦法安穩，所以一個不合理的制度是會讓人緊張、緊張久了，也就麻木的。我主張要有合理的制度，其實合理的制度涉及到權力根源的問題。如果沒有那個問題，它其實就只是一個合理程序的安排。如果讓我來處理那就很簡單了，就像機場排隊一樣，排一行，這樣就很安穩地順著排，請問那時候你需要有多少心性修養嗎？你作一個好好的公民就好了，忍受太多的不合理，其實是不合乎修行原則的。

「修行」指的是「內修」與「外行」，你外都不行，只內修，那到最後把自己悶死了，那是不對的。我覺得當代新儒學在這方面已經很不錯了，他

已經要求要留意整個制度層面。那我現在更進一步提，從制度層面回過頭來談內修，不是由內修的確立，再去談外行，而是通過外行的學習，回過頭重新調節內修，內修就很容易。公共意識怎麼來的？難道還要通過「良知的自我坎陷」開出「認知主體」，而開出民主科學嗎？不是的。他不懂這些理論也不需要這些知識，它基本就是一個學習過程，每個人秉持著良知，在生活世界裏面慢慢學習，調節，就學出來了，國民性就變了，我觀察的事實就是這樣。

現在兩岸馬英九和習近平都互稱先生並握手了，以前你能想像嗎？不可能。整個時代的變化讓我們有機會重新反省中國文化，居然還有人問中國文化會妨礙現代化嗎？如果這麼問就代表他頭腦不清楚；如果還認為「父為子隱，子為父隱，直在其中矣。」儒學裏根本沒有正義。這是讀書根本沒有讀通。

舉一個我常說的例子博君一笑：中西文明的比較，如同筷子對上叉子，叉子是主體通過中介者，強力侵入客體，控制客體；筷子則是主體通過中介者連接客體構成整體，達到均衡和諧，才能舉起客體。這樣詮釋不就不一樣了嗎？你父親偷了羊，你會把他告發到警察局嗎？你這樣還算兒子嗎？有這樣的法律嗎？你父親偷了羊你肯定會勸他說：「這樣不行啊，我們把羊送回去吧」。「其父攘羊，其子證之」。這樣肯定不對嘛，「其父攘羊，其子勸之」。應該這樣嘛，勸了之後，父親說：「我已經吃掉了」。兒子說：「那我們再買一頭，或者把錢送回去」。想一個辦法，你怎麼可能去告發他呢？你說，父親偷了羊，你就去舉發他，還是勸他把羊還回去就好了，這才合理。除非是連坐法，父親偷了羊，你沒上報舉發，那會遭到更嚴重的罪罰，這當然要快上報。要不然，這怎麼可能。即使現在最文明的法律，仍然不廢人倫的、不廢人情的。

十、第三波儒學革命來到了民主憲政、正義為主，多元一統的局面

　　第三波的儒學革命來到了一個民主憲政，正義為主，多元一統的局面。我剛才提到，從周代到漢代，到民國。周代強調了封建宗法，人倫為親，這樣的大一統的格局。漢代以後是帝皇專制，忠君為上，大統一的格局。東西兩周跟秦漢以後不同，春秋大一統，這是一統而多元，大統一是慢慢走向一個絕對的專制。民國以後，民主憲政，所以又是多元一統的格局。我覺得這是一個新的很好的年代，中間經過了大約 100 多年的政治鬥爭，但我認為現在慢慢走向康莊大道。我覺得儒學最可貴的就是一種「濟弱扶傾」的哲學，它是一個有能力者應該服務更多人，有德者才能居其位，有其位才能行其權，有其位行其權者才能反其經，迴返經常之道。其實，經常之道就是老百姓的生命財產、自由安全，必須受到保障。

　　孔老夫子把原先社會階層概念的君子，轉成了德性位階概念的君子，強調在血緣性自然聯結下長成一個人格性的道德連結，從孝悌長出仁義。孝悌是從人倫血緣親情說的，而仁義就不止在血緣親情，要擴大到所謂「四海之內皆兄弟也」，「人人親其親，長其長而天下平」、「仁者事親是也，義者敬長是也」，而人人行仁義，天下皆太平。當然它進一步不止是家天下的小康之治，它還強調堯舜之治公天下的大同之治。世界大同、天下為公，這樣的儒學革命，以孔子來講，並沒有成功。孔老夫子刪詩書，訂禮樂，贊周易，修春秋。他「修春秋」隱含著一個王者之道，還隱含著一套世界大同的理想、太平盛世的理想；「贊周易」，是把宇宙造化之源的奧秘開啟，這個奧秘就是：宇宙根源的律動，也就是我們內在心源的律動，是我們價值的最真正的來源，這是連在一塊的。這意思並不是說，我們去客觀看出天地如何，而是我們人我天地萬物通而為一地去體會，它本來就是什麼，這是儒學的根荄所在。當代新儒學比較偏重從道德的心體去證立那個形而上的世界，強調道德的形而上學，其實《大學》、《中庸》、《易傳》跟《論語》、《孟子》是通而為一的，而且天道論和心性論本來是一體的，並不是說通過

心性論去證立天道論，同樣，不能通過天道論去證立心性論。這個部分也是「新儒學之後」的不一樣的理解。

第二波儒學革命把「春秋大一統」變成「帝國大統一」了，王道理想變成帝皇專制了，聖王變成王聖了，孝親為上變成忠君為上了。一個人格性的道德連結為核心變成宰制性的政治連結。這麼一來五倫變成三綱，原先強調相對的一種真實的感通，強調「我與你」的關懷變成一種絕對的專制的服從，變成「他對我」的一種規定。整個秦漢以來的儒學其實是一種非常異化的儒學，如果要談所謂的儒學政治化，這個地方是要去檢討的，現在如果儒學復興又回到了這裏去，其實是不對的。現在的一些儒學復興者，強調儒學如何復興，要行古禮，行跪拜什麼的，我覺得免了吧。可以行一下禮，對「天地君親師」行一下禮，它只是一個儀式，而這個儀式要適當的時候才需要。

第三波革命我覺得是一九一一年，民國以後了，從道德的形而上學進一步轉成道德的人間學，強調心性修養轉成社會正義，強調君子轉換成公民的優先性，這就是我認為現在第三波的儒學革命，就是目前的「新儒學之後」，強調道德的人間學，社會正義學，公民學這樣的一個儒學，在哲學理論上是從「兩層存有論」慢慢地轉到「存有三態論」的立場，這是以我自己構造的立場來說的。這是從道德的超越形式性原理轉到道德內在的主體性原理，再轉到道德的存在歷史性原理，從朱子、陽明、到黃宗羲，基本是這樣的。這樣就從「以心控身」，慢慢地調試到「身心一如」。儒學強調不是用心去控制身，道家也不是，儒跟道都強調「身心一如」。所以，「心靜自然涼」的理論是一個值得肯定，也是一個值得檢討的理論，心靜自然涼是因為你沒辦法處理「涼」的問題，所以才只好處理「心靜」。其實，基本上「自然涼」，心才可能「靜」，所以要處理「涼」的問題才能處理「靜」。中國因為 2000 年的帝皇專制，父權高壓，男性中心，沒有辦法處理權力的問題，所以只有處理自己心性的問題，權力的問題不是說權力「正當性」的問題，而是「適當性」，權力的「正當性」是強調權力的合法性，所以不是這樣的。

十一、解開血緣性縱貫軸的限制，轉變成委托性的政治連結、契約性的社會連結，構成新的公民社會

　　前陣子我接受了一個媒體的訪問，問我對儒學發展有什麼建議，我說：「儒學應該強調，作更多社會的公眾，不要一碰就去碰政治的問題，更不要一碰就去碰政治所謂合法性的問題，更不要心裏想著去當帝皇師，你要當孺子牛。」這個部分是我一再強調的，不是由內聖如何開出外王，而是如何由外王而調節內聖。外王與內聖，這是兩端而一致的思考，這個理論上的構造，就是從外王回到內聖的思考。因為儒學不是以「正心」來論，儒學強調了：「一是皆以修身為本」，你要先瞭解這部分問題，才會瞭解以血緣性縱貫軸後來導致的「三綱」和血緣性縱觀軸這樣一種狀況，有嚴重的道的錯置，這種道的錯置必須解開，儒學才是源頭活水。

　　人性之為本善，就是「善」之為一種定向，這點孟子講得很清楚：「人性之善，如水之就下」，所以「決之者東則東流，決之者西則西流」，堵起來可以往上流，逆流而上。但不管怎說，水有個特性：水有個定向，人的性有個定向，是「善」。但是人性可以往東，也可以往西，也可以堵起來，逆著。你要有一個非常好的日子，在平和的社會裏面，公民的社會裏面作好的公民，過好的生活，而真正的人就是這樣成長的。所以這樣的說法，內聖外王是通貫為一，雙向互動的，身心也是通貫為一，雙向互動的，並不是以心控身，不是只有內聖沒有外王，也並不是只有內聖才能開出外王，其實也是由外王學習過程中調節內聖，內聖外王通貫為一的。這樣的「一體之仁」其實在陽明思想裏面都有了，我們必須在這裏慢慢地去調整，這樣調整就會有一個「新外王」和「新內聖」，這樣一個新的格局，新的發展。這樣就解開了道的錯置，就真正有了一個恰當的發展，就不停留在原先的一個家族社會，而是慢慢進入了一個新的公民社會；不再是以血緣親情為主導，傳統的君子教養和倫理，而是由公民經由社會契約主導而應該有的公民教養與倫理。當然，家庭還是很重要的，因為家庭是最基本的單位，人倫還是很重要的。我曾經被記者問到過：「你認為現在的儒家在現代的民主憲政、公民社

會裏面還有什麼重要的?」我說:「儒家的人倫還是重要的。」如果沒有人倫的人權跟有人倫的人權,哪一個會好?很顯然,有人倫的人權一定會比較好,有人倫才有人味。人權考慮的是權位,人倫和人權不同。有人倫的人味加上人權的權位,大家去思考如何平權,那就會更好。

十二、公私分明:
從「人倫的公共性」到「社會的公共性」

從原先的「波紋型社會」慢慢地走向一個新的限制格局,構成公私分明的公民社會,所以他不必一直強調「大公無私」了,而強調「公私分明」更重要。所以不是大公無私,而是公私分明。這樣一種發展就是我常常提的:從「血緣性縱貫軸」慢慢走向「人際性互動軸」為主的社會,而這樣的話,就是原先的「宰制性政治連結」瓦解了,而轉成了「委託性的政治連結」。這樣,原先的宰制性政治連結,血緣性自然連結,慢慢地轉變成委託性的政治連結和契約性的社會連結,就構成了一個新的公民社會。社會的公共性和每個人的個體性慢慢受到重視,公民的倫理教養慢慢長出來,這時候不必再「為善不欲人知」了,「為善可以為人知」了。儒學不是一直壓抑自己,儒學也不是解放自我,儒學就是人倫中有分際,有人倫,有生長,講禮有三本,「天地者,生之本也;先祖者,類之本也;君師者,治之本也」;在這個過程裏面,不是整天強調以自己為本,它是以人倫的公共性為本,這樣才長出一個社會的公共性來。

總的來說我認為,首先應該解開原先 2000 年帝皇專制、父權高壓、男性中心所導致的「道的錯置」,而建立一個恰當的合理的公民社會,而合理的公民社會其實是一個很平坦的,人人親其親,長其長,而天下平,人人能夠真正面對社會,作為一個公民,人能公其公,而天下可平,而公其公是因為你的公、私能在這裏獲得真正的確立,每一個私都能得到真正的確立。每一個個體性都能在公共性中確立,這個「私」就不是偏私了,是個體性,人之所以會偏私,就是因為他的個體性沒有恰當地確立,而個體性如果沒有在

人倫中恰當長成，公共性沒有長成，你的個體性也不能長成，這是一個很基本的概念。

　　我覺得這些東西在現代社會裏面是可以慢慢長成的，整個中國的經濟強盛了，接下來，我覺得就是要王道襟懷，把我們公天下的和平主義慢慢地推進到世界中，有更多的文明交談，更多的宗教對話。當然，儒家是家，但也是教，是教化之教，也是宗教。儒學它本身是個宗教，只是它是個教化意義為主導的宗教，它不是一個以上帝的話語所論定這個世界的宗教，它是以生命之氣的感通為主導的宗教。

　　這一波的儒學革命，是儒學自身在一個現代化的發展歷程裏面一個內部的總的有機的反思和調節，而這裏的調節，不再是從原先的內聖呼籲開出外王，而是在外王的學習過程裏，實實在在的具體的實存的調節過程裏面，慢慢調節更多內聖，就使得更多內聖有一個現代意義的調節。當然，它也是包蘊了要跟其他宗教的對話，跟各個文明對話，就中國文明內部，儒道佛也要對話，在這樣的一種過程裏面，共謀人類的和平。這個思考是我認為在整個新儒學之後有機會思考的問題，我們已經不再只是要救亡圖存而已，我們要擔任起整個世界濟弱扶傾的責任，「大道之行也，天下為公」是可能的！謝謝大家！

■問答環節：經典的話語、學術的話語、現代生活話語的融通與調節是重要的

　　問：老師您好！我是人文科學實驗班的新生，現在看到的大多講發展階段的時候都是以宋明理學為一個明顯的分期。其實，不難發現宋明理學時期更注重「聖賢」，這跟漢唐時期和明清時期不一樣，因為他們更注重「經典」。剛才聽您講到的現代儒學可能會更強調社會實踐的層面，我想請問老師，我們當今對於「聖賢之教」，對於經典的考據啊，訓詁等等，有沒有一些什麼需要結合時代的特點來作一些新的探究的？

　　答：這個問題問得很好，這個是我這些年來一直在強調的：對漢語要有感，就是漢語的語感很重要。所以要讓古典的漢語跟現代生活的漢語，跟現

代學術上的漢語都要融通在一塊，跟西方的話語要融通在一塊，慢慢這些東西才能生長。在這個過程中，文字、聲韻、訓詁這些基本的訓練要會的。剛才你說的那個我並不完全同意，就是說：宋代非常注重聖賢人物，但是宋代也非常注重經典，宋代是要跨過漢唐的。朱熹、象山、陽明他們都很了不起，他們對經典都下了很深的功夫，經典跟生活世界是結合在一起的。經典不只是在字句上用功而已，經典是要跟我們的生活世界，跟我們的心靈，跟整個天地是要融通在一起的。你現在要學習中國古典，那首先要讀熟，接下去就要體會，然後用現代的話說出來。現在常常只用西方的話語來瞭解中國，比如說「明白」這個詞，你都不會想到「自知者明」、「知常曰明」、「虛室生白」；講到「道德」這個詞，你要想到「道生之，德蓄之」、「志於道，據於德」，再接下去，你就可以轉化很多，什麼叫「智」、「仁」、「勇」？「智」是清明的腦袋，「仁」是柔軟的心腸，「勇」是堅定的意志；什麼叫「禮」、「樂」、「射」、「御」、「書」、「數」？「禮」是分寸節度，「樂」是和合同一，「射」是指向對象的確定，「御」是主體的掌握，「書」是典籍的教養，「數」是邏輯的思辨，這是通才教育，孔老夫子是第一個通才教育的老師。我們要勇於融通，真正地體會，要有語感，要學寫詩，要背古文，要學寫古文，如果這些功夫沒有，那很難成為一個好的中國哲學學者！所以，你們年青人要好好努力，中國文明正在升起中，在復興中！

（本文是林安梧教授於 2015 年 11 月 9 日在浙江大學馬一浮書院，
【馬一浮人文講座】所作的講座：《新儒學與新儒學之後：兼論大陸新儒學之發展》，由吳光院長主持。講座發言，經由姚瑤女士依錄音謄錄而成。）

第十七章　《儒學轉向：從「新儒學」到「後新儒學」的過渡》自序

【本文提要】

　　本文乃是《儒學轉向：從「新儒學」到「後新儒學」的過渡》一書的序言，旨在就 2000 年前後，作者在海峽兩岸三地重點大學以及研究機構的講座，作簡略之概述，它標誌著在牟宗三先生之後，由「道德的形而上學」走向「道德的人間學」的重大發展。「儒學轉向」，從「新儒學」邁向「後新儒學」，從「心性修養」轉向「社會正義」，從原來的「內聖—外王」轉向「外王—內聖」，從「兩層存有論」轉向「存有三態論」。是的！儒學是到了一該轉向的年代了；這轉向是依著儒學而開啟新的轉向，這樣的轉向，又開啟著一嶄新的後儒學。作者強調，「儒學轉向」正如同王船山的詩句所說的「六經責我開生面」，進而「轉向儒學」，則「生面責我開六經」。

關鍵字詞：轉向、革命、六經、存有三態、外王、內聖、心性、社會

　　「儒學轉向」，是的！儒學是到了一該轉向的年代了；這轉向是依著儒學而開啟新的轉向，又依這樣的轉向，而開啟著一新的儒學。這樣的轉向，我們就稱它為「儒學轉向」，這樣的儒學，在時序處在當代新儒學之後，我們就將它稱為「後新儒學」。

　　一九九四年，這個關鍵的年代，當時我刻在美國威斯康辛麥迪遜校區（Wisconsin University at Madison）訪問，春雪紛紛，內心有著忡憬，有著憂疑，有著痛苦；我深深感受到當代新儒學是到了一個該轉向的年代了。在二月廿二日，我寫下了《後新儒學論綱》。四月間，我趁著游學之便，在哈佛大學杜維明先生所主持的「儒學討論會」上做了第一次講述，想法與杜先生容或有異，但「和而不同」，本是儒家良善的傳統，重要的是攻錯與啟發，何必強其同。可以這麼說，自此，我的「後新儒學思考」正式啟動了。

　　一九九四年四月底，我完成了《儒學與中國傳統社會之哲學省察：以「血緣性縱貫軸」為核心的展開》一書的初稿（該書於 1996 年出版），這書主要在闡明儒學與中國傳統社會的複雜關係。它一方面闡明了儒學之為儒學是不離生活世界、不離社會總體的；一方面則隱然而現的是要脫出「血緣性縱貫軸」的限制，而強調開啟「人際性互動軸」的重要。

　　在以「血緣性縱貫軸」為中心的一體化結構裡，它是以「宰制性的政治連結」為核心，以「人格性的道德連結」為方法、「血緣性的自然連結」為背景而建構起來的。儒家傳統在這裡的「聖王理想」是眾所周知的，結果卻常轉而落為「王聖現實」的困境，這種詭譎的實況，我名之為「道的錯置」（misplaced Tao）。「道的錯置」如同整個中國民族之咒，這咒如何解開，我認為這不只是在道德、思想層面下功夫就得成效，而是要在整個制度面、結構面做一翻轉向，才能開啟嶄新的可能。就此而言，我並不滿意當代新儒家牟宗三先生以「良知的自我坎陷」這樣的「主體轉化的創造」；我倒是聽進了林毓生、傅偉勳兩位前輩所提起的「創造的轉化」。林、傅兩位前輩亦各有所異，我雖較同意創造的轉化，但與彼等主張仍各有異同。

　　我仍然以為儒家「仁學」之以「人格性的道德連結」為核心，這是恆久不變的。以前帝皇專制年代，一直到黨國威權時代，這核心被「宰制性的政

治連結」所攫奪，因而「仁學」在帝皇專制壓迫下異化為「主奴式的心性修養」。現在，「仁學」已脫開了專制、威權，仁學早不應在主奴式的心性修養底下思考問題，而應進到「主體際的道德實踐」。原來儒家是在血緣性的自然連結下，展開其實踐向度的；現在則有所別異，「血緣性的自然連結」雖然是一最為基礎的結構，但卻不是最重要、最巨大的；除此之外，「契約性的社會連結」所構成的社區、社群、社團，進一步以廣義的來說是一契約所成的公民社會，應該是儒家實踐的最重要依憑土壤。有了這契約性的社會連結所成的公民社會，我們才能進一步去締造一「委託性的政治連結」，實施民主法治，讓政治充分的現代化。我以為儒家的「仁學」在這裡，有一嶄新的可能發展，如同長江出三峽，波瀾壯闊，寬廣盛大。

　　我總覺得：前輩先生披荊斬棘，以啟山林，自有其存在實感，有這樣的存在實感，因之而有真切的問題意識，進而才有締造新理論的可能。從熊十力、唐君毅到牟宗三，他們最關切的問題是如何克服整個族群的意義危機，透入心性之源，遙契古聖先哲，接續道統，對比西哲，重建道德的形而上學；進而以此下開民主、科學，完成現代化。據實而論，當代新儒學重建道德的形而上學，厥功甚偉；但於民主、科學之開出，對於現代化的理論貢獻並不多。九○年代後，當代新儒學最重要的議題已不再是三、四○年代到六、七○年代，須要去面對整個民族實存的意義危機，它重要的是如何參與一嶄新的公民社會之締造。以是之故，我們可以說問題已不再是如何開出民主、如何開出科學，而是如何在現代化的學習過程裡，去釋放出傳統經典的可貴意義，參與到現代化話語論述的交談過程，有所調節，有所轉進，有所創造，有所發展。簡單的說，問題已不再是「如何從內聖開出外王」，而應該是「如何從外王而調節內聖」。這「內聖─外王」之轉為「外王─內聖」，這顯然是「儒學轉向」的關鍵時刻。

　　在一九九四年的〈後新儒學論綱〉裡，曾有這樣的陳述：

　　第十六條、「老儒家的實踐立足點是血緣的、宗法的社會，是專制的、咒術的社會；新儒家的實踐立足點是市民的、契約的社會，是現

代的、開放的社會；後新儒家的實踐立足點是自由的、人類的社會，
是後現代的、社會的人類。」

第十七條、「由老儒家而新儒家，再而後新儒家，這是一批判的、繼
承的、創造的發展；它不是一斷裂的、隔離的、推翻的發展；究其原
因，則根本的仍是那內在的、根源的實踐動力，此仍是儒學之法
鑰。」

就在這樣的定向上，繼續展開了我的後新儒學之路，終在一九九八年結
集成了《儒學革命論：後新儒家哲學問題向度》一書，由臺灣學生書局出
版。以全書所論來說，衡諸「後新儒學論綱」來說，大體來說，仍然處在由
「老儒家」而「新儒家」的發展階段為多，至於由「新儒家」而「後新儒
家」則只起了一些苗牙而已。

綜論之：當代新儒家唐、牟、徐諸先生所締造的理論系統，旨在指出：
如何由「老儒家」開展到「新儒家」。他們強調的實踐立足點已不是血緣
的、宗法的社會，不是專制的、咒術的社會；而是市民的、契約的社會，是
現代的、開放的社會。但值得注意的是，他們的重點在「如何的開出」，而
不是如何在「市民的、契約的、現代的、開放的社會」裡，如何調節適應與
發展。再說，他們對於那「血緣的、宗法的社會」、那「專制的、咒術的社
會」的理解、詮釋與闡析仍有所未足，因而所謂的開出說常常是一種呼籲而
已。內裡還有許多複雜的問題，這須要下大工夫才能清理明白。換言之，當
代新儒家是指出了儒家面向現代性的重要，但還沒有真切的去開出一具有現
代性的儒學向度，至於邁向一在現代化之後的儒學向度，那更是遠之又遠，
遑不及論。

這麼說來，「後新儒學」其實要去開啟的活動是繁重而巨大的，他不只
是在新儒學之後，順著新儒學已開啟的向度去發展而已。更為重要的是，他
必須審視整個當代新儒學的發展路向，重新調整、轉進；一方面去釐清原先
老儒家與血緣的、宗法的、專制的、咒術的社會之關係，另方面則須正視在
市民的、契約的、現代的、開放的社會裡，儒學傳統如何釋放出其原先的意

義系統，參與交談、辯證。再者，更為重要的是，後新儒學則必須去面對現代性所帶來之種種異化以及病痛，展開一文化的批判與意義的治療，進而前瞻現代化之後人類文明的可能發展。

　　在二〇〇三年五月間，〈迎接「後牟宗三時代」的來臨——《牟宗三先生全集》出版紀感〉一文，我曾作了這樣的呼籲與表示：

　　　《牟宗三先生全集》出版了，這標誌著牟宗三哲學的完成，但這並不標誌著牟宗三哲學的結束；相反的，它標誌著牟宗三哲學的嶄新起點。這嶄新起點是一轉折，是一迴返，是一承繼，是一批判，是一發展。

　　　我們當該將牟先生在形而上的居宅中，「結穴成丹」的「圓善」再度入於「乾元性海」，即用顯體，承體達用，讓他入於歷史社會總體的生活世界之中，深耕易耨，發榮滋長，以一本體發生學的思考，正視「理論是實踐的理論，實踐是理論的實踐」，「兩端而一致」的辯證開啟，重開儒學的社會實踐之門。「轉折」，不再只停留於「主體式的轉折」，而應通解而化之，由「主體性」轉折為「意向性」，再由「意向性」開啟活生生的「實存性」。

　　　「迴返」，不再只停留於「銷融式的迴返」，而應調適而上遂，入於「存有的根源」，進而「存有的彰顯」，再進一步轉出一「存有的執定」。「承繼」，不再只停留於「哲學史式的論述」，而應如理而下貫，一方面上遂於文化道統，另方面做一理論性的創造。「批判」，不再只停留於「超越的分解」，而應辯證的落實，入於「生活世界」所成的歷史社會總體，「即勢成理，以理導勢」，成就一社會的批判，進而開啟一儒學的革命。「發展」，不再只停留於「古典的詮釋」，而應展開哲學的交談，面對現代的生活話語，經由一活生的存在覺知，重構一嶄新的學術話語，參與於全人類文明的交談與建構。

　　我既做這樣的表述與呼籲，當然，我的整個哲學活動就在這樣的路程中邁進。牟先生的哲學系統成了我最重要的學問資源，但同時也成了我最重要須得去釐清、詮釋與論定的課題。

　　當然，這樣的嶄新起點「是一轉折，是一迴返，是一承繼，是一批判，是一發展」。他總的來說是「從『兩層存有論』到『存有三態論』的發展」，是從「新儒學」到「後新儒學」的一個轉向。這本文集之定名為「儒學轉向」，其意在此。

　　這部《儒學轉向：從「新儒學」到「後新儒學」》大體上是這十年來在海峽兩岸三地講學的部份紀錄。第一章到第四章，是一九九九年春夏間，筆者擔任中央大學哲學所「當代儒家哲學專題」課程，約六月間，應同學之邀，特別加講了四個講次，以一問一答的方式展開。起先由中央大學哲學所、南華大學哲學所的學生做了紀錄，之後再由師大國文研究所的同學做了文字上的修飾，最後再經筆者訂定。

　　〈第一章、「哲學」之義涵及其相關的基本論述〉，本章旨在闡明「哲學」的基本義涵，以及由此所衍生之中西哲學對比的問題。首先，筆者指出「哲學」是經由教養、學習、覺醒而回到本源的彰顯；就《論語》的哲學觀而言，基本上便是通過一個「仁智雙彰」的過程而回到本源的彰顯。因此，中國本來就有哲學，只是中國的理論思想主要是以「經、傳、注、疏」的方式來表達，這不同於西方。我們不能從西方或歐美的中心主義來斷定中國只有思想而沒有哲學。再者，討論到中西哲學基本上是一種「存有的連續觀」與「存有的斷裂觀」的對比區分。當我們談論中國哲學的時候，也必須在這樣一個宏觀的文化型態學底下，才能夠找到自己的定位。就中國存有的連續觀之文化型態而言，我們也必須去正視從原來的巫祝、占卜傳統與後來之道德教化傳統之連續性的問題。基本上儒家是用「人文化」的方式，才將原來鬼神、巫祝的信仰傳統轉而為內在道德的自我確立。

　　此外，本文更提出了儒道同源而互補的觀點，認為儒家所強調的是「人倫的自覺」，而道家所強調的則是「自然的生活」。在「存有的遺忘」與「具體性的誤置」（misplaced concreteness）等現代化的危機之下，中國哲

學當可以提供一個反思的基點。最後，從劉蕺山所提出的「純粹之善的意向性」出發，說明「意」是在「境識俱泯」而將起，當下一個「淵然之定向」，在這樣的觀點上來看，則儒學並不是以立誠為其目的，而是以其本身之自為動力為目的而說立誠；更不可忽略中國哲學中所存在的一個「氣」論的傳統，應該要以「理」、「氣」、「心」三個核心概念來看「主體的參與」到「場域的生發」而說的總體之顯現。

〈第二章、後新儒學的思考：對牟宗三先生「兩層存有論」的批判與「存有三態論」的確立〉，本章首先就牟宗三先生「兩層存有論」的理論構造加以反省。牟先生繼承了宋明理學傳統中所強調的心性論與天道論，主張人可以經由修養的工夫，使內在的本然之我與宇宙的造化之源通而為一。雖然牟先生也主張良知可以經由一個客觀化的坎陷歷程以開出知性主體與民主科學，但這種「民主科學開出論」的「開出」基本上只是一種「超越的統攝」意義之下的開出，它說明了理論上的一個轉出的可能，而非實際的發生過程。牟先生哲學不同於康德哲學的關鍵點在於強調人具有「智的直覺」，然而這樣的一個哲學構造方式卻可能忽略了中國傳統中作為生命動源意義下非常重要的「氣」的問題，使得心性主體過分傾向於純粹義與形式義，而忽略了主體在場域之中的具體義、實存義。如此說來，儒學不只是「心學」，而應是「身心一體」之學，應該要從主體性的哲學回到「處所哲學」或「場域哲學」之下來思考。「存有三態論」的理論架構，認為必須要解開與「存有的執定」相伴而生的種種文蔽，返回到「存有的本源」，才能使存有之總體本源於生活世界中加以開展。這樣一個「存有三態論」的理論構造，可以化解掉儒家只是作為心性修養之實踐意義下的形態，而回到一個總體的生活世界，在歷史社會總體裡談安身立命。不僅可以貫通傳統儒、道之經典傳統，也可以開展出儒家之「實踐人文主義」的真實意義。

〈第三章、儒、道、佛三家思想的「生活世界」與其相關的「意義治療」〉，本章旨在針對儒、道、佛三家思想的「生活世界」一概念提出釐清，並對於相關的意義治療學、存有治療學、般若治療學提出概括性的對比詮釋。首先，釐清了「生活世界」的兩重意義界定，進而審知須得肯定人內

在的本源與宇宙的本源是通而為一，而存有之本源（道）則須經由「存有的執定」在「德、性、位、份」中落實。其次，針對儒道佛三家之異同，指出儒家型的意義治療學從「我，就在這裡」開啟；道家型的存有治療學是從「我，回到天地」開啟；而佛家型的般若治療學則是從「我，當下空無」開啟。儒道佛三家的詮釋系統有別而其本源不分，他們都經由一回溯的歷程回到「道」的本身。就治療而言，這得從醫道、醫理、藥理到切實的治療。再者，作者闡述「陰陽五行」運用於「意義治療」的方式，並縷述了意義治療實際展開所涉及之諸問題。強調由「它與我」（it and I）、「我與它」（I and it）再轉而回到「我與你」（I and Thou）等範式的轉變。

〈第四章、良知、良知學及其所衍生之道德自虐問題之哲學省察〉，本章旨在通過對於中國傳統良知學的反省，探討良知在歷史業力形成過程中所造成的種種異化與扭曲，並進一步思考可能的復歸之道。首先，就良知與良知學進行分疏與釐清，指出良知本是當下明白的內在根源之體，但當人們通過語言文字符號系統所理解的良知學，便造成了異化的可能。良知之所以會演變成道德自虐，也正是在帝皇專制的高壓底下，將專制的意識型態與道德良知結合在一塊，而這也是今日在檢討良知學時必須去正視的問題。再者，須得強調的是如何從宗法封建與帝皇專制之中，將人的個體性提昇出來，正視人的個體性、回到人的主體性，再進而回到根源性的總體。由此獨立的個體，進而形成一個契約性的社會連結，構成一個理想的公民社會；而正視社會公義，在社會公義之下談道德修養，才會使得良知學得以有更為暢達的發展。此外，經由中國傳統小說中所蘊涵的顛覆性思維，探討在帝皇專制、父權中心、男性中心之思維底下所造成之「王法天理」與「江湖道義」等種種詭譎奇特之現象，認為惟有擺脫「宰制性的政治連結」，釐清「血緣性自然連結」之分際，並開啟嶄新的「契約性的社會連結」，才能夠成就一個理想的公民社會之下的人之生存狀態。最後，要指出的是：慈悲才能化解業力，批判的目的，是為了治療，而不是為了奪權。期望能藉由「智慧」與「慈悲」，化解現代文明所含之文蔽及其背後所涵之種種問題。

〈第五章、良知、專制、咒術與瓦解：對於中國文化一個「核心\邊

緣」性的理解與詮釋〉，本章原為一九九三年間為清華大學文學所所做的講
辭，它可以視為「後新儒學思考啟動」的前沿。本章，首先就「核心性」與
「邊緣性」的詮釋加以對比理解，認為所謂的核心與邊緣，其實是同一對立
面的兩端；並反省了傳統儒學實踐論的缺失，提出對於中國文化的研究，應
以一種「核心\邊緣」性的理解與詮釋方式。希望通過這樣的研究態度，破
除本質論式的思考，真正去正視傳統思想背後的廣大生活世界與歷史世界。
其次，就中國傳統的良知學加以檢討。認為良知學以一種「核心性」的詮釋
方式，並不能真正給予整個歷史社會總體與生活世界一個結構性的解釋，因
而造成了「無世界論」與「獨我論」的傾向；而這樣的良知學，基本上是在
整個中國帝皇專制的高壓底下所生長出來的東西。此外，傳統儒學中所強調
的道統、根源性的慎獨倫理，以及根源性的血緣倫理，皆與絕對專制性的倫
理有著密切的關聯性。因此，作者指出，惟有對生活世界的重新發現、對於
歷史社會總體的結構性理解，以及恰當地去建立一個由社會共識所形成的公
民社會，才能真正解開其中的困結。最後，在問題與討論中，作者再次地強
調：中國並不是一個言說論定的傳統，而是一個「氣」的感通傳統。除了要
正視良知與整體文化結構之間的互動關係之外，還要從這樣一個「氣」的感
通傳統轉向言說的論定，並建立起一個客觀的、公共的空間和生活世界。如
此，良知、專制與咒術之間的糾葛關係，才能夠有真正瓦解的可能。

　　〈第六章、儒學革命的可能方向〉，此章乃二〇〇〇年四月我在中國上
海復旦大學的講詞。本文主要經由對於當代新儒學的反省，提出「存有三態
論」作為後新儒學的一個擬構。首先，作者就牟宗三先生的「兩層存有論」
進行探討，認為其兩層存有論與康德哲學最大的不同在於「人雖有限而可以
無限」，這樣的分別與中西文化分處於「存有的連續觀」與「存有的斷裂
觀」對比下的思考方式有著密切的關聯性。雖然牟宗三先生這種道德的形而
上學的建立，是為了要克服中國當代思想史上之心靈意識的危機，但因為其
對於心性主體的強調所採取的仍是一種方法論上本質主義式的方法論
（methodological essentialism），因而仍未能跳出類似於反傳統主義者的本
質論式的思考窠臼。於此，作者通過熊十力先生的體用哲學而提出了「存有

三態論」思想架構，從存有的根源、存有的開顯，到存有的執定，希望通過一種「方法論上的約定主義」（methodological conventionalism），來重新觀照整個傳統文化與現代化之間的關係。由此可知，人們必須要回歸到存有的本源，才有可能展開批判與治療的活動。而這樣一個「存有三態論」與「兩層存有論」最大的不同，即是在於得以免除一個純粹化、形式化的道德之體，回過頭來落實到整個生活世界與歷史社會總體之中。如此，「內聖」經由「外王」的發展而得到安頓，「外王學」也必因「內聖學」的安頓而獲致一個恰當的方向。這樣的儒學就不再只是以心性修養論為核心，而能夠開啟以「社會正義論」為核心的一個發展方向。最後，作者指出，儒學作為一個參與對話的話語系統，應與生活世界密切結合，所謂的「儒學革命」是一個不是革命的革命，其重點在於開啟一個對話、交談的嶄新可能。

　　〈第七章、後新儒學的基本規模：對比與差異——以「存有三態論」為核心的思考〉，這是二〇〇一年十月間在臺灣東華大學中文系所做的講演紀錄。本文旨在闡述作者近年來所構作的「存有三態論」之理論系統，以及「後新儒學」的基本規模。首先，作者主張要回到「存在的覺知」，並指出牟宗三先生的哲學系統基本上還是一套以心性論為核心的「道德智識化的儒學」，而其「良知的自我坎陷」此一論點，也是一種「理論上的邏輯次序」安排，不等於「歷史的發生程序」，也不等於「實踐的學習次序」。牟先生這樣的提法，基本上也是其詮釋系統下的必然轉出。再者，我們當可以認定內聖之學應是在整個歷史社會總體與生活世界中所生長出來的學問，因此，面對整個外王情境的變化，內聖之學也必然應有所調整，而聖賢的教言，也必須置於整個歷史文化的總體情境下，才能夠有恰當的理解。

　　面對心性之學與專制主義結合而造成之專制性、暴虐性及以理殺人等種種之異化，我們必須將原來儒學的內聖工夫轉化為一套客觀的制度結構，只有在這樣一個契約性的社會結構底下，人才能夠自然地進入到社會裡頭開展論述，而不再是以「存天理，去人欲」的方式作為時時警覺的核心。當代新儒學並未發展完成，新一波的儒學必須有新的發展，「後新儒學」，正是在新儒學之後，以廣大的生活世界與歷史社會總體為基底的一個新的發展。

　　〈第八章、關於「儒家生死學」的一些省察：以《論語》為核心的展開〉，這是一九九四年十月間於清華大學「生死學」課上所做之講演紀錄。本章主要就《論語》一書，探討儒家對於生死的觀點。首先，指出「生死學」乃起源於人的「不安不忍」之感。各大宗教之終極關懷，不同的宗教與思想流派間對於生死的不同觀點，牽涉到對於整個世界的不同理解，而「敬」則是一切宗教之所以相遇的最根本處。儒家所說的「孝」是對於生命根源的一種追溯與崇敬，就整個過去、現在、未來的時間觀來說，儒家重視的是整個生命的連續，將過去收攝到現在，再由現在開啟未來。因此，儒家強調人間性的生生之德，認為惟有對生命有一種恰當的體會，死亡才能夠真正得到安頓。對於儒家而言，從「喪禮」到「祭祀」，代表了一種生死的「斷裂」與「再連結」。喪禮主要用來安頓死者，代表對過去生命的告別；而祭禮則是要提昇生者，將原來的斷裂性轉化為超越性、純粹性，以開啟一個新的內在的人間性，使生命得到恰當的安頓。因此，儒家對於生死問題的理解，乃是重在如何面對生命的存在，使生命能夠通達過去、現在、未來。儒家這種「人文的宗教性」，實表現了一種道德的理性之下通達的生死觀。

　　〈第九章、「後新儒家」的哲學擬構：武漢大學的講詞〉，這是二○○○年四月間在武漢大學哲學系所做的講演紀錄。本文旨在說明「後新儒家」的哲學擬構，首先指出「存有三態論」的最初構想，開始於《存有、意識與實踐》一書，而這樣一個理論，基本上較為接近「氣學」的傳統。「氣」的概念所強調的是一種「實存的歷史性」或「存在的歷史性」，它既是宇宙創生的本體，又是整個生活世界與歷史世界的總體。在宋明理學中，以船山學最為重視「氣」作為核心性的概念。因此，船山學不但是近代啟蒙的一個起點，也潛藏著各種發展的可能性。再者，當代新儒學所面臨到的是「如何從傳統進到現代」的問題，牟先生兩層存有論的理論建構，以及「良知的自我坎陷」說，基本上都是為了克服中國近代思想的存在意義危機。雖然牟先生的兩層存有論主要是消化了康德哲學的架構，但由於兩者背後分屬於「存有的連續觀」與「存有的斷裂觀」兩個不同的文化傳統，因而對於「人」的理解，亦有著不同的觀點。基本上，華人的文化傳統注重的仍是一種「我與

你」之互動感通的生息互動，重視場域、脈絡之總體判斷，而牟先生對於「人雖有限而可以無限」的觀點，正是在這樣的文化脈絡下所開展出來的思考。雖然牟先生「良知的自我坎陷」說處理了傳統文化與現代化之間的矛盾，但其缺點卻在於過度高揚了傳統文化中的心性論而忽略了其它不同的向度，而其所論之「民主科學開出說」，基本上也是混淆了「理論的邏輯次序」、「歷史的發生次序」以及「實踐的學習次序」三者之間的關係。再者，通過熊十力先生的體用哲學，提出了「存有三態論」的構想，強調以社會正義論為優先，再來安排心性修養論。通過《論語》中有子與曾子之兩大脈絡，闡釋了先秦儒學原具有「孝悌倫理」與「忠信倫理」兩種傳統，然而在後來的帝皇專制之下，「忠信倫理」卻因而湮沒萎縮。因此，儒學並不是帝制化的產物，真正應該思考的是，如何才能解開那帝皇專制化的儒學。於此，作者強調，應該要重新建立一個新的「外王」、一個恰當的社會總體與客觀法則性，如此「內聖」之學才能得到恰當的調理與發展；而這樣的儒學，才不會是「以心控身」，而能「暢其欲，通其情，達其理，上遂於道」，調適而上遂地生長。「存有三態論」其實是要回到一個天人、物我、人己通而為一的「道論」的傳統，而「後新儒學」的「後」，基本上也是繼承著當代新儒學的往前轉化與開展。

〈第十章、「後新儒學」的構想：華東師範大學的講詞〉，此文乃二○○○年四月間在上海華東師範大學哲學系的講詞。本文旨在提出「後新儒學」之構想，闡明它是對於當代新儒學的一個反省、繼承與發展。首先，指出當代新儒學主要是繼承了宋明理學以心性之學為主導的發展脈絡，他通過一種方法論上的本質主義，探入到心性之學的核心，並通過這樣一個心性之學的理論建構，安排民主與科學的發展，其目的是為了克服近代中國思想上存在意義的危機。然而，宋明理學與當代新儒學所處的社會結構與所要面臨的問題是有所不同的，當代新儒學所面臨的是宰制型的政治連結瓦解與重建的問題。對於此，當代新儒學應重新思考其開展的可能，必須就整個政治社會共同體的建立，進入到社會契約的民主憲政格局裡面。接著，討論了從先秦到宋明以後的儒學發展，認為先秦儒學重視「社會實踐」，強調的是「身

心一如」；但宋明之後卻愈來愈走向心性修養的道路之上，表現出「以心控身」、「心主身奴」的傾向。當代新儒學雖也留意到這種內傾的可能性，但卻無法徹底走出此內傾的思維，基本上還是通過一個現代哲學的理論建構，來克服這個時代意義實存的危機。最後，提出「存有的三態論」作為後新儒學的理論建構，希望由原來對道德本心的過度重視，返回到面對整個生活世界與歷史社會總體。這樣一個理論的提出，基本上是繼承著牟宗三先生「兩層存有論」的體系而向前的一個開展，希望解開道德主體主義的傾向，而真正朝向一個天地人相與為一體的生活世界。

〈第十一章、「存有三態論」與廿一世紀文明之發展——環繞「存有」、「場域」與「覺知」三概念的展開〉，本文乃應國立臺灣師範大學之邀，於二○○二年三月二十二日所做之講演紀錄。本文旨在經由「存有」、「場域」與「覺知」三概念，環繞「存有三態論」，省察現代性工具性合理性的異化，進一步尋求其歸復之道，並預示廿一世紀世界和平之哲學反思。首先，指出廿一世紀不只有其「符號」意義，更有其「實存」意義。人之做為一活生生的實存而有，其實存的主體性是至為優先的。人常因「文」而「明」，卻也可能因「文」而「蔽」，我們當「解其蔽」，而使得真理開顯，回到實存的覺知場域之中。再者，對比東西文化之異同，指出「神」的兩個不同向度：人的參與觸動及整體的生長、話語系統所形成的理智控制。進一步，做了人文精神的解構與展望，指出「存有」是「天、地、人」交與參贊而構成的總體本源。「場域」是「道生之，德畜之」、「無名天地之始，有名萬物之母」；而「覺知」則是「寂然不動，感而遂通」這樣的「一體之仁」。

最後，指出「存有三態論」下的人文精神，在東土現象學審視下的可能發展，如何地解開「存有的執定」，回到「存有的開顯」，再上溯於「存有的根源」，並再迴向於「存有的確定」。如此，通古今之變，究天人之際，方得安身立命。

〈第十二章、儒家哲學與意義治療——以心性學為主導〉，本文原是二○○一年間應慈濟大學宗教研究所做的系列講演之一，本文旨在檢討儒家心

性學與意義治療之關聯，並藉由生命根源性的縱貫立體結構，以及朱子學、陽明學的修養功夫，指出道德實踐之確切道路，並達到安身立命之最終境界。首先，指出陸王「心性為一」與程朱「心性為二」的差異性，進而闡明心性學是一種在「存有的連續觀」下，心靈意識整體由往而復的修行活動；而道德實踐的動力起源，則是來自於生命本真的根源性感動，在「究天人之際」的同時，成為縱貫的立體結構，並開發、留固生命根源所具有的愛。再者，從信息論的系統來看儒學的內聖學，說明心性學修養落實的功夫，在於強化宇宙與內在心性之源的同一性，並將此同一性如其本真地流露出來。亦即人作為一個「信息之場」，以一己之覺性去「參贊」宇宙萬物，將價值意涵、道德向度與自然哲學連在一起，構成一個天人、物我、人己通而為一的龐大系統。並通過一種確定的、永恆的定向結構關聯，接通道德創造意義之源，使其如愛的源泉一般，滋潤身心、讓身心獲得安頓。

最後，進一步融通朱熹與陽明不同之修養功夫：藉著朱熹「涵養用敬」、「格物窮理」——客觀之理的把握，以及陽明「一體之仁」——致良知於事事物物之上，再次拈出儒家治療學「上通於天，下接於地，中立於己」的道德實踐之路。

〈附錄一、當代中國哲學思維向度之理論反思〉，本文乃應陳鼓應教授、林義正教授之邀於二〇〇二年十一月廿五日在我的母校臺灣大學哲學系所做的講演紀錄。首先，對哲學話語提出反思，檢討論「格義」與「逆格義」的諸多問題。在文化類型學的對比之下，闡述了「存有的連續觀」與「存有的斷裂觀」的異同，並經由這樣的對比彰顯了中國文化自身的主體性。再者，就以中國哲學之研究而言，實亦當注意到歷史社會總體以及豐富的生活世界，從存在的覺知，進而有一概念的反思，以及理論的建構。唯有歸返原典，才能破斥虛假論述，唯有回到實存的生活世界，哲學語言才能有一恰當的衡定。中國哲學須得面對漢語古典話語、現代生活話語，以及西方話語，彼此之間如何轉繹、融通與重鑄的問題。最後，就以臺海兩岸而言，衡情而論，以前是保臺灣以存中國文化之統，而現在則是存中國文化之統以保臺灣，並以此促進兩岸之和平發展，進而參與人類文明之締造。

　　附錄二、附錄三，是澳洲學者梅約翰教授（John　Makeham）與我兩次的訪談，第一次是在西元二〇〇三年一月間，第二次是在二〇〇四年二月間，內容所涉甚廣，大體及於思想與意識型態之區分，新儒學、當代新儒學與後新儒學諸多向度。除此之外，還及於臺灣與中國大陸的關係，從主奴意識談到臺灣的本土化，特別關聯到咒術與解咒等問題。

　　「政治是一時的，文化是長遠的，人性是真實的，天理是永恆的」。

　　果如先哲船山先生所言：

> 「為之而成，天成之也；為之而敗，吾之志初不避敗也。如行鳥道，前無所畏，後無所卻，傍無所迤，唯遵路以往而已爾。」（王夫之《讀通鑑論》卷十三）

　　「儒學轉向」「六經責我開生面」，「轉向儒學」「生面責我開六經」，衷心祝之，虔誠禱之！肫肫此心，不敢不勉！

　　——乙酉冬末，丙戌春初，孔子紀元二五五七年（西元二〇〇六年）一月廿三日自由日，林安梧自序於臺北近郊之元亨居——

（文章出處：林安梧，2006 年 3 月，《儒學轉向：從「新儒學」到「後新儒學」的過渡》自序，《鵝湖》三十一卷第九期（總號369），頁 26-34，臺北。）

第十八章　深仁厚澤：敬悼　蔡仁厚先生，虔誠祝禱中華文運

【本文提要】

　　本文旨在追憶蔡仁厚先生深仁厚澤，教化風行，對一代文運起著重大的成果。作者經由生命實存的體驗，指出當代新儒家學者如何踵繼先聖先賢，承天命、繼道統、立人倫、傳斯文於不輟，在中國文化花果飄零下，尋求華夏傳統之靈根自植，返本開新，開創新局。作者並做感念師恩詩作四首：

　　其一：「匆匆九十載，漪歟其盛哉；牟門稱龍象，孔孟好安宅」。

　　其二：「宅此正靈台，本心順天開；良知起敬畏，源泉活水來」。

　　其三：「來去地天通，惟心只相逢；晬面見盎背，巍巍其道公」。

　　其四：「道公繼三統，斯文歸大中；醇醇仁厚澤，浩浩德英風」。

　　以為紀念。

關鍵字詞：天命、道統、人倫、靈根自植、文化、本心、新儒家

一、

　　蔡仁厚先生於二零一九年六月四日離開了我們，一聽聞信息，愕然間，撲簌淚下，慟然難已。蔡仁厚先生是我的恩師，從師問學四十餘年。蔡老師不只是我學問上的老師，而且是我生命中的導師。雖然，在隸屬上，我是牟宗三先生指導的博士，但沒有楊德英老師（蔡師母）的教導，一個十五歲的青少年，不會走向儒學及中國文化研究之途，反而他可能走向的還是科學之途。我因為楊老師而認識了蔡老師，之後，我成了牟先生的學生，成了當代新儒學的志業傳承者。

　　有了楊德英老師、蔡仁厚老師的引導，我又考上了臺灣師大國文學系，參加了《鵝湖社》，認識了一票鵝湖師友，就這樣我走向了傳統文化及哲學的學習及研究之途。後來，進到臺灣大學攻讀碩士博士，又修讀了牟宗三先生的課，正式成為牟宗三先生的弟子，博士論文寫的是熊十力研究，那是牟先生的老師，如此一來，我自也就在當代新儒學的脈絡裡了。儘管我的興趣仍是多方的，而且多少受到臺灣大學西洋學脈的教養，自由學派的影響。我就這樣長成了「新儒學之後」的模樣，但骨子裡，我是儒學的信奉者。我自本自根從未懷疑過，而真切紮下我這基礎的，除了我父親自耕農式的教養以外，最主要來自於蔡仁厚、楊德英兩位老師。生養我者父母，而教導我者蔡老師、楊老師也。

　　一般說我是牟先生的晚年弟子，繼續著當代新儒學的志業，而另有開啟。我從牟先生的「兩層存有論」，而另開「存有三態論」。從「本內聖以開新外王」轉而為「學習新外王以返回調整新內聖」。這些作為，同門中人或以為我悖逆師說，而違背教門；也有以為這是對於當代新儒學批判的繼承與創新的發展。早在一九九五年，我提出了「批判的新儒學」與「護教的新儒學」的對比，這是學問的提法，但人的交往學習上，我採取的是兼容並蓄，不悖恩義的做法。像同輩的王財貴兄他當然是護教的新儒學，但我與他的交往卻是深刻的，而且是相容的，並且相互支持的。我們老師那一輩人，最是護教的新儒學，莫過於蔡仁厚先生，他雖然也聽了一些對於我不同意見

的話語，但他總是包容我、護佑我，我與先生的情分如同父子，其恩義若天地日月，永世而不遷也。

二、

　　二零一六年到二零一七年我在山東大學儒學高等研究院、儒家文明創新協同中心訪問研究，知悉到蔡先生被提名為第八屆「世界儒學研究傑出人物貢獻獎」（原稱：孔子文化獎），滿心歡喜。執事者知道我是蔡先生的學生，要我協助一些事務，包括蔡先生的頒獎介紹詞。我請了廖崇斐博士，與之討論，由廖博士執筆，撰寫成了這篇簡單的介紹詞。介紹詞是這樣寫的──

　　　蔡仁厚先生，儒學家、中國哲學史家，是當代新儒家第三代代表人物之一。1930 年出生於江西雩都，現居臺灣臺中市。1954 年起，跟從當代哲儒牟宗三先生學習，一以貫之，逾四十載。從師問學，博通諸家，而歸宗於儒。在整個當代新儒家陣營中，他紹述牟宗三先生之學，對傳統儒家與當代新儒家的傳述最多，對學生的啟迪最大。路線專一，但包容廣大。當今港臺青壯新儒家學者，多感其深仁厚澤。

　　　他曾先後擔任中國哲學會理事、常務監事；國際儒學聯合會理事、理事會顧問；曾獲推薦入選美國傳記學會第四屆「世界五百名人錄」；2000 年自臺灣東海大學哲學系退休；2004 年榮膺東海大學首屆「榮譽教授」。近九秩高齡，仍於東海大學、元亨書院講學，啟迪後學，何止千萬。

　　　其「專著」有《孔孟荀哲學》、《孔門弟子志行考述》、《宋明理學北宋篇、南宋篇》、《王陽明哲學》、《中國哲學史大綱》、《中國哲學史》上、下冊、《墨家哲學》等，除此之外，其研究「論集」有：《新儒家的精神方向》、《儒家思想的現代意義》、《儒學的常與變》、《孔子的生命境界：儒學的反思與開展》、《新儒家與

新世紀》等。

　　蔡先生綜述先秦儒家哲學、疏解宋明理學、論析儒家學術與中國現代化、講論與撰述中國哲學史。其著作等身，始終堅信華族之文化生命必可返本開新，故而致力學術，以光大內聖成德之教，以重開「生命的學問」

　　他曾提揭四義：「仁智雙彰、天人合德、因革損益、據理造勢」以見儒家義理在人類世界中所含具的普遍而永恆的價值。一方面又提出四目：「倫理的實踐、政治的開新、經濟的發展、學術的推進」以申述儒家對現代社會所昭顯的時代意義，及其寬平融通的適應功能。於中國文明參與世界文明對話之推導，啟迪甚大。

　　今年（2017 年），第八屆「世界儒學研究傑出人物貢獻獎」（原稱：孔子文化獎），經過嚴格客觀之審定，頒於蔡仁厚先生，用彰高賢，砥勵後進，實有厚望存焉。故謹述如上云。

相關執事學者，多方參考意見，後來重寫了一下，整個頒獎詞是這樣的：

　　他籍貫江西，長于臺灣。弱冠之年，從游于牟宗三、唐君毅諸大師之門，求學問道，筆耕不輟。六十年來，矢志弘揚「生命的學問」，身體力行，老而彌堅。

　　他一生力學，著述等身。學問堅實，包容博大。兩千餘年儒學發展軌轍，每加考索，融匯貫通。近百年來新儒家志業行迹，常據所聞，賡續慧命。在當代新儒家陣營中，他對傳統儒家與當代新儒家，詮釋最多。在眾多碩學鴻儒中，他名重士林，受邀海內外弘揚儒家道統，為學界欽敬！

　　他服膺師教，不廢講學。從教五十年，在大學講壇傳道授業，誨人不倦。年屆耄耋，仍於書院台堂教授學子，砥勵後學。桃李不言，下自成蹊。嘉惠學林，何止千萬！

　　他辛勤祖述往聖前彥之絕學，致力光大內聖成德之教化。始終堅
信儒家義理具有永恒的價值，中華民族之文化生命，必可返本開新。
他積極申述儒家的時代意義，於中國文明參與世界文明對話之推導，
厥功至偉。

　　他以生命為學問，視學問為生命。在平凡的人生中體現傳統儒士
的風範，用不凡的學術彰示民族文化之大統。他是海內外公認的第三
代新儒家的嫡系傳人。他是儒家文化的繼承者、弘揚者。

　我恭謹的錄下這兩段，這兩段大體可以簡要的體現了蔡仁厚先生在學
問、品德及生命人格的成就。他真以生命為學問，以學問為生命。他是儒家
文明的繼承者、弘揚者。

三、

　我於一九七二年進入聞名全臺的臺中一中學習，國文老師楊德英先生，
由他接引而讀了《論語》，唐君毅《說中國民族之花果飄零》、《中國文化
的精神價值》，牟宗三《生命的學問》，就這樣進了儒學之門。楊老師為了
獎勵我們作文成績好的同學，特別贈送了蔡仁厚先生的《儒家哲學與文化真
理》，我也進一步去買了蔡先生的《孔門及其弟子志行考述》，輔助閱讀。
就這樣，儒者人物躍然紙上，我逐漸進到儒家的生活世界之中，不只是我原
先來自於農家的傳統習俗的儒家，而是進到文化教養、乃至學術的儒家，我
漸漸發現了一道可以終身以之的勁力方向。或者，更直接的說，我就此成了
深受儒教教養的學生，希望一生能弘揚中國文化經典學問。或者，用儒家的
義理來說，就是「由習而入於性」。這是楊老師、蔡老師所開啟的。記得清
楚的是，蔡老師寫他的生活經驗的〈羅田岩之憶〉一文，與我在臺中大里西
湖的生活經驗幾乎是完全相契合的；我因此體會到蔡老師所常提及的「教化
層」的重要。這教化層其實就是費孝通所說的「鄉土中國」的鄉土性、血緣
性，他有著極為濃郁的文化氛圍，是孝悌人倫的生養之所。

　　臺中一中的學生是優秀的、喜歡思考的，我、鍾喬、翁志宗三人同班，楊渡（楊炤農）、路寒袖（王志誠），低我們一班。高三時（一九七四年）我們組了一個文學性的社團，繆思社（Muse Association），既創作文學，也討論思想，有一次，我們就請了蔡仁厚老師來與我們講課，說的是儒學義理的當代創新，並涉及到人類文明的諸多發展問題。當時，聽了也不完全懂，但明白這是知識的饗宴，我們的討論牽涉到我們的未來，人類的文明必須要仔細去思索的。不同於我們另一位老師胡楚卿先生，胡先生接近於自由派，受到存在主義深層的影響；而蔡仁厚先生則接近於文化傳統主義，他受到的教養是來自唐君毅、牟宗三的當代新儒學。

　　一九七五年秋天，我進了臺灣師範大學國文學系學習，結識了由臺灣師大國文系、輔仁大學哲學系的幾位朋友所締結的《鵝湖社》，就這樣開啟更廣泛而深切的中西哲學之學習。每次回來臺中，總會去拜訪蔡老師、楊老師，向老師請教學問之理，人生之道。蔡老師總不厭其煩的回答著我所提出的生澀問題，我深切地感受到他的深仁厚澤，體會到他的溫潤和藹，我直覺地滿心服貼，豁然而解。有一次，我問了「父慈子孝」的「慈」和「孝」的異同。老師很明白清楚的說，「慈」是「自然」，而「孝」則是「自覺」。真乃諦解也。雖然，當時我沒全懂，但道理總要有個生長的過程，慢慢才能義精仁熟，才能真正深契其中。讀之、讀之，久了也就清澈了。

　　後來，我對「孝、悌、慈」有著確定的解釋，我說「孝是對於生命的縱貫之追溯與崇敬」，「悌是由此生命根源而來的橫面展開與關連」，「慈是順這生命根源而來縱貫的延展與拓延」。「孝」是自覺的，「慈」是自然的，而「悌」則是教養的。自然是順著生命就會有的本能，而自覺則須逆覺反思才能喚醒的良知良能，教養則需要更多的氛圍與長育的生活世界。現在，一講起「孝悌慈」這三個字，我說他是中國民族文明永生的奧秘，我就想起向蔡老師問學請教的情景。有一次，我伴隨著蔡老師在臺中孔子廟，一邊行步著，一邊談論著，這情景一直是我生命中最深刻的圖景，也是最為寶貴的資產。

　　一九七六年，我大學本科二年級，擔任了臺灣師範大學國文學會會長，

創辦了「生命哲學講座」，請蔡仁厚先生於民國六十五年十二月廿九日作為首講，講題是：「儒家的狂狷精神」。當時大學生，風生水起，頗有朝氣，因而這講座辦得頗為興盛，史作檉、吳森、王邦雄、曾昭旭、潘柏世、袁保新，都來講過，在我主持的兩年裡，共講了十二場，牟宗三先生做了第十二講，講題是「文化意識宇宙——從唐君毅先生的逝世說起」。這可以說是當代新儒家在臺灣師大接壤地氣，通達天道，入乎本心的十二次講座，當然，從蔡仁厚先生所講「儒家的狂狷精神」到牟先生的「文化意識宇宙」[1]，首尾相連，本末通貫，這樣所構成的子午線，可以說新儒家的定海神針。當時，我只是偶然自然，現在想起來，卻是有其必然者在。生命之奧秘有如是者哉！

四、

　　大體說來，唐君毅先生、牟宗三先生、徐復觀先生指出的是方向，當然牟先生給我的學術訓練是最多最大的；但生命的學問我請教最多的，則是蔡仁厚先生與曾昭旭先生，還有王邦雄先生。王先生比較是兄長情義的安慰，曾先生則是個人主體愛能的啟發，而蔡仁厚先生則是深契心性義理的教導。每回與蔡老師請教，總會喚醒對於中國宋明儒學以來，所涉天道論、心性論、道統論的更深刻理解。值得注意的是，我每覺那些宋明儒學所涉及的重要概念，如：「道、理、性、心、情、才、欲」，在生命中整個都活絡起來，熨熨貼貼的。我也因此更切地體會到儒學不會只是客觀的學問，儒學是要求道的，「志於道，據於德，依於仁，游於藝」，道為根源，德為本性，儒學是要以那根源的普遍理想作為終其一生的定向，如此才能好好長育本性，如其真存實感地愛能之實現，並落實於禮文藝術的生活世界之中。

　　後來，我特別重視如何將這些「古典的話語」，和活生生「生活的話

---

[1]　我就此寫了一篇文章，題為：〈風雨如晦，雞鳴不已：生命哲學講座兩年記〉，刊於臺灣師大：《文風》（1978 年 6 月）。此文收入林安梧《現代儒學論衡》，〈附錄三〉，頁 297-303，臺北：1987 年，業強出版社印行。

語」和合為一，並且能夠經由「現代的學術話語」重新表達出來，而進到國際學術的場域中參予交談對話。這本來就是當代新儒學最重要的志業之一，從熊十力、馬一浮、梁漱溟三先生，到唐君毅、牟宗三、徐復觀三位先生，已經有著相當輝煌的成果，但要跨過「格義」與「逆格義」的限制，仍然是必須努力的。我在這裡下過不少功夫，主要是與蔡仁厚老師請教時獲得了啟發，每次問學回來，又仔細參研了唐牟兩位先生，上遂到熊十力的著作，並對比於我在臺大受教的西洋哲學，因之有了新的進境。經由實存的感通，上溯其源，承繼其緒，自有莫大的歡喜。從師問學，我深切地體會到中國哲學的本體、話語與方法，有著密切的辯證關聯。

　　我習慣於博覽眾家，轉益多師，旁涉多方，有些是信息的攝受，有些是知識的構造，有些則是智慧的生長，相雜一處，構成了重重疊疊、密密麻麻，交織成糾結萬分的狀態，我卻都將之容納於我的生命之海中，去感受、去覺知、去體會，有其煩惱，卻也有其獨特的哲學發想。因為貪多務得，不免有時走岔了氣，歧了出去，差點往而不復，迷途難返，幸虧有諸方師友的學問講習，而得以歸返正途。這裡幫助我最多，提撕我最切的，便是蔡仁厚先生。一九八二年春，當時我在軍中服預備軍官役，心中鬱結，病疾難理。我和蔡仁厚老師寫了一封求救，也是求教的信函。蔡老師給我許多教誨，我因之而結解心開，順利踏上哲學的征程。後來，我在蔡先生八十歲壽誕時，依蔡先生所教示的這封書信，寫了一篇文章，題為：〈經典、生命與實踐工夫：從蔡仁厚先生一封書函引發的覺思〉，在東海大學舉行的會議中發表，後來刊載在 2010 年 7 月，《東海哲學研究集刊》，第十五輯，頁 189-212（臺灣：臺中東海大學）。這篇文章寫得蠻長的，我現在且摘幾段，以明其實況。

　　　　我的生命認可，心中篤誠信仰的是儒家，或者應更準確的說是儒教，但我也喜歡道家，也讀佛書，跟著祖母、母親拜佛。據實而言，我的腦子卻是沒那麼理所當然就是儒家，因為我也看到了儒家的很多弊病，特別是在帝皇專制、父權高壓、男性中心下，我以為儒學該疏

理、釐清的糾結，不可勝數。年青的我，篤心虔誠，心向聖學，但腦子裡卻是充滿著疑問。惑有不解，疑而慮之，慮而疑之，批判的呼聲，自年青至今，從不止息。

心靈篤誠的堅信，腦子狂野的想掙脫，就這樣，幾次生命意義的危機，伴著臺灣歷史社會總體的變遷，隨著自己生活的起落昇降，竟爾降臨。憂煩擾攘，糾結難理，看似滿懷天地家國之思，其實生命蒼白空洞得很。如此危機，其大者有二，首發在大學三年級時，幸得諸師友引繹疏導，幸免大難。尤記當時，往訪曾昭旭老師，叩問人生；曾師溫嚴，明透義理，婉言以解，稍得寬心。大三之病，雖得暫解，但病之為病，既已病矣，終身難解，此己身之病，家國之病，蒼生之病也。其病似在隱微中，心力用之，容有不愜，未得將養，必將再發矣！就如此，一九八二年二三月間，我又陷入嚴重的危機之中，身心困阨，意義匱乏，存在迷失，前不見古人，後不見來者，踽踽道途，滿路荊棘，愴然泣然，而不知其所以也。

時在軍中，服預官役，已近退伍，本當欣懷，竟爾遇此危機，只覺人生無意義，空洞灰色。忽而又覺人生當有高於世俗者，有大於書本之學問者，有過於聖賢之教言者，但如何為高，如何為大，如何為過，真的難解，欲解難解，解之益惑，惑惑相尋，了了難已，就這樣，我似墜入實存的無底深淵之中。幸得一念，此念尚明，就這樣我向蔡仁厚老師發出了信函，也給史作檉老師寄了信函。蔡老師可說是我在儒學學習上最重要的老師，他不只是經師，而且是人師、道師。史老師開啟的是哲學的探問，以及深邃的理論思考，是我心目中的哲學家。信發出後，沒多久，兩位老師都給我回了信，這兩封信，我一直珍藏著，此中有著經典的智慧，生命的體悟，還有落實於倫常的實踐工夫。

蔡老師的回信，真是深仁厚澤，溫婉中有關懷，關懷中有義理，透闢的義理，有著存在的契入，不是棒喝，而是導引，這導引可就是我後來逐漸了解的儒家型的意義治療學。我於儒家型意義治療學雖因

感於傅偉勳老師所宣揚之弗蘭克（V. Frankl）[2]，又讀唐君毅先生之《人生之體驗續篇》[3]而有所啟發，真切言之，啟迪吾思，開闢其徑者，正是蔡仁厚老師與曾昭旭老師。廿七年後，重讀仁師書信，益覺此中隱含一「意義治療學」在。這不同於弗蘭克的「我，向前開啟」，而是「我，就在這裡」[4]，而且值得注意的是，當下承擔之為當下承擔勢得通天地、貫古今，畏天命、畏大人、畏聖人之言，如此方為當下也。……

老師的這封信，使我生命在困厄中有了一嶄新的迴轉。讓我能回到自身，能面對自己，能面對天地，能以唐君毅先生所說「我，就在這裡」之直下承擔，做為生命的啟動點，我因之而走向學術研究與作育英才的教育志業。

我發出的信是在民國七十一年（西元 1982 年）三月廿五日，老師給我的回信，最後署的是「望自求多福，珍重，珍重。仁厚啟71.3.27 興大夜課回來，此時 28 日清晨二時一刻矣」。老師自中興大學夜課歸來，為我寫這信，至翌日清晨二時一刻，我何其幸而得遇明師如此，上蒼何其厚我，我豈能不黽勉奮志於中華文化，為儒學、為三教，為蒼生也耶！

蔡老師這封信函，深仁厚澤，溫婉關懷，義理透闢，他讓我逐漸從雜多煩惱，轉為存在的契入，體驗之、提昇之，一個月後，我考上了臺灣大學哲學系碩士班。時牟宗三先生來校課座，於焉我成了牟先生的學生。一九八六年，我繼續在臺大攻讀博士，一九九一年畢業，成了牟先生在臺灣大學哲學系指導的第一個博士，也是唯一牟先生在

---

[2] 傅偉勳〈弗蘭克與意義治療法〉，收於傅偉勳《批判的繼承與創造的發展》，臺北：1986，東大圖書公司。

[3] 唐君毅《人生之體驗續編》，臺北：1978，臺灣學生書局。

[4] 關於此，請參見林安梧〈邁向儒家型意義治療學之建立：以唐君毅《人生之體驗續編》為核心的展開〉，收入林安梧《中國宗教與意義治療》第六章，頁 115-137，臺北：2001，明文書局。

臺灣大學哲學系指導的博士。我自知：若無蔡老師這封對我充滿著意義治療療效的信，日後，當無這些發展。

　　蔡老師之於我，在官方紀錄上，我雖未列名在冊，但在天地間，老師就是我的老師；我是牟先生列名在冊的學生，但牟先生之於我，實更接近於先聖先哲，如陽明、船山者。這也是日後，我對於牟先生學問的研究與繼承、發展，像對待先聖先哲一樣，我甚至認為繼陽明、船山之後，最偉大的兩位哲學家是熊十力與牟宗三。我雖尊崇牟先生，但仍能不受師生情愫羈縻，實因於此，非敢唐突，欲叛師門也。實欲廣開大門，迎向天地也。同門學長、師友、諸君子，幸其諒焉！　幸其諒焉　！己丑之冬十二月廿二日，冬至陽生之日於花蓮元亨居。

五、

　　一九九六年，我獲佛光山星雲法師之聘，龔鵬程兄、袁保新兄邀請我與他們一起南下到嘉義大林創辦南華大學，由我主管哲學研究所，並敦聘了傅偉勳先生作為本所的講座教授。可惜，傅先生九六年秋天就離開了我們，只留下了「生命的學問與學問的生命」的幽邈長思，令人嘆息。九七年春，我請來蔡老師、楊老師，一起到大林做客南華，並做講座。講題涉及於中國哲學的基本問題，以及蔡仁厚先生自己的學思歷程。由我駕車親自接送，沿途還談了許多中國哲學興復的諸多可能。雖然事隔二十餘年，卻歷歷如在眼前，光陰荏苒，何其速也耶。

　　後來，我借調期滿，返回清華任教，擔任通識教育中心主任，但因為清華創辦的哲學研究所不包容中國哲學，多方溝通，未有結果，二零零零年，我憤而離去，友人傅武光兄要我返回臺灣師大國文系任教，他向我說，這裡才是我的太平洋，寬廣遼闊，就這樣我果真有了進一步的發展。這中間每件大事，我都向蔡老師報告，也都獲得蔡老師的支持。二零零四年我還參加了臺灣師範大學校長的遴選，也獲得了蔡老師的推薦。老師對於我所提出的

「講理念、造風氣、立標竿、勤耕地」的基本主張，極表贊同。因為人事傾軋，我並未獲選，又因為鵝湖人事變化，我第二次主編期滿，也就不再續任了。二零零七年，我從臺灣師大國文學系榮休，轉任玄奘大學，二零零八年又因幼子在東華就學，身心有了些許問題，我順此因緣轉往花蓮慈濟大學，擔任宗教與人文研究所所長，好就近照料。我也常就此問題，請教蔡老師、楊老師，也講起了牟先生晚年家事，說起命限的問題，並由此命限進而思考到如何「知命」的問題。知道生命的限制，而反照過來，見到造化之無窮，就此無窮，而參贊化育，薪火相傳，生生不息。骨肉至親，推擴之，四海之內皆兄弟也。親親而仁民，仁民而愛物，儒家講得推擴之功，就在於此。他勉勵我人生道上，如何「居仁」「由義」而「立乎禮」，「仁者，仁之安宅」「義者，人之正路」「禮者，人之正位」。仁義禮智，四者不可分，仁是主體的愛能，義是客觀的法則，禮是具體的實踐，智是清澈的抉擇。我認為這些理解，是我多年來與仁厚老師問學請教的成果，我一直以為儒家的生命學問是真實的，而且通古往來今、生死幽明的，他是充實而飽滿的。

　　二零零八年我偕同我教過的一群博士，包括：張榮焜、楊自平、李宗定、廖崇斐、王慧茹，組建了元亨書院，以傳續文脈，並且繼續原來「鵝湖社」的學問講習。蔡老師更是我們的顧問，也是我們敦聘的榮譽講座。這些年來，我因長年在外講學，在書院的時間不多，每每交代執事的廖崇斐博士，一定要親自接送，講後要與蔡老師、楊老師，會餐暢談。親近長者師尊，年輕一輩的福分，沾些德澤，便自有格範，自成人品生命。蔡老師的講學，一貫是從容平常，卻是深仁厚澤，溫煦自然，春風化雨。書院有蔡仁厚先生的課程以為引領，有林安梧教授的課程以為綱脈，有蘇清標先生的太極拳課程以為基底，還有《元亨學刊》做為全院的主幹，在張榮焜、廖崇斐兩位博士的經營下，有讀書會、講習會、學術論壇、詩歌吟唱等等，雖不敢說是盛大開展，卻是綿綿若存，生生不息。我們期待元亨書院能繼續著唐牟徐一系的新儒學，繼承之、批判之，進一步有所發揚光大也。「元神貞和誠通天地，亨善吉妙道貫古今」，乃元亨書院之理念也。四十餘年來，每與蔡老師論談，總感慨基督教有教堂，佛教有寺院、道教有宮觀，而儒教式微，罕

有自家的道場，我們踵繼當代新儒家前輩，創立元亨書院正乃補其不足也，不辜負先聖先賢也，得告慰師尊於天上也。

六、

今年四月間，《鵝湖社》舉辦了「蔡仁厚教授九十壽慶——當代新儒家的奮鬥」學術會議，會議的邀請函寫道：蔡仁厚教授於 2017 年 9 月 20 日在大陸山東曲阜，第八屆世界儒學大會獲評「2017 年度世界儒學研究傑出人物」獎，2019（108）年適逢蔡仁厚教授九十壽慶，我們特籌辦「蔡仁厚教授九十壽慶——當代新儒家的奮鬥」學術會議，期藉壽慶順著「道統」、「學統」、「政統」、「三統並建說」，思考「當代新儒家奮鬥」的時代課題，盼於當代的文化及教育有所精進。

會議由朱建民兄主持，楊祖漢兄擔綱，周博裕、蔡家和、楊秀宮、魏美瑗等執事，把這事辦得妥貼周到，蔡老師、蔡師母都說了話，還有韓國友人蔡先生的弟子鄭仁在等也都到了場，以前東海大學的同事也來了，關子尹兄還特別在會上宣讀了他的一首律詩以為賀壽之禮。

果真，這場學術會議，有著「道統」、「學統」、「政統」這三統的交會與傳承，繼續思考著「當代新儒家奮鬥」的時代課題。我內在裡直呼喊著「鵝湖精神」又恢復了，可以元亨，可以利貞也。最為動人的還有南管音樂戲的演出，音韻婉轉，三日繞樑，餘音不絕。我前兩天還在大陸西安參加會議及講學，兼程趕回，為的是參加這次的師友盛會。我心裡很歡喜，卻也有著隱隱不能言的體會，受那天的氛圍感染，感觸既深，直契造化，當下寫了一組為蔡仁厚老師九十大壽、楊德英老師八十大壽的賀壽組詩，詩是這樣寫的：

其一

匆匆九十載，滿歟其盛哉；牟門稱龍象，孔孟好安宅。

其二

　　宅此正靈台，本心順天開；良知起敬畏，源泉活水來。
其三
　　來去地天通，惟心只相逢；睟面見盎背，巍巍其道公。
其四
　　道公繼三統，斯文歸大中；醇醇仁厚澤，浩浩德英風。
己亥之春，吉日風和，恭逢　仁厚先生九十華誕　德英老師八十華誕
《當代新儒家的奮鬥學術會議》一時興感，口占成詩，雙雙成組以為
賀壽焉！

　　　　　　　　受業弟子　林安梧敬賀　二〇一九年四月六日　臺中

　　猶記四月初賀壽，場景幽靜，氛圍熱絡，一堂師友，古今風義，嘉善美
矣！
　　不意兩月不及，蔡仁厚先生竟爾仙逝，傷慟甌矣！難以言宣！謹致上四
月六日所寫之組詩，願天界靜好，地界平安！
　　敬悼　蔡師仁厚先生，祝一路好行！　　　　　受業弟子林安梧泣首

　　　　　（己亥之夏　六月廿二日凌晨五時半　寫於青海西寧旅次）

　　　（文章出處：林安梧〈深仁厚澤：敬悼蔡師仁厚先生，虔誠祝禱中華
　　文運〉，原刊於《鵝湖學刊》第四十五卷，第一期（總號：529 期）
　　2019 年 7 月）

第十九章 「儒道情懷」與「鵝湖精神」
──從「王邦雄」與「曾昭旭」時代的《鵝湖月刊》說起

【本文提要】

　　本文旨在經由實存的反思，對其所參與之當代新儒學之群體：鵝湖月刊，做一總的反思，關聯著王邦雄、曾昭旭兩人之儒道情懷，來闡述鵝湖精神。

　　文中指出王邦雄先生立身在儒，成的卻是道家的自然與法家的實切，而性情則有些墨家，但卻仍歸於道。曾昭旭先生則立身在儒，學問重心亦在儒，特別是實存當下之儒，但卻有道家的從容與佛家的悲智。再者，作者引述了他在 200 期及三十年所寫的紀念文字，並多所反思鵝湖群體之發展，並從引生後新儒學的論點。指出往後應有的轉折、迴返、承繼、批判與發展之可能。

關鍵字詞：牟宗三、唐君毅、熊十力、後現代、後新儒學、兩端而一致

一、序曲

王師、曾師七十歲了，我也五十多了，不意我們認識竟三十六年了。三十六年，三個十二年，臺灣說是三齒年，從年青到中、壯年，由「志於學」到「知命之年」；從二十世紀下半葉、跨過千禧年，又過十一年了。光陰倏忽其速也，不可言喻也。收到主辦單位的 email 說王師、曾師要從淡江退休了，要辦一個儒道研討會，要我寫篇文章，我立時給了一個題叫：〈「儒道情懷」與「鵝湖精神」：從「王邦雄」與「曾昭旭」時代的《鵝湖月刊》說起〉。

說也奇怪，打從題目交出去，就常在心中盤桓，要交稿時，竟說不出話來。那種說不出話的結巴，有些難受，有些愧赧！有些哀怨，有些憤慨！有些感懷，有些感激！有些悵惘，有些憂戚！有些歡喜，卻又想悲泣！

原來緊鄰著存在，默無生息。歷程被壓縮在心底，低迴難已。就此結巴了。

問題就出在我與鵝湖的情感太過糾結，早在鵝湖二○○期（1992 年 2 月）時，我曾寫了篇〈鵝湖與我〉，內容是這樣的——

> 《鵝湖》已刊行 200 期了。200 個月，不算短的日子，總共快十七個年頭了。我是從第一期就開始的讀者，從第廿期起就參與的作者。之後民國六十七年，我成為執行編輯，在民國七十六年～七十七年，我又擔任主編。在鵝湖團體中，我是一個倍受爭議的人，我曾三番兩次的想離她而去，但我還是衷情於她。因為我深知她雖然限制很大，但她對於中國文化的苦心孤詣卻是我激賞與認同的。
>
> 我愛《鵝湖》，但也怨《鵝湖》，愛之所以怨之也。愛的是：它果真是一個道義團體，沒有人在此搶奪權力與名利，它是目前難得的中國文化之精神象徵。之所以怨的是：它仍然不免中國傳統專制的陰影，仍然不脫家長制的格局。此中有真性情，肝膽相與；卻也有夾雜、有泥沙；但大家不敢正視它，祇心中祈禱著，要它澄清而已。

　　記得民國六十四年（一九七五），我進師範大學國文系即與《鵝
湖》結識，第二年便加入，但一直到我六十八年（一九七九）大學畢
業，仍然外圍；甚至民國七十一年（一九八二）入臺大哲研所攻讀碩
士，我都還是外圍的感覺。這問題的關鍵點，在於我胸中有許多問題
感和當時的《鵝湖》朋友不儘相同，也沒有受到應有的重視。甚至，
我的感覺是被忽略與被漠視。我深深的感受到鵝湖的正統之門太嚴、
太狹；當時有一些朋友也因之而去。我蹣躇痛苦，但還是不即不離，
我認為《鵝湖》還是可貴的。畢竟《鵝湖》之為《鵝湖》是所有參與
者的，不是少數一、二人的。這個生活天地，仍然是值得肯定的。

　　由於我的生活經驗，由於我是道道地地本土出生的臺灣人，因此
我感受到的鄉土之問題感與《鵝湖》朋友有些出入。但由於我又深受
《鵝湖》師友的薰染，心靈中早已奠下中國文化的種子，一直是邁向
中國文化之發展而勠力的。也因此，我對於本土、鄉土的想法並不是
與中國文化孤離開來的，而是連續成一個整體的。這樣一來，《鵝
湖》圈裡的一些朋友從鄉土的，批判的意識看我，以為我就是這樣
子；而《鵝湖》圈外的朋友又回過頭來，認定我就是一切以中國為依
歸，沒有本土性，沒有批判性。的確，我成了兩面都不是的邊緣之
人。在面對反鵝湖或反中國傳統的陣營裡，我被他們視為是保守的，
頑固的；而在鵝湖圈裡的一些朋友，又視我為激進的，對中國傳統不
夠忠貞。

　　不過，話說回來，在多次的危疑震盪，波瀾起伏，無所適從的狀
況下，《鵝湖》的前輩們卻能容納我發一些不平之鳴，這裡充分的顯
示出所謂的「道義」。它不像外面一些團體，看似客觀，其實漠然；
彼此的生命也無交融合一的要求。鵝湖之「道義」是中國文化傳統中
之至可寶貴者，此殆無可疑。

　　隨著世代的推移，我的不平之鳴，開始有了迴響。在民國七十六
年十二月十二日，當時任主編的我召開了「高級中學中國文化基本教
材座談會」，對於當時的文化基本教材展開全面而有力的批評。多位

教授學者及朋友的相助，加上傳播媒體的報導，使得這件事有了一個好的結果。國立編譯館終於在七十七年九月推出修訂本。這次座談會給我最大感慨的是：其實這問題拖得太久了。問題在於《鵝湖》的朋友，習於向內證之路走，而不習於與整個社會互動，參與及實踐。但換句話來說，也因此，她一直不受制於社會的波動，她一直是中國文化的「貞婦」。祇是默默工作的貞潔婦人。貞婦是寂寞的，是痛苦的。

最近一年多來，鵝湖有了巨幅的改進。一方面，社會對於她有了更多的正面評價，另方面，她開始符合於我以前所期盼的軌道在進行著。希望鵝湖有一遲來的喜訊與發展。鵝湖雖然已漸有了進展，但並不意味她沒有問題。相反地，我要說：她的問題關鍵點仍然在於——「咒術型的因果邏輯」的思維困境。多少以為祇要我經由生命的感通能力，去觸動那冥冥中的造化精靈，就能改變全局。或者以為一切都要從此冥冥中的造化精靈—那既超越而又內在的良知轉出來。我以為鵝湖不論在組織上、或思考上，及面對問題上，仍須要有一大突破。這不祇是從此「咒術型的因果邏輯」轉出來而已；更重要的是：要跨出咒術型的因果邏輯，而真正解咒；惟有解咒才有新的可能[1]。這是當代新儒學應有的嶄新使命。

我以為鵝湖除了作為中國文化的貞婦外，更為重要的是要進一步成為中國文化的再生之母。除了意義的貞定外，更重要的是要企求結構性的相關，去重新締造一新的意義。《鵝湖》已經 200 期了，當代新儒學的前景當不再寂寞，不再枯索，而是邁向一嶄新的可能。200 期，兩百個月，鵝湖天地予我成長至所感念。最後，願大家在湖中相忘，道術德慧俱有增長。——

1　關於此，請參看林安梧，1996 年 6 月，〈儒家道德實踐的根本困結及其轉化創造之可能——從咒術型的實踐因果邏輯到解咒型的實踐因果邏輯〉，《佛光學刊》第一期，頁 131-147，嘉義。

　　後來，二〇〇三年五月，《牟宗三先生全集》出版了，我寫了一篇〈迎
接「後牟宗三時代」的來臨——《牟宗三先生全集》出版紀感〉（《鵝湖》
335 期）。

　　　　《牟宗三先生全集》出版了，這標誌著牟宗三哲學的完成，但這
　　並不標誌著牟宗三哲學的結束；相反的，它標誌著牟宗三哲學的嶄新
　　起點。這嶄新起點是一轉折，是一迴返，是一承繼，是一批判，是一
　　發展。
　　　　牟先生甦活了中國哲學的慧命，他深入闡述了儒道佛三教哲學，
　　並獨立譯述了康德（I. Kant）三大批判；更難能可貴的是，牟先生將
　　康德三大批判銷融於中國傳統儒道佛之中，經由體系性的建構，成就
　　了規模宏偉的「兩層存有論」。近一百年來的中國哲學發展，無疑
　　的，這是一最為重要的里程碑[2]。
　　　　牟先生跨過了「逆格義」的限制，經由「譯述」、「銷融」、
　　「重鑄」的過程，讓中國古代典籍的話語、現代的學術話語、當前的
　　生活話語，和合融通，鑄成偉辭，他生產了鮮活的哲學語彙，開啟了
　　活生生的覺知與思考[3]。面對廿世紀初以來，中國民族的存在意義危
　　機，牟先生隨順著熊十力先生「體用哲學」所開顯的「乾元性海」，
　　經由一「形而上的保存」，進一步以智識化的理論構造，穩立了道德
　　主體；並冀求「以德開智」，經由「良知的自我坎陷」以開出知性主

---

[2]　關於此，請參看林安梧，2005 年 8 月，〈牟宗三的康德學與中國哲學之前瞻——格
　　義、融通、轉化與創造〉，《鵝湖》三十一卷第二期（總號 362），頁 12-24，臺
　　北。

[3]　關於此，請參看林安梧，2006 年 12 月，〈中西哲學會通之「格義」與「逆格義」方
　　法論之探討：以牟宗三先生的康德學與中國哲學研究為例〉，《淡江中文學報》第十
　　五期，頁 95-116，淡江大學，臺北。

體，並以此融攝民主與科學[4]。

　　當然，牟先生將康德哲學之「窮智以見德」經由儒道佛三教的銷融，轉而為「尊德以攝智」。他看似承繼康德「超越的分解」以穩立知識體系，但卻直契陸王，上接孔孟，穩立道德之自我，再下開知識界。這樣的「下開」即是「良知的自我坎陷」之轉出，這是一「辯證的轉折」而開，這卻是近於費希特（J. G. Fichte），而遙遙指向黑格爾（G. W. F. Hegel）。只不過，康德哲學強調的超越分解，使得牟先生做了一形而上的追溯，而有了一形而上的安宅。居於此安宅中，牟先生以一「詭譎的辯證」達到一「圓教」與「圓善」的境界。

　　「超越的分解」為的是一「形而上的追溯」，進而凸顯由古代經典所喚起的「存在覺知」，就在這存在的覺知的召喚下，讓這難以跨越的鴻溝有了一「詭譎的辯證」之銷融與連結。當然，所謂的「圓教」與「圓善」就是在這詭譎的辯證銷融下完成的。牟先生雖然一再的強調辯證的開展的重要，但他做的卻是辯證的銷融，經由銷融而尋得一形而上的安宅，一純智所思的安宅。

　　他做了「現象」與「物自身」的超越區分，以「一心開二門」的方式，成就了「執」與「無執」的「兩層存有論」。他雖然一再的強調兩層存有論並不是截然區隔，而是融會通貫；但他卻居於無執的存有論所成的純智所思的安宅，指點人間善惡，規範那執的存有論。他亦贊同天台宗所說之「一念無明法性心」，欣賞其「即九法界而成佛」這種「不斷斷」的精神；但由於時代精神的限制，牟先生仍只能經由一「詭譎的辯證」而達到一銷融性的和合同一，做成一形而上的圓善。我們要說這樣的圓善並不就是牟宗三哲學的完成，而是預示著

---

[4]　關於此，林安梧，1997 年 10 月，〈牟宗三先生之後：咒術、專制、良知與解咒——對「臺灣當代新儒學」的批判與前瞻〉，《鵝湖》二十三卷四期（總號 268），頁 2-12，臺北。

一個嶄新的轉折、迴返、批判與發展[5]。

　　我們當該將牟先生在形而上的居宅中，「結穴成丹」的「圓善」再度入於「乾元性海」，即用顯體，承體達用，讓他入於歷史社會總體的生活世界之中，深耕易耨，發榮滋長，以一本體發生學的思考，正視「理論是實踐的理論，實踐是理論的實踐」，「兩端而一致」的辯證開啟，重開儒學的社會實踐之門[6]。

　　「轉折」，不再只停留於「主體式的轉折」，而應通解而化之，由「主體性」轉折為「意向性」，再由「意向性」開啟活生生的「實存性」[7]。

　　「迴返」，不再只停留於「銷融式的迴返」，而應調適而上遂，入於「存有的根源」，進而「存有的彰顯」，再進一步轉出一「存有的執定」[8]。

　　「承繼」，不再只停留於「哲學史式的論述」，而應如理而下貫，一方面上遂於文化道統，另方面做一理論性的創造。

　　「批判」，不再只停留於「超越的分解」，而應辯證的落實，入於「生活世界」所成的歷史社會總體，「即勢成理，以理導勢」，成

---

[5] 關於此，林安梧，2005 年 6 月，〈「新儒學」、「後新儒學」、「現代」與「後現代」：最近十年的省察與思考之一斑〉，《鵝湖》三十卷第十二期（總號 360），頁 8-21，臺北。

[6] 關於此，林安梧，2002 年 1 月，〈從「牟宗三」到「熊十力」再上溯「王船山」的哲學可能──後新儒學的思考向度〉，《鵝湖》二十七卷七期（總號 319），頁 16-30，臺北。

[7] 關於此，林安梧，2005 年 12 月，〈明清之際：從「主體性」、「意向性」到「歷史性」的一個過程──以「陽明」、「蕺山」與「船山」為例的探討〉，《國文學報》第三十八期，頁 1-29，臺灣師範大學印行，臺北。

[8] 關於此，林安梧，2005 年 11 月，〈《存有三態論》諸向度的展開──關於後新儒學的「心性論、本體論、詮釋學、教養論與政治學」〉，《鵝湖》三十一卷第五期（總號 365），頁 9-18，臺北。

就一社會的批判，進而開啟一儒學的革命[9]。

「發展」，不再只停留於「古典的詮釋」，而應展開哲學的交談，面對現代的生活話語，經由一活生生的存在覺知，重構一嶄新的學術話語，參與於全人類文明的交談與建構[10]。

臺灣地區九二一的大地震、美國九一一雙子星大樓的崩落、美國對伊拉克的反恐戰爭，世紀之交的後現代，人們隨著天地間的顫抖而恐懼，隨著文明的異化而驚疑。這幾個星期來，臺灣、香港與大陸正為非典型急性肺炎 SARS 的肆虐痛苦，存在在掙扎中、生命在考驗中，我深切的覺知到朱夫子所說的「堅難！」

牟先生竟已逝世八年，但我仍記起一九九五年為先生所作的輓聯：

夫子飄飄來魏晉風骨好為青白眼世俗人皆驚寵辱，

吾師悠悠去宋明義理能過生死關真儒者何畏陰陽。

牟先生面對苦痛與危難的「高狂俊逸」（蔡仁厚先生對牟先生的稱語）令人低迴[11]！

夜深矣！深矣！天明亦已近矣！近矣！

抬頭望見我書房上的牟先生造像，有一段文字寫著：

吾師牟宗三先生，畢其生，拓落自然，一無所累，惟吾華族文化為終身勠力之目標。彼嘗言：惟有大感受而後有大問題，有大問題而後有大悲心，有大悲心而後有大智慧；如斯始能成就哲學志業也。壬戌之秋安梧謹誌

9　關於此，林安梧，2010 年 10 月，〈鼎革之際——《儒學革命：從「新儒學」到「後新儒學」》（北京商務版）序言〉，《鵝湖月刊》，第 36 卷第 4 期，總號：424 期，頁 47-54，臺灣臺北。

10　關於此，林安梧，2007 年 11 月，〈經典詮釋的存有學探源：關聯《存有三態論》的根源性探討〉，《南方學院學報》第三期，頁 33-45，馬來西亞南方學院出版社印行，馬來西亞柔佛巴魯。

11　關於此，請參看，蔡仁厚〈性情與修養——為牟宗三先生專號而作〉，《鵝湖》，臺北，2007 年 4 月，32 卷 10 期，總號：382 期。

先生造像旁邊鑲著一副嵌名對聯，聯曰：

宗師仲尼誠通天地，

三教判列道貫古今。

夜深矣！遠矣！天明亦已近矣！近矣！禱之於天地神祇，謹此虔
誠，謹此虔誠！（癸未春暮五月五日晨三時於元亨齋）

　　二○○五年，鵝湖三十周年，我又寫了一篇〈「六經責我開生面」：
《鵝湖》三十周年禱辭！〉[12]

　　《鵝湖》三十年了，整整三十周年了，說容易也容易，說不容易
那可真不容易！容易之為容易，是順自然之氣而生，依無為之道而
存，就像日月之行一樣，像四時之序一樣，那可也就不困難！但一份
刊物，特別是學術性的，而且是人文性的刊物，怎麼說都很難說是那
麼容易的。

　　植樹成林，雖亦不易，但人文志業，可更難些！樹種了，種在沃
土上，如其水分，依其生息，日復一日，如此長成，這是「自然」。
文章寫了，集了、編了、纂了，成了一刊，繼起者，月復一月，出了
一年；年復一年，出了十年，一個十年、兩個十年，三個十年，竟也
三十年，這樣的長成，除了自然以外，重要的是要有一份「自覺」。

　　「自然」是順天地之氣，循此天地之氣的律動而動，也就成了；
但「自覺」則是要一「逆返」的工夫，回到價值之源，溯至心性之
源，在這樣的參贊過程裡，才能生出個恰當律動來。用船山先生的話
來說「自然」是「天之明」，而「自覺」則是「人之明」，「自然」
是「天之天」，而「自覺」則是「人之天」。蓋「天之明」所以生
「人之明」，「人之明」所以成「天之明」也。有「天之天」方始有

---

[12] 請參見，林安梧〈六經責我開生面：《鵝湖》三十周年禱辭〉，《鵝湖》2005 年 7
月，361 期。

「人之天」，有「人之天」正可終成「天之天」也[13]。

《鵝湖》三十年了，只是「而立」之年而已，往者，正是此自然英發之氣，導生一自覺之志，這正是「天之天」所生的「天之明」。過程或者有些艱難，但怎麼艱難都不算是艱難，因為這樣的艱難總有一份「屯難而生」的喜悅！如《易經》的「屯卦」所說的「動乎險中」，是「雲雷屯，君子以經綸」。這是生命原先自有的清剛之氣，突破重重困局，因而長成的，雖難而實易，雖險而可安！

經綸了三十年，《鵝湖》終祇默默發此潛德之幽光，以「坤卦」「直方大，不習無不利」的精神，渡過了「或從王事，无成有終」，邁越了「括囊，無咎無譽」，逐漸長成「黃裳元吉」，這是居中柔順，溯本於源，安貞為吉。但天有道、地有息，代有時、人有事，宏觀大勢，或不免「龍戰於野，其血玄黃」，此陽之戰陰，道之將治也。道之將治而未治，唯有此玄黃之血，成此世運之傷，而如此之「傷」是不得辭其傷之傷，就像船山先生所說「民物之大難，身任之，則不得辭其傷」。三十年而逢此世運，幸乎！不幸？！識易者知之，自覺者知之，以天下為己任之知識份子定當知之！

知之者何？知也欲安怎？安怎？船山云「七尺從天乞活埋」，活埋已久，今當奮力以出，如地之震也，此易經「復其見天地之心乎」，「雷在地中」，「動以順行」也，今起「六經責我開生面」也。

《鵝湖》三十年了，由「七尺從天乞活埋」的努力，奮而勉之；「三十而立」，終而得「六經責我開生面」也！「三十而立」；如此之「立」是「立天下之正位」，是「立於禮」，是「居天下之廣居」，是「居於仁」，是「行天下之達道」，是「行於義」！願與《鵝湖》諸君子共勉之！是所至禱！是所至禱！（乙酉之夏　對日抗戰七七蘆溝橋事變後之六十八年後三日於元亨居）

---

[13] 關於天之天、人之天，天之明、人之明之說，蓋有取於王夫之，吾此說，最早來自曾師昭旭先生，請參見氏著《王船山哲學》，1995 年 10 月，臺北：遠景出版事業公司。

把這幾篇文字找了出來，看了看，落下來了，心緒停當！我終了解問題的癥結了。我太從鵝湖的使命來看問題，不！不是鵝湖的使命，而是太從自己的使命來看鵝湖，太從王夫之、熊十力、唐君毅、牟宗三、徐復觀等先生來看鵝湖，因此才會有這些苦楚在！若脫開來，就好些了！我應回到王邦雄、曾昭旭兩位先生來看兩位先生，再從他們關連到鵝湖來說，這樣或許會準確些！

二、對王師、曾師的實存覺知

民國六十四年秋我初入臺灣師大國文系讀書，那年冬天，教我韓非子的張素貞老師介紹我去見王邦雄老師。王師居於永和的巷弄裡，是王師母的一女中宿舍，居所雖小，卻有一份「居天下之廣居」的喜悅，有一份「立天下之正位」的嚴正，「行天下之達道」的悠游[14]。就那日見面，我算正式參加了《鵝湖》。《鵝湖》就在這不到六坪（十八平方米）天地裡生長，往後的討論在這裡，議論在這裡，孟玲、誠之那時都還小，我背過、抱過，他們已略知世事，喊我叔叔。我當時覺得《鵝湖》像是個家，王師、曾師，像是我們的兄長。

與曾昭旭老師初見面，也是六十四年冬，是師大學長蔡英俊、張春榮及文風團隊一起去的。曾師家在復興南路，居宅是平房，磚砌的瓦房，平易簡樸，佔地雖小，但卻有一分優雅、一分從容、一分平和。平和、優雅、從容中，體會到的是溫潤、充實而有光輝。果真是「仁者，人之安宅也」[15]。後來曾師搬到民生東路，又從民生東路搬到建國南路。我總覺得曾師住的就是安宅，曾師之於人就像是一可安居的宅第，他的生命就如經典，正是源頭活

---

[14] 語出《孟子》〈滕文公〉下「居天下之廣居，立天下之正位，行天下之大道；得志與民由之，不得志，獨行其道；富貴不能淫，貧賤不能移，威武不能屈——此之謂大丈夫。」

[15] 語出《孟子》〈離婁〉上「仁，人之安宅也；義，人之正路也。曠安宅而弗居，舍正路而不由，哀哉！」

水。不過,他的經典可不是字紙行墨,而是天地丘壑。現在建國南路的家中堂上寫著「厭讀群書尋野徑,閒收落葉煮山茶」,這是寇準的詩句。卻也見出曾師有其革命性在,他之講愛情學,這可不是「野徑」,而是人性「經典」,而這「山茶」可是沾著天地靈氣的。

當時,鵝湖一夥人中有袁保新、萬金川、李正治、顏承繁、林鎮國、葉偉平、江日新、林安梧、陳文章、陳章錫、黃泗山、鄭志明、馮卓欽、林日盛、高柏園、廖仁義。起先,楊祖漢、岑溢成在香港,還沒回到臺灣,而廖鍾慶去了瑞典。王財貴、顏國明、邱黃海、陳德和等後來也加入了鵝湖。

初辦鵝湖,有辛苦、有喜悅,從校對、包裝、寄發,全是志工。有時,還要去宣傳、拉訂戶,主要訂戶是師大國文系的學長姐,他們大四快畢業了,擔任國文教師有固定的收入,而且有著文化的理想與使命在,當然要拉住這些線索。我們先行布線,王師、曾師便出動去宣講。王師、曾師多半借用戴璉璋先生中國哲學史兩節上下課的課間時間來宣講。我與文章總覺得時間不足,但聽說那時師大國文系已有些先生對此舉有意見。戴師已是冒著物議,幫助鵝湖的。戴師較似狷者,但他對我們卻有著一份穩定而莊嚴的力量。他曾舉薦財貴兄做為師大國文系助教,聽說居然祇得一票,這亦可見這系之一斑了。我後來對財貴兄說,這一票的「一」,可是「一郡皆空」的「一」,代表的可是「太一」的「一」。這是你的光榮。

比較過癮的有一次,我與陳文章一起到張起鈞老師授課的代辦國文系課上,因上課學生多已有工作,或為教職、或為文職,起鈞老師要我與文章每位同學先發一本《鵝湖》、一本《哲學講話》,他兀自在黑板上寫了張門四君子:吳森、吳怡、王邦雄、曾昭旭,幾行大字,就大談特談中華文化的使命來。一小時下來,幾乎全班都訂了。真讓我見到了「狂者氣象」。張師與鵝湖並不同調,他的狂氣,得不到牟先生的認同,後來,自也就疏了。他甚至憤而寫了一篇〈儒家、新儒家與新儒家註解家〉,三十多年後,這話卻是極容易理解的。

鵝湖原是沒什麼家派意識的,有的只是一份對中國文化的肫懇用心而已。而這肫懇用心則多半因讀新儒家唐牟之書而引發出來。引發歸引發,但

並不為所限。從早期參與鵝湖的朋友，如潘栢世、沈清松、林立樹、雷家驥，他們的思考都不限於新儒家。王文進、李正治、蔡英俊、龔鵬程更是重要的文論作者，後來也都卓然成家。不過事總是這樣進行的，隨著唐牟來臺，牟先生晚年在臺講學力量盛大，其聲名日高，鵝湖學派意識就不期然而然的成了。王、曾兩位先生成了早期最重要的中心，即使到了八十年代，鵝湖開始有另一他處做為聚會之所，但王師的家一直是鵝湖聚會重要的地方。直到廿一世紀初，最重要的鵝湖聚會可說都是在王師的家聚面的。以鵝湖的「大阿哥」來說王師那是可以的。

不過，這大阿哥並不是實體義的，而多屬境界義，他是在《易經》之「乾元用九，群龍無首」下做成的。他可不是「首出庶物，萬國咸寧」。王師雖亦有墨家式的豪傑氣，也深通法家智慧，但多的應是道家的放開、讓開，由於這放開、讓開，讓鵝湖成了天地，任其發榮滋長。真如老子所說「致虛極、守靜篤，萬物並作」。較為可惜的是，並沒有「吾以觀復」，因此也就沒有「夫物芸芸，各復歸其根」。這並不意味因此鵝湖就沒有「歸根復命」，沒有「知常曰明」。其實都有，「知常容、容乃公，公乃全，全乃天，天乃道，道乃久」[16]。只可惜的是，為門派意識所限，鵝湖並不習慣公共論述，格局有了範圍。其實，格局的範圍並不是王曾兩先生願意的，他是在鵝湖的發展中，逐漸長成的。

■**王師立身在儒，成的卻是道家的自然與法家的實切，而性情則有些墨家，但卻仍歸於道。**
■**曾師立身在儒，學問重心亦在儒，特別是實存當下之儒，但卻有道家的從容與佛家的悲智。**

---

[16] 以上請參看《老子‧道德經》第十六章「致虛極、守靜篤。萬物並作，吾以觀復。夫物芸芸，各復歸其根。歸根曰靜，是謂復命；復命曰常，知常曰明。不知常，妄作凶。知常容，容乃公，公乃王，王乃天，天乃道，道乃久，沒身不殆」。

　　曾師深於愛情學[17]，其愛情學不只男女之愛，而更及於人倫天下之愛，只是他從男女之愛說。不同於以前之「父子軸」為主的人倫觀，他強調「夫婦軸」為主的愛情觀[18]。前者重在「禮的謹嚴」，後者重在「樂的和合」，「大禮者，與天地同節也」、「大樂者，與天地同和也」，他們都歸本於「仁」[19]。曾師的愛情學可以說是「愛情仁學」。曾師的兩性論述是有其深刻意義的，他強調的是「性情的解放」，此不同於一般所強調的「性解放」。一般的「性解放論」常流於「性器官解放」，而曾師重視的是欲望必須要「如性、通情，而達於天理」。這是一套「理欲合一」的論點，他有承於船山學，而不同於宋明儒之「存天理、去人欲」。

　　曾師深於船山而不限在船山學，他取用其「兩端而一致」之旨用於生活實存智慧之體現與啟發，進而提到一概念的反思與理論的建構[20]。曾師愛情學的視域基準雖在船山學，但性情近的是明道、象山一路，至於其歸宗則在孔子如何教我們愛。最獨特的是，他行的卻是一愛情之菩薩道，常深入愛情之地獄救渡眾生，令其明心見性，渡脫苦業，是真能得愛情波羅蜜也。曾師於愛情之學果真是一實語者、真語者、如語者，愛情道上，就我所知，他可真是活人無數。這絕不是一般規規小儒所能知，俗流誤以之為風花雪月、文人風流，何足論哉！較可惜的是，在當前歐美學術霸權下，曾師有關愛情學及兩性論述的學術話語並未受到應有的重視與對待。其實，曾師相承於唐君毅，特重生命之體驗，此中隱涵一「驗之於體，以體驗之」的本體實踐學及

---

[17]　請參看曾昭旭《曾昭旭的愛情教室》，2007 年 5 月，臺北：健行出版社。

[18]　請參見林安梧，2004 年 1 月，〈儒教文化中「夫婦軸家庭觀」與「君臣軸家庭觀」的對比〉，《復旦哲學評論》，頁 76-87，上海復旦大學，中國上海。

[19]　語出《禮記》〈樂記〉「大樂與天地同和，大禮與天地同節。和故百物不失，節故祀天祭地，明則有禮樂，幽則有鬼神。如此，則四海之內，合敬同愛矣。禮者殊事合敬者也：樂者異文合愛者也。禮樂之情同，故明王以相沿也」。

[20]　關於船山學，請參見曾昭旭前揭書，又請參見林安梧《王船山人性史哲學之研究》，1987，臺北：東大圖書公司。

本體詮釋學[21]，他可能接引出來的治療學思維，是值得重視的。

人生道上，王師曾師是許多實存生命者的貴人，他們不只講學上庠，更及於民間，他們不喜餖飣考據，也不喜引註百千，他們習於直抒胸臆。他們不是不懂學術、不能學術，若以傳統而論，宋明之學術就在講學，王師曾師之學術型態所重就在此。他們其實都有著極嚴整的學術訓練，只是性情總在實存的生活世界。他們講的是「實存的生活學」，而不是象牙塔的抽象概念。

王師、曾師他們不是不諳學術權力，但可能是性情不喜，也可能是學術的公民意識不切，他們面對權力，總在讓開與放開之間。即使鵝湖群體，以道義為主，發展開來，也就有了些權力鬥爭的問題，曾師王師並未正視於此，還是本著看淡、放開，任其自然的方式。這看似屈服，其實是有溫婉深情的。

曾師深於儒家式的愛情學，而成就了愛情菩薩道，有著深緻婉曲的諮商實存體驗，成就了其治療學思維。王師走入「緣與命」的人間，墨俠般的溫暖、道家式的放達，不須太多言說，返歸靜默，如其真實，就此放下，這可說是一存有的治療，是一通極於道的道療[22]。三十多年來，我與曾師常有深切綿密之討論，彼之所論，我雖未必全然服膺，卻總見到曾師的悠遊與寬容。與王師則多人間之話語、情氣之相與，幾杯茶湯下肚，往往冰解凍釋，陶然忘機。

三、鵝湖學派的因緣及實感的批判之路

王師、曾師本沒多少宗派意識，他們雖都私淑於唐牟，但不限於唐牟，起先的鵝湖本來就多元，即如現在也還多元，而且多元得南轅北轍，但為何這多元往往世人忽而視之，只見其一個勢面而已。

---

[21] 關於此，請參看林安梧《中國宗教與意義治療》，〈第五章，邁向儒家型意義治療學之建立：以唐君毅《人生之體驗續編》為核心的展開〉，2001，臺北：明文書局。

[22] 王師邦雄曾有《緣與命》之作，一時風行天下，1984，臺北：漢光文化事業公司。

其實，唐君毅、牟宗三、徐復觀三位先生[23]，生命丰姿、學問性情，本就不同。唐先生是仁者型，學問雖仍宗主心學，但卻深於黑格爾式的辯證發展與船山的和合同一。牟先生是智者型，學問宗主心學，深於康德式的超越的分解與陽明的契悟洞徹。徐先生是勇者型，學問雖亦宗主心學，深於思想史式的義理闡析與政論的深切著明。唐先生肫懇惇誠、牟先生高狂駿逸、徐先生篤實真切，唐先生一九七八年仙逝，徐先生一九八二年歸天，牟先生一九九五年駕鶴。就學問之性子、人之性情，駐世之歷程，牟先生雖亦曾在香港，但於臺灣結的緣更深，特別是與鵝湖結了深緣，其學術之影響力特大，鵝湖之學派意識也就自然天成了。

鵝湖、鵝湖，湖中之鵝，豈願自限，但畢竟就在此湖，外人看此湖，不免就有了門派想法。我擔任過鵝湖主編，擔任過社長，學位完成於臺大，博士論文是牟先生指導的。怎麼說都不應該說是鵝湖的邊緣人，但實不免於邊緣也。這就好似王、曾兩位先生，是鵝湖最早的創建者，再怎麼說都不應該說是邊緣人，但曾師卻真切的體會到這邊緣人的義涵，王師雖不願說出口，但不免也有類似之感。其實，學術宗門成了，權力、利害的問題也就來了，道義、性情就面臨考驗了。王師、曾師選擇的是放開、讓開。放開讓開自有溫厚在，卻也失去了改革的先機與動力。

自一九九五年起，我提出「後新儒學」，主張由牟宗三，回溯熊十力，再返王船山，留心儒學與中國傳統社會之哲學省察，注意當代新儒學內聖開出外王的限制，闡發儒道佛三教所具的意義治療學思維，主張正視生活世界及社會實踐，並冀望由此而開啟本體之實踐學也[24]。這批判繼承的聲音已獲相當迴響，如 John Makeham 及陳鵬、劉連朋、方紅姣、李三萍、楊生照、程志偉等都著文研究討論。但鵝湖內部之護教者，卻如聾如盲，視之不見、聽之不聞，並用權力鬥爭的方式處理。相對來說，王師、曾師用的是放開、

---

[23] 友人郭齊勇教授曾有〈唐牟徐合論〉之作，見《學人》第五輯，1994 年 2 月，江蘇文藝出版社。

[24] 以上諸論，請參見林安梧，2006 年 2 月，《儒學轉向：從「新儒學」到「後新儒學」的過渡》，臺灣學生書局印行，臺北。

讓開的方式處理，說真的，我幾年來曾經怨懟而多有憂傷。

正因如此，我開始了逃荒的游學生涯，走出師大、跨出鵝湖、成立元亨，去了玄奘，到了慈濟、來往兩岸，伋伋惶惶，擔心儒學之載體已幡然丕變，難得紮根生長也，憂心先師仲尼之道不能傳於天地也。知我者謂我心憂，不知我者謂我何求也。工夫落實，便自得力，過了知命之年的我逐漸坦然，我亦由是而漸知王師、曾師之溫婉厚澤也，於權力無所求也。鵝湖能有王曾兩先生，真乃仁義以為寶也。這些年來，我亦更肯定公民正義之重要，而此公民正義更須要有真仁實義之生長，以為基底憑依，否則只重公民正義卻容易落入「義襲而取」，非「集義所生」也。

政治當然是要講道德的，不管道家講「道生之、德蓄之」，儒家講「志於道、據於德」，「道德」這兩個字講的就是「生長」，是如其根源，依其本性的生長。有這樣的生長，才能有適當的政治[25]。當然，政治亦不能只這樣就可做成，政治必涉及於權力、組織、結構等問題，因此政治有其結構面，但並不是有著制度面就不要意義面。當代新儒家認為中國文化在意義面很強，而結構面較弱，內聖強而外王弱。

當代新儒學主張原先的內聖直通外王之格局已然不通，而是要由內聖開出新外王，重視由此意義面生發出結構面，認為要由原先的主客隸屬之局開出對列之局，要由良知而自我坎陷，開出知性主體，而開出新外王的民主與科學。這說法主要成於牟先生，一時間「良知的自我坎陷」一語成了當代新儒的最重要的話語。王師、曾師亦同意此，不過兩人卻有新創穫，王師以為先秦的孔孟、老莊與荀子韓非，已預示了一適當的理路。王師詮解這是由德性心，轉而為虛靜心，再開出知識心，他給了牟先生一思想觀念史的註腳。曾師則從愛情學之以主客對列真存實感之交融為主導，而別開生面，認為這是一新的人倫奠基點。

我自己則以為當代新儒家囿限於方法論的本質主義，誤將詮釋的邏輯次

---

[25] 請參見，林安梧，2003 年 4 月，〈「道」「德」釋義：儒道同源互補的義理闡述〉，《鵝湖》第廿八卷第十期（總號 334），頁 23-29，臺北。

序以為歷史的發生次序，以為可由一理論的邏輯圖象而開出實際的發展歷程。有別於「理論的邏輯次序、歷史的發生次序」，我另提一「實踐的學習次序」。我認為這根本不是如何從「內聖」開出「新外王」的問題，而是在「新外王」的實踐學習，重新調理出新內聖的問題。在方向上，反而較近於：由「新外王」而「新內聖」。其實，我並不只是主張由外王而內聖，而是強調內聖外王交與為體，通而為一。這思路近於船山的「兩端而一致」[26]。

其實，我早在一九八七「鵝湖論壇」以卜問天的筆名就寫了「**走向實感的批判之路**」[27]，是這樣寫的——

批判是一種瓦解，批判是一種重構，批判是一種瓦解與重構的辯證歷程。批判是具體的，批判是實感的，批判是一種具體而實感的創造歷程。

作為一種具有瓦解力的批判性儒學正說明他不會自我封限在爛泥之中，終而腐蝕自毀；他不會躲入象牙塔中，思想走階梯，臨風興歎世衰道微。瓦解力的批判性儒學具有一種內在的自我辯證，面向不合理的制度結構發出挑戰的呼聲。自我辯證與挑戰呼聲融匯為道德的鍛鍊。道德的鍛鍊是具體的、是實感的，他指向瓦解、批判及重構、創造。

批判不是隔靴搔癢，也不是吳儂軟語，批判不是來自外在的權威，更不是內在的自慰。批判是切指要害，拳打丹田；批判是直語相向，真誠無間；批判是良知的驅策，更是架構的覺醒。良知的驅策必走向架構的覺醒，這樣才叫批判。

良知若未走向架構的覺醒，徒作自我主體的調整，這極易墮入境界的假相。境界的假相造成自我圓足、自我欺矇。自我圓足於爛泥之中，終而腐蝕自毀；自我欺矇於萬物一體之中，實則隨波逐流。

道必然開展為器物結構，道必然開展為言說理論。良知必得通過器物結

26　請參見，林安梧，2001 年 12 月，〈新儒學的社會哲學：契約、責任與「一體之仁」——邁向以社會正義論為核心的儒學思考〉，《思與言》三十九卷四期，頁 57-82，臺北。

27　該文，請參見 1987 年 8 月，《鵝湖》146 期。

構與言說理論才能參贊乎道，惟有這樣的參贊才是具體的實感的參贊；除此
之外，若企求良知直接沒入「道」的實體，這是一種抽象而空泛的玄想，這
是境界假相與自我矇騙。

傳統中的儒學容或為帝王家做了不少事，但除了這種帝制式的儒學
（Imperial Confucianism），歷史上尚有生活化的儒學（Lively Confucianism），
還有批判性的儒學（Critical Confucianism）[28]。生活化的儒學旨在喚醒良知
本體，融入一生活世界之中以成己成物。批判性的儒學旨在面對不合理的制
度結構，提出建議、修正，乃至瓦解與重構。生活化儒學與批判性儒學是保
住儒學生機的在野勢力，亦是抑止帝制式儒學惡化的唯一藥方。

如今帝制式儒學已頹痿乏力，逐漸解構，但鴉片戰爭以來的民族自卑及
千餘年來的帝制醬缸卻使得儒學仍然喪失其生活性及批判性，思之！寧不令
人憂心如焚呢？

惟有走向實感的批判之路，重新挖掘儒學的底蘊，喚醒當下的存在切
感，留心「鄉土的文化」，面對結構更革才能廣拓「文化的鄉土」，如此儒
學才可能具有瓦解性的批判力，亦才可能展開生化活化的重建。

我以為這樣的實感批判之路與王師、曾師是接近的，甚至是與他們的討
論中逐漸形成的，只是我更直接而有意識地跨出當代新儒學的思路，進而對
牟先生的哲學提出質疑。有人以為我是背叛師門，我卻清楚地認為是繼承與
發展。我願意說，要不是王師、曾師，還有袁保新兄在鵝湖中或明或暗地力
挺，頂住了護教者的勢力，我這些思想是不可能在鵝湖登載的。每想及此，
總感懷萬分。

四、心底的呼籲

《鵝湖》自來就是多元的，當代新儒學亦是多元的，多元而可以互濟。

---

[28] 關於帝制式儒學、生活化儒學與批判性儒學，成為我對儒學的基本分判，請參見林安
梧《儒學與中國傳統社會的哲學省察》，1996，臺北：幼獅文化事業公司。

熊十力講乾元性海、體用一如；梁漱溟講文化三期重現，主張村治運動，馬一浮則進言天下學術皆統於六藝，性修不二。唐君毅重生命之體驗，講心開九境，牟宗三重超越之分解，建構「現象與物自身」兩層存有論。王師、曾師都不離生活而立言，但曾師重在以船山之儒學而入於生活世界中，成就其愛情學。王師則重在老莊之通化而入於世俗的「緣與命」，成就其過關學問。

如前所說，我一直以為王師立身在儒，成的卻是道家的自然與法家的實切，而性情則有些墨家，但卻仍歸於道。曾師立身在儒，學問重心亦在儒，特別是實存當下之儒，但卻有道家的從容與佛家的悲智。

王師、曾師，其人、其學、其性情、其文章或有異同，但有一徹底共通者，都以儒立身，立身主誠，誠通天地、長育萬物。他們亦都有道家之涵養，他們不重在批判、他們重在讓開、放開，也因此在他們所帶領的《鵝湖》給出了天地、給出了場域，給出了生機。他們跨越了世俗權力藩籬，不問國科會、不問傑出獎，更不問誰是中研院人文組的院士。因為人文是在生活世界之中、是活生生的實存而有，是以文會友，以友輔仁。豈能是把「人」做成一「工具人」的身份，飆「文」耍「字」，要功名、取利祿。

《鵝湖》是取自「朱陸鵝湖之會」來者，它表示的是一討論、一論辯，鵝湖豈能是一言堂。王師、曾師所主導，一直到袁保新、乃至我主持的鵝湖社務、編務，從來就是開闊的。從來就不以論文為限，史作檉的《哲學手記》在這裡駐足過，《明曦集》、《人生書簡》、《思想的蘆葦》更是膾炙人口。早期「鵝湖論壇」主要作者是王師，後來我以卜問天之名，踵而繼之，竟也寫了近百篇之多。想起，以前請王師、曾師幫我看稿、改稿的日子，打從心底，想說一聲「謝謝您，我的老師、我的兄長」。我心底吶喊著，沒有王師、沒有曾師，就沒有那寬廣的鵝湖，沒有寬廣的鵝湖，就沒有今日的林安梧。

想想，要是以「審查」為名，私黨為用，檢查之、封限之，如此而來，後新儒學那來園地登載？實感的批判之路，如何可能？須知：沒有被登載的思想，就好像沒有對象的談戀愛，怎可能有真情實感？無真情實感，就不可

能喜結連理，就不可能婚育生養，怎會有新的思想發展呢？王師、曾師護佑言論自由之功，深矣切矣！至為可貴也。

　　日前，在一次宴席上，王師亦在場，我與楊祖漢兄頗多爭議，一時間讓我感到「鵝湖」的「議論」精神應該尋回，我與他約說要針對相關議題來爭論一番，他似也不反對，只是我一時太忙，還沒涉筆，不知究會如何？願天寬地闊，祈其驗覈也。

　　《鵝湖》啊！鵝湖！王師、曾師帶領大家所建立的《鵝湖》是不管國科會獎項的，就如同唐、牟、徐三位先生，從來就不管誰是中央研究院人文組院士的。天爵人爵，本自分明，求仁得仁，是又何怨！

──辛卯之下七月三日寫於臺中豐樂湖水岸

附記：2003 年所作散詞如下：

　　冬日寒甚，國運蹇促，憂思滿懷，近作一首，以述心境，寄諸友人，共祈天地，禱諸聖哲，以新此年！

　　　　「憶昔年少。問酒邀愁。起舞弄劍話千秋。怎知世態強作憂。什麼舜
　　　　堯周孔。竟敢誇勉。到得中年。歷觀世變。欲開笑顏。臉皺卻嫌。亂
　　　　緒紛紛。豈可綿綿。捻燈心。下油海。且把光熏。就此殘延。」林安
　　　　梧　元亨　於甲申之秋十月三十日隨占記感

　　（林安梧，2011 年 11 月，〈「儒道情懷」與「鵝湖精神」──從
　　「王邦雄」與「曾昭旭」時代的《鵝湖月刊》說起〉，《鵝湖》，第
　　三十七卷第四期，總號：436 期，頁 35-46）

第參部

「後新儒學」與廿一世紀的
人類文明

第二十章　從「五四後」到「後五四」：兼論廿一世紀文明的可能向度——以「存有三態論」爲核心的思考

【本文提要】

　　本文旨在檢討自「五四」以來，迭經「傳統」與「反傳統」的震盪，從「花果飄零」到「靈根自植」，直到今日的文化復興，迎來了廿一世紀嶄新的機運。作爲新儒家的一員，作者檢討了「新儒學之後」的文化可能向度，並以其所締構的「存有三態論」爲核心，闡述其如何從原先的「兩層存有論」（牟宗三哲學）轉折而出，以面對全球化與文化多元的新局。

　　「存有三態論」融攝儒、道、佛三教及西方宗教哲學，而以「存有的根源」、「存有的開顯」與「存有的執定」三者爲體系建構支柱，它重視在現代化（外王）的歷程中重新調適公民正義與心性修養（內聖）的方法途徑。一方面恰當的調適而上遂於「道」，另方面則具體而落實於「生活世界」之中，在「多元」中調理出「一統」。進一步，檢討了「全球化」所可能帶來的普同性危機，並尋求其克服之道，作者以爲儒道佛三教思想隱含了一極可貴的意義治療學思維。這將有助於開啟諸多現代化之後的思想對話，並尋求進一步融通的可能。並指出中華文明在廿一世紀所應扮演的交談者、對話者的重要角色。

關鍵字詞：存有論、話語、治療、現代性、多元、一統、儒道佛、公民儒學

一、問題的緣起：「五四」、「五四後」與「後五四」

　　「五四」不只是一九一九年的時間切點而已，他是由此切點而開啟的一個運動。這運動擴及到現在都有著一定的影響力。它代表著一個嶄新的現代化新文化運動，最主要要求的是德先生（民主）、賽先生（科學）的渴求。清楚地，他要求的是一個嶄新的政治社會共同體的構造方式，他要求的是民主共和，不再是以前的君主專制，也不再是以前家父長制的社會，他要求的是現代性社會與政治的構造。另外，他要的是人們可以經由清明的理智去認知這世界，而且能掌控這世界，對於神秘的、不可知的，他主張應該存而不論。用馬克斯・韋伯（Max Weber）的話來說，這是解除咒術（除魅）（disenchantment）之後的狀態，當然，人類可能永遠不可能真正除魅，除魅了，可能又陷入新的「魅」之中[1]。用更簡單的話來說，「五四」意味著對現代化的追求，因之而開啟的現代化運動。

　　「五四後」，意味著由五四所開啟的運動，並且這運動已經實現到相當程度。他一方面還依著他原來的軌道與指向繼續往前，或者有所調整的發展著。一般來說，以中國傳統時序來說，一世三十年，作為他的前階段，又一世三十年作為他的後階段。當然，這是大體的說，時序不會這麼井然。他是一個連續譜，會一直在變化中，有時快些，有時慢些，但這大趨勢卻是若合符節。依此看來，從 1919 年到 1949 年，這是一個階段。1949 年以後，到 1979 年又是另一階段[2]。

　　若依此推衍，1979 年再加個三十年，那是 2009 年，這可以說已經由

---

[1] 請參見高承恕《理性化與資本主義：韋伯與韋伯之外》，1988，臺灣：聯經出版事業公司，頁 199。又請參見林安梧《契約、自由與歷史性思維》，第六章〈理性的弔詭：對韋伯《基督新教倫理與資本主義精神》的理解與反省〉，頁 113-128，1996 年，臺北：幼獅文化事業公司印行。

[2] 1949 年，中華人民共和國建立。1978 年年底，中華人民共和國與美國建立了正式的外交關係。1978 年 12 月 18 日第十一屆中央委員會第三次全體會議後，開始實施的一系列經濟改革和措施，可總結為「對內改革，對外開放」。這年可以定位為改革開放的起點。

「五四後」進到「後五四」的時期了。明白地講，這已經不再只順著原先的
向度邁進；他已經到了又一嶄新的年代。他意味著對於前階段的總體反思，
之後再往前邁進。現在 2019 年，則是這總體反思，已經進到第二階段，他
面臨的問題會越來越多，但也可能有飛躍性的進展，也可能會有較大的頓
挫。

二、關於「傳統」、「反傳統」、「溯源傳統」與「返本開新」諸問題

　　依循著如上所說的時序來看，一世三十年，一甲子（二世六十年），總
地來看，諸如：傳統、反傳統，現代與反現代，這些語彙，自然也就清楚起
來。儘管清末以來，革新者、革命者曾努力要拋棄、或者說是揚棄傳統，但
傳統的龐大力量一直左右著革命與改革。表象上，改革者、革命者，努力要
擺脫傳統，迎接新的未來，認為唯有接受了新的啟蒙的洗禮，才有機會開啟
新的可能。但底子裡，傳統仍然以極大的力量左右著當下，甚至他可以是用
作為一個對立面的方式，一方面與傳統廝殺著，但另方面他本身就是極端的
傳統。因此，有時他在現代的追求過程中，卻是反現代的，但歷史卻是在往
前邁進著。此中有奧秘者在，真難以言宣也。

　　雖說歷史浩浩長流與民眾的大趨勢是有密切關係的，但民眾的大趨勢其
實是由少數的秀異分子，在極少數的有志之士生命的動能催促下，朝向理想
邁進的。要是沒有這些秀異分子、有志之士，以天下國家興亡為己任，歷史
的發展會是被動而停滯的，會是被其他外力所左右的。在這些以天下國家興
亡為己任的士君子的參與之下，中國的現代化，儘管有朝兩個不同向度發展
的大爭鬥，是要美化，還是俄化；經過了坎坎坷坷，總也慢慢地調整到了另
一個大發展的年代。不再是美化，或者俄化的問題，因為畢竟他是發生在中
國，接了中國的地氣，自也免不了要受到中國傳統的影響，而且這影響是無
比大的。

　　只要文化的教養是持續的，接了地氣，他是會要求通天道的，中國文明

肯定人就生活在天地之間，「三才者，天地人」[3]，人是要參贊於天地之間的，人是要通天接地的。明白的說，原先要爭的，到底姓資，還是姓社，這也是美化、俄化兩端的另一個轉換說法而已。改革開放，至今已經四十餘年，現在不再是這姓資、姓社的問題，而是我要回到姓自己的姓，我姓的是「中」，是中和之道下的「中」。如何「致中和，天地位焉，萬物育焉！」果真是目前最重要的論題。但如何之為中，「中也者，天下之大本也」[4]。這大本該如何重新詮釋，如何轉化創造，如何創新發展，這真可不是件容易的事啊！

　　溯源傳統是必要的，但如何溯源傳統，如何的傳統可以經由溯源而重新進到一嶄新的交談與對話的場域中，開啟新的思維，創造新的可能。「返本開新」幾乎已成為一個定向，雖然他可能會有幾個不同的稱謂方式，但這是個大趨向。自勢頭上，中國已經不能只是姓社，或者還要去姓資的年代，他經有頓挫，經由無數的革命者、秀異分子、有志之士的努力、而進到了大國發展的年代，這是不必懷疑的。

三、從「花果飄零」到「靈根自植」、「發榮滋長」：「存在意識的危機」、「方法論意識的錯亂」及其克服

　　唐君毅先生曾有一部小書《說中華民族之花果飄零》，並尋求如何的靈根自植、返本開新[5]。在上個世紀六零年代，乃至七零年代，這樣的呼聲甚至都還是絕唱，但到了八零年代、九零年代，我們卻已經在改革開放的浪潮

---

[3]　語出《三字經》，這種三才的思考，可以說是中國人的基本思考。我素來以為「儒」之所重在「人倫」，五倫是通於「天、地、人」三才的。請參見林安梧〈「後新儒學」對「後現代」的哲學反思：從「公民儒學」與「仁恕思想」起論〉，澳門：《南國學術》2014 年第 4 期，頁 105-111。

[4]　以上所引，語出《禮記》〈中庸〉。請參見宋‧朱熹《四書章句集注》，頁 18，1983 年，北京：中華書局。

[5]　唐君毅，《論中華民族之花果飄零》，1974，臺北：三民書局。

中，走進了新的階段。歷史看起來，是下層建築影響著上層建築的，不過有
志之士的理想理念卻是一盞明燈，讓這終極的善緊緊地指引著我們。在狂風
巨浪中，在晦暗不明的漆黑大海裡，從黎明前慢慢的進到了黎明。

　　由於兩千年的君主專制、父權高壓、男性中心，這樣的「血緣性縱貫
軸」所形成的家父長，後來異化成了暴虐的家父長[6]。清朝用極封閉的方式
來經營著他的大帝國，雖然曾經輝煌過，但這樣的輝煌，滿清前三代所謂康
雍乾盛世，很快就難以為繼。他失去了轉化創造的能力，失去了創新發展的
能力，即使沒失去，但力量已然減低了，乏力了，終而難以為繼了。西方人
在大殖民的年代，襟懷與權力，掠奪的慾望與神聖的理想糾結在一起，船堅
利砲轟開了中國的國門，也震醒了中國文化夢的困境。就在這樣的嚴重困境
下，卻激發著中國民族最為內在的本能性動能，伴隨而來的，卻是整個存在
意識的迷失。喪心病狂般，成為一個無家可歸的人，或者說是成為一個沒有
了家的人，「拋卻自家無盡藏，沿途持缽效貧兒」[7]。或者，更準確地說，
那無盡藏卻成了嚴重的拖累與甩脫不掉的包袱。

　　由於「存在意識的危機」導致了「方法論意識的錯亂」[8]，但所幸中國
民族文化所積累的大地母土的厚德，在嚴重刨刮、去除下，卻隱含著一嶄新
的轉化可能。由於嚴重的存在意義危機，還好有著原先根生的深厚土壤，任

6　「血緣性縱貫軸」是上個世紀九零年代中，1993-94，在美國威斯康辛大學訪問研
　　究，對於有關中國傳統政治社會的總概括，參見林安梧《儒學與中國傳統社會的哲學
　　省察》，1996 年，臺北：幼獅文化事業公司。

7　於此借用陽明之語，請參見〔明〕王守仁：〈詠良知四首示諸生〉，《王陽明全集》
　　卷 20，頁 870，2011 年，上海古籍出版社。

8　林毓生、張灝於此都有深切的體認與研究，前者，請參見 Yu-sheng Lin, *The Crisis of
　　Chinese Consciousness: Radical Antitraditionalism in the May Fourth Era* ,(Madison,
　　Wisc.: University of Wisconsin Press, 1979). 這書可以說是林毓生最重要的著作，極富
　　洞察力，自上個世紀八十年代以還的漢語思想界產生了巨大的影響，至今仍有相當值
　　得關注處。筆者於 1993-94 年間在威斯康辛大學歷史系訪問，與林先生多有請教，所
　　論於我完成「血緣性縱貫軸」之論斷，有著關鍵性影響。又後者，請參見張灝著，林
　　鎮國譯，〈新儒家與當代中國的思想危機〉，1978 年 5 月，臺北：《鵝湖》第 3 卷
　　第 11 期（總號：35），頁 2-13。

你踐踏、任你深掘，卻也刨除了不少汙穢，當然也沿著極多的戾氣，這戾氣卻也有幾分生機。

老實說，自十九世紀中葉以來，中國呈現的就是嚴重的病痛，看就要斃命，也因此，大家努力地要做出診斷，要給出藥方。問題是：診斷往往並不準確，因此也就用錯了藥，反而讓病況更加嚴重。在這種未能真切因病而藥，反而因藥而病，舊病未去、新病又來的艱苦過程中，中國民族居然挺過來了。他其實靠的是地氣渾厚，靠的是志氣昂揚，雖然坎坎坷坷，雖然犯了許多嚴重的錯誤，卻就這樣摸石子過河，迎來了民族大復興的年代。當然，歷史的進展不是可以僥倖的，腳步不會是倖進的；所有看似偶然的飛躍，其實都是幾代人，特別是那些秀異分子、有志之士，作為領頭羊去衝創出來的。

生存的本能，要求著要活下去，腦袋的知能，要求著要發起來，身體的動能，要求著要動起來。就這樣，要救亡、要圖存，一百多年挺過來了。進到 2009 年之後，中國已然不只是從五四，而五四後；而是到了需要去好好反思整個「五四後」以來的發展，我們可以說這是一個「後五四的年代」。我們不能再只是本能式的反應，不能只是為了活下去，開發了我們的知能，強化了我們的動能；我們其實必須到了一個嶄新的覺醒年代。我們該開啟的是咱們華夏民族文化中，最為可貴的「覺性之能」。該是，這覺性之能開啟的年代了。這可也是到了克服了存在意識的危機，釐清方法論意識的年代[9]。

---

[9] 這裡區分了「生物的本能」、「認識的知能」以及「生命的覺能」，本能、知能與覺能的區別是重要的。

四、中國文化是否妨礙現代化隱含的邏輯問題： 兼論「歷史的發生次序、理論的邏輯次序、實踐的學習 次序」三者的異同

　　一百多年來，甚囂塵上的一直爭論著一個虛假的問題「中國文化是否妨礙現代化」。有的認為中國文化本質上就是妨礙現代化的，應該予與剷除，甚至有扔入茅廁坑的戾氣之言[10]。有的認為中國文化在本質上是不妨礙現代化的，不過，他在本質上與現代化是不同的，所以必須做一本質上的轉化。當然論者的樣態還有許多類型，但總的來說可歸結為「反傳統論者」與「傳統論者」，但他們雖然作為對立面的兩端，思維方式卻都是方法論上的本質論者（methodological essentialism），認為文化是有其恆定不變的本質。其實，這樣的本質論式的方法論是有缺陷的，是難以真切構成的[11]。因為文化不會是本質性的決定，文化是在多元的交談對話中長育而成的，套用王船山的話來說，是「命日降，性日生日成，未成可成，已成可革」[12]的。

　　當然，文化不只有差異，也有高低，中國文化幾千年的發展，那是一個頗有高度、深度、厚度及亮度的。當然，他兩千年的君主專制、父權高壓、男性中心主義，造成了嚴重的困陷問題。這是一個歷史的進程問題，不是文

---

[10]　王蒙在感慨地說「在 1919 年的五四運動中，曾經在那種烈火狂飆的潮流中，出現了對於中國傳統文化進行反省和批判的高潮。當時不管是吳稚暉、胡適、魯迅，還是後來的錢玄同，都曾發表過一些非常激烈的針對中國傳統文化的意見」。王蒙在《中國人的思路》（2018 年，北京：外文出版社），第三章〈傳統文化的危機、轉換與新生〉，有深切的論述。

[11]　請參見林安梧〈「新儒學」、「後新儒學」、「現代」與「後現代」——最近十年來的省察與思考之一斑〉，2005 年 6 月，臺北：《鵝湖》第 30 卷第 12 期（總號：360），頁 8-21。

[12]　請參見王船山《尚書引義》卷三，〈太甲二〉，頁 55，56，原文為：「天日命於人，而人日受命於天。故曰：性者，生也；日生而日成也。」「未成可成，已成可革。性也者，豈一受成形，不受損益也哉？」關於此，亦請參看林安梧《王船山人性史哲學之研究》，第三章〈人性史哲學之人性概念〉，頁 45-70，1987 年，臺北：東大圖書公司。

化的本質問題。換個話說，中國兩千年來構成了這習氣業力，但你不能說它本質上就是專制的、高壓的、封閉的。

認清這是個事實，是極為重要的。歷史的發生次序，不是可以經由一理論的邏輯次序來安排的，但卻也可以從歷史的發生過程裡，經由深刻的反思，得到詮釋轉化，以及理論的構造。從中讓我們學到更多的歷史教訓，讓我們去瞻望未來。無論如何，重視歷史、直面歷史，從生命的存在覺知，到概念的反思，到理論的建構，這樣的歷程是必要的。他不是一蹴可幾的，他必須念茲在茲，恆久地努力，才能日新又新地臻於較完善的境域。

這段災難叢生，卻也輝煌的歷史，讓我們真了解到，原來我們所處的現代化不是西方「原生型的現代化」，我們是依衍生出來的現代化。這「衍生型的現代化」雖也有許多原生型的現代化的樣相，但並不同於原生型的現代化，他不可能（也不必要）依著他原來的歷史發展進程重新來一次。他也不是你從他所做成的詮釋反思，因之型構成的理論邏輯次序，可以就此理論的邏輯次序轉為實際，重新來一遍的。歷史總在有意無意間，進到您全然驚異的位置上，其實你是在不斷的挑戰與回應中，揣度揣摩，或緩步、或跳躍、或踟躕，或疾行、或頓挫的，往前邁進著。這是一個艱難的實踐的學習過程。

該是可以釐清「歷史的發生次序」、「理論的邏輯次序」以及「實踐的學習次序」的年代了[13]。不要再陷溺在本質主義式的思考邏輯裡，也不要誤陷在歷史發生的歷程的必要性裡，勇敢地喚醒我們內在更為深沉的覺性，讓他升到更高的高度，提高更高的亮度，照亮三千大千世界。海底湧紅輪，日出了，天明了，人間果真也亮起來了。在覺性的喚醒下，從容前行，依著實踐的學習次序，堅定不移地開啟廿一世紀新的征程。

---

[13] 關於這三個次序的區分，我在一九九六年於第四屆當代新儒學國際會議上，已提出檢討，請參見林安梧《儒學革命論：後新儒家哲學的問題向度》，第二章〈牟宗三先生之後：「護教的新儒學」與「批判的新儒學」〉，頁 29-38，1998 年，臺北：臺灣學生書局印行。

五、從「文化搭台、經濟唱戲」到「經濟發展、文化生根」兼論廿一世紀嶄新的機運

　　上個世紀九零年代中葉，「文化搭台、經濟唱戲」的聲音不絕於耳，這也是改革開放邁出第一階段，進到逐漸茁壯的年代。進到二零零零年之後，尤其二零零九以來，顯然不能只停留在這階段。文化不能只是用來搭台的，不能只搭台給經濟唱戲，經濟所唱的這齣大戲，現在觀眾多了要回饋過來，讓文化好好生長。而且，再說原先那一點剛剛活過來的文化，粗糙得很，這樣搭成的台，也可能會崩塌的。我們真到了一個「經濟發展，文化生根」的年代了[14]。

　　以前，我們甚至認為要從揚棄虛假的君子，而要進到真正的公民。現在，我們將發現當今社會必須重視君子人格的自我完善。只有君子儒學的建立，才會使更好的公民儒學的建立成為可能。君子之道和公民儒學有所不同：君子之道是人格的自我完善，而公民儒學是落在權利與義務之間的恰當的配稱關係，但無論如何君子儒學卻是個根本[15]。

　　其實，人們應當思考的不是中國文化如何開出現代化，儒家如何開出現代化，而是在現代化之後儒家思想還能起什麼作用，中國文化還起什麼作用。以牟宗三先生「良知坎陷說」為例。「坎陷」是《易經》語彙。坎者，陷也，一陽陷於二陰之中[16]。在西方的堅船利炮轟開中國的大門後，徹底的反傳統主義思想彌漫在知識界，人們誤認為中國是只重視良知、天理而不重視知識的民族；而所謂的天理、良知在知識之上，是更高的絕對，所以從良

---

[14]　請參見林安梧，2019 年 2 月，〈中國近三十年來「儒商現象」的哲學反思：環繞企業儒學、儒商智慧與陽明心學的展開〉，臺北：《鵝湖》第 44 卷第 8 期（總號：524 期），頁 15-24。

[15]　請參見林安梧，2014 年 12 月，〈後新儒學對後現代的反思——從「公民儒學」與「仁恕思想」起論〉，澳門：《南國學術》，2014 年第四期，頁 105-111。

[16]　《易經》〈序卦〉「物不可以終過，故受之以坎，坎者，陷也。」請參看宋·程頤撰《周易程氏傳》，頁 162，2013，北京：中華書局印行。

知、天理落實到知識，發展成為主客相對的對立格局，再由對立格局發展出法治、科學，這是一個曲折發展的過程。這個觀點是詮釋學意義下的一種理論構造，它並不合乎歷史的發生進程，也不合乎學習的實踐歷程。當然，牟先生提出這論點主要是要闡明儒家之學並不妨礙現代化[17]。這理論雖然不夠完善，但卻深含著當代新儒家的苦心孤詣。

六、「天地人交與參贊」：「參贊」是「人迎向這個世界」，而「這個世界又迎向人」

進到廿一世紀，顯然的，我們所說的「人」這個概念，不能只是一個以工具理性做主體、以主客對立的格局作為人本的思考。廿一世紀談到「人」這概念的時候，應該要回到從總體時空、天地宇宙裡來談人才恰當。這樣來談「人」，這觀點其實蠻東方、蠻古老的，但是若回到西方當代的思想家迦達默爾（G. Gardamer）、海德格爾（M. Heidegger）、馬塞爾（G. Marcel）去看，我們可以發現到，其所說更接近這樣的一個人的概念。其實，這正是我們所應該要正視「人」的概念，不能老放在主客對立下來思考，帶著啟蒙的樂觀氣氛，以為人運用了理智就能掌握到整個世界的理序，宰控整個世界，就能追求卓越，這樣老停留在十八、十九世紀的樂觀想法裡，歷史證明事情不是這樣子的。

進到廿一世紀，我們已不能再是理智中心主義（logocentrism），不能再強調工具理性下的主體性。相對來說，我們應該要強調的是「實存的主體性」。馬丁・布伯（Martin Buber）有一本書《我與你》（*I and Thou*），他強調人們理解詮釋這個世界有兩個不同的範式，一個是「我與你」，另個是「我與它」（I and it）；而這兩者又以「我與你」是更為基礎的。我認為

---

[17] 關於牟宗三先生所提出的這個論點，引起多方討論，請參見林安梧〈解開「道的錯置」：兼及于「良知的自我坎陷」的一些思考〉，山東：《孔子研究》季刊，1999年第 1 期（總第 53 期），頁 14-26，中國孔子基金會，齊魯書社，1999 年 3 月，中國山東。

「我與你」強調的是感通與互動，是通而為一，這與漢語系統裡所談到的相通，如陽明先生所說的「一體之仁」，強調經由「人存在的道德真實感，感通之而為一體」，像這樣的主體性是實存的主體性，而非理性的主體性[18]。

　　這樣「人」的概念，即我們《三字經》中的「三才者，天地人」，人是參贊於天地之間的一個真實的存在，如同海德格爾所說的「Da-sein」，人做為一個在世的存有，就這樣參贊於天地之間。「參贊」這兩個字構成的詞，很有意思，「參贊」的意思是「人迎向這個世界」，而「這個世界又迎向人」；在彼此相互迎向的過程裡，構成一個整體。就這樣的天地人交與參贊而構成的整體本身來說，才有所謂實存的主體可言。主體並不是說我活著就要取得資源，所以我要有「我的」，我藉由「我的」；然後去說明那個「我」。這也就是說，「我」並非天生既與的一個「我」，我們不能將帶有「世俗性的我」當成教育的起點。要是這樣，那教育將會流於媚俗，這樣的「人」並沒有回到「本」，這問題很嚴重，我們不能不正視。

　　在西方世界裡，對這些東西從二十世紀以來，不斷地反省到目前，如：胡塞爾（Edmund Gustav Albrecht Husserl，1859-1938）在檢討整個歐洲文明的危機，海德格爾（Martin Heidegger，1889-1976）在檢討歐洲文明所帶來存有的遺忘的問題，懷海德（Alfred North Whitehead，1861-1947）在《科學及其現代世界》（*Science and Modern World*）一書中提出「具體性的誤置」（misplaced concreteness）的問題[19]。我們其實沒有忽略這些東西，講的人還是很多，但是因為我們是照著講、跟著講，我們沒有對著講、接著講。所以從事改革活動的人並沒有將這些東西融在一起，而有進一步的發展；卻常只停留在原先樂觀的啟蒙氣氛的向度裡，以為人們這樣就能把握到

---

[18] 請參見林安梧，2001 年 12 月，〈後新儒學的社會哲學：契約、責任與「一體之仁」──邁向以社會正義論為核心的儒學思考〉，臺北：《思與言》三十九卷四期，頁57-82。

[19] 早在一九八零年代，這些論題已經常被討論，請參見沈清松《解除世界魔咒：科技對文化的衝擊與展望》，1984（臺北：時報文化出版企業公司），沈清松《現代哲學論衡》，1985（臺北：黎明文化事業公司）。

自然的理序，就能達成改革的使命，而沒想到那夾纏其中的歷史業力，是極為麻煩難理的。

七、因文而明，因文而蔽，須得「解蔽」才能復其本源

「人文」指的是人通過一套語言、文字、符號、象徵去理解、詮釋這個世界；經由理解、詮釋這個世界，使得我們能確切清楚明白地把握它。換言之，「人文」是使得我們「因文而明」，但是它一旦形成一套話語系統，放到人間來操作、來控制，來取得利益，並且來排序，這時就會造成一種新的「遮蔽」。有「文明」就有「文蔽」，「文明」是「因文而明」，「文蔽」是「因文而蔽」，應如何解其蔽呢？解其蔽是現代化之後的思想家一個很重要的課題，海德格爾談到 Aletheia「真理是遮蔽的解開」，很像佛教所說的「揭諦」，「揭諦」原是梵語譯音，像所說的「波羅揭諦」指的是「來去彼岸」的意思，現在我們拿它的漢語表字來看，光是「揭諦」可以說是「解蔽」的意思。

廿世紀發展到目前為止，廿一世紀很重要的一個課題——真理並不是尋求主體對客體的確定性的把握；而是主客不二交融成一個整體的自身彰顯，這裡有一個極大的轉變。這樣的一個「我」的概念，就不是啟蒙運動以來那個工具性的我的概念。這樣的「人」的概念，也不是理智中心主義下的人的概念。這樣的人文精神，就不應該是放在啟蒙運動以來人文主義下的人文（humanity）。不過，我們國內對這些語詞非常「紊亂」，這也就是我們在改革裡，理智與權力、利益，跟一大套話語系統連在一起，極容易失去了反省能力。

因為自啟蒙運動以來這些東西就是連在一塊，之後也很多思想家在檢討，但是太多的學者只是「照著講、跟著講」，如果我們能夠「對著講、接著講」，這個問題會有所變化。進一步看人文，我們要由「文」回到

「人」，因為人的自知，人的明白，人的「自知者明」[20]、「知常曰明」
[21]，當你返歸自身，讓你彰顯你自己，其實，就是宇宙自身彰顯其自己。你
能體會得理常常道，這樣才能讓「文」有所確定，那麼「文」才不會造成有
所「遮蔽」。

八、「神」的兩個向度：人的參贊、觸動與生長、話語
系統形成的理智控制

　　且拿《易傳》與《舊約全書》裡的兩句話來對比，來說說「神」：「神
也者，妙萬物而為言也」[22]、「神說有光，就有了光」[23]。「神」這個字眼
在華人漢語系統裡，其實以「神妙」之意的意思為多，它不是個超越的、絕
對的人格神，強調的是宇宙總體生發創造的奧秘可能。這裡「神」的意思是
人的參與，構成一種整體生長性的力量，而不在於一個絕對者通過話語系
統、理智控制所形成的脈絡。

　　在西方基督宗教的傳統，其實原先也並不會如我所說的一種與話語系統
結合而形成了現代性、工具性、合理性的專制；但是它居然在人類文明的發
展裡，是走向這邊的。這在韋伯（Max Weber，1864-1920）《基督新教倫
理與資本主義精神》對此中所含極為奇特而詭譎的關連，做出非常精彩的分
析。我們深入了解後，就會了解為何尼采（Friedrich Wilhelm Nietzsche，
1844-1900）會寫出「反基督」，其所反的不是基督之本身，而是他那時代
所體會到的基督，所體會到的神學與工具性的理性、人的疏離與異化，以及
其他種種連在一塊的狀態。

　　提出這問題後，我們應該回到原來人的狀態，回到原來神的狀態，原來
物的狀態，用道家的老話來說是「物各付物」或是「萬物並作，吾以觀

20　語出《老子道德經》第三十三章。

21　語出《老子道德經》第十六章。

22　語出《易經》〈說卦〉傳。

23　語出《舊約全書》〈創世紀〉。

復」。這個意思是物如其為物，它是什麼就是什麼，如其所如，各然其然，無有作意、無有作好[24]。以我們的話語來說，講了什麼就是什麼，如其本然；這話聽起來有些繳繞，但卻是十分重要的。因為現在我們所說的「現代性」下的處境，話語的介入，使得我們之所說連帶地將我們的業力、習氣、性好、欲求等等都帶進去了，這樣一來，話語就離其自己了。

話語離其自己，而與我們生命的業力習氣相雜在一起，而構成了一種難以解開的纏執，這是極為荒謬的，但我們卻會在一種理性的梯序下，依順著這樣的理路來思考，並且做出人在江湖，身不由己的事情來。有一諺語說「聰明不若往昔，道德日負初心」，這豈不是一令人扼腕而歎的事情！到了廿一世紀，我們從天地人交與參贊而構成的總體去重新理解人，這與以前的人文主義是有很大不同的。我們可以發現到「存有」、「場域」與「覺知」是關聯成一個不可分的整體。

九、通「天地人」的人文：由「存有」、「場域」、「覺知」構成總體才有人的主體

從「存有」、「場域」、「覺知」這三個概念裡，似乎沒有看到人的主體。不，而是人的主體就在「存有」、「場域」、「覺知」，這樣所構成的總體才有人的主體。人的主體也不應該是人和物之間一種主客交融的關係，也不是人跟人之間的交融關係而已。人作為一個主體，其實是做個如同海德格爾所說的「此在」（Da-sein），也如同孔子所說的「人能弘道，非道弘人」。這也就是如《孟子》書所說的「由仁義行，非行仁義也」，他是參與於天地之間而開啟的活動，並不是拿著一個話語來標榜，才展開的活動。

像「存有」（存有之道）這個概念，並不是做為一切存在事物之所以可能的那最高的，超越性的、普遍性的概念，而是「天、地、人交與參贊所構

---

[24] 老子引文取自《老子道德經》第十六章。又此處之論多本於牟宗三先生，請參見牟宗三《中國哲學十九講》第七講〈道之「作用的表象」〉，頁 127-156，1983 年，臺北：臺灣學生書局印行。

成的一個總體」的根源，用這樣來解釋，其實是有意地與古漢語的「道」連
在一塊。什麼是道？大家所分享的場域就是道，場域總體的說就是道。「存
有」的概念並不是作為一個被認識的概念，「存有」是你生活的參與，以及
存有參與到你的生活中來，「存有」是「活生生的實存而有」，我認為廿一
世紀的人文精神就是往這個概念走[25]。廿一世紀不是人在窺視這個世界，也
不是人在凝視、認識這個世界，是人必須回到人本身參與這個世界重新去思
考人的定位的問題。「價值重估」這樣的呼聲早在二十世紀初年就由尼采提
出來，現在我們重新來談時，我們會對他所講的話做一「調適而上遂」[26]的
恰當理解，溯其本源重新來看，做一存在的深層契入。其實，有關話語介入
而造成的種種麻煩，這在東方哲學傳統裡所做成的反省是很深刻的。

十、「道生之、德蓄之」：「道德」是「活生生的實存 而有」具體覺知的生長

　　海德格爾（Martin Heidegger）曾與中國的哲學家蕭師毅一起翻譯討論
《老子道德經》，我認為這對他的哲學觀有一定地影響，我覺得這部分是非
常值得我們重視的。《老子道德經》說：「人法地、地法天、天法道、道法
自然」，「域中有四大，而人居其一」，人居於天地之間，他是具體的，是
實存的（「人法地」），而這生長是朝向一高明而普遍的理想（「地法
天」），而這高明而普遍的理想又得回溯到總體之本源（「天法道」），而
這總體之本源它有一自生、自長、自發、自在這樣一個調和性的生長自然機
能（「道法自然」）[27]。

---

[25] 請參見林安梧《人文學方法論：詮釋的存有學探源》，第三章〈人是世界的參贊者、
詮釋者〉，頁 50-68，2016 年，上海人民出版社。

[26] 與出《莊子》〈天下〉篇，有言「其於本也，弘大而辟，深閎而肆，其於宗也，可謂
調適而上遂矣。」

[27] 語出《老子道德經》第廿五章，這些詮釋，可見拙著《道可道：老子譯評》，2013
年，北京：商務印書館。

　　如上所述，我們是放在這樣的過程裡來看「存有」，這時的「存有」就不是我要通過語言文字符號去控制的現象，而是我要參與進去，我要與之生活，相互融通，無執無著，境識不二狀態下的「存有」，這便與西方傳統自亞理士多德（Aristotle，384-322 BC）以來的主流有很大的不同。當我們這樣去理解的時候，我們進一步去理解「場域」這個概念時，其實「存有」是連著「場域」、「處所」而來。這些年來，一些學界的朋友，受到海德格爾、懷海德，以及中國哲學中的易學以及其它種種的影響，唐力權先生（1935-2012）提出了一個嶄新的哲學主題，就叫「場有哲學」。我想是可以放在同一個脈絡來理解。

　　回到剛剛所說的，我們從古代先秦典籍的資源裡，可以看到它的可貴，譬如：老子說「道生之，德蓄之，物形之，勢成之」，此中涵義便極為深刻。我們溯其本源地回到那根源性的總體，這就叫「道」；「道」生生不息將之落實在人、事、物上，這樣就有個生成的東西，這生成的質素就叫「性」，「性」是就「德」說，天地有道、人間有德，「道」這個詞相當於《中庸》講的「天命」，而「道生之，德蓄之」，就可以說是「天命之謂性」。值得注意的是，我們這裡所強調的是「生活的場域」，你迎向它、它迎向你，這樣的過程所形成的總體，它就不斷地在那地方生長，而這生長本身就構成你的性子。我總喜歡連著這裡所說的「道生之、德蓄之」，而說「道德是生長」，道德並不是壓迫，道德是活生生的實存而有，具體覺知的生長。

十一、生命的存在覺知是先於邏輯的、先於理論構造的，它是一切創造之源

　　這樣說下來，當我在談存有的時候，存有我把它場域化了，當我在談場域的時候，把人的覺知帶進去了。這也就是說，在廿一世紀的人文精神中的「人」的概念是不能離開天地的，是不能離開場域的，不能離開活生生實存體會與感受覺知（perception）。法國哲學家梅露龐蒂（Maurice Merleau-

Ponty，1908-1961）有一本書叫 *Phenomenology of Perception*（《覺知現象
學》），強調人作為一個實存者，這個「覺知」是最真實的，我們對世界的
理解，覺知（perception）比概念（conception）重要。客觀理性的分析條理
其實是作為我們知識之所產以後的一種規格化，我們之所以能夠如此產出，
所產之前有個能產，那個 creativity 是非常重要的。那個東西不是一般所以
為的邏輯，是先於邏輯的一種邏輯，先於邏輯的一種覺知，這點是非常重要
的。如果你的真正覺知、體會、理解，你進到這個世界所能進來的，你所覺
知到的，如果是非常貧乏的，如果是非常單面的，你的邏輯及運算如何的準
確，其實都於事無補。

　　進到廿一世紀，很多西方的後現代的思想家，對於原來的傳統邏輯及後
來發展的符號邏輯，提出了很多批評，邏輯學家也提出多值邏輯等另外不同
的思考。現在許多文化評論者也提出不再強調邏輯思考方法，而強調修辭
學，強調的是一種說服術，而不是一種論辯，因為他在告訴你，人間的許多
構造與產出很多都在變化中。訊息量的增加，知識如何重新從訊息裡頭構
造，而在構造的過程裡又能溯其本源，回溯到智慧之源，令其彰顯而不是一
種遮蔽，這成了廿一世紀非常重要的議題。在這無與倫比的速度傳輸底下，
人的偶像可以在幾天之內同時被崇拜、消費、毀棄，人可以從被接近死亡的
幾個小時內又復活，並且還可以遠赴國外，回來還可以精神奕奕，馬上又面
臨種種問題。

　　價值的定準何在？整個變了。原來你認為實在的，現在變成虛擬了，但
是在電腦中虛擬的也可能成為實在，當然這實在也可能虛構，人就在這虛實
之間，佛教所說的「緣起性空」正合於目前這種狀態。如何在緣起性空下，
進入同體大悲？你如何以一個新的慈悲去面對問題？你如何回溯到以最真誠
的祈禱，與上帝獨體照面地召喚，這過程其實是人類進到廿一世紀重新需要
去面對的。

十二、存在根源的召喚：內在深秘的信息投向冥冥的穹蒼親近而真實

這些年來，我花了一些時間從事於各大宗教的研究，像中國傳統的佛教、道教、儒教，基督宗教一直在接觸中。我發覺各大宗教裡偉大的智慧都是值得我們去崇敬的，人類可能在諸多虛實難分、陰陽相害、善惡難決的狀況底下，只能默然地面對自己；而所謂「默然面對自己」，並不意味著與世界隔絕，而是用你內在深沉的一個信息投向那冥冥的穹蒼。那裡有個奧秘之體，那裡有一個存在根源，他召喚你，他跟你有一種親近，這是真實的。而各個宗教在這裡，會引發你的虔誠與敬意，這時候你會發現到，人在這裡他的可安身立命處。從這裡來說「覺知」時，這個「覺」就不只停留在作為我們一般客觀知識的基礎，他其實作為人整個的實存基礎，所以「覺」和「感」這兩個字都很重要，「感」和「覺」在漢文系統是很好的兩個字，人類的話語、存在與覺知是連在一起的。

我們剛剛這樣說下來，好像是在說，廿一世紀人文精神裡頭，非常強調天地、人我、萬物通而為一，這樣會不會天地一籠統？而我們對於科學那種清楚的認知，知識與話語系統清楚的把握會不會因此整個毀了？我想不會的。這地方有個層次之別，這也就是我們在談「寂然不動，感而遂通」[28]及談「一體之仁」[29]的時候，談「無名天地之始」的場域過程，但是要落到「有名萬物之母」，人間萬有一切的對象物，都通過我們的名言概念，都通過我們的話語所做的一個主體的對象化活動以後，才使得他成為一個被決定的定象，這過程我們必須要清楚的[30]。所以，一方面我們要回溯到總體根源顯現的明白，但是一方面要落實到一個具體事物上的清楚。

28　語出《易經》〈繫辭傳〉上，第十章。

29　「一體之仁」語出王陽明《傳習錄》〈大學問〉。吾於此有所論，請參見林安梧《中國宗教與意義治療》第四章〈王陽明的本體實踐學：以王陽明〈大學問〉為核心的展開〉，頁81-115，1996年，臺北：明文書局印行。

30　兩句引言，語出《老子道德經》第一章。

　　「清楚」與「明白」應做區分，「清楚」是指向對象物的確定性把握，
「明白」是回到你內在心靈的總體的顯現。其實我這個用語是講求過的，因
為在莊子書裡講「虛室生白」[31]，我們內在的心靈也是如此呀！你能夠「致
虛守靜」，一切你朗然在目，一切「乾坤朗朗，天清地寧」的狀態，這是
「明白」。「清楚」是指向對象物的把握，包括在朱熹裡頭的哲學也強調，
他談「格物致知」的時候，一方面談清楚，一方面談明白，「眾物之表裡精
粗無不至，吾心之全體大用無不明」[32]，就是天地間各種事物、各種事件的
表裡、精粗無不至，我徹徹底底地都「清楚」把握了，我就在這過程，我涵
養主靜了，讓吾心之全體大用，使得全體大用無不明。

　　回到這裡來看時，其實是清楚地說，我們對科學本身仍然是需要肯定，
但是不能是科學主義式的（scientism），不能夠是工具性的理智中心主義
（Logocentrism）。我們不能把工具性的理性當成是人類理智的主體，把人
類的理性主體當成是上帝所賜給我們，而且我們用這種方式去揣摩上帝，並
且認為上帝就是用這種方式控制這世界，人就取代上帝控制這世界，近代啟
蒙以來的精神就是這樣。很多學科學的人非常傲慢，就是中了這種病，所以
我們要理清科學霸權主義和科學，真正學科學的人其實是很謙虛的。

十三、結語：從「存有的執定」回溯到「存有的開顯」，再契入「存有的根源」

　　這些年來，我強調後新儒學的建立，在牟宗三先生之後，從他所提的
「兩層存有論」轉而進一步談「存有三態論」。這思想一部份來自海德格爾
（Martin Heidegger）、高達美（Hans-Georg Gadamer，1900-2002），最重
要來自《易經》及《老子道德經》，還有王船山、熊十力，當然亦深受牟宗
三先生的啟發。所謂「存有三態」指的是：存有的根源、存有的開顯、存有

---

[31] 語出《莊子》〈人間世〉。
[32] 語出朱熹《四書章句集注》〈大學章句・格物補傳〉，前揭書，頁7。

的執定；存有的根源所指的就是「道」，也就是存有、場域，那個原初的狀態，它是一總體的根源。這根源它必得彰顯，當我們講根源的時候，意思就是我的心靈意識與一切存在的事物，在這裡完全合一而沒有分別的狀態，這就是老子所說：「天下萬物生於有，有生於無」[33]。

「無」這個字眼，在華人文化傳統裡，所指的就是「沒有分別的總體」，並不是「空洞」、「沒有」。其實最古老的時候，「無」跟「舞」是同一個字，跟古時宗教的薩滿（Shamanism）相關，像民間仍可見巫祝傳統的蹤跡，像童乩起乩，神明附靈，就是進入到迷離恍惚、合而為一的境界。哲學很多東西都是從宗教轉過來的一個思考，這樣的思考裡，就是我們必須回溯到本源，而以一個無分別、新的方式重新去理清，而這時候天地人我萬物合而為一，先不要用既成的東西去論定他，你必須把既成的論定的「論」打開，那個「定」就沒了，「論定」打開了以後就回到原先存有之根源，任其彰顯再尋求確定。所以，就這存有三態來說，從存有的執定，把「執」打開、把「定」解開，回溯到存有的開顯，上溯到存有的根源，再反照回來，重新確認，如此很多疑惑是可以解的。

我們必須回到如實的覺知，與場域、存有和合為一，覺知就是有所感、有所覺。「無分別」並不是含糊籠統，而是回溯本源的彰顯，以其彰顯而明白，「明白」落在事上叫「清楚」，落在自己的情感上是「喜怒哀樂分明」。即使修行也是這樣的，修行是修得喜怒哀樂分明，而不是修得面目模糊。我們對這東西清楚以後，回過頭來，我們可以用《道德經》和《易經》的話來闡釋，老子說：「萬物莫不尊道而貴德」[34]、「沖氣以為和」[35]，「尊道而貴德」就是任何一個存在的事物都必須回到他的本性，以他的本性為貴，必須回到他的總體，以他總體的根源有個自發、自生、自長、自在那樣的一種力量，以此為尊；能如此，這樣的人文才不會是一個偏枯的人文，也不再是個理智中心主義的人文。

---

[33] 語出《老子道德經》第四十章。

[34] 語出《老子道德經》第五十一章。

[35] 語出《老子道德經》第四十二章。

　　這也是西方許多後現代思想家所反省的，他們在重造新的可能，德國哲
學家哈貝瑪斯（Jürgen　Habermas，1929-）提出了「溝通理性」來重造一個
新的可能。《易經》裡說「保合太和，乃利貞」[36]，華人文化傳統最強調的
是把兩個最極端的放在一塊，構成一個和諧性的整體，和諧　harmony　這個
觀念是非常可貴的，和而不同、不同而和，「和」就是把不同的放在一塊，
把最不同的放在一塊就叫「太和」，太和所謂「道」，一陰一陽之謂
「道」。太極圖像陰陽魚，陽消陰長、陰消陽長、陰陽互為消長，構成一個
整體。他就告訴我們，任何一個存在的事物不是相對立的兩端，我可以通過
一個圓環式的思考把它變成一個不可分的整體。

　　這點在華人的思考裡的所謂的人文精神，是很值得正視的，所以人之為
人本身就作為一個陰陽，他可上可下，可左可右，可高可低，這本身就有一
個轉折的可能，所以「禍兮福所倚，福兮禍所伏」[37]，長短、高下、前後種
種相對的兩端都構成不可分的整體。所以人跟人之間，人跟物之間，人跟天
地之間不是一個定準，而是在我認識清楚的後頭有個更原初的覺知、場域、
存在，這樣的一體狀態，這裡頭會生發出一個確定性的力量。你的安身立命
從這裡說，這就是「三才者，天地人」，人生於天地之間說，地的博厚、天
的高明，地的具體實存生長、天的普遍的理想，人就在這樣一個象徵、隱
喻、參與、實踐裡面，連在一塊。如果我們從這角度再去看哈貝瑪斯的溝通
理性，或是其他一些西方思想家所做的一些反省的時候，我們可以發現到，
我們自己的文化傳統其實有一些新的可能。

　　從「五四」、「五四後」，而進到了「後五四」的年代了，不再只是本
能的面對挑戰而有的回應，不再只是「物競天擇，適者生存」，不再只是生
存的鬥爭，更要是生命的覺醒。不只是「本能之能」，也不只是「知能之
能」，更要是「覺性之能」。我們要回溯傳統、返本開新，將我們的古典話
語傳譯出來，與現代的生活話語融洽一處，並且能經由概念的反思與現代的

---

[36] 語出《易經》〈乾卦・象傳〉。

[37] 語出《老子道德經》第五十八章。

學術性話語能更深層的交談對話。我們要扮演的是一個好的溝通者、交談者、對話者的角色。接地氣、通天道，入本心，布於四體，四體不言而喻，推於天下，朗朗乾坤，日月清明。國際的霸權思維也該是下場的時候了，我們應該有的是通「天地人」的王道思維，是「大道之行也，天下為公」的思維，期盼著「老者安之，朋友信之，少者懷之」，「致中和，天地位焉，萬物育焉！」。

　　　　　　——己亥之春 2019 年 2 月 19 日於元亨書院臺北分院
　　　　　　　　4 月 17 日修訂稿成於山東大學元亨齋

第二十一章　後新儒家哲學之擬構：
從「兩層存有論」到「存有三態論」
──「道」的彰顯、遮蔽、錯置與治療之可能

【本文提要】

　　本文旨在經由一九九六年秋筆者所撰之《道言論》，進一步申論之，意圖由牟宗三先生的「兩層存有論」進一步轉化構成一「存有三態論」。

　　「存有三態論」：存有的根源、存有的開顯、存有的執定，作者一方面強調這是一生發的連續歷程，一方面又表明此中之分際。特別由語言的介入（言以定形），業力的衍生（言業相隨），作者更而重視知識與權力的複雜問題。作者經由存有學的回歸與還滅，而連結了「言」與「無言」，「業」與「非業」，指出語言還歸於沉默，業力原本虛空。在這存有學的回歸與還滅過程裡，作者有意的指向總體之源的場域覺醒。

　　作者這樣的哲學構造，意圖走出主體性哲學，而代之以場域性、處所性的哲學。作者深信這是後新儒學的一個可能向度。

關鍵字詞：後新儒學、存有、根源、開顯、執定、語言、業力、光照、場域、
　　　　　處所、生活世界、總體、明覺

一、「道顯為象」：存有根源的顯現

1、「道」乃根源性之總體、總體之根源，前者偏就其存有義而說，後者偏就其活動義說，實者存有不外活動，活動不外存有，於道而言，兩者通括。

【詮釋】如上所述，可知筆者所主張的是「存有的連續觀」，強調天人、物我、人己通而為一，此與「存有的斷裂觀」頗為不同。在存有的連續觀下，「道」不是夐然絕待的形上之物，道是充周於天地、人我之際的。

2、「道」今常以西文之「Being」譯之，於漢譯則又以「存有」一詞名之。實者，「道」與「Being」頗不相同。就「Being」而言，此是以「是」（be）而說其「有」（being）；就「道」而言，此是以「生」而說其「存」。一者重在經由言說之論定，而說此存有之為存有，一者重在經由生命氣息之交感，而說道乃是一生命的實存之道。

【詮釋】如此可見，經由言說之論定，這是指向一對象，並且以此對象為一實在之物，此即是我所說「以言代知、以知代思、以思代在」之傳統；此不同於「言外有知，知外有思，思外有在」之傳統。

3、以「道」之為一生命的實存之道而言，此道之不離場域，不離生活世界，且一論場域、生活世界，皆不離人，故道之做為一根源性的總體，或總體的根源，此當解釋為一天地人交與參贊而成之總體，即此總體之為根源，亦即此根源而為總體也。正因如此，道之如其為道，非夐然絕待，非共相之絕對，乃境識俱泯，渾同為一之為道也。

【詮釋】拈出「天地人交與參贊而成之總體」為「道」，亦為如此，才能講「道生之、德蓄之、物形之、勢成之」，才能講「存有的開顯」（道之彰顯）。這樣的提法，是有意的要從「主體性的哲學」往「處所性的哲學」過度。

「主體性」可以是在「主客對立」兩橛觀下而說的主體性，亦可以是超乎主客對立之上而說的主體性，牟先生所詮釋的儒、道、佛多能及於此，勞

先生則常限於主客對立下，此所以牟先生能從康德學調適而上遂於儒、道、佛，並提出批評，而勞先生則未及於此。「處所性」亦可以是在「主客對立」兩橛觀下而說的處所性，亦可以是超乎主客對立之上而說的處所性，我這裡所說之處所性屬此。

4、以其天地人交與參贊，以其境識俱泯、渾同為一，故而可言其「彰顯」也。「彰顯」是回溯到根源性之總體、總體之根源而說，若落在「境」與「識」而說，則此彰顯之為彰顯，實乃由「境識俱泯」而當下「境識俱顯」，「俱泯」與「俱顯」可如《易經傳》所說之「寂」與「感」，即寂即感，當下感通，一時「明白」。彰顯是從道體說，而明白則就「心、物」（「境、識」）之交感說。

【詮釋】「明白」一語取自王陽明《傳習錄》，原文記載為：先生遊南鎮，一友指岩中花樹問曰「天下無心外之物，如此花樹，在深山中，自開自落，於我心亦何相關？」先生曰：「你未看此花時，此花與汝心同歸於寂。你來看此花時，則此花顏色一時明白起來，便知此花不在你的心外」（《傳習錄》，卷下，頁 234，商務版，民國六十三年八月臺四版，臺北。）漢文之「清楚」、「明白」二語，前者重在「主客對立」之分辨說，而後者則重在「主客不二」之交融說。

5、道之所顯，其為象焉！此如《易經傳》所言「見乃謂之象」，「見」（即「現」）者，「明白」「彰顯」之也。道之所「現」而為「象」，即此而為「現象」焉！此「現象」義是如其道體之彰顯而為說，非「表象」義，現象與表象，不可淆混而為說也。蓋「現象」之「見」是「道」之「見」，而「表象」之「表」是「言」之「表」，不可不知也。

【詮釋】「見乃謂之象」語出《易繫辭傳》（上），按原文前後為「……是故闔戶謂之坤，闢戶謂之乾，一闔一闢謂之變，往來不窮謂之通，見乃謂之象，形乃謂之器，制而用之謂之法，利用出入，民咸用之謂之神」，其實這段話很能表現出中國哲學之終極智慧。熊先生常謂其學是大易之學亦可由此見其一斑，筆者以為若要說一所謂的「現象學式的本體學」，

當以《易經》所謂「見乃謂之象」的現象，即本體之所顯現這樣的現象作為現象學詮釋的起點，熊氏本體、現象不二之說亦溯源此。此與牟先生「現象」與「物自身」之區別迥然有異。牟先生順康德之義，以「表象」為「現象」，而熊先生則直追《易經傳》之傳統。

　　筆者以為「現象」與「表象」，不可淆混而說也。蓋「現象」之「見」是「道」之「見」，而「表象」之「表」是「言」之「表」，不可不知。這樣的強調，是清楚的揀別有對象義者皆屬「言」之「表」，與「道」之「見」頗為不同。前者是在「言說的論定」下作成，而後者則在「存有之本源」顯現，在「生命交與參贊為一總體」下所顯現者。「道之顯為象」是就此而說的「現象」，此是存有三態觀：存有的本源、存有的開顯、存有的執定，這三者的最原出狀態之所開顯也，是即寂即感者。

　　顯然地，筆者以為由《易經傳》傳統所長成的「存有的三態論」比起「現象與物自身」這樣的「兩層存有論」做為詮釋中國哲學的架構更為適當。牟先生所構作的兩層存有論重在「一心開二門」重在「一心之過轉」，並以「良知之自我坎陷」做為良知學轉出之核心關鍵。依熊十力體用哲學所開啟之「存有三態論」，則重在承體達用、即用顯體，體用一如。前者重在「自覺性」、「主體性」，後者則可開發出其「場域性」、「處所性」。

二、「象以為形」：邁向「存有的執定」

　　1、象以為形，象在形先也，非形在象先也。「象」是就道體之彰顯說，「形」是就如其「彰顯」之象，而「形著」之也。

　　【詮釋】「象在形先」與「形在象先」是中西主流形而上學的一個重要的分野。凡主存有的連續觀者，必乃「象在形先」，若為存有的斷裂觀者，必乃「形在象先」。前者重在天地人交與參贊而成之總體之本源，而後者重在人我所對之客觀法則性之所論列的對象物。

　　2、《易經傳》云「形而上者之謂道，形而下者之謂器」，此「形」即

當解作「形著義」，不宜解作「形器義」。就其「形著」之活動，上溯其本
源，是此形著之所以可能之根源，此之謂「道」；就其「形著」之活動，下
委而具體化，是此形著之落實具體，此之謂「器」。蓋道之所顯，其為象
也，「象」經由「形著」而成其為「形器」也。

【詮釋】將「形」釋成「形著義」，並強調其「形著而上溯於道」、
「形著而下委於器」，可見其關鍵處在「形」（形著義），如此可見「道器
不二」之論。「器」乃「道」之「形著」而「器」之，故亦可以化此「器」
而歸於「形著」，上溯於「道」也。蓋「道」之顯而著，著而形，形而器，
由道之開顯而明白，而形成，而為器物。這是由「存有之本源」而「存有之
開顯」，而「存有的執定」也。

3、象如其本源而為道象，即此道象，而為氣象，而為心象，而為意
象，而為形象，而為器象，而為物象也。形象、器象、物象等之「象」為
「形、器、物」所拘，此是在形、器、物後之象；心象、意象等之「象」自
不為形、器、物所拘，然又常附麗於形、器、物之上而為象。心象、意象因
而通之，則達於氣象、道象，蓋心、意與道、氣不二也，其為不二，實以其
象而通之，此通之之為可能，乃基於心、意之動，始為可能。

【詮釋】此處作者將「氣、心、意」之與「形、器、物」為對比，並強
調「心意之動」，由斯可見宋明理學何如斯由心性學必上透於形而上之理
境，必隱含一宇宙論之總體思考。此亦可見「心性論」與「宇宙論」在中國
哲學是渾然為一體的，吾人實不能就此「心性論」孤離而論之，亦不可等同
於西哲之倫理學，強分其為自律、他律，皆為不宜。天命性道相貫通，此自
他不二，非此自律、他律所可勉強分別也。

4、象在形先，故象不為形、器、物所拘，故雖依形、器、物而為象，
此象亦經由人之心、意，而上遂於道、氣，與道、氣合而為一也。如此，則
物象、器象、形象、意象、心象、氣象、道象，以其為「象」，因而通之，
皆通統而為一也。

【詮釋】象在形先，故象不為形、器、物所拘，這明白的表現在東西方

的「透視法」。西方多半採取的是「定點透視」，而中國則強調「散點透視」。西方多半拘於「形、器、物」，而中國則多半強調不為所拘，因而通之，如其道之顯現也。中國畫作重在「寫意」，即如工筆亦為寫意也。西方畫作多在「寫實」，即如抽象畫亦為「寫實」也。寫意是就通極於象，通極於道之本源而說；寫實則是入裡於器，入裡於物之本質而說。

5、象以為形，非形器物以為象，故象是「現象」，而非「表象」。至若取形器物以為象，即此而表達意義，亦不限於形器物，更而上達於更高之意義本源也。吾華夏所用象形字，其表達意義，亦當溯源於此而論之，蓋「象形字」之不同於「形象字」也。

「象形字」，其就發生而言，乃因「形、器、物」以為「象」；至若論其形而上之本源，則「象以為形」也。「形象字」，就其發生言，或乃以形而上之本源言，皆不離其「形、器、物」也，蓋「形以為象也」。

「形象字」為形、器、物所拘，故無得表達高度抽象之意義，欲表達高度抽象之意義，則須轉為拼音文字，使不為形器物所拘；「象形字」不為形、器、物所拘，故可調適而上遂於道，故可表達高度抽象之意義，而其表達又不離具體之實存也，故不必轉為純粹之拼音文字，祇須以形聲、會意為之即可也。蓋「象形字」，其如道之彰顯而為象，因其象而形著之也。

【詮釋】這樣的詮釋，會讓我們去思考一個重要的問題，截至目前為止，存在而有生命力的幾個大文明中，只有中華文明仍是使用「象形」（取廣義）文字，它可以說是「存有的連續觀」的守護者，這裡隱含著克服「存有的遺忘」之奧秘。這是將「存有之本源」與「存有之執定」連結為一不可分的整體之理由。「具體」與「抽象」，「個別」與「總體」，「末節」與「根本」是連續而不可分的。「存有的三態論」亦唯有在這樣的文化土壤中才得生長出來。

三、「言以定形」：語言的進入

1、「道顯為象，象以為形」此是就存有之開顯而說，「言以定形」此是就存有的執定而說，如此之存有的執定是經由主體的對象化活動而形就的。

【詮釋】「言以定形」一語從王弼「名以定形」輾轉而來，此是順《老子道德經》所說「無名天地之始，有名萬物之母」而說。「天地之始」是就「存有之本源」說，而「萬物之母」則就存有之執定之所以可能之根據說。「無名」是「道之在其自己」，而「有名」則是道之彰顯處說，或可說此乃「道之對其自己」。以其「無名」故可以為「常名」，「無名」而「可名」，「可名」而「有名」，「有名」則指向「定名」，既為「定名」已非常名，此即老子所說「道可道，非常道；名可名，非常名」之謂也。

「言以定形」是就「名言」之論定說，此即「定名」，定名雖仍溯於道，但「定名」已不同於「常名」，不同於「道」也。

2、溯源而說，「言」當以「道」為依歸；就開展而說，「道」之流出而為「言」。「道」乃是「言」之秘藏處，「言」乃「道」之開顯處，「道」是「不可說」，而此「不可說」即隱含一「可說」，「可說」必指向於「說」，「說」之為「說」，必指向於「說出了對象」，此「說出了對象」即為一「言說的論定」，此是經由「語言的邏輯決定」而做成的論定，此是經由「主體的對象化」而做成的論定。

【詮釋】如此說來，從「不可說」、「可說」、「說」、「說出了對象」是一連續之開顯歷程。這裡，我們可以看出「言」與「默」並不是兩個截然的兩端，而是連續為一體的，這也可以看出「有」與「無」並不是對反的，至是放在存有的連續觀，放在循環性的思考下才有的思考。

再者，「道」乃是「言」之秘藏處，「言」乃「道」之開顯處，「存有」是「語言」之形上的安宅，即此安宅而為秘藏也，「語言」是「存有」之現實之宅第，即此宅第而得彰顯也。吾人亦可說「沉默」是「說話」之秘

藏處、安宅處，「說話」是「沉默」之定居所、開顯處。語言之開啟伴隨著主體的對象化活動而生。

3、「道」之為「不可說」，即此「道」即為「一」，「一」是「整全之體」、「根源之體」，此即所謂之「道生一」，「生」者，「同有」之謂也，非有一物生另一物也。此「不可說」不停留於祕藏處，必彰顯之，此彰顯即為「可說」，「不可說」而「可說」，此是「一生二」。前所謂之「一」是就「整全之體」說，後所謂之「二」，則是就「對偶原則」而說。此「可說」必指向於「說」，此是由存有之「可能性」轉而為「必然性」，此是就存有之由「意向性」而為「定向性」，此是「二生三」。「二生三」的「三」，此乃承於「一」之「整體性」、「二」之「對偶性」，轉而為「三」之「定向性」，此定向性必指向存在，而經由一主體的對象化活動，使得存在的事物成為一決定了的「定象」，此即「三生萬物」之謂也。「三生萬物」此是從「定向性」之轉向於「對象性」。「道生一」、「一生二」、「二生三」、「三生萬物」，由「根源性」、「整體性」、「對偶性」、「定向性」、終而成就其為「對象性」也。

【詮釋】以上所釋重在解老子《道德經》「道生一、一生二、二生三、三生萬物」，以為此乃由道之「根源性」、「整體性」、「對偶性」、「定向性」、終而成就其為「對象性」也。此「根源性」、「整體性」、「對偶性」、「定向性」、「對象性」是通而為一的，故一切存在之對象皆可以還歸於根源之道，道亦可以下委於存在之對象。如其存有之道而言，以「生發」一語為要；如其存在對象而言，以「迴歸」一語為要。因其生發，走向「執定」，走向「異化」；便須經由一迴歸、還復，達到「治療」。「異化」必與「語言」相關，「治療」必還歸於「存有」，此即所謂「語言的異化」與「存有的治療」也。

4、「道」之為「道」是就其「根源之整體」而說，此「根源之整體」其開展而有「對偶性」，然若歸返言之，則此「對偶性」乃根源於一「辯證性」、「和合性」。以其如此，故言「一陰一陽之謂道」。辯證之和合而未

展開，即此而為空無也，即此而為「境識俱泯」也，若以數學式比喻之，此
正如「二」之「〇」次方，故其為「一」也。以此類推之「二」之「一」次
方，則其為「二」也。「二」之「二」次方，則其為「四」也。「二」之
「三」次方，則其為「八」也。由「〇」而「一」，而「二」，而「三」，
此是「道生一」、「一生二」、「二生三」之謂也。由「一」，而「二」，
而「四」，而「八」，此是「太極生兩儀」、「兩儀生四象」、「四象生八
卦」之謂也。

　　【詮釋】此是合《老子道德經》與《易經傳》以為說，闡明根源性、整
體性必含一辯證性、和合性，亦為如此，才可能下開對偶性、定向性、對象
性也。《易經傳》所說之「陰陽、開闔、翕闢」皆就如此而為說。老子所謂
「負陰而抱陽」一語傳神的將此辯證和合之根源總體表述出來。

　　如上所述，「〇」或「空無」並非與實有相對待的沒有，而是一充滿著
開展可能性的本源，是「境識俱泯」之未開顯之狀態，即此「境識俱泯」，
而「境識俱起」，進而「以識執境」，這是一連續體，而不是斷裂體。

　　5、《老子道德經》所言「道生一、一生二、二生三、三生萬物」，此
是就存有之開顯，並走向「存有之執定」而說；《易經傳》所言「太極生兩
儀、兩儀生四象、四象生八卦、八卦定吉凶」，此是就存有之開顯之結構面
說，且此結構面乃走向於「價值之論定」，此不同於前者之為存有之執定而
已。或者，吾人可以如是言之，最後之溯源即乃「道」（存有），而其開顯
與執定則不離存在面與價值面也。換言之，「言以定形」，其所定雖為存在
面，實者此「存在面」即乃「價值面」也，兩者不可分。

　　【詮釋】此是將「三生萬物」與「八卦定吉凶」對比，指出老子之闡析
重在存有之開顯，因其開顯而指向對象，而《易經傳》則重在存有之結構面
說，並即此結構而有一價值之論定。

　　問題的關鍵點在於「言以定形」，即此，其所定既為存在面，即此「存
在面」又是「價值面」，兩者不可分。值得我們注意的是「存在面」與「價
值面」是合而為一的。進一步說之，「存在」既與「價值」是合一的，就不

能嚴分「實然」與「應然」。「實然」與「應然」之嚴格區分，此是就「存在」之定執面而說，是就「存有之執定」下委的說；若溯其源，由分別相回到無分別相，回到「存有之本源」上溯的說，則實然之實，已非定執之實，而為體證之實，即此亦是應然之實。實然應然，於此亦不可勉強分別也。

四、「言業相隨」：業力的衍生

1、如上所言，言以定形，其既定之，業亦隨之，是乃言業相隨之謂也。言之為言，是由原先之根源性的整體之所開顯，由其根源性、整體性、對偶性、定向性而落實為對象性，以此一歷程言之，當其對偶性、定向性即已含有一染執性之可能，即此染執性而為業也。

【詮釋】這裡，我們似乎呼之欲出的點示出「惡」的存有學根源，它就在「道」之彰顯過程裡，由原先辯證和合為一不可分的整體，走向對偶性、定向性、對象性，因之而有了矛盾性、對反性，染執於焉伴隨而生。

或者，我們可以說，所謂的「惡」乃由於「言說」所滋生的「論定」，伴隨著這樣的主體對象化活動，便不可避免的產生了惡。簡單的說，對象的論定，連帶地也就定了罪、定了惡。「罪」、「惡」是難以避免的，但卻也因之有了救贖與解脫。

2、或者，吾人亦可說，當道體顯現時，即其幾而已有善惡矣！若能入乎無為之誠，始得以進乎道體之妙。然此無為之誠並非一渾淪之境界語，亦非修養工夫語，而應如其存有學之開顯與復歸而言之。幾之有善惡，是由前所謂之對偶性、定向性而走向染執性，此非僅關乎心性修養之事也，實關於歷史社會總體、生活世界之事也。

【詮釋】這裡強調「誠無為，幾善惡」，由道開顯之幾，落實於「對偶性」、「定向性」而走向「染執性」，這不僅關乎心性修養之事也，而且關於歷史社會總體、生活世界之事。換言之，幾必有善惡，人之面臨善惡是不能避免的，因之如何去面臨歷史社會總體、生活世界是不可避免的，對於善

惡的處理，不能只是心性修養的處理。若只執泥於心性修養的處理，則可能
走向於境界型態的追求，以心體與道體通而為一的迷戀，以道的誤置當成道
之自身，甚至在形上學、知識論上陷入一無世界論的迷謬之中。

　　「行事」、「處世」、「修道」這幾個不同的向度，要如何取得恰當的
協調，的確是不容易的。事理、情理、道理，其範疇各有所異，事理之重在
客觀法則性、情理重在生命之互動與感通、道理則重在總體之本源。中國傳
統之道德學似乎重在情理與道理，而忽略了客觀之事理，殊不知客觀事理之
疏忽終而使得情理、道理變得詭譎，並以其詭譎為奧祕。心性修養原本平坦
易行，卻因之而多所禁忌、扭曲，殊為可惜！

　　3、由其根源性、整體性、對偶性、定向性而落實為對象性，此一歷程
乃道之開顯所不能已，彼既「範圍天地之化而不過」，更又「曲成萬物而不
遺」。範圍天地是就道體之彰顯處說，曲成萬物則就主體的對象化活動所成
之對象物而說。此「曲成」即「言以定形」，並因此「言以定形」而「言業
相隨」。人間世事莫有非言所成者，亦莫有非業所成者。言之為言，可統括
「名」、「思」、「文」、「知」，即或用一切語言文字符號所構成之系統
而說，即此則有其「業」，此「業」當可連著「染執」、「趨向」、「勢
力」、「性好」、「利害」等等而說。

　　【詮釋】能重視「範圍天地是就道體之彰顯處說，曲成萬物是就主體的
對象化活動所成之對象物而說」，方能注意如何的「去染不去執」；知
「執」有「淨」有「染」，能去染存淨，如此之執，非但無害，還為有利。
蓋人間還為人間，不執不成業，淨執成淨業、善執成善業，「執」是重要
的。若不能恰當的注意到這個關鍵點，只說個「去執」，到頭來，「執」是
去了，「染」還在，是又奈何！尤可懼者，以虛無飄緲之無執，任其染而為
染，怪不得會落入「情識而肆」、「虛玄而蕩」的地步，豈不慎哉！

　　4、以是言之，「物」非不齊，乃「論」所不齊，然物既為物，必以論
而為物；亦即「形」之為「形」，非「言」不形；一切存在之為存在，若就
其通及於道言，則存在只此存在，自有其內在之同一性在，然經由「言以定

形」，則此存在才由此同一性而分化為殊異性之存在。古來「理一分殊」之理，即為如此。「理一分殊」乃以氣之感通交融為一，此是「存在之辯證銷融」，並非以言說之論定，再以「對象之共相昇進」，而通同於一。

【詮釋】此所謂：「理一分殊」乃以氣之感通交融為一，此是「存在之辯證銷融」，並非以言說之論定，再以「對象之共相昇進」，而通同於一，這清楚的區別了中西形而上學的異同。前者關連著「存有的連續觀」而展開，後者則與「存有的斷裂觀」密切相關。前者是以主體之生命為核心的哲學思考，後者則是以客觀之對象為核心的哲學思考，前者重在「通極於道」，後者重在「窮極於理」。宋代朱子學〈格物補傳〉所述之「格物窮理」雖有後者之姿態，但僅只是姿態而已，骨子裡，他走的仍然是「通極於道」之路。換言之，朱子學所說的「理一分殊」仍宜做「存在之辯證交融」解釋，不宜做「對象之共相昇進」解釋，將朱子學解釋成客觀的實在論，多所不恰當。或者，將朱子理解成客觀、順取之路，有別於逆覺之路，以致說朱子為「繼別為宗」（如業師牟宗三先生所判別者），亦多有可議處。實則，理學、心學、氣學，雖各有所重，但皆宜置於此「通極於道」之立場上立說也。

5、言業相隨，分別說、分別相，此是由道之根源性而整體性而對偶性，而定向性而對象性所不得不然之活動，此活動之定執、染污、趨勢、性好、利害亦伴隨而生，此西人近所常言「知識」與「權力」相伴隨而生是也。

【詮釋】近世西方所謂「知識社會學」乃至其他晚近哲學思潮之發展，頗重視「知識」與「權力」的麻煩問題；此問題於東土哲學而言，亦有深入之反思，值得留意，只是東土哲學於此多含藏於心性論、修養論中，須得進一步發掘，方能使之重現於世。這也就是說，我們須將「言業相隨」這樣的立論置於歷史社會總體、生活世界中來仔細思量，不能只陷溺在存有論、心性修養論的立場來處理。這是一個極重要的哲學向度，東土哲學有大保藏在焉！不可忽也，為可拋卻自家無盡藏，沿途持缽效貧兒耶！

6、知識、權力伴隨而生，言業相隨、相伴、相絞、相結，言已不再能
如其形而定其形，言以其深沉之業而控其形、役其形，使形非其形、是所謂
扭曲變形是也。此扭曲變形可謂為一「存有論式的扭曲變形」，人多忽於
此，而不知深入此存有深處，予以治療之也。人或多泥於語言之效用，以為
可能有一理想溝通情境，經由語言之治療而使此變形得回復也。實者，此問
題之關鍵點即在「語言」；此須得「存有」始得以治療也。簡言之，是「語
言之異化」，得「存有之治療」也；非「存有之異化」，得「語言之治療」
也。

【詮釋】筆者有意將「知識」與「權力」的問題上昇到「存有論式的扭
曲變形」來立論，一方面要闡明此問題的複雜性，一方面要說這扭曲變形乃
起於「言業相隨、相伴、相絞、相結，言已不再能如其形而定其形，言以其
深沉之業而控其形，役其形」。如此一來，我們既已清楚認知這是「語言之
異化」，因而所該尋求的、所能尋求的是經由「存有的光照」，產生一「存
有的治療」。

「存有的治療學」與當前「社會批判理論」可以相提並論，所不同者，
存有的治療學所重在：經由一「因而通之，上遂於道」的方式，理解之、詮
釋之、批判之、重建之，即此而產生一治療之效果。從存有的執定，而有恰
當的、客觀的、對象化的論定，理解之；經由語言、文字的深化，既「詮」
而「釋」之，「詮釋」是經由語言的破解，而使之釋放；如此漸由存有之執
定上遂於存有之開顯，便可產生一批判之作用；這樣的批判便不同於對治式
的批判，而是來自於存有的光照所導生的治療。經由這樣的治療而重建之，
這樣的重建始能稍免於言業相隨、相伴、相絞、相結的惡執。

五、「言本無言」：語言還歸於沉默

1、言本無言，然又不已於無言，無言而言，無言為本，此本亦無本
矣！言之為無言，此是「道」之「不可說」，然「道」又不停留於「不可
說」，其「不可說」必含一「可說」，以其含一「可說」，因得以開顯也。

「道」與「言」之關係，真乃「道可道，非常道」、「名可名，非常名」也。「言以定形」，此是言說之指向對象，因其指向對象而亦有所範限，此是以「道」之「常名」，經由「可名」之活動，而轉為一「定名」。能瞭解此由「常名」、「可名」而走向「定名」，故知「定名」之所限，以其知定名之所限，而可跨出其所限，此即「言本無言」之諦義。

【詮釋】道本不可說，而可說，可說而說，說之成物，此是一連續生發之過程，已如前所述。所當強調者，這明白的要強調「道」與「言」之為不可斷，因此落實於人間，就不採取「言語道斷、心行路絕」之實踐方式。即採了「言語道斷，心行路絕」之實踐工夫，亦須得調適而上遂之，輾轉以繹之，方才無誤。當然，「言語道斷、心行路絕」不能做斷滅想，亦不當只是落在心性修養上之「不斷斷」，更應是落在社會實踐上之「淨執以成業」。

進一步言之，若一味的強調心性修養論式的「一體之仁」，而忽略了將此「一體之仁」轉為社會實踐論，則難免其自閉之限，無世界論、獨我論皆為可能之趨向，不可不慎也。

2、「無言」之道，乃由「常名」再而歸返於「寂」也，此是由「境識俱顯」而渾歸於「境識俱泯」也。此是撤離一切言說之建構，而渾歸於一無建構的本然狀態，然此無建構並非在主客對概觀下，說其無建構，而是主客俱泯、物我偕忘下的無建構。蓋無建構所以為建構之基礎也，此基礎是一無基礎之基礎，是「無住本」也。

【詮釋】由「定名」歸於「常名」，再因而通之，使歸於「無名」，這是一個迴歸的過程，但這是「回歸」，可以是「還滅」，但不是「斷滅」，回到「無建構」所以成就一「建構」之可能。這樣的提法是有意將當前之解構論調適而上遂於道，再啟一新的建構論也。

就中國哲學論之，實可將佛老之「虛、無、寂、靜」與儒家所強調之「實、有、生、動」做一存有之連續，而不再兩相對反、對治也。宋明儒之批判佛老，多有偏見，亦不知佛老本亦有別者。船山之學，雖因而通之，多所融釋，但仍有立場之囿限。近世熊先生之論，宏遠深切，仍不免其誤解。

牟先生更能擺脫原先「闢佛老」的心態，而有進一步的如理分判。筆者於此，更思有所進者，將此如理分判，因而通之，融釋於道也，行之於儒也。

3、「言以定形」，指向對象，而成就一決定了的「定象」，如此之「定象」亦即「對象物」，一般所說之「萬物」是就此而說，此亦「有名萬物之母」之謂也。

「言本無言」，一切定象皆可撤離，渾歸於寂，故言歸於無言，如此無言之境，亦寂然之識，此境識俱泯，寂天寞地，一般所說之「天地」，溯源而說，當極於此，此亦「無名天地之始」之謂也。

【詮釋】如此之論，將「天地」與「萬物」分別說之，天地非萬物之總名，萬物亦非只就散殊而說。「天地」必渾歸於無名方得為說，「無名」是就總體之本源說，亦可以是就存在之場域說、就生活之世界說，然所當注意者，必當歸本於無分別相、歸本於無名，方為的當也。

或亦可如是說之，「天地」就「道」說，「萬物」就「德」說，萬物莫不尊道而貴德，上承於道，下著於德；「道」是就本源說，「德」是就本性說，道是就總體之場域說，德則就具體之事物本性說。「言本無言」，實乃「尊道而貴德」之論也。

4、「天地」是就「場域」說，是就「生活世界」說，「萬物」是就「對象」說，是就「執著之定象」說。「言以定形」當指向對象物之釐定，「言本無言」則去名以就實，而此「實」非實，乃不可說之寂而已矣！

【詮釋】「去名以就實」，實非實，這是就迴歸之途說，但就「道」之開顯處往下說，道生之、德蓄之，物形之、勢成之，如此「正名以求實」可也。存有的治療學所關連的存有三態論，由「存有的本源」、「存有的開顯」、「存有的執定」三者所構成之理論。這樣的治療學有意的將儒、道、佛的思想做一總體的融通，特別是儒道兩家本為一體，互為體用。儒體道用，其用在融通淘汰；道體儒用，其用在建立構成；儒道同源，互為體用。佛教之「真空」可調適上遂於道教之「虛無寂靜」，進言其「自然無為」也。佛教之「妙有」可因而通之於儒教之「實有生動」，進言其「人倫日

用」也。

5、知識、對象、萬物乃「建構」所成者，天地、場域、生活則乃「參與」所成者，「參與」之「在言中」，然亦「在言外」，蓋「言本無言」，參與在先，建構在後也。參與可成建構，然亦可瓦解此建構，而為解構也。

【詮釋】將「參與」與「建構」對比而論之，前者重在生命主體之互動融通，後者重在言說對象之客觀論定。參與之為先，意指生命、存在、主體等之為先，如此為先，天地、場域、生活方為落實，知識、對象、萬物亦才得以有一恰當之論定。

「解構」看似一消極負面之活動，但回到一無建構之本源，所以成就如其本然之建構也。從「解構」到「建構」，從「無執」到「淨執」，這當是「言本無言」的深義！

六、「業本非業」：業力原是虛空無物

1、業本無根，感之即有，歸寂為無，然「言業相隨」，伴之而成，或亦可說業並非一「存在之實然」，乃經由「言說之定然」，所拖帶而成者。然其所獨特者在此「定執、染污、趨勢、性好、利害」等等，既伴隨而生，彼又生出一束縛之力，將「言說之定然」往下拖帶，而形成一僵化之結構，「言」「業」遂相纏繞而不可解。

【詮釋】如前所說，「言業相隨」，這是一語言的異化現象，它是由「橫面的執取所拖曳相引而成者」，是在「眾人皆知美之為美，斯惡矣」的狀態下而生者。「業」之一字，正將此趨迫性表達無疑，然此業並非存在之實然，乃經由言說之定然而成者。這樣的強調，一方面是要說明一切之業皆為人之所造，非有一客觀實然之業，一方面順此要說，一切業既為人之所造，亦當為人之所自解，人之不能自解，而乞靈於冥冥不可知，斯大謬也。

2、如此之「言」為「業纏之言」，如此之「業」為「言纏之業」，以今人「知識」、「權力」二語言之，前者乃為「權力的知識」，而後者則為

「知識的權力」。實者今人已落於此「知識」即「權力」，而「權力」即乃
「知識」也。「知識」與「權力」兩者相即不二。

　　【詮釋】「業纏之言」強調「言」所可能的「業」性與「纏」性，而說
「言纏之業」，則強調「業」之為業就在「言」之所「纏」。既為如此，我
們所當留意者是對於一切之「言說」都當做一「業纏」之解構，對一切「業
力」亦當做一「言纏」之解構。

　　解構者何？當從執染之特性乃一橫面之執取所拖曳相引而成瓦解起，一
旦摧破了語言的構造，回到存有之自身。這否定性的思考方式之所以能瓦解
語言的異化與心知的定執，則是因為先預取了存有之為存有這個生活世界的
概念做為基礎始為可能。這也就是說，否定性的思考之能產生的解構作用，
並不是虛無主義的瓦解一個定執之物而已，而是要回到一個生命的開顯之場
──「天地」之中，而天地是存有（道）平鋪的開顯。

　　3、「言業相纏」所成之兩面相為「業纏之言」與「言纏之業」，「業
纏之言」看似理性，實則已為工具所異化之理性，而非理性之本然。欲破此
業纏之言，若不能深入其業，只依彼等之業纏之言以為之理性破之，則是為
業力所限之理性，只絞繞而不能破也。「言纏之業」看似善著，實則已為言
說所纏，故業力所現，多所曲折周致。欲破此言纏之業，若不能深入其言，
破解其言，只依彼等言纏之業，順之思考，則多委曲從之，而不能真瓦解
也。

　　【詮釋】如上所述，筆者實有意經由「言纏之業」與「業纏之言」兩組
詞來闡析當前現代化理性所造成諸問題，並進一步指出當前面對現代化之後
之種種反思，雖有其可貴處，但多半囿限於言業相纏下，而無能為力，或者
只以新的威權取代舊的威權而已。

　　4、「言纏之業」、「業纏之言」所形成之總體，其特性在相刃相靡、
相纏相結、既矛盾又鬥爭、既對立又聯合，故以一般言說所及之執著性對象
化之知識系統欲破解之，實為不可能。因此破之為破，不能以時下兩橛對立
觀下之為破也。故欲破「言纏之業」，當得深入「言之無言」，欲破「業纏

之言」，當得深入「業之非業」。

【詮釋】如上所述，之所以難解現代化工具理性所造成之嚴重異化，乃因陷溺於主客兩橛觀下來思考所致。蓋言本無言、業本非業，「言」與「無言」是連續的，因之可以經由一存有之道的迴歸與還滅，而透入無言之境；「業」雖可回溯於「無明」，然此「無明」即涵「法性」，即此「法性」故為非業，由「業」與「非業」的連續性視之，「業」亦可以經由一回歸與還滅之歷程，而透入非業之境。深入業之非業，乃使得「言纏」為解，言纏既解，其業可去，業纏既去，其言亦可以回歸於無言矣！深入言之非言，乃使得「業纏」為解，業纏既解，業為非業也。

5、存在之本然是境識一體、當下明白者，由存在之本然而走向言說之定然，業因之伴隨而生，然當下亦可以回歸本源，故業即生亦即滅，生滅一如，業本非業也。此業之生滅，端在心能無執、無染，不隨它去也，能隨緣不變，能依境而起悲也。即此悲慈，足以消其業力之障也。

【詮釋】言業相纏下，頗難破解，但當此一念，即是契機，然此只是契機，並非果真即以此為破矣！為何當此一念，即是契幾，蓋因人之心能當下捨執而入於無執之境，即此無執可為當下一時之解脫，使人們對此言業相纏之狀況能有一存有論式的光照，此即佛教所謂般若智是也，即此般若智，同體大悲存乎其中，所謂「悲智雙運」者即指此也。

6、業本非業，言業相纏，執此非業以為業，劫之、奪之，欲破其業難矣！業本非業，當下一念，慈悲為懷，當即可破，此是以其「言之無言」、「業之空無」以為破也。「業本非業」就其存有學之回溯其源，知業本虛空；此正含一實踐學之契入，知慈悲之為大也。

【詮釋】如前所說，當此一念，即為契幾，但此只是契幾，並非如此即可破此相纏之言業；欲破此相纏之言業，須得深入此中之底蘊。此須得回溯前節所述「淨執」之重要性，關連此「淨執」，吾人亦當深入理解一「淨業」之可能。既為人間世便無有不執者，便無有非業者，只是要如何去面對此執、面對此業，此執既為染，此業亦染之，卻須暫忘此染，方有去染之契

幾。

　　這裡所謂「暫忘」，亦是般若智初幾之用也，過此初幾，進一步才能解
此深纏，步步做去，方得為解。須得注意者，此非只是心性修養之事而已，
它更得轉為客觀法則性之重視，先以「暫忘」為始，另建一理想之客觀結
構，此即為淨執，以此淨執做為對比，再解開其糾纏繫縛，此事甚為不易，
須視實況而療治之，其原則大體先簡述至此。

七、「同歸於道」：存有本源的回溯

　　1、「言」、「無言」，「業」、「非業」以兩橛觀言之，此本不同，
然破此兩橛觀，以合一觀言之，此「不同而同」也，是乃「玄同」也。「合
一觀」之所以可能，其關鍵點在於「言」與「無言」為連續的合一，而非斷
裂的兩端，「業」與「非業」為詭譎的合一，而非矛盾的兩端。

　　【詮釋】如前所述，如此之合一觀、連續觀，乃基於中國文化之母土而
做成者。若以如是模型觀之，吾以為熊十力先生的體用哲學實有別於牟宗三
先生的兩層存有論，熊氏之論實隱含一「存有的三態論」，此乃吾於《存
有、意識與實踐：熊十力體用哲學之詮釋與重建》一書中作成者。

　　牟先生重在「縱貫的創生」義上立說，而其立基點則在道德本心，熊氏
一方面重在縱貫之創生，其立基點則在宇宙總體之本源（道），另外則亦開
啟一橫面之執取，此則重點在由「存有的根源」、「存有的開顯」，進而有
一「存有的執定」這樣的連續歷程。牟先生全繫於「一心」，由此「一心」
而開二門也。熊先生繫於總體之本源，由此總體本源之道，而鋪展為萬有一
切也。牟先生重在主體的自覺義，而熊先生雖亦重主體之自覺義，但亦可以
進一步轉為萬有交融為總體之處所義、場域義。吾之「存有的三態論」實繼
承於此，而思有所轉進也。

　　由上所論，我們可以進一步說：「言」與「無言」為連續的合一，而非
斷裂的兩端，「業」與「非業」為詭譎的合一，而非矛盾的兩端，並不似主
體性哲學一般，皆視一心之過轉而已，實乃鋪顯於場域、處所而顯現也。

2、歸者，因其「道」而有所「顯」，有所「顯」而後有所「形」、有所「形」而後有所「定」，因其「定」而成「執」、因其「執」而生「染」，終之以化此執染，而迴歸於道也。如此之回歸可以理解為一存有學之回溯其源，即此存有學之回溯其源實即含一實踐學之契入也。

存有學的回溯其源與實踐學的契入，乃一體之兩面，此非只置於一詭譎的相即辯證中，即顯其義，亦非只置於一連續的一體中，即渾合為一，而是置於一廣大生活世界與歷史社會總體中，既指向對象物，分理之，又回歸於形上之道而統合之。

【詮釋】由「存有的根源」，而「存有的開顯」，進而「存有的執定」，這是就存有之道彰顯落實而說；再由「存有的執定」所伴隨而生之雜染，反思之、破解之、調適之，回返於存有之本源，這是一回歸、還滅之路。彰顯、落實與回歸、還滅，一體兩面，如如無礙！

「存有的三態論」重在處所、場域中展開，它所不同於主體性哲學者在於重視廣大的生活世界與歷史社會總體，尤有過之也。若以傳統之身心論、理欲論、理氣論、道器論、理勢論，它強調的不是以心控身，而是身心一如，不是以理控欲，而是理欲合一，不是理先氣後，而是理氣合一，不是道先器後，而是道器合一，不是理先勢後，而是理勢合一。或者說，他所強調的是具體性、實存性原則，而不是抽象性、普遍性原則，他所重視的是處所性、場域性，而不是主體性。

這也就是為何我在〈咒術、專制、良知與解咒——對「臺灣當代新儒學」的批判與前瞻〉一文所強調的：「實踐概念之為實踐概念應當是以其自為主體的對象化活動所置成之對象，而使此對象如其對象，使此實在如其實在，進而以感性的透入為起點，而展開一實踐之歷程，故對象如其對象，實在如其實在。這『如其』不是康德意義下的物自身的『如』，不是佛教意義下的『如』，而是在『實踐歷程而開啟』這意義下的『如』。『如』是動態的歷程，不是靜態的當下。」

3、指向對象物而分理之，此是「言以定形」事，而回歸於形上之道，

此是「去名以就實」事。「言以定形」須歸返於「無言」，如此之「定形」，纔不致走向異化之定形，纔得一識解分明之定形，因歸返於「無言」，才得歸返存有自身，如此才得以迴返存有之場，而受其治療也。

【詮釋】在「存有三態論」下，哲學治療學最終須得依止於「存有的根源」，而所謂的存有的根源並不是一夐然絕待的形上之體，而是「無名天地之始」，是一場域、一處所、一天地，回到此存有之場中，方得療治也。

這也就是前所述及的「存有」是「語言」的形上宅第，而「語言」則是「存有」落實的具體安宅；其實，這樣的治療學是與中國傳統的道德學得合而為一的。

傳統的道德學，如《老子道德經》所說「道生之、德蓄之、物形之、勢成之」、「尊道而貴德」，《論語》所說「志於道、據於德、依於仁、游於藝」等所說，皆是由「存有的本源」下貫於活生生實存而有這樣的人的本性以及一切存在事物之本性也。這樣的道德學不是規範、不是強制，而是創造、是生長，不是對反的克治，而是回返本源的治療。

4、「去名以就實」之「實」，一指存在之實，一指此存在之實之未對象化前之真實狀態；前者之「實」為「執」實之實，後者之「實」為「無執」之實。「去名以就實」一方面強調歸返於生活世界之真實，是以存在的活動之實取代理論之建構，另方面則強調此生活世界之真實更得歸返於「道」（存有自身），而如此之存有自身，乃非指向對象化之存有，而是一境識俱泯、主客交融為一整體之存有自身，如此之存有自身，亦可以說是空無的。

【詮釋】兩層「實」的闡明是重要的，若只一味的強調未對象化前之真實狀態（無執之實），則易落入原先中國專制、咒術傳統的迷霧裡。若只一味強調執實之實，這樣的實易落於執著之中，徒生對反，難得恰當之療治也。

這也就是說，我們須得對於存有的三態有一恰當之分際把握，存有的本源當落在場域、處所上來理解，既落於此說，則必然得含存有之對象物及相

關之網絡來理解，也就是必須重視實存性、具體性、客觀性、物質性，不能只是於心性主體上用工夫而已。能了然於此，才能一方面重視回歸、還滅於「存有之道」這樣的「真實」，另方面更重視到開顯、落實至「存在之物」這樣的「真實」。

5、或者可說，此「同歸於道」之「道」非一「建構之實在」，而為一「解構之實在」，然此解構之為解構，非主客兩橛觀義下之解構，而為境識俱泯義下之解構，蓋解構所以成就建構之始也。

【詮釋】「同歸於道」指的是回到存有的本源，這本源是一切建構的始點，他當然不適合再是一建構的實在，只適合是一解構的實在。這解構的實在，或者亦可以說是還滅的實在，迴歸的實在，是無執著性的實在，是「見乃謂之象」之所以可能的「道」，是一切宇宙創化之源，是境識俱泯的空無狀態，是一切可能的起點，是哲學療治的家鄉。

八、「一本空明」：總體之源的場域覺醒

1、「一本空明」，「一」是根源義、整體義，蓋論其整體之根源皆「本」於「空」，而此「空」即為「明」也。「本」之為「本」，以「無住」為本，或即謂以「無本」為本，可也。

【詮釋】如上所論，可將儒教與佛、老徹底會通，道之為太極，太極更本於無極也。根源義、整體義皆是抒義的說，而非定實的說，不是在一線性思考下的最前項也，而是在一環性思考下的場域也。

「一」是總體、是本源，一當為本，然亦有所本，其本者何？其本為「空」而「明」也。「空」是無執、無著、無昏擾、無紛雜、無分別，此是遮詮，亦是一切表詮之所以可能的起點。「空」是就「心靈意識與外界存在事物渾歸於寂處」說，是就「境識俱泯」處說。「明」則是就「心靈意識與外在存在當下顯現明白而說」。「空」字所重在「場域」，而「明」字所重在「覺醒」。約總言之，萬有一切皆回到總體之本源，回到場域的覺醒、覺

醒的場域中也。

2、「空」之為「空」以「色空相即」為義之「空」，此「空」非定指的存有論義下的「空」，而為抒義的說此存有之為存有，實乃空無也。「空無」是消極的說、解構的說，「空無」非與「實有」相對待，此兩者玄同為一。「空」之義可理解為一存有論的回溯與銷毀，蓋銷毀所以成就其回溯也。

【詮釋】將「空」之義理解為一存有論的回溯與銷毀，銷毀所以成就其回溯，這論旨重在「為道日損，損之又損，以至於無」的工夫。值得注意的是，它看似消極的解構，卻可以是一積極的建構。換言之，若以如是調適道家之學，彼則不只為一修養境界之形而上學也，彼亦堪理身理國，彼原亦可以是之療治之學，是一生長之學，是一建構之學也。

3、相對於「空」之偏就存有學之義上說，「明」則是偏就實踐工夫論之義上說。「空」是就「存有之在其自己」、就「境識俱泯」下「存有的根源性」而說，亦是就意識之空無性、透明性而說。如此之「空」，即隱含一意識的「明覺性」與意識的「自由性」，此即所說之「明」。

【詮釋】如此分述「空」、「明」二詞，是就道體之本源之開顯而往下說。若是就具體事物之回溯到道體，則「空」亦可以是一實踐工夫論，而「明」亦可以成就一「存有之本源」。由實踐論之「空」回到存有論之「明」，這是全修在性的工夫，是即用顯體的工夫；由存有論之「空」開啟實踐論之「明」，這是全性在修的工夫，是承體達用的工夫。體用不二、一體如如。

4、「明」是當下之照面、明白，如陽明觀花「一時明白起來」，是境識俱起而未分，一體通明之狀態，是由存有的根源而邁向開顯，此開顯仍為無執著性、未對象化前之狀態也。

【詮釋】佛教、道教之哲學的極致在「空」、「無」，而儒家哲學之極致處則在「明覺」。明覺義即含感通義、創生義、剛健義，其表述，或用

「誠」、或用「仁」、或用「良知」皆無不可也。佛、道之所重在平鋪之場域義、處所義，而儒家則更於此場域義、處所義，進言其明覺義也。明覺義更含縱貫之創生義。

所須注意的是，「明」固然有其無執著性、未對象化之狀態，但更進一步地此「明」亦當落實於「執著性」、「對象化」之境。此或者可以說經由「明白」而轉為「清楚」也。牟先生以「良知的自我坎陷以開出知性主體」來做理論上的疏通，此是其兩層存有論所必得往前推進的一步；此若置於存有的三態論視之，則亦當由存有的開顯而走向存有的執定也。如此由「空」而「明」，由「明」而落實於存在事物，此「執」是「明執」。明執非定執，定執為染，明執無染，此如「業之有淨有染」，義相類也。

5、如前所言，「道顯為象，象以為形，言以定形，言業相隨」，此是由其根源性、整體性、對偶性、定向性而落實為對象性，如此經由一切語言文字符號所構成之系統，即此則有其「業」，此「業」當可連著「染執」、「趨向」、「勢力」、「性好」、「利害」等等而說。如此經由存有之執定，是為境識俱起而兩分，以識執境、以主攝客，而成就其對象義。此自不免意識的染執性、意識的權體性，如此即隱含意識之質礙性、意識之隱蔽性。

「明」之所以為「明」，是存有論的「照明」，即此照明而為「銷毀」，即此銷毀而為「回溯」也。意識之質礙性、隱蔽性、染執性、權體性皆得因之而銷毀、瓦解，而回復意識的明覺性、自由性、空無性與透明性，存有之根源因之得以回歸，此即「同歸於道」，「一本空明」亦因之而成。

【詮釋】吾常定位自己之學問路向為「關心人及其周遭存在的異化」，「並尋求其克服之可能」。前者，須深於「存在之異化」的真切理解；理解之、詮釋之，開權顯實，融通淘汰，由解構而回到存有之源，因之而得其澆灌、渥沐與治療也；既而由此得以進一步落實之、重建之也。

我深切知之，眾生病、吾亦病之，眾生未病，吾亦病之；哲學既為思修交盡之學，思之、修之，修之、思之，吾何能建此「存有三態論」耶！蓋深

有啟於牟師「兩層存有論」之教也。吾將吾師所做之超越區分融通之，將表象義與現象義做一區隔，深入於《易經傳》「見乃謂之象」之奧蘊，並經熊十力體用哲學之融通而締造之。

　　吾以為「存有三態論」可消解現象與物自身的分隔，融通之，使之還歸於一也。如此言之，它可以解消「既超越而內在」之圓枘方鑿的問題；它可以化解理、心、氣三者之緊張關係；它可以更恰當安排佛教與道家的位置，並調適而上遂之；它可以解釋「名以定形」（存有的執定）之異化及其復歸之可能；順此理路，可以發展出一套「存有的意義治療」（或稱為「道療」）；如此可以恰當釐清身心問題、心物問題、天人問題、德智問題、性善之內外問題等等；可以解消理論構作上之為橫攝、縱貫的兩重問題；可以解決《易傳》、《中庸》、《論語》、《孟子》、《道德經》等如何通貫為一的解釋系統。這樣的理論雖亦不離於主體之自覺，但顯然地，它的重點則落在「場域」、「處所」上立說。

　　　　《道與言》寫於丁丑之春五月四日凌晨三時於象山居
　　　　《詮釋》寫畢於己卯之夏七月廿二日、於清華大學之元亨齋

　　（本文之主要綱領「《道言論》八句」完成於 1996 年 10 月，以南華大學哲學研究所開校起教儀式講述；之後，再加增益，以【道與言：揭諦發刊詞】1997 年刊登於南華大學哲學研究所創所之所刊《揭諦》。1998 年又加上了【詮釋】，參加【國際中國哲學會年會】作為會議論文，在嘉義大林宣讀。後來，此文收入在林安梧《道的錯置：中國政治思想的根本困結》第一章，該書於二〇〇五年於臺灣學生書局出版）

第二十二章　後新儒學的基本建構：
道統系譜、心性結構、存有三態論、
本體詮釋學

【論文提要】

　　本文旨在經由一宏觀的反思，以儒學、新儒學與後新儒學做一對比，並據《存有三態論》為核心，展開有關心性論、本體論、詮釋學、教養論及政治學等向度之綜述。

　　首先，對後新儒學與儒學道統系譜之關係，做一歷史之釐清。再者，對心性論所涉及之結構：「志、意、心、念、識、欲」展開一建構性的詮釋。此詮釋又關連到「存有三態」：「存有的根源」、「存有的開顯」與「存有的執定」的基本構造。凡此，皆不離「存有的連續觀」：「天、人」「物、我」「人、己」通而為一之型態。

　　落實於詮釋學而說，這裡隱含有五個詮釋的層級：「道」、「意」、「象」、「構」、「言」。進一步，由此申言，人是參贊天地人我萬物所成之「道」的主體，人不能離此天地人間。人之文化教養也就當落實於此真實世間，能暢其欲、通其情、達其理，自可上遂於道。以政治社會面來說，這是從「血緣性縱貫軸」到「人際性互動軸」之轉化與重建，此自當由原先之「內聖─外王」之結構轉而為「外王─內聖」之結構，這是以「社會正義」為優先的「心性修養」。如此一來，自能解開「道的錯置」，邁向「公民社會」，建立「民主法治」的社會。

　　關鍵字詞：公民社會、外王、內聖、心性、正義、詮釋、道、言、血緣性縱貫軸、人際性互動軸、存有、連續觀

一、緣起：後牟宗三時代的來臨
──道統系譜、心性結構、道的錯置、意義治療

　　我今天要談的一個問題是有關儒學的道統系譜，第二個是有關儒學的心性結構的問題，另外，還有我自己的一些想法，像從兩層存有論到存有三態論，關於詮釋方法論的問題怎麼提法：從「道、意、象、構、言」切入，還有儒學在政治哲學方面的一些理解，像血緣性的縱貫軸結構的詮釋以及如何解開，還有涉及到「道的錯置」的問題，以及整個有關文化哲學的對比，像「存有的連續觀」與「存有的斷裂觀」之對比。另外，我將提及整個宋明理學的分系與結構，還涉及到儒學心性論以及意義治療等相關的問題，緊接著討論儒學宗教哲學相關的側面問題，大概就這些。今天是要向各位描繪出我對儒學諸問題思考的大略形貌，所以基本上會比較隨緣、輕鬆一點，在我談的過程裡，隨時可以提問。

　　去年（二○○三年）我在鵝湖月刊寫過一篇短的文章：「迎接後牟宗三時代的來臨」。我認為儒學應該到了一個「新儒學之後」的年代了，在我的提法裡，有「傳統儒學」、「新儒學」、「後新儒學」。所謂的「傳統儒學」我是把它定位成，從先秦一直到宋明之前，或者說時間更長一點，儒學一直到近代（清末民初）；民國之後有一大段新儒學的發展，這些儒學的發展可以往前追溯到宋明理學，之後，到牟先生整個體系有了一個總結。牟先生 95 年離開這個世間，從 1995 以後的整個發展，代表了當代新儒學的一個里程碑。但我並不贊成「儒學三期說」，儒學三期說是當代新儒學最重要的一個說法，認為孔孟儒學就是先秦儒學，再就是宋明儒學，再來就是當代儒學，這樣的說法是陷溺在宋明理學以道德本心論為主的一個說法。這樣的主流系統認為道德本心論是整個儒學的核心，先秦是以孔子孟子為代表；而宋明理學則是繼承孔孟而發展的，它以陸王學為正宗，而程朱學代表了一個歧出的發展；再者，當代新儒學自認為繼承了陸王而直承孔孟。

二、道德本心論只是一套詮釋方式，
並不適合說是正宗，儒學三期說並不恰當

　　這樣的一套說法很容易讓人家誤認為儒學只是以本心論為主，其實儒學本心論這一套詮釋方式，代表著整個儒學的一套說統，一套詮釋的系統，但是它並不能夠說就是一個完整的儒學，也不適合說它是儒學正宗，因為就整個中國文化歷史的事實，很難說以它是儒學正統。要是強調以心性論作為正統，容易變得封閉，所以我反對這樣的說法。此外，李澤厚先生提出儒學四期說，把漢代強調出來，這樣的一個提法是別有新意，但還是有些缺陷。我認為不一定要硬說三期或者四期，儒學應該順著整個歷史的發展，它是一步一步地往下發展，所以我認為應該破除掉儒學血緣上的、正宗的意思，因為你很難說荀子不是儒學，你很難說董仲舒不是儒學，你很難說隋唐時候的王通文中子不是儒學，你很難說康有為的自然人性論不是儒學，像章學誠的歷史人性論不是儒學，我覺得都是儒學，既然都是儒學那麼這樣去看待儒學？我覺得將儒學正宗的概念去除，回歸到一歷史社會總體的視野來看儒學，就會有很大的不同。

　　進一步來說，我認為儒學應該關聯到整個天道論，關聯到自然哲學，關聯到歷史哲學，關聯到心性論，關聯著它整個政治社會的哲學，儒學是在一個非常豐富的文化土壤下所長出來的，它跟它的經濟的生產方式，跟它整個社會結構的方式、政治組織的結構方式，有著密切的關聯。近幾十年來研究儒學的、研究當代新儒學的，有一種錯誤的想法，認為好像儒學就只有強調本心良知天理之學，而整個歷史上其它種種，好像跟本心良知之學並不是那麼密切相關，所以只要單提本心天理良知之學，就可以從這裏繼續地去開展一些什麼東西。這樣的儒學思考，它有幾個缺點：它忽略了更豐富的經學傳統，豐富的史學傳統，也忽略到整個中國經濟史、社會史、政治史、文化史的整體理解，這一點我一直認為並不恰當。破除了這樣的正宗意識，並不意味著儒學沒有核心的論點，我想本心論、天理論、天道論，這三者是通為一體的，所謂「心、性、天」通而為一，這論點可以作為儒學核心的論點。

　　我在 1994 的時候寫過「後新儒學的論綱」，將內容擴大後曾經在 1997年，在成功大學舉辦的臺灣儒學國際會議上作一個宣讀，之後收錄在《儒學革命論：後新儒家哲學的思維向度》那本書裏，那裏面我就提一個提法：老儒學、新儒學、後新儒學不同階段的發展，這個提法裏面就是說你要正視傳統儒學，譬如說先秦儒學它所面對的整個社會史、經濟史、政治史結構，跟兩漢是不同的、跟宋明是不同的、跟近代、當代，跟現在我想又是不同的，我認為應恰當去理解它。

　　先秦是一個「封建宗法」的年代，而秦漢一直到隋唐乃至於到宋明，你姑且把它叫做「帝皇專制」的年代；帝皇專制的年代跟宗法封建是不同的，宗法封建是一統而多元的，而帝皇專制的年代是單元而統一的，到了近代的儒學它整個基本上是已經進入到帝皇專制被破解了，它必須進到一個民主，更現代化的年代。那現代化基本上，代表的是民主憲政，用當代新儒學的話，是一個由民主跟科學發展出來的年代，那麼，在這樣的一個狀態底下，儒學的精神內涵，隨著時代的變遷而做了一些改變，這一點是我們必須要去正視的。

三、儒學都強調孝悌人倫、道德仁義，但因不同時代，其思維空間便有很大不同

　　如果要從儒學所面對的不同歷史環境來分別儒學，那麼諸代學問又根據什麼標榜都是儒學？它們的共通點何在？我這麼說，儒學有一個共通的地方，儒學非常重視孝悌人倫，在先秦時候的儒學就已經非常重視孝悌人倫了，秦漢以下也是非常重視孝悌人倫，一直到當代也是重視孝悌人倫，但是先秦時代孝悌人倫思維空間，跟帝皇專制時代的孝悌人倫的思維空間，以及當代的孝悌人倫的思維空間，是不太一樣的。總的來講，我們可以發現到，孔子跟孟子它們非常強調這個家庭的人倫優先性，譬如說有人問孔子「子奚不為政」，子曰：「《書》云：『孝乎！惟孝，友于兄弟，施於有政。』是亦為政，奚其為為政？」，在孟子書裏面講，「君子有三樂，而王天下不與

存焉。父母俱存，兄弟無故，一樂也。仰不愧於天，俯不怍於人，二樂也。得天下英才而教育之，三樂也。君子有三樂，而王天下不與存焉。」

顯然地，孔子孟子他們非常重視血緣之間的自然性連結，跟人格性的道德連結，這兩個向度充極而盡地展開，「人人親其親、長其長，則天下平」。這意思也就是說它認為通過「人倫孝悌，仁義道德教化」，政治基本上是一個教化的活動，「政者，正也。子帥以正，孰敢不正？」所以它這個禮樂教化的活動，要去成就整個周代周公制禮作樂以來那個精神。這個和秦漢以後的帝皇專制儒學是不一樣的。帝皇專制儒學基本上就已經不是以孝親作核心了，開始轉到以忠君做核心了，而把「忠」、「孝」連在一塊，所謂「忠臣必出於孝子之門」。這一點其實跟先秦儒學是不同的，先秦儒學「忠」指的是「忠恕」，或者是「忠信」，而忠君這概念是忠於其事，盡己、盡其事，從這樣的「忠」再推而講忠君這個概念。

到了帝皇專制，這個「君」講的是一個絕對體，這時候，從五倫進到三綱。三綱是「君為臣綱、父為子綱、夫為婦綱」，這樣的狀況底下，就確立了我稱之為「血緣性縱貫軸」的結構；「血緣性縱貫軸」的基本結構，是以帝皇專制宰制性的政治連結作核心，以血緣性的自然連結作背景，而以人格性的道德連結作為方法、工具。以此展開的一大套結構，整個儒學就轉向了一個隸屬性格局的思考結構，例如說仁愛的「仁」，在這個結構下，它並不是那麼直接的能夠重視到人跟人之間感通的問題，而是必須馬上注意到上下長幼尊卑有序的問題。這樣的結構，其實到了隋唐、到了宋代之後越來越走向封閉，因此造成了非常嚴重的閉鎖性格局，這個格局其實一直到西學東漸，鴉片戰爭之後，西方的船堅砲利打破了整個中國帝國主義的迷夢，而這個迷夢也代表了帝皇專制化儒學的受到非常大的挑戰，這個挑戰其實代表了整個中國陷入嚴重的意義危機。

有關意義危機方面，可以參考像張灝所寫的「新儒家與當代意義的危機」、林毓生《中國意識的危機》，還有我寫的《當代新儒家哲學史論》。這個問題在整個當代，在當代新儒學方面，從熊十力到牟宗三以來，我想他們最大的貢獻就在挺立道德主體，克服整個存在的意義危機。挺立道德主

體、克服整個存在的意義危機，它通過什麼方式？就是通過整個宋明理學、陸王心學的整個傳統，重新去驗證它，而這樣驗證的方式基本上就把整個當代儒學接到宋明理學的陸王心學，而把陸王心學往上提，通過熊十力到牟宗三把它提到一種超越的層面，比較形式面的來談這個道德本心，而最後往上提，幾乎把它提到一個超越絕對的地步。牟先生更且用了康德所說的「智的直覺」來強化，這樣一套方式的後果，當代新儒學對於中國文化發展出了一套「形而上保存的方式」，但非常重要的是它必須要落實在整個歷史社會總體間，作為一個實踐的開啟，這方面當代新儒學到目前為止，雖然意識到這個東西的重要性，但沒有恰當展開。

四、牟宗三先生的主流意識與唐君毅先生是有所差異的，這不可不正視

那麼，整個儒學系譜說，也就在這個理解下，往上去追溯，通過陸王去掌握宋明，通過宋明去掌握先秦，而以陸王的道德本心論作為所謂的正統，而當代新儒學認為它繼承這一儒學正統。當然這個新儒學是以牟宗三先生為主流系統的當代新儒學。然而，其實唐先生並沒有那麼強烈主張，而徐先生基本上是不同意的。但是因為牟先生的影響力特別大，所以到目前為止，談當代新儒學，大概我所知道的朋友們，在臺港地區，大概百分之八十以上都忽略了唐先生與徐先生，基本上以牟先生為主，而且是以牟先生的某一個向度為主而已。這一點對儒學的發展其實是不利的，就以儒學的系譜來講，我認為應該好好的還原到儒學本身上去，至少我們應該了解到先秦儒學它後頭所關聯到的意義結構，秦漢以來又是甚麼，當代以來又是什麼。在當代之後，我們應該正視的是，在現代化之後的社會歷史方面不同的發展，儒學不必花那麼多工夫去問：如何從傳統開出現代化，而是應該好好去思考，在現代化的發展過程中，面對到什麼樣的一些新的問題，必須好好重新去理解這些前所未有的問題情境。

問：老師所提的這些詮釋我覺得很感動，一般儒家他們弄的東西，越來

越壓縮壓縮，缺乏一個外在存活的力量，我覺得是不是能夠更加開放，也就是說，在中國的土壤上應該是更豐富，不止於儒家的發展，如果是說多元的發展，其它各家……我覺得老師事實上現在的思想已經突破了儒家的範圍，比較注重佛家還有道家傳統，我覺得如果是說讓它不要太強調這是我們儒家的發展，這樣是不是比較好？對中國文化的發展更有利？

　　答：這個部分我當然贊成，我認為包括我們對基督宗教也要恰當的理解，對伊斯蘭教也要更多理解，當代新儒學基本上對基督宗教並沒有恰當理解，對伊斯蘭教則可說完全沒有。就中國歷史上儒、道、佛整個發展來講，到當代新儒學已經有了比較平情而論的理解，儒學已經不再去闢佛了，宋明理學家要去闢佛老，對佛、老提出嚴厲的批評，這種批評是一種對抗性的批評，不是理論性的，恰當的闡釋與批評。當代新儒學基本上，從熊十力過渡到牟宗三先生，對於佛教跟道家，已經有相當不錯的理解，我並不認為那個理解已經達到最恰當，但確實是已經進到一個新的階段，牟先生認為道家是一主觀境界型態的形而上學，這是一個新的高層次的理解，但我是不贊成的，我認為道家基本上是可以發展成為一個完足的系統，這個完足的系統是「以身觀身，以家觀家，以國觀國，以天下觀天下」；亦即道家並不是作為儒家一個輔助性的結構，道家基本上可以自成一個結構，它涉及到人的身、家、國、天下，都是可以討論的。當然，道家跟儒家它有一個互補性的結構，我曾寫過〈「道」「德」釋義：儒道同源互補的義理闡述〉對此做了論述。在佛教方面，牟先生對佛家的理解已經超過宋明理學太多了，也超過熊十力，像熊十力他理解般若系統，是「破相顯性」，而牟先生講的是「蕩相遣執」，從「破相顯性」到「蕩相遣執」是一個發展，是一個很難得的理解，牟先生對於整個天台宗的判教，那個圓教的深層的理解，到了一個相當高的高度，但是它對於華嚴宗是不是很恰當的把握，這牽涉到整個詮釋系統問題，這個部分我姑且不去論它。

五、基督宗教的「原罪說」與儒家的「性善論」　並不是不能融通的

　　但是我們可以發現到當代新儒學對於基督宗教的理解，是有偏見的，這個偏見是建立在它們所接觸到的基督宗教的某些向度，比如說它大體上是以基督舊教、保守的基本教義派為主導的狀況之下，而又摻雜了太多其它的相關因素，所以滋生了許多不恰當地理解。幾十年前，牟先生就跟它們之間有一些討論，而這些討論或辯論，都比較是各說各話，直到蔡仁厚先生、周聯華牧師，還有林治平、傅佩榮他們的對談，我認為基本上都是各說各話。在這種狀況之下，基本上都不免有獨斷的色彩，例如說基督宗教強調人是有限的，當代新儒學強調人是可以雖有限而又無限，人基本上可以向上帝一樣；而在基督宗教下，人不可以成就為上帝，只能夠成為耶穌基督的信徒；或者說儒學所說的道德是自律的，基督宗教是神律的、他律的。在這樣的對比之下，我覺得重要的是應該要條目性地把差異標舉出來，至於如何為優、如何為劣，不該輕斷。至於，有沒有涉及到如何融通的問題，關於如何融通的問題，我認為梁燕誠曾經花過一些工夫，值得留意。可惜的是，對於這論題後來便沒有更多深入的研究。

　　有關這方面的研究，我認為可以通過保羅‧呂格爾（Paul Ricouer）《惡的象徵》（*The Symbolism of Evil*）裡面所談基督宗教原罪論的相關討論來對比理解。須知：基督宗教原罪之說與儒家性善之論，是兩套不同詮釋系統，並不是「原罪說」就得作為整個西方文化不可改易的本質性核心；同理，性善論也只是一套詮釋系統，它不應作為整個中國儒學或哲學不可改易的本質論式的思考核心。若只是集在一個詮釋系統下，才會有非如此不可的意義位置。我以為我們必須要慢慢解開他們的限制。如果你從保羅‧田立克（Paul Tillich）、馬塞爾（Gabriel Macel），還有猶太神學家馬丁布伯（Martin Buber），我們可以發現到他們詮釋的上帝，跟原來天主教、基督教宗教舊教系統的那個基本教義派的詮釋是不一樣的，這個部分它是有融通的可能性，它不是沒有。我覺得這個時候，儒學應該要有新的發展，而不是

用陳言舊說一併把它隔斷了，這是不對的。前幾天跟朋友聊到這個問題，開玩笑說，以前談三教，現在應該進到五教了。這個問題我想我們就先說到這裏。

宗教會通的問題，是一個極重要的問題。我認為，當代新儒學要正視自己做為一個大教的歷史地位，而這個大教在整個中華文化傳承裡頭，如何與儒、道、佛融通為一個不可分的整體，是一個重點。因此，在更根源處，當去正視儒、道原來是通而為一的，再來才是去談佛教，談三教如何通而為一。儒、道是同源而互補的，而儒、道、佛的三教合一，是經過一個轉化的過程，也就是佛教中國化的過程。也就是說，大乘佛教進到中國而發展出來的一套傳統，爾後跟宋明理學結合在一塊，而宋明理學汲取道家、道教還有佛教的內容，也開展出自己的一套完整的話語系統。當自己正視到儒學是放到這樣的脈絡底下，並了解儒學為特殊社會史、經濟史、政治史作為依據所發展的東西之後，才能繼續向前談論相關議題。換句話說，我們研究儒學不能把自己視為道德意識特別高的特殊人種，以前這樣的思考是因為我們必須對抗其他思想，但是現在應該必須有多元的、互動的、融通的觀點，而不可鎖國閉關，或形上超越地不理會人間煙火。

六、對於人的心靈意識結構的總體闡釋：
志、意、心、念、識、欲

孔孟儒學經過兩漢、魏晉南北朝、隋唐，而進入宋明階段，有關人的心靈意識結構問題上，儒學已經發展相當完整。這個部分顯然的是受到了佛教的挑戰，換言之，東漢之後，整個中國人對自己內部心性意識的結構性分析，已經開始逐層深入。大體我們可以看到，從先秦《孟子》「知言養氣」及其心性篇談到結構性的問題，後來《管子》裡頭也談到相關心性的問題，到了漢朝之後，道教的一部經典《太上老君說常清靜經》裡面說及「元神本清、人心本靜」，而「人欲牽擾」等等，其實已受到佛教很深的影響，而佛教的「唯識學」、「般若學」在魏晉南北朝的長期與深層發展之後，到了宋

明理學，對於心靈意識的分析也非常深刻。大體來說，我的理解詮釋，可以用下列結構作說明：

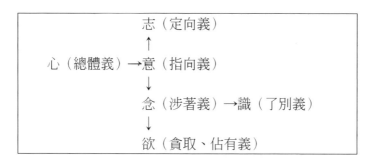

「心」是就「總體」來說；「意」是就心靈總體所發的「指向」來說；「意」往上提是「志」，「志」是就其「定向」來說；「意」往下墮是「念」，我認為是涉著於對象，「念」是就其「涉著」來說；而涉著於對象上面，起一個分別的作用是「識」，「識」是就其「了別」來說；而「念」再往下墮是「欲」，是個貪取、佔有的意義，「欲」是就其「貪取」來說。大體來講，我認為宋明理學家，對整個心靈意識的結構性分析可以用上述的圖加以說明，其所做的工夫在於如何「化念歸意」、「轉意迴心」、「致心於虛」。儘管程朱、陸王，還有其他諸門派各有不同，但總的不離我現在做出的闡析。

七、程朱的「道德天理論」、
陸王的「道德本心論」以及明末的新發展

這裡有幾個不同的用功方式：以程朱學來說，強調從「識」，也就是認知上，即對「對象」的了別下功夫，程朱認為對於一個對象越「清楚」地了別，我的心裡也就越為「明白」。而不管是程朱或是陸王，都預取著最後要「志於道」（志通於道），「致心於虛」，心的虛極即是通於道。但是，程朱學從「格物致知」、「誠意正心」著手，強調我們對於對象的客觀認知，

是必要，而且優先的，唯有我們對對象所形成的一套知識系統能夠清楚地掌握，才能展開恰當的道德實踐。這裡對知識的認知與道德的實踐，在程朱這裡，隱含了一個辯證性的結構，並關連成一個不可分的整體，換句話說，它（程朱學）的下手處，在於對客觀事物的認知開始，而這個認知就隱含了一個道德實踐的指向，這便是程朱學。

另外，陸王學則是強調在其「心」之本體，「心」中含了一個道德實踐的發展動力，而此道德實踐的動力也就是道德實踐的法則，亦即「心即理」，這樣的一個結構所強調的是心與理的內在同一性，人是做為一道德本體性的存在。陽明學重點是從心的本體出發，將心的本體顯露出來，而引發出道德實踐的動力，並要求著我去把它實踐出來，所以要致良知於事事物物之上。總結來說，宋明理學是從一個超越的形式原則，發展到一個內在主體性原則，而這個內在主體性原則再往前進一步地發展，就發展到一個純粹意向性的原則，這也是從朱子學到陽明學再到劉蕺山學的一貫發展。另外，這樣的展開，劉蕺山代表了一個重要的轉捩點，一方面是「歸顯於密」，另一方面是走到整個生活世界上去，譬如劉蕺山的學生黃梨洲便主張走到整個生活世界上去，他主張「盈天地皆心也，盈天地皆氣也」，他繼承了整個宋明理學，有了進一步的發展。

當代新儒學對於整個儒學心性論結構上，太強調於陽明學，而將其視為正宗；而陽明學之為正宗是以主體主義的正宗為正宗，也就是說，陽明學還隱含一個朝向意向性發展的路向，但是這個路向被忽略了，換言之，當代新儒學在牟先生的系統下，太強調「良知」做為「本體」，而這個良知本體直接上溯「道體」，在這個體系下強調良知本身能夠生天生地、神鬼神帝，能夠因此展開一個道德實踐的動力。總而言之，因為這個主體主義跟本質主義的傾向太強了，這一點是我不贊同的。就我的理解而言，我認為應該從劉蕺山到黃梨洲，以及同一年代的王夫之，進一步好好思考這問題。王夫之非常注重從「人存在的歷史性」出發，並論及於「道德本心」和「天理」的關係，我認為這是更為可貴的。陸王的「道德本心論」以及程朱超越形式原理的「道德天理論」，基本上都是走向了「以心控身」的結構，到了王夫之，

才是一個「身心一如」的結構，而「身心一如」的結構比較接近最傳統儒學的原始結構，也就是陰陽和合的結構，用船山學的說法是回到易學「乾坤並建」的結構。

八、人存在的多樣性：
自然的存在、社會的存在、政治的存在、道德的存在

問：照老師這樣講，自由主義者跟新儒家雖然方向不同，但是所強調者仍可以為同。但是我以為他們（自由主義者）都是以救亡圖存此一極端方法，沒有哲學作為基礎，而直接進入生活世界中以解決問題，請問老師看法。

答：我在這裡不另外談論有關自由主義的問題，而因你的問題引發，我將再做澄清。我認為，人做為一個人有幾個不同的向度：他做為一個「自然的存在」（natural being）、做為一個「社會的存在」（social being），或是更廣義的，如「政治上的存在」（political being），之後，還要去正視人作為「道德的存在（moral being）」，但是也不能忽略到人作為社會的存在、自然的存在，不能夠把人作為「道德的存在」視為唯一的，並且認為每一個人都以此作為本質而已，同時認為所有華人都是心嚮往之，而能夠很快達到這個層次，由道德的存在再去開出社會的存在、自然的存在。我覺得並非如此，經驗上，人首先應當是作為一個自然的存在，也就是面臨「我必須要活著」的課題，至於談到「人之異於禽獸者，幾希」，那是一種根源上的意義、根本性上的意義，這是兩個不同的層次。我覺得當代新儒學常常忽略了人做為一個發生學上意義的可能，這部分是須要留意的。我們去審視儒學史的發展，從宋到明到清，便隱含了以上所說這樣的發展，從而我們知道必須正視整個歷史的存在、社會的存在、正視整個生活世界。非常可惜的是，在康熙那個年代，他又回到朱子學，而且是回到一個專制化的結構。這個專制化的結構，使得整個中國開始鎖國、閉關，直到鴉片戰爭的時候，才被打破，但是，這也已經是落後其它先進國家一兩百年，思之寧不喟嘆！

九、牟先生締造的「兩層存有論」是一「高狂俊逸」的哲學系統

我並不滿意以牟先生所詮釋的儒學系統，可以或應該作為唯一的一個核心。牟先生最重要的理論建構是「兩層存有論」，這基本上是藉著《大乘起信論》的「一心開二門」的結構，來關連到康德哲學所開啟的「現象界」與「物自身界」，以強調我們的「一心」可以開出「執的存有論」與「無執的存有論」，「執的存有論」指的是「現象界的存有論」（這對應於「心生滅門」），而「無執的存有論」指的是「物自身界的存有論」（這對應於「心真如門」）。它有些什麼樣的限制？首先我要指出的是：有「主體主義」的傾向；第二，太強化了人作為一個無限的神聖者的可能性，甚至是必然性，也就是通過心性修養工夫就可以去說它的實踐必然性，並通過實踐必然性而往上提，提到一個形式意義下的絕對必然性。因此，在這裡就可以看出非常強的獨斷色彩。

當然，牟先生建構兩層存有論，他也自覺到其本身的限制，所以牟先生非常強調如何從「智的直覺」（intellectual intuition）往下開，開出「知性主體」來涵攝民主、科學。就康德學來說，他強調的是人只有「感觸的直覺」（sensible intuition），而沒有智的直覺。牟先生卻以為人的一心可以開這二門，以為中國的儒學是以智的直覺作為大宗，使得感觸的直覺這一邊便弱了，所以他非常強調從智的直覺往下開感觸的直覺，從道德主體性下開知性主體，並認為道德主體性是每一個人都可以當下朗現的，當其朗現時，便是無所不在。牟先生這樣的提法是有新意的，但是這樣的新意是建立在他的詮釋系統下，以道德本心為主、以康德哲學意義下的智的直覺為主。另外可以注意的是，康德意義下的智的直覺只有上帝才有這樣的可能，在牟先生的系統中，卻把人提到上帝的層次，再從上帝下返到人間，就好像已經究竟的證道了，再做為菩薩下凡人間，而開啟現代化的可能性。這樣的理解方式，我以為可以用蔡仁厚先生所說的「高狂俊逸」這句話來形容，牟先生是一高狂俊逸的哲學家，果然！

十、哲學必須溯及於「人」「參贊」「天地」所形成「不可分」的「總體」「根源」

這樣的理解，我認為這是一套「高狂俊逸」的哲學系統，上提至天，再往下走出人間世界，而我認為這樣的一套詮釋方式是對應當時的時代，對應當時的存在意義危機。其實，如果回到中國文化的傳統上，這樣的詮釋系統會受到很大的挑戰的。也就是說，中國文化傳統所強調的並不是以本心的概念作為核心性的概念，關於理、心、氣三個核心性概念，在我的理解上中國哲學的文化傳統是以「氣」這概念最為優先的，這個「氣」是指的是形上、形下通而為一的，強調的是生命性的原理原則，所以我認為整個儒學應該回到這樣一個以「氣」為核心所開顯出來的「三才」（天、地、人）傳統去說。

「人生於天地之間」，是做為人理解這個世界，不管是 natural world，或者是 human world 這樣的一個起點，所以人是參贊於天地之間而生起的種種詮釋系統，所以從這裡去重新理解的時候，其實是「道」造化了這世間，並不是人的本心體現了這個世間，什麼是「道」？是「人」「參贊」「天地」所形成的「不可分」的「總體」，就這「總體的根源」或「根源的總體」說「道」。因此當我們說「道」的時候，是天地萬物以及人通而為一的，不過人跟萬有所不同的是人具有靈性，具有參贊的能力，就人具有參贊的能力，這時候才會有存有的開顯，道的開顯的問題。

「氣」是「對比於心物兩端而成的辯證性概念」，非一物質性的概念，它既是心又是物，既非心又非物，用唐先生的話就是「流行的存在，存在的流行」，它重視存在的歷史性，是一真情實感，其實是萬有一切跟人的互動，用馬丁・布伯（Martin Buber）的話來說是「我與你」（I and Thou）那當下所顯露的，而這種東西作為一總體性根源的時候，它是寂然不動的，但即寂即感，感而遂通的，就其「寂然不動」我們說它是「道」，是「存有的根源」，而就其「感而遂通」，我們說它是「存有的開顯」，而存有的開顯必須走向整個知識系統的建立，這時候我說它是「存有的執定」，存有的執

定是一主體的對象化活動，用王弼的話來說即是「名以定形」，也就是說用話語的給出，使得對象化的對象成為一被決定的定象。就其根源來說，「道」即「氣」，我是朝這個角度去理解整個中國哲學傳統的。

十一、存有三態論：
「存有的根源」、「存有的彰顯」及「存有的執定」

存有的開顯，指的就是「人能弘道」，用海德格的話，人作為一個 Dasein，人作為「此在」，去開展這個存有，使得存有能夠如其自如的顯現其自己。存有的根源能夠如其自如顯現其自己，就是從「境識俱泯」到「境識俱起」，從「境識俱起而未分」，到「境識俱起而兩分」，境識俱起而兩分的時候，就是「以識執境」。這也就是說，從存有的根源到存有的彰顯，存有的根源是「寂然不動」，而存有的彰顯是「範圍天地之化而不過」，或者是「感而遂通」，到「存有的執定」是「曲成萬物而不遺」。這是存有的根源經由「縱貫的創生」到「橫面的執定」的發展過程。從「存有的根源」、「存有的彰顯」到「存有的執定」，這即是我所說的「存有三態論」。

我認為當代新儒家的奠基者熊十力的體用哲學，其實隱含這樣一套結構。牟先生是其中的一個發展，而牟先生的發展是以道德主體為核心，而掛搭在康德學的「現象與物自身」這樣的一個格局，所展開的一個系統；並且通過《大乘起信論》「一心開二門」的方式連接現象與物自身，這個系統不同於熊先生的體用哲學系統，也不同於唐先生在《生命存在與心靈境界》所開啟的系統。據實而論，倒是唐先生的系統比較接近熊先生的系統，而這樣的系統往上推溯是船山學的系統，也就是說牟先生的發展是一獨特的發展，並不能代表儒學的全部，這一點是必須要強調的。「存有三態論」的結構是從熊先生體用哲學的脈絡再回到王夫之「乾坤並建」的脈絡，再回到《中庸》《易傳》的傳統。在我的理解中，《中庸》《易傳》可以視作整個儒學系統的核心，並不是歧出。在這一點上，我是反對勞思光先生，也不太贊同牟先生的詮釋系統。反而較接近熊先生或者是唐先生的理解系統的。

十二、「存有的連續觀」與
「存有的斷裂觀」的對比展開

　　「存有」這個概念不同於西方亞里斯多德（Aristotle）意義下「存有」（Being）的概念，「存有」相對於中國「道」的這個概念，「道」不是一形而上實體性的概念，道之為道，是天地人我萬物通而為一的、不可分的總體性根源，或者說這樣一個根源性總體它具有生發一切力量的根源，而這樣的一套說法並不是宇宙論中心的，它既是宇宙論的，也是人生論的、實踐論的。這一個部分應該是關聯到中國文化傳統「存有的連續觀」（相對於西方文化傳統「存有的斷裂觀」），我們是天人、物我、人己通而為一，而在西方主流的傳統是神人、物我、人己分而為二的。而這個部分必須通過整個文化人類學及社會人類學的總體理解上可以看到，它是會影響到我們整套思考、整套價值的異同，這個部分我們必須正視。

　　在中國哲學中，強調的是「價值與存在的合和性」，在西方從巴曼尼德（Parmanides）以來的傳統就強調「存在與思維的一致性」，而在中國，從《易傳》以來的傳統，就強調「價值」與「存在」的合和為一，例如：「天行健，君子以自強不息」，「天行健」所指的是對大自然的理解，但其中已含價值的指向，所以導出「君子以自強不息」。所以在華人的文化傳統中，就其根源來講，存有與價值是通而為一的。我認為唯有透過此一恰當對比的理解，我們才能理解牟先生所說中國具有「智的直覺」的可能，要不然牟先生所說跟康德所說的「智的直覺」根本是兩套不一樣的理解；那麼，為什麼康德那套哲學成就一套「道德神學」而牟先生所說成就一套「道德的形而上學」，它的意義在哪裡？基本上唯有通過一套更寬廣的哲學對比架構才有辦法理解，也就是說從中國古代的話語中我們看到「智的直覺」的可能，然而為什麼可能？這一點是我們必須要正視的。這也就是說，我們並不以「智的直覺」最為核心，而是以「三才」（天、地、人）的傳統來說，人進到天地之間，就天人、物我、人己通而為一的不可分的總體，我們必須設想從這裡說，並非設想從宇宙都不存在的狀況說，而是當我們要去理解這個世間它最

原初的狀態，理論設定上原初的狀態，從未開顯、到開顯、到我能夠分明的掌握的過程，所以我認為中國沒有西方意義的宇宙論（cosmology），也不是西方意義的存有論（ontology）的傳統。

十三、就人的自覺說「志於道、據於德」，就道的開顯說「道生之、德蓄之」

這個「道」，就整個歷史發展來講的話，它是從宗教色彩的「帝之令」，到「天之命」，到「道之德」，到了「道之德」已經到了春秋戰國時代。這時候說「道」已經回溯到總體的根源上說了。若以此，回頭去探究「帝」的觀念，就可以有一恰當的定位，也就是「帝」代表萬物始生之根源，當然也帶有人格神的意味。但是它跟西方的「人格神」意義差距很遠，因為後來中國文化的詮釋系統朝向一個內在的總體根源去說，並不是一個超越的、絕對的人格神去說。這是兩個傳統，一個是走向「存有的連續觀」；一個是走向「存有的斷裂觀」的兩個不同的傳統。

此外，雖然最初人類本源上有某種的類似性，但人類文明的發展過程中走向不同的宗教，而宗教是人類文明之「能產」，也是文明之「所產」。也就說「宗教」成為一套系統之後，這整個宗教是受到文化傳統的發展、整個政治運作方式、經濟生產方式、社會組織結構等等總體的結果。所以往人格神的方向走與往內在總體根源的方向上走，有很大的不同。因為決定了此一方向後，整個詮釋系統、意義系統都往此發展，包括倫理學、道德學、知識論、人生論等，總體來講都是不同的。

因此回到「天、地、人」三才的傳統來說，回到「道生之、德蓄之」、「志於道，據於德」的傳統上來說，「道」是就「總體根源義」說，「德」是就「內在本性義」說，所謂「總體根源」，「人」已「參贊」於其中，而就人的自覺說，就講「志於道」；就道的開顯處說，就講「道生之」。講「道生之」就講「德蓄之」；講「志於道」就講「據於德」，這我在〈「道」「德」釋義：儒道同源互補的義理闡述〉一文中有較為詳細的闡

述。

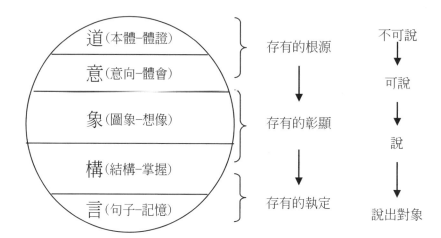

十四、詮釋方法論的五層級：道、意、象、構、言

　　由「存有三態論」的建立，進而我提出詮釋方法論的五層說：「道、意、象、構、言」。「道」是寂然不動，是就「存有的根源」處說；「意」是就「純粹的意向性」上說；「象」是就「圖象」來說；「構」是就它的「結構」來說；「言」講的是整個「語句」。相對於「言」來講，是「記憶」；相對於「結構」，是「掌握」；相對於「圖象」是「想像」，相對於「純粹的意向性」是「體會」；而到「道」的層次則是「體證」。這是五個不同層次的理解，必須強調的是這裡涉及的「文本脈絡」不只是「文本本身」，更牽涉到整個「存在的語境」。

　　若以「存有三態論」來對照，則如上圖。若就「道生一，一生二，二生三，三生萬物」來說，就此「不可說的整體根源義」說「道生一」；「道」是就「根源義」說；「一」是就「整體義」說；「二」是就「對偶性」說；「三」是「指向對象」，就「對象性」說，而「三生萬物」是一對象化的活動使其成為一「對象物」。這也就是從「不可說」而「可說」，由可說而「說」，再到說出一個「對象」，這也就可以關聯到「道、意、象、構、

言」的系統。值得注意的是他們彼此之間有一互動循環的關係。

　　道是不可說，……而道生一是就此不可說之整體義、根源義道的意義。所以一是就其……道是就其根源義說，而一是就其整體義說、二是就它的對偶性、三是指對象的對象性，而三生萬物就使得這樣的一個對象化的活動……使得它成為一個對象物……基本上在我的理解就是從一個不可說而可說，從可說而說，說而說出了對象……而這樣的一個發展過程裡面剛好就可以關聯到了這裡所說的「道、意、象、構、言」……而這裡我所說的「道、意、象、構、言」可以與王弼所說的「道、意、象、言」做一對比。這言是句子、這構是結構、象是圖像、意是意像，道是道理。句子是記憶，結構是一種掌握；圖像是心靈機制的一個想像；意向則是體會，道則是體證。我認為讀書必須從下到上，從下到上的時候，它不斷的有一互動循環的關係。言、構有一個互動循環的關係，言、構、象也有一個互動循環的關係……，上昇到「道」，它隱含了一切。這些我在《人文學方法論：詮釋的存有學探源》裡有一章探索詮釋學的層級，對此有較為充分的討論。

十五、從「總體概括」到「存在相遇」，到「資源蘊蓄」，以及「創造生長」

　　至於說，在如何閱讀、理解、詮釋，在方法論上有何看法，我曾經用一首古詩去說它，詩曰：

　　　「半聽半看半朦朧
　　　　一葉一花一天風
　　　　山下出泉源滾滾
　　　　雲上雷端艸木從」

　　我這四句詩都是用了《易經》的道理來說的，第一句「半聽半看半朦朧」，這個「半聽半看」就是「太極」了，就是渾然一體的狀態、這就是強

調總體的概括。第二句「一葉一花一天風」就是「姤卦」，「天風」上乾下巽，「姤」是「存在的相遇」，第三句「山下出泉源滾滾」就是「蒙卦」，上山下水，上艮下坎，山下出泉，這是用它的象傳文句，指的是蘊蓄，是資源的蘊蓄。山水為蒙，下坎上艮，一方面是「見險知止」，另方面是「山下出泉」，「山下出泉源滾滾」代表一種從蘊蓄到流出。第四句「雲上雷端草木從」就是「屯」卦，上雲下雷，上坎下震，是動乎險中，指的是生命創造的艱難。從蘊蓄流出，進而創造生長。這是前些年師大一次課上說的，當時有一個同學問：「老師，我們常常讀書一讀就是朦朦朧朧的那怎麼辦？」一時靈感來了，就做了這一首方法論的古詩來闡釋。前年大前年，有一次在深圳大學有個講演，講我做中國哲學的心得與方法，我就從這說了一回。這代表著我的詮釋學這個部分。另外在中大，很多年以前，我在這裡做過一次講演，我當時用了一個較為聳人聽聞的題目叫做「死裡逃生」，這篇講稿整理好後發表在《鵝湖》。更早的時候，我在淡江大學做過一個講演就叫做「存有、思考與方法：我對方法學的一些理解」那個講演剛好是我正在寫博士論文的時候講的，我明顯地受到了熊十力哲學的啟發，我將熊十力體用哲學逐漸發展成一套詮釋學，後來就成了《存有三態論》的詮釋的方法。這一係絡的發展，大體是這樣的。

　　這個部分我的理解、思考是從我大學時代讀克林烏（R. G. Collingwood）的《歷史的理念》（*The Idea of History*），還有史賓格勒的《西方的沒落》、黑格爾的《歷史哲學講演錄》有些具體的相關，後來在研究所碩士、博士階段，還在歷史系博士班選了「德國史學史」專題，讀邁乃克（Meineicke）的《歷史主義的興起》，我始終對歷史哲學有不可解的因緣。當然，這後來跟整個詮釋學的傳統是密切相關的，像迪爾泰、伽達碼、海德格等等都不免。在我的詮釋方法裡，我非常強調人跟整個存在的脈絡、整個生活世界與文本脈絡通而為一。這個通而為一就是「道」，但是要怎麼樣的通而為一，是要通過這顯題的文本，再由這個顯題的文本進到那個未顯題的文本。未顯題的文本就包括他整個存在的脈絡。禪宗就很喜歡用那些未顯題的文本來作為它的根源探索。理解與詮釋就必須要藉著顯題的文本進入到未顯題的文

本，這樣才能整體而存在契入，有一深入的理解。不然的話，你就很難了解慧能是怎麼悟道的，悟道並不容易，這是一件十分複雜的事情。這些問題還牽涉到很多，大體來說，從一九九六年，我在南華哲學所開講禮上所說的《「道」與「言」》，已訂下了一定的規模。一九九七年，我將簡綱做為《揭諦》的發刊詞發表了，後來我再深入闡釋，在一九九九年的國際中國哲學會上提交了這篇論文，後來，這文章又費了一番工夫增刪，現在收在《道德錯置》這本書的第一章導論上，題為：〈「道」的彰顯、遮蔽、錯置與治療之可能〉。

十六、「道」是「總體的根源」，不是「絕對的他者」

問：剛剛老師談到的「道」它與人的關係為何？

答：所謂「道」是天地人我萬物通而為一的總體，而這天地萬物通而為一的總體，特別獨特的就是「人」，「人」具有一特性，那是讓「道」能為之開顯，所謂「人能弘道，非道弘人」。我們既說「志於道、據於德」，另方面，我們也談「道生之、德蓄之」。「道」之做為一「存有的根源」，人就在裡面，把人抽掉了以後就不可能，這道是包含了人。

譚宇權：那老師是不是就強調「人」，而不是「人的主體性」？

林老師答：那當然是相關，我強調「人」是一個參贊的主體，而人這樣的一個主體，我們不能把天地萬物都收到人這樣的一個主體上去說。整個天地萬物這個總體的道，「道」必須通過天地這個場域去上，而人參與於其中，就在天地這個場域彰顯出來。道之為道，「卷之不盈於一握，而放之則彌於六合」，它是這樣的一個存在。那麼它如同什麼呢？道，你去設想它的根源時，到不可說處，它幾乎等於沒有。最後歸本於無，但你不可以把她理解成沒有，因為這個「無」是充滿著「無限可能性」，而不是「沒有」。如果從圖像上說的話，它朝向根源，是不可說、不可思議的，你沒有辦法觸及；而「道」它是散殊而為萬有一切，它是萬有一切的根源。把人放到裡面去體會、去感覺、去覺知的話，道其實是彌於六合之間的，它是一不可分的

整體，我們可以覺知、體會到處處都是「道」。它「卷之不盈於一握，放之彌於六合」，這個「道」它不是在這個世界之外，或是這個世界之上，那樣一個東西。我們談這個「道」生養出天地萬物，而這個「道」就在現實世界，並不是在天地之外有一個超越的絕對者，來到這個世界。就此來說，我強調的是一個總體內在的根源，而較少說它是一個超越的、形上的絕對者。換言之，「道」與「人」，與「萬有一切」的關係是「我與你」（I-Thou relation）下的不可分之總體。這不能通過「我與它」（I-it relation）來理解，「道」不是一「絕對的他者」，「道」是一「總體的根源」。

「絕對的他者」與「總體的根源」有很大的不同，在華人文化傳統裡，強調的是一個「總體的根源」而不是一個「絕對的他者」。我現在的提法裡，與牟先生比較大不同的是，牟先生基本上有一個傾向—全部都收攝到這個本心、收攝到了良知；從這裡說，收攝到了道德主體說，而人是這個道德主體。我不做這樣的主張，我認為人必須放到整個天地人我萬物裡面說，道德是在天地人我萬物中發生的，認知也是在天地人我萬物中發生的，而並不是在人展開認知後才發生了天地萬物，並不是人在展開道德實踐之後才發生了天地萬物。正因為如此，我非常注重「場域」、「天地」這些相關的概念。在我的思想裡，道家很重要，道家就強調這些，這理解跟牟先生不同。牟先生認為道家是「主觀境界的形而上學」，我認為道家不是。我認為道家是人我萬物通而為一的總體彰顯，從那個地方說，可以說一「存有的治療學」，而不只是主觀境界型態的形而上學，這我們在前面已經有所論說了。

十七、正視「六經皆我註腳」的限制，注意文本的場域脈絡

問：我的問題是說，「道」與「人」他們兩者，何者更為根源？

答：就其根源說，道，是優先於一切的，但是「道」只要彰顯，這個時候「道」是如何可能彰顯，是因為人的觸動使得道彰顯，而道跟人的關係，是一個交與參贊而不可分的總體。人基本上是在「道」裡面，你不能說我設

想一個跟人無關的道，人已經在這個世間裡面，我們不能設想一個我來看這個世界──我們在這世界之外來看這個世界。我已經進入這個世界，所以我看這個世界的時候我是經由這個主體對象化活動而看這個世界。我參贊這個「道」的時候，是因為我預取了參贊的可能性。這個道彰顯的時候，是從不可說、未分的狀態到了可說而彰顯的狀態──從彰顯達道，從「所顯」到「所說」，從「顯現」到「說」。「顯現」它是「境識俱顯而未分」，而「說」的時候是「境識俱顯而兩分，以識執境」的狀況，這是一「分別、了別」的活動，「說」這個「主體的對象化活動」是一個「言以定形、文以成物」的活動。

　　問：照你這樣講的話那就是……照王陽明只能在一個道德系統……價值系統之外的東西，它沒有辦法真正來處理……。

　　答：我們姑且不論那個部分，但是我認為牟先生的系統太強調了道德主體的優先性，而這個時候會有點……嚴重的話，它會導致無世界論的傾向。這無世界論基本上是我所反對的，就是它因為所有世界都收攝到我的主體上了。它不重視一個場域的概念、不重視一個主體須得落在場域天地之中。我注重的是那個天地人我萬物為一的根源之道，但落實則必須經過場域、天地來彰顯。換言之，「天地、場域」是人的主體作用在上頭發生的，並不是人的主體作用了以後它才發生的。就是他當下觸動的時候一體呈現。一體呈現的時候，就是人作用的時候，因此才有更進一步主體對象化的活動、名以定形的活動、文以成物的活動，才使得一對象成為一對象物，這是一個很複雜的過程。這就是我很努力要去克服主體主義的用心。在詮釋方法上，大體來講，我很注重社會史的理解、經濟史的理解、文化史的理解、政治史的理解，乃至人類學的理解，就整個文本來講的話，我認為文本脈絡要好好放在以上所說這些背景好好去理解。不能夠那麼簡單的就「六經皆我註腳」，六經皆我註腳的詮釋方式，有它的限制、有它獨特之處，這是象山學的傳統和陽明學的傳統。牟先生的詮釋學較近於「六經皆我註腳」一路，但他較象山、陽明豐富多了，牟先生的知識系統蠻豐富的，這與象山、陽明是不同的。

十八、「道、理、性、心、情、才、欲」
辯證的通而為一

問：如果道德與欲望如老師剛剛在講到的第二點，那該如何處理。

答：我在一九八六年《王船山人性史哲學之研究》中就強調「道、理、性、心、情、才、欲」通而為一，它們是一個不可分的整體，而它就人的心靈來說可以有那樣的結構性闡釋。剛剛講的那個「心」、「意」、「念」、「識」、「欲」，這基本上是就人的心靈活動而言，而心靈的活動必須要與身體連結在一塊兒，身心是一體的，是總體不分的。就心靈活動總體來說，是「心」，心之所發為意，「意」指的是「純粹意向」，而往上提的就叫「志」，「志」是意之有其「定向」，「志」通於「道」。「意」之往下「涉著於物」的時候叫「念」，而「涉著於物」，而起一「了別、分別」的作用，我們就叫它做「識」，就「涉著於物」而往下趨的力量，就成了「欲」，「欲」是「貪取、佔有」。就此來說，上下的區別是就結構上說、就價值上說，但是，不能夠沒有上，也不能夠沒有下；下代表的是落實，上代表的是那個根源。所以「形而上者謂之道，形而下者謂之器」，所以「道」和「器」是通而為一的。就此來說，「形」是「形著義」，「形」是一個 embodied 的活動，「形」是一個形著、具體、具現的活動。人之為人，用王夫之的話來講，必須要「暢其欲，通其理，達其情，遂其欲，上遂於道」。這個「道、理、性、心、情、才、欲」，完整的把它拿來說，是通而為一的，這才是充實而飽滿的人生哲學。

我認為王夫之在這方面的論點是最具有說服力的。王夫之甚至認為一般所說的「縱欲」根本是「遏止欲望」的另面表現，它是「縱一欲而遏百欲」，譬如有個人喜歡喝酒而縱酒，那他就遏止了千百個其他的欲望，只縱欲喝酒。你說他是縱欲，其實是遏止其他欲望。王夫之他重視欲望本身的可貴，就王夫之的理解，人類如果沒有欲望的話，人們將沒有實踐自己的能力。欲望是生命之所以能實踐出來的必要依托，只是欲望要有節度。這麼一來，這如何節度就牽涉了複雜的社會學上的問題、複雜的道德學上的問題，

但是很重要的。王夫之，他告訴你，我們應該正視欲望本身的重要性，我們本身應該去了解「道、理、性、心、情、才、欲」是通而為一的，所以不能夠壓制欲望去呈現天理，你壓制欲望去呈現天理，這樣的天理本身就有壓抑性了，而一個專制化壓抑性的天理是會有問題的。「存天理、去人欲」若是絕對化的發展，會生出很多弊病來。

十九、須得留意資本主義化、消費化下貪婪性、染污性的「我」之銷解

我認為儒學強調的是「理欲合一」，強調人倫之大、教化之美，飲食男女，可以提到敦化人倫來說。所謂「敦倫」一詞，是一美好的事，它並不是一種污穢、厭惡之事。對於兩性問題，我覺得宋明理學在這些問題理解上遠不如王夫之來得透徹，須知：中國基本上是節欲的概念，而不是禁欲的概念。「節欲」看他要去怎麼節，《禮記》上說「禮者，天地之大節也，樂者天地之大和也」，講「禮、樂」，一方面講「分寸、節度」、一方面講「和合、同一」。華人非常具體的強調這分寸節度、強調總體根源的合一。我認為華人為什麼能夠流傳數千年，一個非常重要、最後一個根源性的……在這裡。你把這個毀掉了，華人就沒有辦法再像以前那樣。整個中國歷史是蠻黑暗的，它靠什麼一直延續下去？它政治上非常糟糕，但它靠著民間的、社會的禮樂教化，這傳統一直都是存在的。就以臺灣為例，看似岌岌可危，但它整個民間禮樂教化的力量仍不斷維繫著，就這樣它渡過許多難關。現在，臺灣是比以前危險了，因為這個部分毀損得很嚴重。

這牽涉到整個教育的問題，在我的想法裡面，教育就是生長，教育不是控制、教育不是壓抑；而所謂生長是必須要暢其欲，通其情，達其理，而上遂乎道。教育應該是「上通天」，而「下接地」的教育；教育不是把一個人拋擲出來在現實世界裡面，當成一個既成的，並且作為一切長養知識、長養欲望，以及滿足自己這樣一個系統。教育是作為一個人，通過人我萬物通而為一的，一個可能的理想狀態，而作為一個人落在現實上的狀態是什麼？在

這樣的一個對比狀態下,去看現實狀態下的「我」。這個我,當然不是那個原初的根源性的那個真我的狀態。我們必須要正視這個世俗之我的限制,必須要正視這個世俗種種如何加在「我」身上,它造成了嚴重的限制。我們須正視在資本主義化消費化下的這個我,它具有貪婪性、染污性、執著性,它貪取佔有,不斷地想滿足其欲望,而我們要留意這個問題。如果沒留意這問題,我們就會以知識的取得、生活資源的獲取,滿足自己的貪婪欲望,做為我們生活上的目標,甚至我們以為欲望貪婪的至高滿足當成卓越。這樣的嚴重後果,是在現代化之後,在資本主義化、消費化之後,我們必須深思長慮的。

廿、極端的個人主義、集體主義在資本主義化、消費化下猖獗興起

在華人的文化傳統裡,對於教育其實是很有反省的,他認為教育必須要「反俗歸真」,之後再進一步要「迴真向俗」。一旦已經迴真向俗,這個「俗」就不是原來低俗、俗流的俗,而是「化民成俗」的俗。這一點是很重要的,教化之為教化,就是要往上升,上逐於道,而往下落實,就在倫常日用之中。教育要注重的不只是經驗上既成的存在,而且要是一個恰當而根源性的存在。這樣的存在必須要落在人倫裡、落在社會裡、落在國家、落在天下裡面,人這樣的生長是非常重要的。正因如此,所以儒家強調「孝悌」的重要,像《論語》就說「孝悌也者,其為仁之本歟!」。孝悌是實踐人倫的起點、根源。整個華人文化傳統教化是很強的,這是可貴,至聖先師孔子在這一點上說的很是分明,我們不應忽略。相對而言,現在的教育方向是錯誤的。現在臺灣的教育哲學,基本上就是因著現代世界主流的教育哲學,在資本主義化、消費化下,人這被視為是一個既成的、當然的存在,在現代化、合理化下,人定要滿足這樣的一個狀況。這是最基本的、但不能只限於此,若只限於此,而以為滿足這欲求就是教育的目的,到頭來會導生嚴重的權利和利益的競爭,甚至是鬥爭。

在權力的鬥爭裡，你必須要形成一種優越性，你必須要具備這樣的能耐，目前的教育是以這向度為優先而展開的。現代教育可以說是一個「縱欲式」的教育，它縱放你在整個資本主義化、消費化而名之為現代化、合理化，其實後面是一個強大的權力利害的驅迫力，這樣一個教育的方向。這個教育的導向會使得人從原來的人走向非人。目前教育的走向是非教育的，目前的學術走向也是道術為天下裂，特別是人文學已失去了「求道」的要求。須知：「道」是必要的，我們必須要回復到總體、回復到根源。目前就是這樣，你們可以感受到你們寫論文就是越寫越歧越遠嘛、回不到根源嘛。人的存在方式很難回到根源。人很難回到根源卻有回到根源的要求，這該怎麼辦呢？……帶有神秘性的宗教就趁勢而起。在資本主義化、消費化、染污化的過程中，人的疏離愈來愈嚴重，人的溝通愈來愈難。很難溝通，那乾脆就不溝通了，把自己封閉起來，甚至以為封閉起來，一切就可以解決。這真如同《孟子》所說「天下不歸楊，則歸墨」，顯然地，極端的個人主義和極端的集體主義正在漫延之中。帶有神秘性和超越性的宗教神聖要求，被以為是克服異化與疏離的良方。臺灣昨天的報紙說一個教派用軍事化集體化管理，那當然啦！當人們處在意義匱乏的時候，他就讓你找到意義嘛，這時集體主義便生出了力量，戰國時候的墨家就是如此，我們可以說現在這是新墨家！還有，另外雅痞式的個人主義也盛行得很，這就是新楊朱，新的極端個人主義。目前臺灣是這樣子的啊！這是很容易理解的啊。

廿一、教育必須涉及於三個層次：
生命意義的認定、生活的安頓、生存的需求

問：教育作為人之影響、作為文化的一種驅力。它甚至可以領導人們去形成一種文化。當它令每一個人可以作為一個人之可能的時候，它又會呈現什麼樣貌？

答：教育不是教給人們生存的基本能力而已，它也要教給人們如何恰當而安適的生活，更加一步，它要教給人們生命意義的認定。教育在這三個層

次：生活需求、生活安頓以及生命意義的認定上，必須都要有，而且它必須要以生命意義的認定作為根源的追求。雖然，這種追求不是人人都可以達到，它可能只有十分之一的人可以達到，但是它必須作為一個核心點。在這樣的狀況下，才可能「志通於道」，正因為志通於道，你的知識的活動才有一恰當的安頓，你生活種種的安排、需求有恰如其情的安頓。如果把這個地方拿掉了，只強調生活安適與生存基本需求，那就成了一個沒有頭的教育。這三層次：「生活的安頓」、「生存的基本需求」、「生命意義的認定」，在教育裡面都必須被滿足。

　　教育它其實不可能沒有頭，若以目前既有的、最強大的歷史文化的現實驅迫力，目前最強大的是「消費化」、「現代化」、「合理化」，但其實是人在這裡逐漸疏離自己：「工具化」是用電腦的方式不斷的要強化自己、要證明自己，用這樣的方式其實到最後卻是掏空自己，當他掏空自己時，他到最後就又愈努力要證明自己；我覺得這是一個非常惡性的一種往外的疏離自己的複製活動。這疏離自己的複製活動的後果，經使得人們的話語系統反控了人，真實的人就不見了。這時當然也就「德之不修，學之不講」了，因為「道之不明，德難修也」，如此一來，所講之學也必紛雜而無統、所講之學最後必是「你一是非、我一是非」。在這種狀況下，人們會很痛苦的。在這個很痛苦的狀況裡頭，只要誰提出一個不讓人痛苦的方針，不管它是麻醉藥、安非他命、大麻……教會……，什麼東西都可以的。像現在很多非常奇怪，帶有教育性、教化性以及心靈安頓性的各種靈修團體、教會、各個團體，都出現了。其實，那靈修課程就好像拿安眠藥給你、或給你一個鎮定劑、給你一套自我安頓的方式；那自我安頓的方式是一堆藥，那一堆藥吃完了，你就完了！因為它也放在資本主義化、消費化那樣的脈絡裡，它扮演了這種藥劑的角色，它也希望你永遠需要，而你也永遠需要，因為你沒有永遠需要的話，那藥哪能有人買。這是很荒謬的，但它就是那個樣子，這是現代人最大的危機。

廿二、教育的非人化、學術體制的非人化，
其錯置情況極為嚴重

在這種狀況下，人們慢慢喪失了自由的能力、自律的能力；即使他有這種能力，那他也要放棄，因為他不放棄的話，他很痛苦。這樣子不斷的惡性循環，我們可以發現到：以學問為例，以前老一輩的人談問題的時候，會比較根源性的去談，會以根源性下降到現實上去指出一些什麼樣的問題。現在不是，現在學問性的東西會收到整個文字脈絡裡面，而因為它也資本主義化、消費化，它被置於另一套資本主義化的學術體系了。你的學術資本、你的投資多少、你的報酬率多少，在這個地方滾了。

你進到那個體制裡面，你滾都已經滾完了。因為你在那裡面有獲得某種報償，所以你習慣了，你就服從它了。再者，這體制它是有跡可循的，你只要透過什麼路徑你一定可以達到效益。你如果要求要回溯到道之本源、真理之彰顯處，你要落下來的時候，你必須要面對很多權力和利害的挑戰，很可能，你這個時候，你在社會上的認定、學術上的認定，必須遭受到很大的衝擊了。正因如此，目前你會發現到：知識的力量為什麼會越來越微弱？這是其中一個原因。整個教育現在基本上它是為了資本主義化、消費化、現代化、合理化甚至人的工具性、人的非人化服務的。這聽起來很可悲！要為人的非人化服務！教育是要求人化，結果非人化。因為這是一個逆轉，如果用我這些年來常說的話，就是「錯置」，就是 misplacement，目前這個錯置情況很嚴重。

這時候，我們該好好正視東方的教育哲學，東方的教育哲學傳統非常強調人作為人這個存在，這個「我」在世俗中是執著性、染污性，是殘缺的、不完整的，所以必須經過心性修養、道德的教化，不斷地陶冶，而讓自己回到人之本身。我們也應該正視西方中世紀以及中世紀之前的教言：他們認為「人作為一個人來存在」，人帶有罪，必須經由心靈的洗滌，他才有可能獲得一個救贖和新的發展。以目前來講，整個知識體系極須要好好被釐清，重新被救贖。應該是這樣，但卻不是。現在是挾帶著原來啟蒙主義以來的傳

統，認為人能取代上帝，人自高自大到了極點。果如尼采所宣稱的「上帝已死」，這問題很麻煩，它該如何處理呢？我覺得在現代化之後，我們該正視知識的力量，知識背後的力量，我們要把這些通通都粉碎掉。但是，現在所謂的解構思潮，到最後卻墮入了極端的虛無。價值相對主義和虛無主義已非常嚴重。它已不只是在西方資本主義化、現代化、合理化、消費化的社會裡面而已。近日報紙報導日本小孩，只有三成認為人生有一點意義，其他的六、七成認為人生沒有希望。這是日本呀！我想日本的教化傳統可能比臺灣還強一點。你從臺灣的出生率，就可以看出來，現在一對夫妻只生養 1.2 個小孩，今年新生兒只有二十幾萬，非常少，而這二十幾萬其中大約有三萬人是外籍新娘所生的。這個現象值得憂心。

廿三、資本主義核心的外緣地帶，盤剝再次層的外緣，衍生出的殘暴性與貪婪性

臺灣基本上屬資本主義化、消費化的核心國家所控制的外緣地帶，這個外緣它必須要通過另外的方式去支配比這個更外緣的外緣，才可能生存。這樣的方式，一方面滿足核心國家對於臺灣的強烈剝削，另方面臺灣又向更外緣的地區剝削。正因如此，臺灣人原來的純樸性不見了，臺灣人現在所衍生出的殘暴性、貪婪性，再下去，甚至會比西方文明國家還嚴重。在臺灣，你可以看到雇主對雇員、外勞、外籍新娘的虐待比以前嚴重多了。因為人性是在整個歷史發展過程中變動著的，這不能只當是心性修養的問題，它與社會總體的發展密切相關，與整個世界的資本主義體制發展密切相關。

由於我們對於整個資本主義體系的理解不夠，臺灣對於資本主義的體系，它基本上是被吸收進去，然後它要求生存，它要以生存的意志、生存的奮鬥為優先，它連生活的安頓都是用生存的奮鬥方式來安頓，至於生命意義的認定這方面是非常匱乏的。這個部分長久以來我們都沒有好好經營，這個部分是不容易的。你看這次有關全球化的會議在韓國開，韓國的勞工跟學生有九千人在抗議，我看在臺灣可能連九十個抗議的人都沒有。為什麼？因為

臺灣的學生對這思考不夠，臺灣對世界文明發展的教育不足。臺灣現在基本上是屈從於權力、欲望，對資本主義化、消費化這個體系的完全屈從，臺灣屈從於以美國為主導的資本主義核心性國家。最近涉及到美伊戰爭的問題，我們之不願意派遣我們的子弟到伊拉克戰場上去，只因為貪生怕死而已，並不是了解到這戰爭正說明美國這剝削體制所造成的惡果。

　　臺灣之反對子弟上戰場，基本上是建立在一個非常簡單的立場，而不是站在人間正義的立場去反對。你們要是問這孩子：「你們反戰嗎？」他的回答可能是：「我若不必上戰場，戰爭也沒關係！」他們不了解戰爭的可怕，他們可能只考慮到自己的生死，也不問戰爭的義與不義。是不是因為臺灣在「去中國化」的過程裡，最原始的臺灣那種拓荒的、冒險的土性，最原初的生存下去的土性，用最粗野的方式顯露出來。它就是這樣子呀！真的是很難想像！但是你有沒有發現到：它也充滿著強旺的生命力！這強旺的生命力是有時而盡的，這是臺灣現在非常嚴重的危機哦！

廿四、「士」讀書人是整個文化傳衍創造
永不可或缺的力量

　　這危機，我認為臺灣的在上者完全無視於此，知識份子對這問題有真正認知的，也百不及一。大部分已卡入那資本主義化、消費化的學術體制裡面，在那裡競逐，而沒有任何深的反省。我有很多朋友，原來是很有鬥志的，現在已經完全軋在裡面了，他會要求的是：耶！誰當了院士，那我怎樣做可能也會當了院士。他關心的是如何可以成為院士，而不是走向人文世界的終極關懷。臺灣現在非常嚴重的人文匱乏，沒有總體的觀照，非常可怕，我們要有真實觸動的心靈，像我們今天在這裡講，你們可以想，但除此要到哪裡去講呢？沒有人聽的。我昨天看電視看到韓國那九千多人在抗議的時候，我其實內心裡起了一個感動。我覺得臺灣對於這一些東西的理解幾乎等於零，因為我們的傳播媒體全部在講選舉，不只這屆選舉的疑雲，而也涉及到下一屆總統，天天如此，真是無聊透頂了！

　　儒學如果不去面對剛才我們所講的問題，你談那麼多形而上的、那麼高明的，那個儒學真的也不用了。牟先生面對他那個存在的情境，有其存在的感受，那我們有存在的感受嗎？這就是我要問的問題呀！這個問題如果不問的話，我覺得：那你就不要研究儒學嘛！你根本不要認為你是儒家嘛！我都不敢說我是儒家，我怎麼能說是呢？這是一個很嚴重的問題，必須要面對。你都已經軋上去了，然後在那權力意志裡面找權力，這不是笑話嗎？這種事情其實是有的，你知道嗎？這是任何人都會的，這不是誰的問題，而是一個體制的問題、文化的問題、氛圍的問題。

　　「士以天下為己任」，「士」就是要對於生命意義的認定有追求與探索，「士」是不能沒有的。「士」（讀書人）這個傳統一定要有、一定要保住。如果沒有了，那就糟了。這是不能與「求生活之安適」以及「生存之基本需求」等量齊觀的。這叫「士憂道不憂貧」，「謀道不謀食」、「恥惡衣惡食，未足與議也」，這是很重要的。在儒學傳統裡，這是精神所在、神髓所在。我們自己認定上是什麼，這很重要。

　　教育並不是教每一個人作為一個在世俗之流裡頭如何生活、如何生存的人而已。即使在世俗之流裡如何生活、如何生存，它要如何可能，也必須要有一群人對於生命意義的認定，這是非常重要的。如果這個沒有，沒有生命意義的價值認定的這一群人，那個生活的安頓以及生存的基本需求，到最後它就會被人們目前既成的整個意識型態拉過去，就會朝向一個最強大的驅力往下走，而往下走的後果就是文化的衰頹、文明的破滅，這是很可怕的。我們可以去想：為什麼人類文明裡有很多文明都斷裂、破滅過？唯獨中國文明一直發展，綿延不絕。怎樣會斷裂、怎樣會破滅呢？就是你要往下趨的力量超過了你要往上的力量，就是你對生命意義的認定方面力量不夠，被整個生活的安頓以及生存的需求的驅力給吞沒掉了。

廿五、跨出血緣性縱貫軸「道的錯置」，開啓新的公民社會、民主憲政

在我的理解裡面，我認為傳統儒學是在「血緣性的縱貫軸」之下所發展出來的，而所謂血緣性的縱貫軸，帝王專制時代是以「宰制性的政治連結」為核心，以「血緣性的自然連結」作為背景，而以「人格性的道德連結」作為方法，就在這種情況之下所發展出來的。這樣所發展出來的，它是適應於小農經濟、家族社會、帝皇專制這樣的結構。清朝中葉以後，西風東漸，到了民國，這套結構已解開了。正因如此，儒學有著新的發展可能，新的發展可能就是它已經不再是個宰制性的政治連結的構造，它必須以原先的血緣性的自然連結跟一個人格性的道德連結，作為重新構造的背景與可能性，去構造一個新的東西。要構造一個新的東西，就必須瓦解宰制性的政治連結，代之以契約性的社會連結，必須釐清血緣性的自然連結的限制，正視契約性社會連結的必要性，我們必須瓦解「宰制性的政治連結」，而代之以「委託性的政治連結」。委託性的政治連結就是現在民主憲政的國家概念，所謂契約性的社會連結就是現在公民社會的概念。在新儒學之後，必須在這樣的一個現代的民主憲政國家、公民社會底下才能夠有恰當的長養、生長，在整個發展過程裡面。我想這一點是非常重要的，必須去正視它的。

我想在這個狀況底下，儒學有著一個新的發展可能，也就是儒學不應該只放在從「親親仁民，仁民而愛物」、「人人親其親，長其長，而天下平」這種血緣性的縱貫軸，而以人格性的道德連結，從家庭、家族而逐漸擴散出去就可以完成的這個血緣性的縱貫軸結構。除此之外，其實儒學必須要正視公民社會建立的可能，儒學必須正視民主憲政的可能；這也就是說，原來儒家所強調的「內聖外王」必須要真正好好去適應一個民主的憲政跟現代的公民社會。就在這樣的一個狀況底下，讓整個儒學有一個新的發展，這個新的發展可能是整個儒家的政治哲學必須好好的去正視中國傳統帝王專制所造成的，我所謂的「道德錯置」的後果。「道德錯置」就是原來儒家所要求的「聖王之治」變成「王聖之治」，儒家強調：「聖者當為王」，結果剛好變

成「凡在權力上已經作為王者，他就是聖」，這基本上是一個錯置的思考。

　　儒學必須好好的恰當的去理解在中國帝王專制時代造成了內聖學上的扭曲，進而，儒學必須在整個民主憲政、公民社會的建立過程裡，恰當的重新去釐清內聖學的發展可能，這也就是我強調的：必須要從外王的發展跟建立過程裡，好好去正視儒學內聖發展的可能。我的提法不像新儒學的同門前輩要問說：如何的從舊內聖去開出新外王，而是在新外王發展的過程裡，去調解出一個新的內聖可能。我的意思也就是說：在這樣的一個發展裡，一個公民社會、一個民主憲政，它當然跟人作為一個道德的存在有密切的關係；不過人作為一個道德存在，必須要更為優先的正視人作為一個自然的存在，而人作為一個自然的存在、人作為一個社會的存在，人同時作為一個道德的存在，而去正視這個問題的時候，重新去調整。因為在帝王專制下的人，作為一個道德的存在的實況，與在一個民主憲政、公民社會的意義下，人作為一個道德存在，那個意義是不一樣的。它基本上整個內在的體會是不一樣的、整個內聖的實況是不一樣的。

廿六、從「孝悌人倫」、「忠信責任」到「公民正義」

　　正因如此，我認為必須好好地重新去正視孔老夫子的「仁學」。孔老夫子的「仁學」最強調的是什麼？「仁」是「人與人之間一種存在的真實感通」，我們要問的就是人與人之間存在的真實感通如何可能？我們必須要正視在公民社會跟在家族社會有什麼不同，這也就是我非常強調：我們必須去正視原來在孔老夫子的學生裡面的曾子傳統跟有子傳統的不同。有子傳統強調的是「孝悌人倫」的傳統，而曾子的傳統強調的是「忠信責任」的傳統，曾子強調的「為人謀，而不忠乎；與朋友交，而不信乎」這是所謂社會責任的問題，也就是儒學的仁學必須關聯到整個社會正義與社會責任的問題，關聯到人跟人之間最真實存在的感通，以這個作為起點。而不是放在上下長幼尊卑的家庭倫常裡頭作為優先考慮，這一點是我所強調的。

　　我認為這樣的一個理解裡面，那麼我們就必須從血緣性縱貫軸的基本結

構走出一個真實的人跟人之間，就像馬丁布柏（Martin Buber）所說的「I-Thou relation」意義下人際性互動軸發展的可能。這人際性互動軸發展的可能裡，若符合於整個時代的發展而重新去締造一個嶄新的公民社會，而這公民社會不一定只是現代化意義下的公民社會，它可能應該是在現代化之後，重新去思考一個恰當的公民社會如何可能的問題。這問題也就是說同樣我們去正視原來我們認為的民主憲政是非常強調權力的制衡問題，我們現在可能必須更去正視道德的教養與文化的傳達以及整個人的資質提升的問題。因為文化的傳達、資質的提升以及道德教養如果不足的話，只強調權力的制衡，基本上到最後只落入到一種道德匱乏、人文匱乏、人存在意義的匱乏下的那種鬥爭，這種狀況我覺得就不是一個良性的民主政治。所以我認為儒學在整個政治哲學的發展裡面，反而有一個新的可能。這個新的可能就是我們必須好好的去正視一個實際的民主憲政跟公民社會的建立可能，而在這個建立可能的調節過程裡面，一方面釋放出儒學的意義，從而重新調節儒學內部的義理思想，開起新的內聖、開啟新的外王，讓儒家的君子概念與公民概念好好地結合在一起。我以為從「孝悌人倫」、「忠信責任」到「公民正義」，這是儒學發展過程中所必然要走的路徑。

（本文原乃二〇〇四年六月間在臺灣中壢·中央大學哲學研究所暨中文研究所「當代儒學專題」一課之結業講詞，由研究生許明珠、李沛思、彭鈴濤、游騰達、張宗祥、王培竣、黃昱章等錄音整理，游騰達潤稿修訂而成。）

第二十三章
後新儒家的公民儒學：「外王—內聖」
——「心性修養論」與「社會存有論」的辯證

【本文提要】

　　本文旨在省察儒學落實於當今民主自由社會所涉及之「社會正義」之問題，作者強調一以「社會正義論」為核心，依此而締造成的「公民儒學」之可能。

　　首先，從具體的經驗事實中，作者點出心性修養論並不必然導出社會正義論。心性修養論與血緣性的縱貫軸這波紋型格局下的存有連續觀密切相連，而這樣的宗法社會與帝皇專制所構成之政治社會，其公共性與當今公民社會的公共性是不同的。

　　作者強調「心性修養論」與「社會存有論」兩者密切相關，當社會存在實體變遷，道德實踐、心性修養之方式亦得變遷。因此，我們必須正視由傳統儒學道德創生論到當代儒學社會正義論的構成問題。作者經由有子「孝悌尊卑傳統」與曾子「忠信責任傳統」的對比，指出了傳統儒學在社會公義論中可能的資源及其限制，進而強調吾人須得走出「本質主義」思考方式的限制，強調多元、差異與融通的可能。

　　一言以蔽之，後新儒學則跨出「內聖—外王」的格局圍限，而改以「外王—內聖」為思考模型，強調多元、差異與融通，以契約、責任做為思考的基底，以「一體之仁」做為調節的向度。筆者試圖由此而思考一嶄新的「後新儒學」的社會哲學與公民儒學。

關鍵字詞：內聖、外王、心性修養、社會正義、一體之仁、忠信、孝悌、後新
　　　　　儒學

一、問題的緣起

為什麼我們要刻意捻出「以社會正義論為核心的儒學思考」呢？不瞞您說，我就是發現到些講「良知學」的學者朋友，面對社會公共領域時，根本就無法去面對「社會正義」，甚至就做了「社會不義」的事情。他高舉良知學，高談心性修養，但為什麼一面對社會不義之事，他卻無能為力，他們仍然無法區分什麼是「私情恩義」，什麼是「良知天理」，什麼是「世俗權力」，他將這三者連在一起，形成一「良知專制私義共同體」展開一良知的專控活動。

相對於此，做為這良知專制私義共同體的另一端，他們接受著這樣的專控活動，或者壓抑自己，甚而造成一良知的自虐，或者他們有了一種奇特的修養方式，他們躲到自己所構築的心靈境界之中，依樣的「世故瞞頇」，卻將此做為「道德修行」。說真的，這種「私情恩義錯當良知天理，世故瞞頇以為道德修行」在近二千多年來的儒學發展史裡層出不窮，甚至是前修未密，後出轉精，心性修養論講得再深奧，再縝密，再精微，結果是一樣的，面對「社會公共領域」依然是懦弱以為溫柔，鄉愿以為忠厚。

我每看到這樣的事，心總抽痛，我不願簡單的以為這是某某人的人格強度不夠的問題，因為它根本是一個文化心靈機制的問題，這問題沒解開，儒學是不可能有所謂「現代化」的，更何況「現代化」也充滿了權力與欲望的陷阱。我所認識的一些朋友，你們不碰這樣的問題，只安享學術權力機制的果實，這本身就是不義的。須知：「道德」必然得以「公共領域」為第一優先考慮的視點，離了公共領域，以私下的心性修養，直掛到天理上去說，這不但是不足的，而且是不對的。

道德竟只是境界，修養竟成了鄉愿，心性亦只日趨麻木而已，儒學落到這樣的地步豈不可悲！因此，我們須得正視「公共領域」，高提「社會正義」，如此才能談所謂的「道德」，談所謂的「修養」，談所謂的「心性」，儒學才有嶄新的生機。

正因如此，這幾年來，我做了「心性修養」與「社會正義」的對比區

分，並進而釐清了所謂的「內聖」與「外王」，並不是先求內聖再求外王，也不是安立了內聖的基礎，才能去置立外王的事業。[1]對於當代新儒學所強調經由「良知的自我坎陷以開出知性主體而開出民主與科學」的論調提出批評，指出彼等混淆了「詮釋的理論邏輯次序」與「學習的實踐邏輯次」。[2]我因之而提出另一想法，「由外王而內聖」，經由社會總體的構作的重新理解與認識，進而回溯自家之生命內在，重開心性修養之門。

在方法論上，我大體接受了王船山「兩端而一致」的見地，強調「心者，物之心也；物者，心之物也」，克服由「內聖」的話語系統去決定「外王」的實踐系統，強調「外王的實踐系統」重新開啟內聖學的嶄新向度。因為，外者，內之外也；內者，外之內也；內外通貫，本為一體。對比的兩端，就其總體之源來說是通而為一的，當它彰顯為兩端時，任何一端都必隱含著另一端，交相藏、交相發，各藏其藏，各發其發。[3]

我這麼說，其實正也說了，儘管我強調以「社會正義」為核心的儒學思考，但這樣的思考仍是不離「心性修養」的。在兩端而一致的思考方法論裡，相對於「以社會正義論為核心的儒學心性修養論」必得與「以心性修養論為核心的儒學社會正義論」構成一個整體，這樣才算完整。

---

[1] 關於此請參見林安梧，〈從「外王」到「內聖」：後新儒學的新思考〉，第二屆臺灣儒學國際學術研討會，1999 年 12 月 18-19 日，成功大學中文系，臺南。

[2] 關於此請參見林安梧〈牟宗三之後——「護教的新儒學」與「批判的新儒學」〉，「第四屆當代新儒學國際會議」，收入《儒學革命論：後新儒家哲學的問題向度》，第二章，1998 年 11 月，臺灣學生書局印行，臺北。

[3] 請參見林安梧《王船山人性史哲學之研究》，頁 111，東大圖書公司印行，1987 年，臺北。又關於此「兩端而一致」之論，請參見曾昭旭先生〈王船山兩端一致論衍義〉，收入《王船山學術研討會論文集》，頁 109-114，輔仁大學出版社印行，1993年 10 月，臺北。又關於「乾坤並建」之思想，請參見曾昭旭《王船山哲學》，第三編，第二章，第三、一節「船山之乾坤並建說」，頁 339-342，遠景出版事業公司印行，1983 年 2 月，臺北。

二、「心性修養論」與「波紋型格局」下的存有連續觀

大體說來，宋明儒學不管程朱、陸王，不管道問學、尊德行，都是以「心性修養論」為核心的儒學思考，而且他們也以此去詮釋先秦孔孟儒學，至於荀子學則為他們所忽略。須得一提的是，這麼說並不意味他們就不談社會正義的問題，而是他們將社會正義的問題繫屬在心性修養之下來談，以為處理了心性修養的問題，社會正義的問題也就迎刃而解了。的確，有些社會正義問題，是可以通過心性修養的處理，而得到處理的。要是，進一步將華人社會化約成一個「家庭式的社會」，由內而外，由小而大，在波紋型的構造之下，「人人親其親，長其長，而天下平」，這說法便是圓教的究竟，你想懷疑都困難。

這問題的關鍵點就在於，儘管我們可以將華人傳統社會定位為「家族式的社會」，是一「波紋型的格局」[4]，但這並不意味它就可以全收歸到「格物、致知、誠意、正心、修身」來決定「齊家、治國、平天下」。（以上引自《大學》）因為，畢竟社會之為社會，即使還不是現代化的公民社會，但既是社會就有其「公共性」，這樣的公共性不是那一個別之體，或者小如家庭的簡易結構的內在之源可以決定的，它之為公共性是從每一個個人的個體性，每一家庭的家庭性，每一家族的家族性，每一社群的群性蒸發出來，昇揚出來，上升至整體而普遍的高度，而構成一嶄新的特性來，而且這特性是有其實體性的。[5]

---

[4] 費孝通謂此為一「組材型格局」，而有別於中國之為一「波紋型格局」，見氏著《鄉土中國》〈差序格局〉，頁 22-30，上海觀察社出版，1948 年，上海。又如此之「差序格局」不只行於中國內地，實亦行於漢人之移民社會。請參見陳其南《家族與社會——臺灣和中國社會研究的基礎理念》，第二章〈臺灣漢人移民社會的建立及其轉型〉，聯經出版事業公司印行，1990 年 3 月，臺北。

[5] 依據 Emile Durkheim 的理解，社會之事實是社會之所獨有的，不能化約為其他之衍申，請參見氏著 *The Rules of Sociological Method and Selected Texts on Sociology and its Method*, (Edited with an introduction by Steven Lukes Translated by W. D. Halls), pp.50-59, The Free Press A Division of Macmillan Publishing Co., Inc. New York.

　　這樣的實體性往往與其構成的一大套話語系統密切結合在一起，這樣一套龐大的話語系統之歸趨方式其實往往就決定了解決這社會實體問題的向度。換言之，往昔儒學傳統的社會其所構成的一大套話語系統，大體都被收攝到帶有宗法封建、帝皇專制意味下的內聖之學裡，因而強調心性修養成了解決社會實體問題的優先課題。[6]

　　因此，我們發現社會實體的客觀理解往往為儒學心性修養論者所忽視，他們往往以為「一念警惻便覺與天地相似」（陸象山語），「陛下心安則天下安矣！」（劉宗周語），「一日克己復禮，天下歸仁焉！」（孔子語）這些究竟了義的說法，其實也不錯，但總讓人覺得不切實際。揆察原因，正在他們未正視社會有其實體性，儘管傳統社會，在一血緣性的縱貫軸下，仍不免有其獨立性，須得有別於心性論為核心的思考。

　　或者，我們可以再將這問題整理一下，一血緣性縱貫軸所成的傳統社會仍然有其客觀實體性，這客觀實體為何總被忽略，尤其長在這血緣性縱貫軸所成的傳統社會中的人，總未能客觀的正視此社會實體，而總用一種消融於其中的心性修養方式去理解、詮釋，並展開他的道德實踐與心性修養方式，並以為就此便能解決此中的問題。

　　說徹底些，這問題與我們文化傳統之為一「存有的連續觀」有密切關係，我們強調的是「天人物我人己通而為一」，我們不習慣做一主客對立的思考，我們習慣的是融到一個大生命之中，總的去思考，而且這樣的思考是一融入式的思考，不是一客觀對象化的思考，不是主體對於對象的把捉。但我這麼說，並不是說存有的連續觀一無可取，非得轉化為存有的斷裂觀不可，而是說，我們要去正視這樣的事實。[7]

6　請參見林安梧《儒學與中國傳統社會之哲學省察》第十章〈順服的倫理、根源的倫理與公民的倫理〉，頁 159-178，上海學林出版社印行，1998 年 1 月，中國上海。

7　杜維明於所著〈試談中國哲學中的三個基調〉中曾清楚的指出「這種可以用奔流不息的長江大河來譬喻的『存有的連續』的本體觀，和以『上帝創造萬物』的信仰把存有界割裂為神凡二分的形而上學絕然不同。」（見《中國哲學史研究》，1981 年，第 1 期，1981 年 3 月，頁 20。）

　　在「存有的連續觀」下，我們所重的不是通過一套話語的論定去闢出一個客觀的公共論域，我們不重視經由「我與它」（I and it）這範式去做一主體的對象化活動，而對於此對象化活動所成的定象做一實體性的認定，而去考察其質性如何。我們重視的是經由「我與你」（I and Thou）這範式而強調主客交融不二，強調涵入其中，參贊之、助成之、實踐之。換句話來說，我們是以「實踐」做為優先，強調生活的參贊、生命的融入，而缺了一「認知」的公共論述、客觀論辯的傳統。[8]

　　這麼說，並不是直認為我們華夏文化傳統不注重理性，而是說這種「存有連續觀」下的理性並不同於「存有的斷裂觀」下的理性。有些學者甚至說這不同於西方的「理性」，而是中國獨有的「性理」；或者直將這叫做「道理」，而有別於「理性」。說「性理」是說它須得返溯至「心性之源」而說其為性理；說「道理」是說它須得返溯到存有之道，回到一切存有的根源而說其為道理。道理、性理就不是兩橛對立觀下的理，而是兩端而一致的理，是一互動融通和合為一體的理，不是認知之理，而是一道德實踐之理。[9]

　　當然，這樣強調道德實踐之理之為優先，與其為存有的連續觀的格局密切相關，與其血緣性的縱貫軸所成的宗法封建、君主專制、親情倫理更是關連成一不可分的整體。這是在「孝悌人倫」、「長幼尊卑」、「仁義道德」的教化下完成的政治格局。這是以「宰制性的政治連結」為核心，以「血緣性的自然連結」為背景，以「人格性的道德連結」為方法所構成的政治型態，它強調「為政以德，譬如北辰，居其所而眾星拱之」（《論語》中孔子語）、「人人親其親，長其長，而天下平」（孟子語）、「舜恭己正南面而已」（《論語》中孔子語）。

8　關於「我與你」、「我與它」的範式之對比，取自於馬丁・布伯（Martin Buber）的《我與你》（I and Thou）一書，又請參見林安梧前揭書《儒學與中國傳統社會之哲學省察》第九章〈從血緣性的縱貫軸到人際性的互動軸〉，頁155-157。

9　關於道理、理性之區分，性理與理性之區分，前輩學者如成中英、傅偉勳、劉述先諸位先生多有所論述，另請參見林安梧前揭書第六章〈血緣性縱貫軸下「宗法國家」的宗教與理性〉，頁77-97。

三、兩重「公共性」的區別與「公義型社會」的建立

　　值得注意的是，我們這樣去釐清中國傳統的政治社會，並不意味它就沒有公共性，而是說這樣的公共性並不是由一話語的客觀論域所構成的公共性，而是由一超話語的主客交融所構成的公共性。用費孝通的話來說，這不是一捆材型的公共性，而是一波紋型的公共性；不是經由一客觀法則性所定立成的公共性，而是經由主體生命融通而成的公共性；不是一清楚的分別性而縮結成的公共性，而是由主體相互照明下的無分別性下所融通而成的公共性。放在社會學的角度來看，那是經由血緣性的縱貫軸而溯其源頭的公共性。

　　所謂「溯其源」，可以是「齒尊」，因此「年高」成了「公共性」的源頭；可以是「德尊」，因此「德紹」成了「公共性」的源頭；可以是「爵尊」，因此「位高」成了「公共性」的源頭。又「源頭」者，通於道也，通於存有的根源，如此一來，我們發現年輩高者通於道也，世故鄉愿者誤以為其通於道也，位高權重者誤以為其通於道也。通於道者，乃具有公共性也，誤將位高權重者、年高德紹者、世故鄉愿者視之為具有公共性，這正是中國傳統壞了公共性的最大敵人，真是大大的弔詭。

　　值得注意的是，「公共性」這詞置放在西方主流文明發展的歷程來看，它與其「話語的客觀性」、「權力的約制」、「理性的規約」、「個體的主體性」有密切關係。但在中國傳統則不然，它與其「生命的交融性」、「仁愛的互動」、「道理的實踐」、「群體的主體際性」密切相關。或者，我們仍然可以說中國文化傳統是一「存有連續觀」下的公共性，這不同於「存有的斷裂觀」下的公共性。存有的連續觀下的公共性，其社會實踐重在主體際的交融下的「一體之仁」，而存有的斷裂觀下的公共性，其社會實踐重在以主攝客下的「兩端之知」。[10]在「一體之仁」這意義下所成的社會實踐是

10　關於「一體之仁」取自於陽明的思想，見王陽明的《大學問》「大人之能以天地萬物為一體也，非意之也，其心之仁本若是，其與天地萬物而為一也」。

「道義」，這不同於在「兩端之知」所成的社會實踐是「正義」。「道義」者，通於存有之源也，「正義」者，通於公眾是非也。

　　順著上面說下來，我們當然知道「道義」與「正義」並不是相互違背的，甚至我們還得承認「道義」還比所謂的「正義」更為基礎呢！或者，我們也可以如牟先生用的語句說，通過「自我坎陷」由道義開出正義來。但問題的關鍵點似乎不在此，因為這仍只是一「理論邏輯」的疏解，而不是「實踐邏輯」的展開。因為就實踐層面來說，與「道義」緊鄰而密切相關的是「血緣性縱貫軸」所構成波紋型格局義下的社會，我們不能任意的抽開來，單看一「理上的道義」。或者，我們發現愈來愈難以見到以前古人的「道義」，我們總感嘆一句「人心不古」，其實說真的，不是人心不古的問題，而是社會已然不古，人心自也跟著不古起來。這是一個「典範轉移」的問題，而不只是那些個別的人沒做好的問題。

　　我的意思是說，傳統的血緣性縱貫軸的社會已然轉型，原先「道義」（存有的根源之義）落實於人間世的實踐土壤已然崩頹（或者貧瘠），那原先的道義傳統也就長不出來，或者長不好。現下的真實狀況是：逐漸由「血緣性縱貫軸」轉為「人際性互動軸」，逐漸由「道義型的社會」轉成「公義型的社會」，逐漸由「一體之仁」的傳統實踐方式轉為「兩端之知」的現代認知方式，逐漸由「傳統宗法社會」轉成「現代公民社會」。如何去正視現下的實況，完成這典範的轉移，這是極為重要的。

四、「心性修養論」與「社會存有論」兩者通而為一

　　經由理論的推本溯源，回到一道德的形上理境，再下開一實踐的理論，這樣的理論性工作是須要的；但切實的去了解一個理論誕生的歷史根由，洞悉其文化心靈的指向，釐清意識型態的上層建築與經濟生產方式的下層建築的關係，更為迫切。進一步的說，唯有做了後面這樣的工作，在實際上才可能讓道德形上理境的

　　「良知」與現實經驗世界接壤落實，人間道義才可能恰當轉為社會正

義。

　　簡單的說，要談社會實踐的問題不能老用「道德形而上學」式的推溯，而要注意及「社會存有學」式的考察。因為以前強調心性修養為核心，並由此內聖而開啟外王志業，這不是光從道德的形而上學落實於個體心性修養就可以了事，他須得置放在一社會存在的實況下來展開。換言之，心性修養論與社會存有論是密切相關的，甚至我們要說有什麼樣的社會存有論就有什麼樣的心性修養論，就有什麼樣的社會實踐論。至於，往常我們高舉的道德的形而上學便是在「社會存有論」、「心性修養論」、「社會實踐論」的基底下所形成的，他們彼此密不可分。

　　這麼一來，我們便清楚的知曉，不能由道德的形而上學與心性修養論做為基礎去推出社會存有論與社會實踐論。其實，他們彼此是兩端而一致的，「社會存有論與社會實踐論」是「道德的形而上學與心性修養論」的基礎；而「道德的形而上學與心性修養論」則是「社會存有論與社會實踐論」的根源。如前所說，他們彼此是「兩端而一致」的。

　　進一步的闡析，我們所強調的是，並不是以前儒學沒有「社會存有論與社會實踐論」，而只注重「道德的形而上學與心性修養論」；而是長久以來，我們高談儒學的時候，往往只談道德的形而上學與心性修養論，而將隱含於其中的社會存有論與社會實踐論忽略了。顯然地，這是一種偏枯的詮釋，將這種偏枯的詮釋用一種理論的詭譎方式將它圓教化，這便是我所謂一種「儒學智識化」所做成的後果。[11]再以這究竟圓教之「果」，做為一切實踐開啟之「因」，冀望能得開出「外王」，那當然是不可能的。

　　我一直以為這「內聖外王」思考是一內傾式的、封閉性的思考，這與儒學之本懷大異其趣。就此而言，筆者以為從孔子到阿Q，有一病理學式的血脈關聯。我在〈孔子與阿Q：一個精神病理史的理解與詮釋〉一文曾這麼說──

11　關於儒學智識化的問題，請參見林安梧〈解開「道的錯置」──兼及於「良知的自我坎陷」的一些思考〉，刊於《孔子研究》總第 53 期，頁 14-26，中國孔子基金會，1999 年 3 月，山東濟南。

原先孔子所開啟的儒學強調的是一「道德的社會實踐意識」，但顯然地世代並未真從宗法封建與帝皇專制中解放出來；因而在此兩面向的糾葛下，道德的社會實踐意識無法暢達的發展，遂滑轉為一「道德的自我修養意識」。原先之轉為一道德的自我修養意識，為的是要歸返生命自身，而再度開啟社會實踐意識，傳統之要求由內聖通向外王，所指殆此。問題是：內聖通不出去為外王，反折回來，又使得那道德的自我修養意識再異化為一「道德自我的境界之追求」。此時之道德轉而為一境界型態之物，而不再是實理實事。原先的道德精神境界的追求所為的是自我的治療與康復，俾其能開啟道德的自我修養之可能；但在世衰道微的情況之下，即如道德精神境界亦成為一虛假而短暫的境界。這再度往下異化便成為一「自我的矯飾」與「自我的休閒」，明說其理由，實則為虛，終而墮入一自我蒙欺，萬劫不復的魔業之中。魂魄既喪，遊走無方，來去無所，這失魂症的病人也只能以「道德的精神勝利法」自我蒙欺罷了。[12]

我之特別標舉出這一段，主要就是想闡述在中國傳統社會血緣性縱貫軸的主導下，儒學是如何的逐漸走向內聖之學，而忽略了外王志業的講求。但這並不意味永停留於此，而其實它有著嶄新的可能。

如上所說，「孔子」與「阿Q」兩者可以關聯成一個井然有序的系譜。由「道德的社會實踐意識」滑轉而為「道德的自我修養意識」，再滑轉為「道德自我的境界追求」，而後再異化為「道德的自我矯飾」與「道德的自我休閒」，終而墮到以「道德的精神勝利法」而轉為一「道德自我的蒙欺」。我們之所以將「孔子」與「阿Q」做這個精神病理史的關聯性理解，並不是要去說當代中國族群之為阿Q為可接受的，而是要藉由這樣的理解與詮釋達到一治療的作用，進而得以瓦解這個奇怪的綜體，讓中國文化及在

---

[12] 請參見林安梧《臺灣文化治療：通識教育現象學引論》，頁135-140，黎明文化事業公司印行，1999年2月，臺北。

此中長養的中國子民有一重生的可能。（同上註）

　　筆者以為這裡所謂的「重生」之可能，現下最重要的便是正視吾人實已由原先的血緣性縱貫軸所成的宗法家族社會，轉而向一契約性社會連結的現代公民社會邁進。換言之，儒家道德學當以此做為理解及實踐的基底，這是以「社會公義」為優位的道德學，而不是以「心性修養」為優位的道德學。

五、從「道德創生論」到「社會正義論」的基本構成

　　「社會公義」指的是就一政治社會總體而說的「公義」。「社會」（society）一般用來指的是經由「公民」以「契約」而締結成的總體。這樣的總體經由「公民」以「契約」締結而成，故可稱之為「公民社會」或「契約社會」。此與中國傳統的血緣性縱貫軸所成之總體有別，它是一有別於「我與你」之外的「他在」。這樣的「他在」所依循的不是「血緣親情」，而是「社會契約」。「公民」並不是內在具著「大公無私」本質之民，而是進入「公眾領域」之民。[13]

　　「公民」並不同於「天民」，亦不同於「人民」。「天民」是「自然人」，「人民」是「大眾人」，而「公民」是「公約人」。中國傳統雖屬專制，但「皇民」之觀念不強，而「天民」之觀念甚強；截至目前，其「公民」之觀念仍頗為薄弱。這與中國之重「血緣親情」、「孝悌仁義」之傳統密切相關，此即一「差序格局」，一「波紋型的格局」。值得注意的是：「血緣親情」、「孝悌仁義」並不只平面展開而已，它更調適而上遂於道，通於宇宙創生之根源。這與中國傳統的巫祝信仰有密切的關係，是由此而轉

---

13 以上所論大體本於盧梭（J. J. Rousseau）的見解，請參見 Jean Jacques Rousseau, *The Social Contract and Discourses*, translated by G. D. H. Cole，臺北：雙葉書店影印，1971 年。又請參見拙著《契約、自由與歷史性思維》第二章〈論盧梭哲學中的「自由」概念──以「自然狀態」與「社會狀態」對比展開的基礎性理解〉，幼獅文化事業公司印行，1996 年 1 月，臺北。

向一天人連續觀的氣化宇宙論哲學。[14]

　　儒家的「道德創生論」亦在此「氣化宇宙論」之基底下作成，都可以歸結到一「連續型的理性」這樣的大傳統中。「道德創生論」原與「社會實踐論」是合而為一的，但在「宰制性的政治連結」這樣的帝皇高壓底下，「道德創生論」往「境界修養論」邁進，而逐漸忽略了「社會實踐論」。「境界修養」下委而成一「鄉愿」，或者是如魯迅筆下的「阿Q」。這都是傳統修養論的變調與扭曲、異化。[15]

　　強調「大公無私」，此「公」與「私」是一倫理性的指涉，且顯然地見不出一容納「私」之領域。有趣的是，這「大公無私」的思考，原先是落實在一「血緣性縱貫軸」的思維下來思考的，是由「親親而仁民」、「仁民而愛物」推擴出去的。這樣推擴出去，應是「由私及公」，或者「雨及公田，遂及我私」，但弔詭的卻反面的轉為一「大公無私」。實者，這「大公無私」之論，要不是統治者所教導之意識型態，就是太強調由主體而上遂於道體，由人之本心而上遂於道心所成的意識型態。極可能，兩者交結為一不可分的總體。在帝皇專制下強調「大公無私」，又強調「天理良知」，並將兩者通而為一，最後做成的「性善論」，此與原先的血緣親情義下的「性善論」已有所不同。我以為此中便隱含著良知學的暴虐性與專制性的弔詭難題。[16]

　　「血緣親情」下的「性善論」是經由一差序格局、波紋型之格局，漸層開來的倫理實踐態度，其性善是一具體之感通性。「帝皇專制」下的「性善論」則漸離開了此具體之感通性，而上遂到一宰制性的政治連結所成的總體，並且規定此總體之本源。弔詭的是「大公無私」在歷史上的倒反就是「大私無公」，甚而以此大私為大公，「公眾領域」因此更難獨立成一「他

---

[14]　請參見林安梧前揭書《儒學與中國傳統社會的哲學省察》第十章，頁173-178。

[15]　請參見同註12。

[16]　關於此請參見林安梧〈良知、良知學及其所衍生之道德自虐問題之哲學省察〉，朱熹與宋明理學學術研討會，中央大學哲學哲學研究所‧東方人文基金會‧鵝湖月刊社，2000年12月26-27日，臺北。

在」。

「公民」是進入「公眾領域」之民，這樣的「民」不是「道德人」，而是一「公約人」，是由一般具有個體性的個人做基礎而做成的。如是言之，先做為一個「個人」，然後經由「公約」，才做為一個「公民」；但若從另一面來說，如此之個人當在公約所成之公民社會下，而成一個人。這樣的「個人」進入到「公眾領域」才發生其「公民性」，才成為一公民。或者說，在公共領域下方得成就一普遍意志，即此普遍意志才有所謂的「公義」。

「公義」指的是依其「普遍意志」為基礎而建立之行為規準背後之形式性原則。換言之，「公義」並不是「大公無私」之義，而是「有公有私」之義。這樣的「公」與「私」並不是截然相互背反的，它有其連續性。這樣的「公」是建立在「私」之上的，「私」不是「自環也」的「私」，而是一獨立之單位的「私」，是做為「公」的基礎的「私」。值得注意的是：「公」與「私」的連續性，並不建立在「性命天道相貫通」這樣的連續性，而是建立在經由「契約」所構造成的連續性。這「連續性」不是內在「氣的感通」義下的連續性，而是外在「言說的論定」義下的連續性。不是內在親緣的連續性，而是外在契約的連續性。

相對於這樣所成的政治社會共同體，其背後的根源性依據乃來自於「普遍意志」。「普遍意志」是「契約」的根源，而契約則是普遍意志實現的途徑。「普遍意志」並不同於「天理」，因為「普遍意志」之所對是「公民」，而「天理」之所對則為「天民」。天民與公民並不相同。康德（I. Kant）更由此「普遍意志」轉而言「無上命令」（Categorical Imperative）[17]，這正如同儒家之由「天理」轉而言「良知」。康德學與其社會契約論的傳統密切相關，儒學與其血緣性縱貫軸所成之總體密切相關。儒學與康德學頗為不同。

---

[17] 關於此，德哲卡西勒（E. Cassirer，1874-1915）論之甚詳，見氏著《盧梭、康德與歌德》，孟祥森中譯，龍田出版社印行，1978年。

換言之，「公義」並不是經由內在的修養來作成，而是經由一「言說的公共論域」而達致。社會契約是經由言說的公共論域而產生的，是經由彼此的交談而出現的。這樣所成的倫理，徹底的講不能停留在「獨白的倫理」，而必須走向一「交談的倫理」。儒家是一「交融的倫理」並不是一「交談的倫理」，當然也不是一「獨白的倫理」。「交融的倫理」以血緣親情為主，而「交談的倫理」則是以公民互動為主。前者是以家庭為本位的，而後者則是以個人為本位的；由個人而走向一契約的社會。[18]

六、社會正義論中儒學可能的資源及其限制 —— 「忠信責任傳統」與「孝悌尊卑傳統」的對比

再者，須得一提的是，就中國文化傳統而言，並沒有西方近代意義的公民社會，也沒有此公民社會意義下的契約型的理性；但這並不意味中國傳統就沒有責任倫理的概念。早在《論語》書中所紀載的就出現有若與曾參的對比差異，有若代表的是「孝悌尊卑」的傳統，而曾參則代表的是「忠信責任」的傳統。[19]

可惜的是，由於秦漢之後，走向帝皇專制的封閉性思考，而將儒學的孝悌倫理徹底的置放於宰制性的政治連結之下，使得儒家原先孝悌人倫所強調的血緣性的自然連結完全成了帝皇專制者的支持者，甚至，將曾子完全安置在「孝悌尊卑」的傳統下來理解，就在這樣的格局下忽略了原先的「忠信傳統」，忽略了忠於其事、信於彼此的「責任倫理」。

更荒謬的是，原先可能開啟的忠信責任倫理的傳統，秦漢之後，幾乎完全被帝皇專制所異化扭曲了；此時，「忠」成了「主奴式的忠君」，「信」

---

[18] 請參見林安梧〈對儒家「倫理」概念的反省與考察〉，刊於陳明主編的《原道》，第二輯，頁84-100，團結出版社印行，1995年4月，北京。

[19] 請參見林安梧〈《論語》中的道德哲學之兩個向度：以「曾子」與「有子」為對比的展開〉，士林哲學與當代哲學學術研討會，2000年1月14日，輔仁大學哲學系，臺北新莊。

成了「封閉性的老實」；「忠信」成了主奴式封閉式的老實忠君。再者，將
這忠信又掛搭到一種根源性的存有學式的追溯，強調回到存有之道的源頭，
直將此視為一切道德實踐之動源，便以為這關鍵處下了工夫，一切便得解決
了。就這樣的狀況來說，也毋怪瑪斯·韋伯（Max Weber）要論斷儒家道德
哲學講的只是意圖的倫理，而不講求責任的倫理。當然，韋伯只是就歷史上
之有此現象而論，但並未深入探析此中的周折曲致。

　　以上有關「曾子忠信責任傳統」與「有子孝悌尊卑傳統」的對比，筆者
之所重並不在於想指出儒家是以責任倫理為重的，並不在於想指出儒家的
「孝悌倫理」與「忠信道德」迥然不同而且截然無關；相反地，筆者仍然同
意一般所論以為儒家並不以責任倫理為重，而孝悌倫理與忠信道德本就密切
相關，他們都通極於大宇長宙的根源性創造根源。不過，筆者要清楚的指
出：我們並不同意說儒家的道德哲學沒有責任倫理這一面向，我們也不同意
孝悌倫理與忠信道德的內涵全然相同；筆者想要說的是：儒家道德哲學本也
含有責任倫理這一面向，儒家的忠信道德與孝悌倫理雖亦有密切的關係，但
此中本有異同，值得重視。

　　再者，筆者這些年來，一再強調標識出儒學由「心性論」轉向到「哲學
人類學」的必要性，因為道德實踐動力的開啟，並不是如以往之心性論者，
以形上的理由之追溯，而推出一先驗的令式就可以了事的。相對而言，當我
們著重於其歷史發生原因的考察，我們勢將因之而開啟一哲學人類學式的理
解。

　　哲學人類學式的理解，簡單的是要說傳統儒學所強調的「人格性的道德
連結」是在如何的「血緣性的自然連結」、「宰制性的政治連結」下所形成
的，而現在又當如何的轉化調適，開啟一以「契約性的社會連結」、「委託
性的政治連結」為背景的「人格性的道德連結」。諸如這樣的理解與詮釋都
得置放於一切實的物質性的理解之下的理解。[20]

20　筆者建立「血緣性的自然連結」、「人格性的道德連結」、「宰制性的政治連結」這
　　三理念類型（Ideal type）來詮釋中國政治社會的傳統，始自於 1989 年所寫〈道的錯
　　置（一）：先秦儒家政治思想的困結——以《論語》及《孟子》為核心的展開〉一

或者說，我們不再以「良知的呈現」做為最後的斷語，來闡明道德實踐的可能，而是回到寬廣的生活世界與豐富的歷史社會總體之下，來評述「性善論」（或者說「善向論」）的「論」何以出現。這「論」的出現必須回溯到人的生產力、生產關係、生產工具、生產者之間的互動關係來理解。這一方面是將心性論導向社會語言學及哲學人類學來處理，而另方面則要導到更為徹底的帶物質性的、主體對象化的把握方式來重新處理。這也就是說，我們勢將在原先儒學之做為一道德理想主義的立場，轉而我們必須再注意到其做為一物質主義的立場來加以考察。從心性論轉向哲學人類學，亦可以理解為由「本體的唯心論」轉向於「方法上的唯物論」，要由「道德的省察」轉為「社會的批判」。[21]

七、走出「本質主義」思考方式的限制

再者，須得一提的是，筆者一直以為當代新儒學重要的在於她完成了儒學智識化與理論化的工作，當然伴隨著其理論化與智識化，當代新儒學背後則是主體主義的，是道德中心主義的，而在方法上則是形式主義的，是本質主義的。正因如此，良知成了一最高而不容置疑的頂點，是一切放射的核心，是整個中國儒學中存在的存在，本質的本質，一切都由此轉出，這麼一來，就難免會被詆為良知的傲慢。[22]儘管，在牟先生的兩層存有論的劃分中，對此做了必要的釐清，但終不免為人所少知、難知，因而被誤解，這是可以理解的。

文，〈孔子誕辰 2539 年國際學術研討會〉，至 1994 年寫成《儒學與中國傳統社會的哲學省察：以「血緣性的縱貫軸「為核心的展開」》（此書 1996 年由幼獅文化事業公司刊行），此問題論述大體底定。

21 關於此，請參見拙著〈儒家型馬克思主義的一個可能：革命的實踐、社會的批判與道德的省察〉，《鵝湖月刊》第廿一卷第八期，1996 年 2 月，臺北。

22 此說見於余英時「錢穆與新儒家」一文，在氏著《猶記風吹水上鱗——錢穆與現代中國學術》一書，臺北三民書局印行，1991 年，臺北。

　　正因為這種本質主義（essentialism）的思維方式，當代新儒學總的以為中國文化傳統之本質為道德的，而西方文化則為知識的；因而如何的由道德的涵攝或開出知識的，這頓然成了非常重要的問題。然而，我們若真切的體察到我們對比的去論略中西哲學如何如何，運用所及的對比概念範疇，其當為一理念類型（Ideal type），其為理念類型並不是一真實的、本質的存在，而是一烏托邦式的存在，此存在只是做為理解與詮釋而展開的。換言之，如果我們的方法論所採取的是一較接近於唯名論（nominalism）的立場，我們就不會將理解及詮釋所構成之理論系統，當成實際的存在來處理。[23]如此一來，也就不必去設想如何的以道德去涵攝，去開出知識，當然也就不必有所謂的「良知的自我坎陷以開出知性主體，以開出民主與科學」。

　　或者我們可以說「良知的自我坎陷以開出知性主體」這是為了安排科學與民主的曲折轉化，是由道德本體論的「一體性原則」，轉出認識論的「對偶性原則」，在儒學的理論上這一步的轉出是極為重要的。但我們要進一步指出：像這樣的方式仍只是一理論的疏清，是一原則上的通透而已，它並不屬於實際發生上的辦法，也不是學習上須經過的歷程。換言之，像「良知的自我坎陷以開出知性主體」是為了安排科學與民主的曲折轉化，這乃是後設的，回到理論根源的疏理，並不是現實實踐的理論指導。既然如此，我們就可以更進一步的指出，並不是由儒學去走出民主與科學來，而是在民主化與科學化的過程中，儒學如何扮演一個調節者、參與者的角色，在理論的、特別是後設的思考的層次，它如何扮演一理解、詮釋，進而瓦解與重建的角色。

　　果如上述，我們就不適合再以「良知的自我坎陷以開出知性主體」或者「主體的轉化創造」這樣的立論為已足，更且我們要清楚知道的是這樣的提法是站在主體主義、形式主義、康德式批判哲學的立場而說的，這是在啟蒙

23　關於本質主義與唯名論之區分，多得力於卡爾・波柏（Karl Popper Raimind）在 *The Poverty of Historicism* 一書中的啟發，又請參見筆者〈論歷史主義與歷史定論主義——波柏爾《歷史定論主義的貧困》的理解與反省〉，收入林安梧《契約、自由與歷史性思維》一書第九章，頁 167-182。

的樂觀氣氛下所綻放出來的哲學，這與我們當前整個世界的處境已然不可同日而語。我們不宜再以一本質主義式的思維方式，將一切傳統文化歸結到心性主體上來立言，我們應面對廣大的生活世界，及豐富的歷史社會總體，對於所謂的民主與科學亦當有一實際的參與，而不能只停留在一後設的理論上的疏清，當然更不能不自覺的又流露出以前老儒學所具有的「奇理斯瑪」性格來，將那後設的、理論上的疏清轉成一超乎一切的現實指導原則。這就難脫原先傳統儒學所隱含的專制性格與咒術性格，這是值得我們注意的。

八、從「新外王」到「新內聖」：
多元、差異與融通的可能

　　這些年來，我一直以為中國文化傳統的資源是多元的，是融通的；但在兩千年帝制壓迫下，使得它有著嚴重的一元化、封閉化的傾向，如何去開抉出一條道路來，這是許多當代知識分子所關切的志業。我深切同意須得應用韋伯式的理想類型分析（Ideal-typical analysis）對傳統的質素有所定位，再展開進一步的改造與重組。[24]問題是如何深入到中國文化傳統中，恰當的理解、詮釋，然後有所定位，才有進一步發展的可能。否則，只是片面性的定位，或者將表象點出，便予以定位，雖欲有所轉化、創造，甚至是革命，這往往難以成功。當然，我這麼說，並不意味片面的定位就沒價值，而是要呼籲，不要以片面的定位當成全體，片面如果是「開放性的片面」，那是好的，不要落入「封閉性的片面」就可以了。

　　筆者仍想強調「道德」是一不離生活世界總體本源的思考與實踐，在不同的傳統、不同的文化、不同的族群、不同的情境，將展現著不同的丰姿。如今，進入到現代化的社會之中，契約性的社會連結是優先於血緣性的自然連結的，原先長自血緣性的自然連結的「仁愛之道」，現在當長成一「社會

24　請參見林毓生《政治秩序與多元社會》，頁 349，聯經出版事業公司印行，1989 年 5月，臺北。

公義」。真切的涉入到公共領域中，經由「交談」互動，凝成共識，上契於
社會之道，在這樣的社會公義下，才有真正的「心性修養」，才有真正的內
聖。

　　如上所述，後新儒學意在跨出「內聖—外王」的格局囿限，而改以「外
王—內聖」為思考模型，強調「人際性的互動軸」，以契約、責任做為思考
的基底，以「一體之仁」做為調節的向度，尊重多元與差異，化解單線性的
對象定位，擺脫工具性理性的專制，但求一更寬廣的公共論述空間，讓天地
間物各付物，乾道變化，各正性命，雖殊途而不妨礙其同歸也，雖百慮而可
能一致也。當然問題的焦點，不是如何由道德形而上學式的「一體之仁」如
何轉出「自由與民主」，而是在現代性的社會裡，以契約性的政治連結為構
造，以責任倫理為軌則，再重新來審視如何的「一體之仁」；不是如何由舊
內聖開出新外王，而是在新外王的格局下如何調理出一新的內聖之學來。

　　　　　　　──辛巳 2001 之秋 10 月 11 日凌晨四時於深坑元亨居──

（本文曾在二○○一年春夏間於東吳大學哲學系主辦之「儒家文化與
　人文社會科學之發展」學術研討會上宣讀，又再修改後於冬天於新加
　坡儒學會與國際儒學聯合會主辦之「儒學與新世紀的人類社會國際學
　術研討會」上宣讀。後稍事修訂，寫成定稿，正式發表於 2001 年 12
　月，《思與言》三十九卷第四期，臺北。）

第二十四章　本體、話語與方法：關於中國哲學研究的反思

【本文提要】

　　本文旨在反思四十餘年來為學，對於中國哲學研究所涉及的本體、話語、方法，展開總的思考。首先指出：詮釋的最高原則：「依法不依人，依義不依語，依了義不依不了義」。東西對比，華夏文化主張「存在與價值的和合性」，此不同於西方主流「存在與思維的一致性」。再者，指出朱子哲學不是橫攝的靜涵靜攝系統，而是「橫攝歸縱」的系統。孟子的性善論應該理解為「善向論」而不是「向善論」，並闡明儒教是覺性的宗教，這不同於一神論之為信靠的宗教。

　　再者，主張努力推進中國哲學的語彙成為強勢貨幣，參與人類東西文明的對話。「古典話語」、「現代生活話語」、「現代學術話語」的轉譯、融通很重要。反思「話語的錯位」隱含「權力的干預」「主體性的瓦解」，須力挽狂瀾。力求擺脫白種人話語中心主義，立根於本土文化傳統，要求基本的話語權。如此才能解開「格義」與「逆格義」的難題，才能真正的開啟文明交談。須知：中國知識論和心性修養論密切關連，他們都必得回到存在自身。

　　最後，講者闡述了【存有三態論】：存有的根源、存有的彰顯、存有的執定，並由此開展「詮釋學的五階論」：道、意、象、構、言，相為表裡，而構成「本體詮釋學」。最後，主張「回到本身」，回到古典話語，回到現代話語，回到生活經驗，回到生命體驗，進而能從「存在的覺知」到「概念的反思」到「理論的建構」。

關鍵字詞：存有、價值、思考、概念、反思、根源、詮釋、本體、話語

一、緣起：我們的本心良知必然受到身體、情境、場域、境況等種種影響

謝謝老學長楊祖漢教授，還有李賢中教授的主持和介紹。到臺大有一種切身的感覺，我今天心情比較平靜。我每次在這兒發言，心情都不太平靜，因為我對臺大有一個比較獨特的情感。其實我們人文的思考一直受到存在的啟蒙性作用。我們的本心良知也一定受到身體、情境、場域、境況等種種影響，那是一定的，那是沒辦法的。

我今天比較平靜一點，以前比較不平靜，平靜、不平靜，這說來很複雜。最近，我在山東人民出版社出版的《林安梧訪談錄：後新儒家的焦思與苦索》，裏面記到一些不平靜的事情、原因與理由，還有心路歷程。現在《林安梧訪談錄》已經出版了，順便作一下介紹，如果你們有興趣可以上網查一下。

我今天要談的題目其實是接近於東西比較哲學一點，我並沒有放在海峽兩岸的脈絡來想。剛剛祖漢兄作了一個介紹，我是把它放在整個中國哲學的脈絡來思考。有關海峽兩岸的問題，當然很值得討論。論也論得很多啦！現在論這個問題，又被拉到藍綠兩端去，我覺得其實這也都涉及到話語及其他種種，這說來與今天我的主題仍然是相關的。

今天在座來了很多老朋友，前輩的師長，同輩的學友，後輩的同學，都有，我真滿心歡喜，也很惶恐。我今天準備了一個簡單的講綱，這講綱談：「本體、話語、與方法」，涉及到「我對中國哲學研究的一些思考」。我想這麼安排，我講不要講太長，我們可以有一些討論。

中國哲學之作為一個現代哲學的研究應該已經超過一百年了，這一百多年來中國哲學研究的典範其實也在變化。我從 1975 年參與鵝湖月刊社以來，鵝湖月刊社是 1975 年 7 月創刊，在座楊祖漢教授，特別是曾昭旭教授，他們是最原初的創刊者。我是最原初的參與者，而曾老師那時是擔任主編，他今天來，我特別高興。

在那個過程裏面，其實我們展開了一個真正的哲學探險，在這個學習過

程裏面，我一直在想一個問題：我們因為讀前輩先生牟宗三先生的書、唐君毅先生的書，讀熊十力先生的書，讀馬一浮先生的書，當然你可以發現到他們的特點，讀這些書基本上是要努力將中國哲學經典所提煉出來的概念範疇跟西方哲學的概念範疇相提並論，而能夠融鑄而進一步的發展，這一點是比較獨特的。這大概是跟我們看到的一些作西洋哲學的先生們回過頭來作中國哲學是不大一樣的。這也就是說：唐先生、牟先生及前輩的熊馬幾位先生，基本上中國哲學的底子是很深厚的，但是他們西洋哲學底子也很深厚，他們提到更高的層次來思考這個問題。唐牟二先生秉承了熊十力先生以來的傳統，也就是說當代新儒學其實是一個用現代的話，其實他是從本土走向國際，有本土化的層面，也有全球化的層面，他展開了更深層的話語溝通，我覺得這一點是非常難得的。這個大概也是作為一個後生的晚輩，我們在學習的時候感受到的可貴，之後也秉承這條路一直走下去。後來我到臺大讀書的時候，其實正式成為研究生比較晚，那是 1982 年，但是真正在臺大上課是1975 年以後，因為 1975 年唐先生就應邀到臺大來講學，就非常幸運就來聽課，聽唐先生講宋明理學。

　　後來，唐先生因為患了癌症，回香港去治療；後來換請牟先生來臺大講課，就這樣一直延續了下來。期間我聽過牟先生的課有：宋明理學、魏晉玄學、佛性與般若，一直到中國哲學十九講、中西哲學之會通十四講。後來，牟先生在師大講莊子，聽課的人更多，包括了李祖原先生。起先，我們從師大來這邊聽課，我們聽課的認真程度不下於真正在座這裡的研究生或者大學生。後來，我到臺大讀研究生的時候，常常聽到臺大先生們對牟先生的批評，說：牟先生的邏輯不通，牟先生的康德是英文康德，各方面種種。我心裡總覺得這些批評空穴來風，完全出於忌妒，要不然就是不理解。

二、詮釋的最高原則：
依法不依人，依義不依語，依了義不依不了義

　　我心裏總覺得哲學之為哲學，他其實並不能只隸屬於語文之下。若照佛

教所講的詮釋學，因為佛教援引進中國來講的話，他的詮釋學講得透徹。佛教的詮釋學，溯其本源，他說「依法不依人，依義不依語，依了義不依不了義」，這是很了不起的。六祖惠能不識一字，卻可以明心見性，見性成佛。《六祖壇經》所詮釋的佛法我想沒有人敢欺負他。何況牟先生用功非常深，所以我當時這個感覺，到現在我還常常在很多地方講，我說這個臺大哲學系的一些先生們如何評論牟先生，我看你們一群人加起來還不如一個牟先生，我當時是這麼講。

等到我唸到博士的時候，臺大博士生是先考進來唸，再選擇指導教授，我之選牟先生當指導教授，其實也就跟臺大絕了緣。臺大是反新儒家的，是反唐君毅，反牟宗三的。唐牟兩位先生會到臺大來教書，那是因為黃振華教授的關係。這很清楚，這是我的選擇，果真我是第一個畢業的臺大哲學博士，而且我的成績是最多最豐厚，而且我也是斐陶斐的榮譽會員，但是我並沒有在臺大教過書，也沒有在臺大兼過課，連臺大的考試大概也很少參與，很多人認為很奇怪。其實，沒甚麼好奇怪，說穿了，就是權力鬥爭。所以我來臺大哲學系這個地方講話演講的時候，內在常不平靜，業力常發作。

今天我顯得比較平靜，他真的是有其他的因素使然，總的來說，可以說是因為人生它是有一個發展，度過四十、五十，也就慢慢安了下來。牟先生出自北大，也沒有在北大教過書，對北大大概也會業力發作；我出自臺大，而且是第一個畢業的哲學博士，沒有留在臺大教書，在臺大做講座時候，不免業力發作，這是真實地，活生生地，不必欺瞞。不過業力發作，總要解消，這要有般若才能化解業力，有慈悲心才能夠渡過這個悲情。

現在，臺灣最嚴重的就是少了個般若智慧，這麼一來，也就難以破解這個業力。臺灣陷落在業力之下，沒有真正大慈悲就化解不了這個悲情。臺灣不斷的在政客的炒作底下，就是其恨難消、其罪難贖，就把難贖的罪、把難消的恨，累積、擴散、一直延展。擴散到不知所之的一群人身上。年輕人的身上。這樣一來，這一群人思考問題僵化了，就被放在一個很小很小的領域，所以也不知道歷史的前因，也沒有想到歷史發展的後果。上不了天，下不著地，自己圈起來，圈起來就非常孤獨的，以為這叫做天然的，這叫天然

獨，這是我對天然獨的一個新的解釋。天然獨本身來講他是一個非常僵化固蔽的、一個封閉起來的狀態。這是很可悲的事情。

三、臺灣雖被日本統治了五十年，
但仍然是「承天命、繼道統、立人倫、傳斯文」

　　我年輕的時候對臺灣史非常的有興趣，我了解很多，我當時深深強烈感受到臺灣人了不起，臺灣人真是承天命、繼道統、立人倫、傳斯文。被日本統治了 50 年，他還是一樣是臺灣人，是整個華夏文明的一部分。臺灣人是放在整個華族、整個華夏的道統裏去成就自己的。我們之所以有今天，我覺得是跟這些有密切關係的，特別 1949 年之後，我想 1947 年的二二八事件是問題很多，這是嚴重的，所以造成此恨難消、此罪難贖，但是 1949 年以後憑良心講臺灣基本上還是有很多進展的。這進展的條件裏面，譬如說：耕者有其田，三七五減租，讓原來的大地主釋放出土地來，讓農民的生產力增強了，也使得臺灣逐漸轉型，長出工商業來，還有其他各方面種種。臺灣又因為大陸來了一百八十萬人口，這裏面有國學大師、有藝術家、有書法家，各方面種種。臺灣的文化教養，一時間大有進境，就連人種混血，都有著一番的提昇。

　　當然兩蔣的白色恐怖問題，這是歷史的事實，自不在話下，但是臺灣在這個發展過程裏面，其實臺灣是掌握到了相當的力量。所以臺灣這樣的一段發展，就如同王夫之在《讀通鑑論》裏提到東晉王導的「保江東以存道統」；我們可以說上蒼是「保臺灣以存中國文化之統」。臺灣這個發展過程是不錯的，在我的經驗裏面，就我所理解到的總體來講，這發展是不錯的。但是因為恨難消、罪難贖，那麼國民黨這些年來，委靡不振；所以讓反對黨那邊將這恨難消、罪難贖，罪難贖而把罪定罪了，恨難消把恨更強化了，於是圈起來，滲透了這塊土地，就越來越深沉的陷入在悲情裏面。悲情不斷的炒作，臺灣慢慢離開了中國文化道統的脈絡，陷落到臺灣人的悲哀之中。

　　如此一來，臺灣原先蠻不錯的民主運動陷入這個國族主義的鬥爭之中，

就從 democratic movement 從民主運動變成 nationalistic movement（國族主義的運動），這個問題就很嚴重啦！嚴重到現在還在發酵中，國民黨竟然渾然不覺，所以民進黨在那裡有個基本點，那個基本點是不要你以前的天命，也不要以前的道統，現在連人倫也可以毀，所以現在是不承天命，不繼道統，當然也不立這個人倫，也不傳斯文。而國民黨呢！國民黨其實鬆鬆的，反正怎麼樣也可以，它逐漸失去了基本點，沒有了基本點，一個沒有基本點的政黨是不能參與鬥爭的，不管是選舉的鬥爭，還是武力的鬥爭和各方面的鬥爭。

　　以前的國民黨在大陸他的基本點雖然有，但是不夠緊密，鬥爭失敗了，來臺灣以後，曾經有黨的改造，才能振衰起敝。現在要是沒有了基本點，這樣的國民黨這問題就很嚴重了，我希望這講座上傳的時候民進黨的蔡英文能夠看到，國民黨的吳敦義也可以看到。國民黨這個基本點沒有，問題就很嚴重了，所以這些東西是非常麻煩的問題。所以像天然獨這個語彙其實應該交給語言哲學家們去處理、去思考。甚麼叫天然獨，我剛已經作了一個哲學詮釋，甚麼叫天然獨。就在這樣一個滲透過程裏面也渾然不知，把自己圈起來，很孤獨的在裏面取暖，然後強化，其實是你封閉起來了，你認為叫天然的，你是孤單的，這叫天然獨，這個問題很嚴重啊！今天我不是要談兩岸問題，我覺得兩岸問題如果放在人類的大文明來看，這不是太大的問題。

四、儘管政治混濁，臺灣民間的文化教養力量 仍然繼續在生長著

　　有人問我兩岸問題會不會很關心，我會很關心，問我會不會很擔心，我說不會，這不用太擔心。在歷史的推演裏面，臺灣這塊土地還是不錯的，臺灣基本上是因為只有這樣所謂的天然獨這樣的孤獨的封鎖起來，也不是太多。臺灣的書院經典還是照講的，民間的廟照樣還是香火鼎盛，雖然現在有所謂的滅香，以後還是會香火鼎盛的，這不用太擔心，民間講學還是照講的，一樣的。我有一本《新譯老子道德經及心靈藥方》就在中華道教總廟，

在羅東梅花湖三清宮發行。這本書發行已經超過一百萬冊，而且每年還在繼續增加中。這個部分我們不用太擔心，臺灣民間的力量正在生長，我想這也可以成為全世界華人的借鏡，是臺灣最可貴的地方。

　　我們政治不管那一黨的領導人都要好好留意一下，你說的話的業力，是善是惡，影響力很大，說不好，還會成為世之所笑。我記得以前讀到《辜鴻銘的筆記》裏面講到一段，袁項城（世凱）笑張之洞，袁世凱說我是辦事的，不像張之洞是講學問的，辜鴻銘批的筆記裏面說果真袁項城是辦事的，就我所知所有辦事的也是要學問的，說他是辦事而不要學問只有一種可能性，就是老媽子倒馬桶是不用學問的。你說現在臺灣所使用的語言是離不開漢語的，你這個漢語裏面自然會有古漢語的成份在，臺灣人講了很多古漢語，臺灣話裡有很多是文言文。現在，有所謂臺灣本土社團，這些本土社團，說起話來很大聲，然而他們居然都要反掉自己這些東西。老實說，他們反文言文是沒道理的。

　　臺灣現在真的處在很奇怪的狀態下，但不要太擔心，因為這些人在被強化了的「恨難消、罪難贖」的狀況之下，他們其實本來也沒有那麼地恨，他是在幫人家一起恨，因為有很多不是屬於他們的先人如何！這罪難贖也不是他們並不願意把這個罪要贖；而是這個罪被重重地定罪，他把這個罪定罪，然後強化它。這個要把它解開，解開以後很多事就好辦，所以我是覺得這些事很值得去留意。我在包括哲學會的場合裏面我建議這些問題都應該拿出來討論，譬如說中華民國、臺灣、中華人民共和國甚麼甚麼，這個語彙牽涉到一個的問題，可以討論這個問題。這個自我認同怎麼去理解，從心理學怎麼去理解、從哲學怎麼去理解，來討論這個問題。還包括現在像天然獨這個語彙，也得通過哲學的分析、詮釋學的分析、語意學的分析，甚麼叫天然獨，我覺得哲學應該提高到這個層次來討論時候，大家都很重視哲學系。因為哲學系是怎樣一回事，大家都應該要去理解、去討論，所以哲學的話語是要鮮活的，不能只是吊書袋的說法。所以今天我想跟大家談的也是比較我思考到這樣的問題，就中國哲學研究問題跟方法，我就標舉到本體、話語跟方法的問題。

五、東西文明的對比：「關於存在與價值的和合性」VS.
「存在與思維的一致性」

　　這個剛剛前面還是受到這個時代情境的影響，所以我就有這一些想法。一個是「關於存在與價值的和合性」，一個是「存在與思維的一致性」的對比，這是我常作的「東西文明思維方式對比的一個基本的點」。咱們中國哲學裏面非常重要的是「存在與價值的和合性」作為優先原則，這跟從古希臘巴門尼德、柏拉圖、亞里士多德以來的主流傳統，是「存在與思維一致性」的原則是不同的，這兩個有很大不同。因為這個不同，讓我們可以很清楚的發現到，如果你沒有正視這樣的差異，那麼有一些你就不能理解。這也就是說如果你以「存在與思維的一致性」為原則作優先來考慮，那中國哲學很多話語就容易被論定為不通。

　　記得在臺大讀博士的時候，我們臺大先生教倫理學時就跟我說，《易經》講「天行健，君子以自強不息」，這句話根本不通，你怎麼知道天體運行是剛健的，即使天體運行是剛健的，怎麼能夠導出君子以自強不息？！不錯！如果通過「存在與思維的一致性」原則，通過實然、應然的一個嚴格的區分，你對實然層面的敘述，沒有辦法導出應然的價值判斷。但是問題是更為根源的，實然和應然的區分是人後天的區分，還是先天已經被給予地擺在那裡，這是要問的問題。其實，它是後天人們通過話語去論定以後才作出來的區分，就其原初存在與價值他們是連結在一塊的。

　　宇宙秩序、道德秩序原先是在一起，存在的韻律本身就隱含一個價值的向度在那裡，這就是我們所說的存在與價值的和合性。我們如果以這個為優先的話，「天行健，君子以自強不息」，那是很容易理解的。「地勢坤，君子以厚德載物」、「山下出泉，君子以果行育德」、「雲雷屯，君子以經綸」，這個「易經」都有。「大人者與天地合其德，與日月合其明，與四時合其序，與鬼神合其吉凶」，這個也是。這都是很清楚的。我剛剛說的這個區別是要有的，而這個區別你會發現到「存在與價值的和合性」是優先的；「存在與思維的一致性」是在「存在與價值的和合性」之後。我這麼訂定

它，名以定形、文以成物，我們去論定它是甚麼。所以我們說存在事物之為存在事物跟存在事物本身是兩回事，存在事物本身它是存在和價值是和在一塊的，當我們去論定它是甚麼的時候，是經由主體的對象化活動去論定是甚麼，是經由存在與思維的一致性去論定它是什麼。這很清楚的。

這個部分如果我們把握清楚以後，這應然、實然問題，我們就不會認為，知識是實然的問題，道德是應然的問題，不是那麼簡單。知識、道德隱含了一個非常麻煩的辯證觀點，這個辯證觀點它原先是辯證和合統一的。在我們文明裏面一直是這樣統一著。正因如此，《易經》講「一陰一陽之謂道，繼之者善，成之者性」。「一陰一陽之謂道」是講「存在的律動」，這是天道論。「繼之者善」講的是人的參贊，這是實踐論，「成之者性」這是教養論，重在文化的教養與習成。天道論、實踐論、教養論，三句話都包括了。

我們不會認為有一種最原初就把一個東西當成一個被給予的存在擺在那裏。須知：存在之為存在，他原先是跟我們關連成一個不可分的整體，而經由一個主體的對象化的活動，你去說它是甚麼而使得它成為甚麼，這個過程是很複雜的。我常提這其實是這樣一個認識論的思考，存在於我們的古漢語裏面。我們說的閩南話卻是古漢語，舉例來說，就講「你知道嗎？」閩南話怎麼講？他說「爾八否？」「八」說的是分別，分別最古老的字就是「八」，「八」是分別，「分別」是從一個整體混淪不分而人參與進去以後，經由一個對象化活動之後才起了分別。換言之，當我們說它是甚麼，這是經由一個我所說的過程才使它是甚麼，不是它原先實然的存在就是甚麼。而西方「存在與思維的一致性」自柏拉圖以來，就把人們之所說、之所論它是甚麼，當成它果真之為甚麼，這點是很重要的。

中國之能夠對這些東西有更深層的思考，是因為咱們不是通過 Be 動詞來想問題。我們會說甚麼者，甚麼也，這樣的一個提稱的講論方式，而不是甚麼是甚麼。一直到現代漢語才受到西方的影響說甚麼是甚麼。這是人類文明在發展過程裏面，它開始進到了我所說的「主體的對象化活動」之所指，就其所指，當其所是。我們能夠重視到它的所顯，存在有所顯，然後你才能

夠有所論，有所論你才能夠論定它，這是個很複雜的過程。追本溯源的說，這很清楚顯然明白的，知識與價值、道德與知識系統，在中文來講原先是通而為一，兩者沒有分裂的問題，分裂是後起的。這也就是我在理解包括朱熹在《格物補傳》裏面所講，我認為朱熹是有悟道的。

六、朱子不是橫攝的靜涵靜攝系統，
而是「橫攝歸縱」的系統

　　他講一日格一物，格之既久，一旦豁然貫通焉，則眾物之表裏精粗無不至，而吾心之全體大用無不明。這是說：從一個對外在對象的確知，清楚的掌握之謂「識」，而回到內在主體的確認之謂「知」，更往上上通於道，這就叫做「明」。我以為中國傳統知識論與修養功夫論是密切相關的。「識」是了別於物，「知」是定止於心，而「明」是通達於道。朱熹的《格物補傳》其實正說明通過理學的「格物窮理」與「涵養主敬」一樣，可以達到「體用一源，顯微無間」。牟先生判朱子之為橫攝的靜涵靜攝系統，判定朱熹他沒有悟道，這是站在象山心學立場來看，並沒有如實的去理解朱熹。根據我的研究，我以為朱熹是「橫攝歸縱」，橫攝講的是格物窮理，但這裡不只是橫攝，而可以歸縱，而可以上通到宇宙造化之源。因為「體用一源、顯微無間」也是朱熹所同意的，這也是伊川所同意的。程伊川在《易經程氏傳》的序裡，就這麼強調的。這裡我要說，不管心學、還是理學，還是道學，都是通而為一的，在本體論、宇宙論上，是通的。他們都是可以證悟到道的。

　　牟先生之所以會作出朱熹是橫攝的靜涵靜攝系統，說朱熹是別子為宗，這樣的分判。其實，是因為他受到整個西方近現代啟蒙的影響，太強調了這個主體，這個主體本身來講它分判為知性主體和道德主體，而其實在中國人來講的話，最原初它是通而為一的。這個部分很重要，我一直是這樣講的。這裡就牽涉到一個更為根源的區別，這也就是我所主張的，我們中國傳統是「存在與價值的和合性」來思考，這與西方主流之為「存在與思維的一致

性」是有很大不同的。我們在《中庸》《易傳》中國的主流傳統裡，可以發現「存在與價值的和合性」為優先，而「存在與思維的一致性」並不是第一序的。我們要說這是經由主體的對象化活動，經由具體落實之後才看到的發展。

這又牽涉到東西文明有關存在的理解，我們強調「存在的連續觀」，這與西方之為「存在的斷裂觀」大相逕庭。這牽涉到「天人物我人己通而為一」以及「神人物我人己分而為二」，有關「天人、物我、人己」這三個最基本的向度，我們採取的是存有的連續觀，或者叫存在的連續觀，不是存有的斷裂觀，我們不將神人、物我、人己分而為二。就西方整個大的傳統來說，神人分而為二，這是希伯來的宗教傳統，一直到後來的基督宗教傳統；物我分而為二是古希臘的科學和哲學傳統；人己分而為二是羅馬法律的傳統。咱們不是，咱們是天人、物我、人己通而為一。天人合一就其德而來說的，天人合德，所以中國的天人合一，其實就是天人合德說的，沒得好說的，因為是這麼說的。天是天，人是人，怎麼天人合一、天人合德？所以你不能說不是天人合一而是天人合德，這個說法就不準。

另外，像人性本善，這個本不是本質之善，而是根本之善，根本之善就是一個道德覺性之本性而說的善，他不是一個生物學意義的本能之善，這是很清楚的。要是，你把它弄得誤解成生物學意義的本能之善。這是個誤解，因為你誤解了，你刻意一定要說這個本善不是本善而是向善，這就是你沒有真切的去理解，這是不對的。

七、林安梧、傅佩榮：
「善向論」與「向善論」的一次論辯

記得，在二十多年前，有一次花蓮教育大學舉辦了一次道德教育國際研討會，我與傅佩榮教授都參加了這次盛會。應眾人之邀，讓我與傅佩榮教授另開了一個會外會，記得是在花蓮吉安的涵園召開的。我們當時辯論孔孟，特別是孟子，到底是向善論還是本善論？我說其實如果更確當的說，孟子的

人性論應該是「善向論」，人性是有其定向的，就像水一樣，有其定向，孟子說「人性之善，如水之就下」，這是孟子用的比喻，他拿水的定向，來比喻人性也有個定向。

起先，告子說：孟老師，這個水就好像人性一樣，如水流一樣，決之東則東流，決之西則西流，人性是可善、可不善的。孟子說：那還用說，要是我們把它堵起來，它可以往上逆流呢！但水這麼流，這不是常道，依其常道，是有個定向，人性之善有個定向。就道德覺性來說，人之異於禽獸者幾希，那個定向說，就這個定向來說，「人之初，性本善」，就此而說，是十分分明的。這沒有什麼好爭的。就好像「天人合一」與「天人合德」沒有什麼好爭的，人性本善與人性善向沒有什麼好爭的。你一定要說「向善」，這也不是不可以，但不如用「善向」來得準確。你可以說這是您的人性理論，你不能說是孟子的。說是孟子的人性論，我認為用「善向論」才是準確的。

這理路是很清楚的。你居然對這些東西不清楚，是你對於古典不熟，是你理解不夠，這是很可惜的。我們說讀書要「義精仁熟」，這是極為重要的。學術需要公開討論，在討論的界域意，大家的學術要公平。我們可以討論牟先生對朱子的分判，別子為宗為恰當嗎？雖然他是我老師，我還是說他不恰當，就學術來說，我們都是學術公民，這當然是可以說的。傅佩榮先生是我的學長，他名滿江湖，但他對孟子的理解不確當，要提出來。當然，這還是可以討論的，討論了以後，同學以後可以繼續討論。應該繼續討論，不可忽略不談。臺灣學界有一個缺點，就是小山頭主義，我在那個山頭這麼說就好了。大家有山頭意識太強，但並沒有好好去正視問題。這是不對的。這是違反真正的學術良知與本性。這一點我要說一下。

在「存有的連續觀」和「存有的斷裂觀」底下，有很大的不同。在存有斷裂觀底下，西方所強調的，跟中國所強調的，是迥然不同的。我們強調一氣之感通，強調天人合德，強調一體之仁。我們道德學展開的方式，我們的知識學系統，我們的宗教學方式跟西方的不一樣，我常作譬喻，這個不一樣就好像吃飯用餐具的不同。我們用的是筷子，筷子是用夾的，西方是用叉子，叉子是用叉的。叉子是主體通過一個中介者強力侵入客體，控制客體，

這是一個主體的對象化思考。咱們不是，咱們是主體通過中介者，連接客體，達到均衡和諧，才能舉起客體。所以他強調的是主體際性，互為主體性，他強調一氣之感通，強調天人合德，強調一體之仁，強調「我與你」（I-Thou relation）的真實關係，而不是一個「我與他」（I-it relation）的客體性的把握，這是很清楚的。

正因為這樣，我們的宗教不會是一神論的宗教。我們的宗教是一個強調總體根源的宗教，是一個「教出多元，道通為一」的宗教。如果要用西方的語彙，去問它是超越的還是內在的，這就變成既超越而內在。更接近的說，其實它強調的是一個總體的根源。我要說，在《詩經》、《書經》，我們用「上帝」這個語彙，他說的是一個至高無上的萬物始生之處。「帝」這個字在文字學的構成來說，它「象花蕚之形」，衍生成萬物始生之處。其實，當我們說上帝的時候，不免有人格神的意味，但是它不局限在人格神。因此，我們不必去爭我們是不是從原先的人格神，然後怎麼樣之後才變成了天道論，之後，又如何變成了道德論，它其實是和在一塊兒，和在一塊兒，是天人物我人己通而為一的，我們用這樣的方式來想問題。

八、儒教：覺性的、教化的、 道德實踐的、一統而多元的宗教

「儒」當然可以是儒家、儒學，也可以是儒教，這沒有什麼好懷疑的。記得三年前吧！在北京的中國社會科學院的世界宗教研究所，他們創所五十周年，給他們作了一個講座，講「儒教釋義：儒學、儒家與儒教的異同」。我說「儒」當然可以是一個「教」，你說的宗教的條件它都有，論教義，有孝悌忠信、仁義禮智都是；論教主，我們說周公、孔子；論崇拜的對象，我們就敬天法祖；論教儀，婚喪喜慶、吉凶軍賓嘉，這都有。《論語》就說：「生，事之以禮，死，葬之以禮，祭之以禮」。論教團：凡是以士君子為己任者，不必受籙，也不必受洗，也不必登記，那是一個開放性的教團，這樣的一個教。在韓國叫儒教，在日本叫儒教，分明清楚是這樣稱呼的。但在臺

灣，我們說儒家有宗教精神，但不說它是儒教。在中國大陸，我們也不說它是儒教，偶然說及，基本上還是質疑。這真得很奇怪。

這問題牽涉到我們對宗教一詞的界定與理解，牽涉到我所說的中國哲學研究的問題，它涉及於「方法」與「話語」的理解。「教」這個字，可以是教化之教，可以是宗教之教，中國的宗教是以教化義為主的宗教，是一個覺性為主調的心性修養之教，它不同於一個以信靠為主的宗教，這是很清楚的。「儒、道、佛」三教強調你的覺性的喚醒。我們說「佛」是大覺者，儒家強調個體的自覺，道家講致虛極、守靜篤，一樣的也是另種「自覺」的方式。只是儒家的自覺是要進到人倫，要講人倫共同體的確立，道家是講到自然共同體的調解，而佛教是要講苦業的解脫，他們彼此有其異同。但是它基本上是「覺性的宗教」，它不是「救贖的宗教」，不是「信靠的宗教」，這就牽涉到我們怎麼看這個問題。

我記得比較驚訝和震撼的事情是上個世紀 80 年代末，我初到臺灣清華大學（新竹）任教的時候，我當時在通識教育中心，隔壁有個社人所，叫社會人類學研究所，有一次由於我們的影印機壞了，就到隔壁去借，印上課用的資料，結果有人剛好印了，社人所印的，原來的文件，留在那裏沒有帶走，一看是「中西宗教之異同」。這分文件宣稱：中國宗教叫功利的，西方的宗教叫神聖的；中國人宗教是流俗的，西方宗教是甚麼的。我心裏想這很奇怪呀！西方在賣贖罪券的時候是神聖的嗎？！它是不是西方的宗教啊？這份文件的作者是一個非常著名的宗教心理學家，華裔的，我就不說人啦！我覺得非常奇怪，如此自貶身價，說自己都不是。

說到這個地方，我又有業力要發作了。清華大學成立一個哲學研究所，居然沒有中國哲學，我說你要把它改成西洋哲學研究所那還好辦。當時，我正待在清華，我沒有進到哲學研究所，哲學所正在籌備時，我一出去老被問是否在籌備哲學所，哲學所如何如何，結果哲學所竟然與我毫無關係，因為主其事的人認定中國哲學不是哲學。我交涉多方，但因為臺灣的清華大學像是周朝，它是周天子領諸候，地方諸侯獨大，交涉沒成，它們不做中國哲學，後來，本人之後就離開清華大學，回到我大學本科的母校，也就是臺灣

師範大學，這真是沒有辦法的事。這裏面有些故事，在《林安梧訪談錄》裏面留下了些痕跡。這些過往的足跡，都促使我去思考，中國哲學研究的問題與方法，我一直強調：中國哲學研究當然要與西方哲學平起平坐。我們剛到大陸去的時候，大陸很多同胞在炒匯、炒美金，我們只能帶美金去換外匯券，許多人在黑市換人民幣，當時那些炒匯的，後來竟然都大虧本，因為他們大概從來沒有想過，人民幣居然會成為強勢貨幣。

九、要讓中國哲學的語彙成為強勢貨幣，參與人類東西文明的對話

　　我做中國哲學研究，看到前輩如熊先生、牟先生他們，他們都立基在自己文化的主體性上。我認為中國哲學的話語也應該是強勢貨幣，然而，我就學的過程，臺灣大學哲學系很多先生則認為中國哲學話語是一個較為低等的貨幣，你只有通過西方的話語轉換，它才能進到世界的哲學話語之林裡面。甚至有人以為中國哲學不是哲學，它只是思想而已，它提不到哲學的層次。我認為這樣思考是錯誤的，同樣是人，他們能締造理論，我們當然也能締造理論。我們可以有像《文心雕龍》這麼了不起的文學理論，其理論性是極高的。當然，像《易經》〈繫辭傳〉所締造的哲學理論也是極高的。中國文明是有很高的理論能力的，有人誤認為中國文明沒有理論能力，這是大大的誤解。像這些都促使我去想這些問題，在實踐的過程裏面，就慢慢的真切起來。以前我其實是很認真學習西洋哲學的，我在臺大修碩士、博士，碩士修了五十幾個學分，而博士修了四十幾個學分，一大半是西洋哲學。

　　討論西洋哲學概念時，我會想到中國哲學用甚麼概念去說，我一旦在課堂上說出來，大家都啞言失笑。因為，照他們來講，這根本不可能的。我當時覺得很奇怪，當然是可能的！因為他們腦袋裏面，早失去了中國哲學的語彙，也失去中國哲學作為一個概念範疇的語彙。像這樣子，你說我們的哲學如何有希望！這是我當時所問的問題。幸虧我的先生、我的老師們，牟先生、唐先生以至於上一輩的熊十力、馬一浮先生，他們基本上都是肯定中國

哲學語彙是具有生命力的。這個部分是我一再而強調的，包括我還是認為文言文是有生命力的。

　　我每一次到中研院去，就想起胡適之。有個事，真是滑稽。胡適之的墓，有趣的是：在他的墓碑，我們一般寫的是某某先生之墓，胡適之先生的墓寫的卻是「這是胡適之先生的墓」。聽說，這樣寫才對得起他作為一個白話文的推動者，我真的不知道他們學生是用什麼腦袋去想這個問題，會想成這個偉大的結果，我覺得是徒為後人的笑柄，也可能因此就變成有一種效果，這個效果就讓大家記得這個事。再說，胡適之這個名字也真的很奇怪，他原來家裏給了一個很好的名字（原名：胡嗣糜，行名：胡洪騂，字希彊），他居然就不要了。當時達爾文的進化論甚囂塵上，所謂「物競天擇，適者生存」，所以給自己取名為胡適，字適之。有趣的是，他忘了他這個名字，他這個胡適、胡適之，他這個名字用漢文解釋真是不知道往那邊去。所以胡適之三個字我說他常常是符讖，他代表整個中國哲學、中國思想、中國近現代不知道往那邊去，胡適之這名字這符讖果真應驗，這可真是一個很有趣的現象。

　　當然，這開了前賢一個小小玩笑，其實胡先生不會在意的，因為胡先生這一生所擁有的榮華富貴已經果真是「君子疾沒世而名不稱焉！」。我總以為，他是名不稱實的，我們現稍為說他一下，這是幫他消解業力。話語本身是重要的，古典的話語一定要通過現代的生活話語去體會，要通過現代的學術話語去表達。

　　我教過幾年的中學，也教過多年的通識，我深深覺得要讓真正在生活世界生活的人能夠理解哲學。哲學它是親近你的，哲學不是你掉以書袋，誰怎麼說就怎麼說，我是瞧不起現在有一個人他跟我說，他這一輩子只研究那一個人的那一個東西。那麼譬如說法國人懂法文之重要要如何如何之後也就能如何了，這一輩他也心滿意足了。我心裡想，你果真心滿意足了。就好像有的人去那裡，就像臺灣人去甚麼地方要吃臺菜，他居然沒吃臺菜，他就覺得他沒辦法活下去，或者有的人他一定要吃所謂的中國菜。你去那個地方當然要吃那個地方的菜，風土人情你深入它，這不是很好嗎？

　　你為什麼要自限腳步呢？世間的學問真的有那麼困難嗎？能懂黑格爾就能懂王夫之，不是！能懂王夫之的就能懂黑格爾。你能懂唯識的，我就不相信你不能懂現代的心理哲學，沒有那麼困難嘛！他不一樣，但是他的難度比較起來，中國哲學難度還高一些。我要以這個話跟現正的一些包括作佛學的好像不懂巴利文、不懂梵文，就是不能夠作佛學的，這是不對的。印順也不懂啊！這有什麼關係，重要的是，你要懂得其中的道理。

十、「古典話語」、「現代生活話語」、「現代學術話語」的轉譯、融通很重要

　　「古典話語」與「現代生活話語」、「現代學術話語」怎麼融解？我記得多年前，教學生「智仁勇」是三達德，學生就問我怎麼理解？我就嘗試說「智」是清明腦袋；「仁」是柔軟的心腸；「勇」是堅定的意志，學生就理解了。但是柔軟心腸不能取代「仁」這個字，堅定的意志不能取代「勇」這個字，清明腦袋不能取代「智」這個字。但它有助於我們去理解，所以文言文是不可廢的。我常常警惕我的碩士生、博士生，你讀文章的時候，你讀論文讀到引文的時候，你要仔細把它讀過，不要跳過不讀，沒讀懂還可回到原典，真正把它讀了，讀懂了再去體會，因為文言文你要「感其意味，體其意韻，明其意義」。你要先感其意味，體其意韻，然後才能真正明其意義。

　　古典話語通過現代生活話語去接近它，通過一個現代的學術話語，學術話語它的抽象度、普遍度是比較高的；譬如學生問我甚麼叫做「孝」，我說中國文明的永生的奧秘有三個字──孝、悌、慈。「孝」是對我們生命根源的一個縱貫的追溯和崇敬；「悌」是順著這生命根源而來的橫面的展開，而「慈」是順著生命根源而來的縱貫的延伸。我想這樣去了解「孝、悌、慈」是可以的，它代表一個詮釋，但是並不能夠等同，但是我們也唯有通過這樣的方式慢慢才能夠親近它。又譬如講「道德」，「道生之，德蓄之」，道為根源，德為本性，所以「失道而後德，失德而後仁，失仁而後義，失義而後禮，禮者忠信之薄，而亂之首也」。道為根源，德為本性，仁為感通，義為

法則，禮為規範，繼續延伸下去，法為限制，刑為強制，所以「道、德、仁、義、禮、法、刑」就有一個確定的理解。中國的哲學概念使用其實它是清楚分明的，它是不會混的，也不能混的。有些東西可以交融在一塊的，但是你不能夠說不清楚，它是連結在一塊兒。

我在臺大讀書的時候有教授西洋哲學的先生跟我們談中國哲學有很多都不清楚，西洋哲學很多很清楚，我就同他說請問叔叔、伯伯、姑丈、姨丈、舅舅這樣區分比較清楚，還是都講 uncle 比較清楚，他啞言無語，大家有種誤解，中國是不清楚的，西方是清楚的。我在師大讀書的時候，有位教育系教授告訴我「天命之謂性，率性之謂道，修道之謂教」。他說這都不清楚嘛！所以甚麼命、性、道、教，這些字換來換去都可以，你們定義都不清楚，我就跟他說這是因為你沒有理解，他很生氣。他覺得這是因為他們對於中國哲學的語彙沒契入。他不承認自己沒契入，不清楚。他甚至跟我說「己所不欲，勿施於人」這說法是錯的。他理解是說我這個外套舊了，我已經不要了，你不要為甚麼不能給別人啊？！「己所不欲，勿施於人」，你不要的東西就不要給別人嘛！這個衣服我現在不要了，就不要給別人，我說不是這個意思，是你不願別人用這個方式對待你，你不要用這個方式對待別人。記得：當時，他與我爭辯說，「己所不欲，勿施於人」寫得清清楚楚，就是我自己所不要的，就不要給別人。

十一、「話語的錯位」隱含「權力的干預」 「主體性的瓦解」，須力挽狂瀾

這就是對文言文不深入、不理解，但是他還是可以大聲的批評你，包括現在在爭文言文、白話文的時候，有某位號稱某媽媽者，他居然可以說文言文他都沒有讀過，那些東西都不需要的，他是立法委員，不是很奇怪嗎？這就好像我在清華大學任教的時候，有某位朋友跟我說，我書房裏面沒有一本中文書，全都是原文書，我當時心裏就覺得很奇怪，我說我書房裏面大多是原文書，不過原文是中文，為什麼原文是英文呢？你看都忘掉了。

　　明明不是聖誕節，我們把 12 月 25 號說成聖誕節，這不是篡竊嗎？明明是聖誕節，我們叫孔子誕辰。你看我們是多麼的謙懷，我們有孔誕節，有佛誕節，有老君誕節，你為什麼一定要把基督宗教的耶穌誕辰叫成聖誕節，你就叫它耶誕節，那不是非常公平，不就可以嗎？你把「Allah」翻譯成「安拉」，同樣的你應該把「God」翻譯成「高德」嘛！為什麼要把它翻成「上帝」呢？這以前的翻譯不妥當，其實應該回到原點嘛！音譯嘛！你把「Quran」翻譯成「古蘭經」，相對來說，也應該把「Bible」翻譯成「拜普經」嘛！這不是很合理嗎？你怎可以厚此薄彼，獨厚於基督宗教，而獨薄於伊斯蘭教呢？

　　你要是能平等的、一起看待，這麼做的話，就真對得起我們的伊斯蘭弟兄、我們的穆斯林。本來激進派準備要向東方發動恐怖攻擊，看到我們東方的中國人如此友善，可能也就罷了這想法。所以消滅禍災的一個辦法，就是趕快把 God 翻成高德，把 Bible 改翻成拜普經，我覺得這是合理的。就整個世界來說，話語的不均衡，太嚴重了，到現在為止一直都還是這樣。1492 年明明是哥倫布（Cristoforo Colombo）因為航海技術不夠精良，又因為颶風的關係，吹到一個不知名的地方，他以為到了印度，所以把那個地方的人叫印第安人、印度人，後來發覺不是，但是印第安人還是叫印第安人，那個群島叫西印度群島。其實，是他闖進了人家的舊大陸，居然叫發現新大陸，這世界歷史不應該全是白種人的話語權力來寫，就世界的哲學不應該是白種人的話語權來寫嘛！應該回到一個更恰當的話語權去寫它。

十二、擺脫白種人的話語中心，立根於本土文化傳統，要求基本的話語權

　　其實，我們問了很多不應該問、不必問的問題。因為它是在一個白種人為中心的話語脈絡去問的，你應該在我們脈絡去溝通、去討論相關的問題。甚麼是道德？「道生之，德蓄之」，「志於道，據於德」，根源謂之道，本性謂之德，順其根源，合其本性，這叫做道德。這樣說的「道德」不必談是

否是自律或者是他律，這個道德不必談是否是亞里士多德的德性倫理學，而是你要好好去詮釋它，到底它是甚麼。之後你談亞里士多德說的是什麼？康德說的是什麼，那彼此對照一下之後就可以展開更多的交談對話。不是因為自律就是比較高，所以不要誤認為他律就比較低，也不要誤認為自律就不夠好，德性倫理學就比較好，你應該回到「道」與「德」是甚麼的問題上。「道生之，德蓄之」，順其根源，合其本性，這就是道德。你不順其根源，不合其本性，這就不道德。

甚麼叫根源？甚麼叫本性？這 microphone 有它的根源，成就了它的本性，順它的根源做成 microphone 和它的性格，它的功能，我現在使用 microphone 要順其根源，合其本性，就是我使用 microphone 的道德。我要是把 microphone 侵入，整個快弄濕掉了，然後用很大聲喊著，這叫不道德。做成一個紙杯、紙茶杯，它有它的根源，順其根源做成了一個器皿，這個器皿有它的性能，所以它可以用來裝多少度的咖啡或多少度的茶，你不能夠用它來裝超過了那個度數，或者用它來裝一個可能是酸性的東西或者怎麼樣，它會因此滲透出化學的元素，而因此導出甚麼化學的變化，這就是不道德。我們的道德是放在這樣一個範疇裏面去理解，我們因此可以「致中和，天地位焉，萬物育焉！」。我要呼籲，請回到文本的脈絡仔細去理解它，好好去詮釋它。

如果沒回到文本的脈絡，就直接掉到一個西方哲學的脈絡系統裏面去說，也說得很認真，提到很多問題，但未必是洽當的。我以為當前整個哲學界的問題就處在這個狀況。最近有關「身體觀」的討論很熱，有人問我，我說是應該熱一下，因為西方整個近現代的傳統是太強調作為一個主體對外在世界的控御，嚴重的陷入「理智中心主義」的困境。正因如此，現在反過頭來，要強調身體的重要性，因此，它基本上強調的是這個問題。中國主要的問題不是這樣，我們本來就強調「身心一如」。我認為問題是否可以放在整個脈絡下，對等好好的溝通和交談，那才會更好。要不然的話，我們永遠處在一個被動的狀況下，在被動的狀況下，西方的話語系統，一個新的話語出來，我們就拿著新的話語概念範疇就放進來、植進去。我們就開啟了新的研

究。不同時代、不同的研究，這研究像風一吹，通通過去了，這就只成就了一些教授，還有一些優等獎，甚麼獎甚麼獎。其實，這些通通是假東西。這是我所關心的。

十三、解開「格義」與「逆格義」的難題：
不只「漢話胡說」，也要「胡話漢說」

這問題就牽涉到我們不只是通過西方的哲學語彙來格我們的義，我們一樣的通過我們的哲學語彙去格他們的義，而在對等相格的過程裏面，進一步的有所融通。這一步融通就是你要有真正話語平權的交談，這話語平權的交談，你在整個組織結構裡，包括你的哲學的組織結構，包括你的教育系統都應該作調整。臺灣原先是有機會重新調整作為華人世界的楷模，但臺灣卻是自甘毀棄這些東西。我們沒有調整，以前也沒調整好，現在更嚴重了，我們教育系有幾個好好讀過《論語》；我們政治系又有幾個好好讀過《資治通鑑》，好好讀過《貞觀政要》；我們的歷史系有開《史記》的課嗎？恐怕很多是沒有。這些都是問題，這個時代有著很嚴重的問題，最嚴重的是，沒有主體性。我到大陸講學多年，常常聽到大陸朋友說臺灣是保存中國文化比較好的地方。我說不錯，臺灣因為沒有文化大革命，其他的我就不知道怎麼說？！

只因為沒有文化大革命，我說臺灣還不錯！不過，臺灣隨著一個資本主義化、商品化、消費化的過程裏，在現代化裏頭逐漸流失了整個中國文化可貴的問題，我們以前在中文系裏面一定是要求寫古文、作詩、填詞，大家有學得有模有樣的，而現在連中文系的教授都不會寫古文，連對子都不會做，中文系教授對子都不會做，這能夠成為中文系教授嗎？這是我們要懷疑的，這都是問題，但問題是我們不能不問，這些東西都是我們現在都要去思考的。

再者，我們討論一下「逆格義」的問題，「逆格義」也就是劉笑敢所說的「反向格義」，逆格義這個詞彙在我們鵝湖的朋友裏面有討論這樣的範

疇，袁保新提過，我也提過，我也專門寫過文章。後來，因為大陸講的話語，講漢語講的會更淺白一點。所以劉笑敢先生就用了「反向格義」，其實「逆格義」就是「反向格義」，是我們先提出來的，其實誰先提出來無所謂，但這問題需要檢討。這檢討是你要好好深切進到裏面去討論，我們要問：中國哲學作為哲學的合法性何在？不是！而是中國哲學作為一個哲學它的獨特性何在？！應該是這樣問。記得很多年前，在香港中文大學開會，劉笑敢先生那時參與到這個有關中國哲學合法性的問題討論，他寫了一篇文章叫做中國哲學妾身未明？談有關中國哲學合法性的問題。我當時作為這篇文章的特約討論者，我說中國哲學妾身未明？我說是妻是妾不重要，作大了就好了。你難道還要通過西方的人的長相來說，中國人是不是人呢？沒有這個問題嘛！這不應該是問題嘛！洋人曾經思考過澳洲土著算人嗎？因為澳洲土著很矮。

　　還有一些很有趣的笑話，我以前在其他場合提過。澳洲有非常獨特的動物叫袋鼠，這動物白種人從來沒看過的。白種人到了澳洲，看了袋鼠，他覺得很奇怪，於是問澳洲土著，問他這是什麼？（What is that?）白種人用的是英文，澳洲土著聽不懂英文回答說「kangaroo」，「kangaroo」是澳洲土著的話，它的意思原來是「你在說甚麼？」從此之後袋鼠就蒙上不白之冤叫「你在說什麼」。像這些話語其實都應該要重新調解，我們不妨可以把「袋鼠」翻譯成英文，然後去說袋鼠叫「bag mouse」，這聽來有些滑稽。我刻意說了這些，就是要說，這牽涉到的話語權，這個話語權很重要。我認為沒有一個平等的話語權，就很難真正深切的溝通。語言像是貨幣一樣，你沒有成就自己的貨幣區，你這個經濟就很難真正發展，哲學沒有自己的話語權就很難發展，這個部分請大家務必要好好思考這個問題。

　　我一直強調回到母語來思考，像我們是漢民族，用的是漢語，那就要盡量能回到漢語來思考。不只用漢語思考，而且要進一步拿漢語與其他語言交會融通來思考。舉個例子來說，當我們說思考方法的時候，我想「方法」這個詞，是由「方」與「法」構成的。「方」重在「方子」，「法」重在「法則」，方法說的是依據一客觀的法則，而落實為具體的方子。我們不能只想

到 method、methodology 去思考「方法」，一定要把古漢語放進來思考。

十四、中國知識論和心性修養論密切關連，其重點不在主體如何去把握著客體，而在你整個心靈的修為狀態如何地去理解外在事物

　　我一直強調一定要用漢語思考。漢語之於我們，不能只是一個被動的來配合著像西方的哲學術語來翻譯它，而是要有進一步的交談、對話、融通。像是「知識」這兩個字，你不要只想到 knowledge，你要想到：識為了別，知為定止。記得有一次臺大哲學系就在這裡開一個知識論問題的會議，我就中國傳統知識論的問題，談了「明、知、識、執」這四個字，我說「執是陷溺於物」，「識是了別於物」，「知是定止於心」，「明是通達於道」，中國的知識論和心性修養論有密切的關連。我們的重點不在於你的主體怎麼去把握著客體，我們重點是在於你整個心靈的修為狀態使得你去理解外在事物，這個理解過程它會出現不同程度、不同的掌握方式。

　　「知識」的最後進境，是要「明通達於道」。朱熹的《格物補傳》，強調「今日格一物，明日格一物，格之既久，一旦豁然貫通焉，則眾物之表裏精粗無不至，而吾心之全體大用無不明。」這不會只是一個橫攝的靜涵靜攝系統，這是我一直強調的，朱熹是一個橫攝歸縱的系統，它不會只是一個橫攝系統。這就是因為漢文明有著極為獨特的知識論傳統，它密切的與心性修養論、道德實踐論連接在一起。

　　要說一下思想史的公案，其實，年輕的王陽明起先「格物」格錯了，一方面因為他當時還很年輕，另外一方面教他格物的那一位朱學的先生婁諒婁一齋可能理解不足，講述太簡。王陽明他格物，他格竹子格出病來。格怎麼格它？我們認識這個世界的時候，本來你的價值意味就滲透在裏面，就此來講，才能夠格出所謂實踐之理與價值之理來這是很清楚的。你去「格」「水」，結果你格出一個 H_2O 來，當然這樣的水之成為水，是 H_2O 的水，它與「上善若水」是不會有關的；跟「源泉滾滾，沛然莫之能禦」也不會有

關的：「清斯濯纓，濁斯濯足，自取之也」這也跟「水」（H_2O）是無關的；跟「山下出泉，君子以果行育德」也是無關的。但不會是，也不應該是這樣格物嘛！朱熹不會這樣的，我想這是清楚的。

我在理解中國的哲學時候，我發覺語意的契入，是很複雜的一個過程。就他的詮釋來講，我提出了「道、意、象、構、言」這五階，「話語」往上是「結構」，結構再往上「圖象」，圖象再往上是「意向」，那最後是「道」，「道」是真理智慧之源。相應於「話語」的是「記憶」，相應於「結構」的是「掌握」，「圖象」是「想像」，「意向」是「體會」，而「道」則是「證悟」。一層一層往上升，我後來發覺到它與王弼「道、意、象、言」很接近，不過有著進一步的創新性發展。我後來又發覺到《老子道德經》的第四十二章講「道生一，一生二，二生三，三生萬物」，這章素稱難解。劉笑敢先生編纂的《老子古今》編到這一段講很難解，後來我特別寫了一篇文章談這個問題，道生一，一生二，二生三，三生萬物，因為他把那本書送給我，我就寫一篇文章酬謝他，這章是可解的。

十五、「存有三態論」（存有的根源、存有的彰顯、存有的執定）與「詮釋學的五階論」（道、意、象、構、言）相為表裡，構成「本體詮釋學」

我說「道」是根源，一是整體，二是對偶，三是對象化，而物是對象物。這裡的「道生一，一生二，二生三，三生萬物」，它剛好合乎「隱、顯、分、定、執」五層面，「道」是「隱而未顯」，「一」是「顯而未分」，「二」是「分而未定」，「三」是「定而未執」，而「物」是「執之已矣」。「隱、顯、分、定、執」，剛好可以相應的來思考這問題。這些思考更原初的是我在作熊十力先生《新唯識論》的研究，「熊十力體用哲學的詮釋與重建」，我慢慢發覺到這裡隱涵著我名之曰「存有三態論」的系統，從「存有的根源」到「存有的彰顯」，進而到「存有的執定」。存有之根源這個存有之為存有講的是天地人我萬物通而為一，這個不可分的總體根源，

這就是道。這是由「境識俱泯」，「境識俱泯」隱含「境識俱顯」的那個可能，當「境事俱顯」的時候，起先是「主客不分」，而主客不分又由於人的參贊，而使得它有一個主體的對象化的過程，所以因此才「境識分立」「以識執境」，這是一個非常複雜的過程。

　　我這些論述，後來我構成了「存有三態論」和「詮釋學的五階論」。我這些理論是比較站在中國哲學的立場，吸收了西方哲學和佛教哲學來作思考。當年我年輕的時候做這些事情其實常常碰到一個問題，因為基本上我也不是留洋的，雖然到過美國去做過訪問學者，臺灣基本上不是留洋的在做中國哲學，說要作哲學的創造，要建立自家的哲學品牌，很多人都認為這是不可能的，甚至會覺得好笑。但我相信這品牌可以慢慢建立起來，而現在這些事情可以討論，譬如大陸河北大學的程志華先生討論過這些問題，他指導他的學生寫我的存有三態論之研究；劉連朋先生寫有關我的詮釋學，有關「道意象構言」的詮釋學，這些其實都是可以做的。我是想跟在座的年輕朋友說我們中國哲學是要面對全世界哲學的發生，而這個發生是可能的，就好像華人貨幣是可能成為新的全世界的貨幣的一個交換，一個重要的貨幣交換。

　　中國哲學語言就成為新的哲學語言交談，包括中國式的思考，包括我們的民主、政治、社會、公民社會其他種種。你講人權，我們可以思考人倫的問題，人倫跟人權的觀點是怎麼樣的觀點；你講民主的問題，我們可以思考民本的問題，請問民本跟民主是怎麼樣的觀點。當你講自由的概念，可以思考儒家所強調的自覺、覺醒這個覺，它是一個甚麼樣的觀點，這裡可能引發我們更多的思考。所以整個西方現代性帶來種種的流弊，也有機會重新喚醒我們自己的古典的哲學語彙，經由我們生活的經驗、生命的體驗再經由概念的反思，進到理論的建構，這過程我們就可以有更多的交往、更多的溝通，有更多的交往和更多的溝通，就有更多的可能。我一再呼籲中國哲學應該有一個新的發展。

十六、結語：「回到本身」回到古典話語，回到現代話語，回到生活經驗，回到生命體驗，從「存在的覺知」到「概念的反思」到「理論的建構」

在 1996 年當時我到臺灣的嘉義大林，與龔鵬程去辦南華大學，我們辦了哲學研究所，記得是哲學研究所的開學典禮，我登台講了《道言論》，距離現正 21 年了，大概我講學宗旨不出這八句：「道顯為象，象以定形，言以定形，言業相隨，言本無言，業乃非業，同歸於道，一本空明」。《道言論》這處理了很重要的「存在」與「話語」，還有「權力」與「利益」的論題，以及因此所衍生的業力種種諸問題。這裡有「本體論」，有「修養論」，有「實踐論」，有涉及到「語言哲學」。我用一個比較中國哲學的古典語彙這樣去說它，我的目的其實也是想喚醒大家說這些東西在我們的老子裏有講到這個問題，在我們的禪宗有談這個問題，在我們的中國哲學的古典語彙或《易經》裏面也談到這些問題，還有我們的四書五經，乃至先秦諸子都討論過這些問題，儒道佛都討論過這個問題，而這個問題它可能就是最前瞻的形而上學的問題、心性論的問題，也是實踐論的問題。

我們重新從這裡出發來想問題，而想問題時候跟前輩想的問題可能有些新的碰撞，也與著新的發展可能。當時這樣一個走法，繼續往下走。後來我思考從「兩層存有論」到「存有三態論」，就想到當代新儒學本身，好像牟先生這樣宏偉的理論，他以良知本心為核心，其實受到了西方整個近現代啟蒙的影響，當然他不侷限在現代啟蒙，但他太強調本心良知，就中國來講的話，其實是應該回到「道論」的傳統。道之為道，它不是一個西方意義的形而上實體，它講的是天人物我己通而為一的那個總體和源頭。從這個角度來理解的話，可能很多東西必須重新展開，我們接著講，接著前輩先生所說的繼續往下說，這裡有一些新的可能。其實這是我幾十年來自己在做的一些思考，今天藉著這個機會來談一下，我覺得中國哲學研究的問題必須有新的問題、新的話語，也必須有新的方法，但凡此種種都必須回到事物自身。問題之為問題，請回到本身，方法之為方法，請回到方法本身。

　　所謂「回到本身」意思是回到古典的話語，回到現代的話語，回到你生活的經驗，回到生命的體驗，再經過概念的反思，從存在的覺知到概念的反思到理論的建構，這樣不斷的交互過程裏面，重新想這個問題。就我們所知所學的東西來思考這個問題。臺灣現在面臨很多問題可以討論，這都應該上升到哲學問題來討論，譬如認同這個問題，identity 的問題，這應該要好好討論，還有很多其他問題也都可以討論。這些問題的討論，我們真的好好去契入它，把中國的哲學語彙，古典的引出來，並且通過現代的話語去詮釋它，通過現化的學術話語嘗試去闡明它。這樣一來，我認為哲學將會有新的風姿，新的可能。

　　我想我會是繼續前輩先生作了一點點，往前走一點點。我希望大家能夠留意這個問題繼續討論，而不應該是因為你在那一個山門，你在那一個圈圈裏面，你就順那個圈圈的領域說了。譬如說有關朱子學的問題，我二十多年前就思考過這個問題，一直思考到現在，寫了好幾篇文章啦！橫攝歸縱的問題，知識與道德的辯證性結構的問題，你可以渾然不管它，那你也得了博士，這可以嗎？這公平嗎？你說可以當然也可以，反正你的老師也不會找我去考，所以這也是問題啦！這也是我們學界本身自我封閉的後果。

　　臺灣現在常處在紊亂狀態下，這正需要好好討論「話語」的問題啊！你討論甚麼叫天然獨？討論嘛！討論了以後這些東西就可以深入爭議。所以甚麼叫天然？甚麼叫天然獨？我們前面才作了深刻的詮釋，你們可以繼續討論。哲學的好處是別人覺得非常困難而不敢去碰的問題，也可以拿到枱面上來討論，別人覺得它非常輕易，你卻能發現到它其實是蠻艱難的。譬如人之為人該當如何活著，這是亙古以來很難的問題，我們的老子告訴我們「人之所畏，吾亦畏之」，老子認為該活就好好活吧！沒有那麼嚴重嘛！我就先說到這個地方。謝謝大家！

問題與討論：

　　蔡耀明（臺大哲學系）：你剛才提到「格義」和「反向格義」，但是沒有時間去闡釋一下，我的看法重點應該在「義」，也就是在義理方面，但是

你提出格義的格，大概是不得已，就是不得已的格義，之後，又變成逆格義或是反向格義，在不得已之外又不得已，好像就變成戲論，相對的是不是可以把重心就放在今註義理，有個整理叫做依文解義或者知文解義，就把重心放在進入義理甚至理解義理上面，在我來看這是應該出於另一個方向，而這個方向比較沒有甚麼考慮。

　　林安梧：謝謝我的老朋友蔡耀明教授，這個問題其實講的非常到位，重點在義，無論是格義或逆格義，重點在義，這個義怎麼深入？因為我們以前講「格義」，佛教是通過老莊的語彙去理解佛教像空的概念，通過道家的無去理解空這個概念，以我們作主體去理解人家。「逆格義」是拿著西方哲學的語彙回過頭來理解我們自己，這個理解起先都有些誤會，但沒關係，它進一步的繼續做，我認為就是不要停，繼續做，在做的過程裏面以開放的胸襟討論，慢慢就可以進到它的「義」。譬如說我並不認為牟先生就只是逆格義，牟先生所理解的康德跟通過康德哲學理解中國哲學，通過中國哲學去理解康德，或進一步要去談它的會通的問題，其實已經不只是逆格義。但是非常可惜的是我們在臺灣來講的話，除了是牟先生的學生或者在場的學生以外，講康德的很多學者好像牟先生不存在的樣子，我認為這是不對的，這是忽視，甚至誣衊了前賢的成就。牟先生翻譯了康德的三大批判，作了很多的詮釋，這時候你應該去正視它，你可以對他有批評、有論點的時候，但是你不能忽視他。但是臺灣作西洋哲學的喜歡掛著西方哲學的語彙，喜歡掛著西方的德文版、甚麼版，好像引著牟先生的是中文版，就不到位，我覺得這個思考是錯誤的，臺灣作黑格爾可能就忘記了以前好像賀麟他們所作的成就，當然這不是所有都是這樣，我覺得這些人很可惜。我想格義、逆格義重點在義，這個義怎麼才能夠通達，就要更多的交往和對話，更多的交往和對話不只是通過西方的哲學語彙作為一個概念範疇來理解中國哲學，我們也應該通過中國哲學所提煉出來的概念範疇去跟西方的哲學有更多的交談和對話，去思考他未來發展的可能，這點就會有很大的不同，這裡會有很多很多的工作可以作。也是說中國哲學是具有主體性的，中國哲學是具有生育能力的，中國哲學不只是作為人家來探求你對象而已，他是有生命的，在這樣互動過程

裏面，我想佛教跟中國學問的溝通，跟儒跟道的溝通，能夠成就為中國的佛教，這個整個佛教的一個在地化、本土化的過程，我認為這個過程應該是很值得借鏡的，也很值得研究的，這是我個人的想法，大概是這樣。

黃光國（臺大心理系）：我順著這個問題繼續問，關於這個格義和逆格義，牟宗三有個概念，他把一個名詞叫相應理解，comprehensive understanding，甚麼意思呢？意思是說對於某一個在中國哲學、西方哲學裏面很重要的核心概念，不是翻譯的問題，而是要在那個系統裏面很適當的理解他的問題，我是說有一些簡單的概念當然可以這樣翻譯，生活裏面的語言是可以的，可是假設這是一個複雜的學術系統，那不是格義的問題，你一格一定出大問題，他是要 comprehensive understanding，我舉一個例子來講，你這個演講裏面基本上我覺得 OK，沒有問題，剛才你一開始講年輕人的問題，就是 self-identity 的問題，沒錯！可是你這裏講一個概念，我們學術語言，我是搞社會科學的，然後搞社會科學的人到哲學界裏面來的時候，我們就碰到一個很困擾的問題，今天社會科學界裏面的理論，有那一個是跟中國文化有關聯的？幾乎是沒有的，我們年輕人就在這樣的一個文化環境裏面成長，談的東西不知不覺都是西方那一套，你不相信你去問，那一個都一樣。剛才安梧兄你說我們是有很強的語言能力──文心雕龍、史記，你還提到貞觀之治，現在還開嗎？政治系還開嗎？他們還讀嗎？為什麼不讀呢？這是大問題呀！譬如說史記，黃俊傑寫過一本很好的書，「中國歷史思維的特性」，他說這個叫 concrete universal，我們相信我們的道德倫理系統是一個 universal，問題是我們沒有辦法用一種 universal 的理論把它建構出來的，我們不會建構，所以只能用 concrete 很具體的例子來說明它，你看史記都是先講一個故事，現實的故事，講完以後來一個太史公曰，這個不是西方的理論建構方式，我們可以說這是一個很棒的方式，可是問題是說現在很多人都不唸了，這麼辦？我現在的問題就是說，今天我們發現到思考的中西會通，對於西方的複雜的知識體系，不是一個簡單的翻譯的問題而已，它是一個相應的理解，然後消化以後，怎麼樣再建構我們自己可以跟他競爭的理論體系，而不是完全聽他的，這樣你才找到出路，這樣在做的時候，我的看法牟宗三

有他的限制，安梧兄你自己也寫過他很多限制的問題，我很贊同，可是現在恐怕新儒家更需要思考的問題，怎麼在這個限制的前提之下繼續往前進，如果他不能再往前進的話，我擔心新儒家再過一段時間我們就是牧師跟牧師傳道，大家莫名其妙，這個走不出去啦！會有這樣的問題嘛！所以傅偉勳在講兩層存有論的時候，他有一個概念我覺得大家可以思考哦！他說為什麼只有兩層存有論，西方他們很多系統，發展出來很多知識系統，他肯定一心開多門呀！不一定一心開兩門呀！我覺得這個概念是對的，因為這是一個開放的心胸呀！我們必須要能對各種不同的西方的複雜的知識體系有相應的理解，然後你要能夠有能力建構出理論去跟他競爭，我覺得這才是關鍵，謝謝！

　　林安梧：黃光國教授的提法我基本上是贊成的，但是你說到傅偉勳一心開多門，因為傅偉勳先生是沒有了解牟先生的一心開二門，所以當時我記得楊祖漢教授，包括年輕的邱黃海先生和高柏園先生寫相關的文章來跟傅偉勳先生討論，傅偉勳先生是看到了問題，他是沒有了解牟先生的一心開二門這個系統的意思，一心開二門、一心開多門還是從一心，所以我是不採取從心開，從道來說，道顯為象，象以為形，言以定形，講存有三態論，從存有之道，存有講的是天人物我人己通而為一之道，所以這個道之為道，它不是形而上的實體，道之為道他也不是一個客觀的規律，所以把道家的道理解成客觀的規律，都不準確，他講的是一個存在的律動，一陰一陽之謂道。這一部份我記得有一次我跟陳鼓應先生談到這個問題，因為他們都是把這個東西理解成規律，都不夠準確。所以一心開多門這個說法跟一心開二門的說法，你通過一心開多門去說當然也可以，但是牟先生說一心開二門他也可以說我也包容你說的一心開多門，所以這個問題是在那裡，我是覺得傅偉勳先生的提法是不準確，但是傅偉勳所說的發展的項目需是要重視。這就是說我們是要接著牟先生接著講，不是照著講，要對著講，而不是跟著講，對著講就是說你跟他要對話，不是對反，對話的過程裏面我是覺得當然也可能面臨很多困境。其實我所在的鵝湖師友對我其實都蠻寬容的，大概只有一位對我比較不寬容，他這個不寬容造成了我跟臺灣的哲學界基本上比較疏遠，包括有很多活動，像我是最早研究當代新儒學的，但是中央研究院有關當代新儒學的課

題，我沒有寫過任何一篇文章，然後有人問我，你為什麼不願意參加，我就承認因為他沒有邀請我寫論文，這是因為私人恩怨的問題，這是我覺得，所以他講良知的時候我就不相信，良知後頭是有一個很複雜的過程，良知是否能自律，這個問題不是這樣問的，康德講自律是放在盧梭所說的 social contract 這個傳統來談自律，而儒家在談這個問題是在人倫的共同體裏面去說，那麼再進一步在政治社會共同體裏面去說，所以「仁者人之安宅也，義者人之正路也，禮者人之正位也」。如何能夠居仁由義立乎禮，這個部分是在怎麼樣去成就他，他其實可以跟自律無關的，可以用另外一個方式來彰顯這個問題。我想這個部分沒關係啊，有更多的討論，我想大家會有新的發展，不跟我討論是他的限制，是他的損失，我也沒有損失，因為跟我討論的還有很多，所以這個發展，我說現在心地比較平，因為跟我討論的愈來愈多，以前不平的是因為你不跟我討論，我很在意嘛！後來發覺到你不跟我討論是你有損失，我也沒有損失，現在討論這個問題的時候，心理比較平衡。你說我是不是受外在的影響，人是一個整體的，不可能不受外在影響，你把儒學講成修悟覺己，只剩下良知的當下如何，這本來我就是不贊成的，本來實然跟應然的辯證關連關係，這是很真切的。最近曾昭旭先生寫了一篇文章，他也寄給我看，我覺得很真切，本來就是這樣想這個問題的，這是王夫之學問的可貴，兩端而一致，講心者物之心也，物者心之物也。講心外無物這個傳統，很獨特的，這個很可貴，那是這部份要討論，討論以後再往前進，那麼跟社會科學家要更多討論，因為心外無物所展出來的一套社會科學的模式跟物者心之物也、心者物之心也所成就的一套社會科學模式是很大不同，這就是我常說我很喜歡社會科學家所寫的東西包括人類學家所寫的東西，我有時候也跟他們講其實你們也可以跟我們有更多溝通交談，就有一些發展可能。

黃光國：傅偉勳先生說的一心開多門，其實他也沒有建構出很多理論來。所以我今天要談的問題是說詮釋學本身有它的用處，可是他不是可以解釋所有問題，甚麼意思你知道嗎？譬如注意在談這個問題的時候，你就提到方法論，我在講西方的科學哲學，一向在談他們建構三個東西，一個是本體

論、一個知識論、一個是方法論，三個東西擺在一起談，不能切開的，你注意我們在談的時候，很多東西都是弔詭，譬如說安梧兄在講的時候在談到本體，然後談到方法，知識論不見了，甚麼意思你知道嗎？科學哲學在談方法論的時候有兩個東西，一個叫做知識建構的方法，另一個叫做知識檢驗的方法，他一定是這兩個方法，可是我們仔細看安梧兄在講的時候，你這裡所講的「隱、顯、分、定、執」，是心性修養的問題，他其實嚴格講起來是中國人講的工夫論，你也不能說他不好，也很好，可是我如果用對西方的科學哲學相應理解的話，他其實不應譯作方法論，我們在這邊，社會科學跟任何一個方法論裏面都不會講這三個東西，這也是我說對他的複雜性，我們要的是三樣東西，而不是論理，這一格物會出問題。

林安梧：這是要我們彼此更多溝通交談，這個問題我們談過幾次，你現在談這個問題，我們上一次在宜蘭大學討論這個問題，其實我近來很注意討論這個問題，覺得有機會再談談這個問題，所以你有些東西你對我理解不足，那我對你的理解也不足，今天我們在其他的問題，我們繼續討論。

曾昭旭（淡江中文系）：剛才安梧提到我最近寫過一篇文章，我補充一下，我最近寫了一篇論文就是我們鵝湖辦的第十二屆當代新儒學國際會議會在十月十四到十六號在貴陽儒學堂去辦的，那我寫這篇文章大概是我有史以來寫那麼多會議論文最長的一篇，寫了一萬五千字，那我有自己覺得是我多年來寫的學術會議論文裏頭最重要的一篇，而可以說我自己的身心修養，作為中國哲學思辯的一個，可以說是一個總的成果，這個把人的道德生活是怎樣一回事，作一個全盤性的包括系統性跟辯證性的一個說明，那這個辯證性就是中間不只是思辯還有實行和體驗，整個也是靜態的，也是動態的呈現。這篇文章剛剛寫出來，今天安梧一開始就提到實然世界跟應然世界，我這篇論文題目是論實然世界與應然世界的辯證相即，這個大概會議之後鵝湖將來應該會登，登出來以後請各位指教。謝謝！

蔡錦昌（東吳社會系）：以前跟安梧兄臺大哲學研究所的同班同學，他以前在師大國文系是跟我弟弟同班，所以後來在哲學研究所碩士班跟我同班，比我小三歲，我現在還是搞中國哲學，我從社會系退休，我其實在師大

的時候一早跟楊祖漢教授介紹我給牟先生認識，所以我是鵝湖之友，可是一直都沒有進去，為什麼呢？這邊我以下講的，牟先生當然是氣象萬千，是自信心很足，是一個中流砥柱，是中國文化的繼往開來。然後楊祖漢教授啦！林安梧教授這些年輕的，還有曾昭旭教授，上一輩的，比我高一輩的，都是繼承他，的確是功勞很大，我為什麼不進去呢？因為我也是林安梧兄說，唐牟都還是把康德、黑格爾奉為圭臬，這個是反格義，就是我啦！我就專門說他們反格義，而整天抱著康德、黑格爾是幹嘛呢？康德講的那個主、客對立，在西洋的哲學史、思想史裏面，也是多瑪斯·阿奎那斯，才開始有這個所謂 object、subject 這種詞語，那時候開的時候還不是我們後來的樣子，你看這個西洋哲學，這麼寬大，這麼遠，為什麼一定要搞成後面這個呢？還是抱著康德呢？所以光是這個我就不要啦！又開的太小。然後後來又是應然實然，這個事情都已經卡在現代的格局裏面，開的太小了。應該開大一點，要開回去，聖多瑪斯再前面開回去，應該開回去，這樣比較好，所以我就不跟了。雖然我是社會學博士啦！我讀社會學一開始當然就是康德、黑格爾這樣開出來，這個涂爾幹是社會學的，康德的社會學詮釋，就變成涂爾幹，馬克思是社會學詮釋，但是這個就是開太小了，這個叫復興，我也不叫中國哲學，這個叫中國道術，要不就是拋棄這些翻譯詞語，甚麼主體、客體！甚麼都要拋棄，哲學也要拋棄，這樣比較好。

　　林安梧：兩位主要是發表意見，不是理論，意見對我來講還是要回應一下，我是覺得應該有更多的交談和對話，這沒關係，中國人穿著西裝是通的，西人也不一定穿西裝，就像我一樣，穿了西裝褲，也穿改良式的唐裝，戴了帽子也不是原來中國人的帽子，但是放在一塊協調就可以啦！我想可不可以是協調不協調的問題，更多的對話、交談，我想是可以的。因為佛教傳進中國的時候也是經過這樣一個格義的過程，後來佛教力量也慢慢大了，他也回過頭來甚至理解四書。憨山理解四書，或者理解易經，理解甚麼。但是那些適切不適切，有沒有相應的理解，這真的是可以討論的。這個部分是黃光國教授剛剛提到牟先生所說要相應的東西，所以這個相應與否，其實是一個年代一個年代的。我認為牟先生他那個年代相應到相當高的程度，就是以

他來講，當然我們現在覺得有一個新的發展可能，這是我們做學生輩應該有的這個進一步發展的可能，而不是前輩說的就把所有的東西全部已經圈住了，這個發展我想是可以的，至於發展的好不好，那是要討論的，沒有公論的，並不是你說的就可以，你說的就算了。或者你不把這個放在裏面去討論也就算了，沒關係，天地很寬的，你不放在裏面，別的地方也去討論這個問題的，所以在座很多很年輕的，我講一些話，希望很多很年輕的朋友聽了，這個部分繼續發展是有可能的，不要太擔心，不要認為現在這個學術體制把甚麼都圈死了，還好，學一點養生主的以無厚入有間，恢恢乎其于遊刃必有餘地，那就是可能的。其實很高興能夠有這樣一個，當然我希望以後有機會有更高多深層的討論。這是臺大有些地方有些限制，我還記得當學生的時候傅偉勳先生到臺灣演講，傅先生以前在臺大教書的，他就拋出了他想再回臺大教書，所以這個部分就是這樣樣子，這是一個公開討論，所以臺大現在不同，鵝湖月刊辦這個會，然後在臺大跟中國哲學會合辦，也帶著新一代的發展可能，這個所以我期待像這樣的會來了這麼多人，我也覺得很安慰，應該是比起以前還好很多。這點我回去會覺得很高興。你說林老師你太受外在影響了，內外是一體的，你不要把自己封鎖起來，我只是受內在影響，這是騙人的，不是這樣的。這是一個整體嘛！不要自欺欺人嘛！良知就一定如何！良知是會放假的，你知道嗎？所以留意一下這個問題，良知如何不放假，這是公共性的處理，所以西方所說的公共領域它如何呈現就跟他有關。所以我才去檢討「血緣性縱貫軸」所造成的限制，所以突破血緣性縱貫軸的限制。也就政治社會共同體的確立，不是通過以人倫共同體的推論過程來確立，他有他的獨立性。一樣的，自然科學本身的獨立性，他不能只是跟心性論結合在一塊，這大概是黃光國教授他們所關心的問題，這也是我關心的問題，其實這也是牟先生他們關心的問題，所以為什麼牟先生談良知的自我坎陷，他是有道理的。但是因為是在他那套詮釋系統底下，才會有所謂良知自我的坎陷，我不在這個系統說就不必如此說，那這麼說是太曲折的，太委屈了，為什麼如此曲折委屈是因為當時徹底反傳統主義者太強，所以對應著很多問題，那問題是偏歧的，不準確的，那沒辦法！所以我們現在是到了一個新的

可能，現在是到甚麼樣新的可能呢？就是你的話語權是比較平衡一點，這是我們可以思考到的。真的很高興能夠回到自己的母校，這是我受教育最久的地方，我在這裏也受到過九年的教育，我任何學校都沒有受過九年教育，我在臺大受過九年的教育，今天自己回去也會覺得心還蠻安的，這個業力微微的發作，自己也了解清楚，也能放下，所以今天你沒有聽到我非常激昂慷慨的聲音，是比較充盈的，這是臺大的朋友和先生們可以驗察得到的，謝謝大家！

（編者按：本文原是「鵝湖月刊」與「中國哲學會」合辦的人文講座，講題為「中國哲學研究的問題與方法」，2017 年 10 月 1 日講於臺灣大學哲學系，今依講課錄音謄錄、修訂。此文以〈中國哲學研究的問題與方法〉刊登於 2019 年 8 月，《鵝湖》530 期，頁 9-29。）

第二十五章　新儒學之後：「存有三態論」與廿一世紀多元文化的可能向度

【本文提要】

　　本文旨在檢討「新儒學之後」的文化可能向度，「存有三態論」如何從原先的「兩層存有論」（牟宗三哲學）轉折而出，以面對全球化與文化多元的新局。

　　「存有三態論」融攝儒、道、佛三教及西方宗教哲學，而以「存有的根源」、「存有的開顯」與「存有的執定」三者為體系建構支柱，它重視在現代化（外王）的歷程中重新調適公民正義與心性修養（內聖）的方法途徑。一方面恰當的調適而上遂於「道」，另方面則具體而落實於「生活世界」之中，在「多元」中調理出「一統」。進一步，檢討了「全球化」所可能帶來的普同性危機，並尋求其克服之道，作者以為儒道佛三教思想隱含了一極可貴的意義治療學思維。這將有助於開啟諸多現代化之後的思想對話，並尋求進一步融通的可能。

關鍵字詞：存有論、話語、治療、現代性、多元、一統、新儒學

一、新儒學與新儒學之後

在一九九四年初夏四月間，我在哈佛大學杜維明先生主持的儒學討論會上，首次發表了〈後新儒學論綱〉[1]，這篇論綱可以視為我對「後新儒學」總的理解。一九九六年，我又發表了一篇〈牟宗三先生之後：「護教的新儒學」與「批判的新儒學」〉[2]，這篇論文旨在經由「護教的」與「批判的」做一顯題式的對比，指出前者是以康德為對比及融通之主要資源，而後者則以王船山兩端而一致的哲學思考做為模型，並注重西方歷史哲學、社會哲學乃至現象學、解釋學之發展，回溯當代新儒學之起源，重新詮釋熊十力，對牟先生則採取一既批判又繼承的方式。再者，筆者對比的對「理」、「心」、「氣」，「主體性」、「生活世界」，「心性修養」、「社會實踐」，「本質主義」、「唯名論」，「傳統」、「現代」等相關問題，做一概括輪廓式的描繪。最後，指出「後新儒學」薪盡火傳的往前邁進。

一九九七年我繼續擴大了九四年的「論綱」，進一步寫成了〈咒術、專制、良知與解咒：對「臺灣當代新儒學的批判與前瞻」〉[3]，這篇文章旨在對四九年以後於臺灣發榮滋長的「臺灣當代新儒學」，展開批判與前瞻。首先筆者指出往昔，儒家實踐論的缺失在於這實踐是境界的，是宗法的，是親情的，是血緣的，是咒術的，是專制的，這些一直都掛搭結合在一起，分不清楚。再者，筆者指出實踐概念之為實踐概念應當是以其自為主體的對象化活動所置成之對象，而使此對象如其對象，使此實在如其實在，進而以感性

---

[1] 這論綱是那年春天二月間在威斯康辛大學麥迪蓀校區訪問時寫下的。這論綱後來收在林安梧《儒學與中國傳統社會之哲學省察》一書的附錄三，題為〈後新儒家哲學論綱〉，頁 265-269，幼獅文化事業公司印行，1996 年 4 月，臺北。

[2] 此文於一九九六年十二月，由中央研究院中國文哲研究所、中央大學、東方人文基金會等於臺北所舉辦的「第四屆當代新儒學國際會議」上宣讀。

[3] 請參見〈咒術、專制、良知與解咒：對「臺灣當代新儒學的批判與前瞻」〉為題，在一九九七年發表於臺灣成功大學所召開的「第一屆臺灣儒學國際會議」，現收在拙著《儒學革命論：後新儒家哲學的問題向度》一書中，臺灣學生書局印行，1997 年 12 月，臺北。

的透入為起點，而展開一實踐之歷程，故對象如其對象，實在如其實在。後新儒家的實踐概念是要去開啟一個新的「如」這樣的實踐概念。這是以其自為主體的對象化活動做為其起點的，是以感性的擘分為始點的，是以整個生活世界為場域的，是以歷史社會總體為依歸的。這麼說來，後新儒家的人文性是一徹底的人文性，是解咒了的人文性，而不同於以前的儒學仍然是一咒術中的人文性。這旨在強調須經由一物質性的、主體對象化的，實存的、主體的把握，因而這必然要開啟一後新儒學的哲學人類學式的嶄新理解。總而言之，老儒家的實踐立足點是血緣的、宗法的社會，是專制的、咒術的社會；新儒家的實踐立足點是市民的、契約的社會，是現代的、開放的社會；後新儒家的實踐立足點是自由的、人類的社會，是後現代的、社會的人類。

　　總的來說，我所強調的後新儒學之不同於牟宗三先生的「道德的形而上學」，而將之引到了人間而成為一「道德的人間學」。在理論體系的構造上，我亦不同於牟先生所建構的「兩層存有論」而轉化為「存有三態論」。「存有三態論」是我從熊十力先生《新唯識論》所開啟的「體用合一論」所轉繹而有的建構。一九九一年我完成博士論文時，即預示了自己要走的路向是「由牟宗三而熊十力，再經由熊十力而王船山」的哲學發展可能。從「牟宗三」到「熊十力」標示著由「兩層存有論」回到「體用一如論」，這意在「驗諸倫常日用，重溯生命之源」。進而再由「熊十力」歸返「王船山」，這標示著由「體用一如論」再轉而為「乾坤並建論」，其意在「開啟天地造化之幾，落實歷史社會總體」。筆者以為經由這樣的回溯過程，將可以有一新格局之締造。筆者近年即依此路徑而提出「存有三態論」：存有的根源、存有的彰顯與存有的執定。依此存有三態論，筆者進一步對於當代新儒學所強調「內聖」開出「外王」做一深度反省，指出當今之儒學當立足於「公民社會」，再回溯生命之源做一身心之安頓。這可以說是一「由外王而內聖」的逆轉性思考，這一逆轉將使得「社會正義」優先於「心性修養」，而我們亦可以因之而成就一嶄新的「社會存有論」。再者，這樣的社會存有論與存有三態論是合匯一體的，這是由熊十力的哲學轉折到王船山哲學向度，它特別著重的是歷史社會總體的物質性與精神性，此中隱含著「兩端而一致」的

辯證關聯。「存有三態論」與「社會存有論」的合匯同參，將可以免除以心控身的弊病，可以免除主體主義的限制；而真切地正視身心一如、乾坤並建，重視歷史社會總體，建構一以「社會正義」為核心的儒學思考。[4]

二、從「兩層存有論」過渡到「存有三態論」

牟先生的哲學，一般來講，可以用所謂的「兩層存有論」去概括它，所謂兩層的存有論，是通過康德「現象與物自身」的超越區分，把現象界視為所謂「執」的存有，把物自身界、睿智界叫做「無執」的存有，所以，他在《現象與物自身》那本書中的一章，談所謂「執相」與「無執相」的對照，他構造了現象界與睿智界的存有論，或者說是執的存有論與無執的存有論兩層。

這兩層的存有論和康德的建構其實是不同的，康德哲學的建構，重點是在知識論的建構，也就是通過「知性為自然立法」而說明如何從現象界來建構客觀知識，至於屬於睿智界的那個部份，並非人的智慧所能及，因為人只具有「感觸的直覺」（sensible intuition），而不具有「智的直覺」（intellectual intuition），只有上帝具有智的直覺。但是在牟先生的系統裡面，他通過了中國傳統的儒、道、佛三教工夫論的傳統，強調通過修養實踐的工夫，可以使人從做為一般性的存在，提昇到一個更高存在的狀態，而當提昇到一個更高存在狀態的時候，他認為那是一個本然之我的狀態，或者說那是一個回到本來面目的狀態。就儒家來講的話，那是一個具有「性智」的狀態，也就是孟子所說的「仁義禮智」的狀態，那樣的狀態用傳統的語詞歸約起來，就是所謂的「性智」；那麼道家，他用「玄智」這個詞；而佛教則

---

[4]　以上所述是，2001 年 9 月 7-9 日，在中國武漢大學舉辦的「熊十力與中國傳統文化學術會議」的論文，這篇文章後來修改以〈從「牟宗三」到「熊十力」再上溯「王船山」的可能〉刊於《鵝湖》第廿七卷第七期（總號：319），2002 年 1 月，臺北。

用「空智」這個詞。[5]

　　不管是儒家的性智、道家的玄智、佛教的空智，牟先生借用了康德「智的直覺」這個詞，而說東方的哲學儒道佛三教所呈現出來的，都說人不只是具有感觸的直覺，更具有智的直覺。智的直覺跟感觸的直覺有何不同呢？感觸的直覺只能及於「現象」，而智的直覺可以及於「物自身」，也就是說感觸的直覺把抓的是現象，而智的直覺創造了物自身，而物自身與現象是同一事物的兩個面相，這個地方，隱約可以看出智的直覺與感觸的直覺總的來講，是歸到那個本心，歸到那個一心說。在這裡我們可以發現到，簡單的說，可以約略把兩層存有論的構造，歸到「一心開二門」的那個構造說出來。所謂一心開二門是牟先生借用了《大乘起信論》的構造，心分成兩門——心真如門和心生滅門。心真如門所對應的是物自身、睿智界；心生滅門所對應的就是一般生生滅滅的現象界，心真如門與心生滅門都還歸一心。[6]

　　牟先生的兩層存有論的構造，還有一個特殊的地方在於論述回到了哲學的人類學的時候，他怎樣去正視人呢？正視人那個本來面目的我的狀態呢？那個我其實就是一個純粹的、超越的、自性的我，或睿智界的我，即可以及於物自身界的那個我，那個我不是經驗所能限制的，也不是歷史所能限制的，遠超乎經驗與歷史之上，而又作用於經驗與歷史之中的，所以牟先生講的這樣的一個我其實是一個超越的、純粹的形式之我，在儒家這個我是個道德的我，在佛家這個我是個解脫的我，在道家來講的話就是那個返璞歸真的那個真我，他以這個作為他哲學最高的一個支柱。就實來說，這樣具有智的直覺能力的真我，可以說成就了一形而上的保存，但並未真切的真有一實踐

5　以上所述，具可從牟宗三先生所著《智的直覺與中國哲學》、《心體與性體》、《現象與物自身》諸書中見到，這裡做了一概括而總持的說。又請參見筆者〈當代新儒學之回顧、反省與前瞻：從「兩層存有論」到「存有三態論」的確立〉，《鵝湖》第廿五卷第十一期（總號：299），頁 36-46，2000 年 5 月，臺北。

6　請參見牟宗三《中國哲學十九講：中國哲學之簡述及其所涵蘊之問題》，第十四講〈大乘起信論之「一心開二門」〉，頁 283-312，臺灣學生書局印行，1983 年，臺北。

的開啟。[7]

　　相對來說，自一九九一年以來，從熊十力體用哲學轉化而出的存有三態論，不同於「兩層存有論」，將問題的根結擺置在「一心開二門」的格局來思考。「存有三態論」是以「存有的根源」、「存有的彰顯」、「存有的執定」這三階層而立說的，這樣的立論雖頗有得於熊十力的體用哲學，而最重要則來自於《易經傳》及《老子道德經》的理解、詮釋與轉化[8]。依筆者之見，《易經傳》所謂「形而上者之謂道，形而下者之謂器」、「見乃謂之象、形乃謂之器」與《老子道德經》所說「道生一、一生二、二生三、三生萬物」（見《老子道德經》四十二章）、「天下萬物生於有，有生於無」（見《老子道德經》第四十章）、「無名天地之始，有名萬物之母」（見《老子道德經》第一章）等都可以關聯為一個大脈絡來理解。

　　「道」是不可說的，是超乎一切話語系統之上的，是一切存在的根源，原初是處於「境識俱泯」的狀態下的，這可以說是一空無寂靜的境域，亦即老子所說的「無名天地之始」，也就是存有三態論的第一層狀態，是意識前的狀態（pre-conscious level），也可以說是「寂然不動」的狀態，是秘藏於形而上之道的狀態。[9]

　　再者，須得一提的是，「道」不能永遠秘藏於不可說的狀態，「道」必經由「可道」而開顯，「道」之一字重在其不可說，由此不可說而可說，此是「道可道」一語的解釋。再者，如此之「道」之必然開顯則可以理解為一「生」，「生」者不生之生也，如其道而顯現也，即如《易經傳》所說「見乃謂之象」也。若總的來說，我們實亦可以說「道顯為象」也，而如此之顯

7　請參見林安梧〈無盡的哀思：悼念牟宗三先生兼論「形而上的保存與實踐的開啟」〉，收於《當代新儒家哲學史論》一書，明文書局印行，1996年1月，臺北。

8　關於「存有三態論」的基本結構，這想法初啟於九○年代初，請參見林安梧《存有、意識與實踐》一書，第五章，頁107-150，東大圖書公司印行，1993年，臺北。

9　此見解實脫胎於 M. Merleau-Ponty 的覺知現象學（Phenomenology of Perception），有趣的是此書的許多論點，就連書名都似乎與熊先生的《新唯識論》可以連在一起思考，該書為臺灣雙葉書店影印發行，1983年，臺北。

現即為「不生之生」，由此不生之生，必具體實現之、內化之，此即是「德」，「德蓄之」，蓋蓄之而為德也，承於道、著於德也。就此而言，此當屬存有的彰顯，是境識俱起而未有分別的狀態，是即境即識，亦可以理解為純粹意識的狀態（pure conscious level），是道生德蓄的狀態，這是存有三態論的第二層狀態，是「感而遂通」的狀態。[10]

　　老子除說「道可道」外，他又說「名可名」，而其「道德經」則由此「有名」與「無名」而展開，這是說「道」必經由「可道」開啟，而「可道」當落在「名」上說，否則不足以為說。「道」重在說其「不可說」，而「名」則重在說其「一切話語、言說之源」，論其「言說、話語之源」，是一切言說話語之所歸，然非一般言說話語之所能涉，就其隨言說話語之源而說亦是不可說者，此亦當經由一言說話語之命定活動（名以定形）而展開，但此展開已非原先恆常的話語言說之源，也因此說「名可名，非常名」。

　　「名」必經由一「可名」的活動，而走向「名以定形」，但「名」必本於「無名」，這正是「天地之始」。這正闡釋了在一切言說話語未展開之前，原是一虛空靈明的場域，我以為從《老子道德經》所開啟的「處所哲學」、「場域哲學」是迥異於以「主體性」為首出概念的哲學思考。[11]因之，所謂「存有的根源」並不是一夐然絕待的形而上之體，而是渾淪周浹、恢詭譎怪、通而為一、境識俱泯、心物不二的場域生發可能。

　　「無名」本「不可名」，此「不可名」又當隱含著一「可名」，由此「可名」之彰顯而為「有名」，有名者，經由命名的活動、主體的對象化活動，使一對象成為一決定了的定象，這亦是老子所說的「始制有名」，這樣的一個活動即是「有名萬物之母」一句的詮解。相對於「形而上者之謂道」，此即是「形而下者之謂器」，經由一形著具體化的活動，經由主體的

---

[10]　請參見林安梧〈《揭諦》發刊詞——「道」與「言」〉，《揭諦》學刊，創刊號，頁1-14，南華管理學院哲學研究所發行，1997年6月，臺灣嘉義。

[11]　關於處所、場域、天地等概念多啟發自日本京都學派的見解，特別是西田氏的《善的經驗》一書，關於此，請參見江日新譯《日本近代哲學思想史》，東大圖書公司印行，1989年5月，臺北。

對象化活動，使得那對象成了一決定了的定象。又《易經傳》所說「見乃謂之象，形乃謂之器」，「器」即此之謂也。又老子「物形之」「物」即此之謂也。落在存有的三態論來說，這屬第三層，是「存有的執定」。這是境識俱起而了然分別，以識執境的狀態，是意識之及於物的狀態，是意識所及的階層（conscious level），是念之涉著於物，並即此而起一了別的作用。《易經傳》所謂「曲成萬物而不遺」當可以用來闡釋此。若以一九九六年所為之《道言論》來說，這是順著前面所說的「道顯為象，象以為形」，進而「言以定形」的活動。

「名以定形」，「言以成物」，言說話語才使得對象物成為對象物，但一落言說話語的脈絡便會因之形成一不可自已的出離活動，這樣的力量之不能自已，可以成為「物勢」，是隨著「物形之」而有的「勢成之」。這樣的「物勢」正標明了「言說話語」所可能帶來的反控與異化，真正的問題並不是「物」，而是「名以定形」的「名」，「言以成物」的「言」，這名言（言說話語）所挾帶而來的趨勢，是會導致反控與巔覆的，所謂「天下皆知美之為美，斯惡矣！天下皆知善之為善，斯不善矣！」正是這寫照。伴隨著言說話語挾帶而生的利益、性好、權力、貪欲、趨勢，將使得我們所展開的認識活動與價值實踐活動因之而扭曲、異化、變形，甚至是倒反。就此來說，即《道言論》所論「言業相隨」也。我也在這點上接受了哈柏瑪斯（J. Habermas）有關「知識」與「趣向」（Knowledge and interest）的論點。[12]

三、從「存有三態論」到「存有的治療」之哲學詮釋

「天下萬物生於有，有生於無」（見《老子道德經》四○章），落在存有三態論來理解，可以豁然明白。天下間一切對象物之所以為對象物，是經由一「有名」（「始制有名」（見《老子道德經》三十二章））這樣的命名

12　關於此，顯然受到西方知識社會學傳統之影響，如卡爾曼罕（Karl Mannheim）等之影響，又哈柏瑪斯之見地，請參見 Jurgen Habermas, *Knowledge and Human Interests*, Translated by Jeremy J. Shapiro, Beacon Press, 1971, Boston, USA.

活動，這樣的主體對象化活動而構成的。再進一步推溯，這「有名」原生於「無名」，「言」始於「無言」，「言」與「默」是連成一個不可分的整體，「可說」必上溯於「不可說」，這便是「有生於無」。顯然地，「天下萬物生於有，有生於無」，這是從「存有的執定」往上溯而及於「存有的彰顯」，更而往上溯而及於「存有的根源」。

相對來說，「道生一，一生二，二生三，三生萬物」（見《老子道德經》四十二章），就存有的三態論來說，這是從「存有的根源」往下說，「道生一」是就「存有的根源」說，而「一生二」是就「存有的開顯」說，「二生三」是就「存有的執定」說，由此存有的執定因之對象物始成為對象物，此之謂「三生萬物」。[13]

若關聯著「默」與「言」，「不可說」與「可說」來論，「道」本為不可說，如此之不可說是渾合為一的，是一不可分的整體，「道」本為空無，而有一不生之生的顯現可能，即此顯現而為一不可分的整體，這即為「道生一」，「道生一」總落在「存有的根源」一層立說。道既顯現為一不可分的整體，如此不可分的整體雖仍為不可說，但這樣的不可說之整體便又隱含著另一對立面的可能，如此之對立面實由此整體所分別而來，既有分別，便由原先之「不可說」轉為「可說」。如此「不可說」而「可說」，此即所謂的「一生二」是也。進到此「一生二」之境域，實即為存有的開顯之境域。如此之「可說」又必然的指向於「說」，「可說而說」，這是主體的對象化活動，如此使得一切存在之對象成為一決定了的定象，這即是「二生三」。「道生一」是由空無性進到總體的根源性，而「一生二」是由此總體的根源性進到兩端的對偶性，而「二生三」則是由此兩端的對偶性進到具體的個別性，由此具體的個別性才能說天地萬物之存在，這即是「三生萬物」。這是由「說」而「說出了對象」，由具體的個別性具體化成為一個別之具體物。

若進一步闡述之，我們亦可說此「道生一、一生二、二生三、三生萬

---

[13] 請參見前揭文〈《揭諦》發刊詞──「道」與「言」〉，三「言以定形」一節，頁5-6。

物」，「道」是「未顯之不可說」，而「一」是「已顯之不可說」，「二」是「未執之可說」，「三」是「未執之說」，「萬物」即為「已說之執」。若關聯到我多年來所闡述的中國解釋學的五個層次：「道」、「意」、「象」、「構」、「言」，「道生一」即為「道顯為意」，「一生二」即為「意顯為象」，「二生三」即是「象以為構」，而「三生萬物」則是「以言為構」。「道」是總體渾淪而未發，「意」是將發未發之幾微，「象」是顯現而無分別，「構」則是顯現而有分別，「言」則是分別而為對象物。[14]

由於道家思想的薰陶，讓我深切的體會到我們這個族群有一極為可貴的地方，迴非西方文化主流所能及，這就在於我們在言說話語之上有一「超乎言說話語的存在」，「可說」與「不可說」、「言」與「默」，並不是斷裂的，而是連續的。我們早在二千餘年前即清楚的了知「名以定形」、「言以成物」[15]，任何一個客觀的對象物都不是一既予的存在，而是經由言說話語所建構的存在。正因如此，凡所謂的存在的異化都不是來自於存在本身，而是來自於言說話語的建構，這應說是「話語的異化」，而不是「存有的異化」。[16]

就西方當代哲學涉及於此者來說，我以為工夫倒做了。他們判之為「存有的異化」，再企求一「話語的治療」；實則，應該判之為「話語的異化」，所當求的是「存有的治療」。我認為這在在可以看出西方是以「Logos」為核心的思考，此不同於我們中土是以「道」為核心的思考。正因我們這「道」論的傳統，我們才不拘於「語言是存有的居宅」，我們更而

---

[14] 關於此「道、意、象、形、言」首見於「革命的孔子：熊十力儒學中孔子原型」一文，涉及於「詮釋方法論及其相關問題」處，請參見《儒學革命論：後新儒家哲學的問題向度》，頁 169。關於此，進一步的論述，請參見林安梧《人文學方法論：詮釋的存有學探源》第六章，頁 145-176，讀冊文化事業公司印行，2003 年 7 月，臺北。

[15] 「名以定形」（頁六五）最早由王弼提出，相關者，他亦有「名以定物」（頁六）、「名者，尚乎定真」（頁五），請參見王志銘編《老子微旨例略、王弼注總輯》一書，東昇出版事業公司印行，1980 年 10 月，臺北。

[16] 請參見林安梧〈語言的異化與存有的治療〉，收入《中國宗教與意義治療》一書第六章，頁 139-175，明文書局印行，1996 年 4 月，臺北。

說「存有（道）是語言形而上的居宅」，而「語言則是存有（道）落實於人間世的居宅」。[17]「存有」（道）與「語言」兩者的關係，借用王夫之的哲學用語，應是一「兩端而一致」的關係。[18]所謂「異化」的克服即須在此「兩端而一致」的格局下來思考。

如前所述，在「存有三態論」的格局看來，所謂「存有的治療」便是真切去面對「存有的執定」及其伴隨而生的貪取、利益、權力、占有、欲求等等，經由一種「存有的歸返」活動，回到原先存有的開顯，乃溯及於存有的本源；再如其所如依此存有之本源開顯其自己，並在此場域中獲得一種甦醒與調劑的可能。換言之，道家義下的存有的治療，它所重的並不在於存有的執定這層次的對治，而是經由存有的歸返活動，讓自己能回到境識俱泯的根源性狀態，因之而使生命能如其自如的生長。

現在，我們且以老子《道德經》為例闡述之：

> 「致虛極，守靜篤，萬物並作，吾以觀復，夫物芸芸，各復歸其根，歸根曰靜，是謂復命，復命曰常，知常曰明，不知常，妄作凶。知常容，容乃公，公乃王，王乃天，天乃道，道乃久，沒身不殆。」（見《老子道德經》第十六章）

這是我講習老子最常引用的經文段落，我亦因之而於存有三態論所隱含的治療學思維，更無所疑。[19]「致虛」、「守靜」這是對於存有的執定與伴

---

[17] 關於「語言」與「存有」的見地，頗受海德格（Martin Heidegger）啟發，海氏見解，請參見氏著《走向語言之途》（孫周興譯），時報文化出版企業公司印行，1993年4月，臺北。

[18] 關於「兩端而一致」的思考，請參見林安梧《王船山人性史哲學之研究》，第四章「人性史哲學的方法論」，頁71-96，東大圖書公司印行，1987年，臺北。

[19] 關於將儒、釋、道三教視為治療學的論點來看，傅偉勳先生首發其端，見氏著〈〈弗蘭克爾與意義治療法〉〉，收入氏著《批判的繼承與創造的發展》，頁171-179，東大圖書公司，臺北，1986年6月。後來，我循這理路發展成了一《中國宗教與意義治療》的總體脈絡。

隨而生的染污的撤除活動，是一「滌除」的工夫，由此「滌除」，才得「玄覽」也。（見《老子道德經》第十章）。由這樣的撤除活動，我們才能「損之又損」，回到「存有的根源」，才能有一「存有的光照」（即所謂「玄覽」，或作玄鑒）。換言之，致虛守靜看似一消極性的撤離活動，但實為一積極性的光照也，是來自於存有之在其自己的光照也。經由如此之光照，萬物如其自如的生長著，這便是所說的「萬物並作」。能致虛、守靜，能得存有的光照，方得「觀復」。「觀復」是就人往上說，而「玄覽」則就道往下說，是一體之兩面。「觀復」是就存在的現實居宅往上說，而「玄覽」則是就形而上的居宅往下說。玄覽是一道體的照明，而觀復則是一修養功夫，這功夫是連著前面所說的「致虛」與「守靜」而開啟的。

　　「致虛」、「守靜」、「觀復」、「歸根」、「復命」這些字眼或可以做多方的闡釋，但總的來說，他們都指向一存有的回歸，並經由這存有的回歸而獲得存有的治療。「存有的回歸」，無他，只是回復生命之常罷了，能體會得此生命之常，即為智慧通達之人。不能體會生命之常，無知妄作，必然招致凶禍。能體會得此生命之常，便能有所容，能有所容，則無不公矣。當回到生命的存有之源，得此存有之源的浸潤，有了一生命的溫潤之情，自能有一相與融通合匯之可能（常乃容），如此才能凝成一有力量的社會共同體（容乃公），能如此才能通天地人，成為此共同體之領導者（公乃王），這樣的一個現實政治的領導者才能朝向普遍理想（王乃天），如此之普遍理想並不是夐然超於物外，而是通同於一根源性的總體（天乃道），能通於此根源自能長久不息（道乃久），終其身永不停歇（沒身不殆）。顯然地，存有的回歸便隱含著存有的治療，而所謂的治療便在於存有的照明，總的來說，這是一修道與體道的活動。[20]

　　如上所述，這樣的「存有的治療學」得之於道家的啟發頗多，它走出了境界型態的形而上學的詮釋角度，而往社會存有學、社會實踐學邁進。它意

---

[20] 見《老子道德經》第十六章「致虛極，守靜篤；萬物並作，吾以觀復，夫物芸芸，各復歸其根，歸根曰靜，是謂復命，復命曰常，知常曰明，不知常，妄作凶；知常容，容乃公，公乃王，王乃天，天乃道，道乃久，歿身不殆」。

圖跨過「儒主道輔」的儒家主流思考，而強調「儒道同源」、「儒道相生」、「儒道互補」。依這樣的詮釋，我們發現道家不再只是強調主觀修證的境界型態的形而上學，儒家也不再是以「心性修養論」為核心的「道德的形而上學」。當然，也就不再是以「一心開二門」的格局來建立「兩層存有論」，而是以「天地人交與參贊成的根源性總體」、「境識一體」、「物者心之物也，心者物之心也」[21]的去闡釋「存有三態論」的理論可能。當然，這也就不再是「如何由內聖開出外王」的思考，而得思考「內聖外王交與為體」，甚至是相對於以前，反過來要思考「如何由外王而調理出新的內聖」來。[22]

四、中西文化之哲學對比及其交談辯證之可能

如上所說，後新儒家哲學之哲學觀，強調的「哲學」是無法離開我人的生活世界。再說，哲學是我們生活於天地之間，對於宇宙人生萬有一切的根源性反省。哲學之為一種追本溯源、後設反思的學問，這是不變的；哲學仍然免不了要處理存在、知識與實踐的問題，哲學仍須得正視「天人、物我、人己」等基礎性、根源性的問題。或者，更徹底的說，哲學必須從人之處於天地之間的「參贊姿態」來思考起，哲學必須從「人」之「生」所可能的「自由」之渴求來思考問題，人必須從這最基礎最根源的地方來思考他與世界的連結問題。

舉個比喻來說，我們用餐時，使用「筷子」與使用「叉子」就表現了兩

---

[21] 「天地人交與參贊成的根源性總體」此語可用來詮釋「道」，是這十餘年講習諸家經典而後訂定的；而「境識一體」則有取於熊先生體用哲學之理解；「物者心之物也，心者物之心也」則是王船山哲學的觀點。請參見〈「道」「德」釋義：儒道同源互補的義理闡述〉，《鵝湖》第廿八卷第十期（總號 334），頁 23-29，2003 年 4 月，臺北。

[22] 請參見林安梧〈後新儒學的社會哲學：契約、責任與「一體之仁」——邁向以社會正義論為核心的儒學思考〉，《思與言》三十九卷第四期，頁 57-82，2001 年 12 月，臺北。

套不同的連結方式，它甚至可以說是「東西文化」異同的具體表現。使用
「筷子」是「主體」通過「中介者」連接到「客體」，而構成一個整體，並
且在達到一均衡狀態下，我們才能適度的舉起客體。相對來說，使用「叉
子」是「主體」通過「中介者」強力的侵入「客體」，並確立此客體，因之
而舉起這客體。前者，可以視為「主客和合不二」的連續體式的思考方式，
而後者則可以視之為「主客對立，以主攝客」的斷裂型的思考方式。如果關
係到「天人」、「物我」、「人己」等向度來思考，我們將可以說「筷子」
式的思考方式是「天人、物我、人己」通而為一的思考方式，它是存有的連
續觀下的思考方式；而「叉子」式的思考方式是「神人、物我、人己」分而
為二的思考方式，它可以說是存有的斷裂觀下的思考方式。「存有的連續
觀」與「存有的斷裂觀」的對比下，中西文明的確有著相當大的異同，我們
華夏族群強調的是「氣的感通」，而相對來說西方文明的重點則在「言說的
論定」。我們重在天人、物我、人己通而為一，天人合德、物我不二、人己
為一，我們沒有像希伯萊宗教所強調的超越人格神為主導的一神論傳統，代
之而來的是「天地人交與參贊為一不可分的總體」而自這總體的根源而有的
道德創生論傳統。[23]

　　我們沒有像西方古希臘以來那麼強的言說話語傳統，我們雖然也有科
學，但我們更講求的是在言說話語之上的「氣」的神妙處，落實而有的巧奪
天工。我們沒有像羅馬以來所強調的法律契約傳統，我們雖然也有國法、鄉
約，但我們更注重的是「道生之、德蓄之」，「一體之仁」孝悌人倫的傳
統。更有趣的是，截至目前為止，很少一個那麼完整且又歷劫而不衰的文化
傳統，竟然是使用著圖象性的文字。它將「言」與「默」，將「具體」與
「普遍」，將「有」與「無」等看似兩端矛盾的範疇，居然徹徹底底的將他
們連結成一不可分的整體。

　　古希臘的科學傳統，希伯萊的宗教傳統，羅馬的法律契約傳統，構成了

---

[23] 關於「筷子與叉子」的對比思考，是關聯著「存有的連續觀」與「存有的斷裂觀」而
　　展開的，請參見林安梧《儒學與中國傳統社會之哲學省察》第六章，頁85-108，幼獅
　　文化事業公司印行，1996年4月，臺北。

西方文明中「物我」、「神人」、「人己」三個向度的主要內涵，充分的顯示了「存有的斷裂觀」的實況。中國文化中的「物我」是一氣之感通，「天人」是「和合其德」，而「人己」則是「一體之仁」，這充分的顯示了「存有的連續觀」的實況。在宗教的向度上，我們立基於人雖有限而可以無限，因此人要的是經由原先就有的根源性的道德之善的實踐動力，去完善自己，成就自己，所謂「成聖成賢」，都可以置於這樣的規格下來理解。這不同於西方基督宗教的傳統，強調人的「原罪」，及上帝對於人的「救贖」；也不同於印度宗教的傳統，強調人的「苦業」，及相對而有的「解脫」。在社會的向度來說，我們強調的不是契約性的社會連結，不是客觀法則性的重視，而是「血緣性的自然連結」，以及此中所隱含的「人格性的道德連結」；與其說是國法、天理的優位，毋寧我們強調的是親情、倫理的重視。我們重視的不是主體的對象化活動，我們不強調「存在與思維的一致性」；我們強調的是「存在與價值的和合性」，我們不強調「以言代知，以知代思，以思代在」，我們深深知道「言外有知，知外有思，思外有在」。[24]「存在的覺知」一直是我們所注重的，至於「話語的論定」，我們則一直以為那是使得主體的對象化所以可能的必要過程，是一切人間符號的執定過程，它使得那對象成了一決定了的定象，人間一切話語的操作與控制因之而生。換言之，我們對於人使用符號系統因之而導生的科學與技術，一直保持著警惕之心的。在老子、莊子書中對於這些反省是很多，而且很為切要的。

　　正因為我們強調的是「存在與價值的和合性」，所以我們格外重視人與天地萬物之間的價值意味關係，我們將「天、地、人」稱為「三才」，並強調人參贊於天地之造化，人要效天法地，像《易經傳》就說「天行健，君子以自強不息；地勢坤，君子以厚德載物」，而《老子道德經》就說「人法地，地法天，天法道，道法自然」，原來「存在」都隱含著價值意味，都可以經由價值意義的象徵而開啟其實踐的指向。「存在」並不能單只是經由話

24　請參見林安梧《人文學方法論：詮釋的存有學探源》頁 142-143，讀冊文化事業公司印行，2003 年 7 月，臺北。

語符號文字的控馭來「利用」就可以，華人強調這裡必須經由一「正德」的基本工夫，才能進一步利用、厚生。

伴隨著西方現代化之後的大幅反省，海德格（Martin Heidegger）對於整個西方哲學史的深切批判，他對於「存有的遺忘」的針砭，他強調：人做為一活生生的實存而有這樣的「此有」（Da-sein），他是一切生活場域的啟動點，是人參贊於天地之間的觸動點，人生活在這活生生而當下的生活世界的。人不能外於此，而將那主體的對象化活動所成的定象世界，當成存有自身來處理；人不能如此自棄的遺忘這真實的存有。自十九世紀末、廿世紀，乃至進入了廿一世紀，人們原先所操控的「話語」也受到極深切的注意，詮釋學的興起使得哲學史的發展有了「語言學的轉向」（linguistic turn），它使得人們有機會涉及到更為真切的實存向度。不過，由於長久以來「存在與思維的一致性」原則，更使得人們警惕地要去從此中掙脫出來，而後果則是陷入嚴重的虛無之中。顯然地，「解構」的呼聲已繼「權力意志」的追求，而成為時下的口頭禪。早先，尼采（F. Nietzsche）喊著「價值重估」，而現在則不知「價值何在」，人處在意義虛無之中，所不同的是卻沒有早先存在主義者的荒謬感，而代之而來的卻是「虛幻即是真實」。似乎，大家仍然清楚的知曉哲學的目的在於對智慧的追求，一方面呼籲著對於「權力」的解構，但另方面卻任由文化霸權夾雜著真理的神聖，作弄著其他的次殖民地，只是因為話語的糾纏與夾雜，人們更無法去處理而已。

科學主義（scienticism）似乎曾被反省過，但只是話語的反省，無助於事，其實，它仍然強而有力的作用在這世界之上。它從資訊信息業跨到了生命科學、生物科技，雖然因之也引生相關的生命倫理學之檢討，但生命的複製已然產生，人的複製也在既被反對，但又被偷偷的進行中。可以想見的，人的自我認同（self-identity）以及其他相關的文化傳統、價值確認、知識結構必然面臨嚴重的問題。信息產業的過度膨脹，話語的傳達數量突破某個層次，正如同話語通貨膨脹，幣值貶低，甚至形同糞土，此時真理還可能引發人們的真誠嚮往嗎？當人們宣稱不再有真理時，哲學能做的將不再是追求真理，而是去審視為什麼會這樣，恐怕已經來不及。現代性「工具理性」的高

張使得人陷入嚴重的異化之中，但工具理性並沒有因此就可能被掃卻，儘管人們呼籲須要正視「價值理性」，但這樣的呼籲就在工具理性的話語氛圍中被絞纏在裡頭，那又有什麼辦法呢！像哈貝瑪斯（J. Habermas）就提出「理想溝通情境」的必要性，但很可能這即使做為嚮往都不可能。問題就在於人已在現代工具理性的話語系統中被宰制、被異化，一切已矣！一切已矣！不過正因為是如此的紛雜與多音，也讓出了一些可能性，儘管這些可能性是微乎其微的，但我們卻得正視這樣的「微明」之光。

由於話語系統的纏繞糾葛相絞使得工具理性的高張成了一種奇特的困境，這困境卻因之讓人得去正視真切的存在覺知，這樣的存在覺知宣稱是要跨過原先的話語中心來思考的。於是，人們將話語中心、男性中心、理性中心做了另類的清理，甚至異性戀中心也受到了波及，人們的話語在多音中，開始找尋新的可能。社會的結構開始變動得讓人難以理解，國家性、民族性、男性、女性、理性、話語的對象性、人的主體性，……凡此種種都在瓦解之中。虛無、懷疑、神秘、……實存、覺知、場域的思考悄然升起，大家並沒有宣稱它們的重要，甚至是排斥，但卻不覺已然接受了。

五、結論

東方已然興起，已經不必宣稱，因為這樣的事實，是確然無可懷疑的。在多音下，文化的多元思考、多中心思考，已經是人們必得承認的事情。當原先的話語系統已經疲憊，話語貨幣已然貶值，新的話語貨幣之船正升火待發，在對比之下，我們的儒道佛傳統，印度的古奧義書傳統、印度教傳統，乃至伊斯蘭的可蘭經傳統，正在蘊釀中。敏感的杭丁頓（Samuel P. Huntington）說這是「文明的衝突」（The Clash of Civilization），不幸的是，文明卻果真通過了「九一一」來示現這悲慘的事實。[25]但話說回來，特

---

[25] 關於 Samuel P. Huntington 的見解，請參見氏所著《文明衝突與世界秩序的重建》，黃裕美譯，聯經出版事業公司印行，1997 年 9 月，臺北。

別是站立在儒道佛傳統的我們主張，文明要有新的對話與交談，宗教要有新的傾聽與交融，人的生命要在話語褪去後，用真實的天機交往。我們正等待著，正升火待發。顯然地，在我們這個不是以「話語、理智」為中心的族群來說，「生命存在、場域覺知」一直是我們所重視的，正因為我們強調的「不可說」與「可說」的連續性這樣的道論傳統，我們反而有一嶄新的可能。這可能是：當西方一直喊著「語言學轉向」的時候，我們卻可以進一層的去問，在語言學轉向之後，進一步的發展可能，那卻是回溯到一「不可說」的「寂靜空無」之中。

　　因為我們知曉的不只是「語言是存有之道落實於人間世的居宅」，而且「存有之道正是話語調適而上遂的形上家鄉」。我們知道：「話語」與「存有之道」是「互藏而為宅」、「交發以為用」的，這「兩端而一致」的思考是值得我們去注意的。這也就是說，在我們的哲學傳統，有機會清楚的確知西方哲學所說的「存有的異化」原來該是「話語的異化」；他們所強調的「語言的治療」，我們確知其實是要回溯到「存有之道」才可能有的「存有的治療」。從海德格對於西方文明的總體反省起，我們卻進一步可以對比的發現中國哲學在方向上有著無與倫比的優越性。我們深知「言外有知」、「知外有思」、「思外有在」，我們不能全幅的如巴曼尼德就認定「思維與存在的一致性」，自老子的「有名萬物之母」、「始制有名」，到王弼的「名以定形」，我們確知的是人們經由一主體的對象化活動，由名言概念話語的決定，才使得那對象成了一決定了的定象。外物是經由人們所建構起來的，正如同公孫龍子《指物論》上說的「物莫非指，而指非指，天下無指，物無可謂物」。我們一方面清楚的知曉如何的「曲成萬物而不遺」、如何是「有名萬物之母」；另方面卻也知道如何「範圍天地之化而不過」，如何「無名天地之始」。

　　原來《易經》所說的「形而上謂之道，形而下謂之器」也有了嶄新的理解可能，而不會落在亞理士多德的「物理學之後」（Metaphysics）來理解而已。這麼一來，我們將可以經由價值哲學、實踐哲學，以人參贊天地之化育而重新甦活形而上學的可能。就在這樣的理解與詮釋裡，我們將明白「存

有的根源」之為「根源」乃因其為天地人交與參贊而構成的總體，它即是「場域」、即是「存在」、即是「覺知」，就在這「境識俱泯」下進一步而「境識俱顯」，這即是「存有的彰顯」，而進一步則是「以識執境」的落實為「存有的執定」。原來存有學、價值學、知識論與道德實踐是一體而不分的。

　　「三才者，天地人」的傳統有了恰當的詮釋，「場域」中有「存在」，「存在」中有「覺知」，「覺知」後方有「話語」，「話語」本來就只是個「權」，如何的「開權顯實」那是極為重要的，這涉及到的是存有安宅的確立問題，是人安身立命的問題[26]。在西方主客兩橛觀下的個體性、原子性原則，在現代化之後面對的是徹底的虛無與空寂的挑戰；相對來說，我們強調的是「家」，一個生命生長絪蘊的處所，一個生命能得生長的場域，「個體」與「群體」就在此中協調和諧，好自生長。我們深知在理性架構展開分析之前，生命的覺知之場域是更為優先的；我們深知在意識所及的對象化過程之前，有一意識所及之前的主客不分的狀態，這是更為優先的，人的生命就在這過程中長養以成。進入廿一世紀，哲學的領域隨著文明的變遷多有變異，特別值得我們留意的不是它增減了多少版圖，而是由於它作為「智慧真理」的永恆追求的性格，讓我們真切地覺知到，唯有回到人這活生生的實存而有的「此在」，才可能有之真實之場域的覺醒，才可能有一真切的哲學療治活動。當然，這標示著不是文明與宗教的衝突，而是傾聽彼此的心靈的聲音，這才是交談。

　　　　　　——甲申（二○○四年）六月八日晨稿於臺北元亨居

　　（本文原發以〈新儒學之後：「存有三態論」與廿一世紀多元文化的

---

[26] 關於「存有、場域與覺知」，請參見林安梧〈二十一世紀人文精神之展望：「存有」、「場域」與「覺知」〉（2002 年 3 月講稿），收入高強華、戴維揚主編《新世紀教育展望與實踐》一書，頁 125-158，國立臺灣師範大學印行，2002 年 12 月，臺北。

可能向度〉，發表於「國家疆界與文化圖像國際研討會」，新加坡南洋理工大學，2004 年 6 月，今經修訂更題發表於此）。

第二十六章　辨正與批判：
本土社會科學自我批判的精神史意義
──陳復《轉道成知：華人本土社會科學的
突圍》代序

【本文提要】

　　本文旨在經由陳復《轉道成知：華人本土社會科學的突圍》一書而來的反思，對於本土社會科學如何展開自我批判，經由「本土」與「土本」的辨正，做一精神史意義的考察。

　　關聯到一九一九年五四新文化運動以來，徹底的反傳統主義與傳統主義的對決、辯證。一九四九年歷史上最大東渡之後，華夏文明有著嶄新契機。作者經由自家存在情境的變遷與參與學術思想的變遷，作者曾經擔任【思與言】主編，也曾擔任【鵝湖】社長、主編，自由主義與新傳統主義的矛盾糾結與交談辯證，糾結身心，苦思既久，終有所化。華人社會科學的本土化，由楊國樞、黃光國、余德慧等等的努力，這樣的視域基底下，作者認定已經到了新的突圍階段。承體啟用、轉道成知，由存在自身，落實為知識的清明，批判之後的辨正，是極為重要的。

關鍵字詞：道、存在、本土、土本、辯證、辨正、精神史、突圍

　　陳復博士的大作《轉道成知：華人本土社會科學的突圍》就要出版了。捧讀他的書稿，讓我悠悠想起這三、四十年來與「本土心理學」的邂逅。我想一方面從大的思潮變遷，另方面從自己的一些讀書及從師問學歷程，來反思這裡所說的「本土社會科學的完成與開展」。

　　「本土」最近常被提起，但我總以為臺灣現在講的本土，常常錯認了，常常倒過來「以土為本」。其實，「本土」是「由本而土」，並不是「以土為本」。「以土為本」是「土本」，那不是「本土」。或者可以總的這麼說：「本土」，「本」是文化傳統，「土」是生活世界，由此文化傳統而落實於生活世界，如此方為本土。

　　本土是很自然的事，但現在搞得這麼不自然，這又為甚麼呢？暫且擺開臺灣當前政治一時間的氛圍，我們得追溯到上個世紀，甚至十九世紀末清末民初。當時，華人世界那些為了救亡圖存的知識份子，以為要救中國，就得徹底拋棄傳統，在他們之間，充滿著徹底的反傳統氛圍。民國八年五四運動以來，更是甚囂塵上。一九四九年之後東渡來臺的胡適之、殷海光，他們仍然以為要引進西方的民主、科學，就得把傳統洗滌，甚至拋棄。當然，文化保守主義者，如錢賓四、牟宗三、唐君毅等則繼承著「中體西用」的路線，這路線早從清末的張之洞、康有為、梁啟超，一直到民國以來梁漱溟、熊十力，以及東渡的港臺新儒家，雖也有著不少變化，但總的來說，都可以歸到同一陣營來。

　　一九四九年國民黨撤退來臺以後，強化他的立國基礎在三民主義，認為三民主義正是中國傳統文化的現代化，民族、民權、民生，三民主義的本質是倫理、民主、科學；顯然地，國民黨黨國的意識型態走的彎接近於「中體西用」的路子。蔣介石認定他繼承的孫中山，是接續著「堯、舜、禹、湯、文、武、周公、孔、孟」的傳統。他完全放棄了原先一九二四年孫中山聯俄容共的左派路線，而採取了戴季陶氏所詮釋的孫文學說，走的是中國文化傳統與現代化和合為一的路子。

　　國民黨原先的黨國威權本來強調國家至上、民族至上，這可以說較偏於國家主義。再者，一九四九年大陸淪陷，國民黨敗退，中華民國只能困守臺

灣（包括澎湖、金門、馬祖），他得親近美國及西方世界，才有可能與據守大陸的中國共產黨對抗。蔣介石他儘管極不願意權力被分享，但仍得與西方自由世界為伍，至少得虛與委蛇、應付應付。這麼一來，民主、自由、人權的價值，就得浮到檯面上來。另外，蔣介石的賢聖嚮往不同於毛澤東的霸王氣慨；蔣氏他想當個賢聖之君，雖然不能真正容納異己，但卻也不敢手段作絕。他不喜歡胡適之，也得買胡適之的賬，不喜歡傅斯年也得受傅斯年的氣。東渡來臺以後，中央研究院、臺灣大學，臺灣的學術與教育最高的兩個機構，已然被徹底的反傳統主義或者相關的一群人所盤據著。我想蔣介石心中是不快樂的。有人說，蔣介石的性子是王不王、霸不霸，所以只能這樣子了。其實，隨著「蔣介石日記」的揭密，慢慢地，蔣介石的心聲漸漸會為人所知的，也幸虧他的王不王、霸不霸，臺灣才有了一個轉化的新局。老子《道德經》說得好，「勇於不敢則活」，由於蔣介石不敢徹底地一把抓，中央研究院、臺灣大學，這學術的龍頭，多少有自己的活水、自己的呼吸，臺灣的學術與教育就這樣生長起來了。當然，世界局勢也是個因緣，韓戰、越戰，國際霸權、地緣政治、海權島鏈，時勢所趨，即勢成理、以理導勢，歷史有點奧秘，生命卻也在人為的努力下，臺灣似乎有著天佑的契機。

　　一九四九年大陸異幟、兩岸分治，中國傳統文化花果飄零極矣！錢賓四「為故國招魂」，唐君毅尋求「靈根自植」，港臺新儒家面對著國破家亡，更為終極地體認到生命最為真實的存在，他們極力地在學術上、教育上，尋求突破，他們確立了心性本體的價值，確立了歷史的永恆，經由宋明儒學，上追先秦，遠紹堯舜，內契本心、上契天道，強調返本開新。大體說來，它們仍延續著中體西用的道路，但思維格局卻是邁向全世界的，這已大大地跨越了。

　　儘管政治的脈絡，港臺新儒學仍然不同於蔣介石的黨國儒學，但若以聯合陣線來說，他們應該被視為較接近而可以置放在同一個陣營。不過，因為他們仍然維繫著中國傳統士大夫「以天下為己任」、以文化道統批判政治傳統，蔣介石與他們仍然是有分別的，或者頂多若即若離而已。他們畢竟不是蔣介石的御用文人。蔣介石雖極尊禮錢賓四，但錢賓四的史學不為傅斯年及

其弟子們所喜歡。錢賓四竟然無法進到臺灣大學任教，只能屈居在「素書樓」，在張其昀所創辦的中國文化大學任教。如今，大家一談起胡適之、傅斯年，說起臺大的學風如何如何的自由，其實，這是自由主義者、反傳統主義者所造的迷夢而已。說起權力的鬥爭，其實他們仍是不遑多讓的，手段雖不兇殘，但卻曲折周至，厲害得緊。

　　蔣介石雖不是真正的王道之君，但他畢竟不敢太霸道，不敢強力有所作為。特別到了蔣介石崩殂之後，蔣經國繼位，中產階級也慢慢長成了，國民黨政權也慢慢在地化。文化傳統也自然而然，由在地化逐漸走向本土化。原先半真半假的民主、自由，就在人們的抗爭過程中，慢慢弄假成真。國民黨的黨國威權慢慢褪去，在蔣經國晚期終於棄守。蔣經國過世後，臺灣過渡到了西方式的民主憲政、公民社會、自由人權。同時，臺灣也逐漸以鄉土、在地，作為生活世界的起點，重新展開思考。從七零年代，中華民國退出了聯合國，與美國也斷交了，臺灣只能反身而誠，回到自家生命，落實本土。再者，又因為諸多國際因素，臺灣曾被稱呼為亞細亞的孤兒，但七零年代以來，就國際情勢來說，他並不是完全孤立的，再說臺灣人是努力的，是心存社稷的。有云「德不孤必有鄰」，臺灣就在二三十年間循著現代化的腳步，經濟生產的升級，政權的轉移、社區的重造。學術本土化的呼聲日益隆盛，而這本土化卻又是通向國際的，這是一個有趣而生動的進展。

　　大體來說，從臺灣現當代思潮的發展，我們發現新傳統主義者努力地證成了中國文化傳統是不妨礙現代化的，當代新儒家從香港的新亞書院，到臺灣的「鵝湖學圈」，在傳統的爬梳、本土的親近，乃至對國際學術的接壤，都有著顯著的成績。反傳統主義者，從淺薄的科學主義者轉變成現代化學派、自由主義學派，他們對於在地性的重視，對於本土研究的深化，隨著人類學、社會學、心理學的發展，日新又新地，有了新的征程。八零年代起，楊國樞、李亦園、文崇一、胡佛等倡言社會科學的本土化，成為引領臺灣人文社會科學的主要聲音。從稍早的《思與言》到後來的《中國論壇》、《本土心理學》、《臺灣社會研究》，都可以嗅到這樣的信息，而這已經跨過了《自由中國》、《文星》、《大學雜誌》的政治氛圍了。本土社會科學的這

波呼聲，他們更正視學問的發展。當然，八零年代以來，有志於政治的政論
雜誌，他的發展則另外進入戰鬥崗位的爭競上，而不只是議政而已，此又另
當別論。

　　就臺灣這超過半個世紀的學術文化發展看來，顯然地，「反傳統」與
「傳統」這兩陣營原先的來源不同，向度不同，人馬也不同，但卻一直是和
弦雙奏的，在表象上，反傳統主義是佔了上風，但骨子裡，傳統主義還是具
有相當力量。我們發現，這七十多年來，在臺灣緩步艱行，行出了一條極有
趣而曲折的路子來。他既不是徹底的反傳統主義，也不是頑固的傳統主義，
而是在和弦雙奏下，譜出了新的學術曲調，一種強調回歸本土，卻又是現代
的學術方法，又邁向國際的本土人文社會科學，已然是大家正在努力追求的
目標之一。

　　一九八零年，楊國樞他發表〈心理學研究的中國化：層次與方向〉，成
為推動心理學與社會科學中國化的動力之一。他帶領著一群學生開啟了本土
心理學的探索，他可以說是本土心理學發展的舵手。他是臺灣第一位獲得心
理學博士學位的學者，任教於學界龍頭臺灣大學，現在心理系的學者許多都
是他的學生，我所認識並熟悉的就有黃光國、余德慧、余安邦等人。在我的
理解裡，作為一位導師、領航者，楊國樞給出的與其說是一個思想系統的方
向，毋寧說是給出了更寬廣的平台以及視域。由於他的自由派作風，他門下
優秀的弟子多半各有所見，差異極大，十分多元。黃光國與余德慧，這兩位
心理學界我所熟悉的朋友，可以說是兩個蠻極端的典型。

　　顯然地，黃光國較重視文化心理學、社會心理學層面，他的研究走的是
宏觀的文化對比，喜歡大敘述、大論題。黃光國強調他的主要研究方向為科
學哲學與方法論、本土社會心理學，並結合東西文化，以科學哲學為基礎，
開展社會科學本土化運動，並發展本土社會心理學。這從他所著《人情與面
子》、《知識與行動：中華文化傳統的社會心理學詮釋》、《社會科學的理
路》、《儒家關係主義：哲學反思、理論建構與實證研究》、《反求諸己：
現代社會中的修養》、《內聖與外王：儒家思想的完成與開展》，在在可以
看出他的學術意圖。

對比看來，我們發現余德慧擅長於臨床心理學，他長期關注詮釋現象心理學、生死學、臨床諮商、宗教現象學、宗教療癒。他習慣深入到人的生命實存的情境中，甚至在生死之際，臨終的體會與證悟。他不習慣於只是書面上知識系統的相待對比，他強調要深入心靈深處，實存體知。他如神農嘗百草，以身試法，病病不病，以為療癒。他的學問可以說從他的生命病痛中體知而來，他嘗試要將人文付於臨床之間，得到存在的驗察，去找尋沒有預設的基礎，他開啟了一套實存的現象學、深層的心理詮釋學。余德慧早年參與創辦了《張老師月刊》，後來又催生了「心靈工坊」出版社，這在在可以看到他走的是具體實存、微觀而內在的現象學之路以及心靈詮釋學之路，這與黃光國的路子是大相逕庭的。從他的主要著作如：《生命史學》、《生死學十四講》、《生死無盡》、《臺灣巫宗教的心靈療遇》、《臨終心理與陪伴研究》、《生命詩情》、《宗教療癒與生命超越經驗》、《宗教療癒與身體人文空間》、《生命轉化的技藝學》，在在可以發現余德慧他走的是一內在的、幽暗的、深邃的，跨入生死病痛的療癒之道。

借用《易經》所說「一陰一陽之謂道」，相對於余德慧內在的、幽暗的、深邃的，跨入生死病痛的療癒之道；黃光國外在的、顯性的、結構的、文化類型的系統對比。余德慧細膩而深刻、聲調較低沉，喜歡具體實存的敘述。黃光國體大而簡略、聲調較高亢，喜歡概念系統的論辯。余德慧像個臨床心理師孜孜矻矻的守著病患，期待著療癒，喃喃細語；而黃光國則像個活動家熱情洋溢的到處奔走，宣揚理念，亢聲批判。一個思想深邃，一個聲音高亢。對比起來，還真有趣味。我在慈濟大學擔任宗教與人文研究所所長時，本來想籌畫一次，由我主持，讓他們兩人作系列對談，沒想到余德慧遽歸道山，只好作罷。

再回頭說說，我自己接觸心理學的因緣。我大學本科在臺灣師範大學國文系就讀，除了國學及哲學的學習外，因為是師大，至少要修習三四十個教育學分，教育心理學便是一門重要的課程。當時，囫圇吞棗，有些粗略概念。記憶中，我對於佛洛姆（Erich Fromm，1900-1980）、榮格（Carl Gustav Jung，1875-1961）到是挺有興趣的。後來，在上個世紀八零年代

初，我到臺灣大學攻讀哲學博士，從傅偉勳的文章中，開啟了弗蘭克
（Viktor Emil Frankl，1905-1997）的閱讀與研究，隨後一九八八年我寫了
〈邁向儒家型意義治療學的建立：以唐君毅《人生之體驗續篇》為核心的展
開〉、一九九一年寫了〈邁向道家型存有治療學的建立：以老子《道德經》
為核心的展開〉、一九九四年寫了〈邁向佛家型般若治療學的建立：以《金
剛般若波羅蜜經》為核心的展開〉。這些文章連同其他幾篇相關文章，蒐集
起來，在一九九六年我刊行了《中國宗教與意義治療》。那時我也常在報章
上寫評論性的通識文章，後來結集成《臺灣文化治療：通識教育現象學引
論》在一九九九年出版。文明的弊病及其療癒成為我關心的主要研究課題。
我也因為寫了這些文章，老友余安邦邀我去臺大心理系的一個研習營上作了
講座，楊國樞院士也邀我參加了相關的心理學會議，就這樣我似乎慢慢與心
理學界有了更多互動。

　　後來，我與余德慧一起作為《臺灣心靈白皮書調查報告》的學術顧問，
順此因緣，又成為慈濟大學的同事，慈濟宗教與人文研究所便是以「信仰、
實踐、療癒」為思想核心的，這裡可見出本土心理學的脈絡。余德慧重視的
是生命實踐的深刻描述，意圖為本土心理學尋求最為根源的基礎。從「存在
的覺知」到「概念的反思」，進而到「理論的建構」，這三者應該是迴寰通
貫的，我強調本土學術的建立是離不開經典的詮釋，離不開生活世界，離不
開生命根源性的體驗的。我勤勉地致力於古代經典的語彙、現代生活的語
彙、現代的學術語彙的交談與融通，祈願聖賢經典的意義能再度釋放出來，
活生生的參與於我們的生活世界，對我們的整個歷史社會總體能有良性的影
響。

　　黃光國同意陳復所做的概括：他長期學術工作的目的，就是要使中華文
化擺脫「傳統與現代」一百五十餘年的束縛與纏繞，「徹底獲得新生」。其
實，不只是黃光國如此，余德慧何嘗不是如此。與我同輩的許多朋友也都是
為此奮鬥著，就陳復本身也是如此。擺脫殖民地式的教育內涵，擺脫逆格義
的人文社會科學研究之方法，擺脫歐美中心主義的知識論、價值論與世界
觀，尋求本土化，確立華人學術文化的主體性，並尋求與世界其他文明公平

的、互為主體的對話與交談，這應該是所有有識之士所共同追求的。

　　對比而言，楊國樞、黃光國、余德慧，應該歸屬於現代化派、自由派的，這脈絡是從反傳統主義遞衍下來的。與時推移，他們已不再一味的反傳統，他們發覺要批判傳統就得深入地去理解傳統。黃光國讀了許多新儒家學者的書，並展開他的思考、批判與更進一步的研究。余德慧也對儒道佛三家思想下過一些功夫，雖然他自承古籍的經典功夫仍得加強，但在他實存的體驗中，卻是深刻而且別具意義的。黃光國、余德慧雖然都是楊國樞的學生，但他們既非只是傳承乃師之學，他們都各自另開生面，方法路數與思想進路，兩者大相逕庭，充滿著張力。

　　黃光國、余德慧都是我的老朋友，我被歸屬的思想流派與他們兩位頗為不同。我擔任過鵝湖月刊的主編、社長，又是牟宗三先生的弟子，自然被歸到當代新儒家陣營，屬於新傳統主義一脈。不過，我特想說的是，我也擔任過《思與言》的主編，那年我還為《思與言》學刊辦了三十週年的學術論壇。《思與言》十足的被認為是自由派、現代化派主力的一個刊物。在臺大念書時，我受到許多西洋哲學的洗禮，對於自由主義也是十分服膺的。不過，我時刻呼籲知識分子應該要「承天命、繼道統、立人倫、傳斯文」，這也就被定位為傳統的士君子的思考，就此來說，我的確是站立在這崗位上的。做這些回顧是想釐清在上個世紀八零年代以來，不只是心理學的本土化、社會科學的本土化，還有其他諸多人文學問的本土化，這是個大的趨向。這樣的本土化一方面是從西學引進而生發出來的，另方面則是由傳統學術，為了要透顯到國際，更而重視本土而生發出來的。

　　如上所述，這四十年來「學術的本土化」似乎有著一定的驅迫力，不論是反傳統主義這方，還是傳統主義那方，彼此逐漸柔化自己的立場，並尋求跨界溝通。在對比雙奏的和弦之下，這兩派已然譜出了新的樂章。以華人族群為主導的臺灣，強調本土心理學的路子，那是很自然的，連帶地，強調社會科學的本土化，也是很自然的。楊國樞可以說是第一代，而黃光國、余德慧可以說是第二代，陳復對於黃光國的批判可以被視為是另一個新的世代。陳復雖然原來不是心理學界出身，但他轉益多師，知識領域頗廣，他的努力

與成績是可以期待的。

一九八七年秋，我到新竹清華大學任教，約莫九零年代中葉，認識了正在清華歷史研究所攻讀碩博士學位的陳復。直覺他生命有力道，體型壯碩，氣質清朗。記得他與我談起他組了書院，帶著年輕朋友讀經典，並且做聖賢功夫。這在講求知識為主的清華學風，可以說是絕對異數。我心裡滴咕著，他這麼不合時宜地來到了清華，可能學位會搞得久一些。不過，久一些，也可能是另件好事。還有，你的生命之氣與清華著實不同，以後也可能就不會在清華。但這也沒什不好，天地畢竟是自己耕耘出來的。他博士畢業之後，在交通大學、臺灣師大做博士後，對科學哲學及西方的知識系統多有涉獵，這對於一個拳拳服膺要悟道證道的年青人來說，這無疑是一種極為有趣的轉折、重塑。後來，有一次在華梵大學的學術會議上，我作為他的論文的與談人，對於他的學術創發力，及內在心學的實踐動能，留下了深刻的印象。

二零一三年，他轉到宜蘭大學任教，開啟了他的通識志業，展現了他的教學熱情，深深受到學子的推崇。作為博雅教育中心主任的他，更展現他的行政實踐能力，並進一步糾集了有教育理念、有學術理想的同道來共襄盛舉。二零一六年十月，他主持【教卓計畫】邀請了黃光國與林安梧對談「臺灣學術將何去何從？人文社會學術的現況與展望」。宜蘭大學標誌性的豎立了這平台，把自己擺進了臺灣人文社會學問的砲火之中。這裡，你可以看到陳復不只有性情，他也是有策略的。之後，他又做了一連串的磨課師課程，開了許多次國際會議，他主持的磨課師課程榮獲臺灣開放式課程暨教育聯盟課程精緻化與國際化計畫（2018）、教育部標竿課程獎（2018）、中華民國數位學習科技優質金質獎（2017）。他更被票選為全國網路票選人氣磨課師第一名（2017），得到宜大教學卓越績優人員特優獎（2017）、宜大傑出通識教育教師（2017）與宜大績優通識課程優等獎（2017）。二零一八年，他與一群同道成立了本土社會科學學會，擔任副理事長之責，每在會議中引燃論題，如火之燎原，學會同道稱他是「第一砲手」。

陳復在陽明心學、先秦哲學、通識教育、生命教育、歷史教育、國學心理學與華人本土心理諮詢議題，都下過功夫。他的博士論文主要研究華夏文

化與東夷文化的衝突與交融，並對齊學術與齊文化有相關專業著作，關注華人倫理與生命教育的整合，並從事相關社會實踐。其實，陳復的生命底子在陽明心學。他最有興趣的是將心理諮商結合宋明儒學來發展智慧諮商，他努力地推展「心學心理學」與「修養心理學」。他認為「心性之學」可以與「心理學」結合，這樣可以徹底完成其作為華人本土心理學的源頭。他已經跨越了中國傳統文化與現代化關係的「開出說」，他的主張不在於如何從「天人合一」去開出「天人對立」。相對來說，他想藉由「天人對立」的階段性思辨過程來，回過頭來接回「天人合一」的思想傳統，藉此組織出具有現代意義的中華自主學術，終結華人社會學術被殖民的現象。陳復深深體會到此中的現實性與重要性，他運用「黃光國難題」這個詞彙將其顯題化，冀圖讓心性之學的內容有效轉化到心理學領域，讓儒學原創性的思想在心理學領域獲得蛻變與新生。

黃光國多次宣稱他從「多重哲學典範」的角度，展開他所謂科學哲學的詮釋，他意圖賦予華人本土社會科學發展過程，將中華文化本質具有「天人合一」的思想傳統，傾注「天人對立」的階段性思辨過程，從「生命世界」中開展出具有科學哲學意義的「微觀世界」。黃光國認為把握住了儒家思想做主體，統合三教並吸納西洋社會科學的菁華，從嶄新的概念詮釋裡可以拓展「中學為體，西學為用」的向度，重新塑造「儒家人文主義」的學術傳統，將具有「普遍性」的儒家價值理念建構成形式性的理論。這就是他所謂從多重哲學典範的角度來建構「含攝文化的理論」使用「自我的曼陀羅模型」（mandala model of self）與「人情與面子的理論模型」（theoretical model of Face and Favor）來重新詮釋儒家思想，繼續由「文化衍生學」（morphogenesis）的層面來發展有關先秦儒家思想的「文化型態學」morphostasis），終至完成儒家思想的第三次現代化。依陳復來說，黃光國的舉措並沒有成功，而且他陷入泥淖之中，他陷溺在一自我所造的困結之中。他認為黃光國對「自我」的詮釋只有社會性意義，而且從利益角度來詮釋儒家思想，沒有真正視到儒家思想特有的「心性本體論」與「工夫論」。

陳復這部書可以說是全面的對黃光國思想展開對話與批判，他首先指出

「黃光國難題」，對於黃光國的理論核心概念展開釐清，並顯豁了他所謂的困結（戈迪安繩結），並點出了解開的可能。再者，他開始「入其壘、襲其錙」而且進一步「曝其恃、見其瑕」，因為唯有「見其瑕，道乃復」。陳復者，復此道也！他對於黃氏提出的多重哲學典範提出質疑，並指出他對儒家心理學並未能真正契入。當然，黃氏所論的儒家關係主義就沒辦法上溯其源，沒辦法調適而上遂於道。在生死海中的自我與真常本心的自性是不會一樣的。儒家強調的人格自我完善的歷程，這是修養心理學所必須正視的。這當然就得涉及於心性論、道體論的本源問題，要是從西方的「建構實在論」來說，看起來或者有些可以比擬處，型貌或有些相似，但精神意態、妙運其神，那是大大不同的。換言之，中西有分、上下有別，本土心理學得另找歸路，關於中華學術系統知識研究的自主策略，得跨過黃光國難題，深刻探求。

順此而下，關於內聖外王、中體西用等論題，黃光國對於傳統與現代化的轉化，也深致其力。陳復一樣提出了嚴屬的批評，指出問題在於黃氏對自我的詮釋只有社會性意義，而且從利益角度來詮釋儒家思想。由於數年來的攻防與討論，黃氏的理論也因此有了轉化，黃氏發展出了一套自性的曼陀羅的模型，來安排工夫論。這在心理學界是極為不容易的。陳復則指出黃氏對自我的詮釋囿限於世俗的社會性意義，沒有正視到真正的我，這是不足的。他認為黃光國設計自我的曼陀羅模型由於只有「自我」（the Ego）而沒有「自性」（the Self）的概念，因而無法產生曼陀羅輪轉。由於這些批評與交談，使得黃光國在《內聖與外王：儒家思想的開展與完成》這本書內承認自己當年建構「自我的曼陀羅模型」（mandala model of self）並未具有普世性的內涵，轉而承認「自性」議題的重要性，發展出更成熟的修養心理學，融合榮格的「四元體圖」（quaternit）與陳復的「自性的曼陀羅模型」，並新設計了「自性的心理動力模型」。「後期黃光國思想」有了大轉折。通過了「陽明學與榮格心理學的對話」，調適了黃光國晚期的思想，安頓了儒佛、和合了朱王。看來，黃光國難題似乎被解決到相當程度，當然，論議不會這樣就此停歇的。

　　正如莊子在〈天下篇〉感慨的，在「道術為天下裂」的年代，如今「天下之治方術者多矣」，而人人「各得一察焉以自好」。歷史的業力，就這樣巨輪輾地、輪轉不已。這正如屈原〈卜問〉所言「世溷濁而不清，蟬翼為重，千鈞為輕；黃鐘毀棄，瓦釜雷鳴；讒人高張，賢士無名。」，孟子也深切體察到當時候「世衰道微，邪說暴行有作」，「諸侯放恣，處士橫議」。當然，「知言」「解蔽」是必要的，「詖辭知其所蔽，淫辭知其所陷，邪辭知其所離，遁辭知其所窮」。「尚志」「養氣」也是必要的，「其為氣也，至大至剛，以直養而無害」「自反而縮，雖千萬人吾往矣」「三軍可奪帥，匹夫不可奪志也」。彼戰國者如此，今之世界又一戰國也，猶更甚之。更甚之，又何妨？當埋深心、發大願，「低眉菩薩，養納生機；怒目金剛，開出活局」。學習儒道佛，敬而無妄、靜而無擾、淨而無染，大雄無畏，吹大法螺，重新拈出「人性本善」「眾生皆有佛性」，通天接地，入乎本心、明達本性，布乎四體，通極八荒。「大學之道，在明明德，在親民，在止於至善」，這世界是可期待的，聖賢教言，不我欺也。

　　有「黃光國難題」的「靶子」，有陳復的「大砲」，還有許多本土社會科學會諸位同道的迫擊炮、手榴彈、機關槍、散彈槍，甚至引發其他同好的參與，我想這場戰爭，勢必會繼續的，而且肯定會是精彩的。學術要進步、思想要創造，話語的諍辯、議論是需要的，生命的激活，實存的契入尤其重要。論辯不是為了輸贏，而是要解開話語，回歸存在。存在者，「存」而「在」也。存者，存誠閑其邪，生生不息也。在者，充實光輝，如如安在也。陳復對於「黃光國難題」的討論，在本土文明的發展，在東亞學術的進程，是有其精神史意義的。是為序。

　　　　　　　——庚子之秋　十月廿一日凌晨　寫於太平洋畔之東安居

　　（文章出處：林安梧，2021 年 2 月，〈辨正與批判：本土社會科學自我批判的精神史意義——陳復《轉道成知：華人本土社會科學的突圍》代序〉，臺北：鵝湖月刊，548 期，頁 58-64。）

第二十七章　後新儒學與現代性問題
——林安梧教授訪談錄*

采訪人：張小星**

一

　　張小星（以下簡稱「張」）：林老師，您好！歡迎您來到山東大學，很感謝您能在百忙之中接受我的采訪。對於此次訪談，我想圍繞著「後新儒學與現代性問題」這一話題展開，向您請教一些關於後新儒學以及儒學現代化等方面的問題。我想通過這樣一種類似於「對話」的「問－答」方式能夠更切實地瞭解您的學思歷程，相信從您的話語中能獲得更多的啟示。

　　就我所知，在您提出「後新儒學」構想之前，您是研究傳統儒學比如像王夫之的人性論哲學以及現當代新儒學的，並師從於牟宗三先生。那麼請問，促使您提出「後新儒學」構想的原因有哪些？這跟您之前的研究有著怎樣的思想關聯？以及您如何看待牟先生對您學問上的影響？還有一個重要的

---

*　林安梧（1957-），男，臺灣臺中人；國立臺灣大學哲學研究所博士，「現代新儒學」集大成者牟宗三先生高足；現任臺灣慈濟大學宗教與文化研究所教授兼所長、元亨書院院長，於 2016 年 10 月任山東大學儒家文明協同創新中心傑出海外訪問學者及儒學高等研究院客座教授；專研哲學人性論、比較宗教學、政治哲學、當代新儒學等，於上世紀九十年代中期（1994-1996 年）提出「儒學革命論」暨「後新儒學」理論構想，是當代港臺新儒家的代表人物之一。

**　張小星（1992-），男，山西長治人，山東大學儒學高等研究院博士研究生，研究方向為儒家哲學。採訪時間約在 2017 年 1 月間。地點：山東大學儒學高等研究院。

問題就是，您為什麼會選擇如此耐人尋味的「後新儒學」作為新儒學形態的一種標識呢？其中的「後」字該怎樣理解？

林安梧（以下簡稱「林」）：好，先說這個「後」，我想主要是有一個「後繼者」、「後起者」的意思，所以它跟新儒學的關係，我認為是一個連續的關係比較強，而不是斷裂的關係。但一般來講「現代」、「後現代」，這個「後」字，好像就是說「現代」跟「後現代」是斷裂的關係，所以有人問過我，我認為我承繼的關係多於斷裂的關係，應該是承繼中帶有一個批評、一個發展，用傅偉勳先生的話來講就是「批判的繼承」與「創造的詮釋」跟「創造的發展」，就是這樣的。

這個主要原因就是，我發現到牟先生他們——當然以牟先生為主了，包括唐先生或者徐先生——我覺得他們一直在回應的問題是「如何從中國文化傳統開出現代化」。特別是牟先生在回應這個問題的時候他有一套說法，比如說「良知的自我坎陷，開出知性主體，開出民主科學」。我覺得他這個說法基本上只有詮釋學意義上的一個「理論的邏輯次序」的安排，它並沒有辦法真正涉及到作為一個「歷史的發生次序」的發生歷程，也不是一個「實踐的學習次序」的實踐學習歷程。而在整個臺灣來講的話，所謂現代化走向民主跟科學，我發覺到它是一個「實踐的學習次序」，跟牟先生這一套構想當然不相違背，但是其實可以說是不相干。這也就是說，我們是在一個現代化的學習過程裏，再去看你這個儒學或者說道學或者佛教——我基本上並不認為只有儒學，而是儒、道、佛三教它在現代化過程裏面還起著一個什麼樣的作用，而在現代化過程，因為現代化已經到相當程度乃至現代化之後，你這個儒學、道學、佛教能起什麼作用呢？那我覺得這個時候，我發現到它其實應該有一個很不同的轉向，這個不同的轉向就不同於原先新儒學去問「如何返本開新」、「如何從內聖開出新外王」，而是「在一個新外王的學習過程裏如何重新調節內聖以及如何重新調節外王」，所以這樣的話整個思路上就不再是原先牟先生那樣的思路，這大概就是說整個時代的變遷史。

另外就是我自己在從師問學的過程裏面，譬如說我很喜歡陸王心學，但是我對程朱理學的理解，我就覺得跟牟先生的理解不太一樣，特別對王夫之

的理解上，我就深深的喜歡王夫之，王夫之似乎解決了宋明理學的很多問題，那我覺得牟先生並沒有真正正視到王夫之，那這個理解上當然就慢慢的有些不同。另外就是對熊十力的理解上，我也覺得熊十力的「體用哲學」跟牟先生所理解的——像他所建構的「兩層存有論」——其實是不一樣的，所以諸種原因湊泊在一塊兒，我就開始思考這些問題的不同。當然還有其他的因素就是，我自己當然還閱讀了很多其他西方哲學的東西，包括西方契約論的傳統、歷史哲學的傳統。在閱讀它們的時候發覺到，回過頭來所理解的，譬如說契約論傳統理解的民主政治、社會構造，那如果它跟儒學連接在一塊有些什麼可能，這些思考我覺得都會讓我重新反思，原先牟先生他們所構造的系統還有哪些調節的餘地。當然我也會讀像錢穆的書，也會讀余英時他們的書，包括余英時的《反智論與中國政治傳統》，我就覺得他的提法很有意思，但是有問題。這些也都是我在反思的過程裏面慢慢去構想，所以後來我會寫《儒學與中國傳統社會之哲學省察》，會提出「道的錯置」這些概念，會繼續去想有些什麼新的可能，這個大概有各種因素了。

之所以用「後」字只是因為在現代化之後、在新儒學之後。而開啟這個「後新儒學」的思考其實是在牟先生過世之前，1994 年 2 月，當時我在美國威斯康辛大學訪問，寫了一個〈後新儒學論綱〉。所以，有人說我在牟先生過世之後就背叛師門了，如果這樣叫背叛師門的話，那應該是在牟先生過世之前而不是過世之後。其實在更早的時候，我在寫一篇文章，可能是1991、1992 年的時候吧，在東海大學寫一個有關新儒學的反思，那篇文章牟先生看到了，牟先生對那篇文章基本上還是蠻贊許的，那時候我其實對當代新儒學已經提出了一些不同看法跟批評。更早是在寫那個〈當代新儒家述評〉吧，那個文章是在 1982 年的春天寫的，在《中國論壇》發的，其實那篇文章牟先生他們也都看到了，後來那篇文章也收到我最早的那本書《現代儒學論衡》，牟先生也都看到了，因為那個書都送給牟先生了，那牟先生也不以為忤，他覺得年輕人要有自己的思考。我也不太瞭解為什麼很多人認為這就很嚴重了，我覺得這個基本上是人的關係，不是學派意識的關係。譬如吳汝鈞對熊先生、對牟先生批評也很嚴重啊，吳汝鈞他在「中研院」，所以

這個其實是人的關係，而且吳汝鈞很多文章後來也在《鵝湖》月刊登啊，後來反而我很多文章沒在《鵝湖》登，這個就是牽涉到人的——其實說透了就是人的鬥爭問題、同輩跟不同輩的問題。這個以前牟先生也經常跟我們說，同輩就是競爭，競爭沒處理好就變成了鬥爭，這個我是深深感受到了，後來我就提出一個叫「人際三階論」，我說老一輩要溫情關懷，年輕一輩要理想衝勁，衝勁到中年的時候要有胸襟氣度，但往往這是最難的，這一難往往沒辦法。「後新儒學」提出，其實原先前輩先生包括蔡仁厚先生也覺得是可以的，你可以有自己的想法，其實前輩先生中蔡先生是最「護教」的，大家都知道，但蔡先生也對我有愛護。所以我覺得這個基本上，有時候我自己回頭就去想，這學派之爭嘛，你說真正意義之爭有那麼多嗎？我看多半都是意氣之爭，所以我回頭就去想過這個問題。比如說蔡先生他的想法跟我很大不同，但是他對我是很愛護的，那你說我跟李明輝的想法會有那麼大不同嗎，我看也未必，我們很多也是一樣的，但是他一定弄得很嚴重，這個很嚴重我其實很不願意你知道嗎？弄到……這個實在是……所以我對這些事情我就想，我也曾經「行有不得，反求諸己」過，後來想一想就「缺憾還諸天地」，因為你「反求諸己」會痛苦，就覺得該怎麼辦呢？但後來「缺憾還諸天地」就不痛苦了，所以我覺得道家還是比較好。

張：《「儒學革命論」——後新儒家哲學的問題向度》與《儒學轉向：從「新儒學」到「後新儒學」》這兩部著作都是在主張將「當代新儒學」推進到「後新儒學」階段。請問您當時為什麼會先選擇使用「儒學革命」而後又提出「儒學轉向」呢？二者之間有什麼區別呢？

林：你是很仔細地想過這個問題的。這其實是一個偶然，因為原先題目已經就叫做「儒學革命論」了嘛，後來我又收集了大約十年間的一些講稿啊，那要出來怎麼辦呢？叫「儒學革命」，「革命」都已經用到了，那怎麼辦呢？這個「革命」是一個什麼樣的革命呢，其實是個「轉向」了，所以後來就用「轉向」這個名稱了。其實這個「轉向」也是「革命」，這個「革命」也是「轉向」，並沒有說原先那個是「革命」而後來是「轉向」，是不是因為被批評了所以調整成「轉向」了？其實不是。因為「革命」就是「轉

向」，「轉向」就是「革命」，只是前面先用了「革命」這個語彙，後來只好用「轉向」，免得又重複了，就是這樣。

　　張：在大陸出版的《儒學革命：從「新儒學」到「後新儒學」》一書的序言中，您將儒學史歸結為「儒學的三波革命」。當然像「儒學幾期」的提法有很多，包括三期、四期這些說法挺多的。那能否請您詳細談談您的「儒學三波革命」呢？

　　林：對，是這樣。我大概主要談了第一波革命是孔老夫子，然後第二波革命我認為是從這個秦漢「大統一」開始就是一直到清朝末年，然後第三波革命就是說從民國初年一直到現在，我認為是這樣的。第一波革命相應的是一個宗法封建的社會，宗法封建社會有一個轉型，但我認為並沒有成功；落到第二波就進到這個帝皇專制年代；第三波革命就是民主憲政、公民社會年代，而第三波革命我覺得到現在還沒有成功，就是一個真正的民主憲政的儒學、公民社會的儒學還沒能建立起來。我們這個帝皇就是三綱的儒學其實還是蠻強的，但是三綱儒學整個就是從秦漢大帝國建立一直到清朝末年都算，我認為這個最長，這裏面其實還可以區分很多形態，比如說宋明跟漢唐有很大不同的，其實這個部分還有很多可以說，所以我那個其實只是概括的說。因為我覺得這個宗法封建跟帝皇專制、跟民主社會，這是三個有很大不同的階段，必須要重新好好去調節它，主要是談這個東西。至於一個好的「公民儒學」怎麼建立這個部分，我覺得已經經過接近一百年了，其實現在還在爭議，比如說還有一些人在強調「儒教憲政」，我就說我的想法跟你們剛好是可以調整一下，你們談「儒教憲政」，我可能是「憲政儒教」或「憲政儒學」。因為「儒教」這個「教」字容易引起一些人遐想，所以是「憲政儒學」、然後「公民儒學」，這個意思也就是民主憲政、公民社會意義下的儒學，這是我們要強調的這一點，這一點大概跟黃玉順先生比較接近了，所以他們談這個「儒教憲政」，我會提出我的不同看法。我會參加他們一些會議，比如有一次在香港參加一個會，那我就談了一些關於「道的錯置」的問題，跟他們有些提法根本上可以說是不太相干的。蔣慶主要談這個「儒教憲政」，他有一套自己的想法，我認為這個也很好，所謂「很好」就是它可以

引發更多討論嘛，最終還是引發的這些討論很重要，主要是這個意思。

張：其實我當時在讀您這本書的時候，我把「儒學三波革命」做成了一個表格[1]，我覺得這樣一個表格更清晰一些，能夠更直觀地解讀您的「儒學三波革命」。

林：可以，好！

張：您的「儒學三波革命」的提法讓我想起了牟宗三先生在《道德的理想主義》裏面所提出的「儒學的三期形態」，我覺得您跟牟先生的提法有一定的區別。那麼請問您如何看待牟先生的「儒學三期形態」的提法呢？

林：其實牟先生的「儒學三期形態」他講首先是先秦，然後宋明，然後是當代。其實他這個是繼承了宋明理學家們的一個道統意識，就是宋明理學家認為他們是直契三代嘛，那現在牟先生認為我們是直契宋明嘛，直契宋明特別他又分這個真正的正宗嫡傳也就是心學，然後程朱把它放旁邊去。

張：可能牟先生他繼承陽明心學的部分多一些。

林：對，心學他主要繼承的就是陽明，當然陽明、象山、明道也有，但他總的來講陽明為重，總的來講是這樣的。牟先生的這個提法基本上就是在某種意義下是一種「超越繼承法」，這個「超越繼承法」基本上就是要把整

---

[1] 參見《儒學革命：從「新儒學」到「後新儒學」》，第 10-12 頁。表格明示如下：

儒學革命	第一波	第二波	第三波
歷史時期	夏商周三代	春秋——	秦漢——	清末——
開啟人物		孔子	董仲舒	當代新儒家
歷史時代		家族宗法時代	帝皇專制時代	民主法治時代
主體轉變	君子	聖王	王聖	公民
連結模式	血緣性自然連結	人格性道德連結	宰制性政治連結	委託性政治連結 契約性社會連結
倫理轉制		五倫	三綱	（新）責任倫理
社會轉型	小康之治 （家天下）	春秋大一統 （大同之治：公天下）	帝國大統一	現代民族國家 現代公民社會
儒學形態		君子儒學 （含荀子儒學）	帝制儒學 （含宋明儒學）	公民儒學 （含當代新儒學）
儒學主題		王道理想、人格完善	帝皇專制、人格服從	民主科學、社會正義
實踐向度		社會實踐	道德實踐	政治實踐

個民族文化的精神象徵通過了一種心學的修養功夫，並且通過一套「道德形而上學」的確立，可以說來給予一理論上的確立，也就是這個道德實踐的功夫到牟先生那裏成為了一個理論上的確立，然後通過確立這個來確立那個道統，這是我的理解，所以我說他做了一個形而上的保存工夫，然後他接下來就要落實為形而下的開啟，牟先生他有這個呼籲，就是開啟民主和科學，但我覺得他的呼籲要落實的話很多東西要變化。

張：剛才您也談到了，就是牟先生的「第三期形態」主要是強調民族國家的建立以及吸納西方的民主和科學，但是您的「第三期革命」則是強調「公民社會之下社會正義何以可能」，這是您重點強調的一個問題。

林：對。

張：其實在我看來，您提出的「儒學轉向」實際上是要把整個「當代新儒學」的思想進路，也就是將「如何從內聖開出新外王」的路徑轉換為「如何從外王調節內聖」的進路，而這一「轉換」實則是由您所強調的「公民社會之下社會正義如何可能」的問題所引發的。

林：可以這麼說，就是說在臺灣社會轉型的過程裏面，你會發覺這個「社會正義」它慢慢怎麼生長起來？這個生長你要說它是「本內聖而開外王」，這其實也沒有錯；但是它是怎麼樣長出來的，因為我重視它那個歷史的發生原因，而不是形而上理由的追溯。牟先生他大概就是經由一個形而上理由的追溯給出了一個理據，這個理據是建立在他的良知學系統、道統上說的，這個並無不可。但是我認為你必須要去看的是在歷史發生的歷程裏面它怎麼生長出來，而它怎麼出來其實就是要回頭去看，這個理據可以是你說的那樣，但它也可以不是，用王夫之的話表達就是「兩端而一致」、「道器合一」的。你形而上理由的追溯可以追溯到天道、追溯到本心，但在現實上它是很具體的，這個很具體的就是利害的問題，也就是人之作為人它有幾個層面，他作為一個 natural being、作為一個 social being、作為 moral being，作為一個自然的存在，作為一個社群的存在，作為一個道德的存在，是不太一樣的。你可以上溯到道德存在去說，但他首先是作為一個自然的存在，然後他進一步作為社會的存在，而在這個過程裏面你怎麼樣去成就一個道德的存

在，它是很複雜的過程，這其實也是歷來就有的兩套不同思路。但是我覺得，如果我們現在要去看整個儒學在當代的發展裏面，我們應該更重視的是它怎麼「調節」。

張：也就是在您著作當中說的「調適」。

林：對的。

張：在《儒學轉向》中，您指出牟先生的「道德形而上學」是把整全的人單純地看成了一個道德的存在者，就是說他把這個「人」進行了一種「理論的純化」，對它進行了一種超絕的解釋；而且您還指出「兩層存有論」的最高支柱其實是一個「形式之我」。

林：對，「人」在他那裏變成了最為理論的純化。也就是先把「人」做成聖人再往下掉，然後把人做成佛，然後再菩薩、眾生，然後再到世間來，他有這個傾向，所以他要良知的自我坎陷開出知性主體，佛最為圓滿了然後落實到人間成為菩薩，然後如何如何。他這個其實是不得已，因為那個年代被頂到最後只能這樣，就是「形而上的保存」，要不然我落到這裏被你打死了。「形而上的保存」提到最高，然後再告訴你，我要怎麼下來。但是這樣的話，那麼如何接地氣呢？馬上會被批評的，因為你是高高在上指點江山嘛。

張：在《後新儒學論綱》中，您指出以往儒學實踐觀念上的一些缺失，認為它是一種「境界型」的形態，並提出「後新儒學」的「如其型」的實踐概念。在我看來，這裏其實牽涉到兩個問題：一是實踐主體究竟該如何理解，二是主體的實踐如何展開或者用您的話來說就是「內聖」和「外王」應該如何安置的問題。這些跟您上面談到的對「人」的整體性的規定是相關的。不知道這樣的理解是否合適？在您看來，儒家的實踐觀念該怎麼理解呢？

林：其實我並不反對說內聖學對外王學是有很大幫助的，外王學對內聖學是有幫助的，而且我基本上認為「內聖」和「外王」是交與為一體的，它是一個不可分的整體，所以有的人說宋明理學只有內聖學，其實我是不贊成的，它的內聖學與外王學是連在一起的。朱熹那麼強調地去談《大學》、談

《中庸》，《大學》的「在明明德，在親民，在止於至善」，「三綱八目」是很明白的，「格物致知、誠意正心、修身齊家治國平天下」，他當然是有（外王學）的，他們對經學都很瞭解。但是這樣來講的話，他為什麼要強化內聖學部分？這裏牽扯到幾個，就是說以儒家來講的話，政治社會共同體的確立，它後頭必須有一個更穩固的人倫共同體的確立，人倫共同體的確立往內去問需要一個更內在的心性共同體。

張：它是需要一個根基的。

林：對，心性的根基。他就是對心性根基做出了一個非常深入的——宋明理學最大貢獻就是對於人的、很內部的心性的理解，就是深入心靈的深層理解，這個深層的理解如何調理之後能夠確立起來，這就是「仁者人也」的轉化。你原來講「仁者人也」，現在把它倒過來就是「人者仁也」，這一轉也就是把它內化，內化了就接著「天命之謂性」這個傳統、「致中和、天地位、萬物育」這個傳統、「大學之道，在明明德」這個傳統。就是說心性之學確立好了，人倫共同體才可以做好，然後政治社會共同體可以做好，最後它關聯到的就是整個天地的自然共同體的確立。那麼這裏它隱含著一套——我現在用一個新的概念叫做「自然的生態鏈」，然後是政治社會共同體的生態鏈，人倫共同體的生態鏈，內在身心靈的生態鏈，所以你必須思考怎麼去調理，而這個生態鏈調理就是一套修養功夫論，這個修養功夫論到人倫世界它有一套功夫，然後到社會政治實踐也是一套功夫，但它有一個很重要的東西一直存在，就是德。德是什麼呢？德是本性。也就是「道是根源、德是本性」，我一直用這個方式來說，「道德」就是怎麼樣如其根源、合其本性地生長。怎麼樣把「德」長起來？所以「為政以德」馬上點出來，然後接下來「詩三百一言以蔽之，曰思無邪」——性情之教。「為政以德」然後「道之以政，齊之以刑，民免而無恥」，進一步「道之以德，齊之以禮，有恥且格」。接下來講孝道，這個是什麼意思？就是你基本上要疏通自己生命的源頭，孝是生命源頭的一個崇敬和喚醒，這樣就是「養生喪死無憾」。

所以儒家的政治學在這個年代，我覺得，至少我都給自己一個教育，就是我們以前談儒學的時候，是談儒學要走向民主政治，而去說它的缺失何

在，它是怎麼走不出去的。我現在則開始慢慢有一些新的理解，我以前也一直是在談如何開出、如何轉化、如何從「血緣性的縱貫軸」變成「人際性的互動軸」，這個提法都是怎麼樣去轉出。但是其實現在在轉出之後我們可以有機會重新面對以後，其實政治是需要講道德的，政治不能沒有肯定道德，「徒法不足以自行，徒善不足以為政」，這樣一來整個調整都會有不同。所以君子儒、公民儒，其實君子儒還是非常重要的，沒有君子儒的話還很難開新，所以這也就是整個時代不同，就會有一些新的不同，所以我現在會有一些新的提法：有人倫意義下的人權它會更好，有民本的生存思考的民主它會更好，然後真正有自覺的自由當然比一般所謂的公民自由還更好，當然這也有分歧，看怎麼樣去說，這可能得用另外的語境去說。

張：其實在這裏，我是想請您談一下儒家的實踐觀念，尤其是您在《後新儒學論綱》中提出的「如其型」實踐觀。我們對之如何有一個切實的理解？

林：其實我比較注重，你作為一個一般人、普通人，你一定有一些基本的生理需求，進一步你在社會上的安頓的需求。人是需要自我保存的，從這個地方開始談起，而人也因此有感觸的直覺，有了感觸的直覺人會進一步有知性的構造，然後再有進一步更高的道德的追求。這就是說，我們重視它的發生次序。而「如其型」就是說，我們要重視它一個具體的發生次序，怎麼樣一步一步來，而不是你拉得很高，說我現在怎麼樣，比如說良知的自我坎陷開出知性主體。其實牟先生比較是從上往下說，我現在是比較從下往上說，牟先生比較從內往外說，我現在比較是從外往內說。我也不是不贊成由內往外說的重要性、由上往下說的重要性，其實我都很重視，但是我只是覺得你忽略了由外往內說、忽略了由下往上說，到最後就變成了封閉在一個內心的超越的形式世界裏面。其實他是一套形而上理由的追溯，我覺得是一個詮釋學上的理論邏輯次序的安排，它不是一個實踐的學習次序的歷程，那我認為應該重視實踐的學習歷程，因為唯有你重視實踐的學習歷程，這些東西你才會比較好把握，像我所說的「如其型」，就是你真正的看著它是怎麼生長的。

張：也就是「主體如其主體，對象如其對象」。

林：對，是這樣。

張：在「如其型」實踐觀中，您提出一個「自為主體」的概念，我覺得這是您對儒家「主體」觀念的一種理解。雖然這一「自為主體」包含有「道德主體」的意思，但它更多的則是繼承了《中庸》所說的「天地位、萬物育、致中和」的傳統。

林：對，對，可以這樣說。

張：在「後新儒學」的建構過程中，您對牟先生的「兩層存有論」與「良知坎陷論」做了比較深刻的反思與批判，您提出「存有三態論」來試圖修正和取代牟先生的「兩層存有論」，並指出「良知坎陷論」是為了克服近代民族意義危機而做出心學詮釋系統。那麼請問您如何看待牟先生的儒學體系？您為什麼會做出這樣的評判或者論斷？而「存有三態論」對於「兩層存有論」的「矯正」具體體現在哪些方面？

林：其實這個也不能叫「矯正」，它只是整個系統向的一些轉化。牟先生基本上是心學系統，很明白的，我們一直講是心學系統。我認為像馬一浮他是有理學系統的傾向，而且比較重；馮友蘭也是理學系統，傾向也比較重；熊十力基本上也是心學的傾向比較重，但是他後頭隱含著一種「道學」的思想脈絡，就是他的體用哲學，就是「體用一源，顯微無間」。當然「體用一源，顯微無間」在宋明理學家不管是道學、心學、氣學當中，基本都是同意的。但是我覺得以「道學」來談的話，這個意味就特別強。那「存有三態論」基本上比較是一個以「道學」、以「氣」這個概念為主導的。為什麼要這麼講呢？因為我覺得牟先生這樣的一個系統，這個「兩層存有論」它最終事實上變成了獨尊心學，我覺得對理學、對道學都是蠻遺憾的。但如果是「存有三態論」的話，其實我認為是比較都能安頓的。比較都能安頓就是說，我認為這個理學、心學、氣學其實只是三套不太一樣的詮釋系統，而且我並不認為誰是嫡傳、誰是別子為宗。

張：其實您是要批評「本質主義」的。

林：對的。

張：但這就產生了一個問題，就是您批評牟先生的方法論是一種「本質主義」，也就是過於強調了心學傳統，那麼當您提出「氣」傳統的時候，這是否也是一種「本質主義」呢？

林：不會！因為在方法論上我基本上是比較接近「約定論」者，因為「氣」在方法論上比較是一個「約定論」的，它不是一個物質性的「氣」。「氣」這個概念它其實是有功能性意義的，用唐君毅的話就是說它既是一個「流行的存在」，也是一個「存在的流行」，「being」與「becoming」其實是連在一塊兒說的。「氣」這個概念本身，我常說它既是精神的又是物質的，它是介乎精神和物質所成的一個辯證性的概念、是介乎「理」、「氣」這兩端所成的一個更高的概念，或者用「道」這個字，因為「道」所說的是總體、是根源。

我在做「存有三態論」構造的時候，基本上是我在讀熊先生《新唯識論》的時候，當時在寫他的哲學詮釋，用這樣的語匯去說成一個可能的結構，那時候其實已經做了一些創造性的詮釋，後來我做道家的一些思考，覺得都能夠放在一塊說。這也就是說，一切歸到一個存在本身，就是「存在的根源」，進而講「存在的彰顯」，再講「存在的執定」，就是從「寂然不動」到「感而遂通」到「曲成萬物」；從「境識俱泯」到「境識俱顯而未分」，到「境識俱顯而兩分」、「以識執境」，這個過程基本上可以免除一個「主體主義」的傾向。因為牟先生他有這個「主體主義」的傾向，他借用《大乘起信論》的「一心開二門」——心開真如門、心開生滅門，然後「心真如門」對應「睿智界」、「心生滅門」對應「現象界」，「睿智界」所開的是「無執的存有論」、沒有執著，底下是「執的存有論」，它基本上最重要的在「心」，這是其基礎。而我現在所說的是要回到「道體」本身，「道體」本身的話，就是天地人我萬物通我為一，這個叫「道體」，所以道體是無所不包的，「至大無外、至小無內」，中國傳統講「道」也是這樣講。這個「道」裏頭當然包括了天地人我萬物跟人的獨特性，人是其中一個參贊的起點，因為人的參贊，所以道必彰顯，所以當我們講道之彰顯的時候，是人參贊在裏面，人必然參贊。在彰顯的過程中，人會使用話語、語言，這是主

體的對象化活動，就是話語的介入，「名以定形、文以成物」，這就構成了我講的「存有的執定」環節。

那麼後來我在詮釋道家的時候，剛好把這些可以一一對應，「道生一，一生二，二生三，三生萬物」，講從道的根源性、到總體性、到對偶性、到對象化、到成為對象物，也就是「隱而未顯、顯而未分、分而未定、定而未執、執之已矣」，由「隱、顯、分、定、執」，剛好又跟「道、意、象、構、言」可以對應起來。這樣的一個話語，既可以詮釋道家，也可以詮釋儒家和佛教。佛教講，從「境識俱泯」到「境識俱起」到「以識執境」；那儒家講，連著《易傳》講，從最原初的「寂然不動」到「感而遂通」，「感而遂通」相當於「範圍天地之化而不過」，到「曲成萬物而不遺」，這個「曲成萬物」的過程是一個很複雜的過程。這當然是放在自己的詮釋脈絡系統中去說，但這麼去說的話，儒道佛三教就都可以回溯到「存在的源頭」去說，就是從「道」來說。這個思考大概是在我寫《熊十力體用哲學的詮釋與重建》博士論文的時候初具規模，而真正開啟是在 1996 年去南華大學辦哲學研究所的時候，就是後來我寫的：「道顯為象，象以為形，言以定形，言意相隨，言本無言，業乃非業，同歸於道，一本空明」，那時候為我們哲學所開啟而寫的一個頌言，其實就是談「道」與「言」，後來就把它鋪展成一個比較長的文章，後來放在了《道的錯置》的第一篇，講學宗旨大概初步就是那樣定的，我現在所說的大概也不出那個範圍。因為我這個比較是在整個本體論上、知識論上的一個總體構造，至於「公民儒學」那裏面當時還沒談，就是那個結構還沒談。

「公民儒學」大概比較是 1996、1997 之後，就比較關心的多一些。但其實「公民儒學」之前也已經思考了，像在寫《儒學與中國傳統社會之哲學省察》的時候就已經思考在這些問題了。這些部分因為臺灣本身它有一個民主化進程，所以我們看到臺灣的民主進程對於我們的學問是很有幫助的，看它是怎麼走的，但其實不是你儒家這些人走的，反而儒家對於民主沒什麼貢獻，你談了一套理論，但其實人家長這個東西不是你這樣長的。

張：像張君勱先生、徐復觀先生他們當時也主張推行憲政，包括自由、

民主的進程等等。徐先生、牟先生他們在臺灣待了很多年，難道儒學對臺灣的民主化過程沒有產生作用嗎？

林：其實應該這麼說，因為我覺得「當代新儒學」一直受到一個很大的沖擊，就是因為反傳統主義者主張中國文化傳統是妨礙現代化的，因此「當代新儒學」他們一直要回應中國文化傳統不妨礙現代化。那當然像張君勱，像徐復觀、牟先生、唐先生他們也都參與到整個政治社會共同體、一個新的構造歷程裏面，他們也都盡了言責，對一些事情作了批評，也都站在民主自由的立場上說了很多話，我覺得這個很不錯了，但是這跟他們的理論應該只是一個遙契的關係，並不是沒關係，但它是個遙契的關係，我現在是說我們應該把它放下來，讓它有更大的關係，要不然的話，是你在那裏指點江山，但落實下來其實不是那樣。

你這個儒學、道學、佛教可能作為一套文化的治療學、社會的批判學、心靈的意義治療，那麼它可以參與到這個社會裏面，它可以做些什麼？關鍵是要怎麼落實下來，要不然的話你說我現在要建立「三統」如何如何，要開出如何如何，至於要怎麼辦，別人要問的話，牟先生就說你們要怎麼辦就怎麼辦吧。那別的比如說人家從事民主政治運動的人或者從事民主政治理論建構的人就會覺得，你談的那個東西好像只能指導我們而已，那請問這個關聯是怎麼關聯的？我覺得這個關聯要把它說清楚，這個就要正視人作為一個自然存在、社會存在、道德存在這幾個層面是怎麼關聯在一塊的。牟先生是從上面往下講，我覺得應該從下面往上講。

張：談到「存有三態論」，那我們能不能把「存有的本源」與「存有的開顯」，跟牟先生的「無執的存有論」就是「本體界存有論」相對應，而「存有的執定」跟「執的存有論」也就是「現象界存有論」相對應呢？

林：它們有一個比較大的不同就是，牟先生後頭是以道德主體、道德本心為重的主體主義，而我不是。

張：但是您這裏也是要強調「人」的。

林：但是「人」在其中只作為一個觸動者。

張：應該就是您說的「存有的本源」的「道」，就是天地萬物人我通而

為一的那種狀態。

　　林：對，是這樣。但牟先生他是全都收到本心，本心其實可以是這樣，也可以是那樣，就是如康德所說的「智性直觀」，或叫作「智的直覺」，就是人如同上帝一樣，然後再由人作為眾人，作為一般世俗人，就是「感觸直覺」，而上面是「智的直覺」。我的安排則不是這樣，我的安排是一個整體的，而且那個知識跟道德，我的理解也不是牟先生的理解。我不認為知識所對的是實然。我的理解基本上是說，所謂的實然也是人們所做的一個區隔，實然並不是一個被給予的存在擺在你面前，它是人們經過一套「名以定形，文以成物」的過程而構造出來的。

　　張：它是被建構出來的，就跟觀念性的東西一樣。

　　林：對，它也是觀念性的東西，它就是構造的，所以任何描述性的其實也就是規範性的，就是我們講以為它是 descriptive，實際上它是 normative，就是說它只是某個層次意義下的 normative，它跟道德規範的 normative 不一樣。所以這個地方就是實然跟應然的問題，這個問題可能是知識論上必須重新去思考的一個問題，我們現在常常接受了休謨（David Hume）的觀點，好像這個可以這樣區隔。

　　比如說我們講「天行健，君子以自強不息」，我們就說，是人們把我們主觀的情感投射上去，我覺得這是一種現代人的說法。其實，原先人跟它的關係本來就是連在一塊兒的。連在一塊兒之後，我們現在再去說它是什麼。比如說，莊子與惠施的魚樂之辯，你為什麼知道愉快的不是「你」把主觀的情感投射出去的，因為是你真正體會到它是快樂的，而它的快樂跟你的快樂是一體的，一體之後，我再說他快樂，因為我在說。但是如果你抓著我說，說他快樂的時候你可以問我，這就有 "other mind" 的問題，你怎麼可以瞭解對方。如果這個世界不是一個整體，我們是不可能瞭解對方的。如果是區隔的，如果是主客分離的，你這個「主」怎麼去攝「客」？它主客是合一的，是合一再被掰開的，它不是說掰開兩個擺在那裏，我現在去掌握你。

　　張：我覺得這個跟您（後面還會提到這個問題）說的「存在的覺知」是相關的，也就是整個的天地萬物人我通而為一其實是一個「存在的覺知」，

而當我們下落到要以「名以定形」的執定方式來說它的時候，這應該就是您說的「概念的思考」。

　　林：對的。當進行「概念的思考」的時候，它可以分很多類型。這個「概念的思考」，它也可以比如說我現在談的這個事實是如何，它後頭已經隱含了一個價值判斷在那裏，它不是沒價值判斷。所以我不認為有一種叫做「純粹客觀」的跟價值無關的報導，就是說我對它做一個報導，是一個客觀報導，但是這裏是有一個價值定向的，這個不可逃避，它一定有的。但是，至於這個價值定向是怎麼一回事，很難講清楚，它有一個基本的東西，這個東西叫 common sense，就是共同感知。這個共同感知它可能根據很多東西它就會變化，比如說，我們認為這樣一個家庭的關係怎麼構造？我們現在有一個 common sense，家庭由男女夫婦兩方構造而成，那麼現在這個同性戀者搞的這個什麼就很難辦。比如臺灣現在在新立一個法，在《民法》裏把條目換了換，教育又搞了一套出來，這馬上完全就是另一回事。就是說你以後想這個問題的 common sense 是不同的，所以你的報導後頭一定有一個 horizon，就是 horizon of understanding，所謂「理解的視域」。所以這個部分很困難，我暫時說不清楚，但它不是一般所想的那麼簡單。

　　張：在「存有三態論」中，其實剛才您也談到了，就是「人」作為一個參與者去開顯這個存有，其實我覺得這是您對儒家主體性的一種考察。而且「存有」作為一種本源之道，它應該是對「道的誤置」的開解，或者就像你說的「解咒」，就是對原先那種道德的形上學「解咒」或者「開顯」。不知道這樣的理解是否合適？

　　林：我想是可以的。

　　張：可以的，是吧。那麼如何從「血緣型的縱貫軸」轉為平面的「人際性的互動軸」呢？

　　林：我認為這就是歷史的一個發生過程，實踐學習次序中的一個歷史發生過程，慢慢地應該可以看到，而這個慢慢看到就是說，我們現在去做一個理論的工作，它一方面是說，我這個思考，我參與進去了，我表述出來了，我的詮釋是這樣的，然後大家再去重新理解，其實原來是可以這樣的，這個

意思是這樣，所以很多東西，你認為它可能是一個很大的妨礙，但其實不是的。

　　舉個例子，譬如你認為儒家的孝道妨礙人權、民主，其實不會的，它只是因為以前儒家這個孝道，它被不恰當地擴張了，就是相應於現在來講，那個年代可能不一定叫「不恰當」，相應於現在來講的話，因為整個時代變化了，你這個擴張了，擴張以後，它就出問題了，本來是父親、父道，但是最後變成了「父權」，父權高壓是很嚴重的問題。這個問題現在知道是一個「血緣性的自然連結」，而要跨出去的時候它不能夠一直跨出去啊，「血緣性的自然連結」可能必須長出了一個──我們講的名字叫做「契約性的社會連結」，而「血緣性的自然連結」是不是要毀掉？絕不是的；「血緣性的自然連結」需要受到限制，以前你是從「血緣性的自然連結」擴大到整個社會，而後頭是一個「宰制性的政治連結」控御著。那現在就是說這個「宰制性的政治連結」被瓦解掉了，那「血緣性的自然連結」擴大出去，它有一個「契約性的社會連結」，就是人的生活世界在這長出了一個「委託性的政治連結」。而原先在這裏邊你有沒有發覺到，因為這三個的變化有一個最核心的東西，它其實在現實落實的時候也會有不同，那就叫「人格性的道德連結」，它既是作為最原初的最根源性的根據，但同時這最根源性的根據其實它的內涵也就在落實的過程裏面調整。譬如說就以我為例，「仁義之道」它落實為孝道，落實在我跟我父親的關係，跟落實在我兒子跟我的關係，已經不一樣了，但都叫孝道。孝道成就了「孝子」的概念，在我父親思考的孝子跟我思考的孝子概念是不同的，那我兒子作為所謂的一個孝子跟我作為一個孝子表現出來的也不一樣，也不可能一樣。這裏有很多的調整，所以儒家實際落實下來的實踐規約也就與時俱進，一直在變化中。

　　因此我的意思就是說，你看這時候「內聖」是不是需要調節，怎麼調節呢？因為整個制度結構變化，你非調節不可。你說以前我們約一個人是怎麼約的，現在不一樣，以前我們跟一個人寫信是怎麼寫的，現在不一樣，整個都不一樣。這個其實我是受王夫之影響很深，王夫之有一個說法叫「無其器則無其道」，這個就是王夫之從一個具體的發生的歷程來強調那個「道」的

發生，但是他也很注重這個發生後頭的形而上的隱然未顯之則，所以我就把王夫之那套的方法論，我認為他既有形而上的追溯，又有歷史發生原因的考察，他重視這兩面。王夫之影響我最多的應該就是這個地方的思考，因為他既重視歷史發生原因的考察，又重視形而上理由的追溯。所以你看他的書裏頭，你可以發現到，譬如說《周易外傳》其實很重視歷史發生原因，但《周易內傳》比較重視形而上理由的追溯，但他兩端都有，就是「兩端而一致」，他年輕的時候比較重視歷史發生原因，年老時候比較重視形而上理由的追溯，有人說大概王夫之可以分為前後期，其實並不應該分前後期，應該是一個總體。

二

張：接下來是有關「現代性」的一些問題，您可以多談一下。就整個 20 世紀來說，包括儒家知識分子在內以及現在的很多人都始終在探討「中國的現代化」這個話題，而且「存有三態論」其實也隱含了一種對現代性問題的回應方式。那請問林老師，您是如何看待「現代性」或者「現代化」的？在您看來，「現代性」應該包含哪些基本特徵呢？

林：我覺得現代性、現代化是我們繞不開的，我們就在裏頭。我的理解大概主要是受韋伯的影響，譬如說我讀韋伯（Max Weber），他怎麼理解這個問題，我也讀其他，譬如說像密爾（J. S. Mill）等，這個都有助於我對現代性的理解。現代性其實非常強調一個工具性的合理性，非常強調人的現世，面對現世生命的一種合理性的安排；但是它強化的結果就是，它忽略了工具性、合理性後頭有一個更為根本的實體性的理性，它往往太重視現世的身、心靈在現世上合理性的問題；這個時候這個功利性太強了，而忽略了人的過去跟未來的一種生生不息。這個是我一直覺得非常可惜的。那我認為，現代的人為什麼成為單向度的人，為什麼成為一個在現代性的合理性的一個支配底下，在這樣一個制度結構裏頭，人成為工具性的存在，這都必須反思。怎麼反思？就必須我們對整個現代性的制度結構，它本身的問題，它為

什麼會導致人在裏面會疏離、會異化？就是這樣拓展。

張：這應該跟您在《儒學革命論》中提出的──「人的異化和疏離及其復歸的可能」這個問題有關，您說這是您一直思考的哲學問題。

林：對的。我們怎麼樣從這裏，從這個疏離、異化裏頭回到「人」，「人」能夠如其為「人」、「人」能夠有居宅可住、「人」必須有正路可走，其實就是孟子的話──「居天下之廣居，立天下之正位，行天下之達道」。「人」如何可能？人必須居於仁，人必須立於禮，人必須行其義。那麼在一個現代性的社會裏面，這個「人」連「養生喪死」都出了問題了，那這個時候該怎麼辦呢？這個問題是一個非常龐大而複雜的難題，該怎麼辦呢？老實說我現在也沒良方，我們現在所說的都是一個大原則，但實際你馬上就會碰到，人需要這麼忙碌嗎？不需要。人該怎麼過日子才像個人？現在人過得看上去很優渥，其實精神上很貧困，非常非常辛苦。你有理由去斥責人們用高度的消費方式、用高度的欲望的滿足的方式而讓自己不斷地掏空，也讓整個大自然的資源不斷地掏空，陷入一個非常匱乏的狀況。現代性其實使人的精神變得很匱乏，為什麼？因為它太以人們所構造的東西，其實這個人所構造的東西為什麼會壞？就是「物交物，則引之而已矣」。為什麼對「物交物，則引之而已矣」的現代性反思那麼弱呢？我覺得就是人的自大，人從什麼時候開始自大，就是笛卡爾（R. Descartes）講的「我思故我在」（Cogito ego sum），法蘭西斯‧培根（Francis Beacon）講的「知識就是力量」。人們以為點燃了知性的亮光就能夠理解這個世界、控馭這個世界，從此就要「戡天役物」、就要開始在這世界裏面不斷地耗損，而且常常以這個耗損作為成長。人類現在不斷地在耗損，但人類一直認為這是在成長。

我常常舉的例子，我們需要用那麼多手機嗎？不需要，但是它已經使得你不可能不這樣，我們需要用這個方式來耗損整個宇宙的資源。因為整個現代性是一個「一往而不復」的思考，它跟以前我們思考「天地人我萬物通而為一」的一個 circular thinking 不同，它是個 lineal thinking。我覺得這個問題必須要花更多工夫去詮釋，而我認為「存有三態論」裏頭談到的一個「存有的回歸」，其實就是對「存有的執定」可能導致的種種問題，我們是要去

反思的。而我認為這個部分在中國古代裏面反思最多的就是道家，很了不起的。「道生之，德畜之，物形之，勢成之」，所以萬物要「莫不尊道而貴德，沖氣以為和」，要不然你就會出問題；我一直覺得道家是整個中國文明能夠生生不息的非常重要的一種護養的一個東西。

張：談到「現代性」，有一些學者——也包括我們黃老師——認為中國的現代化歷程在明清之際甚至更早在宋朝隨著市民階級的興起，就產生了一種「內生現代性」。但在您的著作中，您好像更強調一種外來的或者說我們通過學習、通過一種歷史實踐發生的過程來實現這個現代化，不知道是不是這樣？

林：因為我個人沒有很在意「內生現代性」跟「外來現代性」，我認為文化它本來就是互動和學習的，這沒什麼。當然我認為，如果要說的話從宋開始，這是一個非常重要的發展歷程，宋發展到明，其實到陽明，甚至到黃宗羲，我覺得這都是非常了不起的，但是清朝是一個頓挫。清朝這個頓挫就是看似是回到了朱熹，其實是誤解了朱熹，或者說它利用了朱熹，因為朱熹他是要尋求一個超越的形式性原則、一個客觀的法則性來確立一個新的政治社會共同體，從內在心性的功夫跟這個政治社會共同體的確立，我覺得朱熹是代表這一部分，這是理學。到了心學，陽明代表的一個社會階層已經在流動，如何強化人的內在主體性，成為一個新社會的實踐，去開啟一個新的實踐的動能。但是因為明朝太差了，你這個政治蓋不住了，穩不住了，就沖進來，吳三桂引清兵入關，就沖垮了。垮了以後，因為滿清幾十萬之眾要統治你這麼大的地方，它很沒安全感，所以它想盡各種辦法利用高壓，而所有的哲學裏面，如果以宋明理學來說，最適合高壓的哲學就是朱熹，就把朱熹的超越——用我的說法就是把朱熹所強調客觀法則性跟超越的形式性就跟絕對的專制性連在了一塊，然後這個就形成了清朝康、雍、乾三朝的勵精圖治，這個很厲害，整個地就上來了，但是馬上到最後就變成了「以理殺人」，這麼一來問題就一塌糊塗了。所以我覺得這個現代性，以我們來講的話不必去追問。甚至現在有一波是說其實戰國末期進入秦，就是它在尋求一個不是以前的貴族制而是尋求一個新的政治社會共同體的確立，這裏面正視到了人的

平等性的問題、正視人本身的一個問題，但問題是它最後形成了一個「皇權高壓」。

　　我覺得現代性，如果要去正視它，這個「皇權高壓」這個問題一定要拿掉。「皇權高壓」如果一直存在的話，那它根本不是「現代化」。有人說，那像共產黨，其實不一樣，因為共產黨它不是皇權，他幹兩屆一定要走人，你說他多幹一屆，三屆他還是要走人的，他不敢給兒子幹的，它跟整個皇權不同的，這個它已經不能類比了，它是兩回事，它是某種意義下的民主了。雖然這個共產黨民主不是西方的兩黨政治的民主，但它也是某種意義下的民主了，其實它比較接近中國古代的禪讓了，某種意義下的禪讓，禪讓就是大家共議，然後推一個人，商量說他可以那就可以了，對不對。

　　張：那您怎麼看現代性本身所強調的個體精神呢？

　　林：現代性的個體精神那是沒話說，一定要肯定的，我覺得就是正視人的 individuality 問題，個體性。我認為這也是「當代新儒學」已經重視到但談的不是太多的地方。因為你重視人的個體性也就是重視人的實存性、具體性，你重視人的實存性、具體性的話，一定要重視「存在的覺知」，你不能只講一個道德的存在啊。

　　張：您的「後新儒學」其實可以歸結為四大核心：社會正義、意義治療、文化批判以及文明對話；尤其是您主張的「社會正義論」，提出要重視公民的優先性以及社會正義的優先性。請問在您看來，儒學為公民社會的建立可以提供哪些有益的資源呢？

　　林：在我的想法裏面，就是也不一定它從哪裏來獲得資源，就是說在實踐過程裏面它就會有一種水乳交融式的互動。譬如說，我們現代有關儒學經典，我們詮釋了，那麼你現在去實踐，去實踐的時候不是說我本著儒學的什麼去實踐的，我是碰到了問題我自然就去動了，去動的時候，這個資源就跑進去了。「士以天下為己任」這個概念在一個公民社會的實踐裏面有沒有意義呢？有啊。那你說「百姓日用而不知」，他為什麼「日用而不知」呢？那現在的百姓是不是「日用而有知」呢？可以問這個問題，因為他作為公民，作為公民他可能一個很大的不同就是關於「義利之辨」的問題。「義利之

辨」這個問題的重要性何在？而以前，譬如說我們講「利者，義之和也」，這是比較合理的。但是為什麼講「明其道不計其功，正其義不謀其利」呢？是否可以是「明其道計其功，正其義謀其利」呢？為什麼那麼強調？這裏頭牽扯到後頭的一個權利的變化。其實這個就是說，一個大帝國建立的時候，一直在告訴老百姓，包括管理階層、領導階層、老百姓，你們都應該要「明其道不計其功，正其義不謀其利」。但是我們現在就要問一個，那誰「謀利」呢？誰「計功」呢？以前臺灣有一個很有趣的事情，就是這些搞民主政治、社會運動的人，問一個問題，比如說，我們要提倡一個「你丟我撿」運動，請問誰丟？那「諮爾多士，為民前鋒」，就有人拿出來問這個問題。「諮爾多士，為民前鋒」是中華民國國歌，國民黨黨歌。是你在「諮爾多士，為民前鋒」，那請問「諮爾多士」的這個人呢？這個人是不是躲到後面去啦？

　　就是說正視每一個人個體性的權利跟義務之間一個恰當配稱關係，這個配稱關係是必須要被正視的，這個部分我覺得是「當代新儒學」所忽略的，這應該是需要正視的，如果正視這個的話，那很多就有變化了。因為中國以前的儒學有一個很獨特的教養，我們都同意，就是認為，如果牽涉到我的利益，那我做個君子，盡量要回避。那你做個公民時，就是為我爭這個利益來的，我依照著權利與義務的關係，我是應該爭的。我為什麼不能說？以前為什麼是不能說？這個問題牽涉到那個「無私」跟「私」的問題。也就是說「私」這個概念應該作為個體性恰當地去理解，而不應該一直當把它當成「偏私」，大公一定要有私，「大公無私」的話，這個「大公」就會有問題，而「大公有私」這個「有私」是成就每一個私。這樣一來，才能「公私分明」。這在整個現代性中很重要，因其眾人之私，而能成其大公也，也因其大公所以能夠成就眾人之私也，這兩個都要說的，不能只講一端。所以，個人利益當然要被保護，而個人利益被保護的時候，就是公眾利益被保護，而公眾利益被保護就是個人利益被保護。

　　作為一個國會議員，他要爭的是你那個區域的利益，他代表這個區域，但他要不要考慮一個更大的利益？要。我曾經看過一本書講美國的先期政治

家們，他們就碰過這種事，就是國會議員他代表這個地方，因為這個地方選出來的，但現在碰到一個法案，這個法案當地人都反對，但是他衡量整體來講的話他贊成，然後他就去說服當代這些人民，你們應該看長遠後來會怎麼樣怎麼樣，結果這一群人就很生氣，下一回就把他免了，就不選他了，三年之後就不選他了，但是再經過三年之後，這個地方受益了，他又作為競選人又選上了。就這個部分其實是個很有趣的辯證關係。

張：您指出「當代新儒學」側重於形而上的保存，但卻忽略了歷史發生原因的考察，也就是說「當代新儒學」沒有詳細考察傳統儒學所依憑的那個社會基礎。在您提出「後新儒學」的過程中，其實您是將「公民社會」作為其所依靠的社會基礎。那麼請問，「公民社會」與「委託性政治連結」以及「契約性社會連結」之間是一種什麼樣的邏輯關係？

林：我覺得是一個「二而一、一而二」的關係，它基本上必然要順這個趨勢走。因為整個已經不是一個農業經濟、家庭、宗族的這種制度了，它是一個公民社會的建構，它的現代經濟的規模，它的整個勞動的形式都在變化，人的自我概念的變化，所以它必然要轉化，而這個轉化它必須要朝向一個合理的社會，而這個合理的社會是跟你的家庭、宗族的倫理有所區隔的，所以你通過家庭、宗族、倫理就沒有辦法進到一個現代公民裏面去運作。

張：因為公民是作為獨立個體來參與這個社會運作的。

林：對的。用費孝通的話，它已經不再是一個「波紋型」的結構了，它現在必須進到一個「捆柴型」的結構，就像是一根一根柴用東西把它捆起來，一個恰當的社會契約把它連接在一塊，這個連接體整個都不一樣了，所以你如果去考察它的話你就去重新思考。譬如說宋明理學家的一些語句，他怎麼樣說如何如何，但是你在一個現代的公民社會裏面，它的意義何在？它還可能嗎？它可以做到什麼？包括《論語》裏面講的句子，在現代公民社會裏頭，它可能有哪些是適應的，哪些是不適應的？或者說哪些是需要調整的？你比方說調整，就是說在詮釋上有沒有可調整性，那如果沒有可調整性，有些部分就必須要有恰當的處理或者批評，這還是需要的。

張：您在詮釋過程中特別地標出了儒學中的「忠信」觀念，尤其是曾子

一系的「忠信」傳統，並由此來發揮一種「責任倫理」的意義。那麼請問在您看來，「忠信」傳統如何跟現代的「責任倫理」進行連接呢？

　　林：我認為就是「忠信」這個概念它基本上比較有抽象度、普遍性。但是在曾子說的時候，他很顯然地跟後來我們講「君要臣死，臣不得不死，不死謂之不忠」的這個「忠」的概念是不同的。譬如《論語》裡講「為人謀而不忠乎」、「令尹子文三仕為令尹，無喜色；三已之，無慍色。舊令尹之政，必以告新令尹。何如？」孔老夫子說「忠矣」，就是「忠於職守」。「忠於職守」這個概念其實很重要，所以我們做了這樣的理解。當然接下來我們可以去問，就是以前他們為什麼忠於職守？現在我們為什麼忠於職守？它可能有些部分不太一樣，但它有連結點。譬如說老師為什麼一定要那麼認真教書？它有哪些因素？這是很複雜的，在西方不一定只是那麼簡單的權利與義務的關係，或者權利、義務要怎樣去詮釋也是很複雜的。譬如說做志工的，現在我們發現一個很有趣的現象，就是做義工——臺灣現在有時候用另外一個語彙叫「志工」，它只是一種說法，就是因為義工一般說有空就去做、沒空就不用去了，但是「志工」那是立志發願要去做的，所以就一定要去做。我現在想談的就是說「志工」裏面的那種責任概念往往比作為公司體制下的一個職員的責任概念還強，因為它後頭有一套神聖性。在中國古代有這個神聖性或者一個歷史傳承性，不能到我們這裏斷了，這個是跟我們講的「生生之德」、「生生不息」的這種理解有密切關係的，因為我們以前覺得這個人間世確實是這樣要生長下去的。

　　這個部分可能必須要花更多功夫去做很多釐清，所以並不是說我們儒學的這個「忠信倫理」就可以在現代怎麼用了，不是這個意思。我一直比較是主張多元、互動、融通的，而不是說我們有什麼就可以拿過來用的，但是回頭去看看，很顯然的曾子跟有子真的不一樣，我把《論語》調出來，把曾子跟有子的言論作對比，真的有很大不同，曾子比較重視盡社會責任、盡整個文化傳承、整個社群的確定等等，而有子則比較重視家庭人倫。

　　張：您最近參加了「尼山世界文明論壇」，包括您這次來山大講學也在談一些關於「文明對話」的問題，您強調儒學要作為世界文明對話系統中的

一個參與者來面對現代化。那麼請問，您如何怎麼看待「文明對話」或者說您認為儒學對於文明對話來說有哪些促進？

林：因為我一直覺得就是整個近 100 多年來，這個世界的話語權是不均衡的，世界的話語權基本上是以歐美為中心，歐美話語權幾乎吞沒了我們整個學界，在臺灣可以說非常嚴重，那大陸我想也很嚴重。但是好不容易中國現在經濟發展起來了，各方面都發展起來了，這個世界已經慢慢到了一個必須調節的年代，進到 21 世紀，我常常呼籲說 21 世紀是人類文明一個重新交談跟對話的年代，而中國文明也必須多參與一些，而多參與一些也是在盡我們的責任，某種意義下你參與文明對話就是個責任。而這個對話並不是設限的，就是我盡其可能的把我們所知道的我們的傳統，從經典的意涵一直到系統的建構各方面種種，我們能夠談論出來跟對方所要交談的議題有什麼相關聯的，在這過程裏面，它就會有一些新的可能。譬如說他們有談基督教的原罪概念，我們也仔細傾聽，但是我們談到「性善」概念的時候，他們也仔細傾聽。並不是說我們可以被本質化的認為我們是什麼，我們也很多元的，他們也很多元。在這個多元互動融通裏面，方法論上的一個「約定論」的思考底下，那它就是很寬的，所以「文明對話」之所以可能，就是因為是建立在一個方法論上的約定論者而不是建立在方法論的本質論者，你西方文化的本質是什麼、東方文化的本質是什麼，那就沒得說了嘛；而是說西方文化到目前為止，如果我們用一個 idea type 的概念去說，它可能比較接近什麼，而中國可能比較接近什麼，但是必須要展開更多的交談，就是這樣而已。「本質」（essence）這個字不是不能用，但是不要變成「本質主義」（essentialism），就是這樣的。方法論上我反對本質主義，而較強調一約定論的向度。

張：您當時在反思「當代新儒學」的時候就曾經指出說儒家面向現代性的重要，但卻沒能深切地開出一個具有現代性的儒學向度。請問林老師，您是如何理解或看待「現代儒學」的，或者說您所認為的「現代性的儒學向度」究竟是什麼樣的形態？

林：我覺得整個「現代新儒學」基本花了太多工夫去回應一些假問題，

比如說中國傳統文化是否妨礙現代化，這個問題被問得十分地莫名其妙，中國文化是否妨礙現代化，你就問我說我是否可以中午吃飯或者不吃飯，這是可以啊，我可以妨礙也可以不妨礙。那我現在如何不妨礙，我去學習現代化，當我學習現代化的時候我自然會拿出我自己的本事來實現現代化，那我的本事包括我的資源，我有多少資產我可以去喚醒這些東西，而這個時候也不必特別強調我是用哪一家來開出現代化，因為我是要學習現代化，既然是學習那有儒家資源我當然會用，有道家資源、佛教資源我也會用。就好像我現在到這兒來，我會使用人民幣，如果我沒有人民幣，我當然會想辦法要人民幣，我剛來的時候沒有人民幣而我帶來的臺幣用完了，我還有美金我就拿美金來用、還有韓幣我就拿韓幣來用，有什麼幣就用什麼幣，因為都是貨幣的概念，都可以拿來用啊，為什麼不可以用，我直接交換嘛，其實「交換」就相當於「交談」嘛。那對方如果說我就不收你臺幣，我就不跟你交換，那你就沒轍了，就好像說你現在拿美金來，我不跟你交換，你也沒轍。所以我覺得這個就是要有一種尊重。

張：可能「現代新儒家」過於強調儒學的主體優位性了。

林：對。它可能就是原先只要做一個形而上理由的追溯，就是要確立這個內聖之學，特別是心學為主導的這個東西，認為它是一個萬世不遷而且基本上可以開出現代化的，它其實是通過一個「抽象的繼承法」來得到的一個選擇，通過詮釋的一種轉折來和現代化連接在一塊兒。因為它要告訴那些徹底反傳統主義者，說你們搞錯了，你們說的中國文化與我們說的不一樣，我們中國文化的優點就是這個，缺點當然是我們有很多沒有的東西，所以我們現在要開出來，但是他們承認了太多不是缺點的缺點，那是被徹底反傳統主義者逼迫著的，刀子架在你的頸上逼著你，你能怎麼樣？到最後承認了。就比如說有中國有「治道」而沒「政道」，這個理解本身就是很有問題的，中國有「科技」沒「科學」，這理解也有問題。中國沒有西方近現代意義上的科學，但中國古代也有一套科學，中國沒有近現代西方民主憲政意義下的政道，中國照樣以前有它的那一套政道啊。中國有沒有一套注重架構的精神、架構的表現呢？當然有，但是那個不是西方現代意義的。中國有沒有一套理

論的構造呢？它有，但不是現代西方意義的。比如說現代我們寫哲學論文的方式，那也不是西方哲學論文啊，西方哲學論文你看康德、黑格爾他們都不是這麼寫，洛克也不是這麼寫的，你不能說這個才是，以前都不是。我覺得我們現在有這個傾向，然後拿著一個東西，這麼一抓就認為是這樣了，譬如說哲學。那天我看余英時受訪問那篇文章還提到了，就是說他們把哲學弄的很窄了，哲學為什麼不能弄寬一點呢？一樣可以弄寬一點啊。西方哲學的意義其實也是很寬的，它不是那麼窄。但它現在抓著一個東西就說，因為陳寅恪也這麼說，所以這就叫做「中國思想史」、「中國學術史」，不叫「中國哲學史」，他們做的這叫做什麼，那這樣不就混淆了很多東西嘛。所以我覺得有一些語彙「寧取其寬」，進而可以融通，而可融通的時候你做出這個品牌、你做出的行了，這就是對了。

　　張：接下來是比較現實的問題，大陸有學者指出要嚴格區分「現代新儒學」跟「當代新儒學」，請問你怎麼看這個問題？您怎麼看待現在大陸的「儒學復興運動」以及「大陸新儒學」的現狀呢？

　　林：我的想法裏面，大陸新儒家其實是很寬的，它跟臺灣的「現代新儒家」一樣，也是很寬的，所以我認為這個區分不是很必要。因為兩岸的互動、關聯也很多，並不是說鐵板一塊，臺灣新儒家是怎麼樣，大陸新儒家是怎麼樣。當然也可以看到有一些偏重，就說大陸新儒家很顯然涉及到包括整個國體的問題、政治社會共同體建立的問題。我覺得最近這些年來關心的比較多。其實先前還有「心性儒學」與「政治儒學」的爭論，類似這樣的話很多。但是並不能夠說臺灣的儒學就是心性儒學，大陸的儒學就是政治儒學。

　　那現在哪些叫「大陸新儒家」呢？它不是說像現在有些人說的「康黨」這些人，那我覺得提「康黨」這個概念，我個人認為我是不贊成「康黨」的。第一個我對康有為這個人基本上就不那麼很欣賞，第二就是康有為他其實是處在一個過渡時期中的人物，這個人本身的思想就很糾結、很複雜、很矛盾。你硬是要去做一個詮釋當然也可以，但是我覺得不必要。那如果再說他個人各方面種種，他很多地方並不是很好，不管公、私，各方面我覺得其實不必回到他去強調什麼。

張：現在有一種語調，說要把康有為當作現代儒學的開端，還提出要「回到康有為」。

林：噢，對，我覺得這個，就我個人認為這並不能代表「大陸新儒家」，他們只是「大陸新儒家」的一些人。那請問郭齊勇算不算大陸新儒家？當然是啊。景海峰算不算？當然是啊。你不能夠說陳明、秋風他們才是。陳來是不是？當然是啊。黃玉順是不是？郭沂是不是，顏炳罡是不是，當然是啊。當然還有很多人了，所以大陸新儒家代表著非常蓬勃的一個現象，那臺灣新儒家它也是，它們是互動融通的。

張：其實這裏說的「區分」主要指的是從梁漱溟先生、熊十力先生到牟先生這一批，跟現在的新儒家進行區分。

林：但是接下去它也不是大陸新儒家，臺灣還是繼續有新儒家，而且在牟先生之後，我們很多也一樣還在發展，當然發展也不限於臺灣了。

張：對，對，就像您一樣。

林：還有像李明輝他也常到大陸來。所以我一直認為這個用地域去區分並不是很好，然後變成好像「現代新儒家」之後就是「大陸新儒家」了，那「臺灣新儒家」呢？臺灣沒新儒家了嗎？我看「臺灣新儒家」還是很多的，而「大陸新儒家」也不是他們幾個而已，所以我基本上並不是很贊成他們做這樣簡單的區分。或者說他們本來也無意這樣的簡單區分，但是在整個話語、語境上就慢慢變成這樣了，這個會讓人家錯認為占山頭的意味。但是我個人認為也無所謂，所謂無所謂並不是我不去管它，也就是說所謂「無所謂」意思，因為會有很多人去管這個事，很多人參與了，參與了以後就熱鬧了，就討論了，於是很多東西就慢慢清楚了。所以「大陸新儒家」這個提法不是不可以，但是提了之後要繼續討論。

就好像于丹，你不能說于丹不能講《論語》，于丹那樣講《論語》講得不錯嘛，但是問題是——不是這樣就夠了，于丹講《論語》問題很多的，問題很多那沒關係，你去參與討論啊，可能以後于丹她也不可能那麼紅了，而且她講的時候也會謹慎一點。我的提法都是比較波普爾（K. Popper）式的點滴工程，你參與這一點，它就會變化一點，變化一點，然後積沙成塔、匯

流成河，你參與了，他就會有影響啊，你一時間可能看不到，以後他可能就有了，而且也不必急著把那個名字被提出來。因為在我的想法裏面，這個歷史的洪流中這些所謂的著名人物，他就是一些標志、一些浮木，就是浮在上頭的一些標志而已，這並不代表著這個人果真那麼偉大，他只是代表著而已。

三

張：您曾經提出說「存在的覺知」優先於「概念的思考」，並以「存有的連續觀」與「存有的斷裂觀」來概括中西文化的不同。那麼能否請您談一談這對於我們學習和進入哲學來說有著怎樣的方法論意義？

林：我教一個課教了很多年，這課叫「哲學概論」，是對大學本科講的，而且又非哲學系，因為它只有兩個學分，兩個學分很短，那我怎麼樣讓學生對哲學有興趣，然後真正進入哲學思考呢？其實思考一定是從「存在的覺知」來，然後必須做「概念的反思」到「理論的建構」的過程。

我常讓他們做一些很有趣的──就是你從一個很具體的事件，之後經由你「概念的反思」用一個比較抽象性的語彙去說它，而這個過程就慢慢培育你一個能夠──用我的說法就是──從一個思考的爬蟲類變成一個思想的人類，因為爬蟲類是爬著、人類是站著，思考了之後你不是這樣往地上看而已，你能夠站起來看。那我這個有趣的事情就是曾經給他們做過一些作業，譬如說做那個成語故事，一個成語四個字，那你把這四個字用現代的哲學話語去說出來，比如說「刻舟求劍」，「刻舟求劍」涉及到什麼？涉及到你這個記號的有效性，你想「刻舟求劍」這個很有意思啊怎麼會那樣，但它就是涉及到記號的有效性，涉及到時間的流動性，然後在時間的流動過程裏面，記號的有效性它的恒定點在哪兒？那你就用這些語彙才能去說它，說出一個道理來。譬如說「守株待兔」，涉及到偶然性跟必然性的問題。那麼這個過程就不同了，就包括我會使用一些有趣的比喻，會說筷子跟叉子的不同，你翻譯成哲學語句說：使用叉子是主體通過一個仲介者，強力侵入客體，控制

客體；而使用筷子是主體通過一個仲介者去連接一個客體，構成整體，達到均衡和諧，才能舉起客體，這兩者頗為不同。那你就可以發現其實這個哲學不斷地在我們的生活周遭發生。那我們如果能夠用哲學思考，就可以不斷地思索我們周遭的各種事物，而在思索的過程裏面，我們就可以參與到所謂高深的哲學理論裏面去了，也就是那些高深的哲學理論其實就在我們生活周遭發生中，你一直能夠碰到，所以你從「存在的覺知」到「概念的反思」到「理論的建構」。

這時候你為什麼會講「此心即是天」？「此心即是天」就是我這個「心」跟「天」，「天」講的是什麼呢？「天」講的是超越，所謂超越意義是什麼呢？「此心即是天」你去想的話，可能有不同的詮釋，但是它可能讓你讀到的東西跟你的生活世界密切結合。我一直在做這個事，就是要讓我的學生們知道，我們讀的很理論性的東西其實它不斷地在生活中發生，只是我們忽略了。譬如說西方為什麼有共相之爭？爭的那樣要死不活的，到底是先有三角形的 idea 你才能認識三角形呢？還是我去看了那麼多不同的三角形，我用「三角形」這個語彙去說它，這個是 realism 與 nominalism 的區別，就是實在論與唯名論的區別，這個問題是一個要命的問題啊。怎麼要命呢？這就是上帝，上帝是個共名還是個真實？上帝如果是個共名的話，那權力就不可能是唯一的，教會只是代表著一個大共名嘛；那上帝是真實的，那不得了啊，教會就不一樣了，這是個權力的問題，那我們就可以用這樣去重新思考很多東西。你講「人人心中有仲尼」跟每個人都應該「存天理、去人欲」，在陽明學講人人要「存天理、去人欲」跟在朱子學講人人要「存天理、去人欲」的強度不一樣，談的重點不同，這必須要恰當區分，要慢慢地讓他們回復過來。

「存有的連續觀」跟「存有的斷裂觀」最主要是談那個天人、物我、人己的關係。因為我們是連續的，西方是斷裂的，是神人、人己、物我這樣斷裂的。神人的斷裂要有一個仲介者連結，就是耶穌基督到後來的教會；物我的斷裂所以它必須要有一個話語系統，就是希臘的學問性傳統，後來衍成了科學；人己斷裂所以它必須要契約法律——羅馬法；所以希伯來宗教、羅馬

法跟這個古希臘哲學是西方文明的三個源頭。相對來說，在中國我們來講是「天人合德」、「物我感通」、「人己為一」——「一體之仁」，那麼這就是連續觀。連續觀裏面有一個很重要的，它後頭是有一個原則、有一個原理叫「存在與價值的和合性」。在斷裂觀那邊，比較偏巴門尼德（Parmanides）「存在與思維的一致性」，「存在與思維的一致性」推出去這個過程裏面，用我的說法叫「言以代知、知以代思、思以代在」，你的話語、認知、思考、存在把它拉在一起。所以他們非常注重存在的結構，也就是思維的結構，也就是認知的結構，也就是話語的結構，所以他們非常重視邏輯、重視理性。我們不是，我們是「言外有知、知外有思、思外有在」。那麼「在之為在」的時候，人我萬物天人整個都連在一塊兒了，那裏有沒有情感？有，什麼都通通在裏面，所以這個「在」本身是一個無所不在、無所不有、無所不包的東西，這就是我講的「存有的根源」，然後你在彰顯的過程裏，慢慢區隔劃分出來。因為我認為人參與整個世界是很重要的，但人必然參與這個世界，參贊，參而贊之。參者，參與也；贊者，助成也，這個參與助成就有很大的不同。所以「存在的覺知」是最優先的。

　　譬如說閱讀《傳習錄》或者其它什麼，我會盡量地還原到它那裏面去理解。譬如牟先生他在談這些問題的時候他已經有一套架構了，他一定有他自己的理解，但是成為他一套架構的時候，那我不會只順著牟先生的架構去理解，我一定要還原到《傳習錄》本身去理解，然後回過頭來對比牟先生的架構，然後可能我的理解跟他不同，而不同的時候調整一下，也可能他的理解對我很有啟發，但是我不一定接受，比如有的人覺得怪怪的，那先擺一邊，或者宋明理學家把一些東西講的太截然了，其實它不是。這個部分就是要看實際的狀況，但「存在的覺知」我認為是最重要的。

　　張：對於學習和研究中國哲學而言，您特別強調「經典詮釋」，所以最後想請您談一談對我們來說如何來進行或展開「經典詮釋」呢？以及如何跟您提出的「道、意、象、構、言」五層級方法論進行貫通呢？

　　林：其實我是非常重視「經典詮釋」的，那怎麼詮釋呢？你首先需要讀懂漢文、讀懂漢字嘛，對漢字要有語感，所以我一直不斷地呼籲大家對漢

語、對漢字要有語感。因為我們基本站在西方霸權的壓迫底下，我們不自覺的慢慢喪失了我們的語感，然後我們也在一個現代白話文的鼓吹之下，而且它是跟文言文作斷裂處理的，而使得我們對文言文失去了語感，同樣的對白話文那個語感的也就變得非常地貧乏，這個很嚴重。所以我就不斷地說中文讀法、漢語讀法其實是要「感其意味、體其意蘊」，才能「明其意義」，這是我不斷地在強調的。那什麼叫「感其意味」？就是你要喝茶你要知道這個茶的味道，就是你要識得個中滋味，識得個中滋味就是你要熟悉它，如何熟悉它？我覺得就是古典的熟悉，那古典的熟悉該怎麼熟悉？當然首先要讀熟，但你要學習。所以我是主張讓古典的話語在現代的社會中仍然活著，所以我也主張要有適度的文言文的練習寫作、詩的寫作、詞的寫作，我認為如果是要做一個專業的研究者一定要有這個過程，這是一個必備的技能，要不然的話他很難進入。因為文言文並不是把白話文翻譯成文言文，文言文的寫作不一樣，它有一套語法，語法和章法都不同。你要怎麼樣去學習？其實就是讀熟和練習。在這個過程裏面連著你的「存在的覺知」——你生活世界的「存在的覺知」，生活世界與「存在的覺知」你才能連結在一塊兒，所以我一直強調經典的話語、現代的生活話語、現代的學術話語這三者之間要互動融通，這三者之間的互動融通做好，你才可能把中國的學問做好。現在比較嚴重的問題就是說，這個古典沒讀懂、沒真懂，是順著前輩先生怎麼說跟著說，或者洋漢學家，其實他本來就沒懂，但是因為他觀點比較新穎，提了個東西大家就趨之若鶩好像在抓一個什麼東西，那其實不是那麼一回事。所以我一直就是說，經典的詮釋不離生活世界、不離你整個實踐的「存在的覺知」。

　　張：好的，謝謝林老師，謝謝您接受我的采訪！

附　錄

一、林安梧簡介

　　林安梧，臺灣臺中人。哲學家、宗教學家。臺灣大學第一位哲學博士（1991）。先後擔任：臺灣清華大學教授暨通識教育中心主任、南華大學哲學研究所創所所長、臺灣師範大學國文學系教授，慈濟大學宗教與人文研究所教授兼所長，元亨書院院長、臺灣慈濟大學人文社會學院院長、山東尼山聖源書院副院長、同濟大學中國思想與文化研究院院長、山東大學儒家文明協同創新中心傑出海外訪問學者及儒學高等研究院客座教授，山東大學易學及中國古代哲學研究中心特聘教授。中華民國斐陶斐榮譽會員，傅爾布萊特訪美學人（Fulbrighter），《鵝湖》社長及主編，《思與言：人文社會科學雜誌》主編。又與其指導博士及諸弟子創辦【元亨書院】，發行《元亨學刊》。2006 年獲得《法鼓講座》學人「金質獎章」。2020 年被選為中華民國本土社會科學學會會士。

　　主要著作有：《現代儒學論衡》（業強，1987），《王船山人性史哲學之研究》（東大，1987）、《臺灣、中國：邁向世界史》（唐山，1992），《存有、意識與實踐：熊十力體用哲學之詮釋與重建》（東大，1993）、《中國近現代思想觀念史論》（臺灣學生書局，1995）、《當代新儒家哲學史論》（明文，1996）、《契約、自由與歷史性思惟》（幼獅，1996）、《中國宗教與意義治療》（明文，1996）、《儒學與中國傳統社會之哲學省察》（幼獅，1996）、《儒學革命論：後新儒家哲學的問題向度》（臺灣學生書局，1997）、《教育哲學講論》（讀冊文化，2000）、《人文學方法論：詮釋的存有學探源》（讀冊文化，2003）、《道的錯置：中國政治哲學

的根本困結》（臺灣學生書局，2003）、《兩岸哲學對話：廿一世紀的中國哲學》（臺灣學生書局，2003）、《儒家倫理與社會正義》（言實出版社，2005）、《儒學轉向：從「新儒學」到「後新儒學」的過渡》（臺灣學生書局，2006）、《新道家與治療學：老子的生命智慧》（臺灣商務印書館，2006）、《儒學革命》（北京商務，2011）、《牟宗三前後：當代新儒家哲學思想史論》（臺灣學生書局，2011）、《金剛般若與生命療癒》（萬卷樓，2014）、《老子道德經新譯暨心靈藥方》（萬卷樓，2014）、《血緣性縱貫軸：解開帝制・重建儒學》（臺灣學生書局，2016）、《林安梧訪談錄：後新儒家的焦思與苦索》（山東人民出版社，2017）、《儒道佛三家思想與二十一世紀人類文明》（山東人民出版社，2017）《論語聖經譯解：慧命與心法》（臺灣學生書局，2019）等，總共三十餘部，專業學術論文三百餘篇，關注儒釋道文化的繼承與發展。

　　林安梧對乃師　牟宗三先生「兩層存有論」提出反思，另行提出「存有三態論」，認為「儒道同源而互補」，主張融通儒道佛三教，面對廿一世紀文明的新挑戰，展開對話與交談。方法論上，以船山學、十力學為基礎，結合現代西方現象學、詮釋學，提出「道、意、象、構、言」五層詮釋的中國詮釋方法論。他關注儒學的現代適應性問題，倡議公民儒學，主張經典不離生活，深研哲學治療學之可能，曾以普通話及閩南語開講《四書》《金剛經》《易經》《道德經》等，推動民間書院講學之風不遺餘力！

二、林安梧新儒學研究論著目錄

一、著作

1. 林安梧，1987 年 5 月，《現代儒學論衡》，業強出版社印行，臺北。

2. 林安梧，1987 年 9 月，《王船山人性史哲學之研究》，東大圖書公司印行，計 191+10 頁，臺北。

3. 林安梧，1992 年 8 月，《臺灣、中國：邁向世界史》，唐山出版社印行，計 138 頁，臺北。

4. 林安梧，1993 年 5 月，《存有、意識與實踐：熊十力體用哲學之研究》，東大圖書公司印行，計 376 頁，臺北。

5. 林安梧，1995 年 9 月，《中國近現代思想觀念史論》，臺灣學生書局印行，計 268 頁，臺北。

6. 林安梧，1996 年 1 月，《當代新儒家哲學史論》，明文書局印行，計 226 頁，臺北。

7. 林安梧，1996 年 3 月，《中國宗教與意義治療》，明文書局印行，計 287 頁，臺北。

8. 林安梧，1996 年 3 月，《儒學與中國傳統社會之哲學省察》，幼獅文化事業公司印行，計 280 頁，臺北。

9. 林安梧，1997 年 12 月，《儒學革命論：後新儒家哲學的問題向度》，臺灣學生書局印行，計 326 頁，臺北。

10. 林安梧，1999 年 1 月，《臺灣文化治療：通識教育現象學引論》，黎明文化事業公司印行，計 200 頁，臺北。

11. 林安梧，2000 年 9 月，《教育哲學講論》，讀冊文化事業公司印行，計 260 頁，臺北。

12. 林安梧，2003 年 8 月，《道的錯置：中國政治哲學的根本困結》，臺灣學生書局印行，計 388 頁，臺北。

13. 林安梧，2004 年 1 月，《臺灣・解咒：克服「主奴意識」建立「公民

社會」》，黎明文化事業公司印行，計 325 頁，臺北。

14. 林安梧，2005 年 10 月，《儒家倫理與社會正義》，言實出版社印行，計 328 頁，北京。

15. 林安梧，2006 年 2 月，《儒學轉向：從「新儒學」到「後新儒學」的過渡》，臺灣學生書局印行，計 564 頁，臺北。

16. 林安梧，2009 年 10 月，《中國人文詮釋學》，臺灣學生書局印行，計 358 頁，臺北。

17. 林安梧，2011 年 4 月，《儒學革命》，商務印書館印行，計 314 頁，北京。

18. 林安梧，2011 年 9 月，《牟宗三前後：當代新儒家哲學思想史論》，臺灣學生書局印行，計 434 頁，臺北。

19. 林安梧，2016 年 1 月，《血緣性縱貫軸：解開帝制・重建儒學》，臺灣學生書局印行，計 420 頁，臺北。

20. 林安梧，2017 年 7 月，《林安梧訪談錄：後新儒家的焦思與苦索》，山東人民出版社印行，計 442+14 頁，濟南。

21. 林安梧，2017 年 9 月，《儒道佛三家思想與二十一世紀人類文明》，山東人民出版社印行，計 403+18 頁，濟南。

22. 林安梧，2019 年 3 月，《論語聖經譯解：慧命與心法》，臺灣學生書局印行，計 562 頁，臺北。

二、主編合著之專書

1. 林安梧主編，1990 年 8 月，熊十力、太虛、呂澂、劉衡如、印順等著《現代儒佛之爭》（論文集），明文書局印行，臺北。

2. 林安梧主編，1992 年 8 月，龔鵬程、林安梧、宋光宇等著《海峽兩岸中國文化之未來展望》（演講論文集），明文書局印行，臺北。

3. 林安梧主編，2000 年 1 月，林安梧、洪泉湖、劉阿榮等著《一九九九海峽兩岸「通識教育」與「公民養成」學術研討會論文集》，國立清華大學通識教育中心印行，新竹。

4. 林安梧主編，2003 年 11 月，林安梧、郭齊勇、歐陽康、鄧曉芒合著

《兩岸哲學對話：廿一世紀的中國哲學》，臺灣學生書局印行，計 242
頁，臺北。

三、期刊論文

1. 林安梧，1981.11，〈梁漱溟及其文化三期重現說──梁著「東西文化
 及其哲學」的省察與試探〉，鵝湖，卷期：7:5，頁 23-32，臺北。

2. 林安梧，1982.02，〈當代新儒家述評〉，中國論壇，卷期：13:10，頁
 60-63，臺北。

3. 林安梧，1984.10，〈論道德實踐的動力：對「康德」及「牟宗三對康
 德之批評」的理解與感想〉，中國文化月刊，卷期：60，頁 73-86，臺
 北。

4. 林安梧，1984.11，〈知識與道德之辯證性結構：對朱子學的一些檢
 討〉，思與言，卷期：22:4，頁 1-13，臺北。

5. 林安梧，1985.02，〈馬一浮心性論初探〉，鵝湖，卷期：10:8=116，
 頁 38-45，臺北。

6. 林安梧，1987.05，〈五四前後的中國儒學〉（張惠文紀錄），鵝湖，
 卷期：12:11=143，頁 16-23，臺北。

7. 林安梧，1987.07，〈「現代儒學論衡」一書自序〉，鵝湖，卷期：
 13:1=145，頁 34-35，臺北。

8. 林安梧，1987.09，〈象山心學義理規模下的「本體詮釋學」〉，東方
 宗教研究，卷期：1，頁 169-187，臺北。

9. 林安梧，1987.12，〈《王船山人性史哲學之研究》一書自序〉，鵝
 湖，卷期：13:6=150，頁 54-56，臺北。

10. 林安梧，1988.03，〈象山心學義理規模下的「本體詮釋學」〉，鵝
 湖，卷期：13:9=153，頁 14-24，臺北。

11. 林安梧，1988.06，〈船山對傳統史觀的批判〉，鵝湖，卷期：
 13:12=156，頁 10-17，臺北。

12. 林安梧，1988.12，〈熊十力先生的孤懷弘毅及其「原儒」的義理規
 模〉，鵝湖，卷期：14:6=162，頁 36-39，臺北。

13. 林安梧，1989.01，〈儒學是什麼？——評余敦康《什麼是儒學》〉，
國文天地，卷期：4:8=44，頁 44-47，臺北。

14. 林安梧，1989.05，〈個性自由與社會權限：以穆勒（J. S. Mill）「自由
論」為中心的考察及兼於嚴復譯「群己權界論」之對比省思〉，思與
言，卷期：27:1，頁 1-18，臺北。

15. 林安梧，1989.09，〈康德及其「審美判斷力批判」中的歷史性思
維〉，思與言：卷期：27:3，頁 67-81，臺北。

16. 林安梧，1989.10，〈邁向儒家型意義治療學之建立——以唐君毅「人
生之體驗續編」為核心的展開〉，鵝湖，卷期：15:4=172，頁 19-27，
臺北。

17. 林安梧，1990.05，〈當代新儒家的實踐問題〉（蔡汀霖紀錄），鵝
湖，卷期：15:11=179，頁 7-15，臺北。

18. 林安梧，1990.06，〈論劉蕺山哲學中「善之意向性」——以〈答董標
心意十問〉為核心的疏解與展開〉，國立編譯館館刊，卷期：19:1，頁
107-115，臺北。

19. 林安梧，1990.12，〈論盧梭哲學中的「自由」概念——以「自然狀
態」與「社會狀態」對比展開的基礎性理解〉，鵝湖，卷期：5，頁
97-123，臺北。

20. 林安梧，1991.06，〈實踐之異化與形上的保存——對於宋代理學與心
學的一個哲學解析〉，聯合文學，卷期：7:8=80，頁 37-41，臺北。

21. 林安梧，1991.10，〈論熊十力對於佛家空宗的批評與融攝：從平鋪的
真如到縱貫的創生——以「新唯識論」「功能章（上）」為核心的展
開〉，東方宗教研究，卷期：新 2，頁 321-342，臺北。

22. 林安梧，1991.12，〈論熊十力對佛學有宗的批評與融攝——從橫面的
執取到縱貫的創生〉，國際佛學研究，卷期：1，頁 119-145，臺北。

23. 林安梧，1992.02，〈論「道之錯置」——對比於西方文化下中國文化
宰制類型的一個分析〉，鵝湖，卷期：17:8=200，頁 29-39，臺北。

24. 林安梧，1992.05，〈生活世界的重新發現及其陣痛下的哲學發展：一

九九一年臺灣地區哲學思潮述評〉，鵝湖，卷期：17:11=203，頁 1-7，臺北。

25. 林安梧，1992.08，〈從咒術型的因果邏輯到解咒型的因果邏輯——中國文化核心困境之轉化與創造〉，鵝湖，卷期，18:2=206，頁 41-48，臺北。

26. 林安梧，1992.12，〈熊十力「新唯識論」中體用哲學的思考支點〉，國際佛學研究，卷期：2，頁 377-398，臺北。

27. 林安梧，1992.12，〈咒術與解咒——對比於西方宗教文化傳統論「儒家的宗教觀及人文精神」〉（張文城、黃英君紀錄），鵝湖，卷期：18:6=210，頁 22-30，臺北。

28. 林安梧，1992.12，〈論熊十力體用哲學中「存有對象的兩重性」——從對象的兩重性之釐清到存有的根源之穩立〉，鵝湖，卷期：9，頁 55-75，臺北。

29. 林安梧、何景賢，1993.03，〈學術與政治之間：三十年來的「思與言」座談會紀錄〉，思與言，卷期：31:1，頁 1-34，臺北。

30. 林安梧，1993.04，〈存有・方法與思考——對於「方法論」的基礎性反省〉（盧曜煌、林倩如紀錄），鵝湖，卷期：18:10=214，頁 5-11，臺北。

31. 林安梧，1993.05，〈《存有、意識與實踐——熊十力體用哲學之詮釋與重建》卷後語〉，鵝湖，卷期：18:11=215，頁 31-34，臺北。

32. 林安梧、傅佩榮，1993.06，〈「人性向善論」與「人性善向論」——關於先秦儒家人性論的論辯〉，哲學雜誌，卷期：5，頁 78-107，臺北。

33. 林安梧，1993.06，〈「以理殺人」與道德教化——環繞戴東原對於朱子哲學的批評而展開對於道德教育的一些理解與檢討〉，鵝湖，卷期：10，頁 91-116，臺北。

34. 林安梧，1993.07，〈從「單元而統一」到「多元而一統」——以「文化中國」一概念為核心的理解與詮釋〉，鵝湖，卷期：19:1=217，頁

16-23，臺北。

35. 林安梧、傅佩榮，1993.08，〈人性「善向」論與人性「向善」論——關於先秦儒家人性論的論辯〉，鵝湖，卷期：19:2=218，頁 22-37，臺北。

36. 林安梧，1994.01，〈「當代新儒學」及其相關問題之理解與反省〉，鵝湖，卷期：19:7=223，頁 10-20，臺北。

37. 林安梧，1994.04，〈「儒家思想與成人教育」——論孔子「仁教」哲學中的成人教育思想〉，鵝湖，卷期：19:10=226，頁 1-8，臺北。

38. 林安梧，1994.09，〈邁向儒家型社會批判學之建立——以徐復觀先生的思想為核心的基礎性理解〉，鵝湖，卷期：20:3=231，頁 49-57，臺北。

39. 林安梧，1994.12，〈關於儒家哲學中的「實踐」概念之釐清——從「老儒家」、「新儒家」到「後新儒家」的反思〉，鵝湖，卷期：20:6=234，頁 18-19，臺北。

40. 林安梧，1995.01，〈論儒家的宗教精神及其成聖之道——不離於生活世界的終極關懷〉，宗教哲學，卷期：1:1，頁 123-139，臺北。

41. 林安梧，1995.01，〈開啟「意義治療」的當代新儒學大師——唐君毅先生〉，鵝湖，卷期：20:7=235，頁 2-5，臺北。

42. 林安梧，1995.01，〈論「公民意識」的誕生〉，文訊，卷期：73=111，頁 4-6，臺北。

43. 林安梧、林才榅、林谷芳、高大威，1995.02，〈文建會與文化發展〉，文訊，卷期：74=112，頁 20-54，臺北。

44. 林安梧，1995.06，〈實踐的異化與克服之可能——悼念牟宗三先生兼及於當代新儒家之發展〉，鵝湖，卷期：20:12=240，頁 51-55，臺北。

45. 林安梧，1995.06，〈略論道德教育之困結及其釐清之道〉，菁莪季刊，卷期：7:2=24，頁 13-17，臺北。

46. 林安梧，1995.07，〈「論語——走向生活世界的儒學」序言〉，鵝湖，卷期：21:1=241，頁 23-25，臺北。

47. 林安梧，1995.09，〈中國文化的哲學觀〉，鵝湖，卷期：21:3=243，頁 7-15，臺北。

48. 林安梧，1995.10，〈《中國近現代思想觀念史論》序〉，鵝湖，卷期：21:4=244，頁 37-41，臺北。

49. 林安梧，1996.01，〈論中國文化傳統中的「血緣性縱貫軸」〉，鵝湖，卷期：21:7=247，頁 12-18，臺北。

50. 林安梧，1996.02，〈「儒家型馬克思主義」的一個可能——革命的實踐‧社會的批判與道德的省察〉，鵝湖，卷期：21:8=248，頁 6-16，臺北。

51. 林安梧，1996.03，〈《當代新儒家哲學史論》序言〉，鵝湖，卷期：21:9=249，頁 41-44，臺北。

52. 林安梧，1996.04，〈從血緣性縱貫軸到人際性的互動軸——「建立社會新倫理、促進中國現代化」的一個反思〉，現代化研究，卷期：6，頁 16-24，臺北。

53. 林安梧，1996.04，〈論中國文化傳統中的「血緣性縱貫軸」〉，宗教哲學，卷期：2:2=6，頁 43-53，臺北。

54. 林安梧，1996.05，〈「王霸之辨」與「統獨之爭」的混淆及釐清〉，鵝湖，卷期：21:11=251，頁 7-8，臺北。

55. 林安梧，1996.06，〈儒家道德實踐的根本困結及其轉化創造之可能——從咒術型的實踐因果邏輯到解咒型的實踐因果邏輯〉，佛光學刊，卷期：1，頁 131-147，臺北。

56. 林安梧，1996.08，〈以正治國‧以奇用兵‧以無事取天下——為臺灣之文化生態及其發展進一言〉，文訊，卷期：92=130，頁 40-42，臺北。

57. 林安梧，1996.08，〈不離「生活世界」、「社會總體」的終極關懷——南華管理學院哲學研究所〉，漢學研究通訊，卷期：15:3=59，頁 333-334，臺北。

58. 林安梧，1996.10，〈論「氣的感通」與「連續型理性」——血緣性縱

貫軸下「宗法國家」的宗教與理性〉，東方宗教研究，卷期：新 5=7，頁 7-20，臺北。

59. 林安梧，1997.04，〈孔子與阿 Q——一個精神病理史的理解與詮釋〉，鵝湖，卷期：22:10=262，頁 56-57，臺北。

60. 林安梧，1997.06，〈「揭諦」發刊詞——「道」與「言」〉，揭諦，卷期：1，頁 1-14，臺北。

61. 林安梧，1997.06，〈「道德與思想之意圖」的背景理解：以「血緣性縱貫軸」為核心的展開〉，本土心理學研究，卷期：7，頁 126-164，臺北。

62. 林安梧，1997.09，〈走向生活世界的儒學——儒學、「論語」與交談〉，通識教育季刊，卷期：4:3，頁 33-53，臺北。

63. 林安梧，1997.10，〈牟宗三先生之後：咒術、專制、良知與解咒——對「臺灣當代新儒學」的批判與前瞻〉，鵝湖，卷期：23:4=268，頁 2-12，臺北。

64. 林安梧，1997.11，〈不信春風喚不回——關於「加強通識教育」的一些補充意見與建議〉，鵝湖，卷期：23:5=269，頁 29-30，臺北。

65. 林安梧，1998.03，〈《論語》與廿一世紀的人類文明——交談、啟示與文明治療〉，浙江社會科學，卷期：1998：2，頁 24-31，杭州。

66. 林安梧，1998.03，〈大學情意教育的理論基礎與實務研究——以「儒、道、佛」三家為核心的理論反省與實務考察〉，通識教育，卷期：5:1，頁 13-26，臺北。

67. 林安梧，1998.03，〈三論「道的錯置」——中國政治哲學的根本問題〉，鵝湖，卷期：23:9=273，頁 19-34，臺北。

68. 林安梧，1998.05，〈「黨國儒學」的一個側面思考——以「科學的學庸」為核心的展開〉，鵝湖，卷期：23:11=275，頁 1-9，臺北。

69. 林安梧，1998.05，〈關於「善之意向性」的問題之釐清與探討：以劉蕺山哲學為核心的展開〉，劉蕺山學思想論集，頁 155-166，中央研究院中國文哲研究所籌備處印行，臺北。

70. 林安梧，1998.08，〈臺灣哲學的貧困及其再生之可能——對於「臺灣、中國：邁向世界史」論綱「貳」、「參」的再解釋〉，哲學雜誌，卷期：25，頁 68-93，臺北。

71. 林安梧，1998.08，〈張深切的「臺灣性」與「中國性」及其相關之問題〉，鵝湖，卷期：24:2=278，頁 2-11，臺北。

72. 林安梧，1998.08，〈當代儒佛論爭的一些問題——與李向平商榷〉，二十一世紀，卷期：48，頁 124-130，臺北。

73. 林安梧、賴錫三，1998.09，〈「禪佛教思想」與「本土化通識教育」〉，通識教育，卷期：5:3，頁 55-73，臺北。

74. 林安梧，1998.11，〈「哲學、生死與宗教」國際學術研討會——儒家的生死智慧：以「論語」為中心的展開〉，生死學研究通訊，卷期：1，頁 8，臺北。

75. 林安梧，1998.12，〈「論語」——走向生活世界的儒學〉，錢穆先生紀念館館刊，卷期：6，頁 72-89，臺北。

76. 林安梧，1999.01，〈後新儒家哲學的思維向度〉，鵝湖，卷期：24:7=283，頁 6-15，臺北。

77. 林安梧，1999.03，〈「人的素質」與「通識教養」座談系列之一——關於「香港」與「中國大陸」兩地哲學的對比〉，通識教育，卷期：6:1，頁 129-148，臺北。

78. 林安梧，1999.03，〈「天地有道」與「迴念一幾」——以「人的素質」之提昇為核心〉，通識教育，卷期：6:1，頁 15-32，臺北。

79. 林安梧，1999.03，〈解開「道的錯置」——兼及於「良知的自我坎陷」的一些思考〉，孔子研究季刊，卷期：1999:3=53，頁 14-26，濟南。

80. 林安梧，1999.06，〈迎佛牙事件文化現象之哲學考察〉，思與言，卷期：37:2，頁 209-232，臺北。

81. 林安梧，1999.09，〈明末清初關於「格物致知」的一些問題——以王船山人性史哲學為核心的宏觀理解〉，中國文哲研究集刊，卷期：15，

頁 313-335，臺北。

82. 林安梧，1999.09，〈「後新儒學」義下的「論語」〉，鵝湖，卷期：25:3=291，頁 39-42，臺北。

83. 林安梧受訪、石齊平訪談，1999.12，〈廿一世紀「通識教育」與「知識經濟」的探索〉，通識教育，卷期：6:4，頁 113-125，臺北。

84. 林安梧，2000.02，〈當前師資培養改革向度之我見——師範院校通識教育訪評之後〉，教育研究，卷期：71，頁 21-23，臺北。

85. 林安梧，2000.03，〈臺灣精神現象的一個哲學考察——九〇年代臺灣思想發展概況〉，丁安順、楊礜綺紀錄整理，鵝湖，卷期：26:3=303，頁 37-46，臺北。

86. 林安梧，2000.04，〈死裏求生——關於中國思想研究的一些思考〉，鵝湖，卷期：25:10=298，頁 2-11，臺北。

87. 林安梧，2000.05，〈當代新儒學之回顧、反省與前瞻——從「兩層存有論」到「存有三態觀」的確立〉，鵝湖，卷期：25:11=299，頁 36-46，臺北。

88. 林安梧，2000.06，〈「心性修養」與「社會公義」——中華文化邁向二十一世紀的糾結之一〉，文刊於陳明、朱漢民主編《原道》第六輯，頁 69-80，貴州人民出版社印行，貴陽。

89. 林安梧，2000.09，〈臺灣精神現象的一個哲學考察〉，鵝湖，卷期：26:3=303，頁 37-46，臺北。

90. 林安梧，2000.11，〈《教育哲學講論》自序——後新儒家哲學思維向度下的教育理論〉，鵝湖：26:5=305，頁 34-38，臺北。

91. 林安梧，2000.12，〈「存有三態論」與「存有的治療」之構建——道家思維的一個新向度〉，鵝湖，卷期：26:6=306，頁 28-39，臺北。

92. 林安梧，2001.03，〈儒學革命——一種可能的方向〉，孫強記錄整理，鵝湖，卷期：26:9=309，頁 13-20，臺北。

93. 林安梧、陳德和，2001.05，〈通識與專業之間（上）——離開清華返回臺灣師大的對話〉，傅淑華、廖崇斐紀錄，鵝湖，卷期：26:11=311，

頁 18-26，臺北。

94. 林安梧，2001.06，〈從「以心控身」到「身心一如」——以王夫之哲學為核心兼及於程朱、陸王的討論〉，國文學報，卷期：30，頁 77-95，臺北。

95. 林安梧，2001.06，〈後新儒家哲學擬構——以《道言論》為核心的詮釋與構造〉，沈清松主編《國際中國哲學會會議論文集：跨世紀的中國哲學》，頁 277-312，五南圖書公司印行，臺北。

96. 林安梧、陳德和，2001.06，〈通識與專業之間（下）——離開清華返回臺灣師大的對話〉，傅淑華、廖崇斐記錄，鵝湖，卷期：26:12=312，頁 22-29，臺北。

97. 林安梧，2001.10，〈臺海兩岸哲學發展的一個觀察〉，鵝湖，卷期：27:4=316，頁 12-15，臺北。

98. 林安梧，2001.12，〈後新儒學的社會哲學：契約、責任與「一體之仁」——邁向以社會正義論為核心的儒學思考〉，思與言，卷期：39:4，頁 57-82，臺北。

99. 林安梧，2002.01，〈從「牟宗三」到「熊十力」再上溯「王船山」的哲學可能——後新儒學的思考向度〉，鵝湖，卷期：27:7=319，頁 16-30，臺北。

100. 林安梧，2002.02，〈儒家道德哲學的兩個向度——以「論語」中「曾子」與「有子」為對比的展開〉，哲學與文化，卷期：29:2=333，頁 108-116+189，臺北。

101. 林安梧，2002.06，〈中日儒學與現代化的哲學省察：「情實理性、氣的感通」與「儀式理性、神道儀軌」——由李澤厚「中日文化心理比較試說略稿」一文引發的檢討〉，國文學報，卷期：31，頁 53-79，臺北。

102. 林安梧，2002 年 6.7.8.9 月，〈武漢對談：中國哲學的未來（1-4）——中國哲學、西方哲學與馬克思主義哲學的交流與互動〉，鵝湖，卷期：27:12，28:1,2,3=324.325.326.327，共四期，臺北。

103. 林安梧，2002.07，〈科技、人文與「存有三態」論綱〉，杭州師範學院學報（社會科學版），2002 年第四期，頁 16-19，杭州。

104. 林安梧，2002.08，〈論「教育改革」及其相關的「文化土壤」與「心靈機制」問題〉，教育研究，卷期：100，頁 101-107，臺北。

105. 林安梧，2002.10，〈儒釋道心性道德思想與意義治療〉，道德與文化（雙月刊）2002 年第五期（總號 120 期），頁 44-49，天津社會科學院，天津。

106. 林安梧，2002.10，〈再論「儒家型的意義治療學」——以唐君毅先生的「病裡乾坤」為例〉，鵝湖，卷期：28:4=328，頁 7-16，臺北。

107. 林安梧，2002.10，〈關於「宗教教育」的一些哲學思考——中西宗教形態學下的對比展開〉，宗教哲學，卷期：8:2=28，頁 36-48，臺北。

108. 林安梧，2002.12，〈「易經」思想與二十一世紀文明之發展〉，鵝湖，卷期：28:6=330，頁 36-48，臺北。

109. 林安梧，2002.12，〈人文學、社會科學與自然科學之異同〉，含章光化：戴璉璋先生七十哲誕論文集，頁 203-238，里仁書局印行，臺北。

110. 林安梧，2003.01，〈關於中國哲學解釋學的一些基礎性理解〉，安徽師範大學學報（人文社會科學版），卷期：31:1，頁 31-39，合肥。

111. 林安梧，2003.02，〈「存有三態論」與廿一世紀文明之發展〉，鵝湖，卷期：28:8=332，頁 19-29，臺北。

112. 林安梧，2003.03，〈主體性的探究與實踐〉，應用心理研究，卷期：17，頁 1-5+19-27+34-44，臺北。

113. 林安梧，2003.04，〈「道」「德」釋義：儒道同源互補的義理闡述〉，鵝湖，卷期：28:10=334，頁 23-29，臺北。

114. 林安梧，2003.06，〈「心性之學」在教育上的運用：儒道佛義下的「生活世界」與其相關的「意義治療」〉，新世紀宗教研究，卷期：1:4，頁 27-62，臺北。

115. 林安梧，2003.07，〈《人文學方法論：詮釋的存有學探源》自序〉，鵝湖，卷期：29:1=337，頁 18-23，臺北。

116. 林安梧，2003.09，〈「道的錯置──中國政治思想的根本困結」序言〉，鵝湖，卷期：23:3=339，頁 29-35，臺北。

117. 林安梧，2004.01，〈拳稱太極、道通天地──蘇清標《太極拳的哲學》代序〉，鵝湖，卷期：29:7=343，頁 17，臺北。

118. 林安梧，2004.02，〈「自然先於人、人先於自然科學」：記一段科學史的學問因緣〉，鵝湖，卷期：29:8=344，頁 25-29，臺北。

119. 林安梧，2004.06，〈「中華道統」與「文化中國」論「多元而一統」：「文化中國」、「政治中國」與「經濟中國」的對比反思〉，宗教哲學，卷期：30，頁 110-119，臺北。

120. 林安梧，2004.07，〈「天地有道、人間有德」──李承貴《中國傳統道德轉型之研究》代序〉，鵝湖，卷期：30:1=349，頁 54-56，臺北。

121. 林安梧，2004.08，〈後新儒學的新思考：從「外王」到「內聖」──以「社會公義」論為核心的儒學可能〉，鵝湖，卷期：30:2=350，頁 16-25，臺北。

122. 林安梧，2004.10，〈關於「覺」在教育上的作用：總體之源的場域覺醒──對《道言論》中「一本空明」的闡釋〉，鵝湖，卷期：30:4=352，頁 13-19，臺北。

123. Makeham, John & 林安梧，2005.03，〈John Makeham 訪談林安梧論「新儒學」與「後新儒學」（1）〉，鵝湖，卷期：30:8=356，頁 50-64，臺北。

124. Makeham, John & 林安梧，2005.04，〈John Makeham 訪談林安梧論「新儒學」與「後新儒學」（2）〉，鵝湖，卷期：30:9=357，頁 15-21，臺北。

125. 林安梧，2005.06，〈「新儒學」、「後新儒學」、「現代」與「後現代」：最近十年的省察與思考之一斑〉，鵝湖，卷期：30:12=360，頁 8-21，臺北。

126. 林安梧，2005.08，〈牟宗三的康德學與中國哲學之前瞻──格義、融通、轉化與創造〉，鵝湖，卷期：31:2=362，頁 12-24，臺北。

127. 林安梧，2005.11，〈《存有三態論》諸向度的展開——關於後新儒學的「心性論、本體論、詮釋學、教養論與政治學」〉，鵝湖，卷期：31:5=365，頁 9-18，臺北。

128. 林安梧，2005.12，〈明清之際：從「主體性」、「意向性」到「歷史性」的一個過程——以「陽明」、「蕺山」與「船山」為例的探討〉，國文學報，卷期：38，頁 1-29，臺灣師範大學印行，臺北。

129. 林安梧，2006.02，〈《儒家倫理與現代社會：「後新儒學」視點下的省思與前瞻》序言〉，鵝湖，卷期：31:8=368，頁 37-42，臺北。

130. 林安梧，2006.03，〈《儒學轉向：從「新儒學」到「後新儒學」的過渡》自序〉，鵝湖，卷期：31:9=369，頁 62-34，臺北。

131. 林安梧，2006.08，〈後新儒家的道家可能：《新道家與治療學》序言〉，鵝湖，卷期：32:2=374，頁 46-52，臺北。

132. 林安梧，2006.12，〈中西哲學會通之「格義」與「逆格義」方法論之探討——以牟宗三先生的康德學與中國哲學研究為例〉，淡江中文學報，卷期：15，頁 95-116，淡江大學印行，臺北。

133. 林安梧，2007.03，〈大學通識教育的困境及其再生之可能——以臺灣地區為例之一瞥〉，大學通識報，卷期：2，頁 23-38，香港中文大學通識教育研究中心印行，香港。

134. 林安梧、郭齊勇、歐陽康、鄧曉芒，2007.03，〈話語‧思考與方法——中國哲學、西方哲學與馬克思主義哲學的對話〉，中文學報，卷期：2，頁 273-326，臺北大學印行，臺北。

135. 林安梧，2007.07，〈《大學》中的大學理念——兼及於臺灣教育問題的一些反省〉，鵝湖，卷期：33:1=385，頁 26-41，東方人文學術基金會印行，臺北。

136. 林安梧（李彥儀記錄），2007.09，〈Jason Clower 訪談林安梧論當代漢學之研究〉，中文學報，卷期：3，頁 183-201，臺北大學印行，臺北。

137. 林安梧，2007.11，〈我的哲學觀：存在覺知、智慧追求與批判治

療〉，鵝湖，卷期，33:5=389，頁 52-57，臺北。

138. 林安梧，2007.11，〈「新儒學」、「後新儒學」、「現代」與「後現代」：最近十餘來的省察與思考之一斑〉，中國文化研究，2007 年冬之卷，總號 58 期，頁 19-28，北京語言大學出版社，北京。

139. 林安梧，2007.11，〈經典詮釋的存有學探源──關聯《存有三態論》的根源性探討〉，南方學院學報，卷期：3，頁 33-45，馬來西亞南方學院出版社印行，馬來西亞柔佛巴魯。

140. 林安梧，2007.12，〈「風物長宜放眼量」：學習船山學的因緣與成長──回應方紅姣博士〉，哲學與文化，卷期：30:12=403，頁 153-156，臺北。

141. 林安梧，2008.01，〈後新儒家及「公民儒學」相關問題之探討〉，求是學刊（雙刊），卷期：35=182，頁 13-20，黑龍江大學印行，哈爾濱。

142. 林安梧，2008.02，〈陽明《朱子晚年定論》與儒學的轉折〉，鵝湖，卷期：33:8=392，頁 1-7，臺北。

143. 林安梧，2009.03，〈馬浮經學的本體詮釋學〉，杭州師範大學學報（社會科學版），2009 年第 2 期，頁 1-7，杭州。

144. 林安梧，2009.05，〈朱子哲學當代詮釋方法論之反思〉，河北學刊，卷期：29:3，頁 32-38，石家莊。

145. 林安梧，2009.10，〈論「儒道佛」三教文化教養與人格建構〉，鵝湖，卷期：35:4=412，頁 22-32，臺北。

146. 林安梧，2009.11，〈「公民儒學」下的道德思考〉，鵝湖，卷期：35:5=413，頁 7-19，臺北。

147. 林安梧，2009.11，〈關於中國哲學研究方向與方法的一些省察〉，求是學刊，卷期：36:6=193，頁 5-11，哈爾濱。

148. 林安梧，2010.06，〈關於「克己復禮」與儒佛融通的一些問題〉，宗教哲學，卷期：52，頁 105-122，南投。

149. 林安梧，2010.07，〈經典、生命與實踐工夫：從蔡仁厚先生一封書函

引發的覺思〉，東海哲學研究集刊，第十五輯，頁 189-212，東海大學印行，臺中。

150. 林安梧，2010.09，〈關於儒學轉向的一些省思〉，中和學刊，第 2 輯，頁 33-41，陝西師範大學出版社，西安。

151. 林安梧，2010.09，〈從「意義治療」看老子《道德經》的幾個可能向度〉，宗教學研究，四川大學道教與宗教文化研究所建所三十周年紀念，2010 年增刊，頁 73-83，成都。

152. 林安梧，2010.10，〈鼎革之際——《儒學革命：從「新儒學」到「後新儒學」》（北京商務版）序言〉，鵝湖，卷期：36:4=424，頁 47-54，臺北。

153. 林安梧，2011.03，〈關於《大學》「身」「心」問題之哲學省察——以《大學》經一章為核心的詮釋兼及於程朱與陸王的討論〉（上），鵝湖，卷期：36:9=429，頁 4-13，臺北。

154. 林安梧，2011.04，〈關於《大學》「身」「心」問題之哲學省察——以《大學》經一章為核心的詮釋兼及於程朱與陸王的討論〉（下），鵝湖，卷期：36:10=430，頁 2-10，臺北。

155. 林安梧，2011.10，〈「儒道佛」、「生活世界」與其相關的「意義治療」〉，江南大學學報，2011 年第 5 期，頁 5-16，江南大學印行，南京。

156. 林安梧，2011.12，〈孔子思想與「公民儒學」〉，文史哲，2011 年第 6 期，頁 14-24，山東大學印行，濟南。

157. 林安梧，2011.09，〈「後新儒學」與中國哲學之未來〉，馬克思主義與現實，2010 年第 3 期，頁 187-193，馬克思主義研究所印行，上海。

158. 林安梧，2011.11，〈「儒道情懷」與「鵝湖精神」——從「王邦雄」與「曾昭旭」時代的《鵝湖刊》說起〉，鵝湖，卷期：37:4=436，頁 35-46，臺北。

159. 林安梧，2012.01，〈《牟宗三前後：當代新儒家哲學思想史論》一書序言〉，鵝湖，卷期：36:5=439，頁 44-52，臺北。

160. 林安梧，2012.05，〈王船山「經典詮釋學」衍申的一些思考——兼論「本體」與「方法」的辯證（上）〉，鵝湖，卷期：36:9=443，頁 22-28，臺北。

161. 林安梧，2012.06，〈王船山「經典詮釋學」衍申的一些思考——兼論「本體」與「方法」的辯證（下）〉，鵝湖，卷期：36:10=444，頁 17-22，臺北。

162. 林安梧，2012.08，〈在臺南孔廟讀臺灣歷史〉，鳳凰城市週刊，頁 60-61，南京。

163. 林安梧，2012.10，〈從臺灣當前教育的「素養」與「能力」之辯證說起〉，通識在線，卷期：43，頁 22，中華民國通識教育學會印行，臺北。

164. 林安梧，2012.10，〈「天人合德」：「自然」與「人文」的統合——以「存有三態論」為核心的思考〉，刊於楊祖漢、楊自平編《綠色啟動：重探自然與人文的關係 2》，頁 319-339，遠流出版事業公司印行，臺北。

165. 林安梧，2012.10，〈「儒道佛」文化教養與中華民族家園建設〉，暨南學報（哲學社會科學版），卷期：34:10，頁 2-10，暨南大學印行，廣州。

166. 林安梧，2012.12，〈出入生死、幽明來去——悼念余德慧先生〉，國文天地，卷期：331，頁 54-56，臺北。

167. 林安梧，2013.03，〈新儒學理論系統的建構：牟宗三「兩層存有論」及其相關問題檢討〉，杭州師範大學學報（社會科學版），卷期：35:2，頁 58-64，杭州師範大學印行，杭州。

168. 林安梧，2013.04，〈關於「儒教」、「一貫道」及其學院建制之種種：訪林安梧教授論「一貫道」〉，一貫道研究，卷期：1:2，頁 186-203，臺北。

169. 林安梧，2013.04，〈宗教的兩個型態：「連續」與「斷裂」——以儒教與基督宗教為主的對比〉，宗教與哲學，第二輯，社會科學文獻出版

社印行，北京。

170. 林安梧，2013.07，〈「內聖」、「外王」之辯：一個「後新儒學」的反思〉，天府新論，2013 年第四期，頁 8-15，成都。

171. 林安梧，2013.08，〈關於「儒學與現代中國」──論「公民儒學」建立之可能〉，儒學與古典學評論，第 2 輯，上海。

172. 林安梧，2013.08，〈當代儒佛之爭與《存有三態論》──從熊十力《新唯識論》說起〉，哲學與文化，卷期：40:8，頁 25-50，臺北。

173. 林安梧，2013.08，〈環繞現代社會關於「宗教教養」的一些思考──環繞中西宗教形態學下的對比展開〉，深圳大學學報（人文社會科學版），卷期：30:5，頁 16-22，深圳。

174. 林安梧，2013.09，〈《論語》與廿一世紀的人類文明發展〉，鵝湖，卷期：39:3=459，頁 37-52，臺北。

175. 林安梧，2013.09，〈論《思與言》和臺灣哲學的發展〉，思與言，卷期：51:3，頁 117-157，臺北。

176. 林安梧，2013.12，〈從清華大學的「校訓」論「通識教育」之開展──兼論梅貽琦校長《大學一解》的通識理想及對當前教育的反思〉，鵝湖，卷期：39:6=462，頁 17-34，臺北。

177. 林安梧，2013.12，〈儒耶會通初論──關於「人性」的「罪」與「善」之釐清與融通〉，國學與西學國際學刊（International Journal of Sino-Western Studies），頁 113-123，芬蘭‧赫爾辛基（Helsinki, Finland）。

178. 林安梧，2014.06，〈「道」、「經典」與「詮釋」──「經典詮釋」的存有學探源〉，學術月刊，卷期：46:6，頁 16-26，上海。

179. 林安梧，（盛丹艷訪問），2014.06，〈建構後新儒學，參與文明對話──林安梧教授訪問錄〉，學術月刊，卷期：46:6，頁 169-176，上海。

180. 林安梧，2014.07，〈臺灣學運政治精神的現象學反思──從「1990 年的『野百合』」到「2014 年的『太陽花』」作為反思的事例〉，海峽

評論，卷期：283，頁 61-67，臺北。

181. 林安梧，2014.07，〈我的學思歷程——中國哲學研究方法的一些反省與思考〉，學術界，卷期：194，頁 189-207，北京。

182. 林安梧，2014.12，〈後新儒學對後現代的反思——從「公民儒學」與「仁恕思想」起論〉，南國學術，2014 年第 4 期，頁 105-111，澳門。

183. 林安梧，2014.12，〈中國宗教哲學的「生命實踐」與「意義治療」——從「後新儒學」的觀點對「儒、道、佛」做一新的審視與發展〉，宗教哲學，卷期：70，頁 1-25，臺北。

184. 林安梧，2015.02，〈《傳習錄》與陽明學〉，孔學堂，2015 年第 2 期，貴陽。

185. 林安梧，2015.06，〈當代新儒家與臺灣現代化的發展進程〉，鵝湖，卷期：39:12=480，頁 15-22，臺北。

186. 林安梧，2015.12，〈「天人合一」下的「本體實踐學」——以《存有三態論》為核心的展開〉，宗教哲學，卷期：74，頁 29-43，臺北。

187. 林安梧，2016.01，〈儒教釋義：儒學、儒家與儒教的分際〉，鵝湖，卷期：41:7=487，頁 43-53，臺北。

188. 林安梧，2016.06，〈《「血緣性縱貫軸」：解開帝制・重建儒學》新版序言〉，鵝湖，卷期：41:12=492，頁 62-64，臺北。

189. 林安梧，2016.12，〈從「德性治理」到「公民社會」的建立——「順服的倫理」、「根源的倫理」與「公民的倫理」〉，江淮論壇，卷期：280，頁 5-11，南京。

190. 林安梧，2017.06，〈關於〈心、靈、覺、悟〉之要訣與說解：環繞「現代化後」的一帖「道療」方子〉，鵝湖，卷期：42:12=504，頁 38-50，臺北。

191. 林安梧，2017.10，〈「存有三態論」下的「本體詮釋學」〉，船山學刊，2017 年第 5 期，頁 99-105，長沙。

192. 林安梧，2017.11，〈經典詮釋、時代精神及生活世界：唐明貴《宋代論語詮釋研究》代序〉，鵝湖，卷期：43:5=509，頁 58-61，臺北。

193. 郭沂、林安梧，2017.12，〈道、形上學與中國哲學圖景：關於中國哲學核心範疇與未來走向的對話〉，南國學術，2017 年第 3 期，頁 356-368，澳門大學印行，澳門。

194. 林安梧，2018.02，〈《林安梧訪問錄：後新儒家的焦思與苦索》序言〉，鵝湖，卷期：42:8=512，頁 57-58，臺北。

195. 林安梧、張宏敏、袁新國，2018.04，〈後新儒家的思考：從新外王到新內聖：林安梧教授訪談錄〉，中國文化論衡，2018 年第 1 期，頁 3-13，濟南。

196. 林安梧，2018.06，〈《儒道佛三家思想與廿一世紀的人類文明》序言〉，國文天地，卷期：34:1=397，頁 115-118，臺北。

197. 林安梧、張小星，2018.10，〈後新儒學與現代性問題：林安梧教授訪問錄〉，儒林，第 7 輯，頁 186-204，上海。

198. 林安梧，2018.11，〈寬柔以教，南方之強：為祝家華《朝向儒家德治民主：牟宗三「開出民主論」研究》書序〉，國文天地，卷期：34:6=402，頁 103-106，臺北。

199. 林安梧，2018.11，〈互藏其宅、交發其用——陳祺助《文返樸而厚質：王船山「道德的形上學」系統之建構》一書序言〉，鵝湖，卷期：44:5=521，頁 60-64，臺北。

200. 林安梧，2019.01，〈「話語的論定」與「存在的回歸」：論儒道佛三家之會通及其對現代化之後的可能反思〉，深圳社會科學，2019 年第 1 期，頁 37-50，深圳。

201. 林安梧，2019.02，〈中國近三十年來「儒商現象」的哲學反思：環繞企業儒學、儒商智慧與陽明新學的展開〉，鵝湖，卷期：44:8=524，頁 15-24，臺北。

202. 林安梧、謝文郁、黃玉順，2019.03，〈儒耶對話中的《中庸》解讀〉，周易研究，2019 年第 1 期，頁 88-102，山東大學印行，濟南。

203. 林安梧、黃玉順，2019.05，〈泉城之會：林安梧與黃玉順對談錄〉《當代儒學》，（第 15 輯）【第一部分：「生活儒學」與「後新儒

學」對談】（王彬整理）（3-42）【第二部分：「公民儒學」與「中國正義論」對談】（楊虎整理）（43-66）【第三部分：「儒教」問題對談】（文碩整理）（68-78）。

204. 林安梧，2019.05，〈《論語聖經譯解：慧命與心法》一書之〈序言〉與〈凡例〉〉，鵝湖，卷期：43:11=527，頁 61-64，臺北。

205. 林安梧，2019.05，〈儒道經典智慧與廿一世紀的人類文明〉，經學研究集刊，卷期：26，頁 1-16，高雄師範大學經學研究所印行，高雄。

206. 林安梧，2019.07，〈深仁厚澤：敬悼蔡師仁厚先生，虔誠祝禱中華文運〉，鵝湖，卷期：45:1=529，頁 10-18，臺北。

207. 林安梧，2019.08，〈中國哲學研究的問題與方法〉，鵝湖，卷期：45:2=530，頁 9-29，臺北。

208. 林安梧，2019.10，〈關於「船山學」及其對「新儒學」之後的反思——船山學答客問之一〉，船山學刊，2019 年第 5 期，頁 18-26，長沙。

209. 林安梧，2019.11，〈新儒學之後與「後新儒學」：以「存有三態論」為核心的思考〉，東嶽論叢，2019 年第 11 期，頁 86-95，濟南。

210. 林安梧，2019.12，〈邁向「多元他者」的一個可能：論「覺性」與「信靠」——從《論語》與《聖經》的對讀說起〉，杭州師範大學學報（社會科學版），2019 年第 6 期，頁 78-84，杭州。

211. 林安梧，2019.12，〈走向生活世界的儒學：在素書樓講【論語】〉，中華孔學，2019 年第 4 期，頁 19-38，香港。

212. 林安梧，2020.03，〈從「五四後」到「後五四」——基於「存有三態論」思考中華文明在 21 世紀的角色〉，文史哲，2020 年第 2 期（總第 377 期），頁 93-102，濟南。

213. 林安梧，2020.04，〈易經現象學與道論詮釋學芻論：以王弼《明象》與「存有三態論」為核心〉，周易研究，2020 年第 2 期（總第 160 期），頁 5-16，濟南。

214. 林安梧，2020.06，〈王船山哲學之誤區及其克服之可能：關聯當代新

儒學到後新儒學的反思〉，收入陳來編纂《精神人文主義論文集・第一輯》，頁 271-290，人民出版社印行，北京。

215. 林安梧著，李彥儀翻譯，2020.11，"A Preliminary Study on the Integration between Confucianism and Christianity: A Clarification and Intermediation between Sin and Goodness" in *Human Nature Yearbook of Chinese Theology*, volume 6, 2020, Editor-in-chief: Paulos Z. Huang (Shanghai University), Guest Editor of this volume: Thomas Qinghe Xiao (Shanghai University).

216. 林安梧，2021.01，〈當代新儒學的創造性轉化：在新冠狀病毒肆虐全球現象下的思考〉，鵝湖，卷期：45:7=547，頁 0-2，臺北。

217. 林安梧，2021.01，〈從「道的錯置」到「道的正置」──兼論「後新儒學」及其「公民儒學」建立的可能〉，郭沂主編《尼山鐸聲──「儒學與政治」專題》，人民出版社印行，北京。

218. 林安梧，2021.02，〈辨正與批判：本土社會科學自我批判的精神史意義──陳復《轉道成知：華人本土社會科學的突圍》代序〉，鵝湖，卷期：45:8=548，頁 58-64，臺北。

219. 林安梧、李宗桂，2021.03，〈批判性清理傳統，守成中堅持創新：關於優秀傳統文化當代價值的對話〉，文化中國，2021 年第 1 期，頁 38-53，西安。

220. 林安梧，2021.03，〈佛教經典智慧與廿一世紀的人類文明──以《金剛般若波羅蜜經》為核心的展開〉，夏荊山藝術論衡，卷期：11，頁 9-39，臺北。

221. 林安梧，2021.04，〈「道論」的六藝之教：宏大而闢、深閎而肆──讀廖崇斐《從熊十力到新六藝的思考：以生活世界為核心的實踐開展》〉，鵝湖，卷期：45:10=550，頁 56-58，臺北。

222. 林安梧，2021.06，〈從「外王」到「內聖：新儒學之後對「內聖外王」的翻轉〉，鵝湖，卷期：45:12=552，頁 2-14，臺北。

223. 林安梧，2021.06，〈從「道教養生」到「世界和平」──從道教內丹

學「取坎填離」與「乾坤並建」起論〉，元亨學刊，卷期：7，頁 1-16，臺中。

224. 林安梧，2021.07，〈儒道佛墨：縱浪大化中、江河萬古流——敬悼唐亦男教授並感懷文化慧命之傳承〉，鵝湖，卷期：46:1=552，頁 17-19，臺北。

225. 林安梧，2021.08，〈愛的「觸動」、「領取」與「生生不息」——讀郭盈蘭博士《生死感通與超越的實踐研究：基於唐君毅先生生死哲學的生命印證》代序〉，國文天地，卷期：37:3=435，頁 114-117，臺北。

226. 林安梧，2021.09，〈治學的方法與文化理想的追求——林安梧教授訪談錄〉，曾振宇主編：《曾子學刊》第三輯，北京。

後　跋

　　本書結集了作者從一九八零年代起跨過世紀到二零二一年，所寫皆有關於對當代新儒學所作的反思、批判，並冀求轉化、創造之可能。全書可分為三個區塊，共二十七章組成，第壹部：當代新儒學的基本建構（十章）、第貳部：從「新儒學」到「後新儒學」（九章）、第參部：「後新儒學」與廿一世紀的人類文明（八章）。

　　第壹部：當代新儒學的基本建構，旨在回顧當代新儒學諸位大家哲學的基本構成，選了十篇文章，兩篇綜論，八篇分論。首篇〈當代新儒家述評〉作於一九八二年，第十篇〈《牟宗三前後：當代新儒家哲學思想史論》一書序言〉成稿於二零一二年，跨度達三十年。論及的人物有：新儒家第一代的「熊十力、馬一浮、梁漱溟」，第二代的「唐君毅、牟宗三、徐復觀」，總共六位先生。

　　第貳部：從「新儒學」到「後新儒學」，第十一章到十九章，共有九章，主要在反思當代新儒學的諸多類型，並對比兩岸，反思過去、現在，進一步尋求轉化創造之可能。我深切反思了業師牟宗三先生的「兩層存有論」，進而回溯熊十力的「體用哲學」，並調適而上遂於王船山的「乾坤並建」；參研西方當前現象學、哲學詮釋學的思想，越出了康德式的詮釋，因之而另外建構了「存有三態論」以及中國人文詮釋學（道、意、象、構、言）。第十八、十九兩章，我傳述了在鵝湖學圈中，對我影響最大的三位先生：蔡仁厚、王邦雄、曾昭旭，從存在的場域中，生命的教養是無所不在的，天地人倫，師友教養，此中恩義，何可言者！感之於心，力之於行，生生不息，日新又新也。

　　第參部：「後新儒學」與廿一世紀的人類文明，收了八篇文稿，大抵站

在「後五四」作了總的反思；再者，對於後新儒學的基本建構作了較為深入的詮釋，指出現代性造成的遮蔽與異化，提出了儒道佛三教哲學治療的可能。再者，對當代新儒學原先「本內聖以開出外王」的格局，作一翻轉，指出「由外王調節內聖」的轉化。凡此種種，皆不離生活世界、緊扣經典詮釋，並商量舊學、涵養新知，此中艱苦，自有甘甜者在。學如掘井，掘之既深，自有源泉滾滾者在，自有生機洋溢者在，悠游涵泳，悅樂如之。師友講習，綿綿若存，薪火相傳，不可已也。是為跋！

林安梧

辛丑 2021 年仲秋陽曆九月十五日

於臺北元亨書院

國家圖書館出版品預行編目資料

林安梧新儒學論文精選集

林安梧著. – 初版. – 臺北市：臺灣學生，2021.10
面；公分. – (當代新儒學叢書)
ISBN 978-957-15-1876-3 (平裝)

1. 新儒學 2. 文集

128.07   110016167

林安梧新儒學論文精選集

主　編　者　郭齊勇、高柏園
著　作　者　林安梧
出　版　者　臺灣學生書局有限公司
發　行　人　楊雲龍
發　行　所　臺灣學生書局有限公司
地　　　址　臺北市和平東路一段 75 巷 11 號
劃 撥 帳 號　00024668
電　　　話　(02)23928185
傳　　　眞　(02)23928105
E - m a i l　student.book@msa.hinet.net
網　　　址　www.studentbook.com.tw
登記證字號　行政院新聞局局版北市業字第玖捌壹號
定　　　價　新臺幣八〇〇元
出 版 日 期　二〇二一年十月初版
I　S　B　N　978-957-15-1876-3